IMPRESSUM

DAS NEUE TESTAMENT
ALS MAGAZIN

IDEE & REDAKTION
Oliver Wurm

CREATIVE & ART-DIRECTION
Andreas Volleritsch
Michaela Pernegger

FOTOS
Brigitte Maria Mayer
aus
„Jesus Cries"
www.jesuscries.net

© 2021 Verlag Katholisches Bibelwerk GmbH und Oliver Wurm & Andreas Volleritsch GbR

INFOGRAFIKEN: Pia Sakowski, neubaudesign.com
LITHO: Martina Drignat
DRUCK: B&K Offsetdruck, Gutenbergstraße 4-10, 77833 Ottersweier
BUCHBINDER: Josef Spinner, Gutenbergstraße 11, 77833 Ottersweier
VERTRIEB: Stella Distribution GmbH, Frankenstraße 7, 20097 Hamburg

VERLAG: Wurm & Volleritsch GbR, Stahltwiete 20, 22761 Hamburg
und Verlag Katholisches Bibelwerk GmbH, Deckerstraße 39, 70372 Stuttgart

Lizenzausgabe der Katholischen Bibelanstalt GmbH, Stuttgart
Einheitsübersetzung der Heiligen Schrift, vollständig durchgesehen und überarbeitete Ausgabe.
© 2016 Katholische Bibelanstalt GmbH, Stuttgart

www.bibelalsmagazin.de
www.bibelwerkverlag.de

INHALT

Die Evangelien
Das Evangelium nach Matthäus 010
Das Evangelium nach Markus 056
Das Evangelium nach Lukas 082
Das Evangelium nach Johannes 122

Die Apostelgeschichte 152

Die paulinischen Briefe
Der Brief an die Römer 186
Der erste Brief an die Korinther 200
Der zweite Brief an die Korinther 214
Der Brief an die Galater 224
Der Brief an die Epheser 230
Der Brief an die Philipper 236
Der Brief an die Kolosser 240
Der erste Brief an die Thessalonicher 244
Der zweite Brief an die Thessalonicher 248

Die Pastoralbriefe
Der erste Brief an Timotheus 255
Der zweite Brief an Timotheus 260
Der Brief an Titus 264

Der Brief an Philemon 268
Der Brief an die Hebräer 270

Die Katholischen Briefe
Der Brief des Jakobus 283
Der erste Brief des Petrus 288
Der zweite Brief des Petrus 292
Der erste Brief des Johannes 296
Der zweite Brief des Johannes 300
Der dritte Brief des Johannes 302
Der Brief des Judas 304

Die Offenbarung des Johannes 311

Infografiken 337

DIE EVANGELIEN

Das Wort „Evangelium" stammt aus dem Griechischen (euangelion) und bedeutet „gute Nachricht", „frohe Botschaft". Mit diesem Wort benannten die Christen ihre Verkündigung vom endgültigen Heil der Menschen in Jesus Christus. Als Erster verwendete Markus dieses Wort als Überschrift seines Buchs über Jesus Christus (1,1). Damit entstand eine neue Form religiöser Schriften, die Evangelien.

Vier Evangelienbücher fanden Aufnahme in das Neue Testament. Sie bezeugen, jedes auf seine Weise, das eine Evangelium von Jesus Christus. Diese Bücher wurden von der frühen Kirche wahrscheinlich nach der damals angenommenen Abfassungszeit geordnet.

Die Überschriften der kanonischen Evangelien lauten seit dem 2. Jahrhundert: Das Evangelium nach Matthäus, nach Markus, nach Lukas, nach Johannes. Die ersten drei Evangelien sind untereinander nach Inhalt, Aufbau und Sprache eng verknüpft; darum werden sie nach dem griechischen Wort „synopsis" (Zusammenschau) „synoptische" Evangelien genannt.

Das Evangelium nach MATTHÄUS

Seit der Wende zum 2. Jahrhundert wird das Evangelium dem Apostel Matthäus (Mt 9,9 und 10,3) zugeschrieben, der mit dem Zöllner Levi (Mk 2,14 und Lk 5,27f.) identifiziert wurde. Der Verfasser, dessen Person letztlich als unbekannt gelten muss, verfügt über gute Griechischkenntnisse und über eine sehr gute Kenntnis der jüdischen Bibel und des jüdischen Lebensumfeldes.

Das Evangelium setzt das Markusevangelium voraus und scheint um die Zerstörung Jerusalems (70 n. Chr.) zu wissen. Meist wird dafür auf Mt 22,7; 23,38; 21,41 hingewiesen. In frühchristlichen Schriften, insbesondere der sogenannten „Didache", und verschiedenen Briefen Apostolischer Väter (verfasst ab 95/100) wird es als Bezugstext herangezogen. Daraus ergibt sich mit einer gewissen Wahrscheinlichkeit, dass es in den Jahren um 80 n. Chr. entstanden sein dürfte. Als Entstehungsort wird das syrisch-galiläische Grenzgebiet angenommen.

Das Matthäusevangelium wurde in griechischer Sprache verfasst. Als Grundlage dienten dem Evangelisten das ebenfalls in griechischer Sprache geschriebene Markusevangelium, andere Überlieferungen, die nur er heranzieht (das sogenannte „Sondergut"), und wahrscheinlich auch eine Sammlung von Worten Jesu, die auch Lukas kennt (sogenannte „Spruch-" oder Redequelle).

Im Aufbau folgt das Matthäusevangelium weitgehend dem Markusevangelium, jedoch in erweiterter und eigens gestalteter Ausarbeitung. Der einführende Teil bereitet das Wirken Jesu vor (1,1–4,11). Es folgt der umfassende Hauptteil des Evangeliums, in dem das Reden und Handeln Jesu entfaltet wird. Der geografische Raum „Galiläa" bildet dafür den Rahmen (4,12–18,35). Ein kurzer Abschnitt über den Weg Jesu nach Judäa bzw. Jerusalem (19,1–20,34) leitet zu Jesu Schicksal in Jerusalem über. Dieses wird in zwei großen Abschnitten geschildert: Zunächst werden die Konflikte um die Person und das Wirken Jesu und der Blick auf die Endzeit thematisiert (21,1–25,46), bevor schließlich mit der Erzählung vom Leiden, vom Tod und von der Verkündigung der Auferstehung Jesu (26,1–28,20) das Evangelium über Jesus Christus endet.

Am Beginn (1,1) benennt der Verfasser sein Thema: Er schreibt über „Jesus Christus, den Sohn Davids, den Sohn Abrahams". Sein Anliegen ist es aufzuzeigen, wie sich im Wirken Jesu das Reich Gottes ankündigt. Leitend ist für sein Jesusbild die Überlieferung des Alten Testaments. In Jesus von Nazaret und in seinem Wirken kommt das Wort der Schrift zur Fülle und zur Erfüllung. Dabei ist die Rückbindung der Identität Jesu an Abraham und David maßgebend. Als neuer Mose interpretiert Jesus die Weisung Gottes. Als der geliebte Sohn hat er in seinem Wort und Tun Anteil an der Vollmacht Gottes. Als Auferstandener wird er zur Herrschaft über die gesamte Schöpfung ermächtigt.

Das Matthäusevangelium hat schon die Kirche als Gemeinde der Jünger Jesu im Blick, vgl. die Übertragung der „Schlüsselgewalt" an Petrus (16,13–19); die Regeln für das Leben in der Gemeinde (18). Die hierin zum Ausdruck kommende Abgrenzung gegenüber dem Judentum wird jedoch nicht als Bruch mit diesem, sondern als Kontinuität unter dem Vorzeichen der von Jesus Christus verbürgten Liebe Gottes zu den Menschen in allen Völkern verstanden.

Ein besonderes Merkmal dieses Evangeliums liegt in der Anschaulichkeit der Darstellung. Mit seinen Redekompositionen, mit der großen Zahl der auf die Lebens- und Glaubenspraxis ausgerichteten Gleichnisse Jesu und mit der vielfältigen Erzählung über Jesu vollmächtiges Wirken ist es, gemessen an der Zahl seiner Kapitel, das längste aller vier Evangelien. Die Alte Kirche hat das Matthäusevangelium sehr geschätzt und als Summe der Lehre und des Wirkens Jesu verstanden. So wurde es zu dem Evangelium der Kirche, das bis heute mit seiner klaren und optimistischen Zukunftsperspektive eindrucksvoll und einladend zur Lebensnachfolge in der Gemeinschaft der Christen anspornt.

DIE VORGESCHICHTEN

1

1,1 – 4,11

DER STAMMBAUM JESU

¹ Buch des Ursprungs Jesu Christi, des Sohnes Davids, des Sohnes Abrahams:

² Abraham zeugte den Isaak, / Isaak zeugte den Jakob, / Jakob zeugte den Juda und seine Brüder.

³ Juda zeugte den Perez und den Serach mit der Tamar. / Perez zeugte den Hezron, / Hezron zeugte den Aram,

⁴ Aram zeugte den Amminadab, / Amminadab zeugte den Nachschon, / Nachschon zeugte den Salmon.

⁵ Salmon zeugte den Boas mit der Rahab. / Boas zeugte den Obed mit der Rut. / Obed zeugte den Isai,

⁶ Isai zeugte David, den König. / David zeugte den Salomo mit der Frau des Urija.

⁷ Salomo zeugte den Rehabeam, / Rehabeam zeugte den Abija, / Abija zeugte den Asa,

⁸ Asa zeugte den Joschafat, / Joschafat zeugte den Joram, / Joram zeugte den Usija.

⁹ Usija zeugte den Jotam, / Jotam zeugte den Ahas, / Ahas zeugte den Hiskija,

¹⁰ Hiskija zeugte den Manasse, / Manasse zeugte den Amos, / Amos zeugte den Joschija.

¹¹ Joschija zeugte den Jojachin und seine Brüder; das war zur Zeit der Babylonischen Gefangenschaft.

¹² Nach der Babylonischen Gefangenschaft zeugte Jojachin den Schealtiël, / Schealtiël zeugte den Serubbabel,

¹³ Serubbabel zeugte den Abihud, / Abihud zeugte den Eljakim, / Eljakim zeugte den Azor.

¹⁴ Azor zeugte den Zadok, / Zadok zeugte den Achim, / Achim zeugte den Eliud,

¹⁵ Eliud zeugte den Eleasar, / Eleasar zeugte den Mattan, / Mattan zeugte den Jakob.

¹⁶ Jakob war der Vater von Josef, dem Mann Marias; / von ihr wurde

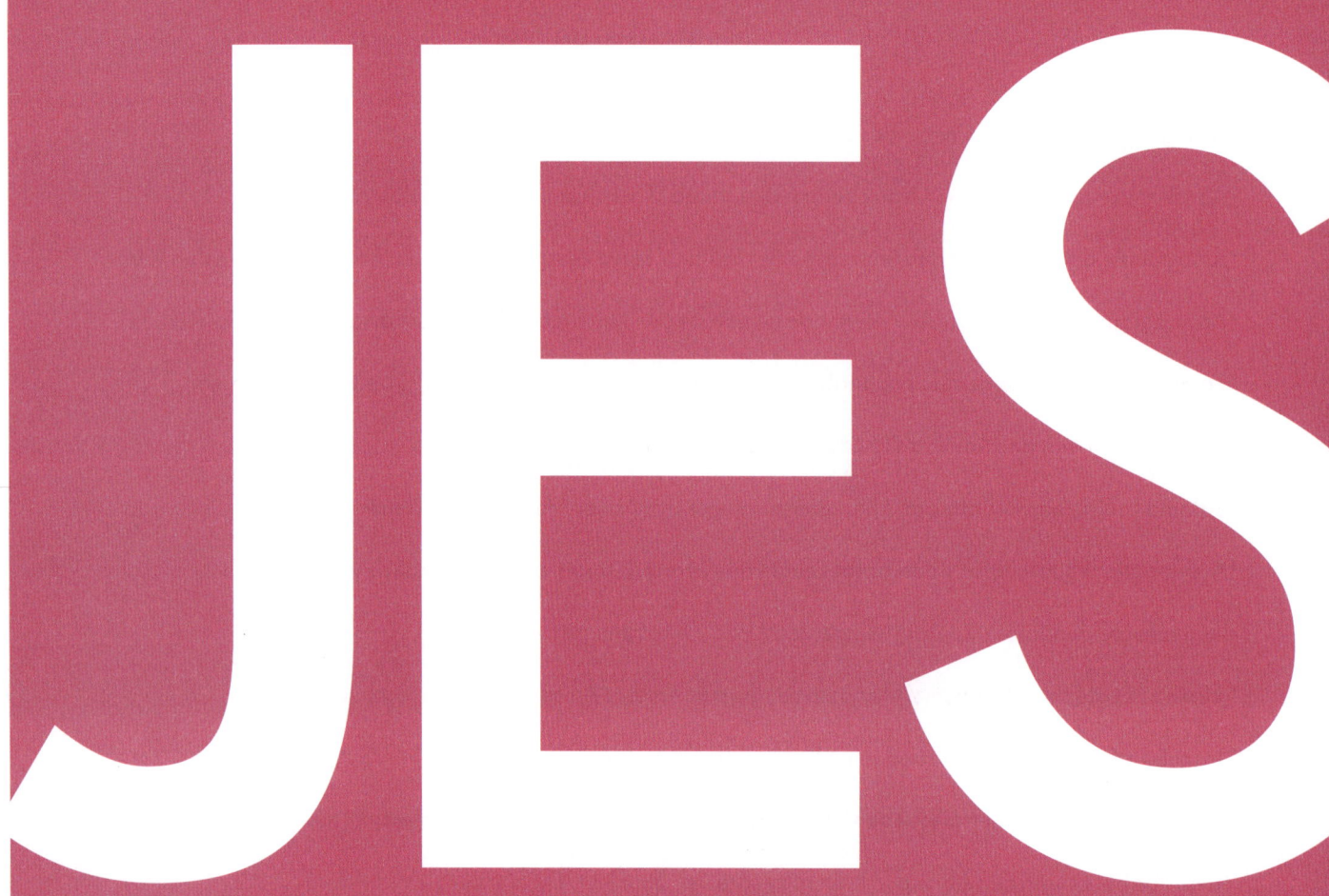

geboren / der der Christus (der Messias) genannt wird.

[17] Im Ganzen sind es also von Abraham bis David vierzehn Generationen, von David bis zur Babylonischen Gefangenschaft vierzehn Generationen und von der Babylonischen Gefangenschaft bis zu Christus vierzehn Generationen.

ÜBER DIE GEBURT JESU

[18] Mit der Geburt Jesu Christi war es so: Maria, seine Mutter, war mit Josef verlobt; noch bevor sie zusammengekommen waren, zeigte sich, dass sie ein Kind erwartete – durch das Wirken des Heiligen Geistes. [19] Josef, ihr Mann, der gerecht war und sie nicht bloßstellen wollte, beschloss, sich in aller Stille von ihr zu trennen. [20] Während er noch darüber nachdachte, siehe, da erschien ihm ein Engel des Herrn im Traum und sagte: Josef, Sohn Davids, fürchte dich nicht, Maria als deine Frau zu dir zu nehmen; denn das Kind, das sie erwartet, ist vom Heiligen Geist. [21] Sie wird einen Sohn gebären; ihm sollst du den Namen Jesus geben; denn er wird sein Volk von seinen Sünden erlösen. [22] Dies alles ist geschehen, damit sich erfüllte, was der Herr durch den Propheten gesagt hat:

[23] **Siehe: Die Jungfrau wird empfangen /
und einen Sohn gebären /
und sie werden ihm den Namen Immanuel geben, /
das heißt übersetzt:
Gott mit uns.**

[24] Als Josef erwachte, tat er, was der Engel des Herrn ihm befohlen hatte, und nahm seine Frau zu sich. [25] Er erkannte sie aber nicht, bis sie ihren Sohn gebar. Und er gab ihm den Namen Jesus.

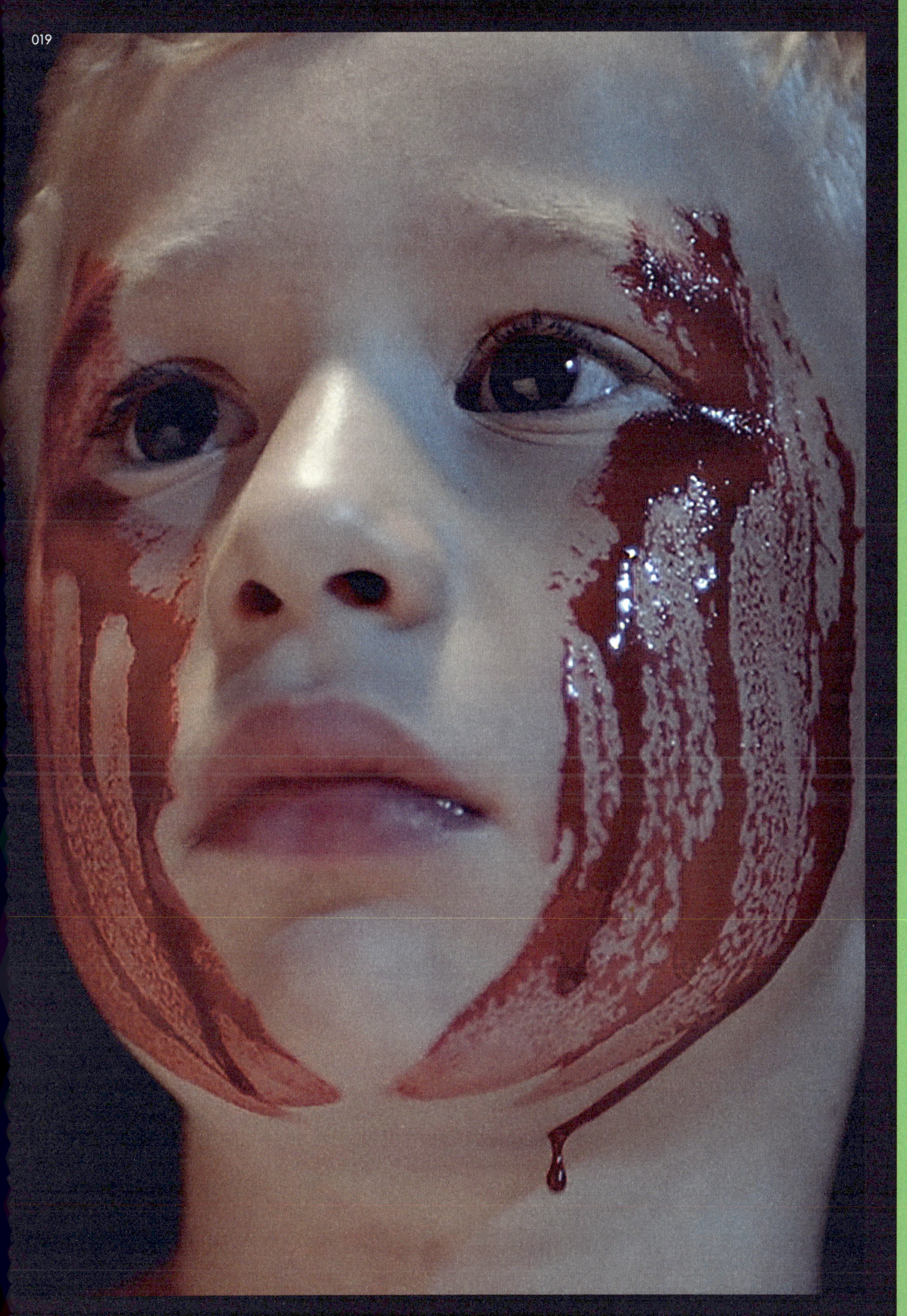

2

2,1–23

DIE HULDIGUNG DER STERNDEUTER

[1] Als Jesus zur Zeit des Königs Herodes in Betlehem in Judäa geboren worden war, siehe, da kamen Sterndeuter aus dem Osten nach Jerusalem [2] und fragten:

Wo ist der neugeborene König der Juden? Wir haben seinen Stern aufgehen sehen und sind gekommen, um ihm zu huldigen.

[3] Als König Herodes das hörte, erschrak er und mit ihm ganz Jerusalem. [4] Er ließ alle Hohepriester und Schriftgelehrten des Volkes zusammenkommen und erkundigte sich bei ihnen, wo der Christus geboren werden solle. [5] Sie antworteten ihm: in Betlehem in Judäa; denn so steht es geschrieben bei dem Propheten:
[6] *Du, Betlehem im Gebiet von Juda, / bist keineswegs die unbedeutendste / unter den führenden Städten von Juda; / denn aus dir wird ein Fürst hervorgehen, / der Hirt meines Volkes Israel.*
[7] Danach rief Herodes die Sterndeuter heimlich zu sich und ließ sich von ihnen genau sagen, wann der Stern erschienen war. [8] Dann schickte er sie nach Betlehem und sagte: Geht und forscht sorgfältig nach dem Kind; und wenn ihr es gefunden habt, berichtet mir, damit auch ich hingehe und ihm huldige! [9] Nach diesen Worten des Königs machten sie sich auf den Weg. Und siehe, der Stern, den sie hatten aufgehen sehen, zog vor ihnen her bis zu dem Ort, wo das Kind war; dort blieb er stehen. [10] Als sie den Stern sahen, wurden sie von sehr großer Freude erfüllt.

[11] **Sie gingen in das Haus und sahen das Kind und Maria, seine Mutter; da fielen sie nieder und huldigten ihm. Dann holten sie ihre Schätze hervor und brachten ihm Gold, Weihrauch und Myrrhe als Gaben dar.**

[12] Weil ihnen aber im Traum geboten wurde, nicht zu Herodes zurückzukehren, zogen sie auf einem anderen Weg heim in ihr Land.

DIE FLUCHT NACH ÄGYPTEN

[13] Als die Sterndeuter wieder gegangen waren, siehe, da erschien dem Josef im Traum ein Engel des Herrn und sagte: Steh auf, nimm das Kind und seine Mutter und flieh nach Ägypten; dort bleibe, bis ich dir etwas anderes auftrage; denn Herodes wird das Kind suchen, um es zu töten. [14] Da stand Josef auf und floh in der Nacht mit dem Kind und dessen Mutter nach Ägypten. [15] Dort blieb er bis zum Tod des Herodes. Denn es sollte sich erfüllen, was der Herr durch den Propheten gesagt hat: *Aus Ägypten habe ich meinen Sohn gerufen.*

DER KINDERMORD IN BETLEHEM

[16] Als Herodes merkte, dass ihn die Sterndeuter getäuscht hatten, wurde er sehr zornig und er sandte aus und ließ in Betlehem und der ganzen Umgebung alle Knaben bis zum Alter von zwei Jahren töten, genau der Zeit entsprechend, die er von den Sterndeutern erfahren hatte. [17] Damals erfüllte sich, was durch den Propheten Jeremia gesagt worden ist:
[18] *Ein Geschrei war in Rama zu hören, / lautes Weinen und Klagen: / Rahel weinte um ihre Kinder / und wollte sich nicht trösten lassen, / denn sie waren nicht mehr.*

DIE RÜCKKEHR AUS ÄGYPTEN

[19] Als Herodes gestorben war, siehe, da erschien dem Josef in Ägypten ein Engel des Herrn im Traum [20] und sagte:

Steh auf, nimm das Kind und seine Mutter und zieh in das Land Israel; denn die Leute, die dem Kind nach dem Leben getrachtet haben, sind tot.

[21] Da stand er auf und zog mit dem Kind und dessen Mutter in das Land Israel. [22] Als er aber hörte, dass in Judäa Archelaus anstelle seines Vaters Herodes regierte, fürchtete er sich, dorthin zu gehen. Und weil er im Traum einen Befehl erhalten hatte, zog er in das Gebiet von Galiläa [23] und ließ sich in einer Stadt namens Nazaret nieder. Denn es sollte sich erfüllen, was durch die Propheten gesagt worden ist: Er wird Nazoräer genannt werden.

3

3,1 – 17

DAS AUFTRETEN DES TÄUFERS

¹ In jenen Tagen trat Johannes der Täufer auf und verkündete in der Wüste von Judäa: ² Kehrt um! Denn das Himmelreich ist nahe. ³ Er war es, von dem der Prophet Jesaja gesagt hat:

Stimme eines Rufers in der Wüste: / Bereitet den Weg des Herrn! / Macht gerade seine Straßen!

⁴ Johannes trug ein Gewand aus Kamelhaaren und einen ledernen Gürtel um seine Hüften; Heuschrecken und wilder Honig waren seine Nahrung. ⁵ Die Leute von Jerusalem und ganz Judäa und aus der ganzen Jordangegend zogen zu ihm hinaus; ⁶ sie bekannten ihre Sünden und ließen sich im Jordan von ihm taufen. ⁷ Als Johannes sah, dass viele Pharisäer und Sadduzäer zur Taufe kamen, sagte er zu ihnen: Ihr Schlangenbrut, wer hat euch denn gelehrt, dass ihr dem kommenden Zorngericht entrinnen könnt? ⁸ Bringt Frucht hervor, die eure Umkehr zeigt, ⁹ und meint nicht, ihr könntet sagen: Wir haben Abraham zum Vater. Denn ich sage euch: Gott kann aus diesen Steinen dem Abraham Kinder erwecken. ¹⁰ Schon ist die Axt an die Wurzel der Bäume gelegt; jeder Baum, der keine gute Frucht hervorbringt, wird umgehauen und ins Feuer geworfen. ¹¹ Ich taufe euch mit Wasser zur Umkehr. Der aber, der nach mir kommt, ist stärker als ich und ich bin es nicht wert, ihm die Sandalen auszuziehen. Er wird euch mit dem Heiligen Geist und mit Feuer taufen. ¹² Schon hält er die Schaufel in der Hand; und er wird seine Tenne reinigen und den Weizen in seine Scheune sammeln; die Spreu aber wird er in nie erlöschendem Feuer verbrennen.

DIE TAUFE JESU

¹³ Zu dieser Zeit kam Jesus von Galiläa an den Jordan zu Johannes, um sich von ihm taufen zu lassen. ¹⁴ Johannes aber wollte es nicht zulassen und sagte zu ihm: Ich müsste von dir getauft werden und du kommst zu mir? ¹⁵ Jesus antwortete ihm: Lass es nur zu! Denn so können wir die Gerechtigkeit ganz erfüllen. Da gab Johannes nach. ¹⁶ Als Jesus getauft war, stieg er sogleich aus dem Wasser herauf. Und siehe, da öffnete sich der Himmel und er sah den Geist Gottes wie eine Taube auf sich herabkommen. ¹⁷ Und siehe, eine Stimme aus dem Himmel sprach: Dieser ist mein geliebter Sohn, an dem ich Wohlgefallen gefunden habe.

4

4,1 – 11

DIE VERSUCHUNG JESU

¹ Dann wurde Jesus vom Geist in die Wüste geführt; dort sollte er vom Teufel versucht werden. ² Als er vierzig Tage und vierzig Nächte gefastet hatte, hungerte ihn. ³ Da trat der Versucher an ihn heran und sagte: Wenn du Gottes Sohn bist, so befiehl, dass aus diesen Steinen Brot wird. ⁴ Er aber antwortete: In der Schrift heißt es: *Der Mensch lebt nicht vom Brot allein, sondern von jedem Wort, das aus Gottes Mund kommt.* ⁵ Darauf nahm ihn der Teufel mit sich in die Heilige Stadt, stellte ihn oben auf den Tempel ⁶ und sagte zu ihm: Wenn du Gottes Sohn bist, so stürz dich hinab; denn es heißt in der Schrift:

Seinen Engeln befiehlt er um deinetwillen, / und: Sie werden dich auf ihren Händen tragen, / damit dein Fuß nicht an einen Stein stößt.

⁷ Jesus antwortete ihm: In der Schrift heißt es auch: *Du sollst den Herrn, deinen Gott, nicht auf die Probe stellen.* ⁸ Wieder nahm ihn der Teufel mit sich und führte ihn auf einen sehr hohen Berg; er zeigte ihm alle Reiche der Welt mit ihrer Pracht ⁹ und sagte zu ihm: Das alles will ich dir geben, wenn du dich vor mir niederwirfst und mich anbetest. ¹⁰ Da sagte Jesus zu ihm:

Weg mit dir, Satan!

Denn in der Schrift steht: *Den Herrn, deinen Gott, sollst du anbeten und ihm allein dienen.* ¹¹ Darauf ließ der Teufel von ihm ab und siehe, es kamen Engel und dienten ihm.

Das Evangelium nach MATTHÄUS

DAS WIRKEN JESU IN GALILÄA

4,12–18,35

JESUS – LICHT FÜR DIE MENSCHEN

¹² Als Jesus hörte, dass Johannes ausgeliefert worden war, kehrte er nach Galiläa zurück. ¹³ Er verließ Nazaret, um in Kafarnaum zu wohnen, das am See liegt, im Gebiet von Sebulon und Naftali. ¹⁴ Denn es sollte sich erfüllen, was durch den Propheten Jesaja gesagt worden ist:

¹⁵ *Das Land Sebulon und das Land Naftali, / die Straße am Meer, das Gebiet jenseits des Jordan, / das heidnische Galiläa:*
¹⁶ *Das Volk, das im Dunkel saß, / hat ein helles Licht gesehen; / denen, die im Schattenreich des Todes wohnten, / ist ein Licht erschienen.*

DIE VERKÜNDIGUNG VOM HIMMELREICH UND DIE ERSTEN JÜNGER

¹⁷ Von da an begann Jesus zu verkünden: Kehrt um! Denn das Himmelreich ist nahe. ¹⁸ Als Jesus am See von Galiläa entlangging, sah er zwei Brüder, Simon, genannt Petrus, und seinen Bruder Andreas; sie warfen gerade ihr Netz in den See, denn sie waren Fischer.

¹⁹ **Da sagte er zu ihnen: Kommt her, mir nach! Ich werde euch zu Menschenfischern machen.** ²⁰ Sofort ließen sie ihre Netze liegen und folgten ihm nach. ²¹ Als er weiterging, sah er zwei andere Brüder, Jakobus, den Sohn des Zebedäus, und seinen Bruder Johannes; sie waren mit ihrem Vater Zebedäus im Boot und richteten ihre Netze her. Er rief sie ²² und sogleich verließen sie das Boot und ihren Vater und folgten Jesus nach.

DER ANDRANG DER MENSCHEN

²³ Er zog in ganz Galiläa umher, lehrte in den Synagogen, verkündete das Evangelium vom Reich und heilte im Volk alle Krankheiten und Leiden. ²⁴ Und sein Ruf verbreitete sich in ganz Syrien. Man brachte alle Kranken mit den verschiedensten Gebrechen und Leiden zu ihm, Besessene, Mondsüchtige und Gelähmte, und er heilte sie. ²⁵ Scharen von Menschen aus Galiläa, der Dekapolis, aus Jerusalem und Judäa und aus dem Gebiet jenseits des Jordan folgten ihm nach.

5

5,1 – 48

EINLEITUNG ZUR BERGPREDIGT

¹ Als Jesus die vielen Menschen sah, stieg er auf den Berg. Er setzte sich und seine Jünger traten zu ihm. ² Und er öffnete seinen Mund, er lehrte sie und sprach:

DIE SELIGPREISUNGEN

³ Selig, die arm sind vor Gott; / denn ihnen gehört das Himmelreich.
⁴ Selig die Trauernden; / denn sie werden getröstet werden.
⁵ Selig die Sanftmütigen; / denn sie werden das Land erben.
⁶ Selig, die hungern und dürsten nach der Gerechtigkeit; / denn sie werden gesättigt werden.
⁷ Selig die Barmherzigen; / denn sie werden Erbarmen finden.
⁸ Selig, die rein sind im Herzen; / denn sie werden Gott schauen.
⁹ Selig, die Frieden stiften; / denn sie werden Kinder Gottes genannt werden.
¹⁰ Selig, die verfolgt werden um der Gerechtigkeit willen; / denn ihnen gehört das Himmelreich.
¹¹ Selig seid ihr, wenn man euch schmäht und verfolgt und alles Böse über euch redet um meinetwillen. ¹² Freut euch und jubelt: Denn euer Lohn wird groß sein im Himmel. So wurden nämlich schon vor euch die Propheten verfolgt.

DAS DOPPELBILDWORT VOM SALZ UND VOM LICHT

¹³ Ihr seid das Salz der Erde. Wenn das Salz seinen Geschmack verliert, womit kann man es wieder salzig machen? Es taugt zu nichts mehr, außer weggeworfen und von den Leuten zertreten zu werden.

¹⁴ Ihr seid das Licht der Welt. Eine Stadt, die auf einem Berg liegt, kann nicht verborgen bleiben. ¹⁵ Man zündet auch nicht eine Leuchte an und stellt sie unter den Scheffel, sondern auf den Leuchter; dann leuchtet sie allen im Haus. ¹⁶ So soll euer Licht vor den Menschen leuchten, damit sie eure guten Taten sehen und euren Vater im Himmel preisen.

ÜBER DIE ERFÜLLUNG DER WEISUNG GOTTES

¹⁷ Denkt nicht, ich sei gekommen, um das Gesetz und die Propheten aufzuheben! Ich bin nicht gekommen, um aufzuheben, sondern um zu erfüllen. ¹⁸ Amen, ich sage euch: Bis Himmel und Erde vergehen, wird kein Jota und kein Häkchen des Gesetzes vergehen, bevor nicht alles geschehen ist. ¹⁹ Wer auch nur eines von den kleinsten Geboten aufhebt und die Menschen entsprechend lehrt, der wird im Himmelreich der Kleinste sein. Wer sie aber hält und halten lehrt, der wird groß sein im Himmelreich. ²⁰ Darum sage ich euch: Wenn eure Gerechtigkeit nicht weit größer ist als die der Schriftgelehrten und der Pharisäer, werdet ihr nicht in das Himmelreich kommen.

DIE NEUEN THESEN

²¹ Ihr habt gehört, dass zu den Alten gesagt worden ist: *Du sollst nicht töten;* wer aber jemanden tötet, soll dem Gericht verfallen sein. ²² Ich aber sage euch: Jeder, der seinem Bruder auch nur zürnt, soll dem Gericht verfallen sein; und wer zu seinem Bruder sagt: Du Dummkopf!, soll dem Spruch des Hohen Rates verfallen sein; wer aber zu ihm sagt: Du Narr!, soll dem Feuer der Hölle verfallen sein. ²³ Wenn du deine Opfergabe zum Altar bringst und dir dabei einfällt, dass dein Bruder etwas gegen dich hat, ²⁴ so lass deine Gabe dort vor dem Altar liegen; geh und versöhne dich zuerst mit deinem Bruder, dann komm und opfere deine Gabe! ²⁵ Schließ ohne Zögern Frieden mit deinem Gegner, solange du mit ihm noch auf dem Weg zum Gericht bist! Sonst wird dich dein Gegner vor den Richter bringen und der Richter wird dich dem Gerichtsdiener übergeben und du wirst ins Gefängnis geworfen. ²⁶ Amen, ich sage dir: Du kommst von dort nicht heraus, bis du den letzten Pfennig bezahlt hast.

²⁷ Ihr habt gehört, dass gesagt worden ist: *Du sollst nicht die Ehe brechen.* ²⁸ Ich aber sage euch: Jeder, der eine Frau ansieht, um sie zu begehren, hat in seinem Herzen schon Ehebruch mit ihr begangen. ²⁹ Wenn dich dein rechtes Auge zum Bösen verführt, dann reiß es aus und wirf es weg! Denn es ist besser für dich, dass eines deiner Glieder verloren geht, als dass dein ganzer Leib in die Hölle geworfen wird. ³⁰ Und wenn dich deine rechte Hand zum Bösen verführt, dann hau sie ab und wirf sie weg! Denn es ist besser für dich, dass eines deiner Glieder verloren geht, als dass dein ganzer Leib in die Hölle kommt. ³¹ Ferner ist gesagt worden: Wer seine Frau aus der Ehe entlässt, muss ihr eine Scheidungsurkunde geben. ³² Ich aber sage euch: Wer seine Frau entlässt, obwohl kein Fall von Unzucht vorliegt, liefert sie dem Ehebruch aus; und wer eine Frau heiratet, die aus der Ehe entlassen worden ist, begeht Ehebruch.

³³ Ihr habt gehört, dass zu den Alten gesagt worden ist: Du sollst keinen Meineid schwören, und: Du sollst halten, was du dem Herrn geschworen hast. ³⁴ Ich aber sage euch: Schwört überhaupt nicht, weder beim Himmel, denn er ist Gottes Thron, ³⁵ noch bei der Erde, denn sie ist der Schemel seiner Füße, noch bei Jerusalem, denn es ist die Stadt des großen Königs! ³⁶ Auch bei deinem Haupt sollst du nicht schwören; denn du kannst kein einziges Haar weiß oder schwarz machen. ³⁷ Eure Rede sei: Ja ja, nein nein; was darüber hinausgeht, stammt vom Bösen.

³⁸ Ihr habt gehört, dass gesagt worden ist: *Auge für Auge* und *Zahn für Zahn*. ³⁹ Ich aber sage euch: Leistet dem, der euch etwas Böses antut, keinen Widerstand, sondern wenn dich einer auf die rechte Wange schlägt, dann halt ihm auch die andere hin! ⁴⁰ Und wenn dich einer vor Gericht bringen will, um dir das Hemd wegzunehmen, dann lass ihm auch den Mantel! ⁴¹ Und wenn dich einer zwingen will, eine Meile mit ihm zu gehen, dann geh zwei mit ihm! ⁴² Wer dich bittet, dem gib, und wer von dir borgen will, den weise nicht ab!

⁴³ Ihr habt gehört, dass gesagt worden ist: *Du sollst deinen Nächsten lieben* und deinen Feind hassen. ⁴⁴ Ich aber sage euch: Liebt eure Feinde und betet für die, die euch verfolgen, ⁴⁵ damit ihr Kinder eures Vaters im Himmel werdet; denn er lässt seine Sonne aufgehen über Bösen und Guten und er lässt regnen über Gerechte und Ungerechte. ⁴⁶ Wenn ihr nämlich nur die liebt, die euch lieben, welchen Lohn könnt ihr dafür erwarten? Tun das nicht auch die Zöllner? ⁴⁷ Und wenn ihr nur eure Brüder grüßt, was tut ihr damit Besonderes? Tun das nicht auch die Heiden? ⁴⁸ Seid also vollkommen, wie euer himmlischer Vater vollkommen ist!

6

6,1–34

VOM ALMOSEN

¹ Hütet euch, eure Gerechtigkeit vor den Menschen zu tun, um von ihnen gesehen zu werden; sonst habt ihr keinen Lohn von eurem Vater im Himmel zu erwarten. ² Wenn du Almosen gibst, posaune es nicht vor dir her, wie es die Heuchler in den Synagogen und auf den Gassen tun, um von den Leuten gelobt zu werden! Amen, ich sage euch: Sie haben ihren Lohn bereits erhalten. ³ Wenn du Almosen gibst, soll deine linke Hand nicht wissen, was deine rechte tut, ⁴ damit dein Almosen im Verborgenen bleibt; und dein Vater, der auch das Verborgene sieht, wird es dir vergelten.

VOM BETEN – DAS VATERUNSER

⁵ Wenn ihr betet, macht es nicht wie die Heuchler! Sie stellen sich beim Gebet gern in die Synagogen und an die Straßenecken, damit sie von den Leuten gesehen werden. Amen, ich sage euch: Sie haben ihren Lohn bereits erhalten. ⁶ Du aber, wenn du betest, geh in deine Kammer, schließ die Tür zu; dann bete zu deinem Vater, der im Verborgenen ist! Dein Vater, der auch das Verborgene sieht, wird es dir vergelten. ⁷ Wenn ihr betet, sollt ihr nicht plappern wie die Heiden, die meinen, sie werden nur erhört, wenn sie viele Worte machen. ⁸ Macht es nicht wie sie; denn euer Vater weiß, was ihr braucht, noch ehe ihr ihn bittet. ⁹ So sollt ihr beten:

Unser Vater im Himmel, /
geheiligt werde dein Name,

10 dein Reich komme, /
dein Wille geschehe /
wie im Himmel, so auf der Erde.

11 Gib uns heute das Brot,
das wir brauchen!

12 Und erlass uns unsere Schulden, /
wie auch wir sie unseren Schuldnern
erlassen haben!

13 Und führe uns nicht in Versuchung, /
sondern rette uns vor dem Bösen!

14 Denn wenn ihr den Menschen ihre Verfehlungen vergebt, dann wird euer himmlischer Vater auch euch vergeben. 15 Wenn ihr aber den Menschen nicht vergebt, dann wird euch euer Vater eure Verfehlungen auch nicht vergeben.

VOM FASTEN

16 Wenn ihr fastet, macht kein finsteres Gesicht wie die Heuchler! Sie geben sich ein trübseliges Aussehen, damit die Leute merken, dass sie fasten. Amen, ich sage euch: Sie haben ihren Lohn bereits erhalten. 17 Du aber, wenn du fastest, salbe dein Haupt und wasche dein Gesicht, 18 damit die Leute nicht merken, dass du fastest, sondern nur dein Vater, der im Verborgenen ist; und dein Vater, der das Verborgene sieht, wird es dir vergelten.

VON DER RECHTEN SORGE

¹⁹ Sammelt euch nicht Schätze hier auf der Erde, wo Motte und Wurm sie zerstören und wo Diebe einbrechen und sie stehlen, ²⁰ sondern sammelt euch Schätze im Himmel, wo weder Motte noch Wurm sie zerstören und keine Diebe einbrechen und sie stehlen! ²¹ Denn wo dein Schatz ist, da ist auch dein Herz. ²² Die Leuchte des Leibes ist das Auge. Wenn dein Auge gesund ist, dann wird dein ganzer Leib hell sein. ²³ Wenn aber dein Auge krank ist, dann wird dein ganzer Leib finster sein. Wenn nun das Licht in dir Finsternis ist, wie groß muss dann die Finsternis sein! ²⁴ Niemand kann zwei Herren dienen; er wird entweder den einen hassen und den andern lieben oder er wird zu dem einen halten und den andern verachten. Ihr könnt nicht Gott dienen und dem Mammon. ²⁵ Deswegen sage ich euch: Sorgt euch nicht um euer Leben, was ihr essen oder trinken sollt, noch um euren Leib, was ihr anziehen sollt! Ist nicht das Leben mehr als die Nahrung und der Leib mehr als die Kleidung? ²⁶ Seht euch die Vögel des Himmels an: Sie säen nicht, sie ernten nicht und sammeln keine Vorräte in Scheunen; euer himmlischer Vater ernährt sie. Seid ihr nicht viel mehr wert als sie? ²⁷ Wer von euch kann mit all seiner Sorge sein Leben auch nur um eine kleine Spanne verlängern? ²⁸ Und was sorgt ihr euch um eure Kleidung? Lernt von den Lilien des Feldes, wie sie wachsen: Sie arbeiten nicht und spinnen nicht. ²⁹ Doch ich sage euch: Selbst Salomo war in all seiner Pracht nicht gekleidet wie eine von ihnen. ³⁰ Wenn aber Gott schon das Gras so kleidet, das heute auf dem Feld steht und morgen in den Ofen geworfen wird, wie viel mehr dann euch, ihr Kleingläubigen! ³¹ Macht euch also keine Sorgen und fragt nicht: Was sollen wir essen? Was sollen wir trinken? Was sollen wir anziehen? ³² Denn nach alldem streben die Heiden. Euer himmlischer Vater weiß, dass ihr das alles braucht. ³³ Sucht aber zuerst sein Reich und seine Gerechtigkeit; dann wird euch alles andere dazugegeben. ³⁴ Sorgt euch also nicht um morgen; denn der morgige Tag wird für sich selbst sorgen. Jeder Tag hat genug an seiner eigenen Plage.

7

7,1–29

VOM RICHTEN

¹ Richtet nicht, damit ihr nicht gerichtet werdet! ² Denn wie ihr richtet, so werdet ihr gerichtet werden und nach dem Maß, mit dem ihr messt, werdet ihr gemessen werden. ³ Warum siehst du den Splitter im Auge deines Bruders, aber den Balken in deinem Auge bemerkst du nicht? ⁴ Oder wie kannst du zu deinem Bruder sagen: Lass mich den Splitter aus deinem Auge herausziehen! – und siehe, in deinem Auge steckt ein Balken! ⁵ Du Heuchler! Zieh zuerst den Balken aus deinem Auge, dann kannst du zusehen, den Splitter aus dem Auge deines Bruders herauszuziehen!

VON DER ENTWEIHUNG DES HEILIGEN

⁶ Gebt das Heilige nicht den Hunden und werft eure Perlen nicht den Schweinen vor, denn sie könnten sie mit ihren Füßen zertreten und sich umwenden und euch zerreißen!

VOM VERTRAUEN BEIM BETEN

⁷ Bittet und es wird euch gegeben; sucht und ihr werdet finden; klopft an und es wird euch geöffnet! ⁸ Denn wer bittet, der empfängt; wer sucht, der findet; und wer anklopft, dem wird geöffnet. ⁹ Oder ist einer unter euch, der seinem Sohn einen Stein gibt, wenn er um Brot bittet, ¹⁰ oder eine Schlange, wenn er um einen Fisch bittet? ¹¹ Wenn nun ihr, die ihr böse seid, euren Kindern gute Gaben zu geben wisst, wie viel mehr wird euer Vater im Himmel denen Gutes geben, die ihn bitten.

ZUSAMMENFASSUNG VON GESETZ UND PROPHETEN: DIE GOLDENE REGEL

¹² Alles, was ihr wollt, dass euch die Menschen tun, das tut auch ihnen! Darin besteht das Gesetz und die Propheten.

VON DEN ZWEI WEGEN

¹³ Geht durch das enge Tor! Denn weit ist das Tor und breit der Weg, der ins Verderben führt, und es sind viele, die auf ihm gehen. ¹⁴ Wie eng ist das Tor und wie schmal der Weg, der zum Leben führt, und es sind wenige, die ihn finden.

VON DEN FALSCHEN PROPHETEN

¹⁵ Hütet euch vor den falschen Propheten; sie kommen zu euch in Schafskleidern, im Inneren aber sind sie reißende Wölfe. ¹⁶ An ihren Früchten werdet ihr sie erkennen. Erntet man etwa von Dornen Trauben oder von Disteln Feigen? ¹⁷ Jeder gute Baum bringt gute Früchte hervor, ein schlechter Baum aber schlechte. ¹⁸ Ein guter Baum kann keine schlechten Früchte hervorbringen und ein schlechter Baum keine guten. ¹⁹ Jeder Baum, der keine guten Früchte hervorbringt, wird umgehauen und ins Feuer geworfen. ²⁰ An ihren Früchten also werdet ihr sie erkennen.

VOM ERFÜLLEN DES WILLENS DES VATERS

²¹ Nicht jeder, der zu mir sagt: Herr! Herr!, wird in das Himmelreich kommen, sondern wer den Willen meines Vaters im Himmel tut. ²² Viele werden an jenem Tag zu mir sagen: Herr, Herr, sind wir nicht in deinem Namen als Propheten aufgetreten und haben wir nicht in deinem Namen Dämonen ausgetrieben und haben wir nicht in deinem Namen viele Machttaten gewirkt? ²³ Dann werde ich ihnen antworten: Ich kenne euch nicht. *Weg von mir, ihr Gesetzlosen!*

BILDWORT VOM KLUGEN UND TÖRICHTEN HAUSBAU

²⁴ Jeder, der diese meine Worte hört und danach handelt, ist wie ein kluger Mann, der sein Haus auf Fels baute. ²⁵ Als ein Wolkenbruch kam und die Wassermassen heranfluteten, als die Stürme tobten und an dem Haus rüttelten, da stürzte es nicht ein; denn es war auf Fels gebaut. ²⁶ Und jeder, der diese meine Worte hört und nicht danach handelt, ist ein Tor, der sein Haus auf Sand baute. ²⁷ Als ein Wolkenbruch kam und die Wassermassen heranfluteten, als die Stürme tobten und an dem Haus rüttelten, da stürzte es ein und wurde völlig zerstört.

REAKTION AUF DIE REDE JESU

²⁸ Und es geschah, als Jesus diese Rede beendet hatte, war die Menge voll Staunen über seine Lehre; ²⁹ denn er lehrte sie wie einer, der Vollmacht hat, und nicht wie ihre Schriftgelehrten.

8

8,1–34

DIE HEILUNG EINES AUSSÄTZIGEN

¹ Als Jesus von dem Berg herabstieg, folgten ihm viele Menschen nach. ² Und siehe, da kam ein Aussätziger, fiel vor ihm nieder und sagte: Herr, wenn du willst, kannst du mich rein machen. ³ Jesus streckte die Hand aus, berührte ihn und sagte: Ich will – werde rein! Im gleichen Augenblick wurde der Aussätzige rein. ⁴ Jesus aber sagte zu ihm: Nimm dich in Acht! Erzähl niemandem davon, sondern geh, zeig dich dem Priester und bring das Opfer dar, das Mose angeordnet hat – ihnen zum Zeugnis!

DER HAUPTMANN VON KAFARNAUM

⁵ Als er nach Kafarnaum kam, trat ein Hauptmann an ihn heran und bat ihn: ⁶ Herr, mein Diener liegt gelähmt zu Hause und hat große Schmerzen. ⁷ Jesus sagte zu ihm: Ich will kommen und ihn heilen. ⁸ Und der Hauptmann antwortete: Herr, ich bin es nicht wert, dass du unter mein Dach einkehrst; aber sprich nur ein Wort, dann wird mein Diener gesund! ⁹ Denn auch ich muss Befehlen gehorchen und ich habe selbst Soldaten unter mir; sage ich nun zu einem: Geh!, so geht er, und zu einem andern: Komm!, so kommt er, und zu meinem Diener: Tu das!, so tut er es. ¹⁰ Jesus war erstaunt, als er das hörte, und sagte zu denen, die ihm nachfolgten: Amen, ich sage euch: Einen solchen Glauben habe ich in Israel noch bei niemandem gefunden. ¹¹ Ich sage euch: Viele werden von Osten und Westen kommen und mit Abraham, Isaak und Jakob im Himmelreich zu Tisch sitzen; ¹² aber die Söhne des Reiches werden hinausgeworfen in die äußerste Finsternis; dort wird Heulen und Zähneknirschen sein. ¹³ Und zum Hauptmann sagte Jesus: Geh! Es soll dir geschehen, wie du geglaubt hast. Und in derselben Stunde wurde sein Diener gesund.

DIE HEILUNG DER SCHWIEGERMUTTER DES PETRUS

¹⁴ Jesus ging in das Haus des Petrus und sah dessen Schwiegermutter mit Fieber daniederliegen. ¹⁵ Da berührte er ihre Hand und das Fieber wich von ihr, sie stand auf und diente ihm.

DIE ERFÜLLUNG DER SCHRIFT IM VOLLMACHTSHANDELN JESU

¹⁶ Am Abend brachte man viele Besessene zu ihm. Er trieb mit seinem Wort die Geister aus und heilte alle Kranken, ¹⁷ damit sich erfüllen sollte, was durch den Propheten Jesaja gesagt worden ist: *Er hat unsere Leiden auf sich genommen und unsere Krankheiten getragen.*

KONSEQUENZ DER NACHFOLGE

¹⁸ Als Jesus die Menge sah, die um ihn war, befahl er, ans andere Ufer zu fahren. ¹⁹ Da kam ein Schriftgelehrter zu ihm und sagte: Meister, ich will dir nachfolgen, wohin du auch gehst. ²⁰ Jesus antwortete ihm: Die Füchse haben Höhlen und die Vögel des Himmels Nester; der Menschensohn aber hat keinen Ort, wo er sein Haupt hinlegen kann. ²¹ Ein anderer aber, einer seiner Jünger, sagte zu ihm: Herr, lass mich zuerst weggehen und meinen Vater begraben. ²² Jesus erwiderte: Folge mir nach; lass die Toten ihre Toten begraben!

DER STURM AUF DEM SEE

²³ Er stieg in das Boot und seine Jünger folgten ihm nach. ²⁴ Und siehe, es erhob sich auf dem See ein gewaltiger Sturm, sodass das Boot von den Wellen überflutet wurde. Jesus aber schlief. ²⁵ Da traten die Jünger zu ihm und weckten ihn; sie riefen: Herr, rette uns, wir gehen zugrunde! ²⁶ Er sagte zu ihnen: Warum habt ihr solche Angst, ihr Kleingläubigen? Dann stand er auf, drohte den Winden und dem See und es trat völlige Stille ein. ²⁷ Die Menschen aber staunten und sagten: Was für einer ist dieser, dass ihm sogar die Winde und der See gehorchen?

DIE HEILUNG ZWEIER BESESSENER VON GADARA

²⁸ Als Jesus an das andere Ufer kam, in das Gebiet der Gadarener, liefen ihm aus den Grabhöhlen zwei Besessene entgegen. Sie waren so gefährlich, dass niemand auf jenem Weg entlanggehen konnte. ²⁹ Und siehe, sie schrien: Was haben wir mit dir zu tun, Sohn Gottes? Bist du hierhergekommen, um uns vor der Zeit zu quälen? ³⁰ In einiger Entfernung weidete eine große Schweineherde. ³¹ Da baten ihn die Dämonen: Wenn du uns austreibst, dann schick uns in die Schweineherde! ³² Und er sagte zu ihnen: Weg mit euch! Die aber fuhren aus und in die Schweine hinein. Und siehe, die ganze Herde stürmte den Abhang hinab in den See und kam in den Fluten um. ³³ Die Hirten aber flohen, liefen in die Stadt und erzählten alles, auch das, was mit den Besessenen geschehen war. ³⁴ Und siehe, die ganze Stadt zog hinaus, um Jesus zu begegnen; als sie ihn sahen, baten sie ihn, ihr Gebiet zu verlassen.

9

9,1–38

DIE HEILUNG EINES GELÄHMTEN

¹ Und Jesus stieg ins Boot, fuhr über den See und kam in seine Stadt. ² Und siehe, man brachte einen Gelähmten auf seinem Bett zu ihm. Als Jesus ihren Glauben sah, sagte er zu dem Gelähmten: Hab Vertrauen, mein Sohn, deine Sünden sind dir vergeben! ³ Und siehe, einige Schriftgelehrte dachten: Er lästert Gott. ⁴ Jesus wusste, was sie dachten, und sagte: Warum denkt ihr Böses in euren Herzen? ⁵ Was ist denn leichter, zu sagen: Deine Sünden sind dir vergeben! oder zu sagen: Steh auf und geh umher? ⁶ Damit ihr aber erkennt, dass der Menschensohn die Vollmacht hat, auf der Erde Sünden zu vergeben. Darauf sagte er zu dem Gelähmten: Steh auf, nimm dein Bett und geh in dein Haus! ⁷ Und der Mann stand auf und ging in sein Haus. ⁸ Als die Leute das sahen, erschraken sie und priesen Gott, der solche Vollmacht den Menschen gegeben hat.

NACHFOLGE UND MAHL

⁹ Als Jesus weiterging, sah er einen Mann namens Matthäus am Zoll sitzen und sagte zu ihm: Folge mir nach! Und Matthäus stand auf und folgte ihm nach. ¹⁰ Und als Jesus in seinem Haus bei Tisch war, siehe, viele Zöllner und Sünder kamen und aßen zusammen mit ihm und seinen Jüngern. ¹¹ Als die Pharisäer das sahen, sagten sie zu seinen Jüngern: Wie kann euer Meister zusammen mit Zöllnern und Sündern essen? ¹² Er hörte es und sagte: Nicht die Gesunden bedürfen des Arztes, sondern die Kranken. ¹³ Geht und lernt, was es heißt: *Barmherzigkeit will ich, nicht Opfer!* Denn ich bin nicht gekommen, um Gerechte zu rufen, sondern Sünder.

FASTEN UND FEIERN

¹⁴ Da kamen die Jünger des Johannes zu ihm und sagten: Warum fasten deine Jünger nicht, während wir und die Pharisäer fasten? ¹⁵ Jesus antwortete ihnen: Können denn die Hochzeitsgäste trauern, solange der Bräutigam bei ihnen ist? Es werden aber Tage kommen, da wird ihnen der Bräutigam weggenommen sein; dann werden sie fasten. ¹⁶ Niemand setzt ein Stück neuen Stoff auf ein altes Gewand; denn der neue Stoff reißt doch wieder ab und es entsteht ein noch größerer Riss. ¹⁷ **Auch füllt man nicht jungen Wein in alte Schläuche.** Sonst reißen die Schläuche, der Wein läuft aus und die Schläuche sind unbrauchbar. Jungen Wein füllt man in neue Schläuche, dann bleibt beides erhalten.

DIE AUFERWECKUNG DER TOCHTER EINES SYNAGOGENVORSTEHERS UND DIE HEILUNG EINER KRANKEN FRAU

¹⁸ Während Jesus so mit ihnen redete, siehe, da kam ein Synagogenvorsteher, fiel vor ihm nieder und sagte: Meine Tochter ist eben gestorben; komm doch, leg ihr deine Hand auf und sie wird leben! ¹⁹ Jesus stand auf und folgte ihm mit seinen Jüngern. ²⁰ Und siehe, eine Frau, die schon zwölf Jahre an Blutfluss litt, trat von hinten heran und berührte den Saum seines Gewandes; ²¹ denn sie sagte sich: Wenn ich auch nur sein Gewand berühre, werde ich geheilt. ²² Jesus wandte sich um, und als er sie sah, sagte er: Hab keine Angst, meine Tochter, dein Glaube hat dich gerettet! Und von dieser Stunde an war die Frau geheilt. ²³ Als Jesus in das Haus des Synagogenvorstehers kam und die Flötenspieler und die Menge der klagenden Leute sah, ²⁴ sagte er: Geht hinaus! Das Mädchen ist nicht gestorben, es schläft nur. Da lachten sie ihn aus. ²⁵ Als man die Leute hinausgeworfen hatte, trat er ein und fasste das Mädchen an der Hand; da stand es auf. ²⁶ Und die Kunde davon verbreitete sich in der ganzen Gegend.

DIE HEILUNG VON ZWEI BLINDEN

²⁷ Als Jesus weiterging, folgten ihm zwei Blinde und schrien: Hab Erbarmen mit uns, Sohn Davids! ²⁸ Nachdem er ins Haus gegangen war, kamen die Blinden zu ihm. Und Jesus sagte zu ihnen: Glaubt ihr, dass ich dies tun kann? Sie antworteten: Ja, Herr. ²⁹ Darauf berührte er ihre Augen und sagte: Wie ihr geglaubt habt, so soll euch geschehen. ³⁰ Da wurden ihre Augen geöffnet. Jesus aber wies sie streng an: Nehmt euch in Acht! Niemand darf es erfahren. ³¹ Doch sie gingen weg und erzählten von ihm in der ganzen Gegend.

DIE HEILUNG EINES STUMMEN

³² Als sie gegangen waren, siehe, da brachte man einen Stummen zu ihm, der von einem Dämon besessen war. ³³ Er trieb den Dämon aus und der Stumme konnte reden. Alle Leute staunten und sagten: So etwas ist in Israel noch nie gesehen worden. ³⁴ Die Pharisäer aber sagten: Mit Hilfe des Anführers der Dämonen treibt er die Dämonen aus.

ÜBER DIE GROSSE ERNTE UND DIE WENIGEN ARBEITER

³⁵ Jesus zog durch alle Städte und Dörfer, lehrte in ihren Synagogen, verkündete das Evangelium vom Reich und heilte alle Krankheiten und Leiden. ³⁶ Als er die vielen Menschen sah, hatte er Mitleid mit ihnen; denn sie waren müde und erschöpft *wie Schafe, die keinen Hirten haben.* ³⁷ Da sagte er zu seinen Jüngern: Die Ernte ist groß, aber es gibt nur wenig Arbeiter. ³⁸ Bittet also den Herrn der Ernte, Arbeiter für seine Ernte auszusenden!

10

10,1–42

DIE WAHL DER ZWÖLF

¹ Dann rief er seine zwölf Jünger zu sich und gab ihnen die Vollmacht, die unreinen Geister auszutreiben und alle Krankheiten und Leiden zu heilen.

² **Die Namen der zwölf Apostel sind: an erster Stelle SIMON, genannt Petrus, und sein Bruder ANDREAS, dann JAKOBUS, der Sohn des Zebedäus, und sein Bruder JOHANNES, ³ PHILIPPUS und BARTHOLOMÄUS, THOMAS und MATTHÄUS, der Zöllner, JAKOBUS, der Sohn des Alphäus, und THADDÄUS, ⁴ SIMON Kananäus und JUDAS Iskariot, der ihn ausgeliefert hat.**

DIE AUSSENDUNG DER ZWÖLF JÜNGER

⁵ Diese Zwölf sandte Jesus aus und gebot ihnen: Geht nicht den Weg zu den Heiden und betretet keine Stadt der Samariter, ⁶ sondern geht zu den verlorenen Schafen des Hauses Israel! ⁷ Geht und verkündet: Das Himmelreich ist nahe! ⁸ Heilt Kranke, weckt Tote auf, macht Aussätzige rein, treibt Dämonen aus! Umsonst habt ihr empfangen, umsonst sollt ihr geben.

⁹ 'Steckt nicht Gold, Silber und Kupfermünzen in euren Gürtel!

¹⁰ Nehmt keine Vorratstasche mit auf den Weg, kein zweites Hemd, keine Schuhe, keinen Wanderstab; denn wer arbeitet, ist seines Lohnes wert. ¹¹ Wenn ihr in eine Stadt oder in ein Dorf kommt, erkundigt euch, wer es wert ist, euch aufzunehmen; bei ihm bleibt, bis ihr den Ort wieder verlasst. ¹² Wenn ihr in ein Haus kommt, dann entbietet ihm den Gruß. ¹³ Wenn das Haus es wert ist, soll euer Friede bei ihm einkehren. Wenn das Haus es aber nicht wert ist, dann soll euer Friede zu euch zurückkehren. ¹⁴ Und wenn man euch nicht aufnimmt und eure Worte nicht hören will, geht weg aus jenem Haus oder aus jener Stadt und schüttelt den Staub von euren Füßen! ¹⁵ Amen, ich sage euch: Dem Gebiet von Sodom und Gomorra wird es am Tag des Gerichts erträglicher ergehen als dieser Stadt.

GEFÄHRDUNG UND ERMUTIGUNG DER JÜNGER

¹⁶ Siehe, ich sende euch wie Schafe mitten unter die Wölfe; seid daher klug wie die Schlangen und arglos wie die Tauben! ¹⁷ Nehmt euch aber vor den Menschen in Acht! Denn sie werden euch an die Gerichte ausliefern und in ihren Synagogen auspeitschen. ¹⁸ Ihr werdet um meinetwillen vor Statthalter und Könige geführt werden, ihnen und den Heiden zum Zeugnis. ¹⁹ Wenn sie euch aber ausliefern, macht euch keine Sorgen, wie und was ihr reden sollt; denn es wird euch in jener Stunde eingegeben, was ihr sagen sollt. ²⁰ Nicht ihr werdet dann reden, sondern der Geist eures Vaters wird durch euch reden. ²¹ Der Bruder wird den Bruder dem Tod ausliefern und der Vater das Kind und Kinder werden sich gegen die Eltern auflehnen und sie in den Tod schicken. ²² Und ihr werdet um meines Namens willen von allen gehasst werden; wer aber bis zum Ende standhaft bleibt, der wird gerettet. ²³ Wenn man euch in der einen Stadt verfolgt, so flieht in eine andere. Denn, amen, ich sage euch: Ihr werdet nicht zu Ende kommen mit den Städten Israels, bis der Menschensohn kommt. ²⁴ Ein Jünger steht nicht über seinem Meister und ein Sklave nicht über seinem Herrn. ²⁵ Der Jünger muss sich damit begnügen, dass es ihm geht wie seinem Meister, und der Sklave, dass es ihm geht wie seinem Herrn. Wenn man schon den Herrn des Hauses Beelzebul nennt, dann erst recht seine Hausgenossen. ²⁶ Darum fürchtet euch nicht vor ihnen! Denn nichts ist verhüllt, was nicht enthüllt wird, und nichts ist verborgen, was nicht bekannt wird. ²⁷ Was ich euch im Dunkeln sage, davon redet im Licht, und was man euch ins Ohr flüstert, das verkündet auf den Dächern! ²⁸ Fürchtet euch nicht vor denen, die den Leib töten, die Seele aber nicht töten können, sondern fürchtet euch eher vor dem, der Seele und Leib in der Hölle verderben kann! ²⁹ Verkauft man nicht zwei Spatzen für einen Pfennig? Und doch fällt keiner von ihnen zur Erde ohne den Willen eures Vaters. ³⁰ Bei euch aber sind sogar die Haare auf dem Kopf alle gezählt. ³¹ Fürchtet euch also nicht! Ihr seid mehr wert als viele Spatzen. ³² Jeder, der sich vor den Menschen zu mir bekennt, zu dem werde auch ich mich vor meinem Vater im Himmel bekennen. ³³ Wer mich aber vor den Menschen verleugnet, den werde auch ich vor meinem Vater im Himmel verleugnen. ³⁴ Denkt nicht, ich sei gekommen, um Frieden auf die Erde zu bringen! Ich bin nicht gekommen, um Frieden zu bringen, sondern das Schwert. ³⁵ Denn ich bin gekommen, um *den Sohn mit seinem Vater zu entzweien* und *die Tochter mit ihrer Mutter* und *die Schwiegertochter mit ihrer Schwiegermutter*; ³⁶ und *die Hausgenossen eines Menschen werden seine Feinde sein*. ³⁷ Wer Vater oder Mutter mehr liebt als mich, ist meiner nicht wert, und wer Sohn oder Tochter mehr liebt als mich, ist meiner nicht wert. ³⁸ Und wer nicht sein Kreuz auf sich nimmt und mir nachfolgt, ist meiner nicht wert. ³⁹ Wer das Leben findet, wird es verlieren; wer aber das Leben um meinetwillen verliert, wird es finden.

DIE AUFNAHME DER JÜNGER UND DER ABSCHLUSS DER REDE

⁴⁰ Wer euch aufnimmt, der nimmt mich auf, und wer mich aufnimmt, nimmt den auf, der mich gesandt hat. ⁴¹ Wer einen Propheten aufnimmt, weil es ein Prophet ist, wird den Lohn eines Propheten erhalten. Wer einen Gerechten aufnimmt, weil es ein Gerechter ist, wird den Lohn eines Gerechten erhalten. ⁴² Und wer einem von diesen Kleinen auch nur einen Becher frisches Wasser zu trinken gibt, weil es ein Jünger ist – Amen, ich sage euch: Er wird gewiss nicht um seinen Lohn kommen.

11

11,1–30

¹ Und es geschah, als Jesus die Unterweisung der zwölf Jünger beendet hatte, zog er weiter, um in den Städten zu lehren und zu predigen.

DIE FRAGE DES TÄUFERS UND SEINE BEDEUTUNG

² Johannes hörte im Gefängnis von den Taten des Christus. Da schickte er seine Jünger zu ihm ³ und ließ ihn fragen: Bist du der, der kommen soll, oder sollen wir auf einen anderen warten? ⁴ Jesus antwortete ihnen: Geht und berichtet Johannes, was ihr hört und seht: ⁵ Blinde sehen wieder und Lahme gehen; Aussätzige werden rein und Taube hören; Tote stehen auf und Armen wird das Evangelium verkündet. ⁶ Selig ist, wer an mir keinen Anstoß nimmt. ⁷ Als sie gegangen waren, begann Jesus zu der Menge über Johannes zu reden: Was habt ihr denn sehen wollen, als ihr in die Wüste hinausgegangen seid? Ein Schilfrohr, das im Wind schwankt? ⁸ Oder was habt ihr sehen wollen, als ihr hinausgegangen seid? Einen Mann in feiner Kleidung? Siehe, die fein gekleidet sind, findet man in den Palästen der Könige. ⁹ Oder wozu seid ihr hinausgegangen? Um einen Propheten zu sehen? Ja, ich sage euch: sogar mehr als einen Propheten. ¹⁰ Dieser ist es, von dem geschrieben steht: *Siehe, ich sende meinen Boten vor dir her, / der deinen Weg vor dir bahnen wird.*

¹¹ Amen, ich sage euch: Unter den von einer Frau Geborenen ist kein Größerer aufgetreten als Johannes der Täufer; doch der Kleinste im Himmelreich ist größer als er. ¹² Seit den Tagen Johannes' des Täufers bis heute wird dem Himmelreich Gewalt angetan und Gewalttätige reißen es an sich. ¹³ Denn alle Propheten und das Gesetz bis zu Johannes haben prophetisch geredet. ¹⁴ Und wenn ihr es annehmen wollt: Er ist Elija, der wiederkommen soll. ¹⁵ Wer Ohren hat, der höre! ¹⁶ Mit wem soll ich diese Generation vergleichen? Sie gleicht Kindern, die auf den Marktplätzen sitzen und anderen zurufen: ¹⁷ Wir haben für euch auf der Flöte gespielt und ihr habt nicht getanzt; wir haben die Totenklage angestimmt und ihr habt euch nicht an die Brust geschlagen. ¹⁸ Denn Johannes ist gekommen, er isst nicht und trinkt nicht und sie sagen: Er hat einen Dämon. ¹⁹ Der Menschensohn ist gekommen, er isst und trinkt und sie sagen: Siehe, ein Fresser und Säufer, ein Freund der Zöllner und Sünder! Und doch hat die Weisheit durch ihre Taten Recht bekommen.

DAS WEHE-WORT JESU ÜBER DIE GALILÄISCHEN STÄDTE

²⁰ Dann begann er den Städten, in denen er die meisten Machttaten getan hatte, Vorwürfe zu machen, weil sie nicht Buße getan hatten: ²¹ Weh dir, Chorazin! Weh dir, Betsaida! Denn wenn in Tyrus und Sidon die Machttaten geschehen wären, die bei euch geschehen sind – längst schon wären sie in Sack und Asche umgekehrt. ²² Das sage ich euch: Tyrus und Sidon wird es am Tag des Gerichts erträglicher ergehen als euch. ²³ Und du, Kafarnaum, wirst du etwa bis zum Himmel erhoben werden? Bis zur Unterwelt wirst du hinabsteigen. Wenn in Sodom die Machttaten geschehen wären, die bei dir geschehen sind, dann stünde es noch heute. ²⁴ Das sage ich euch: Dem Gebiet von Sodom wird es am Tag des Gerichts erträglicher ergehen als dir.

DER LOBPREIS JESU

²⁵ In jener Zeit sprach Jesus: Ich preise dich, Vater, Herr des Himmels und der Erde, weil du das vor den Weisen und Klugen verborgen und es den Unmündigen offenbart hast. ²⁶ Ja, Vater, so hat es dir gefallen. ²⁷ Alles ist mir von meinem Vater übergeben worden; niemand kennt den Sohn, nur der Vater, und niemand kennt den Vater, nur der Sohn und der, dem es der Sohn offenbaren will. ²⁸ Kommt alle zu mir, die ihr mühselig und beladen seid! Ich will euch erquicken. ²⁹ Nehmt mein Joch auf euch und lernt von mir; denn ich bin gütig und von Herzen demütig; und *ihr werdet Ruhe finden für eure Seele.* ³⁰ Denn mein Joch ist sanft und meine Last ist leicht.

12

12,1–50

SABBAT UND RELIGIÖSES GESETZ

¹ In jener Zeit ging Jesus am Sabbat durch die Kornfelder. Seine Jünger hatten Hunger; sie rissen Ähren ab und aßen davon. ² Die Pharisäer sahen es und sagten zu ihm: Sieh her, deine Jünger tun etwas, das am Sabbat verboten ist. ³ Da sagte er zu ihnen: Habt ihr nicht gelesen, was David getan hat, als er und seine Begleiter hungrig waren – ⁴ wie er in das Haus Gottes ging und wie sie die Schaubrote aßen, die weder er noch seine Begleiter, sondern nur die Priester essen durften? ⁵ Oder habt ihr nicht im Gesetz gelesen, dass am Sabbat die Priester im Tempel den Sabbat entweihen, ohne sich schuldig zu machen? ⁶ Ich sage euch: Hier ist Größeres als der Tempel. ⁷ Wenn ihr begriffen hättet, was das heißt: *Barmherzigkeit will ich, nicht Opfer,* dann hättet ihr nicht Unschuldige verurteilt; ⁸ denn der Menschensohn ist Herr über den Sabbat.

SABBAT, HEILUNG UND TÖTUNGSPLAN

⁹ Von dort ging er weiter und kam in ihre Synagoge. ¹⁰ Und siehe, dort saß ein Mann, dessen Hand verdorrt war. Sie fragten ihn: Ist es am Sabbat erlaubt zu heilen? Sie suchten ihn nämlich anzuklagen. ¹¹ Er aber sprach zu ihnen: Wer von euch, der ein einziges Schaf hat, wird es nicht packen und herausziehen, wenn es ihm am Sabbat in eine Grube fällt? ¹² Wie viel mehr ist ein Mensch als ein Schaf? Darum ist es am Sabbat erlaubt, Gutes zu tun. ¹³ Dann sagte er zu dem Mann: Streck deine Hand aus! Er streckte sie aus und die Hand wurde wiederhergestellt – gesund wie die andere.

¹⁴ Die Pharisäer aber gingen hinaus und fassten den Beschluss, Jesus umzubringen.

DIE ERFÜLLUNG DER SCHRIFT IM HEILENDEN HANDELN JESU

¹⁵ Als Jesus das erfuhr, ging er von dort weg. Viele folgten ihm nach und er heilte sie alle. ¹⁶ Er gebot ihnen, dass sie ihn nicht bekannt machen sollten, ¹⁷ damit erfüllt werde, was durch den Propheten Jesaja gesagt worden ist:

¹⁸ *Siehe, mein Knecht, den ich erwählt habe, / mein Geliebter, an dem ich Gefallen gefunden habe. Ich werde meinen Geist auf ihn legen / und er wird den Völkern das Recht verkünden.*
¹⁹ *Er wird nicht streiten und nicht schreien / und man wird seine Stimme nicht auf den Straßen hören.*
²⁰ *Das geknickte Rohr wird er nicht zerbrechen / und den glimmenden Docht nicht auslöschen, / bis er dem Recht zum Sieg verholfen hat.*
²¹ *Und auf seinen Namen werden die Völker ihre Hoffnung setzen.*

VERTEIDIGUNGSREDE JESU

²² Dann brachte man zu ihm einen Besessenen, der blind und stumm war. Er heilte ihn, sodass der Stumme wieder reden und sehen konnte. ²³ Die Menge war fassungslos und sagte: Ist dieser nicht der Sohn Davids? ²⁴ Als die Pharisäer das hörten, sagten sie: Nur mit Hilfe von Beelzebul, dem Herrscher der Dämonen, treibt er die Dämonen aus. ²⁵ Doch Jesus wusste, was sie dachten, und sagte zu ihnen: Jedes Reich, das in sich gespalten ist, wird veröden und eine Stadt und eine Familie, die in sich gespalten ist, wird keinen Bestand haben. ²⁶ Wenn also der Satan den Satan austreibt, dann ist Satan in sich selbst gespalten. Wie kann sein Reich dann Bestand haben? ²⁷ Und wenn ich die Dämonen durch Beelzebul austreibe, durch wen treiben dann eure Söhne sie aus? Deswegen werden sie eure Richter sein. ²⁸ Wenn ich aber im Geist Gottes die Dämonen austreibe, dann ist das Reich Gottes schon zu euch gekommen. ²⁹ Wie kann einer in das Haus des Starken eindringen und ihm den Hausrat rauben, wenn er nicht zuerst den Starken fesselt? Erst dann kann er sein Haus plündern. ³⁰ Wer nicht mit mir ist, der ist gegen mich; wer nicht mit mir sammelt, der zerstreut. ³¹ Darum sage ich euch: Jede Sünde und Lästerung wird den Menschen vergeben werden, aber die Lästerung gegen den Geist wird nicht vergeben werden. ³² Auch wer ein Wort gegen den Menschensohn sagt, dem wird vergeben werden; wer aber etwas gegen den Heiligen Geist sagt, dem wird nicht vergeben, weder in dieser noch in der zukünftigen Welt. ³³ Entweder: Der Baum ist gut – dann sind auch seine Früchte gut. Oder: Der Baum ist schlecht – dann sind auch seine Früchte schlecht. An der Frucht also erkennt man den Baum. ³⁴ Ihr Schlangenbrut, wie könnt ihr Gutes reden, wenn ihr böse seid? Denn wovon das Herz überfließt, davon spricht der Mund. ³⁵ Der gute Mensch bringt aus dem guten Schatz Gutes hervor und der böse Mensch bringt aus dem bösen Schatz Böses hervor. ³⁶ Ich sage euch aber: Über jedes unnütze Wort, das die Menschen reden, werden sie am Tag des Gerichts Rechenschaft ablegen müssen; ³⁷ denn aufgrund deiner Worte wirst du freigesprochen und aufgrund deiner Worte wirst du verurteilt werden.

DIE ZEICHENFORDERUNG DER GEGNER JESU

³⁸ Darauf wandten sich einige Schriftgelehrte und Pharisäer an ihn: Meister, wir möchten von dir ein Zeichen sehen. ³⁹ Er antwortete ihnen: Diese böse und treulose Generation fordert ein Zeichen, aber es wird ihr kein Zeichen gegeben werden außer das Zeichen des Propheten Jona. ⁴⁰ Denn wie *Jona drei Tage und drei Nächte im Bauch des Fisches war*, so wird auch der Menschensohn drei Tage und drei Nächte im Schoß der Erde sein. ⁴¹ Die Männer von Ninive werden beim Gericht mit dieser Generation auftreten und sie verurteilen; denn sie sind auf die Botschaft des Jona hin umgekehrt. Und siehe, hier ist mehr als Jona. ⁴² Die Königin des Südens wird beim Gericht gegen diese Generation auftreten und sie verurteilen; denn sie kam vom Ende der Erde, um die Weisheit Salomos zu hören. Und siehe, hier ist mehr als Salomo.

VON DER RÜCKKEHR UNREINER GEISTER

⁴³ Wenn ein unreiner Geist aus einem Menschen ausfährt, durchwandert er wasserlose Gegenden, um eine Ruhestätte zu suchen, findet aber keine. ⁴⁴ Dann sagt er: Ich will in mein Haus zurückkehren, das ich verlassen habe. Und er kommt und findet es leer, sauber und geschmückt. ⁴⁵ Dann geht er und nimmt sieben andere Geister mit sich, die noch schlimmer sind als er selbst. Sie ziehen dort ein und lassen sich nieder. Und die letzten Dinge jenes Menschen werden schlimmer sein als die ersten. Dieser bösen Generation wird es genauso gehen.

ÜBER DIE WAHRE FAMILIE JESU

⁴⁶ Als Jesus noch mit den Leuten redete, siehe, da standen seine Mutter und seine Brüder draußen und wollten mit ihm sprechen. ⁴⁷ Da sagte jemand zu ihm: Siehe, deine Mutter und deine Brüder stehen draußen und wollen mit dir sprechen. ⁴⁸ Dem, der ihm das gesagt hatte, erwiderte er: Wer ist meine Mutter und wer sind meine Brüder? ⁴⁹ Und er streckte die Hand über seine Jünger aus und sagte: Siehe, meine Mutter und meine Brüder.

⁵⁰ Denn wer den Willen meines himmlischen Vaters tut, der ist für mich Bruder und Schwester und Mutter.

13

13,1–58

DAS GLEICHNIS VOM SÄMANN

¹ An jenem Tag verließ Jesus das Haus und setzte sich an das Ufer des Sees. ² Da versammelte sich eine große Menschenmenge um ihn. Er stieg deshalb in ein Boot und setzte sich. Und alle Menschen standen am Ufer. ³ Und er sprach lange zu ihnen in Gleichnissen. Er sagte: Siehe, ein Sämann ging hinaus, um zu säen. ⁴ Als er säte, fiel ein Teil auf den Weg und die Vögel kamen und fraßen es. ⁵ Ein anderer Teil fiel auf felsigen Boden, wo es nur wenig Erde gab, und ging sofort auf, weil das Erdreich nicht tief war;

⁶ als aber die Sonne hochstieg, wurde die Saat versengt und verdorrte, weil sie keine Wurzeln hatte. ⁷ Wieder ein anderer Teil fiel in die Dornen und die Dornen wuchsen und erstickten die Saat. ⁸ Ein anderer Teil aber fiel auf guten Boden und brachte Frucht, teils hundertfach, teils sechzigfach, teils dreißigfach. ⁹ Wer Ohren hat, der höre!

SINNGEBUNG FÜR DIE GLEICHNISREDE

¹⁰ Da traten die Jünger zu ihm und sagten: Warum redest du zu ihnen in Gleichnissen? ¹¹ Er antwortete ihnen: Euch ist es gegeben, die Geheimnisse des Himmelreichs zu verstehen; ihnen aber ist es nicht gegeben. ¹² Denn wer hat, dem wird gegeben und er wird im Überfluss haben; wer aber nicht hat, dem wird auch noch weggenommen, was er hat. ¹³ Deshalb rede ich zu ihnen in Gleichnissen, weil sie sehen und doch nicht sehen und hören und doch nicht hören und nicht verstehen. ¹⁴ An ihnen erfüllt sich das Prophetenwort Jesajas: *Hören sollt ihr, hören und doch nicht verstehen; / sehen sollt ihr, sehen und doch nicht einsehen.*

¹⁵ *Denn das Herz dieses Volkes ist hart geworden. / Mit ihren Ohren hören sie schwer / und ihre Augen verschließen sie, / damit sie mit ihren Augen nicht sehen / und mit ihren Ohren nicht hören / und mit ihrem Herzen / nicht zur Einsicht kommen / und sich bekehren und ich sie heile.* ¹⁶ Eure Augen aber sind selig, weil sie sehen, und eure Ohren, weil sie hören. ¹⁷ Denn, amen, ich sage euch: Viele Propheten und Gerechte haben sich danach gesehnt zu sehen, was ihr seht, und haben es nicht gesehen, und zu hören, was ihr hört, und haben es nicht gehört.

DIE DEUTUNG DES GLEICHNISSES VOM SÄMANN

¹⁸ Ihr also, hört, was das Gleichnis vom Sämann bedeutet. ¹⁹ Zu jedem Menschen, der das Wort vom Reich hört und es nicht versteht, kommt der Böse und nimmt weg, was diesem Menschen ins Herz gesät wurde; bei diesem ist der Samen auf den Weg gefallen. ²⁰ Auf felsigen Boden ist der Samen bei dem gefallen, der das Wort hört und sofort freudig aufnimmt; ²¹ er hat aber keine Wurzeln, sondern ist unbeständig; sobald er um des Wortes willen bedrängt oder verfolgt wird, kommt er sofort zu Fall. ²² In die Dornen ist der Samen bei dem gefallen, der das Wort hört, und die Sorgen dieser Welt und der trügerische Reichtum ersticken es und es bleibt ohne Frucht. ²³ Auf guten

Boden ist der Samen bei dem gesät, der das Wort hört und es auch versteht; er bringt Frucht – hundertfach oder sechzigfach oder dreißigfach.

DAS GLEICHNIS VOM UNKRAUT UNTER DEM WEIZEN

[24] Jesus legte ihnen ein anderes Gleichnis vor: Mit dem Himmelreich ist es wie mit einem Mann, der guten Samen auf seinen Acker säte. [25] Während nun die Menschen schliefen, kam sein Feind, säte Unkraut unter den Weizen und ging weg. [26] Als die Saat aufging und sich die Ähren bildeten, kam auch das Unkraut zum Vorschein. [27] Da gingen die Knechte zu dem Gutsherrn und sagten: Herr, hast du nicht guten Samen auf deinen Acker gesät? Woher kommt dann das Unkraut? [28] Er antwortete: Das hat ein Feind getan. Da sagten die Knechte zu ihm: Sollen wir gehen und es ausreißen? [29] Er entgegnete: Nein, damit ihr nicht zusammen mit dem Unkraut den Weizen ausreißt. [30] Lasst beides wachsen bis zur Ernte und zur Zeit der Ernte werde ich den Schnittern sagen: Sammelt zuerst das Unkraut und bindet es in Bündel, um es zu verbrennen; den Weizen aber bringt in meine Scheune!

DAS GLEICHNIS VOM SENFKORN

[31] Er legte ihnen ein weiteres Gleichnis vor und sagte: Mit dem Himmelreich ist es wie mit einem Senfkorn, das ein Mann auf seinen Acker säte. [32] Es ist das kleinste von allen Samenkörnern; sobald es aber hochgewachsen ist, ist es größer als die anderen Gewächse und wird zu einem Baum, sodass die Vögel des Himmels kommen und in seinen Zweigen nisten.

DAS GLEICHNIS VOM SAUERTEIG

[33] Er sagte ihnen ein weiteres Gleichnis: Mit dem Himmelreich ist es wie mit dem Sauerteig, den eine Frau nahm und unter drei Sea Mehl verbarg, bis das Ganze durchsäuert war.

DIE ERFÜLLUNG DER SCHRIFT IN DER GLEICHNISVERKÜNDIGUNG JESU

[34] Dies alles sagte Jesus der Menschenmenge in Gleichnissen und ohne Gleichnisse redete er nicht zu ihnen, [35] damit sich erfülle, was durch den Propheten gesagt worden ist: *Ich öffne meinen Mund in Gleichnissen, / ich spreche aus, was seit der Schöpfung der Welt verborgen war.*

DIE DEUTUNG DES GLEICHNISSES VOM UNKRAUT UNTER DEM WEIZEN

[36] Dann verließ er die Menge und ging in das Haus. Und seine Jünger kamen zu ihm und sagten: Erkläre uns das Gleichnis vom Unkraut auf dem Acker! [37] Er antwortete: Der den guten Samen sät, ist der Menschensohn; [38] der Acker ist die Welt; der gute Samen, das sind die Kinder des Reiches; das Unkraut sind die Kinder des Bösen; [39] der Feind, der es gesät hat, ist der Teufel; die Ernte ist das Ende der Welt; die Schnitter sind die Engel. [40] Wie nun das Unkraut aufgesammelt und im Feuer verbrannt wird, so wird es auch bei dem Ende der Welt sein: [41] Der Menschensohn wird seine Engel aussenden und sie werden aus seinem Reich alle zusammenholen, die andere verführt und Gesetzloses getan haben, [42] und *werden sie in den Feuerofen werfen*. Dort wird Heulen und Zähneknirschen sein. [43] Dann werden die Gerechten im Reich ihres Vaters wie die Sonne leuchten. Wer Ohren hat, der höre!

DIE GLEICHNISSE VOM SCHATZ UND VON DER PERLE

[44] Mit dem Himmelreich ist es wie mit einem Schatz, der in einem Acker vergraben war. Ein Mann entdeckte ihn und grub ihn wieder ein. Und in seiner Freude ging er hin, verkaufte alles, was er besaß, und kaufte den Acker. [45] Auch ist es mit dem Himmelreich wie mit einem Kaufmann, der schöne Perlen suchte. [46] Als er eine besonders wertvolle Perle fand, ging er hin, verkaufte alles, was er besaß, und kaufte sie.

DAS GLEICHNIS VOM FISCHNETZ

[47] Wiederum ist es mit dem Himmelreich wie mit einem Netz, das ins Meer ausgeworfen wurde und in dem sich Fische aller Art fingen. [48] Als es voll war, zogen es die Fischer ans Ufer; sie setzten sich, sammelten die guten Fische in Körbe, die schlechten aber warfen sie weg. [49] So wird es auch bei dem Ende der Welt sein: Die Engel werden kommen und die Bösen aus der Mitte der Gerechten aussondern [50] und *sie in den Feuerofen werfen*. Dort wird Heulen und Zähneknirschen sein.

DAS BILDWORT VOM HAUSVATER UND DER ABSCHLUSS DER REDE

[51] Habt ihr das alles verstanden? Sie antworteten ihm: Ja. [52] Da sagte er zu ihnen: Deswegen gleicht jeder Schriftgelehrte, der ein Jünger des Himmelreichs geworden ist, einem Hausherrn, der aus seinem Schatz Neues und Altes hervorholt. [53] Und es geschah, als Jesus diese Gleichnisse beendet hatte, zog er weiter.

DIE ABLEHNUNG JESU IN SEINER HEIMAT

[54] Jesus kam in seine Heimatstadt und lehrte die Menschen in ihrer Synagoge, sodass sie außer sich gerieten vor Staunen und sagten: Woher hat er diese Weisheit und die Machttaten? [55] Ist das nicht der Sohn des Zimmermanns? Heißt nicht seine Mutter Maria und sind nicht Jakobus, Josef, Simon und Judas seine Brüder? [56] Leben nicht auch alle seine Schwestern unter uns? Woher also hat er das alles? [57] Und sie nahmen Anstoß an ihm. Da sagte Jesus zu ihnen: Nirgends ist ein Prophet ohne Ansehen außer in seiner Heimat und in seiner Familie. [58] Und er wirkte dort nicht viele Machttaten wegen ihres Unglaubens.

14

14,1–36

DIE MEINUNG DES HERODES ÜBER JESUS

¹ Zu dieser Zeit hörte der Tetrarch Herodes, was man von Jesus erzählte. ² Er sagte zu seinem Gefolge: Das ist Johannes der Täufer. Er ist von den Toten auferweckt worden; deshalb wirken solche Kräfte in ihm.

DIE ENTHAUPTUNG DES TÄUFERS

³ Herodes hatte nämlich Johannes festnehmen und in Ketten ins Gefängnis werfen lassen wegen der Herodias, der Frau seines Bruders Philippus. ⁴ Denn Johannes hatte zu ihm gesagt: Es ist dir nicht erlaubt, sie zur Frau zu haben. ⁵ Dieser wollte ihn töten lassen, fürchtete sich aber vor dem Volk; denn man hielt Johannes für einen Propheten. ⁶ Als aber der Geburtstag des Herodes war, tanzte die Tochter der Herodias vor ihnen. Und sie gefiel Herodes, ⁷ sodass er mit einem Eid zusagte, ihr zu geben, was immer sie sich wünschte. ⁸ Sie aber, angestiftet von ihrer Mutter, sagte: Gib mir hier auf einer Schale den Kopf Johannes' des Täufers! ⁹ Und der König, der traurig wurde wegen der Eide und wegen der Gäste, befahl, den Kopf zu bringen. ¹⁰ Und er schickte und ließ Johannes im Gefängnis enthaupten. ¹¹ Man brachte seinen Kopf auf einer Schale und gab ihn dem Mädchen und sie brachte ihn ihrer Mutter. ¹² Und seine Jünger kamen, holten den Leichnam und begruben ihn. Dann gingen sie und berichteten es Jesus.

DIE SPEISUNG DER FÜNFTAUSEND

¹³ Als Jesus das hörte, zog er sich allein von dort mit dem Boot in eine einsame Gegend zurück. Aber die Volksscharen hörten davon und folgten ihm zu Fuß aus den Städten nach. ¹⁴ Als er ausstieg, sah er die vielen Menschen und hatte Mitleid mit ihnen und heilte ihre Kranken. ¹⁵ Als es Abend wurde, kamen die Jünger zu ihm und sagten: Der Ort ist abgelegen und es ist schon spät geworden. Schick die Leute weg, damit sie in die Dörfer gehen und sich etwas zu essen kaufen! ¹⁶ Jesus aber antwortete: Sie brauchen nicht wegzugehen. Gebt ihr ihnen zu essen! ¹⁷ Sie sagten zu ihm: Wir haben nur fünf Brote und zwei Fische hier. ¹⁸ Er antwortete: Bringt sie mir her! ¹⁹ Dann ordnete er an, die Leute sollten sich ins Gras setzen.

Und er nahm die fünf Brote und die zwei Fische, blickte zum Himmel auf, sprach den Lobpreis, brach die Brote und gab sie den Jüngern; die Jünger aber gaben sie den Leuten ²⁰ und alle aßen und wurden satt.

Und sie sammelten die übrig gebliebenen Brotstücke ein, zwölf Körbe voll. ²¹ Es waren etwa fünftausend Männer, die gegessen hatten, dazu noch Frauen und Kinder.

DIE OFFENBARUNG DES GOTTESSOHNES AUF DEM WASSER

²² Gleich darauf drängte er die Jünger, ins Boot zu steigen und an das andere Ufer vorauszufahren. Inzwischen wollte er die Leute nach Hause schicken. ²³ Nachdem er sie weggeschickt hatte, stieg er auf einen Berg, um für sich allein zu beten. Als es Abend wurde, war er allein dort. ²⁴ Das Boot aber war schon viele Stadien vom Land entfernt und wurde von den Wellen hin und her geworfen; denn sie hatten Gegenwind. ²⁵ In der vierten Nachtwache kam er zu ihnen; er ging auf dem See. ²⁶ Als ihn die Jünger über den See kommen sahen, erschraken sie, weil sie meinten, es sei ein Gespenst, und sie schrien vor Angst. ²⁷ Doch sogleich sprach Jesus zu ihnen und sagte: Habt Vertrauen, ich bin es; fürchtet euch nicht! ²⁸ Petrus erwiderte ihm und sagte: Herr, wenn du es bist, so befiehl, dass ich auf dem Wasser zu dir komme! ²⁹ Jesus sagte: Komm! Da stieg Petrus aus dem Boot und kam über das Wasser zu Jesus. ³⁰ Als er aber den heftigen Wind bemerkte, bekam er Angst. Und als er begann unterzugehen, schrie er: Herr, rette mich! ³¹ Jesus streckte sofort die Hand aus, ergriff ihn und sagte zu ihm: Du Kleingläubiger, warum hast du gezweifelt? ³² Und als sie ins Boot gestiegen waren, legte sich der Wind. ³³ Die Jünger im Boot aber fielen vor Jesus nieder und sagten:

Wahrhaftig, Gottes Sohn bist du.

HEILUNGEN IN GENNESARET

³⁴ Sie fuhren auf das Ufer zu und kamen nach Gennesaret. ³⁵ Als die Leute jener Gegend ihn erkannten, schickten sie in die ganze Umgebung. Und man brachte alle Kranken zu ihm ³⁶ und bat ihn, er möge sie wenigstens den Saum seines Gewandes berühren lassen. Und alle, die ihn berührten, wurden geheilt.

15

15,1–39

LEHRGESPRÄCH ÜBER DIE REINHEIT

¹ Da kamen von Jerusalem Pharisäer und Schriftgelehrte zu Jesus und sagten: ² Warum übertreten deine Jünger die Überlieferung der Alten? Denn sie waschen sich nicht ihre Hände, wenn sie essen. ³ Er entgegnete ihnen: Warum übertretet denn ihr Gottes Gebot um eurer Überlieferung willen? ⁴ Gott hat doch gesagt: Ehre Vater und Mutter! und: Wer Vater oder Mutter schmäht, soll mit dem Tod bestraft werden. ⁵ Ihr aber meint: Wer zu Vater oder Mutter sagt: Was ich dir schulde, sei eine Opfergabe!, ⁶ der braucht seinen Vater oder seine Mutter nicht mehr zu ehren. Damit habt ihr Gottes Wort um eurer Überlieferung willen außer Kraft gesetzt. ⁷ Ihr Heuchler! Treffend hat der Prophet Jesaja über euch gesagt:

⁸ *Dieses Volk ehrt mich mit den Lippen, / sein Herz aber ist weit weg von mir.*

⁹ *Vergeblich verehren sie mich; / was sie lehren, sind Satzungen von Menschen.*

¹⁰ Und er rief die Leute zu sich und sagte: Hört und begreift: ¹¹ Nicht das, was durch den Mund in den Menschen hineinkommt, macht ihn unrein, sondern was aus dem Mund des Menschen herauskommt, das macht ihn unrein. ¹² Da kamen die Jünger zu ihm und sagten: Weißt du, dass die Pharisäer, die dein Wort gehört haben, empört sind? ¹³ Er antwortete ihnen: Jede Pflanze, die nicht mein himmlischer Vater gepflanzt hat, wird ausgerissen werden. ¹⁴ Lasst sie, es sind blinde Blindenführer. Und wenn ein Blinder einen Blinden führt, werden beide in eine Grube fallen. ¹⁵ Da sagte Petrus zu ihm: Erkläre uns dieses Rätselwort! ¹⁶ Er antwortete: Begreift auch ihr noch nicht? ¹⁷ Versteht ihr nicht, dass alles, was durch den Mund hineinkommt, in den Magen gelangt und dann wieder ausgeschieden wird? ¹⁸ Was aber aus dem Mund herauskommt, das kommt aus dem Herzen und das macht den Menschen unrein. ¹⁹ Denn aus dem Herzen kommen böse Gedanken, Mord, Ehebruch, Unzucht, Diebstahl, falsche Zeugenaussagen und Lästerungen. ²⁰ Das ist es, was den Menschen unrein macht; aber mit ungewaschenen Händen essen macht den Menschen nicht unrein.

DER GLAUBE DER HEIDNISCHEN FRAU

²¹ Jesus ging weg von dort und zog sich in das Gebiet von Tyrus und Sidon zurück. ²² Und siehe, eine kanaanäische Frau aus jener Gegend kam zu ihm und rief: Hab Erbarmen mit mir, Herr, du Sohn Davids! Meine Tochter wird von einem Dämon gequält. ²³ Jesus aber gab ihr keine Antwort. Da traten seine Jünger zu ihm und baten: Schick sie fort, denn sie schreit hinter uns her! ²⁴ Er antwortete: Ich bin nur zu den verlorenen Schafen des Hauses Israel gesandt. ²⁵ Doch sie kam, fiel vor ihm nieder und sagte: Herr, hilf mir! ²⁶ Er erwiderte: Es ist nicht recht, das Brot den Kindern wegzunehmen und den kleinen Hunden vorzuwerfen. ²⁷ Da entgegnete sie: Ja, Herr! Aber selbst die kleinen Hunde essen von den Brotkrumen, die vom Tisch ihrer Herren fallen. ²⁸ Darauf antwortete ihr Jesus: Frau, dein Glaube ist groß. Es soll dir geschehen, wie du willst. Und von dieser Stunde an war ihre Tochter geheilt.

VIELE HEILUNGEN

²⁹ Jesus zog von dort weiter und kam an den See von Galiläa. Er stieg auf einen Berg und setzte sich. ³⁰ Da kamen viele Menschen zu ihm und brachten Lahme, Blinde, Verkrüppelte, Stumme und viele andere Kranke; sie legten sie ihm zu Füßen und er heilte sie, ³¹ sodass die Menschen staunten, als sie sahen, dass Stumme redeten, Verkrüppelte gesund wurden, Lahme gehen und Blinde sehen konnten. Und sie priesen den Gott Israels.

DIE SPEISUNG DER VIERTAUSEND

³² Jesus rief seine Jünger zu sich und sagte: Ich habe Mitleid mit diesen Menschen; sie sind schon drei Tage bei mir und haben nichts mehr zu essen. Ich will sie nicht hungrig wegschicken, sonst brechen sie auf dem Weg zusammen. ³³ Da sagten die Jünger zu ihm: Wo sollen wir in dieser Wüste so viel Brot hernehmen, um so viele Menschen satt zu machen? ³⁴ Jesus sagte zu ihnen: Wie viele Brote habt ihr? Sie antworteten: Sieben – und ein paar Fische. ³⁵ Da forderte er die Leute auf, sich auf den Boden zu setzen. ³⁶ Und er nahm die sieben Brote und die Fische, sprach das Dankgebet, brach sie und gab sie den Jüngern und die Jünger gaben sie den Menschen. ³⁷ Und alle aßen und wurden satt. Und sie sammelten die übrig gebliebenen Stücke ein, sieben Körbe voll. ³⁸ Es waren viertausend Männer, die gegessen hatten, dazu noch Frauen und Kinder. ³⁹ Danach schickte er die Menge nach Hause, stieg ins Boot und fuhr in die Gegend von Magadan.

16

16,1–28

DIE ZEICHENFORDERUNG DER GEGNER JESU

¹ Da kamen die Pharisäer und Sadduzäer zu Jesus, um ihn zu versuchen. Sie forderten von ihm, ihnen ein Zeichen vom Himmel zu zeigen. ² Er antwortete ihnen: Wenn es Abend wird, sagt ihr: Es kommt schönes Wetter; denn der Himmel ist feuerrot. ³ Und am Morgen sagt ihr: Heute kommt schlechtes Wetter, denn der Himmel ist feuerrot und trübt sich ein. Das Aussehen des Himmels wisst ihr zu beurteilen, die Zeichen der Zeit aber könnt ihr nicht beurteilen. ⁴ Diese böse und treulose Generation fordert ein Zeichen, aber es wird ihr kein anderes gegeben werden als das Zeichen des Jona. Und er ließ sie stehen und ging weg.

DIE BLINDEN JÜNGER

⁵ Und die Jünger fuhren an das andere Ufer. Sie hatten vergessen, Brote mitzunehmen. ⁶ Jesus sagte zu ihnen: Gebt Acht und hütet euch vor dem Sauerteig der Pharisäer und Sadduzäer! ⁷ Sie aber machten sich untereinander Gedanken und sagten: Wir haben kein Brot mitgenommen. ⁸ Als Jesus das merkte, sagte er: Ihr Kleingläubigen, was macht ihr euch darüber Gedanken, dass ihr kein Brot habt? ⁹ Begreift ihr noch nicht? Erinnert ihr euch nicht an die fünf Brote für die Fünftausend und wie viele Körbe ihr eingesammelt habt? ¹⁰ Auch nicht an die sieben Brote für die Viertausend und wie viele Körbe ihr eingesammelt habt? ¹¹ Warum begreift ihr denn nicht, dass ich nicht von Brot gesprochen habe, als ich zu euch sagte: Hütet euch vor dem Sauerteig der Pharisäer und Sadduzäer? ¹² Da verstanden sie, dass er nicht gemeint hatte, sie sollten sich vor dem Sauerteig der Brote hüten, sondern vor der Lehre der Pharisäer und Sadduzäer.

DAS CHRISTUSBEKENNTNIS DES PETRUS UND DIE ZUSAGE JESU

¹³ Als Jesus in das Gebiet von Cäsarea Philippi kam, fragte er seine Jünger und sprach: Für wen halten die Menschen den Menschensohn? ¹⁴ Sie sagten: Die einen für Johannes den Täufer, andere für Elija, wieder andere für Jeremia oder sonst einen Propheten. ¹⁵ Da sagte er zu ihnen: Ihr aber, für wen haltet ihr mich? ¹⁶ Simon Petrus antwortete und sprach:

Du bist der Christus, der Sohn des lebendigen Gottes!

¹⁷ Jesus antwortete und sagte zu ihm: Selig bist du, Simon Barjona; denn nicht Fleisch und Blut haben dir das offenbart, sondern mein Vater im Himmel. ¹⁸ Ich aber sage dir:

Du bist Petrus und auf diesen Felsen werde ich meine Kirche bauen und die Pforten der Unterwelt werden sie nicht überwältigen.

¹⁹ Ich werde dir die Schlüssel des Himmelreichs geben; was du auf Erden binden wirst, das wird im Himmel gebunden sein, und was du auf Erden lösen wirst, das wird im Himmel gelöst sein. ²⁰ Dann befahl er den Jüngern, niemandem zu sagen, dass er der Christus sei.

DIE ERSTE ANKÜNDIGUNG VON LEIDEN UND AUFERSTEHUNG JESU

²¹ Von da an begann Jesus, seinen Jüngern zu erklären: Er müsse nach Jerusalem gehen und von den Ältesten und Hohepriestern und Schriftgelehrten vieles erleiden, er müsse getötet und am dritten Tag auferweckt werden. ²² Da nahm ihn Petrus beiseite und begann, ihn zurechtzuweisen, und sagte: Das soll Gott verhüten, Herr! Das darf nicht mit dir geschehen! ²³ Jesus aber wandte sich um und sagte zu Petrus: Tritt hinter mich, du Satan! Ein Ärgernis bist du mir, denn du hast nicht das im Sinn, was Gott will, sondern was die Menschen wollen.

NACHFOLGE UND SELBSTVERLEUGNUNG

²⁴ Darauf sagte Jesus zu seinen Jüngern: Wenn einer hinter mir hergehen will, verleugne er sich selbst, nehme sein Kreuz auf sich und folge mir nach. ²⁵ Denn wer sein Leben retten will, wird es verlieren; wer aber sein Leben um meinetwillen verliert, wird es finden. ²⁶ Was nützt es einem Menschen, wenn er die ganze Welt gewinnt, dabei aber sein Leben einbüßt? Um welchen Preis kann ein Mensch sein Leben zurückkaufen? ²⁷ Der Menschensohn wird mit seinen Engeln in der Herrlichkeit seines Vaters kommen und dann *wird er jedem nach seinen Taten vergelten*. ²⁸ Amen, ich sage euch: **Von denen, die hier stehen, werden einige den Tod nicht schmecken, bis sie den Menschensohn in seinem Reich kommen sehen.**

17
17,1–27

DIE VERKLÄRUNG JESU

¹ Sechs Tage danach nahm Jesus Petrus, Jakobus und dessen Bruder Johannes beiseite und führte sie auf einen hohen Berg. ² Und er wurde vor ihnen verwandelt; sein Gesicht leuchtete wie die Sonne und seine Kleider wurden weiß wie das Licht. ³ Und siehe, es erschienen ihnen Mose und Elija und redeten mit Jesus. ⁴ Und Petrus antwortete und sagte zu Jesus: Herr, es ist gut, dass wir hier sind. Wenn du willst, werde ich hier drei Hütten bauen, eine für dich, eine für Mose und eine für Elija. ⁵ Noch während er redete, siehe, eine leuchtende Wolke überschattete sie und siehe, eine Stimme erscholl aus der Wolke: Dieser ist mein geliebter Sohn, an dem ich Wohlgefallen gefunden habe; auf ihn sollt ihr hören. ⁶ Als die Jünger das hörten, warfen sie sich mit dem Gesicht zu Boden und fürchteten sich sehr. ⁷ Da trat Jesus zu ihnen, fasste sie an und sagte: Steht auf und fürchtet euch nicht! ⁸ Und als sie aufblickten, sahen sie niemanden außer Jesus allein. ⁹ Während sie den Berg hinabstiegen, gebot ihnen Jesus: Erzählt niemandem von dem, was ihr gesehen habt, bis der Menschensohn von den Toten auferweckt ist!

ÜBER DIE WIEDERKUNFT DES ELIJA

¹⁰ Da fragten ihn die Jünger: Warum sagen denn die Schriftgelehrten, zuerst müsse Elija kommen? ¹¹ Er gab zur Antwort: Ja, Elija kommt und er wird alles wiederherstellen. ¹² Ich sage euch aber: Elija ist schon gekommen, doch sie haben ihn nicht erkannt, sondern mit ihm gemacht, was sie wollten. Ebenso wird auch der Menschensohn durch sie leiden müssen. ¹³ Da verstanden die Jünger, dass er zu ihnen von Johannes dem Täufer sprach.

DIE ERFOLGLOSEN JÜNGER

¹⁴ Als sie zu den Volksscharen zurückkamen, trat ein Mensch auf ihn zu, fiel vor ihm auf die Knie ¹⁵ und sagte: Herr, hab Erbarmen mit meinem Sohn! Er ist mondsüchtig und hat schwer zu leiden. Oft fällt er ins Feuer und oft ins Wasser. ¹⁶ Ich habe ihn schon zu deinen Jüngern gebracht, aber sie konnten ihn nicht heilen. ¹⁷ Da sagte Jesus: O du ungläubige und verkehrte Generation! Wie lange muss ich noch bei euch sein? Wie lange muss ich euch noch ertragen? Bringt ihn her zu mir! ¹⁸ Und Jesus drohte ihm und der Dämon fuhr von ihm aus. Und der Knabe war von jener Stunde an geheilt. ¹⁹ Als die Jünger mit Jesus allein waren, wandten sie sich an ihn und fragten: Warum konnten denn wir den Dämon nicht austreiben? ²⁰ Er antwortete: Wegen eures Kleinglaubens. Denn, amen, ich sage euch: Wenn ihr Glauben habt wie ein Senfkorn, dann werdet ihr zu diesem Berg sagen: Rück von hier nach dort! und er wird wegrücken. Nichts wird euch unmöglich sein. [21]

DIE ZWEITE ANKÜNDIGUNG VON LEIDEN UND AUFERSTEHUNG JESU

²² Als sie in Galiläa zusammen waren, sagte Jesus zu ihnen: Der Menschensohn wird in die Hände von Menschen ausgeliefert werden ²³ und sie werden ihn töten; aber am dritten Tag wird er auferweckt werden. Da wurden sie sehr traurig.

VON DER FREIHEIT DER SÖHNE UND DER PFLICHT ZUR TEMPELSTEUER

²⁴ Als Jesus und die Jünger nach Kafarnaum kamen, traten jene, welche die Doppeldrachme einzogen, zu Petrus und fragten: Zahlt euer Meister die Doppeldrachme nicht? ²⁵ Er antwortete: Doch! Als er dann ins Haus hineinging, kam ihm Jesus mit der Frage zuvor: Was meinst du, Simon, von wem erheben die Könige dieser Welt Zölle und Steuern? Von ihren eigenen Söhnen oder von den anderen Leuten? ²⁶ Als Petrus antwortete: Von den anderen!, sagte Jesus zu ihm: Also sind die Söhne frei. ²⁷ Damit wir aber bei ihnen keinen Anstoß erregen, geh an den See, wirf die Angel aus und den ersten Fisch, den du heraufholst, nimm, öffne ihm das Maul und du wirst ein Vierdrachmenstück finden. Das gib ihnen als Steuer für mich und für dich.

18

18,1–35

DER RANGSTREIT DER JÜNGER

[1] In jener Stunde kamen die Jünger zu Jesus und fragten: Wer ist denn im Himmelreich der Größte? [2] Da rief er ein Kind herbei, stellte es in ihre Mitte [3] und sagte: Amen, ich sage euch: Wenn ihr nicht umkehrt und werdet wie die Kinder, werdet ihr nicht in das Himmelreich hineinkommen. [4] Wer sich so klein macht wie dieses Kind, der ist im Himmelreich der Größte. [5] Und wer ein solches Kind in meinem Namen aufnimmt, der nimmt mich auf.

WARNUNG VOR DER VERFÜHRUNG ZUM BÖSEN

[6] Wer einem von diesen Kleinen, die an mich glauben, Ärgernis gibt, für den wäre es besser, wenn ihm ein Mühlstein um den Hals gehängt und er in der Tiefe des Meeres versenkt würde. [7] Wehe der Welt wegen der Ärgernisse! Es muss zwar Ärgernisse geben; doch wehe dem Menschen, durch den das Ärgernis kommt! [8] Wenn dir deine Hand oder dein Fuß Ärgernis gibt, dann hau sie ab und wirf sie weg! Es ist besser für dich, verstümmelt oder lahm in das Leben zu gelangen, als mit zwei Händen und zwei Füßen in das ewige Feuer geworfen zu werden. [9] Und wenn dir dein Auge Ärgernis gibt, dann reiß es aus! Es ist besser für dich, einäugig in das Leben zu kommen, als mit zwei Augen in das Feuer der Hölle geworfen zu werden. [10] Hütet euch davor, einen von diesen Kleinen zu verachten! Denn ich sage euch: Ihre Engel im Himmel sehen stets das Angesicht meines himmlischen Vaters. [11]

DAS GLEICHNIS VOM VERLORENEN SCHAF

[12] Was meint ihr? Wenn jemand hundert Schafe hat und eines von ihnen sich verirrt, lässt er dann nicht die neunundneunzig auf den Bergen zurück, geht hin und sucht das verirrte? [13] Und wenn er es findet – Amen, ich sage euch: Er freut sich über dieses eine mehr als über die neunundneunzig, die sich nicht verirrt haben. [14] So will auch euer himmlischer Vater nicht, dass einer von diesen Kleinen verloren geht.

DIE BRÜDERLICHE ZURECHTWEISUNG

[15] Wenn dein Bruder gegen dich sündigt, dann geh und weise ihn unter vier Augen zurecht! Hört er auf dich, so hast du deinen Bruder zurückgewonnen. [16] Hört er aber nicht auf dich, dann nimm einen oder zwei mit dir, damit *die ganze Sache durch die Aussage von zwei oder drei Zeugen entschieden werde.* [17] Hört er auch auf sie nicht, dann sag es der Gemeinde! Hört er aber auch auf die Gemeinde nicht, dann sei er für dich wie ein Heide oder ein Zöllner. [18] Amen, ich sage euch: Alles, was ihr auf Erden binden werdet, das wird auch im Himmel gebunden sein, und alles, was ihr auf Erden lösen werdet, das wird auch im Himmel gelöst sein. [19] Weiter sage ich euch: Was auch immer zwei von euch auf Erden einmütig erbitten, werden sie von meinem himmlischen Vater erhalten. [20] Denn wo zwei oder drei in meinem Namen versammelt sind, da bin ich mitten unter ihnen.

ÜBER DIE PFLICHT ZUR VERGEBUNG

[21] Da trat Petrus zu ihm und fragte: Herr, wie oft muss ich meinem Bruder vergeben, wenn er gegen mich sündigt? Bis zu siebenmal? [22] Jesus sagte zu ihm: Ich sage dir nicht: Bis zu siebenmal, sondern bis zu siebzigmal siebenmal. [23] Mit dem Himmelreich ist es deshalb wie mit einem König, der beschloss, von seinen Knechten Rechenschaft zu verlangen. [24] Als er nun mit der Abrechnung begann, brachte man einen zu ihm, der ihm zehntausend Talente schuldig war. [25] Weil er aber das Geld nicht zurückzahlen konnte, befahl der Herr, ihn mit Frau und Kindern und allem, was er besaß, zu verkaufen und so die Schuld zu begleichen. [26] Da fiel der Knecht vor ihm auf die Knie und bat: Hab Geduld mit mir! Ich werde dir alles zurückzahlen. [27] Der Herr des Knechtes hatte Mitleid, ließ ihn gehen und schenkte ihm die Schuld. [28] Als nun der Knecht hinausging, traf er einen Mitknecht, der ihm hundert Denare schuldig war. Er packte ihn, würgte ihn und sagte: Bezahl, was du schuldig bist! [29] Da fiel der Mitknecht vor ihm nieder und flehte: Hab Geduld mit mir! Ich werde es dir zurückzahlen. [30] Er aber wollte nicht, sondern ging weg und ließ ihn ins Gefängnis werfen, bis er die Schuld bezahlt habe. [31] Als die Mitknechte das sahen, waren sie sehr betrübt; sie gingen zu ihrem Herrn und berichteten ihm alles, was geschehen war. [32] Da ließ ihn sein Herr rufen und sagte zu ihm: Du elender Knecht! Deine ganze Schuld habe ich dir erlassen, weil du mich angefleht hast. [33] Hättest nicht auch du mit deinem Mitknecht Erbarmen haben müssen, so wie ich mit dir Erbarmen hatte? [34] Und in seinem Zorn übergab ihn der Herr den Peinigern, bis er die ganze Schuld bezahlt habe. [35] Ebenso wird mein himmlischer Vater euch behandeln, wenn nicht jeder seinem Bruder von Herzen vergibt.

DER WEG JESU NACH JERUSALEM

19,1–20,34

19

19,1–30

AUFBRUCH NACH JUDÄA

¹ Und es geschah, als Jesus diese Reden beendet hatte, verließ er Galiläa und zog in das Gebiet von Judäa jenseits des Jordan. ² Viele Menschen folgten ihm nach und er heilte sie dort.

ÜBER DIE EHE, EHESCHEIDUNG UND EHELOSIGKEIT

³ Da kamen Pharisäer zu ihm, um ihn zu versuchen, und fragten: Darf man seine Frau aus jedem beliebigen Grund aus der Ehe entlassen? ⁴ Er antwortete: Habt ihr nicht gelesen, dass der Schöpfer sie am Anfang *männlich und weiblich erschaffen hat* ⁵ und dass er gesagt hat: *Darum wird der Mann Vater und Mutter verlassen und sich an seine Frau binden und die zwei werden ein Fleisch sein?* ⁶ **Sie sind also nicht mehr zwei, sondern ein Fleisch. Was aber Gott verbunden hat, das darf der Mensch nicht trennen.** ⁷ Sie sagten zu ihm: Wozu hat dann Mose vorgeschrieben, der Frau eine Scheidungsurkunde zu geben und sie aus der Ehe zu entlassen? ⁸ Er antwortete: Nur weil ihr so hartherzig seid, hat Mose euch gestattet, eure Frauen aus der Ehe zu entlassen. Am Anfang war das nicht so. ⁹ Ich sage euch: Wer seine Frau entlässt, obwohl kein Fall von Unzucht vorliegt, und eine andere heiratet, der begeht Ehebruch. ¹⁰ Da sagten seine Jünger zu ihm: Wenn das Verhältnis des Mannes zur Frau so ist, dann ist es nicht gut zu heiraten. ¹¹ Jesus sagte zu ihnen: Nicht alle können dieses Wort erfassen, sondern nur die, denen es gegeben ist. ¹² Denn manche sind von Geburt an zur Ehe unfähig, manche sind von den Menschen dazu gemacht und manche haben sich selbst dazu gemacht – um des Himmelreiches willen. Wer es erfassen kann, der erfasse es.

DIE SEGNUNG DER KINDER

¹³ Da brachte man Kinder zu ihm, damit er ihnen die Hände auflegte und für sie betete. Die Jünger aber wiesen die Leute zurecht. ¹⁴ Doch Jesus sagte:
Lasst die Kinder und hindert sie nicht, zu mir zu kommen! Denn Menschen wie ihnen gehört das Himmelreich.
¹⁵ Dann legte er ihnen die Hände auf und zog von dort weiter.

REICHTUM UND NACHFOLGE

¹⁶ Und siehe, da kam ein Mann zu Jesus und fragte: Meister, was muss ich Gutes tun, um das ewige Leben zu gewinnen? ¹⁷ Er antwortete: Was fragst du mich nach dem Guten? Nur einer ist der Gute. Wenn du aber in das Leben eintreten willst, halte die Gebote! ¹⁸ Darauf fragte er ihn: Welche? Jesus antwortete:
Du sollst nicht töten, du sollst nicht die Ehe brechen, du sollst nicht stehlen, du sollst kein falsches Zeugnis geben; ¹⁹ *ehre Vater und Mutter!* Und: *Du sollst deinen Nächsten lieben wie dich selbst!*
²⁰ Der junge Mann erwiderte ihm: Alle diese Gebote habe ich befolgt. Was fehlt mir noch? ²¹ Jesus antwortete ihm: Wenn du vollkommen sein willst, geh, verkauf deinen Besitz und gib ihn den Armen; und du wirst einen Schatz im Himmel haben; und komm, folge mir nach! ²² Als der junge Mann das hörte, ging er traurig weg; denn er hatte ein großes Vermögen. ²³ **Da sagte Jesus zu seinen Jüngern: Amen, ich sage euch: Ein Reicher wird schwer in das Himmelreich kommen. ²⁴ Nochmals sage ich euch: Leichter geht ein Kamel durch ein Nadelöhr, als dass ein Reicher in das Reich Gottes gelangt.** ²⁵ Als die Jünger das hörten, gerieten sie ganz außer sich vor Schrecken und sagten: Wer kann dann noch gerettet werden? ²⁶ Jesus sah sie an und sagte zu ihnen: Für Menschen ist das unmöglich, für Gott aber ist alles möglich. ²⁷ Da antwortete Petrus: Siehe, wir haben alles verlassen und sind dir nachgefolgt. Was werden wir dafür bekommen? ²⁸ **Jesus erwiderte ihnen: Amen, ich sage euch: Wenn die Welt neu geschaffen wird und der Menschensohn sich auf den Thron der Herrlichkeit setzt, werdet auch ihr, die ihr mir nachgefolgt seid, auf zwölf Thronen sitzen und die zwölf Stämme Israels richten.** ²⁹ Und jeder, der um meines Namens willen Häuser oder Brüder oder Schwestern oder Vater oder Mutter oder Kinder oder Äcker verlassen hat, wird dafür das Hundertfache erhalten und das ewige Leben erben. ³⁰ Viele Erste werden Letzte sein und Letzte Erste.

20

20,1–34

DAS GLEICHNIS VON DEN ARBEITERN IM WEINBERG

[1] Denn mit dem Himmelreich ist es wie mit einem Gutsbesitzer, der früh am Morgen hinausging, um Arbeiter für seinen Weinberg anzuwerben. [2] Er einigte sich mit den Arbeitern auf einen Denar für den Tag und schickte sie in seinen Weinberg. [3] Um die dritte Stunde ging er wieder hinaus und sah andere auf dem Markt stehen, die keine Arbeit hatten. [4] Er sagte zu ihnen: Geht auch ihr in meinen Weinberg! Ich werde euch geben, was recht ist. [5] Und sie gingen. Um die sechste und um die neunte Stunde ging der Gutsherr wieder hinaus und machte es ebenso. [6] Als er um die elfte Stunde noch einmal hinausging, traf er wieder einige, die dort standen. Er sagte zu ihnen: Was steht ihr hier den ganzen Tag untätig? [7] Sie antworteten: Niemand hat uns angeworben. Da sagte er zu ihnen: Geht auch ihr in meinen Weinberg! [8] Als es nun Abend geworden war, sagte der Besitzer des Weinbergs zu seinem Verwalter: Ruf die Arbeiter und zahl ihnen den Lohn aus, angefangen bei den Letzten, bis hin zu den Ersten! [9] Da kamen die Männer, die er um die elfte Stunde angeworben hatte, und jeder erhielt einen Denar. [10] Als dann die Ersten kamen, glaubten sie, mehr zu bekommen. Aber auch sie erhielten einen Denar. [11] Als sie ihn erhielten, murrten sie über den Gutsherrn [12] und sagten: Diese Letzten haben nur eine Stunde gearbeitet und du hast sie uns gleichgestellt. Wir aber haben die Last des Tages und die Hitze ertragen. [13] Da erwiderte er einem von ihnen: Freund, dir geschieht kein Unrecht. Hast du nicht einen Denar mit mir vereinbart? [14] Nimm dein Geld und geh! Ich will dem Letzten ebenso viel geben wie dir. [15] Darf ich mit dem, was mir gehört, nicht tun, was ich will? Oder ist dein Auge böse, weil ich gut bin?

[16] **So werden die Letzten Erste sein und die Ersten Letzte.**

DIE DRITTE ANKÜNDIGUNG VON LEIDEN UND AUFERSTEHUNG JESU

[17] Als Jesus nach Jerusalem hinaufzog, nahm er die zwölf Jünger beiseite und sagte unterwegs zu ihnen: [18] Siehe, wir gehen nach Jerusalem hinauf; und der Menschensohn wird den Hohepriestern und Schriftgelehrten ausgeliefert; sie werden ihn zum Tod verurteilen [19] und den Heiden ausliefern, damit er verspottet, gegeißelt und gekreuzigt wird; und am dritten Tag wird er auferweckt werden.

VOM DIENEN UND HERRSCHEN

[20] Damals kam die Frau des Zebedäus mit ihren Söhnen zu Jesus, fiel vor ihm nieder und bat ihn um etwas. [21] Er fragte sie: Was willst du? Sie antwortete: Versprich, dass meine beiden Söhne in deinem Reich rechts und links neben dir sitzen dürfen! [22] Jesus erwiderte: Ihr wisst nicht, um was ihr bittet. Könnt ihr den Kelch trinken, den ich trinken werde? Sie sagten zu ihm: Wir können es. [23] Da antwortete er ihnen: Meinen Kelch werdet ihr trinken; doch den Platz zu meiner Rechten und zu meiner Linken habe nicht ich zu vergeben; dort werden die sitzen, für die es mein Vater bestimmt hat. [24] Als die zehn anderen Jünger das hörten, wurden sie sehr ärgerlich über die beiden Brüder. [25] Da rief Jesus sie zu sich und sagte: Ihr wisst, dass die Herrscher ihre Völker unterdrücken und die Großen ihre Vollmacht gegen sie gebrauchen. [26] Bei euch soll es nicht so sein, sondern wer bei euch groß sein will, der soll euer Diener sein, [27] und wer bei euch der Erste sein will, soll euer Sklave sein. [28] Wie der Menschensohn nicht gekommen ist, um sich dienen zu lassen, sondern um zu dienen und sein Leben hinzugeben als Lösegeld für viele.

DIE HEILUNG VON ZWEI BLINDEN BEI JERICHO

[29] Als sie Jericho verließen, folgte ihm eine große Zahl von Menschen nach. [30] Und siehe, an der Straße saßen zwei Blinde, und als sie hörten, dass Jesus vorbeikam, riefen sie laut: Hab Erbarmen mit uns, Herr, Sohn Davids! [31] Die Leute aber befahlen ihnen, zu schweigen. Sie aber schrien noch lauter: Hab Erbarmen mit uns, Herr, Sohn Davids! [32] Jesus blieb stehen, rief sie zu sich und sagte: Was wollt ihr, dass ich euch tue? [33] Sie antworteten: Herr, dass unsere Augen geöffnet werden. [34] Da hatte Jesus Mitleid mit ihnen und berührte ihre Augen. Im gleichen Augenblick konnten sie sehen und sie folgten ihm nach.

Das Evangelium nach MATTHÄUS

DAS WIRKEN JESU IN JERUSALEM

21,1–25,46

21

21,1–46

DER EINZUG IN JERUSALEM

¹ Als sie sich Jerusalem näherten und nach Betfage am Ölberg kamen, schickte Jesus zwei Jünger aus ² und sagte zu ihnen: Geht in das Dorf, das vor euch liegt; dort werdet ihr eine Eselin angebunden finden und ein Fohlen bei ihr. Bindet sie los und bringt sie zu mir! ³ Und wenn euch jemand zur Rede stellt, dann sagt: Der Herr braucht sie, er lässt sie aber bald zurückbringen. ⁴ Das ist geschehen, damit sich erfüllte, was durch den Propheten gesagt worden ist:
⁵ *Sagt der Tochter Zion: / Siehe, dein König kommt zu dir. /
Er ist sanftmütig / und er reitet auf einer Eselin / und auf einem Fohlen, / dem Jungen eines Lasttiers.*
⁶ Die Jünger gingen und taten, wie Jesus ihnen aufgetragen hatte. ⁷ Sie brachten die Eselin und das Fohlen, legten ihre Kleider auf sie und er setzte sich darauf. ⁸ Viele Menschen breiteten ihre Kleider auf dem Weg aus, andere schnitten Zweige von den Bäumen und streuten sie auf den Weg. ⁹ Die Leute aber, die vor ihm hergingen und die ihm nachfolgten, riefen:
Hosanna dem Sohn Davids! / Gesegnet sei er, der kommt im Namen des Herrn. / Hosanna in der Höhe!
¹⁰ Als er in Jerusalem einzog, erbebte die ganze Stadt und man fragte: Wer ist dieser? ¹¹ Die Leute sagten:

Das ist der Prophet Jesus von Nazaret in Galiläa.

DIE REINIGUNG DES TEMPELS

¹² Jesus ging in den Tempel und trieb alle Händler und Käufer aus dem Tempel hinaus; er stieß die Tische der Geldwechsler und die Stände der Taubenhändler um ¹³ und sagte zu ihnen: Es steht geschrieben:
Mein Haus soll ein Haus des Gebetes genannt werden. Ihr aber macht daraus *eine Räuberhöhle.*
¹⁴ Im Tempel kamen Lahme und Blinde zu ihm und er heilte sie. ¹⁵ Als nun die Hohepriester und die Schriftgelehrten die Wunder sahen, die er tat, und die Kinder im Tempel rufen hörten: Hosanna dem Sohn Davids!, da wurden sie ärgerlich ¹⁶ und sagten zu ihm: Hörst du, was sie rufen? Jesus antwortete ihnen: Ja. Habt ihr nie gelesen: *Aus dem Mund der Kinder und Säuglinge schaffst du dir Lob?* ¹⁷ Und er ließ sie stehen und ging aus der Stadt hinaus nach Betanien; dort übernachtete er.

DIE VERFLUCHUNG DES FEIGENBAUMS

¹⁸ Als er am Morgen in die Stadt zurückkehrte, hatte er Hunger. ¹⁹ Da sah er am Weg einen Feigenbaum und ging auf ihn zu und fand an ihm nichts als nur Blätter. Da sagte er zu ihm: In Ewigkeit soll keine Frucht mehr an dir wachsen. Und der Feigenbaum verdorrte auf der Stelle. ²⁰ Als die Jünger das sahen, fragten sie erstaunt: Wie konnte der Feigenbaum so plötzlich verdorren? ²¹ Jesus antwortete ihnen: Amen, ich sage euch: Wenn ihr Glauben habt und nicht zweifelt, dann werdet ihr nicht nur das vollbringen, was ich mit dem Feigenbaum getan habe; selbst

wenn ihr zu diesem Berg sagt: Heb dich empor und stürz dich ins Meer!, wird es geschehen. ²² Und alles, was ihr im Gebet erbittet, werdet ihr erhalten, wenn ihr glaubt.

DIE FRAGE NACH DER VOLLMACHT JESU

²³ Als er in den Tempel ging und dort lehrte, kamen die Hohepriester und die Ältesten des Volkes zu ihm und fragten: In welcher Vollmacht tust du das und wer hat dir diese Vollmacht gegeben? ²⁴ Jesus antwortete und sprach zu ihnen: Auch ich will euch eine Frage stellen. Wenn ihr mir darauf antwortet, dann werde ich euch sagen, in welcher Vollmacht ich das tue. ²⁵ Woher stammte die Taufe des Johannes? Vom Himmel oder von den Menschen? Da überlegten sie und sagten zueinander: Wenn wir antworten: Vom Himmel!, so wird er zu uns sagen: Warum habt ihr ihm dann nicht geglaubt? ²⁶ Wenn wir aber antworten: Von den Menschen!, dann müssen wir uns vor den Leuten fürchten; denn alle halten Johannes für einen Propheten. ²⁷ Darum antworteten sie Jesus: Wir wissen es nicht. Da erwiderte er: Dann sage auch ich euch nicht, in welcher Vollmacht ich das tue.

DAS GLEICHNIS VOM WILLIGEN UND VOM UNWILLIGEN SOHN

²⁸ Was meint ihr? Ein Mann hatte zwei Söhne. Er ging zum ersten und sagte: Mein Kind, geh und arbeite heute im Weinberg! ²⁹ Er antwortete: Ich will nicht. Später aber reute es ihn und er ging hinaus. ³⁰ Da wandte er sich an den zweiten und sagte zu ihm dasselbe. Dieser antwortete: Ja, Herr – und ging nicht hin. ³¹ Wer von den beiden hat den Willen seines Vaters erfüllt? Sie antworteten: Der erste. Da sagte Jesus zu ihnen: Amen, ich sage euch: Die Zöllner und die Dirnen gelangen eher in das Reich Gottes als ihr. ³² Denn Johannes ist zu euch gekommen auf dem Weg der Gerechtigkeit und ihr habt ihm nicht geglaubt; aber die Zöllner und die Dirnen haben ihm geglaubt. Ihr habt es gesehen und doch habt ihr nicht bereut und ihm nicht geglaubt.

DAS GLEICHNIS VON DEN WINZERN

³³ Hört noch ein anderes Gleichnis: Es war ein Gutsbesitzer, der legte einen Weinberg an, zog ringsherum einen Zaun, hob eine Kelter aus und baute einen Turm. Dann verpachtete er den Weinberg an Winzer und reiste in ein anderes Land. ³⁴ Als nun die Erntezeit kam, schickte er seine Knechte zu den Winzern, um seine Früchte holen zu lassen. ³⁵ Die Winzer aber packten seine Knechte; den einen prügelten sie, den andern brachten sie um, wieder einen anderen steinigten sie. ³⁶ Darauf schickte er andere Knechte, mehr als das erste Mal; mit ihnen machten sie es genauso. ³⁷ Zuletzt sandte er seinen Sohn zu ihnen; denn er dachte: Vor meinem Sohn werden sie Achtung haben. ³⁸ Als die Winzer den Sohn sahen, sagten sie zueinander: Das ist der Erbe. Auf, wir wollen ihn umbringen, damit wir sein Erbe in Besitz nehmen. ³⁹ Und sie packten ihn, warfen ihn aus dem Weinberg hinaus und brachten ihn um. ⁴⁰ Wenn nun der Herr des Weinbergs kommt: Was wird er mit jenen Winzern tun? ⁴¹ Sie sagten zu ihm: Er wird diese bösen Menschen vernichten und den Weinberg an andere Winzer verpachten, die ihm die Früchte abliefern, wenn es Zeit dafür ist. ⁴² Und Jesus sagte zu ihnen: Habt ihr nie in der Schrift gelesen:

Der Stein, den die Bauleute verworfen haben, / er ist zum Eckstein geworden; / vom Herrn ist das geschehen / und es ist wunderbar in unseren Augen?

⁴³ Darum sage ich euch: Das Reich Gottes wird euch weggenommen und einem Volk gegeben werden, das die Früchte des Reiches Gottes bringt. ⁴⁴ Und wer auf diesen Stein fällt, wird zerschellen; auf wen der Stein aber fällt, den wird er zermalmen. ⁴⁵ Als die Hohepriester und die Pharisäer seine Gleichnisse hörten, merkten sie, dass er von ihnen sprach. ⁴⁶ Sie suchten ihn zu ergreifen; aber sie fürchteten die Menge, weil sie ihn für einen Propheten hielt.

22

22,1–46

DAS GLEICHNIS VOM KÖNIGLICHEN HOCHZEITSMAHL

¹ Jesus antwortete und erzählte ihnen ein anderes Gleichnis: ² Mit dem Himmelreich ist es wie mit einem König, der seinem Sohn die Hochzeit ausrichtete. ³ Er schickte seine Diener, um die eingeladenen Gäste zur Hochzeit rufen zu lassen. Sie aber wollten nicht kommen. ⁴ Da schickte er noch einmal Diener und trug ihnen auf: Sagt den Eingeladenen: Siehe, mein Mahl ist fertig, meine Ochsen und das Mastvieh sind geschlachtet, alles ist bereit. Kommt zur Hochzeit! ⁵ Sie aber kümmerten sich nicht darum, sondern der eine ging auf seinen Acker, der andere in seinen Laden, ⁶ wieder andere fielen über seine Diener her, misshandelten sie und brachten sie um. ⁷ Da wurde der König zornig; er schickte sein Heer, ließ die Mörder töten und ihre Stadt in Schutt und Asche legen. ⁸ Dann sagte er zu seinen Dienern: Das Hochzeitsmahl ist vorbereitet, aber die Gäste waren nicht würdig. ⁹ Geht also an die Kreuzungen der Straßen und ladet alle, die ihr trefft, zur Hochzeit ein! ¹⁰ Die Diener gingen auf die Straßen hinaus und holten alle zusammen, die sie trafen, Böse und Gute, und der Festsaal füllte sich mit Gästen. ¹¹ Als der König eintrat, um sich die Gäste anzusehen, bemerkte er unter ihnen einen Menschen, der kein Hochzeitsgewand anhatte. ¹² Er sagte zu ihm: Freund, wie bist du hier ohne Hochzeitsgewand hereingekommen? Der aber blieb stumm. ¹³ Da befahl der König seinen Dienern: Bindet ihm Hände und Füße und werft ihn hinaus in die äußerste Finsternis! Dort wird Heulen und Zähneknirschen sein. ¹⁴ Denn viele sind gerufen, wenige aber auserwählt.

DIE FRAGE NACH DER KAISERLICHEN STEUER

¹⁵ Damals kamen die Pharisäer zusammen und beschlossen, Jesus mit einer Frage eine Falle zu stellen. ¹⁶ Sie veranlassten ihre Jünger, zusammen mit den Anhängern des Herodes zu ihm zu gehen und zu sagen: Meister, wir wissen, dass du die Wahrheit sagst und wahrhaftig den Weg Gottes lehrst und auf niemanden Rücksicht nimmst, denn du siehst nicht auf die Person. ¹⁷ Sag uns also: Was meinst du? Ist es erlaubt, dem Kaiser Steuer zu zahlen, oder nicht? ¹⁸ Jesus aber erkannte ihre böse Absicht und sagte: Ihr Heuchler, warum versucht ihr mich? ¹⁹ Zeigt mir die Münze, mit der ihr eure Steuern bezahlt! Da hielten sie ihm einen Denar hin. ²⁰ Er fragte sie: Wessen Bild und Aufschrift ist das? ²¹ Sie antworteten ihm: Des Kaisers. Darauf sagte er zu ihnen: So gebt dem Kaiser, was dem Kaiser gehört, und Gott, was Gott gehört! ²² Als sie das hörten, staunten sie, ließen ihn stehen und gingen weg.

DIE FRAGE NACH DER AUFERSTEHUNG DER TOTEN

²³ Am selben Tag kamen zu Jesus einige von den Sadduzäern, die behaupten, es gebe keine Auferstehung. Sie fragten ihn: ²⁴ Meister, Mose hat gesagt: Wenn ein Mann stirbt, ohne Kinder zu haben, dann soll sein Bruder dessen Frau heiraten und seinem Bruder Nachkommen verschaffen. ²⁵ Bei uns lebten einmal sieben Brüder. Der erste heiratete und starb, und weil er keine Nachkommen hatte, hinterließ er seine Frau seinem Bruder, ²⁶ ebenso der zweite und der dritte und so weiter bis zum siebten. ²⁷ Als letzte von allen starb die Frau. ²⁸ Wessen Frau wird sie nun bei der Auferstehung sein? Alle sieben haben sie doch zur Frau gehabt. ²⁹ Jesus antwortete und sprach zu ihnen: Ihr irrt euch; ihr kennt weder die Schrift noch die Macht Gottes. ³⁰ Denn nach der Auferstehung heiratet man nicht, noch wird man geheiratet, sondern die Menschen sind wie Engel im Himmel. ³¹ Habt ihr im Übrigen nicht gelesen, was Gott euch über die Auferstehung der Toten mit den Worten gesagt hat: ³² *Ich bin der Gott Abrahams, der Gott Isaaks und der Gott Jakobs?* Er ist nicht der Gott von Toten, sondern von Lebenden. ³³ Als das Volk das hörte, geriet es außer sich vor Staunen über seine Lehre.

DIE FRAGE NACH DEM WICHTIGSTEN GEBOT

³⁴ Als die Pharisäer hörten, dass Jesus die Sadduzäer zum Schweigen gebracht hatte, kamen sie am selben Ort zusammen. ³⁵ Einer von ihnen, ein Gesetzeslehrer, wollte ihn versuchen und fragte ihn: ³⁶ Meister, welches Gebot im Gesetz ist das wichtigste? ³⁷ Er antwortete ihm: *Du sollst den Herrn, deinen Gott, lieben mit ganzem Herzen, mit ganzer Seele und mit deinem ganzen Denken.* ³⁸ Das ist das wichtigste und erste Gebot. ³⁹ Ebenso wichtig ist das zweite: *Du sollst deinen Nächsten lieben wie dich selbst.* ⁴⁰ An diesen beiden Geboten hängt das ganze Gesetz und die Propheten.

DIE FRAGE NACH DEM DAVIDSSOHN

⁴¹ Danach fragte Jesus die Pharisäer, die versammelt waren: ⁴² Was denkt ihr über den Christus? Wessen Sohn ist er? Sie antworteten ihm: Der Sohn Davids. ⁴³ Er sagte zu ihnen: Wie kann ihn dann David im Geist Herr nennen? Denn er sagt: ⁴⁴ *Der Herr sprach zu meinem Herrn: Setze dich mir zur Rechten, bis ich dir deine Feinde unter die Füße lege.* ⁴⁵ Wenn ihn also David Herr nennt, wie kann er dann sein Sohn sein? ⁴⁶ Niemand konnte ihm darauf etwas erwidern und von diesem Tag an wagte keiner mehr, ihm eine Frage zu stellen.

23

23,1–39

DIE WEHE-RUFE GEGEN DIE SCHRIFTGELEHRTEN UND PHARISÄER

¹ Darauf sprach Jesus zum Volk und zu seinen Jüngern ² und sagte: Auf dem Stuhl des Mose sitzen die Schriftgelehrten und die Pharisäer. ³ Tut und befolgt also alles, was sie euch sagen, aber richtet euch nicht nach ihren Taten; denn sie reden nur, tun es aber nicht. ⁴ Sie schnüren schwere und unerträgliche Lasten zusammen und legen sie den Menschen auf die Schultern, selber aber wollen sie keinen Finger rühren, um die Lasten zu bewegen. ⁵ Alles, was sie tun, tun sie, um von den Menschen gesehen zu werden: Sie machen ihre Gebetsriemen breit und die Quasten an ihren Gewändern lang, ⁶ sie lieben den Ehrenplatz bei den Gastmählern und die Ehrensitze in den Synagogen ⁷ und wenn man sie auf den Marktplätzen grüßt und die Leute sie Rabbi nennen. ⁸ Ihr aber sollt euch nicht Rabbi nennen lassen; denn nur einer ist euer Meister, ihr alle aber seid Brüder. ⁹ Auch sollt ihr niemanden auf Erden euren Vater nennen; denn nur einer ist euer Vater, der im Himmel. ¹⁰ Auch sollt ihr euch nicht Lehrer nennen lassen; denn nur einer ist euer Lehrer, Christus.

¹¹ Der Größte von euch soll euer Diener sein.

¹² Denn wer sich selbst erhöht, wird erniedrigt, und wer sich selbst erniedrigt, wird erhöht werden. ¹³ Weh euch, ihr Schriftgelehrten und Pharisäer, ihr Heuchler! Ihr verschließt den Menschen das Himmelreich. Denn ihr selbst geht nicht hinein und lasst die nicht hinein, die hineingehen wollen. [¹⁴]¹⁵ Weh euch, ihr Schriftgelehrten und Pharisäer, ihr Heuchler! Ihr zieht über Land und Meer, um einen einzigen Menschen für euren Glauben zu gewinnen; und wenn er gewonnen ist, dann macht ihr ihn zu einem Sohn der Hölle, doppelt so schlimm wie ihr selbst. ¹⁶ Weh euch, ihr seid blinde Führer! Ihr sagt: Wenn einer beim Tempel schwört, gilt es nicht, wenn er aber beim Gold des Tempels schwört, gilt es. ¹⁷ Ihr blinden Narren! Was ist wichtiger: das Gold oder der Tempel, der das Gold erst heilig macht? ¹⁸ Auch sagt ihr: Wenn einer beim Altar schwört, gilt es nicht, wenn er aber bei dem Opfer schwört, das auf dem Altar liegt, gilt es. ¹⁹ Ihr Blinden! Was ist wichtiger: das Opfer oder der Altar, der das Opfer erst heilig macht? ²⁰ Wer beim Altar schwört, der schwört bei ihm und bei allem, was darauf liegt. ²¹ Und wer beim Tempel schwört, der schwört bei ihm und bei dem, der darin wohnt. ²² Und wer beim Himmel schwört, der schwört beim Thron Gottes und bei dem, der darauf sitzt. ²³ Weh euch, ihr Schriftgelehrten und Pharisäer, ihr Heuchler! Ihr gebt den Zehnten von Minze, Dill und Kümmel und lasst das Wichtigste im Gesetz außer Acht: Recht, Barmherzigkeit und Treue. Man muss das eine tun, ohne das andere zu lassen. ²⁴ Blinde Führer seid ihr: Ihr siebt die Mücke aus und verschluckt das Kamel. ²⁵ Weh euch, ihr Schriftgelehrten und Pharisäer, ihr Heuchler! Ihr haltet Becher und Schüsseln außen sauber, innen aber sind sie voll von Raffsucht und Gier. ²⁶ Du blinder Pharisäer! Mach den Becher zuerst innen sauber, dann ist er auch außen rein. ²⁷ Weh euch, ihr Schriftgelehrten und Pharisäer, ihr Heuchler! Ihr seid wie getünchte Gräber, die von außen schön aussehen, innen aber voll sind von Knochen der Toten und aller Unreinheit. ²⁸ So erscheint auch ihr von außen den Menschen gerecht, innen aber seid ihr voll Heuchelei und Gesetzlosigkeit. ²⁹ Weh euch, ihr Schriftgelehrten und Pharisäer, ihr Heuchler! Ihr errichtet den Propheten Grabstätten und schmückt die Denkmäler der Gerechten ³⁰ und sagt dabei: Wenn wir in den Tagen unserer Väter gelebt hätten, wären wir nicht wie sie am Blut der Propheten schuldig geworden. ³¹ Damit bestätigt ihr selbst, dass ihr die Söhne der Prophetenmörder seid. ³² Macht nur das Maß eurer Väter voll! ³³ Ihr Nattern, ihr Schlangenbrut! Wie wollt ihr dem Strafgericht der Hölle entrinnen? ³⁴ Darum siehe, ich sende Propheten, Weise und Schriftgelehrte zu euch; ihr aber werdet einige von ihnen töten und kreuzigen, andere in euren Synagogen auspeitschen und von Stadt zu Stadt verfolgen. ³⁵ So wird all das unschuldige Blut über euch kommen, das auf Erden vergossen worden ist, vom Blut Abels, des Gerechten, bis zum Blut des Zacharias, Barachias' Sohn, den ihr zwischen dem Tempelgebäude und dem Altar ermordet habt. ³⁶ Amen, ich sage euch: Das alles wird über diese Generation kommen. ³⁷ Jerusalem, Jerusalem, du tötest die Propheten und steinigst die Boten, die zu dir gesandt sind. Wie oft wollte ich deine Kinder sammeln, so wie eine Henne ihre Küken unter ihre Flügel nimmt; aber ihr habt nicht gewollt. ³⁸ Siehe, euer Haus wird euch öde gelassen. ³⁹ Und ich sage euch: Von jetzt an werdet ihr mich nicht mehr sehen, bis ihr ruft: Gepriesen sei er, der kommt im Namen des Herrn!

24

24,1–51

DIE ANKÜNDIGUNG DER ZERSTÖRUNG DES TEMPELS

¹ Als Jesus den Tempel verlassen hatte, wandten sich seine Jünger an ihn und wiesen ihn auf die Bauten des Tempels hin. ² Er antwortete und sagte zu ihnen: Seht ihr das alles? Amen, ich sage euch:

Kein Stein wird hier auf dem andern bleiben, der nicht niedergerissen wird.

DER ANFANG DER ENDZEITLICHEN NOT

³ Als er auf dem Ölberg saß, wandten sich die Jünger, die mit ihm allein waren, an ihn und fragten: Sag uns, wann wird das geschehen und was ist das Zeichen für deine Ankunft und das Ende der Welt? ⁴ Jesus antwortete und sagte zu ihnen: Gebt Acht, dass euch niemand irreführt! ⁵ Denn viele werden unter meinem Namen auftreten und sagen: Ich bin der Christus! und sie werden viele irreführen. ⁶ Ihr werdet von Kriegen und Kriegsgerüchten hören. Gebt Acht, lasst euch nicht erschrecken! Das muss geschehen. Es ist aber noch nicht das Ende. ⁷ Denn Volk wird sich gegen Volk und Reich gegen Reich erheben und an vielen Orten wird es Hungersnöte und Erdbeben geben. ⁸ Doch das alles ist erst der Anfang der Wehen. ⁹ Dann wird man euch der Not ausliefern und euch töten und ihr werdet von allen Völkern um meines Namens willen gehasst. ¹⁰ Und viele werden zu Fall kommen und einander ausliefern und einander hassen. ¹¹ Viele falsche Propheten werden auftreten und sie werden viele irreführen. ¹² Und weil die Gesetzlosigkeit überhand nimmt, wird die Liebe bei vielen erkalten. ¹³ Wer aber bis zum Ende standhaft bleibt, der wird gerettet werden. ¹⁴ Und dieses Evangelium vom Reich wird auf der ganzen Welt verkündet werden – zum Zeugnis für alle Völker; dann erst kommt das Ende.

VOM HÖHEPUNKT DER NOT

¹⁵ Wenn ihr dann am heiligen Ort den Gräuel der Verwüstung stehen seht, der durch den Propheten Daniel vorhergesagt worden ist – der Leser begreife –, ¹⁶ dann sollen die Bewohner von Judäa in die Berge fliehen; ¹⁷ wer gerade auf dem Dach ist, soll nicht hinabsteigen, um etwas aus seinem Haus zu holen, ¹⁸ und wer auf dem Feld ist, soll nicht zurückkehren, um seinen Mantel zu holen. ¹⁹ Weh aber den Frauen, die in jenen Tagen schwanger sind oder ein Kind stillen! ²⁰ Betet darum, dass eure Flucht nicht im Winter oder an einem Sabbat geschieht! ²¹ Denn es wird dann eine große Drangsal sein, wie es sie nie gegeben hat, vom Anfang der Welt bis heute, und wie es auch keine mehr geben wird. ²² Und wenn jene Tage nicht verkürzt würden, dann würde kein Mensch gerettet; doch um der Auserwählten willen werden jene Tage verkürzt werden. ²³ Wenn dann jemand zu euch

sagt: Seht, hier ist der Christus! oder: Da ist er!, so glaubt es nicht! ²⁴ Denn es wird mancher falsche Christus und mancher falsche Prophet auftreten und sie werden große Zeichen und Wunder wirken, um, wenn möglich, auch die Auserwählten irrezuführen. ²⁵ Siehe, ich habe es euch vorausgesagt. ²⁶ Wenn sie also zu euch sagen: Siehe, er ist in der Wüste!, so geht nicht hinaus; siehe, er ist im Innern des Hauses!, so glaubt es nicht. ²⁷ Denn wie der Blitz im Osten aufflammt und bis zum Westen hin leuchtet, so wird die Ankunft des Menschensohnes sein. ²⁸ Wo ein Aas ist, da sammeln sich die Geier.

DAS KOMMEN DES MENSCHENSOHNES

²⁹ Sofort nach den Tagen der großen Drangsal *wird die Sonne verfinstert werden und der Mond wird nicht mehr scheinen; die Sterne werden vom Himmel fallen* und die Kräfte des Himmels werden erschüttert werden. ³⁰ Danach wird das Zeichen des Menschensohnes am Himmel erscheinen; dann werden alle Völker der Erde wehklagen und man wird *den Menschensohn auf den Wolken des Himmels kommen* sehen, mit großer Kraft und Herrlichkeit. ³¹ Er wird seine Engel unter lautem Posaunenschall aussenden und sie werden die von ihm Auserwählten aus allen vier Windrichtungen zusammenführen, von einem Ende des Himmels bis zum andern.

DER NAHE, ABER UNBEKANNTE ZEITPUNKT

³² Lernt etwas aus dem Vergleich mit dem Feigenbaum! Sobald seine Zweige saftig werden und Blätter treiben, erkennt ihr, dass der Sommer nahe ist. ³³ So erkennt auch ihr, wenn ihr das alles seht, dass das Ende der Welt nahe ist. ³⁴ Amen, ich sage euch: Diese Generation wird nicht vergehen, bis das alles geschieht. ³⁵ Himmel und Erde werden vergehen, aber meine Worte werden nicht vergehen. ³⁶ Doch jenen Tag und jene Stunde kennt niemand, auch nicht die Engel im Himmel, nicht einmal der Sohn, sondern nur der Vater.

DIE VOLLENDUNG ALS MOMENT DER ENTSCHEIDUNG

³⁷ Denn wie es in den Tagen des Noach war, so wird die Ankunft des Menschensohnes sein. ³⁸ Wie die Menschen in jenen Tagen vor der Flut aßen und tranken, heirateten und sich heiraten ließen, bis zu dem Tag, an dem Noach in die Arche ging, ³⁹ und nichts ahnten, bis die Flut hereinbrach und alle wegraffte, so wird auch die Ankunft des Menschensohnes sein. ⁴⁰ Dann wird von zwei Männern, die auf dem Feld arbeiten, einer mitgenommen und einer zurückgelassen. ⁴¹ Und von zwei Frauen, die an derselben Mühle mahlen, wird eine mitgenommen und eine zurückgelassen.

⁴² **Seid also wachsam! Denn ihr wisst nicht, an welchem Tag euer Herr kommt.**

DAS GLEICHNIS VOM HAUSHERRN ALS MAHNUNG ZUR WACHSAMKEIT

⁴³ Bedenkt dies: Wenn der Herr des Hauses wüsste, in welcher Stunde in der Nacht der Dieb kommt, würde er wach bleiben und nicht zulassen, dass man in sein Haus einbricht. ⁴⁴ Darum haltet auch ihr euch bereit! Denn der Menschensohn kommt zu einer Stunde, in der ihr es nicht erwartet.

DAS GLEICHNIS VOM KLUGEN UND VOM BÖSEN KNECHT

⁴⁵ Wer ist denn der treue und kluge Knecht, den der Herr über sein Gesinde einsetzte, damit er ihnen zur rechten Zeit die Nahrung gebe? ⁴⁶ Selig der Knecht, den der Herr damit beschäftigt findet, wenn er kommt! ⁴⁷ Amen, ich sage euch: Er wird ihn über sein ganzes Vermögen einsetzen. ⁴⁸ Wenn aber der Knecht böse ist und in seinem Herzen sagt: Mein Herr verspätet sich! ⁴⁹ und anfängt, seine Mitknechte zu schlagen, und mit Zechern isst und trinkt, ⁵⁰ dann wird der Herr jenes Knechtes an einem Tag kommen, an dem er es nicht erwartet, und zu einer Stunde, die er nicht kennt; ⁵¹ und der Herr wird ihn in Stücke hauen und ihm seinen Platz unter den Heuchlern zuweisen. Dort wird Heulen und Zähneknirschen sein.

25

25,1–46

DAS GLEICHNIS VON DEN KLUGEN UND DEN TÖRICHTEN JUNGFRAUEN

¹ Dann wird es mit dem Himmelreich sein wie mit zehn Jungfrauen, die ihre Lampen nahmen und dem Bräutigam entgegengingen. ² Fünf von ihnen waren töricht und fünf waren klug. ³ Die törichten nahmen ihre Lampen mit, aber kein Öl, ⁴ die klugen aber nahmen mit ihren Lampen noch Öl in Krügen mit. ⁵ Als nun der Bräutigam lange nicht kam, wurden sie alle müde und schliefen ein. ⁶ Mitten in der Nacht aber erscholl der Ruf: Siehe, der Bräutigam! Geht ihm entgegen! ⁷ Da standen die Jungfrauen alle auf und machten ihre Lampen zurecht. ⁸ Die törichten aber sagten zu den klugen: Gebt uns von eurem Öl, sonst gehen unsere Lampen aus! ⁹ Die klugen erwiderten ihnen: Dann reicht es nicht für uns und für euch; geht lieber zu den Händlern und kauft es euch! ¹⁰ Während sie noch unterwegs waren, um es zu kaufen, kam der Bräutigam. Die Jungfrauen, die bereit waren, gingen mit ihm in den Hochzeitssaal und die Tür wurde zugeschlossen. ¹¹ Später kamen auch die anderen Jungfrauen und riefen: Herr, Herr, mach uns auf! ¹² Er aber antwortete ihnen und sprach: Amen, ich sage euch: Ich kenne euch nicht.

¹³ **Seid also wachsam! Denn ihr wisst weder den Tag noch die Stunde.**

DAS GLEICHNIS VON DEN ANVERTRAUTEN TALENTEN SILBERGELD

14 Es ist wie mit einem Mann, der auf Reisen ging. Er rief seine Diener und vertraute ihnen sein Vermögen an. 15 Dem einen gab er fünf Talente Silbergeld, einem anderen zwei, wieder einem anderen eines, jedem nach seinen Fähigkeiten. Dann reiste er ab. Sofort 16 ging der Diener, der die fünf Talente erhalten hatte hin, wirtschaftete mit ihnen und gewann noch fünf weitere dazu. 17 Ebenso gewann der, der zwei erhalten hatte, noch zwei weitere dazu. 18 Der aber, der das eine Talent erhalten hatte, ging und grub ein Loch in die Erde und versteckte das Geld seines Herrn. 19 Nach langer Zeit kehrte der Herr jener Diener zurück und hielt Abrechnung mit ihnen. 20 Da kam der, der die fünf Talente erhalten hatte, brachte fünf weitere und sagte: Herr, fünf Talente hast du mir gegeben; sieh her, ich habe noch fünf dazugewonnen. 21 Sein Herr sagte zu ihm: Sehr gut, du tüchtiger und treuer Diener. Über Weniges warst du treu, über Vieles werde ich dich setzen. Komm, nimm teil am Freudenfest deines Herrn! 22 Dann kam der Diener, der zwei Talente erhalten hatte, und sagte: Herr, du hast mir zwei Talente gegeben; sieh her, ich habe noch zwei dazugewonnen. 23 Sein Herr sagte zu ihm: Sehr gut, du tüchtiger und treuer Diener. Über Weniges warst du treu, über Vieles werde ich dich setzen. Komm, nimm teil am Freudenfest deines Herrn! 24 Es kam aber auch der Diener, der das eine Talent erhalten hatte, und sagte: Herr, ich wusste, dass du ein strenger Mensch bist; du erntest, wo du nicht gesät hast, und sammelst, wo du nicht ausgestreut hast; 25 weil ich Angst hatte, habe ich dein Geld in der Erde versteckt. Sieh her, hier hast du das Deine. 26 Sein Herr antwortete und sprach zu ihm: Du bist ein schlechter und fauler Diener! Du hast gewusst, dass ich ernte, wo ich nicht gesät habe, und sammle, wo ich nicht ausgestreut habe. 27 Du hättest mein Geld auf die Bank bringen müssen, dann hätte ich es bei meiner Rückkehr mit Zinsen zurückerhalten. 28 Nehmt ihm also das Talent weg und gebt es dem, der die zehn Talente hat!

29 **Denn wer hat, dem wird gegeben werden und er wird im Überfluss haben; wer aber nicht hat, dem wird auch noch weggenommen, was er hat.**

30 Werft den nichtsnutzigen Diener hinaus in die äußerste Finsternis! Dort wird Heulen und Zähneknirschen sein.

DAS GLEICHNIS VOM GERICHT DES MENSCHENSOHNES ÜBER DIE VÖLKER

31 Wenn der Menschensohn in seiner Herrlichkeit kommt und alle Engel mit ihm, dann wird er sich auf den Thron seiner Herrlichkeit setzen. 32 Und alle Völker werden vor ihm versammelt werden und er wird sie voneinander scheiden, wie der Hirt die Schafe von den Böcken scheidet. 33 Er wird die Schafe zu seiner Rechten stellen, die Böcke aber zur Linken. 34 Dann wird der König denen zu seiner Rechten sagen: Kommt her, die ihr von meinem Vater gesegnet seid, empfangt das Reich als Erbe, das seit der Erschaffung der Welt für euch bestimmt ist! 35 Denn ich war hungrig und ihr habt mir zu essen gegeben; ich war durstig und ihr habt mir zu trinken gegeben; ich war fremd und ihr habt mich aufgenommen; 36 ich war nackt und ihr habt mir Kleidung gegeben; ich war krank und ihr habt mich besucht; ich war im Gefängnis und ihr seid zu mir gekommen. 37 Dann werden ihm die Gerechten antworten und sagen: Herr, wann haben wir dich hungrig gesehen und dir zu essen gegeben oder durstig und dir zu trinken gegeben? 38 Und wann haben wir dich fremd gesehen und aufgenommen oder nackt und dir Kleidung gegeben? 39 Und wann haben wir dich krank oder im Gefängnis gesehen und sind zu dir gekommen? 40 Darauf wird der König ihnen antworten:

Amen, ich sage euch: Was ihr für einen meiner geringsten Brüder getan habt, das habt ihr mir getan.

41 Dann wird er zu denen auf der Linken sagen: Geht weg von mir, ihr Verfluchten, in das ewige Feuer, das für den Teufel und seine Engel bestimmt ist! 42 Denn ich war hungrig und ihr habt mir nichts zu essen gegeben; ich war durstig und ihr habt mir nichts zu trinken gegeben; 43 ich war fremd und ihr habt mich nicht aufgenommen; ich war nackt und ihr habt mir keine Kleidung gegeben; ich war krank und im Gefängnis und ihr habt mich nicht besucht. 44 Dann werden auch sie antworten: Herr, wann haben wir dich hungrig oder durstig oder fremd oder nackt oder krank oder im Gefängnis gesehen und haben dir nicht geholfen? 45 Darauf wird er ihnen antworten: Amen, ich sage euch: Was ihr für einen dieser Geringsten nicht getan habt, das habt ihr auch mir nicht getan. 46 Und diese werden weggehen zur ewigen Strafe, die Gerechten aber zum ewigen Leben.

PASSION UND ERWECKUNG JESU

26,1–28,20

26

26,1–75

DER TODESBESCHLUSS DES HOHEN RATES

¹ Und es geschah, als Jesus alle diese Reden beendet hatte, sagte er zu seinen Jüngern: ² **Ihr wisst, dass in zwei Tagen das Paschafest ist; da wird der Menschensohn ausgeliefert, um gekreuzigt zu werden.** ³ Da versammelten sich die Hohepriester und die Ältesten des Volkes im Palast des Hohepriesters, der Kajaphas hieß, ⁴ und beschlossen, Jesus mit List in ihre Gewalt zu bringen und ihn zu töten. ⁵ Sie sagten aber: Ja nicht am Fest, damit kein Aufruhr im Volk entsteht.

DIE SALBUNG JESU IM HAUS SIMONS DES AUSSÄTZIGEN

⁶ Als Jesus in Betanien im Haus Simons des Aussätzigen war, ⁷ kam eine Frau mit einem Alabastergefäß voll kostbarem Salböl zu ihm, als er bei Tisch war, und goss es über sein Haupt. ⁸ Die Jünger wurden unwillig, als sie das sahen, und sagten: Wozu diese Verschwendung? ⁹ Man hätte das Öl teuer verkaufen und das Geld den Armen geben können. ¹⁰ Jesus bemerkte ihren Unwillen und sagte zu ihnen: Warum lasst ihr die Frau nicht in Ruhe? Sie hat ein gutes Werk an mir getan. ¹¹ Denn die Armen habt ihr immer bei euch, mich aber habt ihr nicht immer. ¹² Als sie das Öl über mich goss, hat sie meinen Leib für das Begräbnis gesalbt. ¹³ Amen, ich sage euch: Auf der ganzen Welt, wo dieses Evangelium verkündet wird, wird man auch erzählen, was sie getan hat, zu ihrem Gedächtnis.

DIE VEREINBARUNG DES JUDAS MIT DEN HOHEPRIESTERN

¹⁴ Darauf ging einer der Zwölf namens Judas Iskariot zu den Hohepriestern ¹⁵ und sagte:

Was wollt ihr mir geben, wenn ich euch Jesus ausliefere? Und sie boten ihm dreißig Silberstücke.

¹⁶ Von da an suchte er nach einer Gelegenheit, ihn auszuliefern.

DIE VORBEREITUNG DES PASCHAMAHLS

¹⁷ Am ersten Tag des Festes der Ungesäuerten Brote gingen die Jünger zu Jesus und fragten: Wo sollen wir das Paschamahl für dich vorbereiten? ¹⁸ Er antwortete: Geht in die Stadt zu dem und dem und sagt zu ihm: Der Meister lässt dir sagen: Meine Zeit ist da; bei dir will ich mit meinen Jüngern das Paschamahl feiern. ¹⁹ Die Jünger taten, wie Jesus ihnen aufgetragen hatte, und bereiteten das Paschamahl vor.

DAS MAHL

²⁰ Als es Abend wurde, begab er sich mit den zwölf Jüngern zu Tisch. ²¹ Und während sie aßen, sprach er: Amen, ich sage euch: Einer von euch wird mich ausliefern. ²² Da wurden sie sehr traurig und einer nach dem andern fragte ihn: Bin ich es etwa, Herr? ²³ Er antwortete: Der die Hand mit mir in die Schüssel eintunkt, wird mich ausliefern. ²⁴ Der Menschensohn muss zwar seinen Weg gehen, wie die Schrift über ihn sagt. Doch weh dem Menschen, durch den der Menschensohn ausgeliefert wird! Für ihn wäre es besser, wenn er nie geboren wäre. ²⁵ Da fragte Judas, der ihn auslieferte: Bin ich es etwa, Rabbi? Jesus antwortete: DU SAGST ES.
²⁶ Während des Mahls nahm Jesus das Brot und sprach den Lobpreis; dann brach er das Brot, reichte es den Jüngern und sagte:

Nehmt und esst; das ist mein Leib. ²⁷ Dann nahm er den Kelch, sprach das Dankgebet, gab ihn den Jüngern und sagte: Trinkt alle daraus; ²⁸ das ist mein Blut des Bundes, das für viele vergossen wird zur Vergebung der Sünden.

²⁹ Ich sage euch: Von jetzt an werde ich nicht mehr von dieser Frucht des Weinstocks trinken, bis zu dem Tag, an dem ich mit euch von Neuem davon trinke im Reich meines Vaters.

DIE ANKÜNDIGUNG DER VERLEUGNUNG

³⁰ Nach dem Lobgesang gingen sie zum Ölberg hinaus. ³¹ Da sagte Jesus zu ihnen: Ihr alle werdet in dieser Nacht an mir Anstoß nehmen; denn in der Schrift steht: *Ich werde den Hirten erschlagen, dann werden sich die Schafe der Herde zerstreuen.* ³² Aber nach meiner Auferstehung werde ich euch nach Galiläa vorausgehen. ³³ Petrus erwiderte ihm: Und wenn alle an dir Anstoß nehmen – ich werde niemals an dir Anstoß nehmen! ³⁴ Jesus sagte zu ihm: Amen, ich sage dir: In dieser Nacht, ehe der Hahn kräht, wirst du mich dreimal verleugnen. ³⁵ Da sagte Petrus zu ihm: Und wenn ich mit dir sterben müsste – ich werde dich nie verleugnen. Das Gleiche sagten auch alle Jünger.

DAS GEBET IN GETSEMANI

⁣³⁶ Darauf kam Jesus mit ihnen zu einem Grundstück, das man Getsemani nennt, und sagte zu den Jüngern: Setzt euch hier, während ich dorthin gehe und bete! ³⁷ Und er nahm Petrus und die beiden Söhne des Zebedäus mit sich. Da ergriff ihn Traurigkeit und Angst ³⁸ und er sagte zu ihnen: *Meine Seele ist* zu Tode *betrübt.* Bleibt hier und wacht mit mir! ³⁹ Und er ging ein Stück weiter, warf sich auf sein Gesicht und betete:

Mein Vater, wenn es möglich ist, gehe dieser Kelch an mir vorüber. Aber nicht wie ich will, sondern wie du willst.

⁣⁴⁰ Und er ging zu den Jüngern zurück und fand sie schlafend. Da sagte er zu Petrus: Konntet ihr nicht einmal eine Stunde mit mir wachen? ⁴¹ Wacht und betet, damit ihr nicht in Versuchung geratet! Der Geist ist willig, aber das Fleisch ist schwach. ⁴² Wieder ging er weg, zum zweiten Mal, und betete: Mein Vater, wenn dieser Kelch an mir nicht vorübergehen kann, ohne dass ich ihn trinke, geschehe dein Wille. ⁴³ Als er zurückkam, fand er sie wieder schlafend, denn die Augen waren ihnen zugefallen. ⁴⁴ Und er ließ sie, ging wieder weg und betete zum dritten Mal mit den gleichen Worten. ⁴⁵ Danach kehrte er zu den Jüngern zurück und sagte zu ihnen: Schlaft ihr immer noch und ruht euch aus? Siehe, die Stunde ist gekommen und der Menschensohn wird in die Hände von Sündern ausgeliefert. ⁴⁶ Steht auf, wir wollen gehen! Siehe, der mich ausliefert, ist da.

DIE GEFANGENNAHME JESU

⁣⁴⁷ Noch während er redete, siehe, da kam Judas, einer der Zwölf, mit einer großen Schar von Männern, die mit Schwertern und Knüppeln bewaffnet waren; sie waren von den Hohepriestern und den Ältesten des Volkes geschickt worden. ⁴⁸ Der ihn auslieferte, hatte mit ihnen ein Zeichen vereinbart und gesagt:

Der, den ich küssen werde, der ist es; nehmt ihn fest!

⁣⁴⁹ Sogleich ging er auf Jesus zu und sagte: Sei gegrüßt, Rabbi! Und er küsste ihn. ⁵⁰ Jesus erwiderte ihm: Freund, dazu bist du gekommen? Da gingen sie auf Jesus zu, ergriffen ihn und nahmen ihn fest. ⁵¹ Und siehe, einer von den Begleitern Jesu streckte die Hand aus, zog sein Schwert, schlug auf den Diener des Hohepriesters ein und hieb ihm ein Ohr ab. ⁵² Da sagte Jesus zu ihm: Steck dein Schwert in die Scheide; denn alle, die zum Schwert greifen, werden durch das Schwert umkommen. ⁵³ Oder glaubst du nicht, mein Vater würde mir sogleich mehr als zwölf Legionen Engel schicken, wenn ich ihn darum bitte? ⁵⁴ Wie würden dann aber die Schriften erfüllt, dass es so geschehen muss? ⁵⁵ In jener Stunde sagte Jesus zu den Männern: Wie gegen einen Räuber seid ihr mit Schwertern und Knüppeln ausgezogen, um mich festzunehmen. Tag für Tag saß ich im Tempel und lehrte und ihr habt mich nicht verhaftet. ⁵⁶ Das alles aber ist geschehen, damit die Schriften der Propheten in Erfüllung gehen. Da verließen ihn alle Jünger und flohen.

DAS BEKENNTNIS JESU VOR DEM HOHEN RAT

⁣⁵⁷ Nach der Verhaftung führte man Jesus zum Hohepriester Kajaphas, bei dem sich die Schriftgelehrten und die Ältesten versammelt hatten. ⁵⁸ Petrus folgte Jesus von Weitem bis zum Hof des Hohepriesters; er ging in den Hof hinein und setzte sich zu den Dienern, um zu sehen, wie alles ausgehen würde. ⁵⁹ Die Hohepriester und der ganze Hohe Rat bemühten sich um falsche Zeugenaussagen gegen Jesus, um ihn zum Tod verurteilen zu können. ⁶⁰ Sie fanden aber nichts, obwohl viele falsche Zeugen auftraten. Zuletzt kamen zwei Männer ⁶¹ und behaupteten: Er hat gesagt: Ich kann den Tempel Gottes niederreißen und in drei Tagen wieder aufbauen. ⁶² Da stand der Hohepriester auf und fragte Jesus: Willst du nichts sagen zu dem, was diese Leute gegen dich vorbringen? ⁶³ Jesus aber schwieg. Darauf sagte der Hohepriester zu ihm: Ich beschwöre dich bei dem lebendigen Gott, sag uns: Bist du der Christus, der Sohn Gottes? ⁶⁴ Jesus antwortete: Du hast es gesagt. Doch ich erkläre euch: Von nun an werdet ihr *den Menschensohn zur Rechten der Macht sitzen und auf den Wolken des Himmels kommen* sehen. ⁶⁵ Da zerriss der Hohepriester sein Gewand und rief: Er hat Gott gelästert! Wozu brauchen wir noch Zeugen? Jetzt habt ihr die Gotteslästerung gehört. ⁶⁶ Was ist eure Meinung? Sie antworteten: Er ist des Todes schuldig. ⁶⁷ Dann spuckten sie ihm ins Gesicht und schlugen ihn. Andere ohrfeigten ihn ⁶⁸ und riefen: Christus, du bist doch ein Prophet, sag uns: Wer hat dich geschlagen?

DIE VERLEUGNUNG DES PETRUS

⁣⁶⁹ Petrus aber saß draußen im Hof. Da trat eine Magd zu ihm und sagte: Auch du warst mit diesem Jesus aus Galiläa zusammen. ⁷⁰ Doch er leugnete es vor allen und sagte: Ich weiß nicht, wovon du redest. ⁷¹ Und als er zum Tor hinausgehen wollte, sah ihn eine andere Magd und sagte zu denen, die dort standen: Der war mit Jesus dem Nazoräer zusammen. ⁷² Wieder leugnete er und schwor: Ich kenne den Menschen nicht. ⁷³ Wenig später kamen die Leute, die dort standen, und sagten zu Petrus: Wirklich, auch du gehörst zu ihnen, deine Mundart verrät dich. ⁷⁴ Da fing er an zu fluchen und zu schwören:

Ich kenne den Menschen nicht. Gleich darauf krähte ein Hahn

⁣⁷⁵ und Petrus erinnerte sich an das Wort, das Jesus gesagt hatte: Ehe der Hahn kräht, wirst du mich dreimal verleugnen. Und er ging hinaus und weinte bitterlich.

27

27,1–66

DIE ÜBERGABE AN PILATUS

¹ Als es Morgen wurde, fassten die Hohepriester und die Ältesten des Volkes gemeinsam den Beschluss, Jesus hinrichten zu lassen. ² Sie ließen ihn fesseln und abführen und lieferten ihn dem Statthalter Pilatus aus.

DAS ENDE DES JUDAS

³ Als nun Judas, der ihn ausgeliefert hatte, sah, dass Jesus verurteilt war, reute ihn seine Tat. Er brachte den Hohepriestern und den Ältesten die dreißig Silberstücke zurück ⁴ und sagte: Ich habe gesündigt, ich habe unschuldiges Blut ausgeliefert. Sie antworteten: Was geht das uns an? Das ist deine Sache.

⁵ **Da warf er die Silberstücke in den Tempel; dann ging er weg und erhängte sich.**

⁶ Die Hohepriester nahmen die Silberstücke und sagten: Man darf das Geld nicht in den Tempelschatz tun; denn es klebt Blut daran. ⁷ Und sie beschlossen, von dem Geld den Töpferacker zu kaufen als Begräbnisplatz für die Fremden. ⁸ Deshalb heißt dieser Acker bis heute Blutacker. ⁹ So erfüllte sich, was durch den Propheten Jeremia gesagt worden ist: *Sie nahmen die dreißig Silberstücke – das ist der Preis, den er den Israeliten wert war –* ¹⁰ *und kauften für das Geld den Töpferacker, wie mir der* Herr *befohlen hatte.*

DAS VERHÖR VOR PILATUS

¹¹ Als Jesus vor dem Statthalter stand, fragte ihn dieser:

Bist du der König der Juden?

Jesus antwortete: Du sagst es. ¹² Als aber die Hohepriester und die Ältesten ihn anklagten, gab er keine Antwort. ¹³ Da sagte Pilatus zu ihm: Hörst du nicht, was sie dir alles vorwerfen? ¹⁴ Er aber antwortete ihm auf keine einzige Frage, sodass der Statthalter sehr verwundert war. ¹⁵ Jeweils zum Fest pflegte der Statthalter einen Gefangenen freizulassen, den das Volk verlangte. ¹⁶ Damals war gerade ein berüchtigter Mann namens Jesus Barabbas im Gefängnis. ¹⁷ Pilatus fragte nun die Menge, die zusammengekommen war:

Was wollt ihr? Wen soll ich freilassen, Jesus Barabbas oder Jesus, den man den Christus nennt?

¹⁸ Er wusste nämlich, dass man Jesus nur aus Neid an ihn ausgeliefert hatte. ¹⁹ Während Pilatus auf dem Richterstuhl saß, sandte seine Frau zu ihm und ließ ihm sagen: Habe du nichts zu schaffen mit jenem Gerechten! Ich habe heute seinetwegen im Traum viel gelitten. ²⁰ Inzwischen überredeten die Hohepriester und die Ältesten die Menge, die Freilassung des Barabbas zu fordern, Jesus aber hinrichten zu lassen. ²¹ Der Statthalter fragte sie: Wen von beiden soll ich freilassen? Sie riefen: Barabbas! ²² Pilatus sagte zu ihnen: Was soll ich dann mit Jesus tun, den man den Christus nennt? Da antworteten sie alle: Ans Kreuz mit ihm! ²³ Er erwiderte: Was für ein Verbrechen hat er denn begangen? Sie aber schrien noch lauter:

Ans Kreuz mit ihm!

²⁴ Als Pilatus sah, dass er nichts erreichte, sondern dass der Tumult immer größer wurde, ließ er Wasser bringen, wusch sich vor allen Leuten die Hände und sagte: Ich bin unschuldig am Blut dieses Menschen. Das ist eure Sache! ²⁵ Da rief das ganze Volk: Sein Blut – über uns und unsere Kinder! ²⁶ Darauf ließ er Barabbas frei, Jesus aber ließ er geißeln und lieferte ihn aus zur Kreuzigung.

DIE VERSPOTTUNG JESU DURCH DIE RÖMISCHEN SOLDATEN

²⁷ Da nahmen die Soldaten des Statthalters Jesus, führten ihn in das Prätorium und versammelten die ganze Kohorte um ihn. ²⁸ Sie zogen ihn aus und legten ihm einen purpurroten Mantel um. ²⁹ Dann flochten sie einen Kranz aus Dornen; den setzten sie ihm auf das Haupt und gaben ihm einen Stock in die rechte Hand. Sie fielen vor ihm auf die Knie und verhöhnten ihn, indem sie riefen: Sei gegrüßt, König der Juden! ³⁰ Und sie spuckten ihn an, nahmen ihm den Stock wieder weg und schlugen damit auf seinen Kopf. ³¹ Nachdem sie so ihren Spott mit ihm getrieben hatten, nahmen sie ihm den Mantel ab und zogen ihm seine eigenen Kleider wieder an.

KREUZWEG UND KREUZIGUNG

Dann führten sie Jesus hinaus, um ihn zu kreuzigen. ³² Auf dem Weg trafen sie einen Mann aus Kyrene namens Simon; ihn zwangen sie, sein Kreuz zu tragen. ³³ So kamen sie an den Ort, der Golgota genannt wird, das heißt Schädelhöhe. ³⁴ Und sie gaben ihm Wein zu trinken, der mit Galle vermischt war; als er aber davon gekostet hatte, wollte er ihn nicht trinken. ³⁵ Nachdem sie ihn gekreuzigt hatten, *verteilten sie seine Kleider, indem sie das Los über sie warfen.* ³⁶ Dann setzten sie sich nieder und bewachten ihn dort. ³⁷ Über seinem Kopf hatten sie eine Aufschrift angebracht, die seine Schuld angab:

Das ist Jesus, der König der Juden.

³⁸ Zusammen mit ihm wurden zwei Räuber gekreuzigt, der eine rechts von ihm, der andere links. ³⁹ Die Leute, die vorbeikamen, verhöhnten ihn, schüttelten den Kopf ⁴⁰ und riefen: Du willst den Tempel niederreißen und in drei Tagen wieder aufbauen? Wenn du Gottes Sohn bist, rette dich selbst und steig herab vom Kreuz! ⁴¹ Ebenso verhöhnten ihn auch die Hohepriester, die Schriftgelehrten und die Ältesten und sagten: ⁴² Andere hat er gerettet, sich selbst kann er nicht retten. Er ist doch der König von Israel! Er soll jetzt vom Kreuz herabsteigen, dann werden wir an ihn glauben. ⁴³ *Er hat auf Gott vertraut, der soll ihn jetzt retten, wenn er an ihm Gefallen hat;* er hat doch gesagt: Ich bin Gottes Sohn. ⁴⁴ Ebenso beschimpften ihn die beiden Räuber, die mit ihm zusammen gekreuzigt wurden.

DER TOD JESU

⁴⁵ Von der sechsten Stunde an war Finsternis über dem ganzen Land bis zur neunten Stunde. ⁴⁶ Um die neunte Stunde schrie Jesus mit lauter Stimme:

Eli, Eli, lema sabachtani?,

das heißt: Mein Gott, mein Gott, warum hast du mich verlassen? ⁴⁷ Einige von denen, die dabeistanden und es hörten, sagten: Er ruft nach Elija. ⁴⁸ Sogleich lief einer von ihnen hin, tauchte einen Schwamm in Essig, steckte ihn auf ein Rohr und gab Jesus zu trinken. ⁴⁹ Die anderen aber sagten: Lass, wir wollen sehen, ob Elija kommt und ihm hilft.

⁵⁰ Jesus aber schrie noch einmal mit lauter Stimme. Dann hauchte er den Geist aus.

⁵¹ Und siehe, der Vorhang riss im Tempel von oben bis unten entzwei. Die Erde bebte und die Felsen spalteten sich. ⁵² Die Gräber öffneten sich und die Leiber vieler Heiligen, die entschlafen waren, wurden auferweckt. ⁵³ Nach der Auferstehung Jesu verließen sie ihre Gräber, kamen in die Heilige Stadt und erschienen vielen. ⁵⁴ Als der Hauptmann und die Männer, die mit ihm zusammen Jesus bewachten, das Erdbeben bemerkten und sahen, was geschah, erschraken sie sehr und sagten: Wahrhaftig, Gottes Sohn war dieser! ⁵⁵ Auch viele Frauen waren dort und sahen von Weitem zu; sie waren Jesus von Galiläa aus nachgefolgt und hatten ihm gedient. ⁵⁶ Zu ihnen gehörten Maria aus Magdala, Maria, die Mutter des Jakobus und des Josef, und die Mutter der Söhne des Zebedäus.

DAS BEGRÄBNIS JESU

⁵⁷ Gegen Abend kam ein reicher Mann aus Arimathäa namens Josef; auch er war ein Jünger Jesu. ⁵⁸ Er ging zu Pilatus und bat um den Leichnam Jesu. Da befahl Pilatus, ihm den Leichnam zu überlassen. ⁵⁹ Josef nahm den Leichnam und hüllte ihn in ein reines Leinentuch. ⁶⁰ Dann legte er ihn in ein neues Grab, das er für sich selbst in einen Felsen hatte hauen lassen. Er wälzte einen großen Stein vor den Eingang des Grabes und ging weg. ⁶¹ Auch Maria aus Magdala und die andere Maria waren dort; sie saßen dem Grab gegenüber.

DIE BEWACHUNG DES GRABES

⁶² Am nächsten Tag gingen die Hohepriester und die Pharisäer gemeinsam zu Pilatus; es war der Tag nach dem Rüsttag. ⁶³ Sie sagten: Herr, es fiel uns ein, dass dieser Betrüger, als er noch lebte, behauptet hat: Ich werde nach drei Tagen auferstehen. ⁶⁴ Gib also den Befehl, dass das Grab bis zum dritten Tag bewacht wird! Sonst könnten seine Jünger kommen, ihn stehlen und dem Volk sagen: Er ist von den Toten auferstanden. Und dieser letzte Betrug wäre noch schlimmer als alles zuvor. ⁶⁵ Pilatus antwortete ihnen: Ihr sollt eine Wache haben. Geht und sichert das Grab, so gut ihr könnt! ⁶⁶ Darauf gingen sie, um das Grab zu sichern. Sie versiegelten den Eingang und ließen die Wache dort.

28

28,1–20

DIE FRAUEN AM LEEREN GRAB

¹ Nach dem Sabbat, beim Anbruch des ersten Tages der Woche, kamen Maria aus Magdala und die andere Maria, um nach dem Grab zu sehen. ² Und siehe, es geschah ein gewaltiges Erdbeben; denn ein Engel des Herrn kam vom Himmel herab, trat an das Grab, wälzte den Stein weg und setzte sich darauf. ³ Sein Aussehen war wie ein Blitz und sein Gewand weiß wie Schnee. ⁴ Aus Furcht vor ihm erbebten die Wächter und waren wie tot. ⁵ Der Engel aber sagte zu den Frauen:

Fürchtet euch nicht! Ich weiß, ihr sucht Jesus, den Gekreuzigten. ⁶ Er ist nicht hier; denn er ist auferstanden, wie er gesagt hat.

Kommt her und seht euch den Ort an, wo er lag! ⁷ Dann geht schnell zu seinen Jüngern und sagt ihnen: Er ist von den Toten auferstanden und siehe, er geht euch voraus nach Galiläa, dort werdet ihr ihn sehen. Siehe, ich habe es euch gesagt. ⁸ Sogleich verließen sie das Grab voll Furcht und großer Freude und sie eilten zu seinen Jüngern, um ihnen die Botschaft zu verkünden.

DIE ERSCHEINUNG DES AUFERSTANDENEN VOR DEN FRAUEN

⁹ Und siehe, Jesus kam ihnen entgegen und sagte: Seid gegrüßt! Sie gingen auf ihn zu, warfen sich vor ihm nieder und umfassten seine Füße. ¹⁰ Da sagte Jesus zu ihnen: Fürchtet euch nicht! Geht und sagt meinen Brüdern, sie sollen nach Galiläa gehen und dort werden sie mich sehen.

DER BETRUG DER HOHEPRIESTER

¹¹ Noch während die Frauen unterwegs waren, siehe, da kamen einige von den Wächtern in die Stadt und berichteten den Hohepriestern alles, was geschehen war. ¹² Diese fassten gemeinsam mit den Ältesten den Beschluss, die Soldaten zu bestechen. Sie gaben ihnen viel Geld ¹³ und sagten: Erzählt den Leuten: Seine Jünger sind bei Nacht gekommen und haben ihn gestohlen, während wir schliefen. ¹⁴ Falls der Statthalter davon hört, werden wir ihn beschwichtigen und dafür sorgen, dass ihr nichts zu befürchten habt. ¹⁵ Die Soldaten nahmen das Geld und machten alles so, wie man es ihnen gesagt hatte. Und dieses Gerücht verbreitete sich bei den Juden bis heute.

DER AUFTRAG DES AUFERSTANDENEN

[16] Die elf Jünger gingen nach Galiläa auf den Berg, den Jesus ihnen genannt hatte. [17] Und als sie Jesus sahen, fielen sie vor ihm nieder, einige aber hatten Zweifel. [18] Da trat Jesus auf sie zu und sagte zu ihnen:

Mir ist alle Vollmacht gegeben im Himmel und auf der Erde. [19] Darum geht und macht alle Völker zu meinen Jüngern; tauft sie auf den Namen des Vaters und des Sohnes und des Heiligen Geistes [20] und lehrt sie, alles zu befolgen, was ich euch geboten habe. Und siehe, ich bin mit euch alle Tage bis zum Ende der Welt.

Das Evangelium nach
MARKUS

Das Evangelium nach
MARKUS

Das Markusevangelium ist das erste und älteste der vier Evangelien. Sein Verfasser bleibt im Text ungenannt. Erst die altkirchliche Tradition hat ihm einen Namen gegeben: Markus. Sie greift Elemente der Personallegenden auf, wie sie die Schriften des Neuen Testaments selbst enthalten: Danach war Markus ein hellenistischer Judenchrist (Apg 12,12), der einerseits als Mitarbeiter des Paulus vorgestellt wird (Phlm 23f.; Kol 4,10; 2 Tim 4,11) und andererseits von Petrus als „mein Sohn" bezeichnet wird (1 Petr 5,13). Markus schlägt eine Brücke zwischen Petrus, der aus der jüdischen Heimat Jesu stammt, und Paulus, der das Evangelium in die Heidenwelt getragen hat. Die Intention des Markusevangeliums ist die „Übersetzung" der Jesusbotschaft in den griechisch-römischen Kulturbereich und deren Aktualisierung für eine große gesellschaftliche Umbruchssituation.

Das Evangelium schaut auf die Zerstörung des Tempels in Jerusalem zurück (vgl. Mk 13,1f.). Es dürfte wohl bald nach 70 n. Chr. verfasst worden sein. Es gibt auch die Auffassung, die eine Abfassung des Markusevangeliums vor diesem Datum für möglich hält. Sprachliche Indizien und frühchristliche Zeugnisse geben Hinweise für den Entstehungsort, den die Tradition in der Stadt Rom selbst annahm, wo Markus als Dolmetscher des Petrus die Erzählungen von Jesus kennengelernt und zusammengestellt haben soll. Sicher ist, dass der Verfasser auf Sammlungen von Einzeltexten zurückgriff, die ursprünglich zu katechetischen Zwecken eingesetzt wurden, z. B. Wundergeschichten (4–6), Streitgespräche (2–3), Gleichnisse (4), die Passionserzählungen über Johannes den Täufer und Jesus (6; 14–15), und sie zu einer fortlaufenden Erzählung zusammengestellt hat.

Diese vollzieht sich an fünf Orten. Sie beginnt in der Wüste (1,1–15) und endet im Grab (15,42–16,8) – an Orten des Todes, die zu Orten des Lebens werden. Der Ruf des Boten in der Wüste, den Weg des Herrn zu bereiten, und die Verkündigung des Boten im Grab, dass der Auferstandene den Weg nach Galiläa vorausgegangen ist, sind die Eckpfeiler der Darstellung. Zwischen diesen wird das öffentliche Auftreten Jesu als eine „Karriere nach unten" erzählt: der Beginn in Galiläa (1,16–8,26), der Weg nach Jerusalem (8,27–10,52), der Prozess und der Tod am Kreuz (11,1–15,41). Auf die Schilderung des wirkmächtig handelnden Jesus, der Schüler um sich schart, Menschen begeistert und als Wundertäter gefeiert wird, folgt die Beschreibung seines Leidens und der Verlassenheit, der Auslieferung durch einen Jünger (14,10f.44f.), der Verleugnung durch einen anderen (14,66–72) und der Flucht aller übrigen (14,50). Nur einige Frauen, die Jesus von Galiläa aus nachgefolgt waren, „sahen von Weitem zu" (15,40f.). Nicht zufällig spielt auch der Mittelteil des Evangeliums „auf dem Weg" (8,27; 9,33f.; 10,32.52). Hier wird die Nachfolge gelernt. Jesus geht seinen Jüngern voraus und lehrt sie, was es heißt, sein Jünger zu sein, als einer, der sich nicht selbst in den Mittelpunkt stellen, sondern anderen dienen will. Dies sollen sie an seinem Weg nach Jerusalem lernen (vgl. 8,31–38; 9,31–35; 10,42–45). Dafür will er ihnen die Augen öffnen. Symbolkräftig wird deshalb der Mittelteil durch zwei Blindenheilungen gerahmt (8,22–26; 10,46–52), deren zweite dazu führt, dass der geheilte Blinde Jesus „auf seinem Weg" nachfolgt. Das ist es, wofür der Text auch den Lesern die Augen öffnen möchte.

In der Fassung der ältesten Handschriften des Evangeliums bilden die Verkündigung des Engels und die angstvolle Flucht der Frauen vom Grab den Abschluss (16,8). Jüngere Handschriften enthalten darüber hinaus einen summarischen Bericht über die Erscheinungen des auferstandenen Herrn und seinen Sendungsauftrag (16,9–20). Die Botschaft, die von beiden Versionen ausgeht, ist im Letzten dieselbe: Die Leser selbst waren und sind angefragt und herausgefordert, das „Evangelium" von Jesus Christus, dem Sohn Gottes (1,1), in seiner Nachfolge zu leben und es allen in der Welt zu verkünden (16,15).

Das Evangelium nach M A R K U S

IN DER WÜSTE

1,1–13

1

1,1–45

DAS AUFTRETEN DES TÄUFERS

¹ Anfang des Evangeliums von Jesus Christus, Gottes Sohn. ² *Wie geschrieben steht beim Propheten Jesaja – Siehe, ich sende meinen Boten vor dir her, der deinen Weg bahnen wird.* ³ *Stimme eines Rufers in der Wüste: Bereitet den Weg des Herrn! Macht gerade seine Straßen! –*, ⁴ so trat Johannes der Täufer in der Wüste auf und verkündete eine Taufe der Umkehr zur Vergebung der Sünden. ⁵ Ganz Judäa und alle Einwohner Jerusalems zogen zu ihm hinaus; sie bekannten ihre Sünden und ließen sich im Jordan von ihm taufen. ⁶ Johannes trug ein Gewand aus Kamelhaaren und einen ledernen Gürtel um seine Hüften und er lebte von Heuschrecken und wildem Honig.

⁷ Er verkündete: Nach mir kommt einer, der ist stärker als ich; ich bin es nicht wert, mich zu bücken und ihm die Riemen der Sandalen zu lösen.

⁸ **Ich habe euch mit Wasser getauft, er aber wird euch mit dem Heiligen Geist taufen.**

DIE TAUFE JESU

⁹ Und es geschah in jenen Tagen, da kam Jesus aus Nazaret in Galiläa und ließ sich von Johannes im Jordan taufen. ¹⁰ Und sogleich, als er aus dem Wasser stieg, sah er, dass der Himmel aufriss und der Geist wie eine Taube auf ihn herabkam. ¹¹ Und eine Stimme aus dem Himmel sprach: Du bist mein geliebter Sohn, an dir habe ich Wohlgefallen gefunden.

DIE VERSUCHUNG JESU

¹² Und sogleich trieb der Geist Jesus in die Wüste. ¹³ Jesus blieb vierzig Tage in der Wüste und wurde vom Satan in Versuchung geführt. Er lebte bei den wilden Tieren und die Engel dienten ihm.

DAS WIRKEN JESU IN GALILÄA

1,14–8,26

DIE ANSAGE DES EVANGELIUMS

¹⁴ Nachdem Johannes ausgeliefert worden war, ging Jesus nach Galiläa; er verkündete das Evangelium Gottes ¹⁵ und sprach: Die Zeit ist erfüllt, das Reich Gottes ist nahe. Kehrt um und glaubt an das Evangelium!

DIE ERSTEN JÜNGER

¹⁶ Als Jesus am See von Galiläa entlangging, sah er Simon und Andreas, den Bruder des Simon, die auf dem See ihre Netze auswarfen; sie waren nämlich Fischer. ¹⁷ Da sagte er zu ihnen:

**Kommt her, mir nach!
Ich werde euch zu
Menschenfischern machen.**

¹⁸ Und sogleich ließen sie ihre Netze liegen und folgten ihm nach. ¹⁹ Als er ein Stück weiterging, sah er Jakobus, den Sohn des Zebedäus, und seinen Bruder Johannes; sie waren im Boot und richteten ihre Netze her. ²⁰ Sogleich rief er sie und sie ließen ihren Vater Zebedäus mit seinen Tagelöhnern im Boot zurück und folgten Jesus nach.

DIE NEUE LEHRE IN DER SYNAGOGE

²¹ Sie kamen nach Kafarnaum. Am folgenden Sabbat ging er in die Synagoge und lehrte. ²² Und die Menschen waren voll Staunen über seine Lehre; denn er lehrte sie wie einer, der Vollmacht hat, nicht wie die Schriftgelehrten. ²³ In ihrer Synagoge war ein Mensch, der von einem unreinen Geist besessen war. Der begann zu schreien: ²⁴ Was haben wir mit dir zu tun, Jesus von Nazaret? Bist du gekommen, um uns ins Verderben zu stürzen? Ich weiß, wer du bist: der Heilige Gottes. ²⁵ Da drohte ihm Jesus: Schweig und verlass ihn! ²⁶ Der unreine Geist zerrte den Mann hin und her und verließ ihn mit lautem Geschrei. ²⁷ Da erschraken alle und einer fragte den andern: Was ist das? Eine neue Lehre mit Vollmacht: Sogar die unreinen Geister gehorchen seinem Befehl. ²⁸ Und sein Ruf verbreitete sich rasch im ganzen Gebiet von Galiläa.

DIE HEILUNG DER SCHWIEGERMUTTER DES PETRUS

²⁹ Sie verließen sogleich die Synagoge und gingen zusammen mit Jakobus und Johannes in das Haus des Simon und Andreas. ³⁰ Die Schwiegermutter des Simon lag mit Fieber im Bett. Sie sprachen sogleich mit Jesus über sie ³¹ und er ging zu ihr, fasste sie an der Hand und richtete sie auf. Da wich das Fieber von ihr und sie diente ihnen.

DIE GANZE STADT VOR DER TÜR

³² Am Abend, als die Sonne untergegangen war, brachte man alle Kranken und Besessenen zu Jesus. ³³ Die ganze Stadt war vor der Haustür versammelt ³⁴ und er heilte viele, die an allen möglichen Krankheiten litten, und trieb viele Dämonen aus. Und er verbot den Dämonen zu sagen, dass sie wussten, wer er war.

DER RÜCKZUG JESU, DIE SUCHE DER JÜNGER UND DER AUFBRUCH

³⁵ In aller Frühe, als es noch dunkel war, stand er auf und ging an einen einsamen Ort, um zu beten. ³⁶ Simon und seine Begleiter eilten ihm nach, ³⁷ und als sie ihn fanden, sagten sie zu ihm: Alle suchen dich. ³⁸ Er antwortete: Lasst uns anderswohin gehen, in die benachbarten Dörfer, damit ich auch dort verkünde; denn dazu bin ich gekommen. ³⁹ Und er zog durch ganz Galiläa, verkündete in ihren Synagogen und trieb die Dämonen aus.

DIE HEILUNG EINES AUSSÄTZIGEN

⁴⁰ Ein Aussätziger kam zu Jesus und bat ihn um Hilfe; er fiel vor ihm auf die Knie und sagte: Wenn du willst, kannst du mich rein machen. ⁴¹ Jesus hatte Mitleid mit ihm; er streckte die Hand aus, berührte ihn und sagte: Ich will – werde rein! ⁴² Sogleich verschwand der Aussatz und der Mann war rein. ⁴³ Jesus schickte ihn weg, wies ihn streng an ⁴⁴ und sagte zu ihm: Sieh, dass du niemandem etwas sagst, sondern geh, zeig dich dem Priester und bring für deine Reinigung dar, was Mose festgesetzt hat – ihnen zum Zeugnis. ⁴⁵ Der Mann aber ging weg und verkündete bei jeder Gelegenheit, was geschehen war; er verbreitete die Geschichte, sodass sich Jesus in keiner Stadt mehr zeigen konnte; er hielt sich nur noch an einsamen Orten auf. Dennoch kamen die Leute von überallher zu ihm.

2

2,1–28

DIE HEILUNG EINES GELÄHMTEN

¹ Als er nach einigen Tagen wieder nach Kafarnaum hineinging, wurde bekannt, dass er im Hause war. ² Und es versammelten sich so viele Menschen, dass nicht einmal mehr vor der Tür Platz war; und er verkündete ihnen das Wort. ³ Da brachte man einen Gelähmten zu ihm, von vier Männern getragen. ⁴ Weil sie ihn aber wegen der vielen Leute nicht bis zu Jesus bringen konnten, deckten sie dort, wo Jesus war, das Dach ab, schlugen die Decke durch und ließen den Gelähmten auf seiner Liege durch die Öffnung hinab. ⁵ Als Jesus ihren Glauben sah, sagte er zu dem Gelähmten: Mein Sohn, deine Sünden sind dir vergeben! ⁶ Einige Schriftgelehrte aber, die dort saßen, dachten in ihrem Herzen: ⁷ Wie kann dieser Mensch so reden? Er lästert Gott. Wer kann Sünden vergeben außer dem einen Gott? ⁸ Jesus erkannte sogleich in seinem Geist, dass sie so bei sich dachten, und sagte zu ihnen: Was für Gedanken habt ihr in euren Herzen? ⁹ Was ist leichter, zu dem Gelähmten zu sagen: Deine Sünden sind dir vergeben! oder zu sagen: Steh auf, nimm deine Liege und geh umher? ¹⁰ Damit ihr aber erkennt, dass der Menschensohn die Vollmacht hat, auf der Erde Sünden zu vergeben – sagte er zu dem Gelähmten: ¹¹ Ich sage dir: Steh auf, nimm deine Liege und geh nach Hause! ¹² Er stand sofort auf, nahm seine Liege und ging vor aller Augen weg. Da gerieten alle in Staunen; sie priesen Gott und sagten: So etwas haben wir noch nie gesehen.

NACHFOLGE UND MAHL

¹³ Jesus ging wieder hinaus an den See. Da kamen Scharen von Menschen zu ihm und er lehrte sie. ¹⁴ Als er weiterging, sah er Levi, den Sohn des Alphäus, am Zoll sitzen und sagte zu ihm: Folge mir nach! Da stand Levi auf und folgte ihm nach. ¹⁵ Und als Jesus in dessen Haus zu Tisch war, da waren viele Zöllner und Sünder zusammen mit ihm und seinen Jüngern zu Tisch; es waren nämlich viele, die ihm nachfolgten. ¹⁶ Als die Schriftgelehrten der Pharisäer sahen, dass er mit Zöllnern und Sündern aß, sagten sie zu seinen Jüngern: Wie kann er zusammen mit Zöllnern und Sündern essen? ¹⁷ Jesus hörte es und sagte zu ihnen: Nicht die Gesunden bedürfen des Arztes, sondern die Kranken. Ich bin nicht gekommen, um Gerechte zu rufen, sondern Sünder.

FASTEN UND FEIERN

¹⁸ Da die Jünger des Johannes und die Pharisäer zu fasten pflegten, kamen Leute zu Jesus und sagten: Warum fasten deine Jünger nicht, während die Jünger des Johannes und die Jünger der Pharisäer fasten? ¹⁹ Jesus antwortete ihnen: Können denn die Hochzeitsgäste fasten, solange der Bräutigam bei ihnen ist? Solange der Bräutigam bei ihnen ist, können sie nicht fasten. ²⁰ Es werden aber Tage kommen, da wird ihnen der Bräutigam weggenommen sein; dann werden sie fasten, an jenem Tag. ²¹ Niemand näht ein Stück neuen Stoff auf ein altes Gewand; denn der neue Stoff reißt vom alten Gewand ab und es entsteht ein noch größerer Riss. ²² Auch füllt niemand jungen Wein in alte Schläuche. Sonst zerreißt der Wein die Schläuche; der Wein ist verloren und die Schläuche sind unbrauchbar. Junger Wein gehört in neue Schläuche.

SABBAT UND RELIGIÖSES GESETZ

²³ An einem Sabbat ging er durch die Kornfelder und unterwegs rissen seine Jünger Ähren ab. ²⁴ Da sagten die Pharisäer zu ihm: Sieh dir an, was sie tun! Das ist doch am Sabbat nicht erlaubt. ²⁵ Er antwortete: Habt ihr nie gelesen, was David getan hat, als er und seine Begleiter hungrig waren und nichts zu essen hatten, ²⁶ wie er zur Zeit des Hohepriesters Abjatar in das Haus Gottes ging und die Schaubrote aß, die außer den Priestern niemand essen darf, und auch seinen Begleitern davon gab? ²⁷ Und Jesus sagte zu ihnen: Der Sabbat wurde für den Menschen gemacht, nicht der Mensch für den Sabbat. ²⁸ Deshalb ist der Menschensohn Herr auch über den Sabbat.

3

3,1–35

SABBAT, HEILUNG UND TÖTUNGSPLAN

¹ Als er wieder in die Synagoge ging, war dort ein Mann mit einer verdorrten Hand. ² Und sie gaben Acht, ob Jesus ihn am Sabbat heilen werde; sie suchten nämlich einen Grund zur Anklage gegen ihn. ³ Da sagte er zu dem Mann mit der verdorrten Hand: Steh auf und stell dich in die Mitte! ⁴ Und zu den anderen sagte er: Was ist am Sabbat erlaubt – Gutes zu tun oder Böses, ein Leben zu retten oder es zu vernichten? Sie aber schwiegen. ⁵ Und er sah sie der Reihe nach an, voll Zorn und Trauer über ihr verstocktes Herz, und sagte zu dem Mann: Streck deine Hand aus! Er streckte sie aus und seine Hand wurde wiederhergestellt. ⁶ Da gingen die Pharisäer hinaus und fassten zusammen mit den Anhängern des Herodes den Beschluss, Jesus umzubringen.

DER ANDRANG DER MENSCHEN

⁷ Jesus zog sich mit seinen Jüngern an den See zurück. Viele Menschen aus Galiläa aber folgten ihm nach. Auch aus Judäa, ⁸ aus Jerusalem und Idumäa, aus dem Gebiet jenseits des Jordan und aus der Gegend von Tyrus und Sidon kamen Scharen von Menschen zu ihm, als sie hörten, was er tat. ⁹ Da sagte er zu seinen Jüngern, sie sollten ein Boot für ihn bereithalten, damit er von der Menge nicht erdrückt werde. ¹⁰ Denn er heilte viele, sodass alle, die ein Leiden hatten, sich an ihn herandrängten, um ihn zu berühren. ¹¹ Wenn die von unreinen Geistern Besessenen ihn sahen, fielen sie vor ihm nieder und schrien: Du bist der Sohn Gottes! ¹² Er aber gebot ihnen, dass sie ihn nicht bekannt machen sollten.

DIE WAHL DER ZWÖLF

¹³ Jesus stieg auf einen Berg und rief die zu sich, die er selbst wollte, und sie kamen zu ihm.

¹⁴ Und er setzte zwölf ein, damit sie mit ihm seien und damit er sie aussende, zu verkünden ¹⁵ und mit Vollmacht Dämonen auszutreiben. ¹⁶ Die Zwölf, die er einsetzte, waren: Petrus – diesen Beinamen gab er dem Simon –, ¹⁷ Jakobus, der Sohn des Zebedäus, und Johannes, der Bruder des Jakobus – ihnen gab er den Beinamen Boanerges, das heißt Donnersöhne –, ¹⁸ dazu Andreas, Philippus, Bartholomäus, Matthäus, Thomas, Jakobus, der Sohn des Alphäus, Thaddäus, Simon Kananäus ¹⁹ und Judas Iskariot, der ihn dann ausgeliefert hat.

JESUS UND SEINE ANGEHÖRIGEN

²⁰ Jesus ging in ein Haus und wieder kamen so viele Menschen zusammen, dass sie nicht einmal mehr essen konnten. ²¹ Als seine Angehörigen davon hörten, machten sie sich auf den Weg, um ihn mit Gewalt zurückzuholen; denn sie sagten: Er ist von Sinnen.

VERTEIDIGUNGSREDE JESU

²² Die Schriftgelehrten, die von Jerusalem herabgekommen waren, sagten: Er ist von Beelzebul besessen; mit Hilfe des Herrschers der Dämonen treibt er die Dämonen aus. ²³ Da rief er sie zu sich und belehrte sie in Gleichnissen:

Wie kann der Satan den Satan austreiben?

²⁴ Wenn ein Reich in sich gespalten ist, kann es keinen Bestand haben. ²⁵ Wenn eine Familie in sich gespalten ist, kann sie keinen Bestand haben. ²⁶ Und wenn sich der Satan gegen sich selbst erhebt und gespalten ist, kann er keinen Bestand haben, sondern es ist um ihn geschehen. ²⁷ Es kann aber auch keiner in das Haus des Starken eindringen und ihm den Hausrat rauben, wenn er nicht zuerst den Starken fesselt; erst dann kann er sein Haus plündern. ²⁸ Amen, ich sage euch: Alle Vergehen und Lästerungen werden den Menschen vergeben werden, so viel sie auch lästern mögen; ²⁹ wer aber den Heiligen Geist lästert, der findet in Ewigkeit keine Vergebung, sondern seine Sünde wird ewig an ihm haften. ³⁰ Sie hatten nämlich gesagt: Er hat einen unreinen Geist.

ÜBER DIE WAHRE FAMILIE JESU

³¹ Da kamen seine Mutter und seine Brüder; sie blieben draußen stehen und ließen ihn herausrufen. ³² Es saßen viele Leute um ihn herum und man sagte zu ihm: Siehe, deine Mutter und deine Brüder stehen draußen und suchen dich. ³³ Er erwiderte: Wer ist meine Mutter und wer sind meine Brüder? ³⁴ Und er blickte auf die Menschen, die im Kreis um ihn herumsaßen, und sagte: Das hier sind meine Mutter und meine Brüder.

³⁵ Wer den Willen Gottes tut, der ist für mich Bruder und Schwester und Mutter.

4

4,1–41

DAS GLEICHNIS VOM SÄMANN

¹ Und wieder begann er, am Ufer des Sees zu lehren, und sehr viele Menschen versammelten sich um ihn. Er stieg deshalb in ein Boot auf dem See und setzte sich; die Leute aber standen am Ufer. ² Und er sprach lange zu ihnen und lehrte sie in Gleichnissen. Bei dieser Belehrung sagte er zu ihnen: ³ Hört! Siehe, ein Sämann ging hinaus, um zu säen. ⁴ Als er säte, fiel ein Teil auf den Weg und die Vögel kamen und fraßen es. ⁵ Ein anderer Teil fiel auf felsigen Boden, wo es nur wenig Erde gab, und ging sofort auf, weil das Erdreich nicht tief war; ⁶ als aber die Sonne hochstieg, wurde die Saat versengt und verdorrte, weil sie keine Wurzeln hatte. ⁷ Wieder ein anderer Teil fiel in die Dornen und die Dornen wuchsen und erstickten die Saat und sie brachte keine Frucht. ⁸ Ein anderer Teil schließlich fiel auf guten Boden und brachte Frucht; die Saat ging auf und wuchs empor und trug dreißigfach, sechzigfach und hundertfach. ⁹ Und Jesus sprach: Wer Ohren hat zum Hören, der höre!

DAS GEHEIMNIS DER GOTTESHERRSCHAFT

¹⁰ Als er mit seinen Begleitern und den Zwölf allein war, fragten sie ihn nach dem Sinn seiner Gleichnisse. ¹¹ Da sagte er zu ihnen: Euch ist das Geheimnis des Reiches Gottes gegeben; für die aber, die draußen sind, geschieht alles in Gleichnissen; ¹² denn sehen sollen sie, sehen, aber nicht erkennen; hören sollen sie, hören, aber nicht verstehen, damit sie sich nicht bekehren und ihnen nicht vergeben wird.

DIE DEUTUNG DES GLEICHNISSES VOM SÄMANN

¹³ Und er sagte zu ihnen: Wenn ihr schon dieses Gleichnis nicht versteht, wie wollt ihr dann all die anderen Gleichnisse verstehen? ¹⁴ Der Sämann sät das Wort. ¹⁵ Auf den Weg fällt das Wort bei denen, die es zwar hören, aber sofort kommt der Satan und nimmt das Wort weg, das in sie gesät wurde. ¹⁶ Ähnlich ist es bei den Menschen, bei denen das Wort auf felsigen Boden fällt: Sobald sie es hören, nehmen sie es freudig auf; ¹⁷ aber sie haben keine Wurzeln, sondern sind unbeständig, und wenn sie dann um des Wortes willen bedrängt oder verfolgt werden, kommen sie sofort zu Fall. ¹⁸ Bei anderen fällt das Wort in die Dornen: Sie hören es zwar, ¹⁹ aber die Sorgen der Welt, der trügerische Reichtum und die Gier nach all den anderen Dingen machen sich breit und ersticken es und es bleibt ohne Frucht. **²⁰ Auf guten Boden ist das Wort bei denen gesät, die es hören und aufnehmen und Frucht bringen, dreißigfach, sechzigfach und hundertfach.**

VOM RECHTEN HÖREN

²¹ Er sagte zu ihnen: Zündet man etwa eine Leuchte an und stellt sie unter den Scheffel oder unter das Bett? Stellt man sie nicht auf den Leuchter? ²² Denn es gibt nichts Verborgenes, das nicht bekannt werden soll, und nichts Geheimes, das nicht an den Tag kommen soll. ²³ Wenn einer Ohren hat zum Hören, so höre er! ²⁴ Weiter sagte er: Achtet auf das, was ihr hört! Nach dem Maß, mit dem ihr messt und zuteilt, wird euch zugeteilt werden, ja, es wird euch noch mehr gegeben. **²⁵ Denn wer hat, dem wird gegeben; wer aber nicht hat, dem wird auch noch weggenommen, was er hat.**

DAS GLEICHNIS VOM WACHSEN DER SAAT

²⁶ Er sagte: Mit dem Reich Gottes ist es so, wie wenn ein Mann Samen auf seinen Acker sät; ²⁷ dann schläft er und steht wieder auf, es wird Nacht und wird Tag, der Samen keimt und wächst und der Mann weiß nicht, wie. ²⁸ Die Erde bringt von selbst ihre Frucht, zuerst den Halm, dann die Ähre, dann das volle Korn in der Ähre. ²⁹ Sobald aber die Frucht reif ist, legt er die Sichel an; denn die Zeit der Ernte ist da.

DAS GLEICHNIS VOM SENFKORN

³⁰ Er sagte: Womit sollen wir das Reich Gottes vergleichen, mit welchem Gleichnis sollen wir es beschreiben? ³¹ Es gleicht einem Senfkorn. Dieses ist das kleinste von allen Samenkörnern, die man in die Erde sät. ³² Ist es aber gesät, dann geht es auf und wird größer als alle anderen Gewächse und treibt große Zweige, sodass in seinem Schatten die Vögel des Himmels nisten können.

ABSCHLUSSKOMMENTAR

³³ Durch viele solche Gleichnisse verkündete er ihnen das Wort, so wie sie es aufnehmen konnten. ³⁴ Er redete nur in Gleichnissen zu ihnen; seinen Jüngern aber erklärte er alles, wenn er mit ihnen allein war.

DER STURM AUF DEM SEE

³⁵ Am Abend dieses Tages sagte er zu ihnen: Wir wollen ans andere Ufer hinüberfahren. ³⁶ Sie schickten die Leute fort und fuhren mit ihm in dem Boot, in dem er saß, weg; und andere Boote begleiteten ihn. ³⁷ Plötzlich erhob sich ein heftiger Wirbelsturm und die Wellen schlugen in das Boot, sodass es sich mit Wasser zu füllen begann. ³⁸ Er aber lag hinten im Boot auf einem Kissen und schlief. Sie weckten ihn und riefen: Meister, kümmert es dich nicht, dass wir zugrunde gehen? **³⁹ Da stand er auf, drohte dem Wind und sagte zu dem See: Schweig, sei still! Und der Wind legte sich und es trat völlige Stille ein.** ⁴⁰ Er sagte zu ihnen: Warum habt ihr solche Angst? Habt ihr noch keinen Glauben? ⁴¹ Da ergriff sie große Furcht und sie sagten zueinander: Wer ist denn dieser, dass ihm sogar der Wind und das Meer gehorchen?

5

5,1–43

DIE HEILUNG DES BESESSENEN VON GERASA

¹ Sie kamen an das andere Ufer des Sees, in das Gebiet von Gerasa. ² Als er aus dem Boot stieg, lief ihm sogleich von den Gräbern her ein Mensch entgegen, der von einem unreinen Geist besessen war. ³ Er hauste in den Grabstätten. Nicht einmal mit einer Kette konnte man ihn bändigen. ⁴ Schon oft hatte man ihn mit Fußfesseln und Ketten gebunden, aber er hatte die Ketten zerrissen und die Fußfesseln durchgescheuert; niemand konnte ihn bezwingen. ⁵ Bei Tag und Nacht schrie er unaufhörlich in den Grabstätten und auf den Bergen und schlug sich mit Steinen. ⁶ Als er Jesus von Weitem sah, lief er zu ihm hin, warf sich vor ihm nieder ⁷ und schrie laut: Was habe ich mit dir zu tun, Jesus, Sohn des höchsten Gottes? Ich beschwöre dich bei Gott, quäle mich nicht! ⁸ Jesus hatte nämlich zu ihm gesagt: Verlass diesen Menschen, du unreiner Geist! ⁹ Jesus fragte ihn: Wie heißt du? Er antwortete: Mein Name ist Legion; denn wir sind viele. ¹⁰ Und er flehte Jesus an, sie nicht aus diesem Gebiet fortzuschicken. ¹¹ Nun weidete dort an einem Berghang gerade eine große Schweineherde. ¹² Da baten ihn die Dämonen: Schick uns in die Schweine! ¹³ Jesus erlaubte es ihnen. Darauf verließen die unreinen Geister den Menschen und fuhren in die Schweine und die Herde stürmte den Abhang hinab in den See. Es waren etwa zweitausend Tiere und alle ertranken. ¹⁴ Die Hirten flohen und erzählten es in der Stadt und in den Dörfern. Darauf eilten die Leute herbei, um zu sehen, was geschehen war. ¹⁵ Sie kamen zu Jesus und sahen bei ihm den Mann, der von der Legion Dämonen besessen gewesen war, bekleidet und bei Verstand. Da fürchteten sie sich. ¹⁶ Die es gesehen hatten, berichteten ihnen, wie es mit dem Besessenen und den Schweinen geschehen war. ¹⁷ Darauf baten die Leute Jesus, ihr Gebiet zu verlassen. ¹⁸ Als er ins Boot stieg, bat ihn der Mann, der zuvor von den Dämonen besessen war, dass er bei ihm sein dürfe. ¹⁹ Aber Jesus erlaubte es ihm nicht, sondern sagte: Geh nach Hause und berichte deiner Familie alles, was der Herr für dich getan und wie er Erbarmen mit dir gehabt hat! ²⁰ Da ging der Mann weg und verkündete in der ganzen Dekapolis, was Jesus für ihn getan hatte, und alle staunten.

DIE AUFERWECKUNG DER TOCHTER EINES SYNAGOGENVORSTEHERS UND DIE HEILUNG EINER KRANKEN FRAU

²¹ Jesus fuhr wieder ans andere Ufer hinüber und eine große Menschenmenge versammelte sich um ihn. Während er noch am See war, ²² kam einer der Synagogenvorsteher namens Jaïrus zu ihm. Als er Jesus sah, fiel er ihm zu Füßen ²³ und flehte ihn um Hilfe an; er sagte: Meine Tochter liegt im Sterben. Komm und leg ihr die Hände auf, damit sie geheilt wird und am Leben bleibt! ²⁴ Da ging Jesus mit ihm. Viele Menschen folgten ihm und drängten sich um ihn.
²⁵ Darunter war eine Frau, die schon zwölf Jahre an Blutfluss litt. ²⁶ Sie war von vielen Ärzten behandelt worden und hatte dabei sehr zu leiden; ihr ganzes Vermögen hatte sie ausgegeben, aber es hatte ihr nichts genutzt, sondern ihr Zustand war immer schlimmer geworden. ²⁷ Sie hatte von Jesus gehört. Nun drängte sie sich in der Menge von hinten heran und berührte sein Gewand. ²⁸ Denn sie sagte sich: Wenn ich auch nur sein Gewand berühre, werde ich geheilt. ²⁹ Und sofort versiegte die Quelle des Blutes und sie spürte in ihrem Leib, dass sie von ihrem Leiden geheilt war. ³⁰ Im selben Augenblick fühlte Jesus, dass eine Kraft von ihm ausströmte, und er wandte sich in dem Gedränge um und fragte: Wer hat mein Gewand berührt? ³¹ Seine Jünger sagten zu ihm: Du siehst doch, wie sich die Leute um dich drängen, und da fragst du: Wer hat mich berührt? ³² Er blickte umher, um zu sehen, wer es getan hatte. ³³ Da kam die Frau, zitternd vor Furcht, weil sie wusste, was mit ihr geschehen war; sie fiel vor ihm nieder und sagte ihm die ganze Wahrheit. ³⁴ Er aber sagte zu ihr:

Meine Tochter, dein Glaube hat dich gerettet. Geh in Frieden! Du sollst von deinem Leiden geheilt sein.

³⁵ Während Jesus noch redete, kamen Leute, die zum Haus des Synagogenvorstehers gehörten, und sagten: Deine Tochter ist gestorben. Warum bemühst du den Meister noch länger? ³⁶ Jesus, der diese Worte gehört hatte, sagte zu dem Synagogenvorsteher: Fürchte dich nicht! Glaube nur! ³⁷ Und er ließ keinen mitkommen außer Petrus, Jakobus und Johannes, den Bruder des Jakobus. ³⁸ Sie gingen zum Haus des Synagogenvorstehers. Als Jesus den Tumult sah und wie sie heftig weinten und klagten, ³⁹ trat er ein und sagte zu ihnen: Warum schreit und weint ihr? Das Kind ist nicht gestorben, es schläft nur. ⁴⁰ Da lachten sie ihn aus. Er aber warf alle hinaus und nahm den Vater des Kindes und die Mutter und die, die mit ihm waren, und ging in den Raum, in dem das Kind lag. ⁴¹ Er fasste das Kind an der Hand und sagte zu ihm:

Talita kum!,

das heißt übersetzt: Mädchen, ich sage dir, steh auf! ⁴² Sofort stand das Mädchen auf und ging umher. Es war zwölf Jahre alt. Die Leute waren ganz fassungslos vor Entsetzen. ⁴³ Doch er schärfte ihnen ein, niemand dürfe etwas davon erfahren; dann sagte er, man solle dem Mädchen etwas zu essen geben.

6

6,1–56

DIE ABLEHNUNG JESU IN SEINER HEIMAT

¹ Von dort brach Jesus auf und kam in seine Heimatstadt; seine Jünger folgten ihm nach. ² Am Sabbat lehrte er in der Synagoge. Und die vielen Menschen, die ihm zuhörten, gerieten außer sich vor Staunen und sagten: Woher hat er das alles? Was ist das für eine Weisheit, die ihm gegeben ist? Und was sind das für Machttaten, die durch ihn geschehen? ³ Ist das nicht der Zimmermann, der Sohn der Maria und der Bruder von Jakobus, Joses, Judas und Simon? Leben nicht seine Schwestern hier unter uns? Und sie nahmen Anstoß an ihm. ⁴ Da sagte Jesus zu ihnen: **Nirgends ist ein Prophet ohne Ansehen außer in seiner Heimat, bei seinen Verwandten und in seiner Familie.** ⁵ Und er konnte dort keine Machttat tun; nur einigen Kranken legte er die Hände auf und heilte sie. ⁶ Und er wunderte sich über ihren Unglauben.

DIE AUSSENDUNG DER ZWÖLF JÜNGER

Jesus zog durch die benachbarten Dörfer und lehrte. ⁷ Er rief die Zwölf zu sich und sandte sie aus, jeweils zwei zusammen. Er gab ihnen Vollmacht über die unreinen Geister ⁸ und er gebot ihnen, außer einem Wanderstab nichts auf den Weg mitzunehmen, kein Brot, keine Vorratstasche, kein Geld im Gürtel, ⁹ kein zweites Hemd und an den Füßen nur Sandalen. ¹⁰ Und er sagte zu ihnen: Bleibt in dem Haus, in dem ihr einkehrt, bis ihr den Ort wieder verlasst! ¹¹ Wenn man euch aber in einem Ort nicht aufnimmt und euch nicht hören will, dann geht weiter und schüttelt den Staub von euren Füßen, ihnen zum Zeugnis. ¹² Und sie zogen aus und verkündeten die Umkehr. ¹³ Sie trieben viele Dämonen aus und salbten viele Kranke mit Öl und heilten sie.

DIE ENTHAUPTUNG DES TÄUFERS

¹⁴ Der König Herodes hörte von Jesus; denn sein Name war bekannt geworden und man sagte: Johannes der Täufer ist von den Toten auferstanden; deshalb wirken solche Kräfte in ihm. ¹⁵ Andere sagten: Er ist Elija. Wieder andere: Er ist ein Prophet, wie einer von den alten Propheten. ¹⁶ Als aber Herodes von ihm hörte, sagte er: Johannes, den ich enthaupten ließ, ist auferstanden.
¹⁷ Herodes hatte nämlich Johannes festnehmen und ins Gefängnis werfen lassen. Schuld daran war Herodias, die Frau seines Bruders Philippus, die er geheiratet hatte. ¹⁸ Denn Johannes hatte zu Herodes gesagt: Es ist dir nicht erlaubt, die Frau deines Bruders zur Frau zu haben. ¹⁹ Herodias verzieh ihm das nicht und wollte ihn töten lassen. Sie konnte es aber nicht durchsetzen, ²⁰ denn Herodes fürchtete sich vor Johannes, weil er wusste, dass dieser ein gerechter und heiliger Mann war. Darum schützte er ihn. Wenn er ihm zuhörte, geriet er in große Verlegenheit und doch hörte er ihm gern zu. ²¹ Eines Tages ergab sich für Herodias eine günstige Gelegenheit. An seinem Geburtstag lud Herodes seine Hofbeamten und Offiziere zusammen mit den vornehmsten Bürgern von Galiläa zu einem Festmahl ein. ²² Da kam die Tochter der Herodias und tanzte und sie gefiel dem Herodes und seinen Gästen so sehr, dass der König zu dem Mädchen sagte: Verlange von mir, was du willst; ich werde es dir geben. ²³ Er schwor ihr sogar: **Was du auch von mir verlangst, ich will es dir geben, und wenn es die Hälfte meines Reiches wäre.** ²⁴ **Sie ging hinaus und fragte ihre Mutter: Was soll ich verlangen? Herodias antwortete: Den Kopf Johannes' des Täufers.** ²⁵ Da lief das Mädchen zum König hinein und verlangte: Ich will, dass du mir sofort auf einer Schale den Kopf Johannes' des Täufers bringen lässt. ²⁶ Da wurde der König sehr traurig, aber wegen der Eide und der Gäste wollte er ihren Wunsch nicht ablehnen. ²⁷ Deshalb befahl er einem Scharfrichter, sofort ins Gefängnis zu gehen und den Kopf des Täufers herzubringen. Der Scharfrichter ging und enthauptete Johannes. ²⁸ Dann brachte er den Kopf auf einer Schale, gab ihn dem Mädchen und das Mädchen gab ihn seiner Mutter. ²⁹ Als die Jünger des Johannes das hörten, kamen sie, holten seinen Leichnam und legten ihn in ein Grab.

DIE RÜCKKEHR DER JÜNGER UND DIE SPEISUNG DER FÜNFTAUSEND

³⁰ Die Apostel versammelten sich wieder bei Jesus und berichteten ihm alles, was sie getan und gelehrt hatten. ³¹ Da sagte er zu ihnen: Kommt mit an einen einsamen Ort, wo wir allein sind, und ruht ein wenig aus! Denn sie fanden nicht einmal Zeit zum Essen, so zahlreich waren die Leute, die kamen und gingen. ³² Sie fuhren also mit dem Boot in eine einsame Gegend, um allein zu sein. ³³ Aber man sah sie abfahren und viele erfuhren davon; sie liefen zu Fuß aus allen Städten dorthin und kamen noch vor ihnen an. ³⁴ Als er ausstieg, sah er die vielen Menschen und hatte Mitleid mit ihnen; denn sie waren *wie Schafe, die keinen Hirten haben.* Und er lehrte sie lange.
³⁵ Gegen Abend kamen seine Jünger zu ihm und sagten: Der Ort ist abgelegen und es ist schon spät. ³⁶ Schick sie weg, damit sie in die umliegenden Gehöfte und Dörfer gehen und sich etwas zu essen kaufen können! ³⁷ Er erwiderte: Gebt ihr ihnen zu essen! Sie sagten zu ihm: Sollen wir weggehen, für zweihundert Denare Brot kaufen und es ihnen zu essen geben? ³⁸ Er sagte zu ihnen: Wie viele Brote habt ihr? Geht und seht nach! Sie sahen nach und berichteten: Fünf Brote und außerdem zwei Fische. ³⁹ Dann befahl er ihnen, sie sollten sich in Mahlgemeinschaften im grünen Gras lagern. ⁴⁰ Und sie ließen sich in Gruppen zu hundert und zu fünfzig nieder. ⁴¹ Darauf nahm er die fünf Brote und die zwei Fische, blickte zum Himmel auf, sprach den Lobpreis, brach die Brote und gab sie den Jüngern, damit sie diese an die

Leute austeilten. Auch die zwei Fische ließ er unter allen verteilen. ⁴² Und alle aßen und wurden satt. ⁴³ Und sie hoben Brocken auf, zwölf Körbe voll, und Reste von den Fischen. ⁴⁴ Es waren fünftausend Männer, die von den Broten gegessen hatten.

DIE OFFENBARUNG DES GOTTESSOHNES AUF DEM WASSER

⁴⁵ Gleich darauf drängte er seine Jünger, ins Boot zu steigen und ans andere Ufer nach Betsaida vorauszufahren. Er selbst wollte inzwischen die Leute nach Hause schicken. ⁴⁶ Nachdem er sich von ihnen verabschiedet hatte, ging er auf einen Berg, um zu beten. ⁴⁷ Als es Abend wurde, war das Boot mitten auf dem See, er aber war allein an Land. ⁴⁸ Und er sah, wie sie sich beim Rudern abmühten, denn sie hatten Gegenwind. In der vierten Nachtwache kam er zu ihnen; er ging auf dem See, wollte aber an ihnen vorübergehen. ⁴⁹ Als sie ihn über den See gehen sahen, meinten sie, es sei ein Gespenst, und schrien auf. ⁵⁰ Alle sahen ihn und erschraken. Doch er begann mit ihnen zu reden und sagte: Habt Vertrauen, ich bin es; fürchtet euch nicht! ⁵¹ Dann stieg er zu ihnen ins Boot und der Wind legte sich. Sie aber waren bestürzt und fassungslos. ⁵² Denn sie waren nicht zur Einsicht gekommen, als das mit den Broten geschah; ihr Herz war verstockt.

HEILUNGEN IN GENNESARET

⁵³ Sie fuhren auf das Ufer zu, kamen nach Gennesaret und legten dort an. ⁵⁴ Als sie aus dem Boot stiegen, erkannte man ihn sogleich. ⁵⁵ Die Menschen eilten durch die ganze Gegend und brachten die Kranken auf Liegen zu ihm, sobald sie hörten, wo er war. ⁵⁶ Und immer, wenn er in ein Dorf oder eine Stadt oder zu einem Gehöft kam, trug man die Kranken auf die Straße hinaus und bat ihn, er möge sie wenigstens den Saum seines Gewandes berühren lassen. Und alle, die ihn berührten, wurden geheilt.

7

7,1–37

LEHRGESPRÄCH ÜBER DIE REINHEIT

¹ Die Pharisäer und einige Schriftgelehrte, die aus Jerusalem gekommen waren, versammelten sich bei Jesus. ² Sie sahen, dass einige seiner Jünger ihr Brot mit unreinen, das heißt mit ungewaschenen Händen aßen. ³ Die Pharisäer essen nämlich wie alle Juden nur, wenn sie vorher mit einer Handvoll Wasser die Hände gewaschen haben; so halten sie an der Überlieferung der Alten fest. ⁴ Auch wenn sie vom Markt kommen, essen sie nicht, ohne sich vorher zu waschen. Noch viele andere überlieferte Vorschriften halten sie ein, wie das Abspülen von Bechern, Krügen und Kesseln. ⁵ Die Pharisäer und die Schriftgelehrten fragten ihn also: Warum halten sich deine Jünger nicht an die Überlieferung der Alten, sondern essen ihr Brot mit unreinen Händen? ⁶ Er antwortete ihnen: Der Prophet Jesaja hatte Recht mit dem, was er über euch Heuchler sagte, wie geschrieben steht: *Dieses Volk ehrt mich mit den Lippen, sein Herz aber ist weit weg von mir.* ⁷ *Vergeblich verehren sie mich; was sie lehren, sind Satzungen von Menschen.* ⁸ Ihr gebt Gottes Gebot preis und haltet euch an die Überlieferung der Menschen. ⁹ Und weiter sagte Jesus: Sehr geschickt setzt ihr Gottes Gebot außer Kraft, um eure eigene Überlieferung aufzurichten. ¹⁰ Denn Mose hat gesagt:

Ehre deinen Vater und deine Mutter!

und: *Wer Vater oder Mutter schmäht, soll mit dem Tod bestraft werden.* ¹¹ Ihr aber lehrt: Wenn einer zu seinem Vater oder seiner Mutter sagt: Korbán – das heißt: Weihgeschenk sei, was du von mir als Unterstützung erhalten solltest –, ¹² dann lasst ihr ihn nichts mehr für Vater oder Mutter tun. ¹³ So setzt ihr durch eure eigene Überlieferung Gottes Wort außer Kraft. Und ähnlich handelt ihr in vielen Fällen.

¹⁴ Dann rief er die Leute wieder zu sich und sagte: Hört mir alle zu und begreift, was ich sage!

¹⁵ **Nichts, was von außen in den Menschen hineinkommt, kann ihn unrein machen, sondern was aus dem Menschen herauskommt, das macht ihn unrein.**

[16]¹⁷ Er verließ die Menge und ging in ein Haus. Da fragten ihn seine Jünger nach dem Sinn dieses rätselhaften Wortes.

¹⁸ Er antwortete ihnen: Begreift auch ihr nicht? Versteht ihr nicht, dass das, was von außen in den Menschen hineinkommt, ihn nicht unrein machen kann? ¹⁹ Denn es gelangt ja nicht in sein Herz, sondern in den Magen und wird wieder ausgeschieden. Damit erklärte Jesus alle Speisen für rein. ²⁰ Weiter sagte er: Was aus dem Menschen herauskommt, das macht ihn unrein. ²¹ Denn von innen, aus dem Herzen der Menschen, kommen die bösen Gedanken, Unzucht, Diebstahl, Mord, ²² Ehebruch, Habgier, Bosheit, Hinterlist, Ausschweifung, Neid, Lästerung, Hochmut und Unvernunft. ²³ All dieses Böse kommt von innen und macht den Menschen unrein.

DER GLAUBE DER HEIDNISCHEN FRAU

²⁴ Jesus brach auf und zog von dort in das Gebiet von Tyrus. Er ging in ein Haus, wollte aber, dass niemand davon erfuhr; doch es konnte nicht verborgen bleiben. ²⁵ Eine Frau, deren Tochter von einem unreinen Geist besessen war, hörte von ihm; sie kam sogleich herbei und fiel ihm zu Füßen. ²⁶ Die Frau, von Geburt Syrophönizierin, war eine Heidin. Sie bat ihn, aus ihrer Tochter den Dämon auszutreiben. ²⁷ Da sagte er zu ihr: Lasst zuerst die Kinder satt werden; denn es ist nicht recht, das Brot den Kindern wegzunehmen und den kleinen Hunden vorzuwerfen. ²⁸ Sie erwiderte ihm: Herr! Aber auch die kleinen Hunde unter dem Tisch essen von den Brotkrumen der Kinder. ²⁹ Er antwortete ihr: Weil du das gesagt hast, sage ich dir: Geh nach Hause, der Dämon hat deine Tochter verlassen! ³⁰ Und als sie nach Hause kam, fand sie das Kind auf dem Bett liegen und sah, dass der Dämon es verlassen hatte.

DIE HEILUNG EINES TAUBSTUMMEN

³¹ Jesus verließ das Gebiet von Tyrus wieder und kam über Sidon an den See von Galiläa, mitten in das Gebiet der Dekapolis. ³² Da brachten sie zu ihm einen, der taub war und stammelte, und baten ihn, er möge ihm die Hand auflegen. ³³ Er nahm ihn beiseite, von der Menge weg, legte ihm die Finger in die Ohren und berührte dann die Zunge des Mannes mit Speichel; ³⁴ danach blickte er zum Himmel auf, seufzte und sagte zu ihm: Effata!, das heißt: Öffne dich! ³⁵ Sogleich öffneten sich seine Ohren, seine Zunge wurde von ihrer Fessel befreit und er konnte richtig reden. ³⁶ Jesus verbot ihnen, jemandem davon zu erzählen. Doch je mehr er es ihnen verbot, desto mehr verkündeten sie es. ³⁷ Sie staunten über alle Maßen und sagten: Er hat alles gut gemacht; er macht, dass die Tauben hören und die Stummen sprechen.

8
8,1–34

DIE SPEISUNG DER VIERTAUSEND

¹ In jenen Tagen waren wieder einmal viele Menschen um Jesus versammelt. Da sie nichts zu essen hatten, rief er die Jünger zu sich und sagte: ² Ich habe Mitleid mit diesen Menschen; sie sind schon drei Tage bei mir und haben nichts mehr zu essen. ³ Wenn ich sie hungrig nach Hause schicke, werden sie auf dem Weg zusammenbrechen; denn einige von ihnen sind von weit her gekommen. ⁴ Seine Jünger antworteten ihm: Woher könnte jemand diese hier in der Wüste mit Broten sättigen? ⁵ Er fragte sie: Wie viele Brote habt ihr? Sie antworteten: Sieben. ⁶ Da forderte er die Leute auf, sich auf den Boden zu setzen. Dann nahm er die sieben Brote, sprach das Dankgebet, brach die Brote und gab sie seinen Jüngern zum Verteilen; und die Jünger teilten sie an die Leute aus. ⁷ Sie hatten auch noch ein paar Fische bei sich. Jesus segnete sie und ließ auch sie austeilen. ⁸ Die Leute aßen und wurden satt. Und sie hoben die Überreste der Brotstücke auf, sieben Körbe voll. ⁹ Es waren etwa viertausend Menschen beisammen. Danach schickte er sie nach Hause.

DIE ZEICHENFORDERUNG DER GEGNER JESU

¹⁰ Gleich darauf stieg er mit seinen Jüngern ins Boot und fuhr in das Gebiet von Dalmanuta. ¹¹ Da kamen die Pharisäer und begannen ein Streitgespräch mit ihm; sie forderten von ihm ein Zeichen vom Himmel, um ihn zu versuchen. ¹² Da seufzte er im Geist auf und sagte: Was fordert diese Generation ein Zeichen? Amen, ich sage euch: Dieser Generation wird niemals ein Zeichen gegeben werden. ¹³ Und er verließ sie, stieg in das Boot und fuhr ans andere Ufer.

DIE BLINDEN JÜNGER

¹⁴ Die Jünger hatten vergessen, Brote mitzunehmen; nur ein einziges hatten sie im Boot dabei. ¹⁵ Und er warnte sie: Gebt Acht, hütet euch vor dem Sauerteig der Pharisäer und dem Sauerteig des Herodes! ¹⁶ Sie aber machten sich Gedanken, weil sie keine Brote bei sich hatten. ¹⁷ Als er das merkte, sagte er zu ihnen: Was macht ihr euch darüber Gedanken, dass ihr keine Brote habt? Begreift und versteht ihr immer noch nicht? Ist denn euer Herz verstockt? ¹⁸ *Habt ihr denn keine Augen, um zu sehen, und keine Ohren, um zu hören?* Erinnert ihr euch nicht: ¹⁹ Als ich die fünf Brote für die Fünftausend brach, wie viele Körbe voll Brotstücke habt ihr da aufgehoben? Sie antworteten ihm: Zwölf. ²⁰ Und als ich die sieben Brote für die Viertausend brach, wie viele Körbe voll habt ihr da aufgehoben? Sie antworteten: Sieben. ²¹ Da sagte er zu ihnen: Versteht ihr immer noch nicht?

DIE HEILUNG EINES BLINDEN BEI BETSAIDA

²² Sie kamen nach Betsaida. Da brachte man einen Blinden zu Jesus und bat ihn, er möge ihn berühren. ²³ Er nahm den Blinden bei der Hand, führte ihn vor das Dorf hinaus, bestrich seine Augen mit Speichel, legte ihm die Hände auf und fragte ihn: Siehst du etwas? ²⁴ Der Mann blickte auf und sagte: Ich sehe Menschen; denn ich sehe etwas, das wie Bäume aussieht und umhergeht. ²⁵ Da legte er ihm nochmals die Hände auf die Augen; nun sah der Mann deutlich. Er war wiederhergestellt und konnte alles ganz genau sehen. ²⁶ Jesus schickte ihn nach Hause und sagte: Geh aber nicht in das Dorf hinein!

DER WEG JESU NACH JERUSALEM

8,27–10,52

DAS CHRISTUSBEKENNTNIS DES PETRUS UND DIE ERSTE ANKÜNDIGUNG VON LEIDEN UND AUFERSTEHUNG JESU

²⁷ Jesus ging mit seinen Jüngern in die Dörfer bei Cäsarea Philippi. Auf dem Weg fragte er die Jünger: Für wen halten mich die Menschen? ²⁸ Sie sagten zu ihm: Einige für Johannes den Täufer, andere für Elija, wieder andere für sonst einen von den Propheten. ²⁹ Da fragte er sie: Ihr aber, für wen haltet ihr mich? Simon Petrus antwortete ihm: Du bist der Christus! ³⁰ Doch er gebot ihnen, niemandem etwas über ihn zu sagen. ³¹ Dann begann er, sie darüber zu belehren:

Der Menschensohn muss vieles erleiden und von den Ältesten, den Hohepriestern und den Schriftgelehrten verworfen werden; er muss getötet werden und nach drei Tagen auferstehen.

³² Und er redete mit Freimut darüber. Da nahm ihn Petrus beiseite und begann, ihn zurechtzuweisen. ³³ Jesus aber wandte sich um, sah seine Jünger an und wies Petrus mit den Worten zurecht: Tritt hinter mich, du Satan! Denn du hast nicht das im Sinn, was Gott will, sondern was die Menschen wollen.

NACHFOLGE UND SELBSTVERLEUGNUNG

³⁴ Er rief die Volksmenge und seine Jünger zu sich und sagte: Wenn einer hinter mir hergehen will, verleugne er sich selbst, nehme sein Kreuz auf sich und folge mir nach. ³⁵ Denn wer sein Leben retten will, wird es verlieren; wer aber sein Leben um meinetwillen und um des Evangeliums willen verliert, wird es retten. ³⁶ Was nützt es einem Menschen, wenn er die ganze Welt gewinnt, dabei aber sein Leben einbüßt? ³⁷ Um welchen Preis könnte ein Mensch sein Leben zurückkaufen? ³⁸ Denn wer sich vor dieser treulosen und sündigen Generation meiner und meiner Worte schämt, dessen wird sich auch der Menschensohn schämen, wenn er mit den heiligen Engeln in der Herrlichkeit seines Vaters kommt.

9

9,2–50

¹Und er sagte zu ihnen: Amen, ich sage euch:

Von denen, die hier stehen, werden einige den Tod nicht schmecken, bis sie gesehen haben, dass das Reich Gottes in Macht gekommen ist.

DIE VERKLÄRUNG JESU

²Sechs Tage danach nahm Jesus Petrus, Jakobus und Johannes beiseite und führte sie auf einen hohen Berg, aber nur sie allein. **Und er wurde vor ihnen verwandelt;** ³**seine Kleider wurden strahlend weiß, so weiß, wie sie auf Erden kein Bleicher machen kann.** ⁴**Da erschien ihnen Elija und mit ihm Mose und sie redeten mit Jesus.** ⁵Petrus sagte zu Jesus: Rabbi, es ist gut, dass wir hier sind. Wir wollen drei Hütten bauen, eine für dich, eine für Mose und eine für Elija. ⁶Er wusste nämlich nicht, was er sagen sollte; denn sie waren vor Furcht ganz benommen. ⁷Da kam eine Wolke und überschattete sie und es erscholl eine Stimme aus der Wolke: Dieser ist mein geliebter Sohn; auf ihn sollt ihr hören. ⁸Als sie dann um sich blickten, sahen sie auf einmal niemanden mehr bei sich außer Jesus.

ÜBER DIE WIEDERKUNFT DES ELIJA

⁹Während sie den Berg hinabstiegen, gebot er ihnen, niemandem zu erzählen, was sie gesehen hatten, bis der Menschensohn von den Toten auferstanden sei. ¹⁰Dieses Wort beschäftigte sie und sie fragten einander, was das sei: von den Toten auferstehen. ¹¹Da fragten sie ihn: Warum sagen die Schriftgelehrten, zuerst müsse Elija kommen? ¹²Er antwortete: Ja, Elija kommt zuerst und stellt alles wieder her. Aber warum heißt es dann vom Menschensohn in der Schrift, er werde viel leiden müssen und verachtet werden? ¹³Ich sage euch: Elija ist schon gekommen, doch sie haben mit ihm gemacht, was sie wollten, wie es in der Schrift steht.

DIE ERFOLGLOSEN JÜNGER

¹⁴Als sie zu den anderen Jüngern zurückkamen, sahen sie eine große Menschenmenge um sie versammelt und Schriftgelehrte, die mit ihnen stritten. ¹⁵Sobald die Leute Jesus sahen, liefen sie in großer Erregung auf ihn zu und begrüßten ihn. ¹⁶Er fragte sie: Warum streitet ihr mit ihnen? ¹⁷Einer aus der Menge antwortete ihm: Meister, ich habe meinen Sohn zu dir gebracht. Er ist von einem stummen Geist besessen; ¹⁸immer wenn der Geist ihn überfällt, wirft er ihn zu Boden und meinem Sohn tritt Schaum vor den Mund, er knirscht mit den Zähnen und wird starr. Ich habe schon deine Jünger gebeten, den Geist auszutreiben, aber sie hatten nicht die Kraft dazu. ¹⁹Da sagte er zu ihnen: O du ungläubige Generation! Wie lange muss ich noch bei euch sein? Wie lange muss ich euch noch ertragen? Bringt ihn zu mir! ²⁰Und man führte ihn herbei. Sobald der Geist Jesus sah, zerrte er den Jungen hin und her, sodass er hinfiel und sich mit Schaum vor dem Mund auf dem Boden wälzte. ²¹Jesus fragte den Vater: Wie lange hat er das schon? Der Vater antwortete: Von Kind auf; ²²oft hat er ihn sogar ins Feuer oder ins Wasser geworfen, um ihn umzubringen. Doch wenn du kannst, hilf uns; hab Mitleid mit uns! ²³Jesus sagte zu ihm: Wenn du kannst? Alles kann, wer glaubt. ²⁴Da rief der Vater des Knaben: Ich glaube; hilf meinem Unglauben! ²⁵Als Jesus sah, dass die Leute zusammenliefen, drohte er dem unreinen Geist und sagte: Ich befehle dir, du stummer und tauber Geist: Verlass ihn und kehr nicht mehr in ihn zurück! ²⁶Da zerrte der Geist den Knaben hin und her und verließ ihn mit lautem Geschrei. Er lag da wie tot, sodass alle Leute sagten: Er ist gestorben. ²⁷Jesus aber fasste ihn an der Hand und richtete ihn auf und er erhob sich.

²⁸Jesus trat in das Haus und seine Jünger fragten ihn, als sie allein waren: Warum konnten denn wir den Dämon nicht austreiben? ²⁹Er antwortete ihnen: Diese Art kann nur durch Gebet ausgetrieben werden.

DIE ZWEITE ANKÜNDIGUNG VON LEIDEN, TOD UND AUFERSTEHUNG JESU

³⁰ Sie gingen von dort weg und zogen durch Galiläa. Er wollte aber nicht, dass jemand davon erfuhr; ³¹ denn er belehrte seine Jünger und sagte zu ihnen: Der Menschensohn wird in die Hände von Menschen ausgeliefert und sie werden ihn töten; doch drei Tage nach seinem Tod wird er auferstehen. ³² Aber sie verstanden das Wort nicht, fürchteten sich jedoch, ihn zu fragen.

DER RANGSTREIT DER JÜNGER

³³ Sie kamen nach Kafarnaum. Als er dann im Haus war, fragte er sie: Worüber habt ihr auf dem Weg gesprochen? ³⁴ Sie schwiegen, denn sie hatten auf dem Weg miteinander darüber gesprochen, wer der Größte sei. ³⁵ Da setzte er sich, rief die Zwölf und sagte zu ihnen: Wer der Erste sein will, soll der Letzte von allen und der Diener aller sein. ³⁶ Und er stellte ein Kind in ihre Mitte, nahm es in seine Arme und sagte zu ihnen: ³⁷ Wer ein solches Kind in meinem Namen aufnimmt, der nimmt mich auf; und wer mich aufnimmt, der nimmt nicht nur mich auf, sondern den, der mich gesandt hat.

DER FREMDE WUNDERTÄTER

³⁸ Da sagte Johannes zu ihm: Meister, wir haben gesehen, wie jemand in deinem Namen Dämonen austrieb; und wir versuchten, ihn daran zu hindern, weil er uns nicht nachfolgt. ³⁹ Jesus erwiderte: Hindert ihn nicht! Keiner, der in meinem Namen eine Machttat vollbringt, kann so leicht schlecht von mir reden. **⁴⁰ Denn wer nicht gegen uns ist, der ist für uns.**

WARNUNG VOR DER VERFÜHRUNG ZUM BÖSEN

⁴¹ Wer euch auch nur einen Becher Wasser zu trinken gibt, weil ihr zu Christus gehört – Amen, ich sage euch: Er wird gewiss nicht um seinen Lohn kommen. ⁴² Wer einem von diesen Kleinen, die an mich glauben, Ärgernis gibt, für den wäre es besser, wenn er mit einem Mühlstein um den Hals ins Meer geworfen würde. ⁴³ Wenn dir deine Hand Ärgernis gibt, dann hau sie ab; es ist besser für dich, verstümmelt in das Leben zu gelangen, als mit zwei Händen in die Hölle zu kommen, in das nie erlöschende Feuer. [44] ⁴⁵ Und wenn dir dein Fuß Ärgernis gibt, dann hau ihn ab; es ist besser für dich, lahm in das Leben zu gelangen, als mit zwei Füßen in die Hölle geworfen zu werden. [46] ⁴⁷ Und wenn dir dein Auge Ärgernis gibt, dann reiß es aus; es ist besser für dich, einäugig in das Reich Gottes zu kommen, als mit zwei Augen in die Hölle geworfen zu werden, ⁴⁸ wo *ihr Wurm nicht stirbt und das Feuer nicht erlischt.* ⁴⁹ Denn jeder wird mit Feuer gesalzen werden. ⁵⁰ Das Salz ist etwas Gutes. Wenn das Salz die Kraft zum Salzen verliert, womit wollt ihr ihm seine Würze wiedergeben? Habt Salz in euch und haltet Frieden untereinander!

10
10,1–52

AUFBRUCH NACH JUDÄA

¹ Von dort brach Jesus auf und kam nach Judäa und in das Gebiet jenseits des Jordan. Wieder versammelten sich viele Leute bei ihm und er lehrte sie, wie er es gewohnt war.

ÜBER DIE EHE UND EHESCHEIDUNG

² Da kamen Pharisäer zu ihm und fragten: Ist es einem Mann erlaubt, seine Frau aus der Ehe zu entlassen? Damit wollten sie ihn versuchen. ³ Er antwortete ihnen: Was hat euch Mose vorgeschrieben? ⁴ Sie sagten: Mose hat gestattet, eine Scheidungsurkunde auszustellen und die Frau aus der Ehe zu entlassen. ⁵ Jesus entgegnete ihnen: Nur weil ihr so hartherzig seid, hat er euch dieses Gebot gegeben. ⁶ Am Anfang der Schöpfung aber hat Gott sie *männlich und weiblich erschaffen.* ⁷ *Darum wird der Mann Vater und Mutter verlassen* ⁸ *und die zwei werden ein Fleisch sein.* Sie sind also nicht mehr zwei, sondern ein Fleisch. **⁹ Was aber Gott verbunden hat, das darf der Mensch nicht trennen.**

¹⁰ Zu Hause befragten ihn die Jünger noch einmal darüber. ¹¹ Er antwortete ihnen: Wer seine Frau aus der Ehe entlässt und eine andere heiratet, begeht ihr gegenüber Ehebruch. ¹² Und wenn sie ihren Mann aus der Ehe entlässt und einen anderen heiratet, begeht sie Ehebruch.

DIE SEGNUNG DER KINDER

¹³ Da brachte man Kinder zu ihm, damit er sie berühre. Die Jünger aber wiesen die Leute zurecht. ¹⁴ Als Jesus das sah, wurde er unwillig und sagte zu ihnen: Lasst die Kinder zu mir kommen; hindert sie nicht daran! Denn solchen wie ihnen gehört das Reich Gottes. ¹⁵ Amen, ich sage euch: Wer das Reich Gottes nicht so annimmt wie ein Kind, der wird nicht hineinkommen. ¹⁶ Und er nahm die Kinder in seine Arme; dann legte er ihnen die Hände auf und segnete sie.

REICHTUM UND NACHFOLGE

¹⁷ Als sich Jesus wieder auf den Weg machte, lief ein Mann auf ihn zu, fiel vor ihm auf die Knie und fragte ihn: Guter Meister, was muss ich tun, um das ewige Leben zu erben? ¹⁸ Jesus antwortete: Warum nennst du mich gut? Niemand ist gut außer der eine Gott. ¹⁹ Du kennst doch die Gebote: *Du sollst nicht töten, du sollst nicht die Ehe brechen, du sollst nicht stehlen, du sollst nicht falsch aussagen, du sollst keinen Raub begehen; ehre deinen Vater und deine Mutter!* ²⁰ Er erwiderte ihm: Meister, alle diese Gebote habe ich von Jugend an befolgt. ²¹ Da sah ihn Jesus an, gewann ihn lieb und sagte: Eines fehlt dir noch: Geh, verkaufe, was du hast, gib es den Armen und du wirst einen Schatz im Himmel haben; dann komm und folge mir nach! ²² Der Mann aber war betrübt, als er das hörte, und ging traurig weg; denn er hatte ein großes Vermögen. ²³ Da sah Jesus seine Jünger an und sagte zu ihnen: Wie schwer ist es für Menschen, die viel besitzen, in das Reich Gottes zu kommen! ²⁴ Die Jünger waren über seine Worte bestürzt. Jesus aber sagte noch einmal zu ihnen: Meine Kinder, wie schwer ist es, in das Reich Gottes zu kommen!

²⁵ **Leichter geht ein Kamel durch ein Nadelöhr,** als dass ein Reicher in das Reich Gottes gelangt. ²⁶ Sie aber gerieten über alle Maßen außer sich vor Schrecken und sagten zueinander: Wer kann dann noch gerettet werden? ²⁷ Jesus sah sie an und sagte: Für Menschen ist das unmöglich, aber nicht für Gott; denn für Gott ist alles möglich. ²⁸ Da sagte Petrus zu ihm: Siehe, wir haben alles verlassen und sind dir nachgefolgt.

²⁹ Jesus antwortete: Amen, ich sage euch: Jeder, der um meinetwillen und um des Evangeliums willen Haus oder Brüder, Schwestern, Mutter, Vater, Kinder oder Äcker verlassen hat, ³⁰ wird das Hundertfache dafür empfangen. Jetzt in dieser Zeit wird er Häuser und Brüder, Schwestern und Mütter, Kinder und Äcker erhalten, wenn auch unter Verfolgungen, und in der kommenden Welt das ewige Leben. ³¹ Viele Erste werden Letzte sein und die Letzten Erste.

DIE DRITTE ANKÜNDIGUNG VON LEIDEN UND AUFERSTEHUNG JESU

³² Während sie auf dem Weg hinauf nach Jerusalem waren, ging Jesus voraus. Die Leute wunderten sich über ihn, die ihm nachfolgten aber hatten Angst. Da versammelte er die Zwölf wieder um sich und kündigte ihnen an, was ihm bevorstand. ³³ Er sagte: Siehe, wir gehen nach Jerusalem hinauf; und der Menschensohn wird den Hohepriestern und den Schriftgelehrten ausgeliefert; sie werden ihn zum Tod verurteilen und den Heiden ausliefern; ³⁴ sie werden ihn verspotten, anspucken, geißeln und töten. Und nach drei Tagen wird er auferstehen.

VOM DIENEN UND HERRSCHEN

³⁵ Da traten Jakobus und Johannes, die Söhne des Zebedäus, zu ihm und sagten: Meister, wir möchten, dass du uns eine Bitte erfüllst. ³⁶ Er antwortete: Was soll ich für euch tun? ³⁷ Sie sagten zu ihm: Lass in deiner Herrlichkeit einen von uns rechts und den andern links neben dir sitzen! ³⁸ Jesus erwiderte: Ihr wisst nicht, worum ihr bittet. Könnt ihr den Kelch trinken, den ich trinke, oder die Taufe auf euch nehmen, mit der ich getauft werde? ³⁹ Sie antworteten: Wir können es. Da sagte Jesus zu ihnen: Ihr werdet den Kelch trinken, den ich trinke, und die Taufe empfangen, mit der ich getauft werde. ⁴⁰ Doch den Platz zu meiner Rechten und zu meiner Linken habe nicht ich zu vergeben; dort werden die sitzen, für die es bestimmt ist. ⁴¹ Als die zehn anderen Jünger das hörten, wurden sie sehr ärgerlich über Jakobus und Johannes. ⁴² Da rief Jesus sie zu sich und sagte: Ihr wisst, dass die, die als Herrscher gelten, ihre Völker unterdrücken und ihre Großen ihre Macht gegen sie gebrauchen. ⁴³ Bei euch aber soll es nicht so sein, sondern wer bei euch groß sein will, der soll euer Diener sein, ⁴⁴ und wer bei euch der Erste sein will, soll der Sklave aller sein. ⁴⁵ Denn auch der Menschensohn ist nicht gekommen, um sich dienen zu lassen, sondern um zu dienen und sein Leben hinzugeben als Lösegeld für viele.

DIE HEILUNG EINES BLINDEN BEI JERICHO

⁴⁶ Sie kamen nach Jericho. Als er mit seinen Jüngern und einer großen Menschenmenge Jericho wieder verließ, saß am Weg ein blinder Bettler, Bartimäus, der Sohn des Timäus. ⁴⁷ Sobald er hörte, dass es Jesus von Nazaret war, rief er laut:

Sohn Davids, Jesus, hab Erbarmen mit mir!

⁴⁸ Viele befahlen ihm zu schweigen. Er aber schrie noch viel lauter:

Sohn Davids, hab Erbarmen mit mir!

⁴⁹ Jesus blieb stehen und sagte: Ruft ihn her! Sie riefen den Blinden und sagten zu ihm: Hab nur Mut, steh auf, er ruft dich. ⁵⁰ Da warf er seinen Mantel weg, sprang auf und lief auf Jesus zu. ⁵¹ Und Jesus fragte ihn: Was willst du, dass ich dir tue? Der Blinde antwortete: Rabbuni, ich möchte sehen können.

⁵² **Da sagte Jesus zu ihm: Geh! Dein Glaube hat dich gerettet. Im gleichen Augenblick konnte er sehen und er folgte Jesus auf seinem Weg nach.**

DAS WIRKEN JESU IN JERUSALEM

11,1–13,37

11

11,1–33,1–30

DER EINZUG IN JERUSALEM

¹ Als sie in die Nähe von Jerusalem kamen, nach Betfage und Betanien am Ölberg, schickte er zwei seiner Jünger aus. ² Er sagte zu ihnen: Geht in das Dorf, das vor euch liegt; gleich wenn ihr hineinkommt, werdet ihr ein Fohlen angebunden finden, auf dem noch nie ein Mensch gesessen hat. Bindet es los und bringt es her! ³ Und wenn jemand zu euch sagt: Was tut ihr da?, dann antwortet: Der Herr braucht es; er lässt es bald wieder zurückbringen. ⁴ Da machten sie sich auf den Weg und fanden außen an einer Tür an der Straße ein Fohlen angebunden und sie banden es los. ⁵ Einige, die dabeistanden, sagten zu ihnen: Wie kommt ihr dazu, das Fohlen loszubinden? ⁶ Sie gaben ihnen zur Antwort, was Jesus gesagt hatte, und man ließ sie gewähren. ⁷ Sie brachten das Fohlen zu Jesus, legten ihre Kleider auf das Tier und er setzte sich darauf. ⁸ Und viele breiteten ihre Kleider auf den Weg aus, andere aber Büschel, die sie von den Feldern abgerissen hatten. ⁹ Die Leute, die vor ihm hergingen und die ihm nachfolgten, riefen:

Hosanna!

Gesegnet sei er, der kommt im Namen des Herrn! ¹⁰ Gesegnet sei das Reich unseres Vaters David, das nun kommt. Hosanna in der Höhe!

¹¹ Und er zog nach Jerusalem hinein, in den Tempel; nachdem er sich alles angesehen hatte, ging er spät am Abend mit den Zwölf nach Betanien hinaus.

DIE VERFLUCHUNG DES FEIGENBAUMS

¹² Als sie am nächsten Tag Betanien verließen, hatte er Hunger. ¹³ Da sah er von Weitem einen Feigenbaum mit Blättern und ging hin, um nach Früchten zu suchen. Aber er fand nichts als Blätter; denn es war nicht die Zeit der Feigenernte. ¹⁴ Da sagte er zu ihm: In Ewigkeit soll niemand mehr eine Frucht von dir essen. Und seine Jünger hörten es.

DIE REINIGUNG DES TEMPELS

¹⁵ Dann kamen sie nach Jerusalem. Jesus ging in den Tempel und begann, die Händler und Käufer aus dem Tempel hinauszutreiben; er stieß die Tische der Geldwechsler und die Stände der Taubenhändler um ¹⁶ und ließ nicht zu, dass jemand irgendetwas durch den Tempelbezirk trug. ¹⁷ Er belehrte sie und sagte: **Heißt es nicht in der Schrift: Mein Haus soll ein Haus des Gebetes für alle Völker genannt werden? Ihr aber habt daraus eine Räuber-höhle gemacht.** ¹⁸ Die Hohepriester und die Schriftgelehrten hörten davon und suchten nach einer Möglichkeit, ihn umzubringen. Denn sie fürchteten ihn, weil das Volk außer sich war vor Staunen über seine Lehre. ¹⁹ Als es Abend wurde, verließ Jesus mit seinen Jüngern die Stadt.

DER VERDORRTE FEIGENBAUM UND DER GLAUBE

²⁰ Als sie am nächsten Morgen an dem Feigenbaum vorbeikamen, sahen sie, dass er bis zu den Wurzeln verdorrt war. ²¹ Da erinnerte sich Petrus und sagte zu Jesus: Rabbi, sieh doch, der Feigenbaum, den du verflucht hast, ist verdorrt. ²² Jesus sagte zu ihnen: Habt Glauben an Gott! ²³ Amen, ich sage euch: Wenn jemand zu diesem Berg sagt: Heb dich empor und stürz dich ins Meer! und wenn er in seinem Herzen nicht zweifelt, sondern glaubt, dass geschieht, was er sagt, dann wird es geschehen. ²⁴ Darum sage ich euch: Alles, worum ihr betet und bittet – glaubt nur, dass ihr es schon erhalten habt, dann wird es euch zuteil. ²⁵ Und wenn ihr beten wollt und ihr habt einem anderen etwas vorzuwerfen, dann vergebt ihm, damit auch euer Vater im Himmel euch eure Verfehlungen vergibt. [26]

DIE FRAGE NACH DER VOLLMACHT JESU

²⁷ Sie kamen wieder nach Jerusalem. Als er im Tempel umherging, kamen die Hohepriester, die Schriftgelehrten und die Ältesten zu ihm ²⁸ und fragten ihn: In welcher Vollmacht tust du das? Wer hat dir diese Vollmacht gegeben, das zu tun? ²⁹ Jesus sagte zu ihnen: Ich will euch eine Frage stellen. Antwortet mir, dann werde ich euch sagen, in welcher Vollmacht ich das tue. ³⁰ **Stammte die Taufe de Johannes vom Himmel oder von den Menschen? Antwortet mir!** ³¹ Da überlegten sie und sagten zueinander: Wenn wir antworten: Vom Himmel, so wird er sagen: Warum habt ihr ihm dann nicht geglaubt? ³² Sollen wir also antworten: Von den Menschen? Sie fürchteten sich aber vor den Leuten; denn alle hielten Johannes wirklich für einen Propheten. ³³ Darum antworteten sie Jesus: Wir wissen es nicht. Jesus erwiderte: Dann sage auch ich euch nicht, in welcher Vollmacht ich das tue.

12

12,1–44

DAS GLEICHNIS VON DEN WINZERN

¹ Jesus begann zu ihnen in Gleichnissen zu reden: Ein Mann legte einen Weinberg an, zog ringsherum einen Zaun, hob eine Kelter aus und baute einen Turm. Dann verpachtete er den Weinberg an Winzer und reiste in ein anderes Land. ² Als nun die Zeit dafür gekommen war, schickte er einen Knecht zu den Winzern, um bei ihnen seinen Anteil an den Früchten des Weinbergs holen zu lassen. ³ Sie aber packten und prügelten ihn und jagten ihn mit leeren Händen fort. ⁴ Darauf schickte er einen anderen Knecht zu ihnen; und ihn schlugen sie auf den Kopf und entehrten ihn. ⁵ Als er einen dritten schickte, brachten sie ihn um. Ähnlich ging es vielen anderen; die einen wurden geprügelt, die andern umgebracht. ⁶ Schließlich blieb ihm nur noch einer: sein geliebter Sohn. Ihn sandte er als Letzten zu ihnen, denn er dachte: Vor meinem Sohn werden sie Achtung haben. ⁷ Die Winzer aber sagten zueinander: Das ist der Erbe. Auf, wir wollen ihn umbringen, dann gehört sein Erbe uns. ⁸ Und sie packten ihn und brachten ihn um und warfen ihn aus dem Weinberg hinaus. ⁹ Was wird nun der Besitzer des Weinbergs tun? Er wird kommen und die Winzer vernichten und den Weinberg anderen geben. ¹⁰ Habt ihr nicht das Schriftwort gelesen: *Der Stein, den die Bauleute verworfen haben, er ist zum Eckstein geworden;* ¹¹ *vom Herrn ist das geschehen und es ist wunderbar in unseren Augen?*

¹² Daraufhin hätten sie Jesus gern verhaften lassen; aber sie fürchteten die Menge. Denn sie hatten gemerkt, dass er mit diesem Gleichnis sie meinte. Da ließen sie ihn stehen und gingen weg.

DIE FRAGE NACH DER KAISERLICHEN STEUER

¹³ Einige Pharisäer und einige Anhänger des Herodes wurden zu Jesus geschickt, um ihn mit einer Frage in eine Falle zu locken. ¹⁴ Sie kamen zu ihm und sagten: Meister, wir wissen, dass du die Wahrheit sagst und auf niemanden Rücksicht nimmst; denn du siehst nicht auf die Person, sondern lehrst wahrhaftig den Weg Gottes. Ist es erlaubt, dem Kaiser Steuer zu zahlen, oder nicht? Sollen wir sie zahlen oder nicht zahlen? ¹⁵ Er aber durchschaute ihre Heuchelei und sagte zu ihnen: Warum versucht ihr mich? Bringt mir einen Denar, ich will ihn sehen. ¹⁶ Man brachte ihm einen. Er fragte sie: Wessen Bild und Aufschrift ist das? Sie antworteten ihm: Des Kaisers. ¹⁷ Da sagte Jesus zu ihnen: So gebt dem Kaiser, was dem Kaiser gehört, und Gott, was Gott gehört! Und sie waren sehr erstaunt über ihn.

DIE FRAGE NACH DER AUFERSTEHUNG DER TOTEN

¹⁸ Von den Sadduzäern, die behaupten, es gebe keine Auferstehung, kamen einige zu Jesus und fragten ihn: ¹⁹ Meister, Mose hat uns vorgeschrieben: Wenn ein Mann, der einen Bruder hat, stirbt und eine Frau hinterlässt, aber kein Kind, dann soll sein Bruder die Frau nehmen und seinem Bruder Nachkommen verschaffen. ²⁰ Es lebten einmal sieben Brüder. Der erste nahm sich eine Frau, und als er starb, hinterließ er keine Nachkommen. ²¹ Da nahm sie der zweite; auch er starb, ohne Nachkommen zu hinterlassen, und ebenso der dritte. ²² Keiner der sieben hatte Nachkommen. Als letzte von allen starb die Frau. ²³ Wessen Frau wird sie nun bei der Auferstehung sein? Alle sieben haben sie doch zur Frau gehabt. ²⁴ Jesus sagte zu ihnen: Ihr irrt euch, ihr kennt weder die Schrift noch die Macht Gottes. ²⁵ Wenn nämlich die Menschen von den Toten auferstehen, heiraten sie nicht, noch lassen sie sich heiraten, sondern sind wie Engel im Himmel. ²⁶ Dass aber die Toten auferstehen, habt ihr das nicht im Buch des Mose gelesen, in der Geschichte vom Dornbusch, in der Gott zu Mose spricht: *Ich bin der Gott Abrahams, der Gott Isaaks und der Gott Jakobs?* ²⁷ Er ist kein Gott von Toten, sondern von Lebenden. Ihr irrt euch sehr.

DIE FRAGE NACH DEM WICHTIGSTEN GEBOT

²⁸ Ein Schriftgelehrter hatte ihrem Streit zugehört; und da er bemerkt hatte, wie treffend Jesus ihnen antwortete, ging er zu ihm hin und fragte ihn: Welches Gebot ist das erste von allen? ²⁹ Jesus antwortete: Das erste ist:

Höre, Israel, der Herr, unser Gott, ist der einzige Herr. ³⁰ Darum sollst du den Herrn, deinen Gott, lieben mit ganzem Herzen und ganzer Seele, mit deinem ganzen Denken und mit deiner ganzen Kraft. ³¹ Als zweites kommt hinzu: Du sollst deinen Nächsten lieben wie dich selbst. Kein anderes Gebot ist größer als diese beiden.

³² Da sagte der Schriftgelehrte zu ihm: Sehr gut, Meister! Ganz richtig hast du gesagt: *Er allein ist der Herr und es gibt keinen anderen außer ihm* ³³ und *ihn mit ganzem Herzen, ganzem Verstand und ganzer Kraft zu lieben und den Nächsten zu lieben wie sich selbst*, ist weit mehr als alle Brandopfer und anderen Opfer. ³⁴ Jesus sah, dass er mit Verständnis geantwortet hatte, und sagte zu ihm: Du bist nicht fern vom Reich Gottes. Und keiner wagte mehr, Jesus eine Frage zu stellen.

DIE FRAGE NACH DEM DAVIDSSOHN

³⁵ Als Jesus im Tempel lehrte, sagte er: Wie können die Schriftgelehrten behaupten, der Christus sei der Sohn Davids? ³⁶ Denn David hat, vom Heiligen Geist erfüllt, selbst gesagt: *Der Herr sprach zu meinem Herrn: Setze dich mir zur Rechten, bis ich dir deine Feinde unter die Füße lege!* ³⁷ David selbst also nennt ihn Herr. Wie kann er dann sein Sohn sein?

POLEMIK GEGEN DIE SCHRIFTGELEHRTEN

Es war eine große Menschenmenge versammelt und hörte ihm mit Freude zu. ³⁸ Er lehrte sie und sagte: Nehmt euch in Acht vor den Schriftgelehrten! Sie gehen gern in langen Gewändern umher, lieben es, wenn man sie auf den Marktplätzen grüßt, ³⁹ und sie wollen in der Synagoge die Ehrensitze und bei jedem Festmahl die Ehrenplätze haben. ⁴⁰ Sie fressen die Häuser der Witwen auf und verrichten in ihrer Scheinheiligkeit lange Gebete. Umso härter wird das Urteil sein, das sie erwartet.

DIE VORBILDLICHE WITWE

⁴¹ Als Jesus einmal dem Opferkasten gegenübersaß, sah er zu, wie die Leute Geld in den Kasten warfen. Viele Reiche kamen und gaben viel. ⁴² Da kam auch eine arme Witwe und warf zwei kleine Münzen hinein. ⁴³ Er rief seine Jünger zu sich und sagte: Amen, ich sage euch: Diese arme Witwe hat mehr in den Opferkasten hineingeworfen als alle andern. ⁴⁴ Denn sie alle haben nur etwas von ihrem Überfluss hineingeworfen; diese Frau aber, die kaum das Nötigste zum Leben hat, sie hat alles hergegeben, was sie besaß, ihren ganzen Lebensunterhalt.

13

13,1–37

DIE ANKÜNDIGUNG DER ZERSTÖRUNG DES TEMPELS

¹ Als Jesus den Tempel verließ, sagte einer von seinen Jüngern zu ihm: Meister, sieh, was für Steine und was für Bauten! ² Jesus sagte zu ihm: **Siehst du diese großen Bauten? Kein Stein wird hier auf dem andern bleiben, der nicht niedergerissen wird.**

DER ANFANG DER ENDZEITLICHEN NOT

³ Und als er auf dem Ölberg saß, dem Tempel gegenüber, fragten ihn Petrus, Jakobus, Johannes und Andreas, die mit ihm allein waren: ⁴ Sag uns, wann wird das geschehen und was ist das Zeichen, dass dies alles sich vollenden soll? ⁵ Jesus sagte zu ihnen: Gebt Acht, dass euch niemand irreführt! ⁶ Viele werden unter meinem Namen auftreten und sagen: Ich bin es! Und sie werden viele irreführen. ⁷ Wenn ihr von Kriegen hört und von Kriegsgerüchten, lasst euch nicht erschrecken! Das muss geschehen. Es ist aber noch nicht das Ende. ⁸ Denn Volk wird sich gegen Volk und Reich gegen Reich erheben. Und an vielen Orten wird es Erdbeben und Hungersnöte geben. Doch das ist erst der Anfang der Wehen. ⁹ Ihr aber, gebt Acht auf euch selbst: Man wird euch um meinetwillen an die Gerichte ausliefern, in den Synagogen misshandeln und vor Statthalter und Könige stellen – ihnen zum Zeugnis. ¹⁰ Allen Völkern muss zuerst das Evangelium verkündet werden. ¹¹ Und wenn man euch abführt und ausliefert, macht euch nicht im Voraus Sorgen, was ihr reden sollt; sondern was euch in jener Stunde eingegeben wird, das sagt! Denn nicht ihr werdet dann reden, sondern der Heilige Geist. ¹² Brüder werden einander dem Tod ausliefern und Väter ihre Kinder und die Kinder werden sich gegen ihre Eltern auflehnen und sie in den Tod schicken. ¹³ Und ihr werdet um meines Namens willen von allen gehasst werden; wer aber bis zum Ende standhaft bleibt, der wird gerettet werden.

VOM HÖHEPUNKT DER NOT

¹⁴ Wenn ihr aber den Gräuel der Verwüstung an dem Ort seht, wo er nicht stehen darf – der Leser begreife –, dann sollen die Bewohner von Judäa in die Berge fliehen; ¹⁵ wer gerade auf dem Dach ist, soll nicht hinabsteigen und hineingehen, um etwas aus seinem Haus zu holen; ¹⁶ und wer auf dem Feld ist, soll nicht zurückkehren, um seinen Mantel zu holen. ¹⁷ Weh aber den Frauen, die in jenen Tagen schwanger sind oder ein Kind stillen! ¹⁸ Betet darum, dass es nicht im Winter geschieht! ¹⁹ Denn jene Tage werden eine Drangsal sein, wie es sie nie gegeben hat, von Anfang der Schöpfung, die Gott geschaffen hat, bis heute, und wie es auch keine mehr geben wird. ²⁰ Und wenn der Herr die Tage nicht verkürzt hätte, dann würde kein Mensch gerettet; aber um seiner Auserwählten willen hat er die Tage verkürzt. ²¹ Wenn dann jemand zu euch sagt: Seht, hier ist der Christus! oder: Seht, dort ist er!, so glaubt es nicht! ²² Denn es wird mancher falsche Christus und mancher falsche Prophet auftreten und sie werden Zeichen und Wunder wirken, um, wenn möglich, die Auserwählten irrezuführen. ²³ Ihr aber, gebt Acht! Ich habe euch alles vorausgesagt.

DAS KOMMEN DES MENSCHENSOHNES

²⁴ Aber in jenen Tagen, nach jener Drangsal, *wird die Sonne verfinstert werden und der Mond wird nicht mehr scheinen;* ²⁵ *die Sterne werden vom Himmel* fallen *und die Kräfte des Himmels werden erschüttert werden.* ²⁶ Dann wird man *den Menschensohn in Wolken kommen* sehen, mit großer Kraft und Herrlichkeit. ²⁷ **Und er wird die Engel aussenden und die von ihm Auserwählten aus allen vier Windrichtungen zusammenführen, vom Ende der Erde bis zum Ende des Himmels.**

DER NAHE, ABER UNBEKANNTE ZEITPUNKT

²⁸ Lernt etwas aus dem Vergleich mit dem Feigenbaum! Sobald seine Zweige saftig werden und Blätter treiben, erkennt ihr, dass der Sommer nahe ist. ²⁹ So erkennt auch ihr, wenn ihr das geschehen seht, dass er nahe vor der Tür ist. ³⁰ Amen, ich sage euch: Diese Generation wird nicht vergehen, bis das alles geschieht. ³¹ Himmel und Erde werden vergehen, aber meine Worte werden nicht vergehen. ³² Doch jenen Tag und jene Stunde kennt niemand, auch nicht die Engel im Himmel, nicht einmal der Sohn, sondern nur der Vater.

AUFFORDERUNG ZUR WACHSAMKEIT

³³ **Gebt Acht und bleibt wach! Denn ihr wisst nicht, wann die Zeit da ist.**

³⁴ Es ist wie mit einem Mann, der sein Haus verließ, um auf Reisen zu gehen: Er übertrug die Vollmacht seinen Knechten, jedem eine bestimmte Aufgabe; dem Türhüter befahl er, wachsam zu sein. ³⁵ Seid also wachsam! Denn ihr wisst nicht, wann der Hausherr kommt, ob am Abend oder um Mitternacht, ob beim Hahnenschrei oder erst am Morgen. ³⁶ Er soll euch, wenn er plötzlich kommt, nicht schlafend antreffen. ³⁷ Was ich aber euch sage, das sage ich allen: Seid wachsam!

PASSION UND ERWECKUNG JESU

14,1–16,20

14

14,1–72

DER TODESBESCHLUSS DER HOHEPRIESTER UND SCHRIFTGELEHRTEN

¹ Es war zwei Tage vor dem Pascha und dem Fest der Ungesäuerten Brote. Die Hohepriester und die Schriftgelehrten suchten nach einer Möglichkeit, Jesus mit List in ihre Gewalt zu bringen, um ihn zu töten. ² Sie sagten aber: Ja nicht am Fest, damit es im Volk keinen Aufruhr gibt!

DIE SALBUNG JESU IM HAUS SIMONS DES AUSSÄTZIGEN

³ Als Jesus in Betanien im Haus Simons des Aussätzigen zu Tisch war, kam eine Frau mit einem Alabastergefäß voll echtem, kostbarem Nardenöl, zerbrach es und goss das Öl über sein Haupt. ⁴ Einige aber wurden unwillig und sagten zueinander: Wozu diese Verschwendung? ⁵ Man hätte das Öl um mehr als dreihundert Denare verkaufen und das Geld den Armen geben können. Und sie fuhren die Frau heftig an. ⁶ Jesus aber sagte:
Hört auf! Warum lasst ihr sie nicht in Ruhe? Sie hat ein gutes Werk an mir getan.
⁷ Denn die Armen habt ihr immer bei euch und ihr könnt ihnen Gutes tun, sooft ihr wollt; mich aber habt ihr nicht immer. ⁸ Sie hat getan, was sie konnte. Sie hat im Voraus meinen Leib für das Begräbnis gesalbt. ⁹ Amen, ich sage euch: Auf der ganzen Welt, wo das Evangelium verkündet wird, wird man auch erzählen, was sie getan hat, zu ihrem Gedächtnis.

EINER DER ZWÖLF ALS ÜBERLÄUFER

¹⁰ Judas Iskariot, einer der Zwölf, ging zu den Hohepriestern. Er wollte Jesus an sie ausliefern. ¹¹ Als sie das hörten, freuten sie sich und versprachen, ihm Geld dafür zu geben. Von da an suchte er nach einer günstigen Gelegenheit, ihn auszuliefern.

DIE VORBEREITUNG DES PASCHAMAHLS

¹² Am ersten Tag des Festes der Ungesäuerten Brote, an dem man das Paschalamm zu schlachten pflegte, sagten die Jünger zu Jesus: Wo sollen wir das Paschamahl für dich vorbereiten? ¹³ Da schickte er zwei seiner Jünger voraus und sagte zu ihnen: Geht in die Stadt; dort wird euch ein Mensch begegnen, der einen Wasserkrug trägt. Folgt ihm, ¹⁴ bis er in ein Haus hineingeht; dann sagt zu dem Herrn des Hauses: Der Meister lässt dich fragen: Wo ist der Raum, in dem ich mit meinen Jüngern das Paschalamm essen kann? ¹⁵ Und der Hausherr wird euch einen großen Raum im Obergeschoss zeigen, der schon für das Festmahl hergerichtet und mit Polstern ausgestattet ist. Dort bereitet alles für uns vor! ¹⁶ Die Jünger machten sich auf den Weg und kamen in die Stadt. Sie fanden alles so, wie er es ihnen gesagt hatte, und bereiteten das Paschamahl vor.

DAS MAHL

¹⁷ Als es Abend wurde, kam Jesus mit den Zwölf. ¹⁸ Während sie nun zu Tisch waren und aßen, sagte Jesus:

Amen, ich sage euch: Einer von euch wird mich ausliefern, einer, der mit mir isst.

¹⁹ Da wurden sie traurig und einer nach dem andern fragte ihn: Doch nicht etwa ich? ²⁰ Er sagte zu ihnen: Einer von euch Zwölf, der mit mir in dieselbe Schüssel eintunkt. ²¹ Der Menschensohn muss zwar seinen Weg gehen, wie die Schrift über ihn sagt. Doch weh dem Menschen, durch den der Menschensohn ausgeliefert wird! Für ihn wäre es besser, wenn er nie geboren wäre.
²² Während des Mahls nahm er das Brot und sprach den Lobpreis; dann brach er das Brot, reichte es ihnen und sagte: Nehmt, das ist mein Leib.
²³ Dann nahm er den Kelch, sprach

das Dankgebet, gab ihn den Jüngern und sie tranken alle daraus. ²⁴ Und er sagte zu ihnen: Das ist mein Blut des Bundes, das für viele vergossen wird.

²⁵ Amen, ich sage euch: Ich werde nicht mehr von der Frucht des Weinstocks trinken bis zu dem Tag, an dem ich von Neuem davon trinke im Reich Gottes.

DIE ANKÜNDIGUNG DER VERLEUGNUNG

²⁶ Nach dem Lobgesang gingen sie zum Ölberg hinaus. ²⁷ Da sagte Jesus zu ihnen: Ihr werdet alle Anstoß nehmen; denn in der Schrift steht: *Ich werde den Hirten erschlagen, dann werden sich die Schafe zerstreuen.* ²⁸ Aber nach meiner Auferstehung werde ich euch nach Galiläa vorausgehen. ²⁹ Da sagte Petrus zu ihm: Auch wenn alle Anstoß nehmen – ich nicht! ³⁰ Jesus sagte ihm: Amen, ich sage dir: Heute, in dieser Nacht, ehe der Hahn zweimal kräht, wirst du mich dreimal verleugnen. ³¹ Petrus aber beteuerte: Und wenn ich mit dir sterben müsste – ich werde dich nie verleugnen. Das Gleiche sagten auch alle anderen.

DAS GEBET IN GETSEMANI

³² Sie kamen zu einem Grundstück, das Getsemani heißt, und er sagte zu seinen Jüngern: Setzt euch hier, während ich bete! ³³ Und er nahm Petrus, Jakobus und Johannes mit sich. Da ergriff ihn Furcht und Angst ³⁴ und er sagte zu ihnen: *Meine Seele ist zu Tode betrübt.* Bleibt hier und wacht! ³⁵ Und er ging ein Stück weiter, warf sich auf die Erde nieder und betete, dass die Stunde, wenn möglich, an ihm vorübergehe. ³⁶ Er sprach: Abba, Vater, alles ist dir möglich. Nimm diesen Kelch von mir! Aber nicht, was ich will, sondern was du willst. ³⁷ Und er ging zurück und fand sie schlafend. Da sagte er zu Petrus: Simon, du schläfst? Konntest du nicht einmal eine Stunde wach bleiben? ³⁸ Wacht und betet, damit ihr nicht in Versuchung geratet! Der Geist ist willig, aber das Fleisch ist schwach. ³⁹ Und er ging wieder weg und betete mit den gleichen Worten. ⁴⁰ Als er zurückkam, fand er sie wieder schlafend, denn die Augen waren ihnen zugefallen; und sie wussten nicht, was sie ihm antworten sollten. ⁴¹ Und er kam zum dritten Mal und sagte zu ihnen: Schlaft ihr immer noch und ruht euch aus? Es ist genug. Die Stunde ist gekommen; siehe, jetzt wird der Menschensohn in die Hände der Sünder ausgeliefert. ⁴² Steht auf, wir wollen gehen! Siehe, der mich ausliefert, ist da.

DIE GEFANGENNAHME

⁴³ Noch während er redete, kam Judas, einer der Zwölf, mit einer Schar von Männern, die mit Schwertern und Knüppeln bewaffnet waren; sie waren von den Hohepriestern, den Schriftgelehrten und den Ältesten geschickt worden. ⁴⁴ Der ihn auslieferte, hatte mit ihnen ein Zeichen vereinbart und gesagt: Der, den ich küssen werde, der ist es. Nehmt ihn fest, führt ihn sicher ab! ⁴⁵ Und als er kam, ging er sogleich auf Jesus zu und sagte: Rabbi! Und er küsste ihn. ⁴⁶ Da legten sie Hand an ihn und nahmen ihn fest. ⁴⁷ Einer von denen, die dabeistanden, zog das Schwert, schlug auf den Diener des Hohepriesters ein und hieb ihm das Ohr ab. ⁴⁸ Da sagte Jesus zu ihnen: Wie gegen einen Räuber seid ihr mit Schwertern und Knüppeln ausgezogen, um mich festzunehmen. ⁴⁹ Tag für Tag war ich bei euch im Tempel und lehrte und ihr habt mich nicht verhaftet; aber so mussten die Schriften erfüllt werden. ⁵⁰ Da verließen ihn alle und flohen. ⁵¹ Ein junger Mann aber, der nur mit einem leinenen Tuch bekleidet war, wollte ihm nachfolgen. Da packten sie ihn; ⁵² er aber ließ das Tuch fallen und lief nackt davon.

DAS BEKENNTNIS JESU UND DIE VERLEUGNUNG DES PETRUS

⁵³ Darauf führten sie Jesus zum Hohepriester und es versammelten sich alle Hohepriester und Ältesten und Schriftgelehrten. ⁵⁴ Petrus aber war Jesus von Weitem bis in den Hof des Hohepriesters gefolgt; nun saß er dort bei den Dienern und wärmte sich am Feuer. ⁵⁵ Die Hohepriester und der ganze Hohe Rat bemühten sich um Zeugenaussagen gegen Jesus, um ihn zum Tod verurteilen zu können; sie fanden aber nichts. ⁵⁶ Viele machten zwar falsche Aussagen gegen ihn, aber die Aussagen stimmten nicht überein. ⁵⁷ Einige der falschen Zeugen, die gegen ihn auftraten, behaupteten: ⁵⁸ Wir haben ihn sagen hören: Ich werde diesen von Menschenhand gemachten Tempel niederreißen und in drei Tagen einen anderen aufbauen, der nicht von Menschenhand gemacht ist. ⁵⁹ Aber auch in diesem Fall stimmten die Aussagen nicht überein. ⁶⁰ Da stand der Hohepriester auf, trat in die Mitte und fragte Jesus: Willst du denn nichts sagen zu dem, was diese Leute gegen dich vorbringen? ⁶¹ Er aber schwieg und gab keine Antwort. Da wandte sich der Hohepriester nochmals an ihn und fragte:

Bist du der Christus, der Sohn des Hochgelobten?

⁶² Jesus sagte: Ich bin es.

Und ihr werdet *den Menschensohn zur Rechten der Macht sitzen* und *mit den Wolken des Himmels kommen* sehen. ⁶³ Da zerriss der Hohepriester sein Gewand und rief: Wozu brauchen wir noch Zeugen? ⁶⁴ Ihr habt die Gotteslästerung gehört. Was ist eure Meinung? Und sie fällten einstimmig das Urteil: Er ist des Todes schuldig. ⁶⁵ Und einige spuckten ihn an, verhüllten sein Gesicht, schlugen ihn und riefen: Zeig, dass du ein Prophet bist! Auch die Diener schlugen ihn ins Gesicht.

⁶⁶ Als Petrus unten im Hof war, kam ei-

ne von den Mägden des Hohepriesters. ⁶⁷ Sie sah, wie Petrus sich wärmte, blickte ihn an und sagte: Auch du warst mit diesem Jesus aus Nazaret zusammen. ⁶⁸ Doch er leugnete und sagte: Ich weiß nicht und verstehe nicht, wovon du redest. Dann ging er in den Vorhof hinaus. ⁶⁹ Als die Magd ihn dort bemerkte, sagte sie zu denen, die dabeistanden, noch einmal: Der gehört zu ihnen. ⁷⁰ Er aber leugnete wieder. Wenig später sagten die Leute, die dort standen, von Neuem zu Petrus: Du gehörst wirklich zu ihnen; du bist doch auch ein Galiläer. ⁷¹ Da fing er an zu fluchen und zu schwören:

**Ich kenne diesen Menschen nicht, von dem ihr redet. ⁷² Gleich darauf krähte der Hahn zum zweiten Mal und Petrus erinnerte sich an das Wort, das Jesus zu ihm gesagt hatte: Ehe der Hahn zweimal kräht, wirst du mich dreimal verleugnen.
Und er begann zu weinen.**

15

15,1–47

DAS VERHÖR VOR PILATUS

¹ Gleich in der Frühe fassten die Hohepriester, die Ältesten und die Schriftgelehrten, also der ganze Hohe Rat, über Jesus einen Beschluss. Sie ließen ihn fesseln und abführen und lieferten ihn Pilatus aus. ² Pilatus fragte ihn: Bist du der König der Juden? Er antwortete ihm: Du sagst es. ³ Die Hohepriester brachten viele Anklagen gegen ihn vor. ⁴ Da wandte sich Pilatus wieder an ihn und fragte: Willst du denn nichts dazu sagen? Sieh doch, wie viele Anklagen sie gegen dich vorbringen. ⁵ Jesus aber gab keine Antwort mehr, sodass Pilatus sich wunderte. ⁶ Jeweils zum Fest ließ Pilatus einen Gefangenen frei, den sie sich ausbitten durften. ⁷ Damals saß gerade ein Mann namens Barabbas im Gefängnis, zusammen mit anderen Aufrührern, die bei einem Aufstand einen Mord begangen hatten. ⁸ Die Volksmenge zog zu Pilatus hinauf und verlangte, ihnen die gleiche Gunst zu gewähren wie sonst. ⁹ Pilatus fragte sie: Wollt ihr, dass ich euch den König der Juden freilasse? ¹⁰ Er merkte nämlich, dass die Hohepriester Jesus nur aus Neid an ihn ausgeliefert hatten. ¹¹ Die Hohepriester aber wiegelten die Menge auf, lieber die Freilassung des Barabbas zu fordern. ¹² Pilatus wandte sich von Neuem an sie und fragte: Was soll ich dann mit dem tun, den ihr den König der Juden nennt? ¹³ Da schrien sie: Kreuzige ihn! ¹⁴ Pilatus entgegnete: Was hat er denn für ein Verbrechen begangen? Sie aber schrien noch lauter: Kreuzige ihn! ¹⁵ Darauf ließ Pilatus, um die Menge zufriedenzustellen, Barabbas frei. Jesus lieferte er, nachdem er ihn hatte geißeln lassen, zur Kreuzigung aus.

DIE VERSPOTTUNG DURCH DIE RÖMISCHEN SOLDATEN

¹⁶ Die Soldaten führten ihn ab, in den Hof hinein, der Prätorium heißt, und riefen die ganze Kohorte zusammen. ¹⁷ Dann legten sie ihm einen Purpurmantel um und flochten einen Dornenkranz; den setzten sie ihm auf ¹⁸ und grüßten ihn: Sei gegrüßt, König der Juden! ¹⁹ Sie schlugen ihm mit einem Stock auf den Kopf und spuckten ihn an, beugten die Knie und huldigten ihm. ²⁰ Nachdem sie so ihren Spott mit ihm getrieben hatten, nahmen sie ihm den Purpurmantel ab und zogen ihm seine eigenen Kleider wieder an.

KREUZWEG UND KREUZIGUNG

Dann führten sie Jesus hinaus, um ihn zu kreuzigen. ²¹ Einen Mann, der gerade vom Feld kam, Simon von Kyrene, den Vater des Alexander und des Rufus, zwangen sie, sein Kreuz zu tragen. ²² Und sie brachten Jesus an einen Ort namens Golgota, das heißt übersetzt: Schädelhöhe. ²³ Dort reichten sie ihm Wein, der mit Myrrhe gewürzt war; er aber nahm ihn nicht. ²⁴ Dann kreuzigten sie ihn. *Sie verteilten seine Kleider, indem sie das Los über sie warfen, wer was bekommen sollte.* ²⁵ Es war die dritte Stunde, als sie ihn kreuzigten. ²⁶ Und eine Aufschrift gab seine Schuld an: Der König der Juden. ²⁷ Zusammen mit ihm kreuzigten sie zwei Räuber, den einen rechts von ihm, den andern links. [28]

DIE VERSPOTTUNG JESU DURCH DIE SCHAULUSTIGEN

²⁹ Die Leute, die vorbeikamen, verhöhnten ihn, schüttelten den Kopf und riefen: Ach, du willst den Tempel niederreißen und in drei Tagen wieder aufbauen? ³⁰ Rette dich selbst und steig herab vom Kreuz! ³¹ Ebenso verhöhnten ihn auch die Hohepriester und die Schriftgelehrten und sagten untereinander: Andere hat er gerettet, sich selbst kann er nicht retten. ³² Der Christus, der König von Israel! Er soll jetzt vom Kreuz herabsteigen, damit wir sehen und glauben. Auch die beiden Männer, die mit ihm zusammen gekreuzigt wurden, beschimpften ihn.

DER TOD JESU

³³ Als die sechste Stunde kam, brach eine Finsternis über das ganze Land herein – bis zur neunten Stunde. ³⁴ Und in der neunten Stunde schrie Jesus mit lauter Stimme: *Eloï, Eloï, lema sabachtani?*, das heißt übersetzt: *Mein Gott, mein Gott, warum hast du mich verlassen?* ³⁵ Einige von denen, die dabeistanden und es hörten, sagten: Hört, er ruft nach Elija! ³⁶ Einer lief hin, tauchte einen Schwamm in Essig, steckte ihn auf ein Rohr und gab Jesus zu trinken. Dabei sagte er: Lasst, wir wollen sehen, ob Elija kommt und ihn herabnimmt. ³⁷ Jesus aber schrie mit lauter Stimme. Dann hauchte er den Geist aus. ³⁸ Da riss der Vorhang im Tempel in zwei Teile von oben bis unten. ³⁹ Als der Hauptmann, der Jesus gegenüberstand, ihn auf diese Weise sterben sah, sagte er:

Wahrhaftig, dieser Mensch war Gottes Sohn.

⁴⁰ Auch einige Frauen sahen von Weitem zu, darunter Maria aus Magdala, Maria, die Mutter von Jakobus dem Kleinen und Joses, sowie Salome; ⁴¹ sie waren Jesus schon in Galiläa nachgefolgt und hatten ihm gedient. Noch viele andere Frauen waren dabei, die mit ihm nach Jerusalem hinaufgezogen waren.

DAS BEGRÄBNIS JESU

⁴² Da es Rüsttag war, der Tag vor dem Sabbat, und es schon Abend wurde, ⁴³ ging Josef von Arimathäa, ein vornehmes Mitglied des Hohen Rats, der auch auf das Reich Gottes wartete, zu Pilatus und wagte es, um den Leichnam Jesu zu bitten. ⁴⁴ Pilatus war überrascht, als er hörte, dass Jesus schon tot sei. Er ließ den Hauptmann kommen und fragte ihn, ob Jesus bereits gestorben sei. ⁴⁵ Als er es vom Hauptmann erfahren hatte, überließ er Josef den Leichnam. ⁴⁶ Josef kaufte ein Leinentuch, nahm Jesus vom Kreuz, wickelte ihn in das Tuch und legte ihn in ein Grab, das in einen Felsen gehauen war. Dann wälzte er einen Stein vor den Eingang des Grabes. ⁴⁷ Maria aus Magdala aber und Maria, die Mutter des Joses, beobachteten, wohin er gelegt wurde.

16
16,1–20

DIE FRAUEN AM LEEREN GRAB

¹ Als der Sabbat vorüber war, kauften Maria aus Magdala, Maria, die Mutter des Jakobus, und Salome wohlriechende Öle, um damit zum Grab zu gehen und Jesus zu salben. ² Am ersten Tag der Woche kamen sie in aller Frühe zum Grab, als eben die Sonne aufging. ³ Sie sagten zueinander: Wer könnte uns den Stein vom Eingang des Grabes wegwälzen? ⁴ Doch als sie hinblickten, sahen sie, dass der Stein schon weggewälzt war; er war sehr groß. ⁵ Sie gingen in das Grab hinein und sahen auf der rechten Seite einen jungen Mann sitzen, der mit einem weißen Gewand bekleidet war; da erschraken sie sehr. ⁶ Er aber sagte zu ihnen: **Erschreckt nicht! Ihr sucht Jesus von Nazaret, den Gekreuzigten. Er ist auferstanden; er ist nicht hier. Seht, da ist die Stelle, wohin man ihn gelegt hat. ⁷ Nun aber geht und sagt seinen Jüngern und dem Petrus: Er geht euch voraus nach Galiläa; dort werdet ihr ihn sehen, wie er es euch gesagt hat.**
⁸ Da verließen sie das Grab und flohen; denn Schrecken und Entsetzen hatte sie gepackt. Und sie sagten niemandem etwas davon; denn sie fürchteten sich.

DIE ERSCHEINUNGEN DES AUFERSTANDENEN

⁹ Als Jesus am frühen Morgen des ersten Wochentages auferstanden war, erschien er zuerst Maria aus Magdala, aus der er sieben Dämonen ausgetrieben hatte. ¹⁰ Sie ging und berichtete es denen, die mit ihm zusammengewesen waren und die nun klagten und weinten. ¹¹ Als sie hörten, er lebe und sei von ihr gesehen worden, glaubten sie es nicht. ¹² Darauf erschien er in einer anderen Gestalt zweien von ihnen, als sie unterwegs waren und aufs Land gehen wollten. ¹³ Auch sie gingen und berichteten es den anderen und auch ihnen glaubte man nicht. ¹⁴ Später erschien Jesus den Elf selbst, als sie bei Tisch waren; er tadelte ihren Unglauben und ihre Verstocktheit, weil sie denen nicht glaubten, die ihn nach seiner Auferstehung gesehen hatten. ¹⁵ Dann sagte er zu ihnen: Geht hinaus in die ganze Welt und verkündet das Evangelium der ganzen Schöpfung! ¹⁶ Wer glaubt und sich taufen lässt, wird gerettet; wer aber nicht glaubt, wird verurteilt werden. ¹⁷ Und durch die, die zum Glauben gekommen sind, werden folgende Zeichen geschehen: In meinem Namen werden sie Dämonen austreiben; sie werden in neuen Sprachen reden; ¹⁸ wenn sie Schlangen anfassen oder tödliches Gift trinken, wird es ihnen nicht schaden; und die Kranken, denen sie die Hände auflegen, werden gesund werden.

¹⁹ **Nachdem Jesus, der Herr, dies zu ihnen gesagt hatte, wurde er in den Himmel aufgenommen und setzte sich zur Rechten Gottes.**

²⁰ Sie aber zogen aus und verkündeten überall. Der Herr stand ihnen bei und bekräftigte das Wort durch die Zeichen, die es begleiteten.

Das Evangelium nach
LUKAS

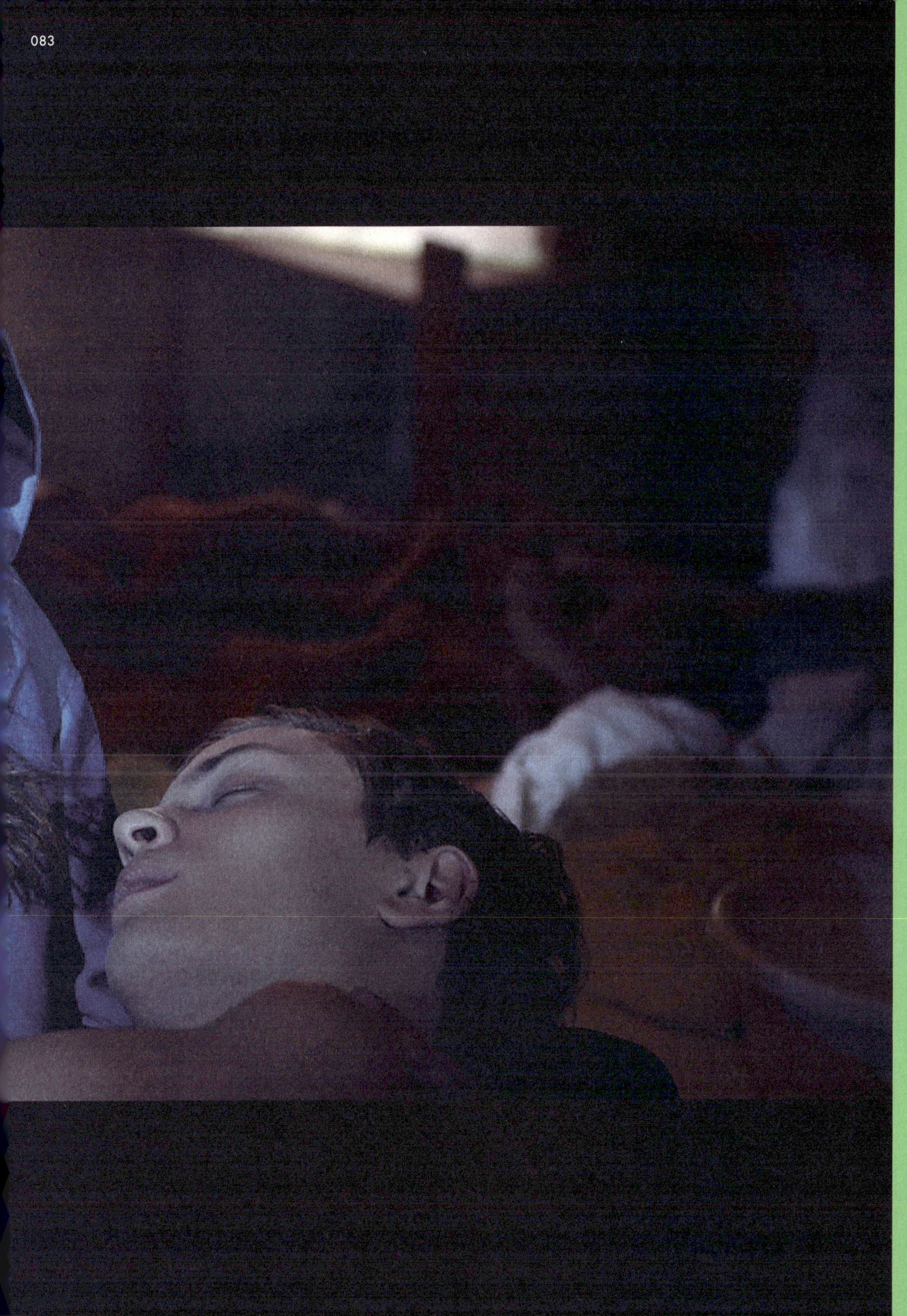

Das Evangelium nach
LUKAS

Der Verfasser des Lukasevangeliums verfügt über eine umfangreiche Bildung sowohl in der jüdischen als auch in der hellenistischen Kultur. Er stellt seinem Werk ein Vorwort voran (1,1–4). Damit folgt er einer Gepflogenheit antiker Fachliteratur und weist sich zugleich als sachkundiger Biograf bzw. Geschichtsschreiber aus. Er erhebt einen doppelten Anspruch: Zum einen will er Geschichte darstellen, indem er alles „von Anfang an" und „der Reihe nach" aufschreibt, die Überlieferung von Augenzeugen nutzt, eigene Nachforschungen anstellt und so seine Glaubwürdigkeit belegt; zum anderen erhebt er einen theologischen Anspruch, indem er die von ihm dargestellte Geschichte Jesu als Neubeginn in der Geschichte Gottes mit seinem Volk Israel und als heilsgeschichtliche Wende in der Weltgeschichte deutet.

Genaueres ist über die Identität des Verfassers nicht bekannt. In der Alten Kirche gab es eine Überlieferung, die den Paulusbegleiter und Arzt Lukas als Autor des Evangeliums betrachtete. Zum ersten Mal ist dies eindeutig bei Irenäus von Lyon um 180 belegt. Zu dieser Annahme führte wahrscheinlich eine spätere Kombination mehrerer Stellen aus den paulinischen Briefen (Kol 4,14; 2 Tim 4,11; Phlm 24).

Theophilus, dem das Werk gewidmet ist (1,3), war vermutlich eine historische Persönlichkeit aus dem Kreis der lukanischen Gemeinde, die Lukas bei der Abfassung und Verbreitung seines Werkes unterstützt hat. Als Adressat des Buchs steht er zugleich stellvertretend für die christlichen Leser, die Lukas vor Augen hat.

Das Lukasevangelium ist ein Werk der dritten christlichen Generation. Für diese sind das Geschehen um Jesus von Nazaret, die Urgemeinde in Jerusalem und die Mission des Paulus schon Geschichte, die sich im Überblick darstellen und in größeren Zusammenhängen verstehen lässt. Lukas greift bereits auf das Markusevangelium zurück und weiß von der Zerstörung Jerusalems im Jahr 70 (13,35; 21,24). Daher ist eine Abfassung in den Jahren 80–90 wahrscheinlich. Ob das Evangelium in Kleinasien, Griechenland oder Rom entstanden ist, lässt sich nicht sicher bestimmen.

Neben dem Markusevangelium konnte sich Lukas wahrscheinlich auf eine Sammlung von Jesusworten stützen, die auch dem Verfasser des Matthäusevangeliums vorlag (die sogenannte „Spruch"- oder „Redequelle"). Darüber hinaus verarbeitete er umfangreiches „Sondergut", zu dem so bedeutende Erzählungen wie das Gleichnis vom verlorenen Sohn (15,11–32) und vom reichen Mann und dem armen Lazarus (16,19–31) gehören.

Am Anfang des Werks setzt Lukas eigene Akzente durch das Vorwort und die ausführliche Geburtsgeschichte (Kap. 1–2). Mit der Verbindung der Geburtsgeschichten von Johannes dem Täufer und von Jesus gelingt ihm eine erzählerische Verschränkung der Zeit Israels mit dem endzeitlichen Heil in Jesus: Die endzeitliche Königsherrschaft Gottes wächst aus der Geschichte Israels hervor, „Gesetz und Propheten" erscheinen in einem neuen Licht (16,16f.). Zum Wesen der neuen Heilszeit gehört es, dass die Heidenvölker in das Heil Israels integriert werden (2,29–32).

Im weiteren Aufbau folgt Lukas dem Vorbild des Markusevangeliums: Im ersten Teil schildert er das Wirken Jesu in Galiläa, im mittleren seinen Weg nach Jerusalem, im Schlussteil die Passion und die nachösterlichen Ereignisse. Anhand des Weges Jesu nach Jerusalem verdeutlicht er die Eigenart des christlichen Lebensweges (9,51–19,27). Die Voraussetzung dieses Lebensweges schafft Gott selbst, indem er den sündigen, verlorenen Menschen bedingungslos annimmt: Im Gleichnis vom verlorenen Sohn (15,11–32) geschieht die Wiederaufnahme ohne Vorleistung; nur die Rückkehr zum Vater ist erforderlich. Die Beziehung des Menschen zu Gott findet im Gebet persönlichen Ausdruck, wobei das Gebet Jesu zum Vater (11,2–4) als zeitloses Vorbild vorgestellt wird.

Die Bewährung der Beziehung zu Gott erfolgt im Zusammenleben der Menschen. Konkrete Barmherzigkeit und Liebestat sind wichtiger als religiöse oder nationale Grenzen, wie das Gleichnis vom barmherzigen Samariter demonstriert (10,25–37). Die soziale Spannung zwischen Reichen und Armen macht Lukas bewusst. Wiederholt warnt er vor den Gefahren des Reichtums, der leicht zum Verfehlen des Lebenssinns führen kann (8,14; 9,25; 12,13–21; 18,24–27). Nachdrücklich stellt er die Vergänglichkeit von Besitz und Vermögen vor Augen (12,16–21), schildert die endzeitliche Umkehrung der ungerechten irdischen Sozialverhältnisse im Jenseits (16,19–31), lenkt den Blick auf Bedürftige und Arme (12,33; 18,22) und fordert einen gerechten Umgang mit dem Besitz (19,8f.). Lukas zeigt den Christen auch, dass sie ihren Weg nicht allein gehen. In der Emmauserzählung (24,13–35) können sie ihren eigenen Lebensweg mit Christus erkennen: Beim Studium der Schrift und im gemeinsam gefeierten Ritus des Brotbrechens findet persönliche Begegnung mit ihm statt (24,32). Christliche Gemeinde erscheint so als lebendige Weggemeinschaft mit dem Auferstandenen, der nicht sichtbar und doch gegenwärtig ist. Die Ostererscheinungen münden in eine Erzählung der Entrückung Jesu in den Himmel (Kap. 24). Hieran konnte Lukas später sein weiterführendes Geschichtswerk, die Apostelgeschichte, nahtlos anschließen.

Eine Reihe von poetischen Texten aus dem Lukasevangelium hat Eingang in die Liturgie der Kirche gefunden: Der Lobpreis Mariens (1,46–55) wurde als Magnifikat zum zentralen Bestandteil der Vesper; als Benediktus bildet der Lobpreis des Zacharias (1,68–79) einen Kerntext der Laudes; das kurze Gloria (2,14) fand verschiedentlich Aufnahme in den Liedschatz der Kirche; und der prophetische Lobpreis des Simeon (2,29–32) ging als Nunc dimittis in das Nachtgebet der Kirche ein.

DAS VORWORT

1,1–4

1

¹Schon viele haben es unternommen, eine Erzählung über die Ereignisse abzufassen, die sich unter uns erfüllt haben. ²Dabei hielten sie sich an die Überlieferung derer, die von Anfang an Augenzeugen und Diener des Wortes waren. ³Nun habe auch ich mich entschlossen, nachdem ich allem von Beginn an sorgfältig nachgegangen bin, es für dich, hochverehrter Theophilus, der Reihe nach aufzuschreiben. ⁴So kannst du dich von der Zuverlässigkeit der Lehre überzeugen, in der du unterwiesen wurdest.

DIE GEBURTSGESCHICHTE

1,5–2,52

DIE ANKÜNDIGUNG DER GEBURT JOHANNES' DES TÄUFERS

⁵ Es gab in den Tagen des Herodes, des Königs von Judäa, einen Priester namens Zacharias, der zur Abteilung des Abija gehörte. Seine Frau stammte aus dem Geschlecht Aarons; ihr Name war Elisabet. ⁶ Beide lebten gerecht vor Gott und wandelten untadelig nach allen Geboten und Vorschriften des Herrn. ⁷ Sie hatten keine Kinder, denn Elisabet war unfruchtbar und beide waren schon in vorgerücktem Alter. ⁸ Es geschah aber, als seine Abteilung wieder an der Reihe war und er den priesterlichen Dienst vor Gott verrichtete, ⁹ da traf ihn, wie nach der Priesterordnung üblich, das Los, in den Tempel des Herrn hineinzugehen und das Rauchopfer darzubringen. ¹⁰ Während er nun zur festgelegten Zeit das Rauchopfer darbrachte, stand das ganze Volk draußen und betete. ¹¹ Da erschien dem Zacharias ein Engel des Herrn; er stand auf der rechten Seite des Rauchopferaltars. ¹² Als Zacharias ihn sah, erschrak er und es befiel ihn Furcht. ¹³ Der Engel aber sagte zu ihm: Fürchte dich nicht, Zacharias! Dein Gebet ist erhört worden. Deine Frau Elisabet wird dir einen Sohn gebären; dem sollst du den Namen Johannes geben. ¹⁴ Du wirst dich freuen und jubeln und viele werden sich über seine Geburt freuen. ¹⁵ Denn er wird groß sein vor dem Herrn. *Wein und berauschende Getränke wird er nicht trinken* und schon vom Mutterleib an wird er vom Heiligen Geist erfüllt sein. ¹⁶ Viele Kinder Israels wird er zum Herrn, ihrem Gott, hinwenden. ¹⁷ Er wird ihm mit dem Geist und mit der Kraft des Elija vorangehen, um die Herzen der Väter den Kindern zuzuwenden und die Ungehorsamen zu gerechter Gesinnung zu führen und so das Volk für den Herrn bereit zu machen. ¹⁸ Zacharias sagte zu dem Engel: Woran soll ich das erkennen? Denn ich bin ein alter Mann und auch meine Frau ist in vorgerücktem Alter. ¹⁹ Der Engel erwiderte ihm: Ich bin Gabriel, der vor Gott steht, und ich bin gesandt worden, um mit dir zu reden und dir diese frohe Botschaft zu bringen. ²⁰ Und siehe, du sollst stumm sein und nicht mehr reden können bis zu dem Tag, an dem dies geschieht, weil du meinen Worten nicht geglaubt hast, die in Erfüllung gehen, wenn die Zeit dafür da ist. ²¹ Inzwischen wartete das Volk auf Zacharias und wunderte sich, dass er so lange im Tempel blieb. ²² Als er dann herauskam, konnte er nicht mit ihnen sprechen. Da merkten sie, dass er im Tempel eine Erscheinung gehabt hatte. Er gab ihnen nur Zeichen und blieb stumm. ²³ Als die Tage seines Dienstes zu Ende waren, kehrte er nach Hause zurück. ²⁴ Bald darauf wurde seine Frau Elisabet schwanger und lebte fünf Monate lang zurückgezogen. Sie sagte: ²⁵ Der Herr hat mir geholfen; er hat in diesen Tagen gnädig auf mich geschaut und mich von der Schmach befreit, mit der ich unter den Menschen beladen war.

DIE ANKÜNDIGUNG DER GEBURT JESU

²⁶ Im sechsten Monat wurde der Engel Gabriel von Gott in eine Stadt in Galiläa namens Nazaret ²⁷ zu einer Jungfrau gesandt. Sie war mit einem Mann namens Josef verlobt, der aus dem Haus David stammte. Der Name der Jungfrau war Maria. ²⁸ Der Engel trat bei ihr ein und sagte: Sei gegrüßt, du Begnadete, der Herr ist mit dir. ²⁹ Sie erschrak über die Anrede und überlegte, was dieser Gruß zu bedeuten habe. ³⁰ Da sagte der Engel zu ihr: Fürchte dich nicht, Maria; denn du hast bei Gott Gnade gefunden. ³¹ Siehe, du wirst schwanger werden und einen Sohn wirst du gebären; dem sollst du den Namen Jesus geben. ³² Er wird groß sein und Sohn des Höchsten genannt werden. Gott, der Herr, wird ihm den Thron seines Vaters David geben. ³³ Er wird über das Haus Jakob in Ewigkeit herrschen und seine Herrschaft wird kein Ende haben. ³⁴ Maria sagte zu dem Engel: Wie soll das geschehen, da ich keinen Mann erkenne? ³⁵ Der Engel antwortete ihr: Heiliger Geist wird über dich kommen und Kraft des Höchsten wird dich überschatten. Deshalb wird auch das Kind heilig und Sohn Gottes genannt werden. ³⁶ Siehe, auch Elisabet, deine Verwandte, hat noch in ihrem Alter einen Sohn empfangen; obwohl sie als unfruchtbar gilt, ist sie schon im sechsten Monat.

³⁷ Denn für Gott ist nichts unmöglich.

³⁸ Da sagte Maria: Siehe, ich bin die Magd des Herrn; mir geschehe, wie du es gesagt hast. Danach verließ sie der Engel.

DIE BEGEGNUNG ZWISCHEN MARIA UND ELISABET

³⁹ In diesen Tagen machte sich Maria auf den Weg und eilte in eine Stadt im Bergland von Judäa. ⁴⁰ Sie ging in das Haus des Zacharias und begrüßte Elisabet. ⁴¹ Und es geschah, als Elisabet den Gruß Marias hörte, hüpfte das Kind in ihrem Leib. Da wurde Elisabet vom Heiligen Geist erfüllt ⁴² und rief mit lauter Stimme: Gesegnet bist du unter den Frauen und gesegnet ist die Frucht deines Leibes. ⁴³ Wer bin ich, dass die Mutter meines Herrn zu mir kommt? ⁴⁴ Denn siehe, in dem Augenblick, als ich deinen Gruß hörte, hüpfte das Kind vor Freude in meinem Leib. ⁴⁵ Und selig, die geglaubt hat, dass sich erfüllt, was der Herr ihr sagen ließ. ⁴⁶ Da sagte Maria:
Meine Seele preist die Größe des Herrn / ⁴⁷ und mein Geist jubelt über Gott, meinen Retter.
⁴⁸ Denn auf die Niedrigkeit seiner Magd hat er geschaut. / Siehe, von nun an preisen mich selig alle Geschlechter.
⁴⁹ Denn der Mächtige hat Großes an mir getan / und sein Name ist heilig.
⁵⁰ Er erbarmt sich von Geschlecht zu Geschlecht / über alle, die ihn fürchten.
⁵¹ Er vollbringt mit seinem Arm machtvolle Taten: / Er zerstreut, die im Herzen voll Hochmut sind;
⁵² er stürzt die Mächtigen vom Thron / und erhöht die Niedrigen.
⁵³ Die Hungernden beschenkt er mit seinen Gaben / und lässt die Reichen leer ausgehen.
⁵⁴ Er nimmt sich seines Knechtes Israel an / und denkt an sein Erbarmen,
⁵⁵ das er unsern Vätern verheißen hat, / Abraham und seinen Nachkommen auf ewig.
⁵⁶ Und Maria blieb etwa drei Monate bei ihr; dann kehrte sie nach Hause zurück.

DIE GEBURT DES TÄUFERS

⁵⁷ Für Elisabet aber erfüllte sich die Zeit, dass sie gebären sollte, und sie brachte einen Sohn zur Welt. ⁵⁸ Ihre Nachbarn und Verwandten hörten, welch großes Erbarmen der Herr ihr erwiesen hatte, und freuten sich mit ihr. ⁵⁹ Und es geschah: Am achten Tag kamen sie zur Beschneidung des Kindes und sie wollten ihm den Namen seines Vaters Zacharias geben. ⁶⁰ Seine Mutter aber widersprach und sagte: Nein, sondern er soll Johannes heißen. ⁶¹ Sie antworteten ihr: Es gibt doch niemanden in deiner Verwandtschaft, der so heißt. ⁶² Da fragten sie seinen Vater durch Zeichen, welchen Namen das Kind haben solle. ⁶³ Er verlangte ein Schreibtäfelchen und schrieb darauf: Johannes ist sein Name. Und alle staunten. ⁶⁴ Im gleichen Augenblick konnte er Mund und Zunge wieder gebrauchen und er redete und pries Gott. ⁶⁵ Und alle ihre Nachbarn gerieten in Furcht und man sprach von all diesen Dingen im ganzen Bergland von Judäa. ⁶⁶ Alle, die davon hörten, nahmen es sich zu Herzen und sagten: Was wird wohl aus diesem Kind werden? Denn die Hand des Herrn war mit ihm.
⁶⁷ Sein Vater Zacharias wurde vom Heiligen Geist erfüllt und begann prophetisch zu reden:
⁶⁸ Gepriesen sei der Herr, der Gott Israels! / Denn er hat sein Volk besucht und ihm Erlösung geschaffen;
⁶⁹ er hat uns einen starken Retter erweckt / im Hause seines Knechtes David.
⁷⁰ So hat er verheißen von alters her / durch den Mund seiner heiligen Propheten.
⁷¹ Er hat uns errettet vor unseren Feinden / und aus der Hand aller, die uns hassen;
⁷² er hat das Erbarmen mit den Vätern an uns vollendet / und an seinen heiligen Bund gedacht,
⁷³ an den Eid, den er unserm Vater Abraham geschworen hat;
⁷⁴ er hat uns geschenkt, dass wir, aus Feindeshand befreit, / ihm furchtlos dienen
⁷⁵ in Heiligkeit und Gerechtigkeit vor seinem Angesicht all unsre Tage.
⁷⁶ Und du, Kind, wirst Prophet des Höchsten heißen; / denn du wirst dem Herrn vorangehen und ihm den Weg bereiten.
⁷⁷ Du wirst sein Volk mit der Erfahrung des Heils beschenken / in der Vergebung seiner Sünden.
⁷⁸ Durch die barmherzige Liebe unseres Gottes / wird uns besuchen das aufstrahlende Licht aus der Höhe,
⁷⁹ um allen zu leuchten, / die in Finsternis sitzen und im Schatten des Todes, / und unsre Schritte zu lenken auf den Weg des Friedens.

⁸⁰ **Das Kind wuchs heran und wurde stark im Geist. Und es lebte in der Wüste bis zu dem Tag, an dem es seinen Auftrag für Israel erhielt.**

2

2,1–52

DIE GEBURT JESU

¹ Es geschah aber in jenen Tagen, dass Kaiser Augustus den Befehl erließ, den ganzen Erdkreis in Steuerlisten einzutragen. ² Diese Aufzeichnung war die erste; damals war Quirinius Statthalter von Syrien. ³ Da ging jeder in seine Stadt, um sich eintragen zu lassen. ⁴ So zog auch Josef von der Stadt Nazaret in Galiläa hinauf nach Judäa in die Stadt Davids, die Betlehem heißt; denn er war aus dem Haus und Geschlecht Davids. ⁵ Er wollte sich eintragen lassen mit Maria, seiner Verlobten, die ein Kind erwartete. ⁶ Es geschah, als sie dort waren, da erfüllten sich die Tage, dass sie gebären sollte, ⁷ und sie gebar ihren Sohn, den Erstgeborenen. Sie wickelte ihn in Windeln und legte ihn in eine Krippe, weil in der Herberge kein Platz für sie war. ⁸ In dieser Gegend lagerten Hirten auf freiem Feld und hielten Nachtwache bei ihrer Herde. ⁹ Da trat ein Engel des Herrn zu ihnen und die Herrlichkeit des Herrn umstrahlte sie und sie fürchteten sich sehr. ¹⁰ Der Engel sagte zu ihnen: Fürchtet euch nicht, denn siehe, ich verkünde euch eine große Freude, die dem ganzen Volk zuteilwerden soll: ¹¹ Heute ist euch in der Stadt Davids der Retter geboren; er ist der Christus, der Herr. ¹² Und das soll euch als Zeichen dienen: Ihr werdet ein Kind finden, das, in Windeln gewickelt, in einer Krippe liegt. ¹³ Und plötzlich war bei dem Engel ein großes himmlisches Heer, das Gott lobte und sprach:

¹⁴ **Ehre sei Gott in der Höhe /
und Friede auf Erden /
den Menschen seines
Wohlgefallens.**

¹⁵ Und es geschah, als die Engel von ihnen in den Himmel zurückgekehrt waren, sagten die Hirten zueinander: Lasst uns nach Betlehem gehen, um das Ereignis zu sehen, das uns der Herr kundgetan hat! ¹⁶ So eilten sie hin und fanden Maria und Josef und das Kind, das in der Krippe lag. ¹⁷ Als sie es sahen, erzählten sie von dem Wort, das ihnen über dieses Kind gesagt worden war. ¹⁸ Und alle, die es hörten, staunten über das, was ihnen von den Hirten erzählt wurde. ¹⁹ Maria aber bewahrte alle diese Worte und erwog sie in ihrem Herzen. ²⁰ Die Hirten kehrten zurück, rühmten Gott und priesen ihn für alles, was sie gehört und gesehen hatten, so wie es ihnen gesagt worden war.

²¹ Als acht Tage vorüber waren und das Kind beschnitten werden sollte, gab man ihm den Namen Jesus, den der Engel genannt hatte, bevor das Kind im Mutterleib empfangen war.

DAS ZEUGNIS DES SIMEON UND DER HANNA

²² Als sich für sie die Tage der vom Gesetz des Mose vorgeschriebenen Reinigung erfüllt hatten, brachten sie das Kind nach Jerusalem hinauf, um es dem Herrn darzustellen, ²³ wie im Gesetz des Herrn geschrieben ist: *Jede männliche Erstgeburt soll dem Herrn heilig genannt werden.* ²⁴ Auch wollten sie ihr Opfer darbringen, wie es das Gesetz des Herrn vorschreibt: *ein Paar Turteltauben oder zwei junge Tauben.* ²⁵ Und siehe, in Jerusalem lebte ein Mann namens Simeon. Dieser Mann war gerecht und fromm und wartete auf den Trost Israels und der Heilige Geist ruhte auf ihm. ²⁶ Vom Heiligen Geist war ihm offenbart worden, er werde den Tod nicht schauen, ehe er den Christus des Herrn gesehen habe. ²⁷ Er wurde vom Geist in den Tempel geführt; und als die Eltern das Kind Jesus hereinbrachten, um mit ihm zu tun, was nach dem Gesetz üblich war, ²⁸ nahm Simeon das Kind in seine Arme und pries Gott mit den Worten:

²⁹ Nun lässt du, Herr, deinen Knecht, / wie du gesagt hast, in Frieden scheiden.

³⁰ Denn meine Augen haben das Heil gesehen, / ³¹ das du vor allen Völkern bereitet hast,

³² ein Licht, das die Heiden erleuchtet, / und Herrlichkeit für dein Volk Israel.

³³ Sein Vater und seine Mutter staunten über die Worte, die über Jesus gesagt wurden. ³⁴ Und Simeon segnete sie und sagte zu Maria, der Mutter Jesu: Siehe, dieser ist dazu bestimmt, dass in Israel viele zu Fall kommen und aufgerichtet werden, und er wird ein Zeichen sein, dem widersprochen wird, – ³⁵ und deine Seele wird ein Schwert durchdringen. So sollen die Gedanken vieler Herzen offenbar werden. ³⁶ Damals lebte auch Hanna, eine Prophetin, eine Tochter Penuëls, aus dem Stamm Ascher. Sie war schon hochbetagt. Als junges Mädchen hatte sie geheiratet und sieben Jahre mit ihrem Mann gelebt; ³⁷ nun war sie eine Witwe von vierundachtzig Jahren. Sie hielt sich ständig im Tempel auf und diente Gott Tag und Nacht mit Fasten und Beten. ³⁸ Zu derselben Stunde trat sie hinzu, pries Gott und sprach über das Kind zu allen, die auf die Erlösung Jerusalems warteten. ³⁹ Als seine Eltern alles getan hatten, was das Gesetz des Herrn vorschreibt, kehrten sie nach Galiläa in ihre Stadt Nazaret zurück. ⁴⁰ Das Kind wuchs heran und wurde stark, erfüllt mit Weisheit, und Gottes Gnade ruhte auf ihm.

DER ZWÖLFJÄHRIGE JESUS IM TEMPEL

⁴¹ Die Eltern Jesu gingen jedes Jahr zum Paschafest nach Jerusalem. ⁴² Als er zwölf Jahre alt geworden war, zogen sie wieder hinauf, wie es dem Festbrauch entsprach. ⁴³ Nachdem die Festtage zu Ende waren, machten sie sich auf den Heimweg. Der Knabe Jesus aber blieb in Jerusalem, ohne dass seine Eltern es merkten. ⁴⁴ Sie meinten, er sei in der Pilgergruppe, und reisten eine Tagesstrecke weit; dann suchten sie ihn bei den Verwandten und Bekannten. ⁴⁵ Als sie ihn nicht fanden, kehrten sie nach Jerusalem zurück und suchten nach ihm. ⁴⁶ Da geschah es, nach drei Tagen fanden sie ihn im Tempel; er saß mitten unter den Lehrern, hörte ihnen zu und stellte Fragen. ⁴⁷ Alle, die ihn hörten, waren erstaunt über sein Verständnis und über seine Antworten. ⁴⁸ Als seine Eltern ihn sahen, waren sie voll Staunen und seine Mutter sagte zu ihm: Kind, warum hast du uns das angetan? Siehe, dein Vater und ich haben dich mit Schmerzen gesucht. ⁴⁹ Da sagte er zu ihnen:

> Warum habt ihr mich gesucht? Wusstet ihr nicht, dass ich in dem sein muss, was meinem Vater gehört?

⁵⁰ Doch sie verstanden das Wort nicht, das er zu ihnen gesagt hatte. ⁵¹ Dann kehrte er mit ihnen nach Nazaret zurück und war ihnen gehorsam. Seine Mutter bewahrte all die Worte in ihrem Herzen. ⁵² Jesus aber wuchs heran und seine Weisheit nahm zu und er fand Gefallen bei Gott und den Menschen.

DIE VORBEREITUNG DES WIRKENS JESU

3,1–4,13

3

3,1–38

DAS AUFTRETEN DES TÄUFERS

¹ Es war im fünfzehnten Jahr der Regierung des Kaisers Tiberius; Pontius Pilatus war Statthalter von Judäa, Herodes Tetrarch von Galiläa, sein Bruder Philippus Tetrarch von Ituräa und der Trachonitis, Lysanias Tetrarch von Abilene; ² Hohepriester waren Hannas und Kajaphas. Da erging in der Wüste das Wort Gottes an Johannes, den Sohn des Zacharias. ³ Und er zog in die Gegend am Jordan und verkündete dort überall die Taufe der Umkehr zur Vergebung der Sünden, ⁴ wie im Buch der Reden des Propheten Jesaja geschrieben steht:
Stimme eines Rufers in der Wüste: / Bereitet den Weg des Herrn! / Macht gerade seine Straßen!
⁵ *Jede Schlucht soll aufgefüllt / und jeder Berg und Hügel abgetragen werden.*
Was krumm ist, soll gerade, / was uneben ist, soll zum ebenen Weg werden.
⁶ *Und alle Menschen werden das Heil Gottes schauen.*
⁷ Da sagte er zu den Volksscharen, die hinauszogen, um sich von ihm taufen zu lassen: Ihr Schlangenbrut, wer hat euch denn gelehrt, dass ihr dem kommenden Zorngericht entrinnen könnt? ⁸ Bringt Früchte hervor, die eure Umkehr zeigen, und fangt nicht an, bei euch zu sagen: Wir haben Abraham zum Vater! Denn ich sage euch: Gott kann aus diesen Steinen dem Abraham Kinder erwecken. ⁹ Schon ist die Axt an die Wurzel der Bäume gelegt; jeder Baum, der keine gute Frucht hervorbringt, wird umgehauen und ins Feuer geworfen. ¹⁰ Da fragten ihn die Scharen: Was sollen wir also tun? ¹¹ Er antwortete ihnen: Wer zwei Gewänder hat, der gebe eines davon dem, der keines hat, und wer zu essen hat, der handle ebenso! ¹² Es kamen auch Zöllner, um sich taufen zu lassen, und fragten ihn: Meister, was sollen wir tun? ¹³ Er sagte zu ihnen: Verlangt nicht mehr, als festgesetzt ist! ¹⁴ Auch Soldaten fragten ihn: Was sollen denn wir tun? Und er sagte zu ihnen: Misshandelt niemanden, erpresst niemanden, begnügt euch mit eurem Sold! ¹⁵ Das Volk war voll Erwartung und alle überlegten im Herzen, ob Johannes nicht vielleicht selbst der Christus sei. ¹⁶ Doch Johannes gab ihnen allen zur Antwort: Ich taufe euch mit Wasser. Es kommt aber einer, der stärker ist als ich, und ich bin es nicht wert, ihm die Riemen der Sandalen zu lösen. Er wird euch mit dem Heiligen Geist und mit Feuer taufen. ¹⁷ Schon hält er die Schaufel in der Hand, um seine Tenne zu reinigen und den Weizen in seine Scheune zu sammeln; die Spreu aber wird er in nie erlöschendem Feuer verbrennen. ¹⁸ Mit diesen und vielen anderen Worten ermahnte er das Volk und verkündete die frohe Botschaft. ¹⁹ Johannes tadelte auch den Tetrarchen Herodes wegen Herodias, der Frau seines Bruders, und wegen aller Schandtaten, die er verübt hatte. ²⁰ Herodes fügte zu allem noch dies hinzu, dass er Johannes ins Gefängnis werfen ließ.

DIE TAUFE JESU

²¹ Es geschah aber, dass sich zusammen mit dem ganzen Volk auch Jesus taufen ließ. Und während er betete, öffnete sich der Himmel ²² und der Heilige Geist kam sichtbar in Gestalt einer Taube auf ihn herab und eine Stimme aus dem Himmel sprach:

Du bist mein geliebter Sohn, an dir habe ich Wohlgefallen gefunden.

DER STAMMBAUM JESU

²³ Jesus war, als er zum ersten Mal öffentlich auftrat, etwa dreißig Jahre alt. Er galt als Sohn Josefs. Die Vorfahren Josefs waren: Eli, ²⁴ Mattat, Levi, Melchi, Jannai, Josef, ²⁵ Mattitja, Amos, Nahum, Hesli, Naggai, ²⁶ Mahat, Mattitja, Schimi, Josech, Joda, ²⁷ Johanan, Resa, Serubbabel, Schealtiël, Neri, ²⁸ Melchi, Addi, Kosam, Elmadam, Er, ²⁹ Joschua, Eliëser, Jorim, Mattat, Levi, ³⁰ Simeon, Juda, Josef, Jonam, Eljakim, ³¹ Melea, Menna, Mattata, Natan, David, ³² Isai, Obed, Boas, Salmon, Nachschon, ³³ Amminadab, Admin, Arni, Hezron, Perez, Juda, ³⁴ Jakob, Isaak, Abraham, Terach, Nahor, ³⁵ Serug, Regu, Peleg, Eber, Schelach, ³⁶ Kenan, Arpachschad, Sem, Noach, Lamech, ³⁷ Metuschelach, Henoch, Jered, Mahalalel, Kenan, ³⁸ Enosch, Set, Adam; der stammte von Gott.

4

4,1–13

DIE VERSUCHUNG JESU

¹ Erfüllt vom Heiligen Geist, kehrte Jesus vom Jordan zurück. Er wurde vom Geist in der Wüste umhergeführt, ² vierzig Tage lang, und er wurde vom Teufel versucht. In jenen Tagen aß er nichts; als sie aber vorüber waren, hungerte ihn. ³ Da sagte der Teufel zu ihm: Wenn du Gottes Sohn bist, so befiehl diesem Stein, zu Brot zu werden. ⁴ Jesus antwortete ihm: Es steht geschrieben: *Der Mensch lebt nicht vom Brot allein.* ⁵ Da führte ihn der Teufel hinauf und zeigte ihm in einem Augenblick alle Reiche des Erdkreises. ⁶ Und er sagte zu ihm: All die Macht und Herrlichkeit dieser Reiche will ich dir geben; denn sie sind mir überlassen und ich gebe sie, wem ich will. ⁷ Wenn du dich vor mir niederwirfst und mich anbetest, wird dir alles gehören. ⁸ Jesus antwortete ihm: Es steht geschrieben: *Vor dem Herrn, deinem Gott, sollst du dich niederwerfen und ihm allein dienen.* ⁹ Darauf führte ihn der Teufel nach Jerusalem, stellte ihn oben auf den Tempel und sagte zu ihm: Wenn du Gottes Sohn bist, so stürz dich von hier hinab; ¹⁰ denn es steht geschrieben:

Seinen Engeln befiehlt er deinetwegen, dich zu behüten;

¹¹ und: *Sie werden dich auf ihren Händen tragen, / damit dein Fuß nicht an einen Stein stößt.*

¹² Da antwortete ihm Jesus: Es ist gesagt:

Du sollst den Herrn, deinen Gott, nicht auf die Probe stellen.

¹³ Nach diesen Versuchungen ließ der Teufel bis zur bestimmten Zeit von ihm ab.

DAS WIRKEN JESU IN GALILÄA

4,14–9,50

ERSTES AUFTRETEN IN GALILÄA

¹⁴ Jesus kehrte, erfüllt von der Kraft des Geistes, nach Galiläa zurück. Und die Kunde von ihm verbreitete sich in der ganzen Gegend. ¹⁵ Er lehrte in den Synagogen und wurde von allen gepriesen.

DIE ANTRITTSREDE IN NAZARET

¹⁶ So kam er auch nach Nazaret, wo er aufgewachsen war, und ging, wie gewohnt, am Sabbat in die Synagoge. Als er aufstand, um vorzulesen, ¹⁷ reichte man ihm die Buchrolle des Propheten Jesaja. Er öffnete sie und fand die Stelle, wo geschrieben steht:
¹⁸ *Der Geist des Herrn ruht auf mir; / denn er hat mich gesalbt.*
Er hat mich gesandt, / damit ich den Armen eine frohe Botschaft bringe; / damit ich den Gefangenen die Entlassung verkünde / und den Blinden das Augenlicht;
damit ich die Zerschlagenen in Freiheit setze ¹⁹ *und ein Gnadenjahr des Herrn ausrufe.*
²⁰ Dann schloss er die Buchrolle, gab sie dem Synagogendiener und setzte sich. Die Augen aller in der Synagoge waren auf ihn gerichtet. ²¹ Da begann er, ihnen darzulegen: Heute hat sich das Schriftwort, das ihr eben gehört habt, erfüllt. ²² Alle stimmten ihm zu; sie staunten über die Worte der Gnade, die aus seinem Mund hervorgingen, und sagten: Ist das nicht Josefs Sohn? ²³ Da entgegnete er ihnen: Sicher werdet ihr mir das Sprichwort vorhalten: Arzt, heile dich selbst! Wenn du in Kafarnaum so große Dinge getan hast, wie wir gehört haben, dann tu sie auch hier in deiner Heimat! ²⁴ Und er setzte hinzu: Amen, ich sage euch: Kein Prophet wird in seiner Heimat anerkannt. ²⁵ Wahrhaftig, das sage ich euch: In Israel gab es viele Witwen in den Tagen des Elija, als der Himmel für drei Jahre und sechs Monate verschlossen war und eine große Hungersnot über das ganze Land kam. ²⁶ Aber zu keiner von ihnen wurde Elija gesandt, nur zu einer Witwe in Sarepta bei Sidon. ²⁷ Und viele Aussätzige gab es in Israel zur Zeit des Propheten Elischa. Aber keiner von ihnen wurde geheilt, nur der Syrer Naaman. ²⁸ Als die Leute in der Synagoge das hörten, gerieten sie alle in Wut. ²⁹ Sie sprangen auf und trieben Jesus zur Stadt hinaus; sie brachten ihn an den Abhang des Berges, auf dem ihre Stadt erbaut war, und wollten ihn hinabstürzen. ³⁰ Er aber schritt mitten durch sie hindurch und ging weg.

HEILUNGEN IN KAFARNAUM

³¹ Jesus ging hinab nach Kafarnaum, einer Stadt in Galiläa, und lehrte die Menschen am Sabbat. ³² Sie waren außer sich vor Staunen über seine Lehre, denn er redete mit Vollmacht. ³³ In der Synagoge war ein Mensch, der von einem Dämon, einem unreinen Geist, besessen war. Der schrie mit lauter Stimme: ³⁴ He, du, was haben wir mit dir zu tun, Jesus von Nazaret? Bist du gekommen, um uns ins Verderben zu stürzen? Ich weiß, wer du bist: der Heilige Gottes! ³⁵ Da drohte ihm Jesus: Schweig und verlass ihn! Der Dämon warf den Mann in ihre Mitte und verließ ihn, ohne ihm zu schaden. ³⁶ Da waren alle erschrocken und einer fragte den andern: Was ist das für ein Wort? Mit Vollmacht und Kraft befiehlt er den unreinen Geistern und sie fliehen. ³⁷ Und sein Ruf verbreitete sich in der ganzen Gegend.
³⁸ Jesus stand auf, verließ die Synagoge und ging in das Haus des Simon. Die Schwiegermutter des Simon aber hatte hohes Fieber und sie baten ihn für sie. ³⁹ Er beugte sich über sie und gebot dem Fieber. Da wich es von ihr und sie stand sofort auf und diente ihnen.
⁴⁰ Als die Sonne unterging, brachten die Leute ihre Kranken, die alle möglichen Gebrechen hatten, zu Jesus. Er legte jedem von ihnen die Hände auf und heilte sie. ⁴¹ Von vielen fuhren auch Dämonen aus und schrien: Du bist der Sohn Gottes! Da drohte er ihnen und ließ sie nicht reden; denn sie wussten, dass er der Christus war.

AUFBRUCH ZUR WEITEREN VERKÜNDIGUNG DER GOTTESHERRSCHAFT

⁴² Bei Tagesanbruch verließ er die Stadt und ging an einen einsamen Ort. Aber die Menschen suchten ihn; und sie kamen zu ihm hin und wollten ihn festhalten, damit er nicht von ihnen wegginge. ⁴³ Er sagte zu ihnen: Ich muss auch den anderen Städten das Evangelium vom Reich Gottes verkünden; denn dazu bin ich gesandt worden. ⁴⁴ Und er verkündete in den Synagogen Judäas.

5

5,1–39

DER WUNDERBARE FISCHFANG UND DIE ERSTEN JÜNGER

¹ Es geschah aber: Als die Volksmenge Jesus bedrängte und das Wort Gottes hören wollte, da stand er am See Gennesaret ² und sah zwei Boote am See liegen. Die Fischer waren aus ihnen ausgestiegen und wuschen ihre Netze. ³ Jesus stieg in eines der Boote, das dem Simon gehörte, und bat ihn, ein Stück weit vom Land wegzufahren. Dann setzte er sich und lehrte das Volk vom Boot aus. ⁴ Als er seine Rede beendet hatte, sagte er zu Simon: Fahr hinaus, wo es tief ist, und werft eure Netze zum Fang aus! ⁵ Simon antwortete ihm: Meister, wir haben die ganze Nacht gearbeitet und nichts gefangen. Doch auf dein Wort hin werde ich die Netze auswerfen. ⁶ Das taten sie und sie fingen eine große Menge Fische; ihre Netze aber drohten zu reißen. ⁷ Und sie gaben ihren Gefährten im anderen Boot ein Zeichen, sie sollten kommen und ihnen helfen. Sie kamen und füllten beide Boote, sodass sie fast versanken. ⁸ Als Simon Petrus das sah, fiel er Jesus zu Füßen und sagte: Geh weg von mir; denn ich bin ein sündiger Mensch, Herr! ⁹ Denn Schrecken hatte ihn und alle seine Begleiter ergriffen über den Fang der Fische, den sie gemacht hatten; ¹⁰ ebenso auch Jakobus und Johannes, die Söhne des Zebedäus, die mit Simon zusammenarbeiteten.
Da sagte Jesus zu Simon:
Fürchte dich nicht! Von jetzt an wirst du Menschen fangen.
¹¹ Und sie zogen die Boote an Land, verließen alles und folgten ihm nach.

DIE HEILUNG EINES AUSSÄTZIGEN

¹² Und es geschah, als sich Jesus in einer der Städte aufhielt: Siehe, da war ein Mann voller Aussatz. Als er Jesus sah, warf er sich auf sein Angesicht und bat ihn: Herr, wenn du willst, kannst du mich rein machen. ¹³ Da streckte Jesus die Hand aus, berührte ihn und sagte: Ich will – werde rein! Im gleichen Augenblick wich der Aussatz von ihm. ¹⁴ Jesus befahl ihm: Erzähl niemandem davon, sondern geh, zeig dich dem Priester und bring das Reinigungsopfer dar, wie es Mose angeordnet hat, zum Zeugnis für sie! ¹⁵ Sein Ruf aber verbreitete sich immer mehr und große Volksmengen kamen zusammen, um zu hören und von ihren Krankheiten geheilt zu werden. ¹⁶ Doch er zog sich an einen einsamen Ort zurück, um zu beten.

DIE HEILUNG EINES GELÄHMTEN

¹⁷ Und es geschah eines Tages, als Jesus lehrte, saßen Pharisäer und Gesetzeslehrer dabei; sie waren aus allen Dörfern Galiläas und Judäas und aus Jerusalem gekommen. Und die Kraft des Herrn war mit ihm, sodass er heilen konnte. ¹⁸ Und siehe, Männer brachten auf seinem Bett einen Menschen, der gelähmt war. Sie wollten ihn ins Haus bringen und vor Jesus hinlegen. ¹⁹ Weil es ihnen aber wegen der Volksmenge nicht möglich war, ihn hineinzubringen, stiegen sie aufs Dach und ließen ihn durch die Ziegel auf dem Bett hinunter in die Mitte vor Jesus hin. ²⁰ Als er ihren Glauben sah, sagte er: Mensch, deine Sünden sind dir vergeben. ²¹ Und die Schriftgelehrten und die Pharisäer fingen an zu überlegen: Wer ist dieser, der Lästerungen ausspricht? Wer kann Sünden vergeben außer Gott allein? ²² Jesus aber erkannte ihre Gedanken und erwiderte ihnen: Was überlegt ihr in euren Herzen? ²³ Was ist leichter, zu sagen: Deine Sünden sind dir vergeben! oder zu sagen: Steh auf und geh umher? ²⁴ Damit ihr aber erkennt, dass der Menschensohn die Vollmacht hat, auf der Erde Sünden zu vergeben – sprach er zu dem Gelähmten: Ich sage dir: Steh auf, nimm dein Bett und geh in dein Haus! ²⁵ Und sogleich stand er vor ihren Augen auf, nahm das Bett, auf dem er gelegen hatte, und ging Gott preisend in sein Haus. ²⁶ Da gerieten alle außer sich; sie priesen Gott und sagten voller Furcht: Heute haben wir Unglaubliches gesehen.

NACHFOLGE UND MAHL

²⁷ Danach ging Jesus hinaus und sah einen Zöllner namens Levi am Zoll sitzen und sagte zu ihm: Folge mir nach! ²⁸ Da verließ Levi alles, stand auf und folgte ihm nach. ²⁹ Und Levi gab für Jesus in seinem Haus ein großes Gastmahl. Viele Zöllner und andere waren mit ihnen zu Tisch. ³⁰ Da murrten die Pharisäer und ihre Schriftgelehrten und sagten zu seinen Jüngern: Wie könnt ihr zusammen mit Zöllnern und Sündern essen und trinken? ³¹ Jesus antwortete ihnen: Nicht die Gesunden bedürfen des Arztes, sondern die Kranken. ³² Ich bin nicht gekommen, um Gerechte, sondern Sünder zur Umkehr zu rufen.

FASTEN UND FEIERN

³³ Sie sagten zu ihm: Die Jünger des Johannes fasten und beten viel, ebenso die der Pharisäer; deine Jünger aber essen und trinken. ³⁴ Jesus erwiderte ihnen: Könnt ihr denn die Hochzeitsgäste fasten lassen, solange der Bräutigam bei ihnen ist? ³⁵ Es werden aber Tage kommen, da wird ihnen der Bräutigam weggenommen sein; dann, in jenen Tagen, werden sie fasten.

³⁶ Er erzählte ihnen aber auch ein Gleichnis: Niemand schneidet ein Stück von einem neuen Gewand ab und setzt es auf ein altes Gewand. Sonst würde ja das neue Gewand zerschnitten und zu dem alten würde das Stück von dem neuen nicht passen. ³⁷ Auch füllt niemand jungen Wein in alte Schläuche. Sonst würde ja der junge Wein die Schläuche zerreißen; er läuft aus und die Schläuche sind unbrauchbar. ³⁸ Sondern: Jungen Wein muss man in neue Schläuche füllen. ³⁹ Und niemand, der alten Wein trinkt, will jungen; denn er sagt: Der alte ist bekömmlich.

6

6,1–49

SABBAT UND RELIGIÖSES GESETZ

¹ Es geschah aber an einem Sabbat, dass er durch die Kornfelder ging, und seine Jünger rissen Ähren ab, zerrieben sie mit den Händen und aßen sie. ² Da sagten einige Pharisäer: Warum tut ihr, was am Sabbat nicht erlaubt ist? ³ Jesus erwiderte ihnen: Habt ihr nicht gelesen, was David getan hat, als er und seine Begleiter hungrig waren – ⁴ wie er in das Haus Gottes ging und die Schaubrote nahm, die allein die Priester essen dürfen, und sie aß und auch seinen Begleitern davon gab? ⁵ Und Jesus sagte ihnen: Herr über den Sabbat ist der Menschensohn.

SABBAT, HEILUNG UND INTRIGE

⁶ Es geschah an einem anderen Sabbat, dass er in die Synagoge ging und lehrte. Dort war ein Mann, dessen rechte Hand verdorrt war. ⁷ Die Schriftgelehrten und die Pharisäer aber gaben Acht, ob er am Sabbat heilen werde; sie suchten nämlich einen Grund zur Anklage gegen ihn. ⁸ Er aber kannte ihre Gedanken und sagte zu dem Mann mit der verdorrten Hand: Steh auf und stell dich in die Mitte! Der Mann stand auf und stellte sich hin. ⁹ Dann sagte Jesus zu ihnen: Ich frage euch: Ist es am Sabbat erlaubt, Gutes zu tun oder Böses, ein Leben zu retten oder zugrunde zu richten? ¹⁰ Und er sah sie alle der Reihe nach an und sagte dann zu dem Mann: Streck deine Hand aus! Er tat es und seine Hand wurde wiederhergestellt. ¹¹ Sie aber in ihrem Unverstand berieten sich untereinander, was sie gegen Jesus unternehmen könnten.

DIE WAHL DER ZWÖLF

¹² Es geschah aber in diesen Tagen, dass er auf einen Berg ging, um zu beten. Und er verbrachte die ganze Nacht im Gebet zu Gott. ¹³ Als es Tag wurde, rief er seine Jünger zu sich und wählte aus ihnen zwölf aus; sie nannte er auch Apostel: ¹⁴ Simon, den er auch Petrus nannte, und dessen Bruder Andreas, Jakobus, Johannes, Philippus, Bartholomäus, ¹⁵ Matthäus, Thomas, Jakobus, den Sohn des Alphäus, Simon, genannt der Zelot, ¹⁶ Judas, den Sohn des Jakobus, und Judas Iskariot, der zum Verräter wurde.

DER ANDRANG DER MENSCHEN

¹⁷ Jesus stieg mit ihnen den Berg hinab. In der Ebene blieb er mit einer großen Schar seiner Jünger stehen und viele Menschen aus ganz Judäa und Jerusalem und dem Küstengebiet von Tyrus und Sidon ¹⁸ waren gekommen, um ihn zu hören und von ihren Krankheiten geheilt zu werden. Und die von unreinen Geistern Geplagten wurden geheilt. ¹⁹ Alle Leute versuchten, ihn zu berühren; denn es ging eine Kraft von ihm aus, die alle heilte.

SELIGPREISUNGEN UND WEHERUFE

²⁰ Er richtete seine Augen auf seine Jünger und sagte:

Selig, ihr Armen, denn euch gehört das Reich Gottes.
²¹ Selig, die ihr jetzt hungert, denn ihr werdet gesättigt werden. / Selig, die ihr jetzt weint, denn ihr werdet lachen.

²² Selig seid ihr, wenn euch die Menschen hassen und wenn sie euch ausstoßen und schmähen und euren Namen in Verruf bringen um des Menschensohnes willen. ²³ Freut euch und jauchzt an jenem Tag; denn siehe, euer Lohn im Himmel wird groß sein. Denn ebenso haben es ihre Väter mit den Propheten gemacht.

²⁴ Doch weh euch, ihr Reichen; denn ihr habt euren Trost schon empfangen.

²⁵ Weh euch, die ihr jetzt satt seid; denn ihr werdet hungern. Weh, die ihr jetzt lacht; denn ihr werdet klagen und weinen.

²⁶ Weh, wenn euch alle Menschen loben. Denn ebenso haben es ihre Väter mit den falschen Propheten gemacht.

LIEBE ZU DEN FEINDEN UND VERZICHT AUF VERURTEILUNG

²⁷ Euch aber, die ihr zuhört, sage ich: Liebt eure Feinde; tut denen Gutes, die euch hassen! ²⁸ Segnet die, die euch verfluchen; betet für die, die euch beschimpfen! ²⁹ Dem, der dich auf die eine Wange schlägt, halt auch die andere hin und dem, der dir den Mantel wegnimmt, lass auch das Hemd! ³⁰ Gib jedem, der dich bittet; und wenn dir jemand das Deine wegnimmt, verlang es nicht zurück! ³¹ Und wie ihr wollt, dass euch die Menschen tun sollen, das tut auch ihr ihnen! ³² Wenn ihr die liebt, die euch lieben, welchen Dank erwartet ihr dafür? Denn auch die Sünder lieben die, von denen sie geliebt werden. ³³ Und wenn ihr denen Gutes tut, die euch Gutes tun, welchen Dank erwartet ihr dafür? Das tun auch die Sünder. ³⁴ Und wenn ihr denen Geld leiht, von denen ihr es zurückzubekommen hofft, welchen Dank erwartet ihr dafür? Auch die Sünder leihen Sündern, um das Gleiche zurückzubekommen. ³⁵ Doch ihr sollt eure Feinde lieben und Gutes tun und leihen, wo ihr nichts zurückerhoffen könnt. Dann wird euer Lohn groß sein und ihr werdet Söhne des Höchsten sein; denn auch er ist gütig gegen die Undankbaren und Bösen. ³⁶ Seid barmherzig, wie auch euer Vater barmherzig ist!

³⁷ Richtet nicht, dann werdet auch ihr nicht gerichtet werden! Verurteilt nicht, dann werdet auch ihr nicht verurteilt werden! Erlasst einander die Schuld, dann wird auch euch die Schuld erlassen werden! ³⁸ Gebt, dann wird auch euch gegeben werden! Ein gutes, volles, gehäuftes, überfließendes Maß wird man euch in den Schoß legen; denn nach dem Maß, mit dem ihr messt, wird auch euch zugemessen werden.

FALSCHE UND WAHRE FRÖMMIGKEIT

³⁹ Er sprach aber auch in Gleichnissen zu ihnen: Kann etwa ein Blinder einen Blinden führen? Werden nicht beide in eine Grube fallen? ⁴⁰ Ein Jünger steht nicht über dem Meister; jeder aber, der alles gelernt hat, wird wie sein Meister sein. ⁴¹ Warum siehst du den Splitter im Auge deines Bruders, aber den Balken in deinem eigenen Auge bemerkst du nicht? ⁴² Wie kannst du zu deinem Bruder sagen: Bruder, lass mich den Splitter aus deinem Auge herausziehen!, während du selbst den Balken in deinem Auge nicht siehst? Du Heuchler! Zieh zuerst den Balken aus deinem Auge; dann kannst du zusehen, den Splitter aus dem Auge deines Bruders herauszuziehen.

⁴³ **Es gibt keinen guten Baum, der schlechte Früchte bringt, noch einen schlechten Baum, der gute Früchte bringt.**

⁴⁴ Denn jeden Baum erkennt man an seinen Früchten: Von den Disteln pflückt man keine Feigen und vom Dornstrauch erntet man keine Trauben. ⁴⁵ Der gute Mensch bringt aus dem guten Schatz seines Herzens das Gute hervor und der böse Mensch bringt aus dem bösen das Böse hervor. Denn wovon das Herz überfließt, davon spricht sein Mund. ⁴⁶ Was sagt ihr zu mir: Herr! Herr! und tut nicht, was ich sage?

BILDWORT VOM KLUGEN UND TÖRICHTEN HAUSBAU

⁴⁷ Ich will euch zeigen, wem ein Mensch gleicht, der zu mir kommt und meine Worte hört und danach handelt. ⁴⁸ Er gleicht einem Mann, der ein Haus baute und dabei die Erde tief aushob und das Fundament auf einen Felsen stellte. Als ein Hochwasser kam und die Flutwelle gegen jenes Haus prallte, konnte sie es nicht erschüttern, weil es gut gebaut war. ⁴⁹ Wer aber hört und nicht danach handelt, gleicht einem Mann, der ein Haus ohne Fundament auf die Erde baute. Die Flutwelle prallte dagegen und sofort stürzte es ein; und der Einsturz jenes Hauses war gewaltig.

7

7,1–50

DER HAUPTMANN VON KAFARNAUM

¹ Nachdem Jesus alle seine Worte dem Volk zu Gehör gebracht hatte, ging er nach Kafarnaum. ² Ein Hauptmann hatte einen Diener, den er sehr schätzte, der war krank und lag im Sterben. ³ Als der Hauptmann aber von Jesus hörte, schickte er jüdische Älteste zu ihm mit der Bitte, zu kommen und seinen Diener zu retten. ⁴ Sie gingen zu Jesus und baten ihn inständig. Sie sagten: Er verdient es, dass du seine Bitte erfüllst; ⁵ denn er liebt unser Volk und hat uns die Synagoge gebaut. ⁶ Da ging Jesus mit ihnen. Als er nicht mehr weit von dem Haus entfernt war, schickte der Hauptmann Freunde und ließ ihm sagen: Herr, bemüh dich nicht! Denn ich bin es nicht wert, dass du unter mein Dach einkehrst. ⁷ Deshalb habe ich mich selbst auch nicht für würdig gehalten, zu dir zu kommen. Aber sprich nur ein Wort, dann wird mein Diener gesund. ⁸ Denn auch ich muss Befehlen gehorchen und ich habe selbst Soldaten unter mir; sage ich nun zu einem: Geh!, so geht er, und zu einem andern: Komm!, so kommt er, und zu meinem Diener: Tu das!, so tut er es. ⁹ Jesus war erstaunt über ihn, als er das hörte. Und er wandte sich um und sagte zu den Leuten, die ihm folgten: Ich sage euch: Einen solchen Glauben habe ich in Israel nicht gefunden. ¹⁰ Und als jene, die der Hauptmann geschickt hatte, in das Haus zurückkehrten, stellten sie fest, dass der Diener gesund war.

DIE ERWECKUNG EINES JUNGEN MANNES IN NAÏN

¹¹ Und es geschah danach, dass er in eine Stadt namens Naïn kam; seine Jünger und eine große Volksmenge folgten ihm. ¹² Als er in die Nähe des Stadttors kam, siehe, da trug man einen Toten heraus. Es war der einzige Sohn seiner Mutter, einer Witwe. Und viele Leute aus der Stadt begleiteten sie. ¹³ Als der Herr die Frau sah, hatte er Mitleid mit ihr und sagte zu ihr: Weine nicht! ¹⁴ Und er trat heran und berührte die Bahre. Die Träger blieben stehen und er sagte: Jüngling, ich sage dir: Steh auf! ¹⁵ Da setzte sich der Tote auf und begann zu sprechen und Jesus gab ihn seiner Mutter zurück. ¹⁶ Alle wurden von Furcht ergriffen; sie priesen Gott und sagten:

Ein großer Prophet ist unter uns erweckt worden: Gott hat sein Volk heimgesucht.

¹⁷ Und diese Kunde über ihn verbreitete sich überall in Judäa und im ganzen Gebiet ringsum.

DIE FRAGE DES TÄUFERS UND SEINE BEDEUTUNG

18 Johannes erfuhr das alles von seinen Jüngern. Da rief Johannes zwei seiner Jünger zu sich, 19 schickte sie zum Herrn und ließ ihn fragen: Bist du der, der kommen soll, oder sollen wir auf einen andern warten? 20 Als die Männer zu Jesus kamen, sagten sie: Johannes der Täufer hat uns zu dir geschickt und lässt dich fragen: Bist du der, der kommen soll, oder müssen wir auf einen andern warten? 21 Zu jener Stunde heilte Jesus viele Menschen von Krankheiten und Leiden und bösen Geistern und schenkte vielen Blinden das Augenlicht. 22 Er antwortete ihnen: Geht und berichtet Johannes, was ihr gesehen und gehört habt: Blinde sehen wieder, Lahme gehen und Aussätzige werden rein; Taube hören, Tote stehen auf und Armen wird das Evangelium verkündet.
23 **Selig ist, wer an mir keinen Anstoß nimmt.**
24 Als die Boten des Johannes weggegangen waren, begann Jesus zu der Menge über Johannes zu reden: Was habt ihr denn sehen wollen, als ihr in die Wüste hinausgegangen seid? Ein Schilfrohr, das im Wind schwankt? 25 Oder was habt ihr sehen wollen, als ihr hinausgegangen seid? Einen Mann in feiner Kleidung? Siehe, Leute, die sich prächtig kleiden und üppig leben, findet man in den Palästen der Könige. 26 Oder wozu seid ihr hinausgegangen? Um einen Propheten zu sehen? Ja, ich sage euch: Sogar mehr als einen Propheten. 27 Dieser ist es, von dem geschrieben steht:
Siehe, ich sende meinen Boten vor dir her, / der deinen Weg vor dir bahnen wird.
28 Ich sage euch: Unter den von einer Frau Geborenen gibt es keinen größeren als Johannes; doch der Kleinste im Reich Gottes ist größer als er.
29 Das ganze Volk, das Johannes hörte, und selbst die Zöllner gaben Gott Recht und ließen sich mit der Taufe des Johannes taufen. 30 Doch die Pharisäer und die Gesetzeslehrer haben den Willen Gottes für sich selbst abgelehnt und sich von Johannes nicht taufen lassen. 31 Mit wem soll ich also die Menschen dieser Generation vergleichen? Wem gleichen sie? 32 Sie gleichen Kindern, die auf dem Marktplatz sitzen und einander zurufen: Wir haben für euch auf der Flöte gespielt und ihr habt nicht getanzt; wir haben die Totenklage angestimmt und ihr habt nicht geweint. 33 Denn Johannes der Täufer ist gekommen, er isst kein Brot und trinkt keinen Wein und ihr sagt: Er hat einen Dämon. 34 Der Menschensohn ist gekommen, er isst und trinkt und ihr sagt: Siehe, ein Fresser und Säufer, ein Freund der Zöllner und Sünder! 35 Und doch hat die Weisheit durch alle ihre Kinder Recht bekommen.

DER PHARISÄER UND DIE SÜNDERIN

36 Einer der Pharisäer hatte ihn zum Essen eingeladen. Und er ging in das Haus des Pharisäers und begab sich zu Tisch. 37 Und siehe, eine Frau, die in der Stadt lebte, eine Sünderin, erfuhr, dass er im Haus des Pharisäers zu Tisch war; da kam sie mit einem Alabastergefäß voll wohlriechendem Öl 38 und trat von hinten an ihn heran zu seinen Füßen. Dabei weinte sie und begann mit ihren Tränen seine Füße zu benetzen. Sie trocknete seine Füße mit den Haaren ihres Hauptes, küsste sie und salbte sie mit dem Öl. 39 Als der Pharisäer, der ihn eingeladen hatte, das sah, sagte er zu sich selbst: Wenn dieser wirklich ein Prophet wäre, müsste er wissen, was das für eine Frau ist, die ihn berührt: dass sie eine Sünderin ist. 40 Da antwortete ihm Jesus und sagte: Simon, ich möchte dir etwas sagen. Er erwiderte: Sprich, Meister! 41 Ein Geldverleiher hatte zwei Schuldner; der eine war ihm fünfhundert Denare schuldig, der andere fünfzig. 42 Als sie ihre Schulden nicht bezahlen konnten, schenkte er sie beiden. Wer von ihnen wird ihn nun mehr lieben? 43 Simon antwortete: Ich nehme an, der, dem er mehr geschenkt hat. Jesus sagte zu ihm: Du hast recht geurteilt. 44 Dann wandte er sich der Frau zu und sagte zu Simon: Siehst du diese Frau? Als ich in dein Haus kam, hast du mir kein Wasser für die Füße gegeben; sie aber hat meine Füße mit ihren Tränen benetzt und sie mit ihren Haaren abgetrocknet. 45 Du hast mir keinen Kuss gegeben; sie aber hat, seit ich hier bin, unaufhörlich meine Füße geküsst. 46 Du hast mir nicht das Haupt mit Öl gesalbt; sie aber hat mit Balsam meine Füße gesalbt. 47 Deshalb sage ich dir: Ihr sind ihre vielen Sünden vergeben, weil sie viel geliebt hat. Wem aber nur wenig vergeben wird, der liebt wenig. 48 Dann sagte er zu ihr: Deine Sünden sind dir vergeben. 49 Da begannen die anderen Gäste bei sich selbst zu sagen: Wer ist das, dass er sogar Sünden vergibt? 50 Er aber sagte zu der Frau:

Dein Glaube hat dich gerettet. Geh in Frieden!

8

8,1–56

FRAUEN IM GEFOLGE JESU

¹ Und es geschah in der folgenden Zeit: Er wanderte von Stadt zu Stadt und von Dorf zu Dorf und verkündete das Evangelium vom Reich Gottes. Die Zwölf begleiteten ihn ² und auch einige Frauen, die von bösen Geistern und von Krankheiten geheilt worden waren: Maria, genannt Magdalena, aus der sieben Dämonen ausgefahren waren, ³ Johanna, die Frau des Chuzas, eines Beamten des Herodes, Susanna und viele andere. Sie unterstützten Jesus und die Jünger mit ihrem Vermögen.

DAS GLEICHNIS VOM SÄMANN

⁴ Als sich aber eine große Volksmenge versammelte und Menschen aus allen Städten zu ihm kamen, sprach er in einem Gleichnis: ⁵ Ein Sämann ging hinaus, um seinen Samen auszusäen. Als er säte, fiel ein Teil auf den Weg und wurde zertreten und die Vögel des Himmels fraßen es. ⁶ Ein anderer Teil fiel auf Felsen, und als die Saat aufging, verdorrte sie, weil es ihr an Feuchtigkeit fehlte. ⁷ Ein anderer Teil fiel mitten in die Dornen und die Dornen wuchsen zusammen mit der Saat hoch und erstickten sie. ⁸ Und ein anderer Teil fiel auf guten Boden, ging auf und brachte hundertfach Frucht. Als Jesus das gesagt hatte, rief er:
Wer Ohren hat zum Hören, der höre!

SINNGEBUNG FÜR DIE GLEICHNISREDE

⁹ Seine Jünger fragten ihn, was das Gleichnis bedeute. ¹⁰ Da sagte er: Euch ist es gegeben, die Geheimnisse des Reiches Gottes zu verstehen. Zu den anderen aber wird in Gleichnissen geredet; denn sie sollen sehen und doch nicht sehen, hören und doch nicht verstehen.

DIE DEUTUNG DES GLEICHNISSES VOM SÄMANN

¹¹ Das bedeutet das Gleichnis: Der Samen ist das Wort Gottes. ¹² Auf den Weg ist der Samen bei denen gefallen, die das Wort hören; dann kommt der Teufel und nimmt das Wort aus ihrem Herzen, damit sie nicht glauben und nicht gerettet werden. ¹³ Auf den Felsen ist der Samen bei denen gefallen, die das Wort freudig aufnehmen, wenn sie es hören; aber sie haben keine Wurzeln: Eine Zeit lang glauben sie, doch in der Zeit der Prüfung werden sie abtrünnig. ¹⁴ Unter die Dornen ist der Samen bei denen gefallen, die das Wort hören, dann aber hingehen und in Sorgen, Reichtum und Genüssen des Lebens ersticken und keine Frucht bringen. ¹⁵ Auf guten Boden ist der Samen bei denen gefallen, die das Wort mit gutem und aufrichtigem Herzen hören, daran festhalten und Frucht bringen in Geduld.

VOM RECHTEN HÖREN

¹⁶ Niemand zündet eine Leuchte an und deckt sie mit einem Gefäß zu oder stellt sie unter ein Bett, sondern man stellt sie auf den Leuchter, damit jene, die eintreten, das Licht sehen. ¹⁷ Denn es gibt nichts Verborgenes, das nicht offenbar wird, und nichts Geheimes, das nicht bekannt wird und an den Tag kommt. ¹⁸ Achtet darauf, genau hinzuhören! Denn wer hat, dem wird gegeben; wer aber nicht hat, dem wird auch noch weggenommen, was er zu haben meint.

ÜBER DIE WAHRE FAMILIE JESU

¹⁹ Es kamen aber seine Mutter und seine Brüder zu ihm; sie konnten jedoch wegen der vielen Leute nicht zu ihm gelangen. ²⁰ Da sagte man ihm: Deine Mutter und deine Brüder stehen draußen und möchten dich sehen. ²¹ Er erwiderte ihnen: Meine Mutter und meine Brüder sind die, die das Wort Gottes hören und tun.

DER STURM AUF DEM SEE

²² Es geschah aber eines Tages: Er stieg mit seinen Jüngern in ein Boot und sagte zu ihnen: Wir wollen ans andere Ufer des Sees hinüberfahren. Und sie fuhren ab. ²³ Während der Fahrt aber schlief er ein. Und ein Sturmwind fuhr auf den See herab; das Wasser schlug in das Boot und sie gerieten in Gefahr. ²⁴ Da traten sie zu ihm und weckten ihn; sie riefen: Meister, Meister, wir gehen zugrunde! Er stand auf, drohte dem Wind und den Wellen und sie legten sich und es trat Stille ein. ²⁵ Er aber sagte zu ihnen: Wo ist euer Glaube? Sie aber fragten einander voll Schrecken und Staunen: Wer ist denn dieser, dass er sogar den Winden und dem Wasser gebietet und sie ihm gehorchen?

DIE HEILUNG DES BESESSENEN VON GERASA

²⁶ Sie fuhren in das Gebiet der Gerasener, das Galiläa gegenüberliegt. ²⁷ Als Jesus an Land ging, lief ihm ein Mann aus der Stadt entgegen, der von Dämonen besessen war. Schon seit Langem trug er keine Kleidung mehr und lebte nicht mehr in einem Haus, sondern in den Grabhöhlen. ²⁸ Als er Jesus sah, schrie er auf, fiel vor ihm nieder und rief mit lauter Stimme: Was habe ich mit dir zu tun, Jesus, Sohn des höchsten Gottes? Ich bitte dich: Quäle mich nicht! ²⁹ Jesus hatte nämlich dem unreinen Geist befohlen, den Mann zu verlassen. Denn schon seit Langem hatte ihn der Geist in seiner Gewalt; und er war gebunden mit Ketten und Fußfesseln und wurde gefangen gehalten. Aber immer wieder zerriss er die Fesseln und wurde von dem Dämon in menschenleere Gegenden getrieben. ³⁰ Jesus fragte ihn: Wie heißt du? Er antwortete: Legion. Denn er war von vielen Dämonen besessen. ³¹ Und die Dämonen baten Jesus, dass er ihnen nicht befehle, in die Unterwelt hinabzufahren. ³² Nun weidete dort an einem Berg gerade eine große Schweineherde. Die Dämonen baten Jesus, ihnen zu erlauben, in die Schweine hineinzufahren. Er erlaubte es ihnen. ³³ Da verließen die Dämonen den Menschen

und fuhren in die Schweine und die Herde stürmte den Abhang hinab in den See und ertrank. ³⁴ Als die Hirten sahen, was geschehen war, flohen sie und erzählten es in der Stadt und in den Dörfern. ³⁵ Darauf gingen die Leute hinaus, um zu sehen, was geschehen war. Sie kamen zu Jesus und fanden den Mann, aus dem die Dämonen ausgefahren waren, bekleidet und bei Verstand zu Füßen Jesu sitzen. Da fürchteten sie sich. ³⁶ Die gesehen hatten, wie der Besessene gerettet worden war, berichteten es ihnen. ³⁷ Darauf baten alle im Gebiet der Gerasener Jesus, sie zu verlassen; denn es hatte sie große Furcht gepackt. Da stieg Jesus ins Boot und fuhr zurück. ³⁸ Der Mann, den die Dämonen verlassen hatten, bat Jesus, bei ihm bleiben zu dürfen. Doch Jesus schickte ihn weg und sagte: ³⁹ Kehr in dein Haus zurück und erzähl alles, was Gott für dich getan hat! Da ging er weg und verkündete in der ganzen Stadt, was Jesus für ihn getan hatte.

DIE AUFERWECKUNG DER TOCHTER EINES SYNAGOGENVORSTEHERS UND DIE HEILUNG EINER KRANKEN FRAU

⁴⁰ Als Jesus zurückkam, empfingen ihn viele Menschen; sie hatten alle schon auf ihn gewartet. ⁴¹ Siehe, da kam ein Mann namens Jaïrus, der Synagogenvorsteher war. Er fiel Jesus zu Füßen und bat ihn, in sein Haus zu kommen. ⁴² Denn er hatte eine einzige Tochter von etwa zwölf Jahren, die lag im Sterben. Während Jesus auf dem Weg war, drängten sich die Menschen eng um ihn. ⁴³ Da war eine Frau, die schon seit zwölf Jahren an Blutfluss litt, ihren ganzen Lebensunterhalt für Ärzte aufgewandt hatte und von niemandem geheilt werden konnte. ⁴⁴ Sie trat von hinten heran und berührte den Saum seines Gewandes. Im gleichen Augenblick kam der Blutfluss zum Stillstand. ⁴⁵ Da fragte Jesus: Wer hat mich berührt? Als alle es abstritten, sagte Petrus: Meister, die Leute zwängen dich ein und drängen sich um dich. ⁴⁶ Jesus erwiderte: Es hat mich jemand berührt; denn ich fühlte, wie eine Kraft von mir ausströmte. ⁴⁷ Als die Frau merkte, dass sie nicht verborgen bleiben konnte, kam sie zitternd herbei, fiel vor ihm nieder und erzählte vor dem ganzen Volk, warum sie ihn berührt hatte und wie sie sofort geheilt worden war. ⁴⁸ Da sagte er zu ihr: Tochter, dein Glaube hat dich gerettet. Geh in Frieden! ⁴⁹ Während Jesus noch redete, kam einer von den Leuten des Synagogenvorstehers und sagte: Deine Tochter ist gestorben. Bemüh den Meister nicht länger! ⁵⁰ Jesus hörte es und sagte darauf zu ihm: Fürchte dich nicht! Glaube nur, dann wird sie gerettet werden! ⁵¹ Als er in das Haus ging, ließ er niemanden mit sich hineingehen außer Petrus, Johannes und Jakobus und den Vater des Mädchens und die Mutter. ⁵² Alle Leute weinten und klagten um sie. Jesus aber sagte: Weint nicht! Sie ist nicht gestorben, sie schläft nur. ⁵³ Da lachten sie ihn aus, weil sie wussten, dass sie tot war. ⁵⁴ Er aber fasste sie an der Hand und rief: Mädchen, steh auf! ⁵⁵ Da kehrte ihr Lebensatem zurück und sie stand sofort auf. Und er ordnete an, man solle ihr zu essen geben. ⁵⁶ Ihre Eltern aber waren fassungslos. Doch Jesus gebot ihnen, niemandem zu erzählen, was geschehen war.

9
9,1–50

DIE AUSSENDUNG DER ZWÖLF JÜNGER

¹ Dann rief er die Zwölf zu sich und gab ihnen Kraft und Vollmacht über alle Dämonen und um Krankheiten zu heilen. ² Und er sandte sie aus, das Reich Gottes zu verkünden und die Kranken gesund zu machen. ³ Er sagte zu ihnen: Nehmt nichts mit auf den Weg, keinen Wanderstab und keine Vorratstasche, kein Brot, kein Geld und kein zweites Hemd! ⁴ Bleibt in dem Haus, in dem ihr einkehrt, bis ihr den Ort wieder verlasst! ⁵ Wenn euch aber die Leute nicht aufnehmen, dann geht weg aus jener Stadt und schüttelt den Staub von euren Füßen, zum Zeugnis gegen sie! ⁶ Die Zwölf machten sich auf den Weg und wanderten von Dorf zu Dorf. Sie verkündeten das Evangelium und heilten überall.

DAS URTEIL DES HERODES ÜBER JESUS

⁷ Der Tetrarch Herodes hörte von allem, was geschah, und wusste nicht, was er davon halten sollte. Denn manche sagten: Johannes ist von den Toten auferstanden. ⁸ Andere meinten: Elija ist erschienen. Wieder andere: Einer der alten Propheten ist auferstanden. ⁹ Herodes aber sagte: Johannes habe ich enthaupten lassen. Wer aber ist dieser, von dem man mir solche Dinge erzählt? Und er hatte den Wunsch, ihn zu sehen.

DIE RÜCKKEHR DER JÜNGER UND DIE SPEISUNG DER FÜNFTAUSEND

¹⁰ Die Apostel kamen zurück und erzählten Jesus, was sie alles getan hatten. Dann nahm er sie beiseite und zog sich mit ihnen allein in eine Stadt zurück, die Betsaida heißt. ¹¹ Aber die Leute erfuhren davon und folgten ihm. Er empfing sie freundlich, redete zu ihnen vom Reich Gottes und machte gesund, die der Heilung bedurften. ¹² Als der Tag zur Neige ging, kamen die Zwölf und

sagten zu ihm: Schick die Leute weg, damit sie in die umliegenden Dörfer und Gehöfte gehen, dort Unterkunft finden und etwas zu essen bekommen; denn wir sind hier an einem abgelegenen Ort. ¹³ Er antwortete ihnen: Gebt ihr ihnen zu essen! Sie sagten: Wir haben nicht mehr als fünf Brote und zwei Fische; wir müssten erst weggehen und für dieses ganze Volk etwas zu essen kaufen. ¹⁴ Es waren nämlich etwa fünftausend Männer. Er aber sagte zu seinen Jüngern: Lasst sie sich in Gruppen zu ungefähr fünfzig lagern! ¹⁵ Die Jünger taten so und veranlassten, dass sich alle lagerten. ¹⁶ Jesus aber nahm die fünf Brote und die zwei Fische, blickte zum Himmel auf, sprach den Lobpreis und brach sie; dann gab er sie den Jüngern, damit sie diese an die Leute austeilten. ¹⁷ Und alle aßen und wurden satt. Als man die übrig gebliebenen Brotstücke einsammelte, waren es zwölf Körbe voll.

DAS CHRISTUSBEKENNTNIS DES PETRUS UND DIE ERSTE ANKÜNDIGUNG VON LEIDEN UND AUFERSTEHUNG JESU

¹⁸ Und es geschah: Jesus betete für sich allein und die Jünger waren bei ihm. Da fragte er sie: Für wen halten mich die Leute? ¹⁹ Sie antworteten: Einige für Johannes den Täufer, andere für Elija; wieder andere sagen: Einer der alten Propheten ist auferstanden. ²⁰ Da sagte er zu ihnen: Ihr aber, für wen haltet ihr mich? Petrus antwortete: Für den Christus Gottes. ²¹ Doch er befahl ihnen und wies sie an, es niemandem zu sagen. ²² Und er sagte: Der Menschensohn muss vieles erleiden und von den Ältesten, den Hohepriestern und den Schriftgelehrten verworfen werden; er muss getötet und am dritten Tage auferweckt werden.

NACHFOLGE UND SELBSTVERLEUGNUNG

²³ Zu allen sagte er: Wenn einer hinter mir hergehen will, verleugne er sich selbst, nehme täglich sein Kreuz auf sich und folge mir nach. ²⁴ Denn wer sein Leben retten will, wird es verlieren; wer aber sein Leben um meinetwillen verliert, der wird es retten. ²⁵ Was nützt es einem Menschen, wenn er die ganze Welt gewinnt, dabei aber sich selbst verliert und Schaden nimmt? ²⁶ Denn wer sich meiner und meiner Worte schämt, dessen wird sich der Menschensohn schämen, wenn er in seiner Herrlichkeit kommt und in der des Vaters und der heiligen Engel. ²⁷ Wahrhaftig, das sage ich euch: Von denen, die hier stehen, werden einige den Tod nicht schmecken, bis sie das Reich Gottes gesehen haben.

DIE VERKLÄRUNG JESU

²⁸ Es geschah aber: Etwa acht Tage nach diesen Worten nahm Jesus Petrus, Johannes und Jakobus mit sich und stieg auf einen Berg, um zu beten. ²⁹ Und während er betete, veränderte sich das Aussehen seines Gesichtes und sein Gewand wurde leuchtend weiß. ³⁰ Und siehe, es redeten zwei Männer mit ihm. Es waren Mose und Elija, ³¹ sie erschienen in Herrlichkeit und sprachen von seinem Ende, das er in Jerusalem erfüllen sollte. ³² Petrus und seine Begleiter aber waren eingeschlafen, wurden jedoch wach und sahen Jesus in strahlendem Licht und die zwei Männer, die bei ihm standen. ³³ Und es geschah, als diese sich von ihm trennen wollten, sagte Petrus zu Jesus: Meister, es ist gut, dass wir hier sind. Wir wollen drei Hütten bauen, eine für dich, eine für Mose und eine für Elija. Er wusste aber nicht, was er sagte. ³⁴ Während er noch redete, kam eine Wolke und überschattete sie. Sie aber fürchteten sich, als sie in die Wolke hineingerieten. ³⁵ Da erscholl eine Stimme aus der Wolke: Dieser ist mein auserwählter Sohn, auf ihn sollt ihr hören. ³⁶ Während die Stimme erscholl, fanden sie Jesus allein. Und sie schwiegen und erzählten in jenen Tagen niemandem von dem, was sie gesehen hatten.

DIE ERFOLGLOSEN JÜNGER

³⁷ Es geschah aber am folgenden Tag: Als sie vom Berg hinabstiegen, kam ihm eine große Menschenmenge entgegen. ³⁸ Und siehe, ein Mann aus der Menge schrie: Meister, ich bitte dich, schau auf meinen Sohn! Es ist mein einziger. ³⁹ Siehe, ein Geist packt ihn, dass er plötzlich aufschreit, zerrt ihn hin und her und lässt ihn schäumen und der Geist quält ihn fast unaufhörlich. ⁴⁰ Ich habe schon deine Jünger gebeten, ihn auszutreiben, aber sie konnten es nicht. ⁴¹ Da antwortete Jesus: O du ungläubige und verkehrte Generation! Wie lange muss ich noch bei euch sein und euch ertragen? Bring deinen Sohn her! ⁴² Als der Sohn herkam, warf der Dämon ihn zu Boden und zerrte ihn hin und her. Jesus aber drohte dem unreinen Geist, heilte den Knaben und gab ihn seinem Vater zurück. ⁴³ Und alle waren außer sich vor Staunen über die Größe Gottes.

DIE ZWEITE ANKÜNDIGUNG VON LEIDEN UND AUFERSTEHUNG JESU

Alle Leute staunten über das, was Jesus tat; er aber sagte zu seinen Jüngern: ⁴⁴ Behaltet diese Worte in euren Ohren: Der Menschensohn wird nämlich in die Hände von Menschen ausgeliefert werden. ⁴⁵ Doch die Jünger verstanden den Sinn seiner Worte nicht; er blieb ihnen verborgen, sodass sie ihn nicht begriffen. Aber sie scheuten sich, Jesus zu fragen, was er damit sagen wollte.

DER RANGSTREIT DER JÜNGER

⁴⁶ Unter ihnen kam der Gedanke auf, wer von ihnen der Größte sei. ⁴⁷ Jesus sah den Gedanken in ihren Herzen. Deshalb nahm er ein Kind, stellte es neben sich ⁴⁸ und sagte zu ihnen: Wer dieses Kind in meinem Namen aufnimmt, der nimmt mich auf; und wer mich aufnimmt, der nimmt den auf, der mich gesandt hat. Denn wer unter euch allen der Kleinste ist, der ist groß.

DER FREMDE WUNDERTÄTER

⁴⁹ Da sagte Johannes: Meister, wir haben gesehen, wie jemand in deinem Namen Dämonen austrieb, und wir versuchten, ihn daran zu hindern, weil er nicht mit uns zusammen nachfolgt. ⁵⁰ Jesus antwortete ihm: Hindert ihn nicht! Denn wer nicht gegen euch ist, der ist für euch.

DER WEG JESU NACH JERUSALEM

9,51–19,27

ABLEHNUNG UND KONSEQUENZ DER NACHFOLGE

⁵¹ Es geschah aber: Als sich die Tage erfüllten, dass er hinweggenommen werden sollte, fasste Jesus den festen Entschluss, nach Jerusalem zu gehen. ⁵² Und er schickte Boten vor sich her. Diese gingen und kamen in ein Dorf der Samariter und wollten eine Unterkunft für ihn besorgen. ⁵³ Aber man nahm ihn nicht auf, weil er auf dem Weg nach Jerusalem war. ⁵⁴ Als die Jünger Jakobus und Johannes das sahen, sagten sie: Herr, sollen wir sagen, dass Feuer vom Himmel fällt und sie verzehrt? ⁵⁵ Da wandte er sich um und wies sie zurecht. ⁵⁶ Und sie gingen in ein anderes Dorf.

⁵⁷ Als sie auf dem Weg weiterzogen, sagte ein Mann zu Jesus: Ich will dir nachfolgen, wohin du auch gehst. ⁵⁸ Jesus antwortete ihm: Die Füchse haben Höhlen und die Vögel des Himmels Nester; der Menschensohn aber hat keinen Ort, wo er sein Haupt hinlegen kann. ⁵⁹ Zu einem anderen sagte er: Folge mir nach! Der erwiderte: Lass mich zuerst weggehen und meinen Vater begraben! ⁶⁰ Jesus sagte zu ihm: Lass die Toten ihre Toten begraben; du aber geh und verkünde das Reich Gottes! ⁶¹ Wieder ein anderer sagte: Ich will dir nachfolgen, Herr. Zuvor aber lass mich Abschied nehmen von denen, die in meinem Hause sind. ⁶² Jesus erwiderte ihm: Keiner, der die Hand an den Pflug gelegt hat und nochmals zurückblickt, taugt für das Reich Gottes.

10

10,1–42

DIE AUSSENDUNG DER ZWEIUNDSIEBZIG JÜNGER

¹ Danach suchte der Herr zweiundsiebzig andere aus und sandte sie zu zweit vor sich her in alle Städte und Ortschaften, in die er selbst gehen wollte. ² Er sagte zu ihnen: Die Ernte ist groß, aber es gibt nur wenig Arbeiter. Bittet also den Herrn der Ernte, Arbeiter für seine Ernte auszusenden! ³ Geht! Siehe, ich sende euch wie Schafe mitten unter die Wölfe. ⁴ Nehmt keinen Geldbeutel mit, keine Vorratstasche und keine Schuhe! Grüßt niemanden auf dem Weg! ⁵ Wenn ihr in ein Haus kommt, so sagt als Erstes:

Friede diesem Haus!

⁶ Und wenn dort ein Sohn des Friedens wohnt, wird euer Friede auf ihm ruhen; andernfalls wird er zu euch zurückkehren. ⁷ Bleibt in diesem Haus, esst und trinkt, was man euch anbietet; denn wer arbeitet, ist seines Lohnes wert. Zieht nicht von einem Haus in ein anderes! ⁸ Wenn ihr in eine Stadt kommt und man euch aufnimmt, so esst, was man euch vorsetzt. ⁹ Heilt die Kranken, die dort sind, und sagt ihnen: Das Reich Gottes ist euch nahe! ¹⁰ Wenn ihr aber in eine Stadt kommt, in der man euch nicht aufnimmt, dann geht auf die Straße hinaus und ruft: ¹¹ Selbst den Staub eurer Stadt, der an unseren Füßen klebt, lassen wir euch zurück; doch das sollt ihr wissen: Das Reich Gottes ist nahe. ¹² Ich sage euch: Sodom wird es an jenem Tag erträglicher ergehen als dieser Stadt. ¹³ Weh dir, Chorazin! Weh dir, Betsaida! Denn wenn in Tyrus und Sidon die Machttaten geschehen wären, die bei euch geschehen sind – längst schon wären sie in Sack und Asche umgekehrt. ¹⁴ Doch Tyrus und Sidon wird es beim Gericht erträglicher ergehen als euch. ¹⁵ Und du, Kafarnaum, wirst du etwa bis zum Himmel erhoben werden? Bis zur Unterwelt wirst du hinabsteigen! ¹⁶ Wer euch hört, der hört mich, und wer euch ablehnt, der lehnt mich ab; wer aber mich ablehnt, der lehnt den ab, der mich gesandt hat.

DIE RÜCKKEHR DER ZWEIUNDSIEBZIG JÜNGER UND DER LOBPREIS JESU

¹⁷ Die Zweiundsiebzig kehrten zurück und sagten voller Freude: **Herr, sogar die Dämonen sind uns in deinem Namen untertan.**

¹⁸ Da sagte er zu ihnen: Ich sah den Satan wie einen Blitz aus dem Himmel fallen. ¹⁹ Siehe, ich habe euch die Vollmacht gegeben, auf Schlangen und Skorpione zu treten und über die ganze Macht des Feindes. Nichts wird euch schaden können. ²⁰ Doch freut euch nicht darüber, dass euch die Geister gehorchen, sondern freut euch darüber, dass eure Namen im Himmel verzeichnet sind!

²¹ In dieser Stunde rief Jesus, vom Heiligen Geist erfüllt, voll Freude aus: Ich preise dich, Vater, Herr des Himmels und der Erde, weil du das vor den Weisen und Klugen verborgen und es den Unmündigen offenbart hast. Ja, Vater, so hat es dir ge-

fallen. ²² Alles ist mir von meinem Vater übergeben worden; niemand erkennt, wer der Sohn ist, nur der Vater, und niemand erkennt, wer der Vater ist, nur der Sohn und der, dem es der Sohn offenbaren will.
²³ Jesus wandte sich an die Jünger und sagte zu ihnen allein: Selig sind die Augen, die sehen, was ihr seht. ²⁴ Denn ich sage euch: Viele Propheten und Könige wollten sehen, was ihr seht, und haben es nicht gesehen, und wollten hören, was ihr hört, und haben es nicht gehört.

DER BARMHERZIGE SAMARITER ALS BEISPIEL

²⁵ Und siehe, ein Gesetzeslehrer stand auf, um Jesus auf die Probe zu stellen, und fragte ihn: Meister, was muss ich tun, um das ewige Leben zu erben? ²⁶ Jesus sagte zu ihm: Was steht im Gesetz geschrieben? Was liest du? ²⁷ Er antwortete: *Du sollst den Herrn, deinen Gott, lieben mit deinem ganzen Herzen und deiner ganzen Seele, mit deiner ganzen Kraft und deinem ganzen Denken, und deinen Nächsten wie dich selbst.* ²⁸ Jesus sagte zu ihm: Du hast richtig geantwortet. Handle danach und du wirst leben! ²⁹ Der Gesetzeslehrer wollte sich rechtfertigen und sagte zu Jesus: Und wer ist mein Nächster? ³⁰ Darauf antwortete ihm Jesus: Ein Mann ging von Jerusalem nach Jericho hinab und wurde von Räubern überfallen. Sie plünderten ihn aus und schlugen ihn nieder; dann gingen sie weg und ließen ihn halbtot liegen. ³¹ Zufällig kam ein Priester denselben Weg herab; er sah ihn und ging vorüber. ³² Ebenso kam auch ein Levit zu der Stelle; er sah ihn und ging vorüber. ³³ Ein Samariter aber, der auf der Reise war, kam zu ihm; er sah ihn und hatte Mitleid, ³⁴ ging zu ihm hin, goss Öl und Wein auf seine Wunden und verband sie. Dann hob er ihn auf sein eigenes Reittier, brachte ihn zu einer Herberge und sorgte für ihn. ³⁵ Und am nächsten Tag holte er zwei Denare hervor, gab sie dem Wirt und sagte: Sorge für ihn, und wenn du mehr für ihn brauchst, werde ich es dir bezahlen, wenn ich wiederkomme. ³⁶ Wer von diesen dreien meinst du, ist dem der Nächste geworden, der von den Räubern überfallen wurde? ³⁷ Der Gesetzeslehrer antwortete: Der barmherzig an ihm gehandelt hat. Da sagte Jesus zu ihm: Dann geh und handle du genauso!

MARIA UND MARTA

³⁸ Als sie weiterzogen, kam er in ein Dorf. Eine Frau namens Marta nahm ihn gastlich auf. ³⁹ Sie hatte eine Schwester, die Maria hieß. Maria setzte sich dem Herrn zu Füßen und hörte seinen Worten zu. ⁴⁰ Marta aber war ganz davon in Anspruch genommen zu dienen. Sie kam zu ihm und sagte: Herr, kümmert es dich nicht, dass meine Schwester die Arbeit mir allein überlässt? Sag ihr doch, sie soll mir helfen! ⁴¹ Der Herr antwortete: Marta, Marta, du machst dir viele Sorgen und Mühen. ⁴² Aber nur eines ist notwendig. Maria hat den guten Teil gewählt, der wird ihr nicht genommen werden.

11
11,1–54

DAS VATERUNSER UND DER AUFRUF ZUM BEHARRLICHEN BITTEN

¹ Und es geschah: Jesus betete einmal an einem Ort; als er das Gebet beendet hatte, sagte einer seiner Jünger zu ihm: Herr, lehre uns beten, wie auch Johannes seine Jünger beten gelehrt hat! ² Da sagte er zu ihnen: Wenn ihr betet, so sprecht:

Vater, geheiligt werde dein Name. / Dein Reich komme. ³ Gib uns täglich das Brot, das wir brauchen! ⁴ Und erlass uns unsere Sünden; / denn auch wir erlassen jedem, was er uns schuldig ist. / Und führe uns nicht in Versuchung!

⁵ Dann sagte er zu ihnen: Wenn einer von euch einen Freund hat und um Mitternacht zu ihm geht und sagt: Freund, leih mir drei Brote; ⁶ denn einer meiner Freunde, der auf Reisen ist, ist zu mir gekommen und ich habe ihm nichts anzubieten!, ⁷ wird dann der Mann drinnen antworten: Lass mich in Ruhe, die Tür ist schon verschlossen und meine Kinder schlafen bei mir; ich kann nicht aufstehen und dir etwas geben? ⁸ Ich sage euch: Wenn er schon nicht deswegen aufsteht und ihm etwas gibt, weil er sein Freund ist, so wird er doch wegen seiner Zudringlichkeit aufstehen und ihm geben, was er braucht.
⁹ Darum sage ich euch: Bittet und es wird euch gegeben; sucht und ihr werdet finden; klopft an und es wird euch geöffnet. ¹⁰ Denn wer bittet, der empfängt; wer sucht, der findet; und wer anklopft, dem wird geöffnet. ¹¹ Oder welcher Vater unter euch, den der Sohn um einen Fisch bittet, gibt ihm statt eines Fisches eine Schlange ¹² oder einen Skorpion, wenn er um ein Ei bittet? ¹³ Wenn nun ihr, die ihr böse seid, euren Kindern gute Gaben zu geben wisst, wie viel mehr wird der Vater im Himmel den Heiligen Geist denen geben, die ihn bitten.

VERTEIDIGUNGSREDE JESU

¹⁴ Jesus trieb einen Dämon aus, der stumm war. Es geschah aber: Als der Dämon ausgefahren war, da konnte der Mann reden. Alle Leute staunten. ¹⁵ Einige von ihnen aber sagten: Mit Hilfe von Beelzebul, dem Herrscher der Dämonen, treibt er die Dämonen aus. ¹⁶ Andere wollten ihn auf die Probe stellen und forderten von ihm ein Zeichen vom Himmel. ¹⁷ Doch er wusste, was sie dachten, und sagte zu ihnen: Jedes Reich, das in sich selbst gespalten ist, wird veröden und ein Haus ums andere stürzt ein. ¹⁸ Wenn also der Satan in sich selbst gespalten ist, wie kann sein Reich dann Bestand haben? Ihr sagt doch, dass ich die Dämonen mit Hilfe von Beelzebul austreibe. ¹⁹ Wenn ich aber die Dämonen durch Beelzebul austreibe, durch wen treiben dann eure Söhne sie aus? Deswegen werden sie eure Richter sein. ²⁰ Wenn ich aber die Dämonen durch den Finger Gottes austreibe, dann ist das Reich Gottes schon zu euch gekommen. ²¹ Solange ein bewaffneter starker Mann seinen Hof bewacht, ist sein Besitz sicher; ²² wenn ihn aber ein Stärkerer angreift und besiegt, dann nimmt ihm der Stärkere seine ganze Rüstung, auf die er sich verlassen hat, und verteilt seine Beute. ²³ Wer nicht mit mir ist, der ist gegen mich; wer nicht mit mir sammelt, der zerstreut.

VON DER RÜCKKEHR UNREINER GEISTER

²⁴ Wenn ein unreiner Geist aus dem Menschen ausfährt, durchwandert er wasserlose Gegenden, um eine Ruhestätte zu suchen, findet aber keine. Dann sagt er: Ich will in mein Haus zurückkehren, das ich verlassen habe. ²⁵ Und er kommt und findet es sauber und geschmückt. ²⁶ Dann geht er und holt sieben andere Geister, die noch schlimmer sind als er selbst. Sie ziehen dort ein und lassen sich nieder. Und die letzten Dinge jenes Menschen werden schlimmer sein als die ersten.

VOM VERSTEHEN DES WORTES GOTTES

²⁷ Es geschah aber: Als er das sagte, da erhob eine Frau aus der Menge ihre Stimme und rief ihm zu: Selig der Schoß, der dich getragen, und die Brust, die dich gestillt hat! ²⁸ Er aber erwiderte: Ja, selig sind vielmehr, die das Wort Gottes hören und es befolgen.

²⁹ Als immer mehr Menschen zusammenkamen, begann er zu sprechen: Diese Generation ist eine böse Generation. Sie fordert ein Zeichen; aber es wird ihr kein Zeichen gegeben werden außer das Zeichen des Jona. ³⁰ Denn wie Jona für die Einwohner von Ninive ein Zeichen war, so wird es auch der Menschensohn für diese Generation sein. ³¹ Die Königin des Südens wird beim Gericht mit den Männern dieser Generation auftreten und sie verurteilen; denn sie kam von den Enden der Erde, um die Weisheit Salomos zu hören. Und siehe, hier ist mehr als Salomo. ³² Die Männer von Ninive werden beim Gericht mit dieser Generation auftreten und sie verurteilen; denn sie sind auf die Botschaft des Jona hin umgekehrt. Und siehe, hier ist mehr als Jona.

³³ Niemand zündet eine Leuchte an und stellt sie in einen versteckten Winkel oder unter einen Scheffel, sondern auf einen Leuchter, damit alle, die eintreten, das Licht sehen. ³⁴ Die Leuchte des Leibes ist dein Auge. Wenn dein Auge gesund ist, dann ist dein ganzer Leib hell. Wenn es aber krank ist, dann ist auch dein Leib finster. ³⁵ Achte also darauf, dass das Licht in dir nicht Finsternis ist! ³⁶ Wenn nun dein ganzer Leib hell ist und nichts Finsteres in ihm ist, dann wird er ganz hell sein, wie wenn die Leuchte dich mit ihrem Strahl bescheint.

DIE WEHERUFE GEGEN DIE PHARISÄER UND GESETZESLEHRER

³⁷ Nach dieser Rede lud ein Pharisäer Jesus ein, bei ihm zu essen. Jesus ging zu ihm und begab sich zu Tisch. ³⁸ Als der Pharisäer sah, dass er sich vor dem Essen nicht die Hände wusch, war er verwundert. ³⁹ Da sagte der Herr zu ihm: O ihr Pharisäer! Ihr haltet zwar Becher und Teller außen sauber, innen aber seid ihr voll Raffsucht und Bosheit. ⁴⁰ Ihr Unverständigen! Hat nicht der, der das Äußere schuf, auch das Innere geschaffen? ⁴¹ Gebt lieber als Almosen, was ihr habt; und siehe, alles ist für euch rein. ⁴² Doch weh euch Pharisäern! Ihr gebt den Zehnten von Minze, Gewürzkraut und allem Gemüse und geht am Recht und an der Liebe Gottes vorbei. Man muss das eine tun, ohne das andere zu unterlassen. ⁴³ Weh euch Pharisäern! Ihr liebt den Ehrenplatz in den Synagogen und wollt auf den Straßen und Plätzen gegrüßt werden. ⁴⁴ Weh euch: Ihr seid wie Gräber, die man nicht mehr sieht; die Leute gehen darüber, ohne es zu merken. ⁴⁵ Darauf erwiderte ihm ein Gesetzeslehrer: Meister, mit diesen Worten beleidigst du auch uns. ⁴⁶ Er antwortete: Weh auch euch Gesetzeslehrern! Ihr ladet den Menschen unerträgliche Lasten auf, selbst aber rührt ihr die Lasten mit keinem Finger an. ⁴⁷ Weh euch! Ihr errichtet Denkmäler für die Propheten, die von euren Vätern umgebracht wurden. ⁴⁸ Damit bestätigt und billigt ihr, was eure Väter getan haben. Sie haben die Propheten umgebracht, ihr errichtet ihnen Bauten. ⁴⁹ Deshalb hat auch die Weisheit Gottes gesagt: Ich werde Propheten und Apostel zu ihnen senden und sie werden einige von ihnen töten und andere verfolgen, ⁵⁰ damit das Blut aller Propheten, das seit der Erschaffung der Welt vergossen worden ist, von dieser Generation gefordert wird, ⁵¹ vom Blut Abels bis zum Blut des Zacharias, der zwischen Altar und Tempelhaus umgebracht wurde. Ja, das sage ich euch: An dieser Generation wird es gerächt werden. ⁵² Weh euch Gesetzeslehrern! Ihr habt den Schlüssel zur Erkenntnis weggenommen. Ihr selbst seid nicht hineingegangen und die, die hineingehen wollten, habt ihr daran gehindert. ⁵³ Als Jesus von dort weggegangen war, begannen die Schriftgelehrten und die Pharisäer, ihn mit vielerlei Fragen hartnäckig zu bedrängen; ⁵⁴ sie lauerten ihm auf, um ihn in seinen eigenen Worten zu fangen.

12

12,1–59

MUT ZUM ÖFFENTLICHEN BEKENNTNIS

¹ Unterdessen strömten Tausende von Menschen zusammen, sodass es ein gefährliches Gedränge gab. Jesus begann zu sprechen, vor allem zu seinen Jüngern: Hütet euch vor dem Sauerteig der Pharisäer, das heißt vor der Heuchelei! ² Nichts ist verhüllt, was nicht enthüllt wird, und nichts ist verborgen, was nicht bekannt wird. ³ Deshalb wird man alles, was ihr im Dunkeln redet, im Licht hören, und was ihr einander hinter verschlossenen Türen ins Ohr flüstert, das wird man auf den Dächern verkünden.

⁴ Euch aber, meinen Freunden, sage ich: Fürchtet euch nicht vor denen, die den Leib töten, danach aber nichts weiter tun können! ⁵ Ich will euch zeigen, wen ihr fürchten sollt: Fürchtet euch vor dem, der nicht nur töten kann, sondern die Macht hat, euch auch noch in die Hölle zu werfen! Ja, das sage ich euch: Ihn sollt ihr fürchten. ⁶ Verkauft man nicht fünf Spatzen für zwei Pfennige? Und doch ist nicht einer von ihnen vor Gott vergessen. ⁷ Bei euch aber sind sogar die Haare auf dem Kopf alle gezählt. Fürchtet euch nicht! Ihr seid mehr wert als viele Spatzen. ⁸ Ich sage euch aber: Jeder, der sich vor den Menschen zu mir bekennt, zu dem wird sich auch der Menschensohn vor den Engeln Gottes bekennen. ⁹ Wer mich aber vor den Menschen verleugnet, der wird auch vor den Engeln Gottes verleugnet werden. ¹⁰ Jedem, der ein Wort gegen den Menschensohn sagt, wird vergeben werden; wer aber den Heiligen Geist lästert, dem wird nicht vergeben werden. ¹¹ Wenn man euch vor die Gerichte der Synagogen und vor die Herrscher und Machthaber schleppt, dann macht euch keine Sorgen, wie ihr euch verteidigen oder was ihr sagen sollt! ¹² Denn der Heilige Geist wird euch in derselben Stunde lehren, was ihr sagen müsst.

DIE VORLÄUFIGKEIT DES BESITZES

¹³ Einer aus der Volksmenge bat Jesus: Meister, sag meinem Bruder, er soll das Erbe mit mir teilen! ¹⁴ Er erwiderte ihm: Mensch, wer hat mich zum Richter oder Erbteiler bei euch eingesetzt? ¹⁵ Dann sagte er zu den Leuten: Gebt Acht, hütet euch vor jeder Art von Habgier! Denn das Leben eines Menschen besteht nicht darin, dass einer im Überfluss seines Besitzes lebt. ¹⁶ Und er erzählte ihnen folgendes Gleichnis: Auf den Feldern eines reichen Mannes stand eine gute Ernte. ¹⁷ Da überlegte er bei sich selbst: Was soll ich tun? Ich habe keinen Platz, wo ich meine Ernte unterbringen könnte. ¹⁸ Schließlich sagte er: So will ich es machen: Ich werde meine Scheunen abreißen und größere bauen; dort werde ich mein ganzes Getreide und meine Vorräte unterbringen. ¹⁹ Dann werde ich zu meiner Seele sagen: Seele, nun hast du einen großen Vorrat, der für viele Jahre reicht. Ruh dich aus, iss und trink und freue dich! ²⁰ Da sprach Gott zu ihm: Du Narr! Noch in dieser Nacht wird man dein Leben von dir zurückfordern. Wem wird dann das gehören, was du angehäuft hast? ²¹ So geht es einem, der nur für sich selbst Schätze sammelt, aber bei Gott nicht reich ist.

VON DER RECHTEN SORGE

²² Und er sagte zu seinen Jüngern: Deswegen sage ich euch: Sorgt euch nicht um euer Leben, was ihr essen sollt, noch um euren Leib, was ihr anziehen sollt! ²³ Denn das Leben ist mehr als die Nahrung und der Leib mehr als die Kleidung.

²⁴ **Seht auf die Raben: Sie säen nicht und ernten nicht, sie haben keine Vorratskammer und keine Scheune; und Gott ernährt sie.**

Wie viel mehr seid ihr wert als die Vögel! ²⁵ Wer von euch kann mit all seiner Sorge sein Leben auch nur um eine kleine Spanne verlängern? ²⁶ Wenn ihr nicht einmal etwas so Geringes könnt, warum macht ihr euch dann Sorgen um das Übrige?

²⁷ **Seht euch die Lilien an, wie sie wachsen: Sie arbeiten nicht und spinnen nicht. Doch ich sage euch: Selbst Salomo war in all seiner Pracht nicht gekleidet wie eine von ihnen.**

²⁸ Wenn aber Gott schon das Gras so kleidet, das heute auf dem Feld steht und morgen in den Ofen geworfen wird, wie viel mehr dann euch, ihr Kleingläubigen! ²⁹ Und darum auch ihr: Sucht nicht, was ihr essen und was ihr trinken sollt, und ängstigt euch nicht! ³⁰ Denn nach all dem streben die Heiden in der Welt. Euer Vater weiß, dass ihr das braucht. ³¹ Vielmehr sucht sein Reich; dann wird euch das andere dazugegeben.

³² Fürchte dich nicht, du kleine Herde! Denn euer Vater hat beschlossen, euch das Reich zu geben.

³³ Verkauft euren Besitz und gebt Almosen! Macht euch Geldbeutel, die nicht alt werden! Verschafft euch einen Schatz, der nicht abnimmt, im Himmel, wo kein Dieb ihn findet und keine Motte ihn frisst! ³⁴ Denn wo euer Schatz ist, da ist auch euer Herz.

AUFFORDERUNG ZUR WACHSAMKEIT

³⁵ *Eure Hüften sollen gegürtet sein und eure Lampen brennen!* ³⁶ Seid wie Menschen, die auf ihren Herrn warten, der von einer Hochzeit zurückkehrt, damit sie ihm sogleich öffnen, wenn er kommt und anklopft! ³⁷ Selig die Knechte, die der Herr wach findet, wenn er kommt! Amen, ich sage euch: Er wird sich gürten, sie am Tisch Platz nehmen lassen und sie der Reihe nach bedienen. ³⁸ Und kommt er erst in der zweiten oder dritten Nachtwache und findet sie wach – selig sind sie. ³⁹ Bedenkt: Wenn der Herr des Hauses wüsste, in welcher Stunde der Dieb kommt, so würde er verhindern, dass man in sein Haus einbricht. ⁴⁰ Haltet auch ihr euch bereit! Denn der Menschensohn kommt zu einer Stunde, in der ihr es nicht erwartet. ⁴¹ Da sagte Petrus: Herr, sagst du dieses Gleichnis nur zu uns oder auch zu allen? ⁴² Der Herr antwortete: Wer ist denn der treue und kluge Verwalter, den der Herr über sein Gesinde einset-

zen wird, damit er ihnen zur rechten Zeit die Tagesration gibt? ⁴³ Selig der Knecht, den der Herr damit beschäftigt findet, wenn er kommt! ⁴⁴ Wahrhaftig, ich sage euch: Er wird ihn über sein ganzes Vermögen einsetzen. ⁴⁵ Wenn aber der Knecht in seinem Herzen sagt: Mein Herr verspätet sich zu kommen! und anfängt, die Knechte und Mägde zu schlagen, auch zu essen und zu trinken und sich zu berauschen, ⁴⁶ dann wird der Herr jenes Knechtes an einem Tag kommen, an dem er es nicht erwartet, und zu einer Stunde, die er nicht kennt; und der Herr wird ihn in Stücke hauen und ihm seinen Platz unter den Ungläubigen zuweisen. ⁴⁷ Der Knecht, der den Willen seines Herrn kennt, sich aber nicht darum kümmert und nicht danach handelt, der wird viele Schläge bekommen. ⁴⁸ Wer aber, ohne den Willen des Herrn zu kennen, etwas tut, was Schläge verdient, der wird wenig Schläge bekommen. Wem viel gegeben wurde, von dem wird viel zurückgefordert werden, und wem man viel anvertraut hat, von dem wird man umso mehr verlangen.

DIE ZEIT DER ENTSCHEIDUNG

⁴⁹ Ich bin gekommen, um Feuer auf die Erde zu werfen. Wie froh wäre ich, es würde schon brennen! ⁵⁰ Ich muss mit einer Taufe getauft werden und wie bin ich bedrängt, bis sie vollzogen ist. ⁵¹ Meint ihr, ich sei gekommen, um Frieden auf der Erde zu bringen? Nein, sage ich euch, sondern Spaltung. ⁵² Denn von nun an werden fünf Menschen im gleichen Haus in Zwietracht leben: Drei werden gegen zwei stehen und zwei gegen drei; ⁵³ der Vater wird gegen den Sohn stehen und der *Sohn gegen den Vater*, die Mutter gegen die Tochter und *die Tochter gegen die Mutter*, die Schwiegermutter gegen ihre Schwiegertochter und *die Schwiegertochter gegen die Schwiegermutter*.

⁵⁴ Außerdem sagte Jesus zu der Volksmenge: Wenn ihr im Westen eine Wolke aufsteigen seht, sagt ihr sofort: Es gibt Regen. Und so geschieht es. ⁵⁵ Und wenn der Südwind weht, sagt ihr: Es wird heiß. Und es geschieht. ⁵⁶ Ihr Heuchler! Das Aussehen der Erde und des Himmels wisst ihr zu deuten. Warum könnt ihr dann diese Zeit der Entscheidung nicht deuten? ⁵⁷ Warum findet ihr nicht schon von selbst das rechte Urteil? ⁵⁸ **Denn wenn du mit deinem Gegner zum Gericht gehst, bemüh dich noch auf dem Weg, dich mit ihm zu einigen! Sonst wird er dich vor den Richter schleppen und der Richter wird dich dem Gerichtsdiener übergeben und der Gerichtsdiener wird dich ins Gefängnis werfen.** ⁵⁹ **Ich sage dir:**

Du kommst von dort nicht heraus, bis du auch die letzte Münze bezahlt hast.

13

13,1–35

¹ Zur gleichen Zeit kamen einige Leute und berichteten Jesus von den Galiläern, deren Blut Pilatus mit dem ihrer Opfertiere vermischt hatte. ² Und er antwortete ihnen: Meint ihr, dass diese Galiläer größere Sünder waren als alle anderen Galiläer, weil das mit ihnen geschehen ist? ³ Nein, sage ich euch, vielmehr werdet ihr alle genauso umkommen, wenn ihr nicht umkehrt. ⁴ Oder jene achtzehn Menschen, die beim Einsturz des Turms am Schiloach erschlagen wurden – meint ihr, dass sie größere Schuld auf sich geladen hatten als alle anderen Einwohner von Jerusalem? ⁵ Nein, sage ich euch, vielmehr werdet ihr alle ebenso umkommen, wenn ihr nicht umkehrt. ⁶ Und er erzählte ihnen dieses Gleichnis: Ein Mann hatte in seinem Weinberg einen Feigenbaum gepflanzt; und als er kam und nachsah, ob er Früchte trug, fand er keine. ⁷ Da sagte er zu seinem Winzer: Siehe, jetzt komme ich schon drei Jahre und sehe nach, ob dieser Feigenbaum Früchte trägt, und finde nichts. Hau ihn um! Was soll er weiter dem Boden seine Kraft nehmen? ⁸ Der Winzer erwiderte: **Herr, lass ihn dieses Jahr noch stehen; ich will den Boden um ihn herum aufgraben und düngen.** ⁹ **Vielleicht trägt er in Zukunft Früchte; wenn nicht, dann lass ihn umhauen!**

DIE HEILUNG EINER FRAU AM SABBAT

¹⁰ Am Sabbat lehrte Jesus in einer Synagoge. ¹¹ Und siehe, da war eine Frau, die seit achtzehn Jahren krank war, weil sie von einem Geist geplagt wurde; sie war ganz verkrümmt und konnte nicht mehr aufrecht gehen. ¹² Als Jesus sie sah, rief er sie zu sich und sagte: Frau, du bist von deinem Leiden erlöst. ¹³ Und er legte ihr die Hände auf. Im gleichen Augenblick richtete sie sich auf und pries Gott. ¹⁴ Der Synagogenvorste-

her aber war empört darüber, dass Jesus am Sabbat heilte, und sagte zu den Leuten: Sechs Tage sind zum Arbeiten da. Kommt also an diesen Tagen und lasst euch heilen, nicht am Sabbat! ¹⁵ Der Herr erwiderte ihm: Ihr Heuchler! Bindet nicht jeder von euch am Sabbat seinen Ochsen oder Esel von der Krippe los und führt ihn zur Tränke? ¹⁶ Diese Frau aber, die eine Tochter Abrahams ist und die der Satan schon seit achtzehn Jahren gefesselt hielt, sollte am Sabbat nicht davon befreit werden dürfen? ¹⁷ Durch diese Worte wurden alle seine Gegner beschämt; das ganze Volk aber freute sich über all die großen Taten, die er vollbrachte.

DIE GLEICHNISSE VOM SENFKORN UND VOM SAUERTEIG

¹⁸ Er aber sagte: Wem ist das Reich Gottes ähnlich, womit soll ich es vergleichen? ¹⁹ Es ist wie ein Senfkorn, das ein Mann nahm und in seinen Garten säte; es wuchs und wurde zu einem Baum und die Vögel des Himmels nisteten in seinen Zweigen.
²⁰ Noch einmal sagte er: Womit soll ich das Reich Gottes vergleichen? ²¹ Es ist wie der Sauerteig, den eine Frau nahm und unter drei Sea Mehl verbarg, bis das Ganze durchsäuert war.

VON DER ENGEN UND DER VERSCHLOSSENEN TÜR

²² Auf seinem Weg nach Jerusalem zog er von Stadt zu Stadt und von Dorf zu Dorf und lehrte. ²³ Da fragte ihn einer: Herr, sind es nur wenige, die gerettet werden? Er sagte zu ihnen: ²⁴ Bemüht euch mit allen Kräften, durch die enge Tür zu gelangen; denn viele, sage ich euch, werden versuchen hineinzukommen, aber es wird ihnen nicht gelingen. ²⁵ Wenn der Herr des Hauses aufsteht und die Tür verschließt und ihr draußen steht, an die Tür klopft und ruft: Herr, mach uns auf!, dann wird er euch antworten: Ich weiß nicht, woher ihr seid. ²⁶ Dann werdet ihr anfangen zu sagen: Wir haben doch in deinem Beisein gegessen und getrunken und du hast auf unseren Straßen gelehrt. ²⁷ Er aber wird euch erwidern: Ich weiß nicht, woher ihr seid. *Weg von mir, ihr habt alle Unrecht getan!* ²⁸ Dort wird Heulen und Zähneknirschen sein, wenn ihr seht, dass Abraham, Isaak und Jakob und alle Propheten im Reich Gottes sind, ihr selbst aber ausgeschlossen seid. ²⁹ Und sie werden von Osten und Westen und von Norden und Süden kommen und im Reich Gottes zu Tisch sitzen. ³⁰ Und siehe, da sind Letzte, die werden Erste sein, und da sind Erste, die werden Letzte sein.

JERUSALEM UND DIE PROPHETEN

³¹ Zur selben Stunde kamen einige Pharisäer und sagten zu ihm: Geh weg, zieh fort von hier, denn Herodes will dich töten. ³² Er antwortete ihnen: Geht und sagt diesem Fuchs: Siehe, ich treibe Dämonen aus und vollbringe Heilungen, heute und morgen, und am dritten Tag werde ich vollendet. ³³ Doch heute und morgen und am folgenden Tag muss ich weiterwandern; denn ein Prophet darf nicht außerhalb Jerusalems umkommen. ³⁴ Jerusalem, Jerusalem, du tötest die Propheten und steinigst die Boten, die zu dir gesandt sind. Wie oft wollte ich deine Kinder sammeln, so wie eine Henne ihre Küken unter ihre Flügel nimmt; aber ihr habt nicht gewollt. ³⁵ Siehe, euer Haus wird euch selbst überlassen. Ich sage euch: Ihr werdet mich nicht mehr sehen, bis die Zeit kommt, in der ihr ruft:

Gepriesen sei er, der kommt im Namen des Herrn!

14

14,1–35

HEILUNG AM SABBAT

¹ Und es geschah: Jesus kam an einem Sabbat in das Haus eines führenden Pharisäers zum Essen. Da beobachtete man ihn genau. ² Und siehe, ein Mann, der an Wassersucht litt, stand vor ihm. ³ Jesus wandte sich an die Gesetzeslehrer und die Pharisäer und fragte: Ist es am Sabbat erlaubt zu heilen, oder nicht? ⁴ Sie schwiegen. Da berührte er den Mann, heilte ihn und ließ ihn gehen. ⁵ Zu ihnen aber sagte er: Wer von euch wird seinen Sohn oder seinen Ochsen, der in den Brunnen fällt, nicht sofort herausziehen, auch am Sabbat? ⁶ Darauf konnten sie ihm nichts erwidern.

DIE RANGORDNUNG IM REICH GOTTES

⁷ Als er bemerkte, wie sich die Gäste die Ehrenplätze aussuchten, erzählte er ihnen ein Gleichnis. Er sagte zu ihnen: ⁸ Wenn du von jemandem zu einer Hochzeit eingeladen bist, nimm nicht den Ehrenplatz ein! Denn es könnte ein anderer von ihm eingeladen sein, der vornehmer ist als du, ⁹ und dann würde der Gastgeber, der dich und ihn eingeladen hat, kommen und zu dir sagen: Mach diesem hier Platz! Du aber wärst beschämt und müsstest den untersten Platz einnehmen. ¹⁰ Vielmehr, wenn du eingeladen bist, geh hin und nimm den untersten Platz ein, damit dein Gastgeber zu dir kommt und sagt:

Mein Freund, rück weiter hinauf!

Das wird für dich eine Ehre sein vor allen anderen Gästen. ¹¹ Denn wer sich selbst erhöht, wird erniedrigt, und wer sich selbst erniedrigt, wird erhöht werden.

VON DEN RECHTEN GÄSTEN

¹² Dann sagte er zu dem Gastgeber: Wenn du mittags oder abends ein Essen gibst, lade nicht deine Freunde oder deine Brüder, deine Verwandten oder reiche Nachbarn ein; sonst laden auch sie dich wieder ein und dir ist es vergolten. ¹³ **Nein, wenn du ein Essen gibst, dann lade Arme, Verkrüppelte, Lahme und Blinde ein.** ¹⁴ **Du wirst selig sein, denn sie haben nichts, um es dir zu vergelten; es wird dir vergolten werden bei der Auferstehung der Gerechten.**

DAS GLEICHNIS VOM FESTMAHL

¹⁵ Als einer der Gäste das hörte, sagte er zu Jesus: Selig, wer im Reich Gottes am Mahl teilnehmen darf. ¹⁶ Jesus sagte zu ihm: Ein Mann veranstaltete ein großes Festmahl und lud viele dazu ein. ¹⁷ Zur Stunde des Festmahls schickte er seinen Diener aus und ließ denen, die er eingeladen hatte, sagen: Kommt, alles ist bereit! ¹⁸ Aber alle fingen an, einer nach dem anderen, sich zu entschuldigen. Der erste ließ ihm sagen: Ich habe einen Acker gekauft und muss dringend gehen und ihn besichtigen. Bitte, entschuldige mich! ¹⁹ Ein anderer sagte: Ich habe fünf Ochsengespanne gekauft und bin auf dem Weg, um sie zu prüfen. Bitte, entschuldige mich! ²⁰ Wieder ein anderer sagte: Ich habe geheiratet und kann deshalb nicht kommen. ²¹ Der Diener kehrte zurück und berichtete dies seinem Herrn. Da wurde der Hausherr zornig und sagte zu seinem Diener: Geh schnell hinaus auf die Straßen und Gassen der Stadt und hol die Armen und die Verkrüppelten, die Blinden und die Lahmen hierher! ²² Und der Diener meldete: Herr, dein Auftrag ist ausgeführt; und es ist immer noch Platz. ²³ Da sagte der Herr zu dem Diener: Geh zu den Wegen und Zäunen und nötige die Leute hereinzukommen, damit mein Haus voll wird. ²⁴ Denn ich sage euch: Keiner von denen, die eingeladen waren, wird an meinem Mahl teilnehmen.

DIE FORDERUNGEN DER NACHFOLGE

²⁵ Viele Menschen begleiteten ihn; da wandte er sich an sie und sagte: ²⁶ Wenn jemand zu mir kommt und nicht Vater und Mutter, Frau und Kinder, Brüder und Schwestern, ja sogar sein Leben gering achtet, dann kann er nicht mein Jünger sein. ²⁷ Wer nicht sein Kreuz trägt und hinter mir hergeht, der kann nicht mein Jünger sein. ²⁸ Denn wenn einer von euch einen Turm bauen will, setzt er sich dann nicht zuerst hin und berechnet die Kosten, ob seine Mittel für das ganze Vorhaben ausreichen? ²⁹ Sonst könnte es geschehen, dass er das Fundament gelegt hat, dann aber den Bau nicht fertigstellen kann. Und alle, die es sehen, würden ihn verspotten ³⁰ und sagen: Der da hat einen Bau begonnen und konnte ihn nicht zu Ende führen. ³¹ Oder wenn ein König gegen einen anderen in den Krieg zieht, setzt er sich dann nicht zuerst hin und überlegt, ob er sich mit seinen zehntausend Mann dem entgegenstellen kann, der mit zwanzigtausend gegen ihn anrückt? ³² Kann er es nicht, dann schickt er eine Gesandtschaft, solange der andere noch weit weg ist, und bittet um Frieden. ³³ Ebenso kann keiner von euch mein Jünger sein, wenn er nicht auf seinen ganzen Besitz verzichtet. ³⁴ Das Salz ist etwas Gutes. Wenn aber das Salz seinen Geschmack verliert, womit kann man ihm die Würze wiedergeben? ³⁵ Es taugt weder für den Acker noch für den Misthaufen, man wirft es weg. Wer Ohren hat zu hören, der höre!

15

15,1–32

DAS DOPPELGLEICHNIS VOM VERLORENEN SCHAF UND VON DER VERLORENEN DRACHME

¹ Alle Zöllner und Sünder kamen zu ihm, um ihn zu hören. ² Die Pharisäer und die Schriftgelehrten empörten sich darüber und sagten: Dieser nimmt Sünder auf und isst mit ihnen. ³ Da erzählte er ihnen dieses Gleichnis und sagte: ⁴ Wenn einer von euch hundert Schafe hat und eins davon verliert, lässt er dann nicht die neunundneunzig in der Wüste zurück und geht dem verlorenen nach, bis er es findet? ⁵ Und wenn er es gefunden hat, nimmt er es voll Freude auf die Schultern, ⁶ und wenn er nach Hause kommt, ruft er die Freunde und Nachbarn zusammen und sagt zu ihnen: Freut euch mit mir, denn ich habe mein Schaf wiedergefunden, das verloren war! ⁷ Ich sage euch:

Ebenso wird im Himmel mehr Freude herrschen über einen einzigen Sünder, der umkehrt, als über neunundneunzig Gerechte, die keine Umkehr nötig haben.

⁸ Oder wenn eine Frau zehn Drachmen hat und eine davon verliert, zündet sie dann nicht eine Lampe an, fegt das Haus und sucht sorgfältig, bis sie die Drachme findet? ⁹ Und wenn sie diese gefunden hat, ruft sie die Freundinnen und Nachbarinnen zusammen und sagt: Freut euch mit mir, denn ich habe die Drachme wiedergefunden, die ich verloren hatte! ¹⁰ Ebenso, sage ich euch, herrscht bei den Engeln Gottes Freude über einen einzigen Sünder, der umkehrt.

DAS GLEICHNIS VOM VERLORENEN SOHN

¹¹ Weiter sagte Jesus: Ein Mann hatte zwei Söhne. ¹² Der jüngere von ihnen sagte zu seinem Vater: Vater, gib mir das Erbteil, das mir zusteht! Da teilte der Vater das Vermögen unter sie auf. ¹³ Nach wenigen Tagen packte der jüngere Sohn alles zusammen und zog in ein fernes Land. Dort führte er ein zügelloses Leben und verschleuderte sein Vermögen. ¹⁴ Als er alles durchgebracht hatte, kam eine große Hungersnot über jenes Land und er begann Not zu leiden. ¹⁵ Da ging er zu einem Bürger des Landes und drängte sich ihm auf; der schickte ihn aufs Feld zum Schweinehüten. ¹⁶ Er hätte gern seinen Hunger mit den Futterschoten gestillt, die die Schweine fraßen; aber niemand gab ihm davon. ¹⁷ Da ging er in sich und sagte: Wie viele Tagelöhner meines Vaters haben Brot im Überfluss, ich aber komme hier vor Hunger um. ¹⁸ Ich will aufbrechen und zu meinem Vater gehen und zu ihm sagen: Vater, ich habe mich gegen den Himmel und gegen dich versündigt. ¹⁹ Ich bin nicht mehr wert, dein Sohn zu sein; mach mich zu einem deiner Tagelöhner!

²⁰ Dann brach er auf und ging zu seinem Vater. Der Vater sah ihn schon von Weitem kommen und er hatte Mitleid mit ihm. Er lief dem Sohn entgegen, fiel ihm um den Hals und küsste ihn. ²¹ Da sagte der Sohn zu ihm: Vater, ich habe mich gegen den Himmel und gegen dich versündigt; ich bin nicht mehr wert, dein Sohn zu sein. ²² Der Vater aber sagte zu seinen Knechten: Holt schnell das beste Gewand und zieht es ihm an, steckt einen Ring an seine Hand und gebt ihm Sandalen an die Füße! ²³ Bringt das Mastkalb her und schlachtet es; wir wollen essen und fröhlich sein. ²⁴ Denn dieser, mein Sohn, war tot und lebt wieder; er war verloren und ist wiedergefunden worden. Und sie begannen, ein Fest zu feiern. ²⁵ Sein älterer Sohn aber war auf dem Feld. Als er heimging und in die Nähe des Hauses kam, hörte er Musik und Tanz. ²⁶ Da rief er einen der Knechte und fragte, was das bedeuten solle. ²⁷ Der Knecht antwortete ihm: Dein Bruder ist gekommen und dein Vater hat das Mastkalb schlachten lassen, weil er ihn gesund wiederbekommen hat. ²⁸ Da wurde er zornig und wollte nicht hineingehen. Sein Vater aber kam heraus und redete ihm gut zu. ²⁹ Doch er erwiderte seinem Vater: Siehe, so viele Jahre schon diene ich dir und nie habe ich dein Gebot übertreten; mir aber hast du nie einen Ziegenbock geschenkt, damit ich mit meinen Freunden ein Fest feiern konnte. ³⁰ Kaum aber ist der hier gekommen, dein Sohn, der dein Vermögen mit Dirnen durchgebracht hat, da hast du für ihn das Mastkalb geschlachtet. ³¹ Der Vater antwortete ihm: Mein Kind, du bist immer bei mir und alles, was mein ist, ist auch dein. ³² Aber man muss doch ein Fest feiern und sich freuen; denn dieser, dein Bruder, war tot und lebt wieder; er war verloren und ist wiedergefunden worden.

16

16,1–31

DAS GLEICHNIS VOM VERWALTER UND DER UNGERECHTIGKEIT

¹ Jesus sprach aber auch zu den Jüngern: Ein reicher Mann hatte einen Verwalter. Diesen beschuldigte man bei ihm, er verschleudere sein Vermögen. ² Darauf ließ er ihn rufen und sagte zu ihm: Was höre ich über dich? Leg Rechenschaft ab über deine Verwaltung! Denn du kannst nicht länger mein Verwalter sein. ³ Da überlegte der Verwalter: Was soll ich jetzt tun, da mein Herr mir die Verwaltung entzieht? Zu schwerer Arbeit tauge ich nicht und zu betteln schäme ich mich. ⁴ Ich weiß, was ich tun werde, damit mich die Leute in ihre Häuser aufnehmen, wenn ich als Verwalter abgesetzt bin. ⁵ Und er ließ die Schuldner seines Herrn, einen nach dem anderen, zu sich kommen und fragte den ersten: Wie viel bist du meinem Herrn schuldig? ⁶ Er antwortete: Hundert Fass Öl. Da sagte er zu ihm: Nimm deinen Schuldschein, setz dich schnell hin und schreib fünfzig! ⁷ Dann fragte er einen andern: Wie viel bist du schuldig? Der antwortete: Hundert Sack Weizen. Da sagte er zu ihm: Nimm deinen Schuldschein und schreib achtzig! ⁸ Und der Herr lobte den ungerechten Verwalter, weil er klug gehandelt hatte, und sagte: Die Kinder dieser Welt sind im Umgang mit ihresgleichen klüger als die Kinder des Lichtes.
⁹ Ich sage euch: Macht euch Freunde mit dem ungerechten Mammon, damit ihr in die ewigen Wohnungen aufgenommen werdet, wenn es zu Ende geht!

VOM UMGANG MIT BESITZ

¹⁰ Wer in den kleinsten Dingen zuverlässig ist, der ist es auch in den großen, und wer bei den kleinsten Dingen Unrecht tut, der tut es auch bei den großen. ¹¹ Wenn ihr nun im Umgang mit dem ungerechten Mammon nicht zuverlässig gewesen seid, wer wird euch dann das wahre Gut anvertrauen? ¹² Und wenn ihr im Umgang mit dem fremden Gut nicht zuverlässig gewesen seid, wer wird euch dann das Eure geben?
¹³ **Kein Sklave kann zwei Herren dienen; er wird entweder den einen hassen und den andern lieben oder er wird zu dem einen halten und den andern verachten. Ihr könnt nicht Gott dienen und dem Mammon.**

DAS GESETZ IN GOTTES REICH

¹⁴ Das alles hörten auch die Pharisäer, die sehr am Geld hingen, und sie lachten über ihn. ¹⁵ Da sagte er zu ihnen: Ihr stellt euch selbst vor den Menschen als gerecht hin; aber Gott kennt eure Herzen. Denn was die Menschen für großartig halten, das ist vor Gott ein Gräuel.
¹⁶ Das Gesetz und die Propheten reichen bis zu Johannes. Von da an wird das Evangelium vom Reich Gottes verkündet und jeder drängt sich mit Gewalt hinein. ¹⁷ Aber eher werden Himmel und Erde vergehen, als dass auch nur ein Häkchen im Gesetz wegfällt.
¹⁸ Wer seine Frau aus der Ehe entlässt und eine andere heiratet, begeht Ehebruch; auch wer eine Frau heiratet, die von ihrem Mann entlassen worden ist, begeht Ehebruch.

DAS BEISPIEL VOM REICHEN MANN UND VOM ARMEN LAZARUS

¹⁹ Es war einmal ein reicher Mann, der sich in Purpur und feines Leinen kleidete und Tag für Tag glanzvolle Feste feierte. ²⁰ Vor der Tür des Reichen aber lag ein armer Mann namens Lazarus, dessen Leib voller Geschwüre war. ²¹ Er hätte gern seinen Hunger mit dem gestillt, was vom Tisch des Reichen herunterfiel. Stattdessen kamen die Hunde und leckten an seinen Geschwüren. ²² Es geschah aber: Der Arme starb und wurde von den Engeln in Abrahams Schoß getragen. Auch der Reiche starb und wurde begraben. ²³ In der Unterwelt, wo er qualvolle Schmerzen litt, blickte er auf und sah von Weitem Abraham und Lazarus in seinem Schoß. ²⁴ Da rief er: Vater Abraham, hab Erbarmen mit mir und schick Lazarus; er soll die Spitze seines Fingers ins Wasser tauchen und mir die Zunge kühlen, denn ich leide große Qual in diesem Feuer. ²⁵ Abraham erwiderte: Mein Kind, erinnere dich daran, dass du schon zu Lebzeiten deine Wohltaten erhalten hast, Lazarus dagegen nur Schlechtes. Jetzt wird er hier getröstet, du aber leidest große Qual. ²⁶ Außerdem ist zwischen uns und euch ein tiefer, unüberwindlicher Abgrund, sodass niemand von hier zu euch oder von dort zu uns kommen kann, selbst wenn er wollte. ²⁷ Da sagte der Reiche: Dann bitte ich dich, Vater, schick ihn in das Haus meines Vaters! ²⁸ Denn ich habe noch fünf Brüder. Er soll sie warnen, damit nicht auch sie an diesen Ort der Qual kommen. ²⁹ Abraham aber sagte: Sie haben Mose und die Propheten, auf die sollen sie hören. ³⁰ Er erwiderte: Nein, Vater Abraham, aber wenn einer von den Toten zu ihnen kommt, werden sie umkehren. ³¹ Darauf sagte Abraham zu ihm: Wenn sie auf Mose und die Propheten nicht hören, werden sie sich auch nicht überzeugen lassen, wenn einer von den Toten aufersteht.

17

17,1–37

VOM ZUSAMMENLEBEN IM GLAUBEN

[1] Er sagte zu seinen Jüngern: Es ist unvermeidlich, dass Ärgernisse kommen. Aber wehe dem, durch den sie kommen! [2] Es wäre besser für ihn, man würde ihn mit einem Mühlstein um den Hals ins Meer werfen, als dass er für einen von diesen Kleinen zum Ärgernis wird. [3] Seht euch vor! Wenn dein Bruder sündigt, weise ihn zurecht; und wenn er umkehrt, vergib ihm! [4] Und wenn er sich siebenmal am Tag gegen dich versündigt und siebenmal wieder zu dir kommt und sagt:

Ich will umkehren!, so sollst du ihm vergeben.

[5] Die Apostel baten den Herrn: Stärke unseren Glauben! [6] Der Herr erwiderte: Wenn ihr Glauben hättet wie ein Senfkorn, würdet ihr zu diesem Maulbeerbaum sagen: Entwurzle dich und verpflanz dich ins Meer! und er würde euch gehorchen.

[7] Wenn einer von euch einen Knecht hat, der pflügt oder das Vieh hütet, wird er etwa zu ihm, wenn er vom Feld kommt, sagen: Komm gleich her und begib dich zu Tisch? [8] Wird er nicht vielmehr zu ihm sagen: Mach mir etwas zu essen, gürte dich und bediene mich, bis ich gegessen und getrunken habe; danach kannst auch du essen und trinken. [9] Bedankt er sich etwa bei dem Knecht, weil er getan hat, was ihm befohlen wurde? [10] So soll es auch bei euch sein: Wenn ihr alles getan habt, was euch befohlen wurde, sollt ihr sagen: Wir sind unnütze Knechte; wir haben nur unsere Schuldigkeit getan.

DER DANKBARE SAMARITER

[11] Und es geschah auf dem Weg nach Jerusalem: Jesus zog durch das Grenzgebiet von Samarien und Galiläa. [12] Als er in ein Dorf hineingehen wollte, kamen ihm zehn Aussätzige entgegen. Sie blieben in der Ferne stehen [13] und riefen: Jesus, Meister, hab Erbarmen mit uns! [14] Als er sie sah, sagte er zu ihnen: Geht, zeigt euch den Priestern! Und es geschah, während sie hingingen, wurden sie rein. [15] Einer von ihnen aber kehrte um, als er sah, dass er geheilt war; und er lobte Gott mit lauter Stimme. [16] Er warf sich vor den Füßen Jesu auf das Angesicht und dankte ihm. Dieser Mann war ein Samariter. [17] Da sagte Jesus: Sind nicht zehn rein geworden? Wo sind die neun? [18] Ist denn keiner umgekehrt, um Gott zu ehren, außer diesem Fremden? [19] Und er sagte zu ihm: Steh auf und geh! Dein Glaube hat dich gerettet.

VOM KOMMEN DES REICHES GOTTES

[20] Als Jesus von den Pharisäern gefragt wurde, wann das Reich Gottes komme, antwortete er: Das Reich Gottes kommt nicht so, dass man es beobachten könnte. [21] Man kann auch nicht sagen: Seht, hier ist es! oder: Dort ist es!

Denn siehe, das Reich Gottes ist mitten unter euch.

DAS KOMMEN DES MENSCHENSOHNES

[22] Er sagte zu den Jüngern: Es werden Tage kommen, in denen ihr euch danach sehnt, auch nur einen von den Tagen des Menschensohnes zu sehen; doch ihr werdet ihn nicht sehen. [23] Und man wird zu euch sagen: Siehe, dort ist er! Siehe, hier ist er! Geht nicht hin und lauft nicht hinterher! [24] Denn wie der Blitz von einem Ende des Himmels bis zum andern leuchtet, so wird der Menschensohn an seinem Tag erscheinen. [25] Vorher aber muss er vieles erleiden und von dieser Generation verworfen werden. [26] Und wie es in den Tagen des Noach war, so wird es auch in den Tagen des Menschensohnes sein. [27] Die Menschen aßen und tranken und heirateten bis zu dem Tag, an dem Noach in die Arche ging; dann kam die Flut und vernichtete alle. [28] Und es wird ebenso sein, wie es in den Tagen des Lot war: Sie aßen und tranken, kauften und verkauften, pflanzten und bauten. [29] Aber an dem Tag, als Lot Sodom verließ, regnete es Feuer und Schwefel vom Himmel und vernichtete alle. [30] Ebenso wird es an dem Tag sein, an dem der Menschensohn offenbar werden wird. [31] Wer an jenem Tag auf dem Dach ist und seine Sachen im Haus hat, soll nicht hinabsteigen, um sie zu holen, und wer auf dem Feld ist, soll sich ebenfalls nicht zurückwenden. [32] Denkt an die Frau des Lot! [33] Wer sein Leben zu bewahren sucht, wird es verlieren; wer es dagegen verliert, wird es erhalten. [34] Ich sage euch: Von zwei Männern, die in dieser Nacht auf einem Bett liegen, wird der eine mitgenommen und der andere zurückgelassen. [35] Von zwei Frauen, die am selben Ort Getreide mahlen, wird die eine mitgenommen und die andere zurückgelassen. [36][37] Und sie antworteten und sprachen: Wo wird das geschehen, Herr? Er antwortete:

Wo ein Leichnam ist, da sammeln sich auch die Geier.

18

18,1–43

DAS GLEICHNIS VOM RICHTER UND DER WITWE

¹ Jesus sagte ihnen durch ein Gleichnis, dass sie allezeit beten und darin nicht nachlassen sollten: ² In einer Stadt lebte ein Richter, der Gott nicht fürchtete und auf keinen Menschen Rücksicht nahm. ³ In der gleichen Stadt lebte auch eine Witwe, die immer wieder zu ihm kam und sagte: Verschaff mir Recht gegen meinen Widersacher! ⁴ Und er wollte lange Zeit nicht. Dann aber sagte er sich: Ich fürchte zwar Gott nicht und nehme auch auf keinen Menschen Rücksicht; ⁵ weil mich diese Witwe aber nicht in Ruhe lässt, will ich ihr Recht verschaffen. Sonst kommt sie am Ende noch und schlägt mich ins Gesicht. ⁶ Der Herr aber sprach: Hört, was der ungerechte Richter sagt! ⁷ Sollte Gott seinen Auserwählten, die Tag und Nacht zu ihm schreien, nicht zu ihrem Recht verhelfen, sondern bei ihnen zögern? ⁸ Ich sage euch: Er wird ihnen unverzüglich ihr Recht verschaffen. Wird jedoch der Menschensohn, wenn er kommt, den Glauben auf der Erde finden?

DAS GLEICHNIS VOM PHARISÄER UND VOM ZÖLLNER

⁹ Einigen, die von ihrer eigenen Gerechtigkeit überzeugt waren und die anderen verachteten, erzählte Jesus dieses Gleichnis: ¹⁰ Zwei Männer gingen zum Tempel hinauf, um zu beten; der eine war ein Pharisäer, der andere ein Zöllner. ¹¹ Der Pharisäer stellte sich hin und sprach bei sich dieses Gebet: Gott, ich danke dir, dass ich nicht wie die anderen Menschen bin, die Räuber, Betrüger, Ehebrecher oder auch wie dieser Zöllner dort. ¹² Ich faste zweimal in der Woche und gebe den zehnten Teil meines ganzen Einkommens. ¹³ Der Zöllner aber blieb ganz hinten stehen und wollte nicht einmal seine Augen zum Himmel erheben, sondern schlug sich an die Brust und betete: Gott, sei mir Sünder gnädig!

¹⁴ Ich sage euch: Dieser ging gerechtfertigt nach Hause hinab, der andere nicht. Denn wer sich selbst erhöht, wird erniedrigt, wer sich aber selbst erniedrigt, wird erhöht werden.

DIE SEGNUNG DER KINDER

¹⁵ Man brachte auch kleine Kinder zu ihm, damit er sie berühre. Als die Jünger das sahen, wiesen sie die Leute zurecht. ¹⁶ Jesus aber rief die Kinder zu sich und sagte:

Lasst die Kinder zu mir kommen und hindert sie nicht daran! Denn solchen wie ihnen gehört das Reich Gottes.

¹⁷ Amen, ich sage euch: Wer das Reich Gottes nicht so annimmt wie ein Kind, der wird nicht hineinkommen.

REICHTUM UND NACHFOLGE

¹⁸ Einer von den führenden Männern fragte ihn: Guter Meister, was muss ich tun, um das ewige Leben zu erben? ¹⁹ Jesus antwortete ihm: Warum nennst du mich gut? Niemand ist gut außer der eine Gott. ²⁰ Du kennst doch die Gebote: Du sollst nicht die Ehe brechen, du sollst nicht töten, du sollst nicht stehlen, du sollst nicht falsch aussagen; ehre deinen Vater und deine Mutter! ²¹ Er erwiderte: Alle diese Gebote habe ich von Jugend an befolgt. ²² Als Jesus das hörte, sagte er ihm: Eines fehlt dir noch: Verkauf alles, was du hast, und verteil es an die Armen und du wirst einen Schatz im Himmel haben; dann komm und folge mir nach! ²³ Der Mann aber wurde sehr traurig, als er das hörte; denn er war überaus reich. ²⁴ Jesus sah, dass er sehr traurig geworden war, und sagte: Wie schwer ist es für Menschen, die viel besitzen, in das Reich Gottes zu kommen! ²⁵ Denn leichter geht ein Kamel durch ein Nadelöhr, als dass ein Reicher in das Reich Gottes gelangt. ²⁶ **Die Leute, die das hörten, fragten: Wer kann dann noch gerettet werden?** ²⁷ **Er erwiderte: Was für Menschen unmöglich ist, ist für Gott möglich.**

²⁸ Da sagte Petrus: Siehe, was wir besaßen, haben wir verlassen und sind dir nachgefolgt. ²⁹ Jesus antwortete ihnen:

Amen, ich sage euch: Jeder, der um des Reiches Gottes willen Haus oder Frau, Brüder, Eltern oder Kinder verlassen hat, ³⁰ erhält dafür schon in dieser Zeit das Vielfache und in der kommenden Welt das ewige Leben.

DIE DRITTE ANKÜNDIGUNG VON LEIDEN UND AUFERSTEHUNG JESU

[31] Jesus versammelte die Zwölf um sich und sagte zu ihnen: Siehe, wir gehen nach Jerusalem hinauf; und es wird sich alles erfüllen, was bei den Propheten über den Menschensohn geschrieben steht. [32] Denn er wird den Heiden ausgeliefert, wird verspottet, misshandelt und angespuckt werden [33] und man wird ihn geißeln und töten und am dritten Tag wird er auferstehen. [34] Doch die Zwölf verstanden das alles nicht; der Sinn der Worte war ihnen verschlossen und sie begriffen nicht, was er sagte.

DIE HEILUNG EINES BLINDEN BEI JERICHO

[35] Es geschah aber: Jesus kam in die Nähe von Jericho, da saß ein Blinder an der Straße und bettelte. [36] Er hörte, dass viele Menschen vorbeigingen, und fragte: Was hat das zu bedeuten? [37] Man berichtete ihm: Jesus von Nazaret geht vorüber. [38] Da rief er: Jesus, Sohn Davids, hab Erbarmen mit mir! [39] Die Leute, die vorausgingen, befahlen ihm zu schweigen. Er aber schrie noch viel lauter: Sohn Davids, hab Erbarmen mit mir! [40] Jesus blieb stehen und ließ ihn zu sich herführen. Als der Mann vor ihm stand, fragte ihn Jesus: [41] Was willst du, dass ich dir tue? Er antwortete: Herr, ich möchte sehen können. [42] Da sagte Jesus zu ihm: Sei sehend! Dein Glaube hat dich gerettet. [43] Im selben Augenblick konnte er sehen. Da pries er Gott und folgte Jesus nach. Und das ganze Volk, das dies gesehen hatte, lobte Gott.

19

19,1–27

DER ZÖLLNER ZACHÄUS IN JERICHO

[1] Dann kam er nach Jericho und ging durch die Stadt. [2] Und siehe, da war ein Mann namens Zachäus; er war der oberste Zollpächter und war reich. [3] Er suchte Jesus, um zu sehen, wer er sei, doch er konnte es nicht wegen der Menschenmenge; denn er war klein von Gestalt. [4] Darum lief er voraus und stieg auf einen Maulbeerfeigenbaum, um Jesus zu sehen, der dort vorbeikommen musste. [5] Als Jesus an die Stelle kam, schaute er hinauf und sagte zu ihm: Zachäus, komm schnell herunter! Denn ich muss heute in deinem Haus bleiben. [6] Da stieg er schnell herunter und nahm Jesus freudig bei sich auf. [7] Und alle, die das sahen, empörten sich und sagten: Er ist bei einem Sünder eingekehrt. [8] Zachäus aber wandte sich an den Herrn und sagte: Siehe, Herr, die Hälfte meines Vermögens gebe ich den Armen, und wenn ich von jemandem zu viel gefordert habe, gebe ich ihm das Vierfache zurück. [9] Da sagte Jesus zu ihm: Heute ist diesem Haus Heil geschenkt worden, weil auch dieser Mann ein Sohn Abrahams ist. [10] Denn der Menschensohn ist gekommen, um zu suchen und zu retten, was verloren ist.

DAS GLEICHNIS VOM ANVERTRAUTEN GELD

[11] Weil Jesus schon nahe bei Jerusalem war, meinten die Menschen, die von alldem hörten, das Reich Gottes werde sofort erscheinen. Daher erzählte er ihnen ein weiteres Gleichnis. [12] Er sagte: Ein Mann von vornehmer Herkunft wollte in ein fernes Land reisen, um die Königswürde für sich zu erlangen und dann zurückzukehren. [13] Er rief zehn seiner Diener zu sich, verteilte unter sie zehn Minen und sagte: Macht Geschäfte damit, bis ich wiederkomme! [14] Seine Bürger jedoch hassten ihn und schickten eine Gesandtschaft hinter ihm her und ließen sagen: Wir wollen nicht, dass dieser Mann über uns König wird. [15] Und es geschah, als er die Königswürde empfangen hatte und zurückkehrte, da ließ er die Diener, denen er das Geld gegeben hatte, zu sich rufen. Er wollte sehen, welchen Gewinn sie bei ihren Geschäften erzielt hatten. [16] Der erste kam und sagte: Herr, deine Mine hat zehn Minen eingebracht. [17] Da sagte der König zu ihm: Sehr gut, du bist ein guter Diener. Weil du im Kleinsten zuverlässig warst, sollst du Herr über zehn Städte werden. [18] Der zweite kam und sagte: Herr, deine Mine hat fünf Minen eingebracht. [19] Zu ihm sagte der König: Du sollst über fünf Städte herrschen. [20] Nun kam ein anderer und sagte: Herr, siehe deine Mine. Ich habe sie in einem Schweißtuch aufbewahrt; [21] denn ich hatte Angst vor dir, weil du ein strenger Mann bist: Du hebst ab, was du nicht eingezahlt hast, und erntest, was du nicht gesät hast. [22] Der König antwortete: Aus deinem eigenen Mund spreche ich dir das Urteil. Du bist ein schlechter Diener. Du hast gewusst, dass ich ein strenger Mann bin? Dass ich abhebe, was ich nicht eingezahlt habe, und ernte, was ich nicht gesät habe? [23] Warum hast du dann mein Geld nicht auf die Bank gebracht? Dann hätte ich es bei der Rückkehr mit Zinsen abheben können. [24] Und zu denen, die dabeistanden, sagte er: Nehmt ihm die Mine weg und gebt sie dem, der die zehn Minen hat! [25] Sie sagten zu ihm: Herr, er hat doch schon zehn. [26] Ich sage euch: Wer hat, dem wird gegeben werden; wer aber nicht hat, dem wird auch noch weggenommen, was er hat. [27] Doch meine Feinde, die nicht wollten, dass ich ihr König werde – bringt sie her und macht sie vor meinen Augen nieder!

DAS WIRKEN JESU IN JERUSALEM

19,28–21,38

DER EINZUG IN JERUSALEM

²⁸ Nach dieser Rede zog Jesus voran und ging nach Jerusalem hinauf. ²⁹ Und es geschah: Er kam in die Nähe von Betfage und Betanien, an den Berg, der Ölberg heißt, da schickte er zwei seiner Jünger aus ³⁰ und sagte: Geht in das Dorf, das vor uns liegt! Wenn ihr hineinkommt, werdet ihr dort ein Fohlen angebunden finden, auf dem noch nie ein Mensch gesessen hat. Bindet es los und bringt es her! ³¹ Und wenn euch jemand fragt: Warum bindet ihr es los?, dann antwortet: Der Herr braucht es. ³² Die Ausgesandten machten sich auf den Weg und fanden alles so, wie er es ihnen gesagt hatte. ³³ Als sie das Fohlen losbanden, sagten die Leute, denen es gehörte: Warum bindet ihr das Fohlen los? ³⁴ Sie antworteten: Weil der Herr es braucht. ³⁵ Dann führten sie es zu Jesus, legten ihre Kleider auf das Fohlen und halfen Jesus hinauf. ³⁶ Während er dahinritt, breiteten die Jünger ihre Kleider auf dem Weg aus. ³⁷ Als er sich schon dem Abhang des Ölbergs näherte, begann die Schar der Jünger freudig und mit lauter Stimme Gott zu loben wegen all der Machttaten, die sie gesehen hatten. ³⁸ Sie riefen: *Gesegnet sei der König, der kommt im Namen des Herrn.* Im Himmel Friede und Ehre in der Höhe! ³⁹ Da riefen ihm einige Pharisäer aus der Menge zu: Meister, weise deine Jünger zurecht! ⁴⁰ Er erwiderte: Ich sage euch:

Wenn sie schweigen, werden die Steine schreien.

DIE ANKÜNDIGUNG DER ZERSTÖRUNG JERUSALEMS

⁴¹ Als er näher kam und die Stadt sah, weinte er über sie ⁴² und sagte: Wenn doch auch du an diesem Tag erkannt hättest, was Frieden bringt. Jetzt aber ist es vor deinen Augen verborgen. ⁴³ Denn es werden Tage über dich kommen, in denen deine Feinde rings um dich einen Wall aufwerfen, dich einschließen und von allen Seiten bedrängen. ⁴⁴ Sie werden dich und deine Kinder zerschmettern und keinen Stein in dir auf dem andern lassen, weil du die Zeit deiner Heimsuchung nicht erkannt hast.

DIE REINIGUNG DES TEMPELS

⁴⁵ Dann ging er in den Tempel und begann, die Händler hinauszutreiben. ⁴⁶ Er sagte zu ihnen: Es steht geschrieben: *Mein Haus soll ein Haus des Gebetes sein.* Ihr aber habt daraus eine *Räuberhöhle* gemacht.
⁴⁷ Er lehrte täglich im Tempel. Die Hohepriester, die Schriftgelehrten und die Ersten im Volk aber suchten ihn umzubringen. ⁴⁸ Sie wussten jedoch nicht, was sie machen sollten, denn das ganze Volk hing an ihm, um ihn zu hören.

20

20,1–47

DIE FRAGE NACH DER VOLLMACHT JESU

¹ Und es geschah: Eines Tages lehrte er im Tempel das Volk und verkündete das Evangelium, da kamen die Hohepriester und die Schriftgelehrten mit den Ältesten hinzu ² und fragten ihn: Sag uns: In welcher Vollmacht tust du das? Wer hat dir diese Vollmacht gegeben? ³ Er antwortete ihnen: Auch ich will euch eine Frage stellen. Sagt mir: ⁴ Stammte die Taufe des Johannes vom Himmel oder von den Menschen? ⁵ Da überlegten sie und sagten zueinander: Wenn wir antworten: Vom Himmel!, so wird er sagen: Warum habt ihr ihm dann nicht geglaubt? ⁶ Wenn wir aber antworten: Von den Menschen!, dann wird das ganze Volk uns steinigen; denn sie sind überzeugt, dass Johannes ein Prophet ist. ⁷ Darum antworteten sie: Wir wissen nicht, woher. ⁸ Jesus erwiderte ihnen: **Dann sage auch ich euch nicht, in welcher Vollmacht ich das tue.**

DAS GLEICHNIS VON DEN WINZERN

⁹ Er erzählte dem Volk dieses Gleichnis: Ein Mann legte einen Weinberg an, verpachtete ihn an Winzer und reiste für längere Zeit in ein anderes Land. ¹⁰ Als nun die Zeit dafür gekommen war, schickte er einen Knecht zu den Winzern, damit sie ihm seinen Anteil an der Frucht des Weinbergs geben sollten. Die Winzer aber prügelten ihn und jagten ihn mit leeren Händen fort. ¹¹ Darauf schickte er einen anderen Knecht; auch ihn prügelten und entehrten sie und jagten ihn mit leeren Händen fort. ¹² Er schickte noch einen dritten Knecht; aber auch ihn schlugen sie blutig und warfen ihn hinaus. ¹³ Da sagte der Herr des Weinbergs: Was soll ich tun? Ich will meinen geliebten Sohn schicken. Vielleicht werden sie vor ihm Achtung haben. ¹⁴ Als die Winzer den Sohn sahen, überlegten sie und sagten zueinander: Das ist der Erbe; wir wollen ihn umbringen, damit das Erbe uns gehört. ¹⁵ Und sie warfen ihn aus dem Weinberg hinaus und brachten ihn um. Was wird nun der Herr des Weinbergs mit ihnen tun? ¹⁶ Er wird kommen und diese Winzer vernichten und den Weinberg anderen geben. Als sie das hörten, sagten sie: Das darf nicht geschehen! ¹⁷ Da sah Jesus sie an und sagte: Was bedeutet dieses Schriftwort:
Der Stein, den die Bauleute verworfen haben, / er ist zum Eckstein geworden?
¹⁸ Jeder, der auf diesen Stein fällt, wird zerschellen; auf wen der Stein aber fällt, den wird er zermalmen. ¹⁹ Die Schriftgelehrten und die Hohepriester hätten gern noch in derselben Stunde Hand an ihn gelegt; aber sie fürchteten das Volk. Denn sie hatten gemerkt, dass er sie mit diesem Gleichnis meinte.

DIE FRAGE NACH DER KAISERLICHEN STEUER

²⁰ Daher lauerten sie ihm auf und schickten Spitzel, die so tun sollten, als wären sie selbst gerecht, um ihn bei einer Äußerung zu ertappen. Denn sie wollten ihn der Gerichtsbarkeit des Statthalters übergeben. ²¹ Und sie fragten ihn: Meister, wir wissen, dass du aufrichtig redest und lehrst und nicht auf die Person siehst, sondern wahrhaftig den Weg Gottes lehrst. ²² Ist es uns erlaubt, dem Kaiser Steuer zu zahlen, oder nicht? ²³ Er aber durchschaute ihre Hinterlist und sagte zu ihnen: ²⁴ Zeigt mir einen Denar! Wessen Bild und Aufschrift sind darauf? Sie antworteten: Die des Kaisers. ²⁵ Da sagte er zu ihnen: Dann gebt dem Kaiser, was dem Kaiser gehört, und Gott, was Gott gehört! ²⁶ So gelang es ihnen nicht, ihn bei einer Äußerung vor dem Volk zu ertappen. Sie waren über seine Antwort verwundert und schwiegen.

DIE FRAGE NACH DER AUFERSTEHUNG DER TOTEN

²⁷ Von den Sadduzäern, die bestritten, dass es eine Auferstehung gibt, kamen einige zu Jesus und fragten ihn: ²⁸ Meister, Mose hat uns vorgeschrieben: Wenn ein Mann, der einen Bruder hat, stirbt und eine Frau hinterlässt, ohne Kinder zu haben, dann soll sein Bruder die Frau nehmen und seinem Bruder Nachkommen verschaffen. ²⁹ Nun lebten einmal sieben Brüder. Der erste nahm sich eine Frau, starb aber kinderlos. ³⁰ Da nahm sie der zweite, ³¹ danach der dritte und ebenso die anderen bis zum siebten; sie alle hinterließen keine Kinder, als sie starben. ³² Schließlich starb auch die Frau. ³³ Wessen Frau wird sie nun bei der Auferstehung sein? Alle sieben haben sie doch zur Frau gehabt. ³⁴ Da sagte Jesus zu ihnen: Die Kinder dieser Welt heiraten und lassen sich heiraten. ³⁵ Die aber, die gewürdigt werden, an jener Welt und an der Auferstehung von den Toten teilzuhaben, heiraten nicht, noch lassen sie sich heiraten. ³⁶ Denn sie können auch nicht mehr sterben, weil sie den Engeln gleich und als Kinder der Auferstehung zu Kindern Gottes geworden sind. ³⁷ Dass aber die Toten auferstehen, hat schon Mose in der Geschichte vom Dornbusch angedeutet, in der er den *Herrn den Gott Abrahams, den Gott Isaaks und den Gott Jakobs* nennt. ³⁸ Er ist doch kein Gott von Toten, sondern von Lebenden; denn für ihn leben sie alle. ³⁹ Da sagten einige Schriftgelehrte: Meister, du hast gut geantwortet. ⁴⁰ Und man wagte nicht mehr, ihn etwas zu fragen.

DIE FRAGE NACH DEM DAVIDSSOHN

⁴¹ Da fragte er sie: Wie kann man behaupten, der Christus sei der Sohn Davids? ⁴² Denn David selbst sagt im Buch der Psalmen: *Der Herr sprach zu meinem Herrn: Setze dich mir zur Rechten,* ⁴³ *bis ich dir deine Feinde als Schemel unter die Füße lege!* ⁴⁴ David nennt ihn also Herr. Wie kann er dann sein Sohn sein?

WARNUNG VOR DEN SCHRIFTGELEHRTEN

⁴⁵ Jesus sagte vor dem ganzen Volk zu seinen Jüngern: ⁴⁶ »Hütet euch vor den Schriftgelehrten! Sie gehen gern in langen Gewändern umher und lieben es, wenn man sie auf den Marktplätzen grüßt und wenn sie die Ehrensitze in den Synagogen und die Ehrenplätze bei den Festmählern einnehmen. ⁴⁷ Sie fressen die Häuser der Witwen auf und verrichten in ihrer Scheinheiligkeit lange Gebete. Umso härter wird das Urteil sein, das sie erwartet.

21

21,1–38

DAS OPFER DER WITWE

¹ Er blickte auf und sah, wie die Reichen ihre Gaben in den Opferkasten legten. ² Er sah aber auch eine arme Witwe, die dort zwei kleine Münzen hineinwarf. ³ Da sagte er: Wahrhaftig, ich sage euch: Diese arme Witwe hat mehr hineingeworfen als alle anderen. ⁴ Denn sie alle haben nur etwas von ihrem Überfluss hineingeworfen; diese Frau aber, der es am Nötigsten mangelt, hat ihren ganzen Lebensunterhalt hergegeben.

DIE ANKÜNDIGUNG DER ZERSTÖRUNG DES TEMPELS

⁵ Als einige darüber sprachen, dass der Tempel mit schön bearbeiteten Steinen und Weihegeschenken geschmückt sei, sagte Jesus: ⁶ Es werden Tage kommen, an denen von allem, was ihr hier seht, kein Stein auf dem andern bleibt, der nicht niedergerissen wird.

DER ANFANG DER ENDZEITLICHEN NOT

⁷ Sie fragten ihn: Meister, wann wird das geschehen und was ist das Zeichen, dass dies geschehen soll? ⁸ Er antwortete:

Gebt Acht, dass man euch nicht irreführt! Denn viele werden unter meinem Namen auftreten und sagen: Ich bin es! und: Die Zeit ist da. – Lauft ihnen nicht nach!

⁹ Wenn ihr von Kriegen und Unruhen hört, lasst euch nicht erschrecken! Denn das muss als Erstes geschehen; aber das Ende kommt noch nicht sofort. ¹⁰ Dann sagte er zu ihnen: Volk wird sich gegen Volk und Reich gegen Reich erheben. ¹¹ Es wird gewaltige Erdbeben und an vielen Orten Seuchen und Hungersnöte geben; schreckliche Dinge werden geschehen und am Himmel wird man gewaltige Zeichen sehen. ¹² Aber bevor das alles geschieht, wird man Hand an euch legen und euch verfolgen. Man wird euch den Synagogen und den Gefängnissen ausliefern, vor Könige und Statthalter bringen um meines Namens willen. ¹³ Dann werdet ihr Zeugnis ablegen können. ¹⁴ Nehmt euch also zu Herzen, nicht schon im Voraus für eure Verteidigung zu sorgen; ¹⁵ denn ich werde euch die Worte und die Weisheit eingeben, sodass alle eure Gegner nicht dagegen ankommen und nichts dagegen sagen können. ¹⁶ Sogar eure Eltern und Geschwister, eure Verwandten und Freunde werden euch ausliefern und manche von euch wird man töten. ¹⁷ Und ihr werdet um meines Namens willen von allen gehasst werden. ¹⁸ Und doch wird euch kein Haar gekrümmt werden. ¹⁹ Wenn ihr standhaft bleibt, werdet ihr das Leben gewinnen.

VOM GERICHT ÜBER JERUSALEM

²⁰ Wenn ihr aber seht, dass Jerusalem von Heeren eingeschlossen wird, dann erkennt ihr, dass seine Verwüstung bevorsteht. ²¹ Dann sollen die Bewohner von Judäa in die Berge fliehen; wer in der Stadt ist, soll sie verlassen, und wer auf dem Land ist, soll nicht in die Stadt gehen. ²² Denn das sind die Tage der Vergeltung, damit alles in Erfüllung geht, was geschrieben steht. ²³ Wehe den Frauen, die in jenen Tagen schwanger sind oder ein Kind stillen! Denn große Bedrängnis wird über das Land hereinbrechen und Zorn über dieses Volk. ²⁴ Mit scharfem Schwert wird man sie erschlagen, als Gefangene wird man sie zu allen Völkern schleppen und Jerusalem wird von den Völkern zertreten werden, bis die Zeiten der Völker sich erfüllen.

DAS KOMMEN DES MENSCHENSOHNES

²⁵ Es werden Zeichen sichtbar werden an Sonne, Mond und Sternen und auf der Erde werden die Völker bestürzt und ratlos sein über das Toben und Donnern des Meeres. ²⁶ Die Menschen werden vor Angst vergehen in der Erwartung der Dinge, die über den Erdkreis kommen; denn die Kräfte des Himmels werden erschüttert werden. ²⁷ Dann wird man *den Menschensohn in einer Wolke kommen sehen*, mit großer Kraft und Herrlichkeit. ²⁸ Wenn dies beginnt, dann richtet euch auf und erhebt eure Häupter; denn eure Erlösung ist nahe.

MAHNUNGEN IM HINBLICK AUF DAS ENDE

²⁹ Und er sagte ihnen ein Gleichnis: Seht euch den Feigenbaum und die anderen Bäume an: ³⁰ Sobald ihr merkt, dass sie Blätter treiben, erkennt ihr, dass der Sommer nahe ist. ³¹ So erkennt auch ihr, wenn ihr das geschehen seht, dass das Reich Gottes nahe ist. ³² Amen, ich sage euch: Diese Generation wird nicht vergehen, bis alles geschieht. ³³ Himmel und Erde werden vergehen, aber meine Worte werden nicht vergehen. ³⁴ Nehmt euch in Acht, dass Rausch und Trunkenheit und die Sorgen des Alltags euer Herz nicht beschweren und dass jener Tag euch nicht plötzlich überrascht ³⁵ wie eine Falle; denn er wird über alle Bewohner der ganzen Erde hereinbrechen. ³⁶ Wacht und betet allezeit, damit ihr allem, was geschehen wird, entrinnen und vor den Menschensohn hintreten könnt!

DIE LEHRE IM TEMPEL

³⁷ Die Tage über lehrte Jesus im Tempel; die Nächte aber verbrachte er draußen bei dem Berg, der Ölberg heißt. ³⁸ Schon früh am Morgen kam das ganze Volk zu ihm in den Tempel, um ihn zu hören.

Das Evangelium nach LUKAS

PASSION UND ERWECKUNG JESU

22,1–24,53

22

22,1–71

DIE VEREINBARUNG ZWISCHEN JUDAS UND DEN GEGNERN JESU

¹ Das Fest der Ungesäuerten Brote, das Pascha genannt wird, war nahe. ² Und die Hohepriester und die Schriftgelehrten suchten nach einer Möglichkeit, Jesus zu beseitigen; denn sie fürchteten sich vor dem Volk. ³ Da fuhr der Satan in Judas, genannt Iskariot, der zu den Zwölf gehörte. ⁴ Judas ging zu den Hohepriestern und den Hauptleuten und beriet mit ihnen, wie er Jesus an sie ausliefern könnte. ⁵ Da freuten sie sich und kamen mit ihm überein, ihm Geld zu geben. ⁶ Er sagte zu und suchte nach einer günstigen Gelegenheit, ihn an sie auszuliefern, ohne dass das Volk es merkte.

DIE VORBEREITUNG DES PASCHAMAHLS

⁷ Dann kam der Tag der Ungesäuerten Brote, an dem das Paschalamm geschlachtet werden musste. ⁸ Jesus sandte Petrus und Johannes aus und sagte: Geht und bereitet das Paschamahl für uns vor, damit wir es essen können! ⁹ Sie fragten ihn: Wo sollen wir es vorbereiten? ¹⁰ Er antwortete ihnen: Siehe, wenn ihr in die Stadt kommt, wird euch ein Mann begegnen, der einen Wasserkrug trägt. Folgt ihm in das Haus, in das er hineingeht, ¹¹ und sagt zu dem Herrn des Hauses: Der Meister lässt dich fragen: Wo ist der Raum, in dem ich mit meinen Jüngern das Paschalamm essen kann? ¹² Und der Hausherr wird euch einen großen Raum im Obergeschoss zeigen, der mit Polstern ausgestattet ist. Dort bereitet es vor! ¹³ Sie gingen und fanden alles so, wie er es ihnen gesagt hatte, und bereiteten das Paschamahl vor.

DAS MAHL

¹⁴ Als die Stunde gekommen war, legte er sich mit den Aposteln zu Tisch. ¹⁵ Und er sagte zu ihnen:

Mit großer Sehnsucht habe ich danach verlangt, vor meinem Leiden dieses Paschamahl mit euch zu essen.

¹⁶ Denn ich sage euch: Ich werde es nicht mehr essen, bis es seine Erfüllung findet im Reich Gottes. ¹⁷ Und er nahm einen Kelch, sprach das Dankgebet und sagte: Nehmt diesen und teilt ihn untereinander! ¹⁸ Denn ich sage euch:

Von nun an werde ich nicht mehr von der Frucht des Weinstocks trinken, bis das Reich Gottes kommt.
¹⁹ **Und er nahm Brot, sprach das Dankgebet, brach es und reichte es ihnen mit den Worten: Das ist mein Leib, der für euch hingegeben wird. Tut dies zu meinem Gedächtnis!** ²⁰ **Ebenso nahm er nach dem Mahl den Kelch und sagte: Dieser Kelch ist der Neue Bund in meinem Blut, das für euch vergossen wird.**
²¹ Doch siehe, die Hand dessen, der mich ausliefert, ist mit mir am Tisch. ²² Der Menschensohn muss zwar den Weg gehen, der ihm bestimmt ist. Aber weh dem Menschen, durch den er ausgeliefert wird! ²³ Da fragte einer den andern, wer von ihnen das wohl sei, der dies tun werde.

VOM DIENEN UND HERRSCHEN

²⁴ Es entstand unter ihnen ein Streit darüber, wer von ihnen wohl der Größte sei. ²⁵ Da sagte Jesus zu ihnen: Die Könige herrschen über ihre Völker und die Vollmacht über sie haben, lassen sich Wohltäter nennen. ²⁶ Bei euch aber soll es nicht so sein, sondern der Größte unter euch soll werden wie der Jüngste und der Führende soll werden wie der Dienende. ²⁷ Denn wer ist größer: Der bei Tisch sitzt oder der bedient? Ist es nicht der, der bei Tisch sitzt? Ich aber bin unter euch wie der, der bedient. ²⁸ Ihr aber habt in meinen Prüfungen bei mir ausgeharrt. ²⁹ Darum vermache ich euch das Reich, wie es mein Vater mir vermacht hat: ³⁰ Ihr sollt in meinem Reich an meinem Tisch essen und trinken und ihr sollt auf Thronen sitzen und die zwölf Stämme Israels richten.

DIE ANKÜNDIGUNG DER VERLEUGNUNG

³¹ Simon, Simon, siehe, der Satan hat verlangt, dass er euch wie Weizen sieben darf. ³² Ich aber habe für dich gebetet, dass dein Glaube nicht erlischt. Und wenn du wieder umgekehrt bist, dann stärke deine Brüder! ³³ Darauf sagte Petrus zu ihm: Herr, ich bin bereit, mit dir sogar ins Gefängnis und in den Tod zu gehen. ³⁴ Jesus aber sagte: Ich sage dir, Petrus, ehe heute der Hahn kräht, wirst du dreimal leugnen, mich zu kennen.

DIE STUNDE DER NOT

³⁵ Dann sagte Jesus zu ihnen: Als ich euch ohne Geldbeutel aussandte, ohne Vorratstasche und ohne Schuhe, habt ihr da etwa Not gelitten? Sie antworteten: Nein. ³⁶ Da sagte er zu ihnen: Jetzt aber soll der, der einen Geldbeutel hat, ihn mitnehmen und ebenso die Tasche. Wer dies nicht hat, soll seinen Mantel verkaufen und sich ein Schwert kaufen. ³⁷ Denn ich sage euch: An mir muss sich erfüllen, was geschrieben steht: *Er wurde zu den Gesetzlosen gerechnet.* Denn alles, was über mich gesagt ist, geht in Erfüllung. ³⁸ Da sagten sie: Herr, siehe, hier sind zwei Schwerter. Er erwiderte: Genug davon!

DAS GEBET IN GETSEMANI

³⁹ Dann verließ Jesus die Stadt und ging, wie er es gewohnt war, zum Ölberg; seine Jünger folgten ihm. ⁴⁰ Als er dort war, sagte er zu ihnen: Betet, dass ihr nicht in Versuchung geratet! ⁴¹ Dann entfernte er sich von ihnen ungefähr einen Steinwurf weit, kniete nieder und betete:

⁴² Vater, wenn du willst, nimm diesen Kelch von mir! Aber nicht mein, sondern dein Wille soll geschehen.

⁴³ Da erschien ihm ein Engel vom Himmel und stärkte ihn. ⁴⁴ Und er betete in seiner Angst noch inständiger und sein Schweiß war wie Blut, das auf die Erde tropfte. ⁴⁵ Nach dem Gebet stand er auf, ging zu den Jüngern zurück und fand sie schlafend; denn sie waren vor Kummer erschöpft. ⁴⁶ Da sagte er zu ihnen: Wie könnt ihr schlafen? Steht auf und betet, damit ihr nicht in Versuchung geratet!

DIE GEFANGENNAHME JESU UND DIE VERLEUGNUNG DES PETRUS

⁴⁷ Noch während er redete, siehe, da kam eine Schar Männer; und der Judas hieß, einer der Zwölf, ging ihnen voran. Er näherte sich Jesus, um ihn zu küssen. ⁴⁸ Jesus aber sagte zu ihm: **Judas, mit einem Kuss lieferst du den Menschensohn aus?** ⁴⁹ Als seine Begleiter merkten, was bevorstand, fragten sie: Herr, sollen wir mit dem Schwert dreinschlagen? ⁵⁰ Und einer von ihnen schlug auf den Diener des Hohepriesters ein und hieb ihm das rechte Ohr ab. ⁵¹ Da sagte Jesus: Lasst es! Nicht weiter! Und er berührte das Ohr und heilte den Mann. ⁵² Zu den Hohepriestern aber, den Hauptleuten der Tempelwache und den Ältesten, die vor ihm standen, sagte Jesus: Wie gegen einen Räuber seid ihr mit Schwertern und Knüppeln ausgezogen. ⁵³ Tag für Tag war ich bei euch im Tempel und ihr habt nicht Hand an mich gelegt. Aber das ist eure Stunde und die Macht der Finsternis.

⁵⁴ Darauf nahmen sie ihn fest, führten ihn ab und brachten ihn in das Haus des Hohepriesters. Petrus folgte von Weitem. ⁵⁵ Mitten im Hof hatte man ein Feuer angezündet und Petrus setzte sich zu den Leuten, die dort beieinandersaßen. ⁵⁶ Eine Magd sah ihn am Feuer sitzen, schaute ihn genau an und sagte: Der war auch mit ihm zusammen. ⁵⁷ Petrus aber leugnete es und sagte: Frau, ich kenne ihn nicht. ⁵⁸ Kurz danach sah ihn ein anderer und bemerkte: Du gehörst auch zu ihnen. Petrus aber sagte: Nein, Mensch, ich nicht! ⁵⁹ Etwa eine Stunde später behauptete wieder einer: Wahrhaftig, der war auch mit ihm zusammen; er ist doch auch ein Galiläer. ⁶⁰ Petrus aber erwiderte: Mensch, ich weiß nicht, wovon du sprichst. Im gleichen Augenblick, noch während er redete, krähte ein Hahn. ⁶¹ Da wandte sich der Herr um und blickte Petrus an. Und Petrus erinnerte sich an das Wort, das der Herr zu ihm gesagt hatte: **Ehe heute der Hahn kräht, wirst du mich dreimal verleugnen.** ⁶² Und er ging hinaus und weinte bitterlich. ⁶³ Die Männer, die Jesus bewachten, trieben ihren Spott mit ihm. Sie schlugen ihn, ⁶⁴ verhüllten ihm das Gesicht und fragten ihn: Du bist doch ein Prophet, sag uns: Wer hat dich geschlagen? ⁶⁵ Und noch viele andere Lästerungen stießen sie gegen ihn aus.

JESUS VOR DEM HOHEN RAT

⁶⁶ Als es Tag wurde, versammelte sich der Ältestenrat des Volkes, die Hohepriester und die Schriftgelehrten und sie ließen Jesus vor ihren Hohen Rat führen. ⁶⁷ Sie sagten zu ihm: Wenn du der Christus bist, dann sag es uns! Er antwortete ihnen: Wenn ich es euch sage, glaubt ihr mir ja doch nicht; ⁶⁸ und wenn ich euch etwas frage, antwortet ihr nicht. ⁶⁹ Von nun an wird der Menschensohn zur Rechten der Macht Gottes sitzen. ⁷⁰ Da sagten alle: Du bist also der Sohn Gottes? Er antwortete ihnen: Ihr sagt es – ich bin es. ⁷¹ Da riefen sie: Wozu brauchen wir noch eine Zeugenaussage? Wir haben es selbst aus seinem Mund gehört.

23

23,1–56

JESUS VOR PILATUS UND HERODES

¹ Daraufhin erhob sich die ganze Versammlung und man führte Jesus zu Pilatus. ² Dort brachten sie ihre Anklage gegen ihn vor; sie sagten: Wir haben festgestellt, dass dieser Mensch unser Volk verführt, es davon abhält, dem Kaiser Steuer zu zahlen, und behauptet, er sei der Christus und König. ³ Pilatus fragte ihn: Bist du der König der Juden? Er antwortete ihm: Du sagst es. ⁴ Da sagte Pilatus zu den Hohepriestern und zur Volksmenge: **Ich finde keine Schuld an diesem Menschen.** ⁵ Sie aber blieben hartnäckig und sagten: Er wiegelt das Volk auf; er verbreitet seine Lehre im ganzen jüdischen Land, angefangen von Galiläa bis hierher. ⁶ Als Pilatus das hörte, fragte er, ob der Mann ein Galiläer sei. ⁷ Und als er erfuhr, dass Jesus aus dem Herrschaftsgebiet des Herodes komme, ließ er ihn zu Herodes bringen, der in jenen Tagen ebenfalls in Jerusalem war. ⁸ Herodes freute sich sehr, als er Jesus sah; schon lange hatte er sich gewünscht, ihn zu sehen, denn er hatte von ihm gehört. Nun hoffte er, ein von ihm gewirktes Zeichen zu sehen. ⁹ Er stellte ihm viele Fragen, doch Jesus gab ihm keine Antwort. ¹⁰ Die Hohepriester und die Schriftgelehrten, die dabeistanden, erhoben schwere Beschuldigungen gegen ihn. ¹¹ Herodes und seine Soldaten zeigten ihm offen ihre Verachtung. Er trieb seinen Spott mit Jesus, ließ ihm ein Prunkgewand umhängen und schickte ihn so zu Pilatus zurück. ¹² **An diesem Tag wurden Herodes und Pilatus Freunde; vorher waren sie Feinde gewesen.** ¹³ Pilatus rief die Hohepriester und die anderen führenden Männer und das Volk zusammen ¹⁴ und sagte zu ihnen: Ihr habt mir diesen Menschen hergebracht und behauptet, er wiegle das Volk auf. Und siehe, ich selbst habe ihn in eurer Gegenwart verhört und habe an diesem Menschen die Schuld, wegen der ihr ihn anklagt, nicht gefunden, ¹⁵ auch Herodes nicht, denn er hat ihn zu uns zurückgeschickt. Ihr seht also: **Er hat nichts getan, worauf die Todesstrafe steht.** ¹⁶ **Daher will ich ihn auspeitschen lassen und dann freilassen.** [¹⁷]¹⁸ Da schrien sie alle miteinander: Weg mit ihm; lass den Barabbas frei! ¹⁹ Dieser Mann war wegen eines Aufruhrs in der Stadt und wegen Mordes ins Gefängnis geworfen worden. ²⁰ Pilatus aber redete wieder auf sie ein, denn er wollte Jesus freilassen. ²¹ Doch sie schrien:

Kreuzige ihn, kreuzige ihn!

²² Zum dritten Mal sagte er zu ihnen: Was für ein Verbrechen hat er denn begangen? Ich habe nichts feststellen können, wofür er den Tod verdient. Daher will ich ihn auspeitschen lassen und dann werde ich ihn freilassen. ²³ Sie aber schrien und forderten immer lauter, er solle Jesus kreuzigen lassen, und mit ihrem Geschrei setzten sie sich durch: ²⁴ Da entschied Pilatus, dass ihre Forderung erfüllt werden solle. ²⁵ Er ließ den Mann frei, der wegen Aufruhrs und Mordes im Gefängnis saß und den sie gefordert hatten. Jesus aber lieferte er ihrem Willen aus.

KREUZWEG UND KREUZIGUNG

²⁶ Als sie Jesus hinausführten, ergriffen sie Simon, einen Mann aus Kyrene, der gerade vom Feld kam. Ihm luden sie das Kreuz auf, damit er es hinter Jesus hertrage. ²⁷ Es folgte ihm eine große Menge des Volkes, darunter auch Frauen, die um ihn klagten und weinten. ²⁸ Jesus wandte sich zu ihnen um und sagte: Töchter Jerusalems, weint nicht über mich; weint vielmehr über euch und eure Kinder! ²⁹ Denn siehe, es kommen Tage, da wird man sagen: Selig die Frauen, die unfruchtbar sind, die nicht geboren und nicht gestillt haben. ³⁰ Dann wird man zu den Bergen sagen: *Fallt auf uns! und zu den Hügeln: Deckt uns zu!* ³¹ Denn wenn das mit dem grünen Holz geschieht, was wird dann erst mit dem dürren werden? ³² Zusammen mit Jesus wurden auch zwei Verbrecher zur Hinrichtung geführt. ³³ Sie kamen an den Ort, der Schädelhöhe heißt; dort kreuzigten sie ihn und die Verbrecher, den einen rechts von ihm, den andern links. ³⁴ Jesus aber betete:

Vater, vergib ihnen, denn sie wissen nicht, was sie tun!

Um seine Kleider zu verteilen, warfen sie das Los. ³⁵ Das Volk stand dabei und schaute zu; auch die führenden Männer verlachten ihn und sagten: Andere hat er gerettet, nun soll er sich selbst retten, wenn er der Christus Gottes ist, der Erwählte. ³⁶ Auch die Soldaten verspotteten ihn; sie traten vor ihn hin, reichten ihm Essig ³⁷ und sagten: Wenn du der König der Juden bist, dann rette dich selbst! ³⁸ Über ihm war eine Aufschrift angebracht: Das ist der König der Juden.

⁳⁹ Einer der Verbrecher, die neben ihm hingen, verhöhnte ihn: Bist du denn nicht der Christus? Dann rette dich selbst und auch uns! ⁴⁰ Der andere aber wies ihn zurecht und sagte: Nicht einmal du fürchtest Gott? Dich hat doch das gleiche Urteil getroffen. ⁴¹ Uns geschieht recht, wir erhalten den Lohn für unsere Taten; dieser aber hat nichts Unrechtes getan. ⁴² Dann sagte er: Jesus, denk an mich, wenn du in dein Reich kommst! ⁴³ Jesus antwortete ihm:

Amen, ich sage dir: Heute noch wirst du mit mir im Paradies sein.

DER TOD JESU

⁴⁴ Es war schon um die sechste Stunde, als eine Finsternis über das ganze Land hereinbrach – bis zur neunten Stunde. ⁴⁵ Die Sonne verdunkelte sich. Der Vorhang im Tempel riss mitten entzwei. ⁴⁶ Und Jesus rief mit lauter Stimme:

Vater, in deine Hände lege ich meinen Geist.

Mit diesen Worten hauchte er den Geist aus.
⁴⁷ Als der Hauptmann sah, was geschehen war, pries er Gott und sagte: Wirklich, dieser Mensch war ein Gerechter. ⁴⁸ Und alle, die zu diesem Schauspiel herbeigeströmt waren und sahen, was sich ereignet hatte, schlugen sich an die Brust und gingen weg. ⁴⁹ Alle seine Bekannten aber standen in einiger Entfernung, auch die Frauen, die ihm von Galiläa aus nachgefolgt waren und die dies mit ansahen.

DAS BEGRÄBNIS JESU

⁵⁰ Und siehe, da war ein Mann mit Namen Josef, ein Mitglied des Hohen Rats und ein guter und gerechter Mensch. ⁵¹ Dieser hatte ihrem Beschluss und Vorgehen nicht zugestimmt. Er war aus Arimathäa, einer jüdischen Stadt, und wartete auf das Reich Gottes. ⁵² Er ging zu Pilatus und bat um den Leichnam Jesu. ⁵³ Und er nahm ihn vom Kreuz, hüllte ihn in ein Leinentuch und legte ihn in ein Felsengrab, in dem noch niemand bestattet worden war. ⁵⁴ Das war am Rüsttag, kurz bevor der Sabbat anbrach. ⁵⁵ Die Frauen in seiner Nachfolge, die mit Jesus aus Galiläa gekommen waren, sahen das Grab und wie der Leichnam bestattet wurde. ⁵⁶ Dann kehrten sie heim und bereiteten wohlriechende Salben und Öle zu. Am Sabbat aber hielten sie die vom Gebot vorgeschriebene Ruhe ein.

24

24,1–53

DIE FRAUEN UND PETRUS AM LEEREN GRAB

¹ Am ersten Tag der Woche gingen die Frauen mit den wohlriechenden Salben, die sie zubereitet hatten, in aller Frühe zum Grab. ² Da sahen sie, dass der Stein vom Grab weggewälzt war; ³ sie gingen hinein, aber den Leichnam Jesu, des Herrn, fanden sie nicht. ⁴ Und es geschah, während sie darüber ratlos waren, siehe, da traten zwei Männer in leuchtenden Gewändern zu ihnen. ⁵ Die Frauen erschraken und blickten zu Boden. Die Männer aber sagten zu ihnen: Was sucht ihr den Lebenden bei den Toten? ⁶ Er ist nicht hier, sondern er ist auferstanden. Erinnert euch an das, was er euch gesagt hat, als er noch in Galiläa war: ⁷ Der Menschensohn muss in die Hände sündiger Menschen ausgeliefert und gekreuzigt werden und am dritten Tag auferstehen. ⁸ Da erinnerten sie sich an seine Worte. ⁹ Und sie kehrten vom Grab zurück und berichteten das alles den Elf und allen Übrigen. ¹⁰ Es waren Maria von Magdala, Johanna und Maria, die Mutter des Jakobus, und die übrigen Frauen mit ihnen. Sie erzählten es den Aposteln. ¹¹ Doch die Apostel hielten diese Reden für Geschwätz und glaubten ihnen nicht. ¹² Petrus aber stand auf und lief zum Grab. Er beugte sich vor, sah aber nur die Leinenbinden. Dann ging er nach Hause, voll Verwunderung über das, was geschehen war.

DIE ERSCHEINUNG JESU AUF DEM WEG NACH EMMAUS

¹³ Und siehe, am gleichen Tag waren zwei von den Jüngern auf dem Weg in ein Dorf namens Emmaus, das sechzig Stadien von Jerusalem entfernt ist. ¹⁴ Sie sprachen miteinander über all das, was sich ereignet hatte. ¹⁵ Und es geschah, während sie redeten und ihre Gedanken austauschten, kam Jesus selbst hinzu und ging mit ihnen. ¹⁶ Doch ihre Augen waren gehalten, sodass sie ihn nicht erkannten. ¹⁷ Er fragte sie: Was sind das für Dinge, über die ihr auf eurem Weg miteinander redet? Da blieben sie traurig stehen ¹⁸ und der eine von ihnen – er hieß Kleopas – antwortete ihm: Bist du so fremd in Jerusalem, dass du als Einziger nicht weißt, was in diesen Tagen dort geschehen ist? ¹⁹ Er fragte sie: Was denn? Sie antworteten ihm:

Das mit Jesus aus Nazaret. Er war ein Prophet, mächtig in Tat und Wort vor Gott und dem ganzen Volk. ²⁰ Doch unsere Hohepriester und Führer haben ihn zum Tod verurteilen und ans Kreuz schlagen lassen. ²¹ Wir aber hatten gehofft, dass er der sei, der Israel erlösen werde. Und dazu ist heute schon der dritte Tag, seitdem das alles geschehen ist. ²² Doch auch einige Frauen aus unserem Kreis haben uns in große Aufregung versetzt. Sie waren in der Frühe beim Grab, ²³ fanden aber seinen Leichnam nicht. Als sie zurückkamen, erzählten sie, es seien ihnen Engel erschienen und hätten gesagt, er lebe. ²⁴ Einige von uns gingen dann zum Grab und fanden alles so, wie die Frauen gesagt hatten; ihn selbst aber sahen sie nicht. ²⁵ Da sagte er zu ihnen: Ihr Unverständigen, deren Herz zu träge ist, um alles zu glauben, was die Propheten gesagt haben. ²⁶ Musste nicht der Christus das erleiden und so in seine Herrlichkeit gelangen? ²⁷ Und er legte ihnen dar, ausgehend von Mose und allen Propheten, was in der gesamten Schrift über ihn geschrieben steht.

²⁸ So erreichten sie das Dorf, zu dem sie unterwegs waren. Jesus tat, als wolle er weitergehen, ²⁹ aber sie drängten ihn und sagten: Bleibe bei uns; denn es wird Abend, der Tag hat sich schon geneigt! Da ging er mit hinein, um bei ihnen zu bleiben. ³⁰ Und es geschah, als er mit ihnen bei Tisch war, nahm er das Brot, sprach den Lobpreis, brach es und gab es ihnen. ³¹ Da wurden ihre Augen aufgetan und sie erkannten ihn; und er entschwand ihren Blicken. ³² Und sie sagten zueinander: Brannte nicht unser Herz in uns, als er unterwegs mit uns redete und uns den Sinn der Schriften eröffnete? ³³ Noch in derselben Stunde brachen sie auf und kehrten nach Jerusalem zurück und sie fanden die Elf und die mit ihnen versammelt waren. ³⁴ Diese sagten: Der Herr ist wirklich auferstanden und ist dem Simon erschienen. ³⁵ Da erzählten auch sie, was sie unterwegs erlebt und wie sie ihn erkannt hatten, als er das Brot brach.

DIE ERSCHEINUNG JESU IN JERUSALEM

³⁶ Während sie noch darüber redeten, trat er selbst in ihre Mitte und sagte zu ihnen: Friede sei mit euch! ³⁷ Sie erschraken und hatten große Angst, denn sie meinten, einen Geist zu sehen. ³⁸ Da sagte er zu ihnen: Was seid ihr so bestürzt? Warum lasst ihr in eurem Herzen Zweifel aufkommen? ³⁹ Seht meine Hände und meine Füße an: Ich bin es selbst. Fasst mich doch an und begreift: Kein Geist hat Fleisch und Knochen, wie ihr es bei mir seht. ⁴⁰ Bei diesen Worten zeigte er ihnen seine Hände und Füße. ⁴¹ Als sie es aber vor Freude immer noch nicht glauben konnten und sich verwunderten, sagte er zu ihnen: Habt ihr etwas zu essen hier? ⁴² Sie gaben ihm ein Stück gebratenen Fisch; ⁴³ er nahm es und aß es vor ihren Augen.

⁴⁴ Dann sagte er zu ihnen: Das sind meine Worte, die ich zu euch gesprochen habe, als ich noch bei euch war: Alles muss in Erfüllung gehen, was im Gesetz des Mose, bei den Propheten und in den Psalmen über mich geschrieben steht. ⁴⁵ Darauf öffnete er ihren Sinn für das Verständnis der Schriften. ⁴⁶ Er sagte zu ihnen: So steht es geschrieben: Der Christus wird leiden und am dritten Tag von den Toten auferstehen ⁴⁷ und in seinem Namen wird man allen Völkern Umkehr verkünden, damit ihre Sünden vergeben werden. Angefangen in Jerusalem, ⁴⁸ seid ihr Zeugen dafür. ⁴⁹ Und siehe, ich werde die Verheißung meines Vaters auf euch herabsenden. Ihr aber bleibt in der Stadt, bis ihr mit der Kraft aus der Höhe erfüllt werdet!

DIE ENTRÜCKUNG JESU IN DEN HIMMEL

⁵⁰ Dann führte er sie hinaus in die Nähe von Betanien. **Dort erhob er seine Hände und segnete sie.** ⁵¹ Und es geschah, während er sie segnete, verließ er sie und wurde zum Himmel emporgehoben. ⁵² Sie aber fielen vor ihm nieder. Dann kehrten sie in großer Freude nach Jerusalem zurück. ⁵³ Und sie waren immer im Tempel und priesen Gott.

Das Evangelium nach
JOHANNES

Das Evangelium nach
JOHANNES

Das letzte der vier Evangelien wird von der altkirchlichen Überlieferung dem Apostel Johannes, dem Sohn des Fischers Zebedäus und Bruder des Jakobus (Mk 1,19f.; 3,17), zugeschrieben. Es hat erst am Ausgang des 1. Jahrhunderts seine jetzige Gestalt erhalten. Manche Anzeichen weisen darauf hin, dass dieses Evangelium einen längeren Entstehungsprozess durchlaufen hat.

Die großen Linien des Aufbaus sind deutlich erkennbar. Die ersten vier Kapitel schildern den Eintritt des göttlichen Wortes in die Welt. Auf den einleitenden Abschnitt (Prolog: 1,1–18), der von Jesu ewigem Sein beim Vater (Präexistenz) zur Menschwerdung (Inkarnation) hinführt, folgt das Zeugnis Johannes' des Täufers und der Bericht über die Berufung der Jünger (1,19–51). Dann beschreibt der Evangelist die Anfänge des Wirkens Jesu. Jesus tritt zunächst im Zentrum des Judentums, in Jerusalem und in Judäa, auf und erweitert dann seine Mission hin nach Samaria und Galiläa. Ein weiterer Hauptabschnitt (Joh 5,1–10,42) berichtet von der Offenbarung Jesu vor seinem Volk. Wichtige Gliederungselemente sind die jüdischen Pilgerfeste, zu denen Jesus dreimal nach Jerusalem hinaufzieht. Zeichenhandlungen und Reden offenbaren Jesus als den, an dem sich die Beziehung des Menschen zu Gott, dem Vater, entscheidet. Die Kapitel 11 und 12 dienen bereits der Überleitung zur Passion. Vor dem letzten Paschafest erweckt Jesus Lazarus vom Tod und kündigt dadurch seine eigene Auferstehung an. Auf seinen Tod verweist auch die Salbung in Betanien. Der Einzug in Jerusalem führt zu einer Begegnung mit Griechen als Vorboten eines über Israel hinausreichenden Heils, zu einem kritischen Rückblick auf die Aufnahme Jesu in seinem Volk und einem letzten Aufruf zum Glauben (Kap. 12). Im Rahmen des Abschiedsmahls mit der Fußwaschung

(Kap. 13) dienen die Abschiedsreden im Jüngerkreis (Kap. 14–16) sowie das große Gebet zum Vater (Kap. 17) der Unterweisung der Gemeinde für die Zeit nach Jesu Tod, in der der Erhöhte durch den verheißenen Heiligen Geist in der Gemeinde weiterwirkt. Nach diesem Teil (Kap. 13–17), der in den anderen Evangelien keine direkte Entsprechung hat, folgt der Bericht über Jesu Leiden, Tod und Auferstehung (Kap. 18–20). Kapitel 21 ist eine Hinzufügung der Herausgeber des Evangeliums und kreist um die Gestalt des Lieblingsjüngers als Träger und Garanten der johanneischen Tradition.

Das Werk unterscheidet sich in Aufbau und Inhalt stark von den drei synoptischen Evangelien. Zentrale Texte für die Theologie des Johannesevangeliums (der Prolog, die Abschiedsreden) haben in diesen keine Entsprechung. Aber auch Unterschiede, die Ort und Zeit des Auftretens Jesu betreffen, sind von theologischer Bedeutung. Anders als in den synoptischen Evangelien hält Jesus sich mehrfach und auch gleich zu Beginn seines öffentlichen Wirkens in Jerusalem auf. Paschafeste rahmen sein öffentliches Wirken. Jesus stirbt nicht am Paschatag, sondern am Tag zuvor. Entsprechend ist auch das letzte Mahl kein Paschamahl.

Die zentrale Botschaft dieses Evangeliums ist die Selbstoffenbarung Jesu in Wort und Zeichen, in der er sich als der von Gott gesandte Sohn, als Licht und Leben der Menschen bezeugt. Die ganze Darstellung soll den Glauben begründen, dass Jesus „der Christus ist, der Sohn Gottes", durch den die Glaubenden ewiges Leben gewinnen (20,31). Dieser Glaube soll furchtlos bekannt werden. Es gilt, die Ehre, die uns von Gott zukommt, höher zu bewerten als die Ehre von Menschen (vgl. Joh 5,41–44; 12,42f.).

DER EINTRITT DES GÖTTLICHEN WORTES IN DIE WELT

1,1–4,54

1

1,1–51

DER PROLOG

¹Im Anfang war das Wort und das Wort war bei Gott und das Wort war Gott. ²Dieses war im Anfang bei Gott. ³Alles ist durch das Wort geworden und ohne es wurde nichts, was geworden ist. ⁴In ihm war Leben und das Leben war das Licht der Menschen. ⁵Und das Licht leuchtet in der Finsternis und die Finsternis hat es nicht erfasst.

⁶ Ein Mensch trat auf, von Gott gesandt; sein Name war Johannes. ⁷ Er kam als Zeuge, um Zeugnis abzulegen für das Licht, damit alle durch ihn zum Glauben kommen. ⁸ Er war nicht selbst das Licht, er sollte nur Zeugnis ablegen für das Licht. ⁹ Das wahre Licht, das jeden Menschen erleuchtet, kam in die Welt. ¹⁰ Er war in der Welt und die Welt ist durch ihn geworden, aber die Welt erkannte ihn nicht. ¹¹ Er kam in sein Eigentum, aber die Seinen nahmen ihn nicht auf. ¹² Allen aber, die ihn aufnahmen, gab er Macht, Kinder Gottes zu werden, allen, die an seinen Namen glauben, ¹³ die nicht aus dem Blut, nicht aus dem Willen des Fleisches, nicht aus dem Willen des Mannes, sondern aus Gott geboren sind.

¹⁴ Und das Wort ist Fleisch geworden und hat unter uns gewohnt und wir haben seine Herrlichkeit geschaut, die Herrlichkeit des einzigen Sohnes vom Vater, voll Gnade und Wahrheit. ¹⁵ Johannes legt Zeugnis für ihn ab und ruft: Dieser war es, über den ich gesagt habe: Er, der nach mir kommt, ist mir voraus, weil er vor mir war. ¹⁶ Aus seiner Fülle haben wir alle empfangen, Gnade über Gnade. ¹⁷ Denn das Gesetz wurde durch Mose gegeben, die Gnade und die Wahrheit kamen durch Jesus Christus. ¹⁸ Niemand hat Gott je gesehen. Der Einzige, der Gott ist und am Herzen des Vaters ruht, er hat Kunde gebracht.

DAS ZEUGNIS DES TÄUFERS

¹⁹ Und dies ist das Zeugnis des Johannes, als die Juden von Jerusalem aus Priester und Leviten zu ihm sandten mit der Frage: Wer bist du? ²⁰ Er bekannte und leugnete nicht; er bekannte: Ich bin nicht der Christus. ²¹ Sie fragten ihn: Was dann? Bist du Elija? Und er sagte: Ich bin es nicht. Bist du der Prophet? Er antwortete: Nein. ²² Da sagten sie zu ihm: Wer bist du? Wir müssen denen, die uns gesandt haben, Antwort geben. Was sagst du über dich selbst? ²³ Er sagte: Ich bin *die Stimme eines Rufers in der Wüste: Ebnet den Weg für den Herrn!*, wie der Prophet Jesaja gesagt hat. ²⁴ Die Abgesandten gehörten zu den Pharisäern. ²⁵ Sie fragten Johannes und sagten zu ihm: Warum taufst du dann, wenn du nicht der Christus bist, nicht Elija und nicht der Prophet? ²⁶ Johannes antwortete ihnen: Ich taufe mit Wasser. Mitten unter euch steht einer, den ihr nicht kennt, ²⁷ der nach mir kommt; ich bin nicht würdig, ihm die Riemen der Sandalen zu lösen. ²⁸ Dies geschah in Betanien, jenseits des Jordan, wo Johannes taufte.

²⁹ Am Tag darauf sah er Jesus auf sich zukommen und sagte:

Seht, das Lamm Gottes, das die Sünde der Welt hinwegnimmt!

³⁰ Er ist es, von dem ich gesagt habe: Nach mir kommt ein Mann, der mir voraus ist, weil er vor mir war. ³¹ Auch ich kannte ihn nicht; aber ich bin gekommen und taufe mit Wasser, damit er Israel offenbart wird. ³² Und Johannes bezeugte: Ich sah, dass der Geist vom Himmel herabkam wie eine Taube und auf ihm blieb. ³³ Auch ich kannte ihn nicht; aber er, der mich gesandt hat, mit Wasser zu taufen, er hat mir gesagt: Auf wen du den Geist herabkommen und auf ihm bleiben siehst, der ist es, der mit dem Heiligen Geist tauft. ³⁴ Und ich habe es gesehen und bezeugt: Dieser ist der Sohn Gottes.

DIE BERUFUNG DER ERSTEN JÜNGER

³⁵ Am Tag darauf stand Johannes wieder dort und zwei seiner Jünger standen bei ihm. ³⁶ Als Jesus vorüberging, richtete Johannes seinen Blick auf ihn und sagte: Seht, das Lamm Gottes! ³⁷ Die beiden Jünger hörten, was er sagte, und folgten Jesus. ³⁸ Jesus aber wandte sich um, und als er sah, dass sie ihm folgten, sagte er zu ihnen: Was sucht ihr? Sie sagten zu ihm: Rabbi – das heißt übersetzt: Meister –, wo wohnst du? ³⁹ Er sagte zu ihnen: Kommt und seht! Da kamen sie mit und sahen, wo er wohnte, und blieben jenen Tag bei ihm; es war um die zehnte Stunde. ⁴⁰ Andreas, der Bruder des Simon Petrus, war einer der beiden, die das Wort des Johannes gehört hatten und Jesus gefolgt waren. ⁴¹ Dieser traf zuerst seinen Bruder Simon und sagte zu ihm: Wir haben den Messias gefunden – das heißt übersetzt: Christus. ⁴² Er führte ihn zu Jesus. Jesus blickte ihn an und sagte: Du bist Simon, der Sohn des Johannes, du sollst Kephas heißen, das bedeutet: Petrus, Fels. ⁴³ Am Tag darauf wollte Jesus nach Galiläa aufbrechen; da traf er Philippus. Und Jesus sagte zu ihm: Folge mir nach! ⁴⁴ Philippus war aus Betsaida, der Stadt des Andreas und Petrus. ⁴⁵ Philippus traf Natanaël und sagte zu ihm: Wir haben den gefunden, über den Mose im Gesetz und auch die Propheten geschrieben haben: Jesus, den Sohn Josefs, aus Nazaret. ⁴⁶ Da sagte Natanaël zu ihm: Kann aus Nazaret etwas Gutes kommen? Philippus sagte zu ihm: Komm und sieh! ⁴⁷ Jesus sah Natanaël auf sich zukommen und sagte über ihn: Sieh, ein echter Israelit, an dem kein Falsch ist. ⁴⁸ Natanaël sagte zu ihm: Woher kennst du mich? Jesus antwortete ihm: Schon bevor dich Philippus rief, habe ich dich unter dem Feigenbaum gesehen. ⁴⁹ Natanaël antwortete ihm: Rabbi, du bist der Sohn Gottes, du bist der König von Israel! ⁵⁰ Jesus antwortete ihm: Du glaubst, weil ich dir sagte, dass ich dich unter dem Feigenbaum sah; du wirst noch Größeres als dieses sehen. ⁵¹ Und er sprach zu ihm: Amen, amen, ich sage euch: Ihr werdet *den Himmel* geöffnet *und die Engel Gottes auf- und niedersteigen* sehen über dem Menschensohn.

2

2,1–25

DAS ERSTE ZEICHEN JESU IN KANA IN GALILÄA

¹ Am dritten Tag fand in Kana in Galiläa eine Hochzeit statt und die Mutter Jesu war dabei. ² Auch Jesus und seine Jünger waren zur Hochzeit eingeladen. ³ Als der Wein ausging, sagte die Mutter Jesu zu ihm: Sie haben keinen Wein mehr. ⁴ Jesus erwiderte ihr: Was willst du von mir, Frau? Meine Stunde ist noch nicht gekommen. ⁵ Seine Mutter sagte zu den Dienern: Was er euch sagt, das tut! ⁶ Es standen dort sechs steinerne Wasserkrüge, wie es der Reinigungssitte der Juden entsprach; jeder fasste ungefähr hundert Liter. ⁷ Jesus sagte zu den Dienern: Füllt die Krüge mit Wasser! Und sie füllten sie bis zum Rand. ⁸ Er sagte zu ihnen: Schöpft jetzt und bringt es dem, der für das Festmahl verantwortlich ist! Sie brachten es ihm. ⁹ Dieser kostete das Wasser, das zu Wein geworden war. Er wusste nicht, woher der Wein kam; die Diener aber, die das Wasser geschöpft hatten, wussten es. Da ließ er den Bräutigam rufen ¹⁰ und sagte zu ihm: Jeder setzt zuerst den guten Wein vor und erst, wenn die Gäste zu viel getrunken haben, den weniger guten. Du jedoch hast den guten Wein bis jetzt aufbewahrt. ¹¹ So tat Jesus sein erstes Zeichen, in Kana in Galiläa, und offenbarte seine Herrlichkeit und seine Jünger glaubten an ihn. ¹² Danach zog er mit seiner Mutter, seinen Brüdern und seinen Jüngern nach Kafarnaum hinab. Dort blieben sie einige Zeit.

DAS ERSTE PASCHAFEST. DIE TEMPELREINIGUNG

¹³ Das Paschafest der Juden war nahe und Jesus zog nach Jerusalem hinauf. ¹⁴ Im Tempel fand er die Verkäufer von Rindern, Schafen und Tauben und die Geldwechsler, die dort saßen. ¹⁵ Er machte eine Geißel aus Stricken und trieb sie alle aus dem Tempel hinaus samt den Schafen und Rindern; das Geld der Wechsler schüttete er aus, ihre Tische stieß er um ¹⁶ und zu den Taubenhändlern sagte er: Schafft das hier weg, macht das Haus meines Vaters nicht zu einer Markthalle! ¹⁷ Seine Jünger erinnerten sich, dass geschrieben steht: *Der Eifer für dein Haus wird mich verzehren.* ¹⁸ Da ergriffen die Juden das Wort und sagten zu ihm: Welches Zeichen lässt du uns sehen, dass du dies tun darfst? ¹⁹ Jesus antwortete ihnen:

Reißt diesen Tempel nieder und in drei Tagen werde ich ihn wieder aufrichten.

²⁰ Da sagten die Juden: Sechsundvierzig Jahre wurde an diesem Tempel gebaut und du willst ihn in drei Tagen wieder aufrichten? ²¹ Er aber meinte den Tempel seines Leibes. ²² Als er von den Toten auferweckt war, erinnerten sich seine Jünger, dass er dies gesagt hatte, und sie glaubten der Schrift und dem Wort, das Jesus gesprochen hatte. ²³ Während er zum Paschafest in Jerusalem war, kamen viele zum Glauben an seinen Namen, da sie die Zeichen sahen, die er tat. ²⁴ Jesus selbst aber vertraute sich ihnen nicht an, denn er kannte sie alle ²⁵ und brauchte von keinem ein Zeugnis über den Menschen; denn er wusste, was im Menschen war.

3

3,1–36

DAS GESPRÄCH MIT NIKODEMUS IN JERUSALEM

¹ Es war da einer von den Pharisäern namens Nikodemus, ein führender Mann unter den Juden. ² Der suchte Jesus bei Nacht auf und sagte zu ihm: Rabbi, wir wissen, du bist ein Lehrer, von Gott gekommen; denn niemand kann die Zeichen tun, die du tust, wenn nicht Gott mit ihm ist. ³ Jesus antwortete ihm: Amen, amen, ich sage dir: Wenn jemand nicht von oben geboren wird, kann er das Reich Gottes nicht sehen. ⁴ Nikodemus entgegnete ihm: Wie kann ein Mensch, der schon alt ist, geboren werden? Kann er etwa in den Schoß seiner Mutter zurückkehren und noch einmal geboren werden? ⁵ Jesus antwortete:

Amen, amen, ich sage dir: Wenn jemand nicht aus dem Wasser und dem Geist geboren wird, kann er nicht in das Reich Gottes kommen. ⁶ Was aus dem Fleisch geboren ist, das ist Fleisch; was aber aus dem Geist geboren ist, das ist Geist.

⁷ Wundere dich nicht, dass ich dir sagte: Ihr müsst von oben geboren werden. ⁸ Der Wind weht, wo er will; du hörst sein Brausen, weißt aber nicht, woher er kommt und wohin er geht. So ist es mit jedem, der aus dem Geist geboren ist. ⁹ Nikodemus erwiderte ihm: Wie kann das geschehen? ¹⁰ Jesus antwortete: Du bist der Lehrer Israels und verstehst das nicht? ¹¹ Amen, amen, ich sage dir: Was wir wissen, davon reden wir, und was wir gesehen haben, das bezeugen wir und doch nehmt ihr unser Zeugnis nicht an. ¹² Wenn ich zu euch über irdische Dinge gesprochen habe und ihr nicht glaubt, wie werdet ihr glauben, wenn ich zu euch über himmlische Dinge spreche? ¹³ Und niemand ist in den Himmel hinaufgestiegen außer dem, der vom Himmel herabgestiegen ist: der Menschensohn. ¹⁴ Und wie Mose die Schlange

in der Wüste erhöht hat, so muss der Menschensohn erhöht werden, ¹⁵ damit jeder, der glaubt, in ihm ewiges Leben hat. ¹⁶ Denn Gott hat die Welt so sehr geliebt, dass er seinen einzigen Sohn hingab, damit jeder, der an ihn glaubt, nicht verloren geht, sondern ewiges Leben hat.

¹⁷ Denn Gott hat seinen Sohn nicht in die Welt gesandt, damit er die Welt richtet, sondern damit die Welt durch ihn gerettet wird.

¹⁸ Wer an ihn glaubt, wird nicht gerichtet; wer nicht glaubt, ist schon gerichtet, weil er nicht an den Namen des einzigen Sohnes Gottes geglaubt hat. ¹⁹ Denn darin besteht das Gericht: Das Licht kam in die Welt, doch die Menschen liebten die Finsternis mehr als das Licht; denn ihre Taten waren böse. ²⁰ Jeder, der Böses tut, hasst das Licht und kommt nicht zum Licht, damit seine Taten nicht aufgedeckt werden. ²¹ Wer aber die Wahrheit tut, kommt zum Licht, damit offenbar wird, dass seine Taten in Gott vollbracht sind.

JESUS IN JUDÄA. ERNEUTES ZEUGNIS DES TÄUFERS

²² Darauf kam Jesus mit seinen Jüngern nach Judäa. Dort hielt er sich mit ihnen auf und taufte. ²³ Aber auch Johannes taufte damals, und zwar in Änon bei Salim, weil dort viel Wasser war; und die Leute kamen und ließen sich taufen. ²⁴ Johannes war nämlich noch nicht ins Gefängnis geworfen worden. ²⁵ Da kam es zwischen den Jüngern des Johannes und einem Juden zum Streit über die Frage der Reinigung. ²⁶ Sie kamen zu Johannes und sagten zu ihm: Rabbi, der Mann, der auf der anderen Seite des Jordan bei dir war und für den du Zeugnis abgelegt hast, der tauft jetzt und alle kommen zu ihm. ²⁷ Johannes antwortete: Kein Mensch kann etwas nehmen, wenn es ihm nicht vom Himmel gegeben ist. ²⁸ Ihr selbst seid meine Zeugen, dass ich gesagt habe: Ich bin nicht der Christus, sondern nur vor ihm hergesandt. ²⁹ Wer die Braut hat, ist der Bräutigam; der Freund des Bräutigams aber, der dabeisteht und ihn hört, ist voller Freude über die Stimme des Bräutigams. Diese Freude hat sich nun bei mir vollendet. ³⁰ Er muss wachsen, ich aber geringer werden. ³¹ Er, der von oben kommt, steht über allen; wer von der Erde stammt, ist irdisch und redet irdisch. Er, der aus dem Himmel kommt, steht über allen. ³² Was er gesehen und gehört hat, bezeugt er, doch niemand nimmt sein Zeugnis an. ³³ Wer sein Zeugnis annimmt, hat besiegelt, dass Gott wahrhaftig ist. ³⁴ Denn der, den Gott gesandt hat, spricht die Worte Gottes; denn ohne Maß gibt er den Geist. ³⁵ Der Vater liebt den Sohn und hat alles in seine Hand gegeben. ³⁶ Wer an den Sohn glaubt, hat das ewige Leben; wer aber dem Sohn nicht gehorcht, wird das Leben nicht sehen, sondern Gottes Zorn bleibt auf ihm.

4

4,1–54

JESUS IN SAMARIA

¹ Jesus erfuhr, dass die Pharisäer gehört hatten, er gewinne und taufe mehr Jünger als Johannes – ² allerdings taufte nicht Jesus selbst, sondern seine Jünger –; ³ daraufhin verließ er Judäa und ging wieder nach Galiläa. ⁴ Er musste aber den Weg durch Samarien nehmen. ⁵ So kam er zu einer Stadt in Samarien, die Sychar hieß und nahe bei dem Grundstück lag, das Jakob seinem Sohn Josef vermacht hatte. ⁶ Dort befand sich der Jakobsbrunnen. Jesus war müde von der Reise und setzte sich daher an den Brunnen; es war um die sechste Stunde.

⁷ Da kam eine Frau aus Samarien, um Wasser zu schöpfen. Jesus sagte zu ihr: Gib mir zu trinken! ⁸ Seine Jünger waren nämlich in die Stadt gegangen, um etwas zum Essen zu kaufen. ⁹ Die Samariterin sagte zu ihm: Wie kannst du als Jude mich, eine Samariterin, um etwas zu trinken bitten? Die Juden verkehren nämlich nicht mit den Samaritern. ¹⁰ Jesus antwortete ihr: Wenn du wüsstest, worin die Gabe Gottes besteht und wer es ist, der zu dir sagt: Gib mir zu trinken!, dann hättest du ihn gebeten und er hätte dir lebendiges Wasser gegeben. ¹¹ Sie sagte zu ihm: Herr, du hast kein Schöpfgefäß und der Brunnen ist tief; woher hast du also das lebendige Wasser? ¹² Bist du etwa größer als unser Vater Jakob, der uns den Brunnen gegeben und selbst daraus getrunken hat, wie seine Söhne und seine Herden? ¹³ Jesus antwortete ihr:

Wer von diesem Wasser trinkt, wird wieder Durst bekommen; ¹⁴ wer aber von dem Wasser trinkt, das ich ihm geben werde, wird niemals mehr Durst haben; vielmehr wird das Wasser, das ich ihm gebe, in ihm zu einer Quelle werden, deren Wasser ins ewige Leben fließt.

¹⁵ Da sagte die Frau zu ihm: Herr, gib mir dieses Wasser, damit ich keinen Durst mehr habe und nicht mehr hierherkommen muss, um Wasser zu schöpfen!

¹⁶ Er sagte zu ihr: Geh, ruf deinen Mann und komm wieder her! ¹⁷ Die Frau antwortete: Ich habe keinen Mann. Jesus sagte zu ihr: Du hast richtig gesagt: Ich habe keinen Mann. ¹⁸ Denn fünf Männer hast du gehabt und der, den du jetzt hast, ist nicht dein Mann. Damit hast du die Wahrheit gesagt. ¹⁹ Die Frau sagte zu ihm: Herr, ich sehe, dass du ein Prophet bist. ²⁰ Unsere Väter haben auf diesem Berg Gott angebetet; ihr aber sagt, in Jerusalem sei die Stätte, wo man anbeten muss. ²¹ Jesus sprach zu ihr: Glaube mir, Frau, die Stunde kommt, zu der ihr weder auf diesem Berg noch in Jerusalem den Vater anbeten werdet. ²² Ihr betet an, was ihr nicht kennt, wir beten an, was wir kennen; denn das Heil kommt von den Juden. ²³ Aber die Stunde kommt und sie ist schon da, zu der die wahren Beter den Vater anbeten werden im Geist und in der Wahrheit; denn so will der Vater angebetet werden. ²⁴ Gott ist Geist und alle, die ihn anbeten, müssen im Geist und in der Wahrheit anbeten. ²⁵ Die Frau sagte zu ihm: Ich weiß, dass der Messias kommt, der Christus heißt. Wenn er kommt, wird er uns alles verkünden. ²⁶ Da sagte Jesus zu ihr: Ich bin es, der mit dir spricht.

²⁷ Inzwischen waren seine Jünger zurückgekommen. Sie wunderten sich, dass er mit einer Frau sprach, doch keiner sagte: Was suchst du? oder: Was redest du mit ihr? ²⁸ Die Frau ließ ihren Wasserkrug stehen, kehrte zurück in die Stadt und sagte zu den Leuten: ²⁹ Kommt her, seht, da ist ein Mensch, der mir alles gesagt hat, was ich getan habe: Ist er vielleicht der Christus? ³⁰ Da gingen sie aus der Stadt heraus und kamen zu ihm.

³¹ Währenddessen baten ihn seine Jünger: Rabbi, iss! ³² Er aber sagte zu ihnen: Ich habe eine Speise zu essen, die ihr nicht kennt. ³³ Da sagten die Jünger zueinander: Hat ihm jemand etwas zu essen gebracht? ³⁴ Jesus sprach zu ihnen: Meine Speise ist es, den Willen dessen zu tun, der mich gesandt hat, und sein Werk zu vollenden. ³⁵ Sagt ihr nicht: Noch vier Monate dauert es bis zur Ernte? Sieh, ich sage euch: Erhebt eure Augen und seht, dass die Felder schon weiß sind zur Ernte! ³⁶ Schon empfängt der Schnitter seinen Lohn und sammelt Frucht für das ewige Leben, sodass sich der Sämann und der Schnitter gemeinsam freuen. ³⁷ Denn hier hat das Sprichwort recht:

Einer sät und ein anderer erntet.

³⁸ Ich habe euch gesandt zu ernten, wofür ihr euch nicht abgemüht habt; andere haben sich abgemüht und euch ist ihre Mühe zugutegekommen. ³⁹ Aus jener Stadt kamen viele Samariter zum Glauben an Jesus auf das Wort der Frau hin, die bezeugt hatte: Er hat mir alles gesagt, was ich getan habe. ⁴⁰ Als die Samariter zu ihm kamen, baten sie ihn, bei ihnen zu bleiben; und er blieb dort zwei Tage. ⁴¹ Und noch viel mehr Leute kamen zum Glauben an ihn aufgrund seiner eigenen Worte. ⁴² Und zu der Frau sagten sie: Nicht mehr aufgrund deiner Rede glauben wir, denn wir haben selbst gehört und wissen:

Er ist wirklich der Retter der Welt.

JESUS IN GALILÄA

⁴³ Nach diesen beiden Tagen ging er von dort nach Galiläa. ⁴⁴ Jesus selbst hatte nämlich bezeugt: Ein Prophet wird in seiner eigenen Heimat nicht geehrt. ⁴⁵ Als er nun nach Galiläa kam, nahmen ihn die Galiläer auf, weil sie alles gesehen hatten, was er in Jerusalem auf dem Fest getan hatte; denn auch sie waren zum Fest gekommen.

DAS ZWEITE ZEICHEN JESU IN KANA IN GALILÄA

⁴⁶ Jesus kam wieder nach Kana in Galiläa, wo er das Wasser in Wein verwandelt hatte. In Kafarnaum lebte ein königlicher Beamter; dessen Sohn war krank. ⁴⁷ Als er hörte, dass Jesus von Judäa nach Galiläa gekommen war, suchte er ihn auf und bat ihn, herabzukommen und seinen Sohn zu heilen; denn er lag im Sterben. ⁴⁸ Da sagte Jesus zu ihm: Wenn ihr nicht Zeichen und Wunder seht, glaubt ihr nicht. ⁴⁹ Der Beamte bat ihn: Herr, komm herab, ehe mein Kind stirbt! ⁵⁰ Jesus erwiderte ihm: Geh, dein Sohn lebt! Der Mann glaubte dem Wort, das Jesus zu ihm gesagt hatte, und machte sich auf den Weg. ⁵¹ Noch während er hinabging, kamen ihm seine Diener entgegen und sagten: Dein Junge lebt. ⁵² Da fragte er sie genau nach der Stunde, in der die Besserung eingetreten war. Sie antworteten: Gestern in der siebten Stunde ist das Fieber von ihm gewichen. ⁵³ Da erkannte der Vater, dass es genau zu der Stunde war, als Jesus zu ihm gesagt hatte: Dein Sohn lebt. Und er wurde gläubig mit seinem ganzen Haus. ⁵⁴ So tat Jesus sein zweites Zeichen, nachdem er von Judäa nach Galiläa gekommen war.

DIE SELBSTOFFENBARUNG JESU VOR SEINEM VOLK

5,1–10,42

5

5,1–47

DIE HEILUNG EINES GELÄHMTEN AN EINEM FEST IN JERUSALEM
---

¹Danach war ein Fest der Juden und Jesus ging hinauf nach Jerusalem. ²In Jerusalem gibt es beim Schaftor einen Teich, zu dem fünf Säulenhallen gehören; dieser Teich heißt auf Hebräisch Betesda. ³In diesen Hallen lagen viele Kranke, darunter Blinde, Lahme und Verkrüppelte. [4] ⁵Dort lag auch ein Mann, der schon achtunddreißig Jahre krank war. ⁶Als Jesus ihn dort liegen sah und erkannte, dass er schon lange krank war, fragte er ihn: Willst du gesund werden? ⁷Der Kranke antwortete ihm: Herr, ich habe keinen Menschen, der mich, sobald das Wasser aufwallt, in den Teich trägt. Während ich mich hinschleppe, steigt schon ein anderer vor mir hinein. ⁸Da sagte Jesus zu ihm: Steh auf, nimm deine Liege und geh! ⁹Sofort wurde der Mann gesund, nahm seine Liege und ging.
Dieser Tag war aber ein Sabbat. ¹⁰Da sagten die Juden zu dem Geheilten: Es ist Sabbat, du darfst deine Liege nicht tragen. ¹¹Er erwiderte ihnen: Der mich gesund gemacht hat, sagte zu mir: Nimm deine Liege und geh! ¹²Sie fragten ihn: Wer ist denn der Mensch, der zu dir gesagt hat: Nimm deine Liege und geh? ¹³Der Geheilte wusste aber nicht, wer es war. Jesus war nämlich weggegangen, weil dort eine große Menschenmenge zugegen war. ¹⁴Danach traf ihn Jesus im Tempel und sagte zu ihm: Sieh, du bist gesund geworden; sündige nicht mehr, damit dir nicht noch Schlimmeres zustößt! ¹⁵Der Mann ging fort und teilte den Juden mit, dass es Jesus war, der ihn gesund gemacht hatte. ¹⁶Daraufhin verfolgten die Juden Jesus, weil er das an einem Sabbat getan hatte. ¹⁷Jesus aber entgegnete ihnen: Mein Vater wirkt bis jetzt und auch ich wirke. ¹⁸Darum suchten die Juden noch mehr, ihn zu töten, weil er nicht nur den Sabbat brach, sondern auch Gott seinen Vater nannte und sich damit Gott gleichmachte.

¹⁹ Jesus aber sagte zu ihnen: Amen, amen, ich sage euch:

Der Sohn kann nichts von sich aus tun, sondern nur, wenn er den Vater etwas tun sieht.

Was nämlich der Vater tut, das tut in gleicher Weise der Sohn. ²⁰ Denn der Vater liebt den Sohn und zeigt ihm alles, was er tut, und noch größere Werke wird er ihm zeigen, sodass ihr staunen werdet. ²¹ Denn wie der Vater die Toten auferweckt und lebendig macht, so macht auch der Sohn lebendig, wen er will. ²² Auch richtet der Vater niemanden, sondern er hat das Gericht ganz dem Sohn übertragen, ²³ damit alle den Sohn ehren, wie sie den Vater ehren. Wer den Sohn nicht ehrt, ehrt auch den Vater nicht, der ihn gesandt hat. ²⁴ Amen, amen, ich sage euch:
Wer mein Wort hört und dem glaubt, der mich gesandt hat, hat das ewige Leben; er kommt nicht ins Gericht, sondern ist aus dem Tod ins Leben hinübergegangen.
²⁵ Amen, amen, ich sage euch: Die Stunde kommt und sie ist schon da, in der die Toten die Stimme des Sohnes Gottes hören werden; und alle, die sie hören, werden leben. ²⁶ Denn wie der Vater das Leben in sich hat, so hat er auch dem Sohn gegeben, das Leben in sich zu haben. ²⁷ Und er hat ihm Vollmacht gegeben, Gericht zu halten, weil er der Menschensohn ist. ²⁸ Wundert euch nicht darüber! Die Stunde kommt, in der alle, die in den Gräbern sind, seine Stimme hören ²⁹ und herauskommen werden: Die das Gute getan haben, werden zum Leben auferstehen, die das Böse getan haben, werden zum Gericht auferstehen. ³⁰ Von mir selbst aus kann ich nichts tun; ich richte, wie ich es vom Vater höre, und mein Gericht ist gerecht, weil ich nicht meinen Willen suche, sondern den Willen dessen, der mich gesandt hat.
³¹ Wenn ich über mich selbst Zeugnis ablege, ist mein Zeugnis nicht wahr; ³² ein anderer ist es, der über mich Zeugnis ablegt, und ich weiß: Das Zeugnis, das er über mich ablegt, ist wahr. ³³ Ihr habt zu Johannes geschickt und er hat für die Wahrheit Zeugnis abgelegt. ³⁴ Ich aber nehme von keinem Menschen ein Zeugnis an, sondern ich sage dies nur, damit ihr gerettet werdet. ³⁵ Jener war die Lampe, die brennt und leuchtet, doch ihr wolltet euch nur eine Zeit lang an ihrem Licht erfreuen. ³⁶ Ich aber habe ein gewichtigeres Zeugnis als das des Johannes: Die Werke, die mein Vater mir übertragen hat, damit ich sie zu Ende führe, diese Werke, die ich vollbringe, legen Zeugnis dafür ab, dass mich der Vater gesandt hat. ³⁷ Auch der Vater selbst, der mich gesandt hat, hat über mich Zeugnis abgelegt. Ihr habt weder seine Stimme je gehört noch seine Gestalt gesehen ³⁸ und auch sein Wort bleibt nicht in euch, weil ihr dem nicht glaubt, den er gesandt hat. ³⁹ Ihr erforscht die Schriften, weil ihr meint, in ihnen das ewige Leben zu haben; gerade sie legen Zeugnis über mich ab. ⁴⁰ Und doch wollt ihr nicht zu mir kommen, um das Leben zu haben.

⁴¹ Ehre von Menschen nehme ich nicht an.

⁴² Ich habe euch jedoch erkannt, dass ihr die Liebe zu Gott nicht in euch habt.
⁴³ Ich bin im Namen meines Vaters gekommen und ihr nehmt mich nicht an. Wenn aber ein anderer in seinem eigenen Namen kommt, dann werdet ihr ihn annehmen. ⁴⁴ Wie könnt ihr zum Glauben kommen, wenn ihr eure Ehre voneinander annehmt, nicht aber die Ehre sucht, die von dem einen Gott kommt? ⁴⁵ Denkt nicht, dass ich euch beim Vater anklagen werde; Mose klagt euch an, auf den ihr eure Hoffnung gesetzt habt. ⁴⁶ Wenn ihr Mose glauben würdet, müsstet ihr auch mir glauben; denn über mich hat er geschrieben. ⁴⁷ Wenn ihr aber seinen Schriften nicht glaubt, wie könnt ihr dann meinen Worten glauben?

6

6,1–71

DAS PASCHA IN GALILÄA. BROTVERMEHRUNG UND SEEWANDEL

¹ Danach ging Jesus an das andere Ufer des Sees von Galiläa, der auch See von Tiberias heißt. ² Eine große Menschenmenge folgte ihm, weil sie die Zeichen sahen, die er an den Kranken tat. ³ Jesus stieg auf den Berg und setzte sich dort mit seinen Jüngern nieder. ⁴ Das Pascha, das Fest der Juden, war nahe. ⁵ Als Jesus aufblickte und sah, dass so viele Menschen zu ihm kamen, fragte er Philippus: Wo sollen wir Brot kaufen, damit diese Leute zu essen haben? ⁶ Das sagte er aber nur, um ihn auf die Probe zu stellen; denn er selbst wusste, was er tun wollte. ⁷ Philippus antwortete ihm: Brot für zweihundert Denare reicht nicht aus, wenn jeder von ihnen auch nur ein kleines Stück bekommen soll. ⁸ Einer seiner Jünger, Andreas, der Bruder des Simon Petrus, sagte zu ihm: ⁹ Hier ist ein kleiner Junge, der hat fünf Gerstenbrote und zwei Fische; doch was ist das für so viele? ¹⁰ Jesus sagte: Lasst die Leute sich setzen! Es gab dort nämlich viel Gras. Da setzten sie sich; es waren etwa fünftausend Männer. ¹¹ Dann nahm Jesus die Brote, sprach das Dankgebet und teilte an die Leute aus, so viel sie wollten; ebenso machte er es mit den Fischen. ¹² Als die Menge satt geworden war, sagte er zu seinen Jüngern: Sammelt die übrig gebliebenen Brocken, damit nichts verdirbt! ¹³ Sie sammelten und füllten zwölf Körbe mit den Brocken, die von den fünf Gerstenbroten nach dem Essen übrig waren. ¹⁴ Als die Menschen das Zeichen sahen, das er getan hatte, sagten sie: Das ist wirklich der Prophet, der in die Welt kommen soll.

¹⁵ Da erkannte Jesus, dass sie kommen würden, um ihn in ihre Gewalt zu bringen und zum König zu machen. Daher zog er sich wieder auf den Berg zurück, er allein.

¹⁶ Als es aber Abend geworden war, gingen seine Jünger zum See hinab, ¹⁷ bestiegen ein Boot und fuhren über den See, auf Kafarnaum zu. Es war schon dunkel geworden und Jesus war noch nicht zu ihnen gekommen. ¹⁸ Da wurde der See durch einen heftigen Sturm aufgewühlt. ¹⁹ Als sie etwa fünfundzwanzig oder dreißig Stadien gefahren waren, sahen sie, wie Jesus über den See kam und sich dem Boot näherte; und sie fürchteten sich. ²⁰ Er aber rief ihnen zu: Ich bin es; fürchtet euch nicht! ²¹ Sie wollten ihn zu sich in das Boot nehmen, aber schon war das Boot am Ufer, das sie erreichen wollten.

DIE REDE ÜBER DAS HIMMELSBROT IN DER SYNAGOGE VON KAFARNAUM

²² Am nächsten Tag stand die Menge am anderen Ufer des Sees; sie hatten gesehen, dass nur ein Boot dort gewesen war und dass Jesus nicht mit seinen Jüngern ins Boot gestiegen war, sondern dass seine Jünger allein abgefahren waren. ²³ Von Tiberias her kamen andere Boote in die Nähe des Ortes, wo sie nach dem Dankgebet des Herrn das Brot gegessen hatten. ²⁴ Als die Leute sahen, dass weder Jesus noch seine Jünger dort waren, stiegen sie in die Boote, fuhren nach Kafarnaum und suchten Jesus. ²⁵ Als sie ihn am anderen Ufer des Sees fanden, fragten sie ihn: Rabbi, wann bist du hiergekommen? ²⁶ Jesus antwortete ihnen: Amen, amen, ich sage euch: Ihr sucht mich nicht, weil ihr Zeichen gesehen habt, sondern weil ihr von den Broten gegessen habt und satt geworden seid. ²⁷ Müht euch nicht ab für die Speise, die verdirbt, sondern für die Speise, die für das ewige Leben bleibt und die der Menschensohn euch geben wird! Denn ihn hat Gott, der Vater, mit seinem Siegel beglaubigt. ²⁸ Da fragten sie ihn: Was müssen wir tun, um die Werke Gottes zu vollbringen? ²⁹ Jesus antwortete ihnen: Das ist das Werk Gottes, dass ihr an den glaubt, den er gesandt hat. ³⁰ Sie sagten zu ihm: Welches Zeichen tust du denn, damit wir es sehen und dir glauben? Was für ein Werk tust du? ³¹ Unsere Väter haben das Manna in der Wüste gegessen, wie es in der Schrift heißt: *Brot vom Himmel gab er ihnen zu essen.* ³² Jesus sagte zu ihnen: Amen, amen, ich sage euch: Nicht Mose hat euch das Brot vom Himmel gegeben, sondern mein Vater gibt euch das wahre Brot vom Himmel. ³³ Denn das Brot, das Gott gibt, kommt vom Himmel herab und gibt der Welt das Leben.

³⁴ Da baten sie ihn: Herr, gib uns immer dieses Brot! ³⁵ Jesus antwortete ihnen:

Ich bin das Brot des Lebens; wer zu mir kommt, wird nie mehr hungern, und wer an mich glaubt, wird nie mehr Durst haben.

³⁶ Aber ich habe euch gesagt: Ihr habt gesehen und doch glaubt ihr nicht. ³⁷ Alles, was der Vater mir gibt, wird zu mir kommen, und wer zu mir kommt, den werde ich nicht abweisen; ³⁸ denn ich bin nicht vom Himmel herabgekommen, um meinen Willen zu tun, sondern den Willen dessen, der mich gesandt hat. ³⁹ Das aber ist der Wille dessen, der mich gesandt hat, dass ich keinen von denen, die er mir gegeben hat, zugrunde gehen lasse, sondern dass ich sie auferwecke am Jüngsten Tag. ⁴⁰ Denn das ist der Wille meines Vaters, dass jeder, der den Sohn sieht und an ihn glaubt, das ewige Leben hat und dass ich ihn auferwecke am Jüngsten Tag.

⁴¹ Da murrten die Juden gegen ihn, weil er gesagt hatte: Ich bin das Brot, das vom Himmel herabgekommen ist. ⁴² Und sie sagten: Ist das nicht Jesus, der Sohn Josefs, dessen Vater und Mutter wir kennen? Wie kann er jetzt sagen: Ich bin vom Himmel herabgekommen? ⁴³ Jesus sagte zu ihnen:

Murrt nicht!

⁴⁴ Niemand kann zu mir kommen, wenn nicht der Vater, der mich gesandt hat, ihn zieht; und ich werde ihn auferwecken am Jüngsten Tag.

⁴⁵ Bei den Propheten steht geschrieben: Und *alle* werden *Schüler Gottes* sein. Jeder, der auf den Vater hört und seine Lehre annimmt, wird zu mir kommen. ⁴⁶ Niemand hat den Vater gesehen außer dem, der von Gott ist; nur er hat den Vater gesehen. ⁴⁷ Amen, amen, ich sage euch: Wer glaubt, hat das ewige Leben. ⁴⁸ Ich bin das Brot des Lebens. ⁴⁹ Eure Väter haben in der Wüste das Manna gegessen und sind gestorben. ⁵⁰ So aber ist es mit dem Brot, das vom Himmel herabkommt: Wenn jemand davon isst, wird er nicht sterben. ⁵¹ Ich bin das lebendige Brot, das vom Himmel herabgekommen ist. Wer von diesem Brot isst, wird in Ewigkeit leben. Das Brot, das ich geben werde, ist mein Fleisch für das Leben der Welt.

⁵² Da stritten sich die Juden und sagten: Wie kann er uns sein Fleisch zu essen geben? ⁵³ Jesus sagte zu ihnen: Amen, amen, ich sage euch: Wenn ihr das Fleisch des Menschensohnes nicht esst und sein Blut nicht trinkt, habt ihr das Leben nicht in euch. ⁵⁴ Wer mein Fleisch isst und mein Blut trinkt, hat das ewige Leben und ich werde ihn auferwecken am Jüngsten Tag.

⁵⁵ Denn mein Fleisch ist wahrhaft eine Speise und mein Blut ist wahrhaft ein Trank. ⁵⁶ Wer mein Fleisch isst und mein Blut trinkt, der bleibt in mir und ich bleibe in ihm.

⁵⁷ Wie mich der lebendige Vater gesandt hat und wie ich durch den Vater lebe, so wird jeder, der mich isst, durch mich leben. ⁵⁸ Dies ist das Brot, das vom Himmel herabgekommen ist. Es ist nicht wie das Brot, das die Väter gegessen haben, sie sind gestorben. Wer aber dieses Brot isst, wird leben in Ewigkeit. ⁵⁹ Diese Worte sprach Jesus, als er in der Synagoge von Kafarnaum lehrte.

DIE SPALTUNG UNTER DEN JÜNGERN

⁶⁰ Viele seiner Jünger, die ihm zuhörten, sagten: Diese Rede ist hart. Wer kann sie hören? ⁶¹ Jesus erkannte, dass seine Jünger darüber murrten, und fragte sie: Daran nehmt ihr Anstoß? ⁶² Was werdet ihr sagen, wenn ihr den Menschensohn aufsteigen seht, dorthin, wo er vorher war?

⁶³ Der Geist ist es, der lebendig macht; das Fleisch nützt nichts.

Die Worte, die ich zu euch gesprochen habe, sind Geist und sind Leben. ⁶⁴ Aber es gibt unter euch einige, die nicht glauben. Jesus wusste nämlich von Anfang an, welche es waren, die nicht glaubten, und wer ihn ausliefern würde. ⁶⁵ Und er sagte: Deshalb habe ich zu euch gesagt: Niemand kann zu mir kommen, wenn es ihm nicht vom Vater gegeben ist.

⁶⁶ Daraufhin zogen sich viele seiner Jünger zurück und gingen nicht mehr mit ihm umher. ⁶⁷ Da fragte Jesus die Zwölf: Wollt auch ihr weggehen? ⁶⁸ Simon Petrus antwortete ihm: Herr, zu wem sollen wir gehen? Du hast Worte des ewigen Lebens. ⁶⁹ Wir sind zum Glauben gekommen und haben erkannt: Du bist der Heilige Gottes. ⁷⁰ Jesus erwiderte: Habe ich nicht euch, die Zwölf, erwählt? Und doch ist einer von euch ein Teufel. ⁷¹ Er sprach von Judas, dem Sohn des Simon Iskariot; denn dieser sollte ihn ausliefern: einer der Zwölf.

7

7,1–53

JESUS BEIM LAUBHÜTTENFEST IN JERUSALEM

¹ Danach zog Jesus in Galiläa umher; denn er wollte sich nicht in Judäa aufhalten, weil die Juden ihn zu töten suchten. ² Das Laubhüttenfest der Juden war nahe. ³ Da sagten seine Brüder zu ihm: Geh von hier fort und zieh nach Judäa, damit auch deine Jünger die Taten sehen, die du vollbringst! ⁴ Denn niemand wirkt im Verborgenen, wenn er öffentlich bekannt sein möchte. Wenn du dies tust, offenbare dich der Welt! ⁵ Auch seine Brüder glaubten nämlich nicht an ihn. ⁶ Jesus sagte zu ihnen: Meine Zeit ist noch nicht gekommen, für euch aber ist immer die rechte Zeit. ⁷ Euch kann die Welt nicht hassen, mich aber hasst sie, weil ich bezeuge, dass ihre Taten böse sind. ⁸ Geht ihr nur hinauf zum Fest; ich gehe nicht zu diesem Fest hinauf, weil meine Zeit noch nicht erfüllt ist. ⁹ Das sagte er zu ihnen und er blieb in Galiläa. ¹⁰ Als aber seine Brüder zum Fest hinaufgegangen waren, zog auch er hinauf, jedoch nicht öffentlich, sondern im Verborgenen. ¹¹ Die Juden suchten beim Fest nach ihm und sagten: Wo ist er? ¹² Und in der Volksmenge wurde viel über ihn hin und her geredet. Die einen sagten: Er ist ein guter Mensch. Andere sagten: Nein, er führt das Volk in die Irre. ¹³ Aber niemand redete öffentlich über ihn aus Furcht vor den Juden.

¹⁴ Schon war die Hälfte der Festwoche vorüber, da ging Jesus zum Tempel hinauf und lehrte. ¹⁵ Die Juden wunderten sich und sagten: Wie kann der die Schrift verstehen, ohne dafür ausgebildet zu sein? ¹⁶ Darauf antwortete ihnen Jesus: Meine Lehre stammt nicht von mir, sondern von dem, der mich gesandt hat. ¹⁷ Wer bereit ist, den Willen Gottes zu tun, wird erkennen, ob diese Lehre von Gott stammt oder ob ich von mir aus spreche. ¹⁸ Wer von sich aus spricht, sucht seine eigene Ehre; wer aber die Ehre dessen sucht, der ihn gesandt hat,

der ist wahrhaftig und in ihm ist keine Ungerechtigkeit. ¹⁹ Hat Mose euch nicht das Gesetz gegeben? Aber keiner von euch befolgt das Gesetz. Warum sucht ihr mich zu töten? ²⁰ Die Menge antwortete: Du bist von einem Dämon besessen. Wer sucht dich denn zu töten? ²¹ Jesus entgegnete ihnen: Ich habe nur ein einziges Werk vollbracht und ihr alle wundert euch darüber. ²² Mose hat euch die Beschneidung gegeben – sie stammt freilich nicht von Mose, sondern von den Vätern – und ihr beschneidet einen Menschen auch am Sabbat. ²³ Wenn ein Mensch am Sabbat die Beschneidung empfangen darf, damit das Gesetz des Mose nicht missachtet wird, warum zürnt ihr mir, weil ich am Sabbat einen Menschen als Ganzen gesund gemacht habe? ²⁴ Urteilt nicht nach dem Augenschein, sondern urteilt gerecht!
²⁵ Da sagten einige Leute aus Jerusalem: Ist das nicht der, den sie zu töten suchen? ²⁶ Und doch redet er in aller Öffentlichkeit und man lässt ihn gewähren. Sollten die Oberen wirklich erkannt haben, dass er der Christus ist? ²⁷ Aber von dem hier wissen wir, woher er stammt; wenn jedoch der Christus kommt, weiß niemand, woher er stammt. ²⁸ Während Jesus im Tempel lehrte, rief er: Ihr kennt mich und wisst, woher ich bin; aber ich bin nicht von mir aus gekommen, sondern er, der mich gesandt hat, ist wahrhaftig. Ihr kennt ihn nur nicht. ²⁹ Ich kenne ihn, weil ich von ihm komme und weil er mich gesandt hat. ³⁰ Da suchten sie ihn festzunehmen; doch keiner legte Hand an ihn, denn seine Stunde war noch nicht gekommen.
³¹ Aus der Menge kamen viele Leute zum Glauben an ihn; sie sagten: Wird der Christus, wenn er kommt, mehr Zeichen tun, als dieser getan hat? ³² Die Pharisäer hörten, was die Leute heimlich über ihn redeten. Da schickten die Hohepriester und die Pharisäer Gerichtsdiener aus, um ihn festnehmen zu lassen. ³³ Jesus aber sagte: Ich bin nur noch kurze Zeit bei euch; dann gehe ich fort zu dem, der mich gesandt hat. ³⁴ Ihr werdet mich suchen und ihr werdet mich nicht finden; denn wo ich bin, dorthin könnt ihr nicht gelangen. ³⁵ Da sagten die Juden zueinander: Wohin will er denn gehen, dass wir ihn nicht finden können? Will er etwa in die Diaspora der Griechen gehen und die Griechen lehren? ³⁶ Was bedeutet es, wenn er gesagt hat: Ihr werdet mich suchen, aber nicht finden; denn wo ich bin, dorthin könnt ihr nicht gelangen?

DER STREIT IM HOHEN RAT UM JESUS

³⁷ Am letzten Tag des Festes, dem großen Tag, stellte sich Jesus hin und rief: Wer Durst hat, komme zu mir und es trinke, ³⁸ wer an mich glaubt! Wie die Schrift sagt: Aus seinem Inneren werden Ströme von lebendigem Wasser fließen. ³⁹ Damit meinte er den Geist, den alle empfangen sollten, die an ihn glauben; denn der Geist war noch nicht gegeben, weil Jesus noch nicht verherrlicht war. ⁴⁰ Einige aus dem Volk sagten, als sie diese Worte hörten: Dieser ist wahrhaftig der Prophet. ⁴¹ Andere sagten: Dieser ist der Christus. Wieder andere sagten: Kommt denn der Christus aus Galiläa? ⁴² Sagt nicht die Schrift: Der Christus kommt aus dem Geschlecht Davids und aus dem Dorf Betlehem, wo David lebte? ⁴³ So entstand seinetwegen eine Spaltung in der Menge. ⁴⁴ Einige von ihnen wollten ihn festnehmen; doch keiner legte Hand an ihn.
⁴⁵ Als die Gerichtsdiener zu den Hohepriestern und den Pharisäern zurückkamen, fragten diese: Warum habt ihr ihn nicht hergebracht? ⁴⁶ Die Gerichtsdiener antworteten: Noch nie hat ein Mensch so gesprochen. ⁴⁷ Da entgegneten ihnen die Pharisäer: Habt auch ihr euch in die Irre führen lassen? ⁴⁸ Ist etwa einer von den Oberen oder von den Pharisäern zum Glauben an ihn gekommen? ⁴⁹ Dieses Volk jedoch, das vom Gesetz nichts versteht, verflucht ist es. ⁵⁰ Nikodemus aber, einer aus ihren eigenen Reihen, der früher einmal Jesus aufgesucht hatte, sagte zu ihnen: ⁵¹ Verurteilt etwa unser Gesetz einen Menschen, bevor man ihn verhört und festgestellt hat, was er tut? ⁵² Sie erwiderten ihm: Bist du vielleicht auch aus Galiläa? Lies doch nach und siehe, aus Galiläa kommt kein Prophet. ⁵³ Dann gingen alle nach Hause.

8

8,1–59

JESUS UND DIE EHEBRECHERIN

¹ Jesus aber ging zum Ölberg. ² Am frühen Morgen begab er sich wieder in den Tempel. Alles Volk kam zu ihm. Er setzte sich und lehrte es. ³ Da brachten die Schriftgelehrten und die Pharisäer eine Frau, die beim Ehebruch ertappt worden war. Sie stellten sie in die Mitte ⁴ und sagten zu ihm: Meister, diese Frau wurde beim Ehebruch auf frischer Tat ertappt. ⁵ Mose hat uns im Gesetz vorgeschrieben, solche Frauen zu steinigen. Was sagst du? ⁶ Mit diesen Worten wollten sie ihn auf die Probe stellen, um einen Grund zu haben, ihn anzuklagen. Jesus aber bückte sich und schrieb mit dem Finger auf die Erde. ⁷ Als sie hartnäckig weiterfragten, richtete er sich auf und sagte zu ihnen:

Wer von euch ohne Sünde ist, werfe als Erster einen Stein auf sie.

⁸ Und er bückte sich wieder und schrieb auf die Erde. ⁹ Als sie das gehört hatten, ging einer nach dem anderen fort, zuerst die Ältesten. Jesus blieb allein zurück mit der Frau, die noch in der Mitte stand. ¹⁰ Er richtete sich auf und sagte zu ihr: Frau, wo sind sie geblieben? Hat dich keiner verurteilt? ¹¹ Sie antwortete: Keiner, Herr. Da sagte Jesus zu ihr: Auch ich verurteile dich nicht. Geh und sündige von jetzt an nicht mehr!

STREITGESPRÄCHE JESU IN JERUSALEM

¹² Als Jesus ein andermal zu ihnen redete, sagte er: Ich bin das Licht der Welt. Wer mir nachfolgt, wird nicht in der Finsternis umhergehen, sondern wird das Licht des Lebens haben. ¹³ Da sagten die Pharisäer zu ihm: Du legst über dich selbst Zeugnis ab; dein Zeugnis ist nicht wahr. ¹⁴ Jesus erwiderte ihnen: Auch wenn ich über mich selbst Zeugnis ablege, ist mein Zeugnis wahr. Denn ich weiß, woher ich gekommen bin und wohin ich gehe. Ihr aber wisst nicht,

woher ich komme und wohin ich gehe. ¹⁵ Ihr urteilt, wie Menschen urteilen, ich urteile über niemanden. ¹⁶ Wenn ich aber urteile, ist mein Urteil wahrhaftig; denn ich bin nicht allein, sondern ich und der Vater, der mich gesandt hat. ¹⁷ Und in eurem Gesetz steht geschrieben: Das Zeugnis von zwei Menschen ist wahr. ¹⁸ Ich bin es, der über mich Zeugnis ablegt, und auch der Vater, der mich gesandt hat, legt über mich Zeugnis ab. ¹⁹ Da fragten sie ihn: Wo ist dein Vater? Jesus antwortete: Ihr kennt weder mich noch meinen Vater; würdet ihr mich kennen, dann würdet ihr auch meinen Vater kennen. ²⁰ Diese Worte sagte er, als er im Tempel bei der Schatzkammer lehrte. Aber niemand nahm ihn fest; denn seine Stunde war noch nicht gekommen.

²¹ Ein andermal sagte Jesus zu ihnen: Ich gehe fort und ihr werdet mich suchen und ihr werdet in eurer Sünde sterben. Wohin ich gehe, dorthin könnt ihr nicht gelangen. ²² Da sagten die Juden: Will er sich etwa umbringen? Warum sagt er sonst: Wohin ich gehe, dorthin könnt ihr nicht gelangen? ²³ Er sagte zu ihnen:

Ihr stammt von unten, ich stamme von oben; ihr seid aus dieser Welt, ich bin nicht aus dieser Welt.

²⁴ Ich habe euch gesagt: Ihr werdet in euren Sünden sterben; denn wenn ihr nicht glaubt, dass ich es bin, werdet ihr in euren Sünden sterben. ²⁵ Da fragten sie ihn: Wer bist du denn? Jesus antwortete: Warum rede ich überhaupt noch mit euch? ²⁶ Ich hätte noch viel über euch zu sagen und viel zu richten, aber er, der mich gesandt hat, ist wahrhaftig, und was ich von ihm gehört habe, das sage ich der Welt. ²⁷ Sie verstanden nicht, dass er damit den Vater meinte. ²⁸ Da sagte Jesus zu ihnen: Wenn ihr den Menschensohn erhöht habt, dann werdet ihr erkennen, dass Ich es bin. Ihr werdet erkennen, dass ich nichts von mir aus tue, sondern nur das sage, was mich der Vater gelehrt hat. ²⁹ Und er, der mich gesandt hat, ist bei mir; er hat mich nicht alleingelassen, weil ich immer das tue, was ihm gefällt. ³⁰ Als Jesus das sagte, kamen viele zum Glauben an ihn.

JESUS UND ABRAHAM

³¹ Da sagte er zu den Juden, die zum Glauben an ihn gekommen waren: Wenn ihr in meinem Wort bleibt, seid ihr wahrhaft meine Jünger. ³² Dann werdet ihr die Wahrheit erkennen und die Wahrheit wird euch befreien. ³³ Sie erwiderten ihm: Wir sind Nachkommen Abrahams und sind noch nie Sklaven gewesen. Wie kannst du sagen: Ihr werdet frei werden? ³⁴ Jesus antwortete ihnen: Amen, amen, ich sage euch: Wer die Sünde tut, ist Sklave der Sünde. ³⁵ Der Sklave aber bleibt nicht für immer im Haus; nur der Sohn bleibt für immer. ³⁶ Wenn euch also der Sohn befreit, dann seid ihr wirklich frei. ³⁷ Ich weiß, dass ihr Nachkommen Abrahams seid. Doch ihr sucht mich zu töten, weil mein Wort in euch keine Aufnahme findet. ³⁸ Ich sage, was ich beim Vater gesehen habe, und ihr tut, was ihr von eurem Vater gehört habt. ³⁹ Sie antworteten ihm: Unser Vater ist Abraham. Jesus sagte zu ihnen: Wenn ihr Kinder Abrahams wärt, würdet ihr die Werke Abrahams tun. ⁴⁰ Jetzt aber sucht ihr mich zu töten, einen Menschen, der euch die Wahrheit verkündet hat, die ich von Gott gehört habe. So hat Abraham nicht gehandelt. ⁴¹ Ihr vollbringt die Werke eures Vaters. Sie entgegneten ihm: Wir stammen nicht aus Unzucht, sondern wir haben nur den einen Vater: Gott. ⁴² Jesus sagte zu ihnen: Wenn Gott euer Vater wäre, würdet ihr mich lieben; denn von Gott bin ich ausgegangen und gekommen. Ich bin nicht von mir aus gekommen, sondern er hat mich gesandt. ⁴³ Warum versteht ihr nicht, was ich sage? Weil ihr nicht imstande seid, mein Wort zu hören. ⁴⁴ Ihr habt den Teufel zum Vater und ihr wollt das tun, wonach es euren Vater verlangt. Er war ein Mörder von Anfang an. Und er steht nicht in der Wahrheit; denn es ist keine Wahrheit in ihm. Wenn er lügt, sagt er das, was aus ihm selbst kommt; denn er ist ein Lügner und ist der Vater der Lüge. ⁴⁵ Mir aber glaubt ihr nicht, weil ich die Wahrheit sage. ⁴⁶ Wer von euch kann mir eine Sünde nachweisen? Wenn ich die Wahrheit sage, warum glaubt ihr mir nicht?

⁴⁷ Wer aus Gott ist, hört die Worte Gottes; ihr hört sie deshalb nicht, weil ihr nicht aus Gott seid. ⁴⁸ Da antworteten ihm die Juden: Sagen wir nicht mit Recht: Du bist ein Samariter und von einem Dämon besessen? ⁴⁹ Jesus erwiderte: Ich bin von keinem Dämon besessen, sondern ich ehre meinen Vater; ihr aber schmäht mich. ⁵⁰ Ich suche nicht meine Ehre; doch es gibt einen, der sie sucht und der richtet. ⁵¹ Amen, amen, ich sage euch: Wenn jemand an meinem Wort festhält, wird er auf ewig den Tod nicht schauen. ⁵² Da sagten die Juden zu ihm: Jetzt wissen wir, dass du von einem Dämon besessen bist. Abraham und die Propheten sind gestorben, du aber sagst: Wenn jemand an meinem Wort festhält, wird er auf ewig den Tod nicht erleiden. ⁵³ Bist du etwa größer als unser Vater Abraham? Er ist gestorben und die Propheten sind gestorben. Für wen gibst du dich aus? ⁵⁴ Jesus antwortete: Wenn ich mich selbst verherrliche, ist meine Herrlichkeit nichts. Mein Vater ist es, der mich verherrlicht, er, von dem ihr sagt: Er ist unser Gott. ⁵⁵ Doch ihr habt ihn nicht erkannt. Ich aber kenne ihn, und wenn ich sagen würde: Ich kenne ihn nicht, so wäre ich ein Lügner wie ihr. Aber ich kenne ihn und halte an seinem Wort fest. ⁵⁶ Euer Vater Abraham jubelte, weil er meinen Tag sehen sollte. Er sah ihn und freute sich. ⁵⁷ Die Juden entgegneten: Du bist noch keine fünfzig Jahre alt und willst Abraham gesehen haben? ⁵⁸ Jesus erwiderte ihnen: Amen, amen, ich sage euch:

Noch ehe Abraham wurde, bin ich.

⁵⁹ Da hoben sie Steine auf, um sie auf ihn zu werfen. Jesus aber verbarg sich und verließ den Tempel.

9

9,1–41

DIE HEILUNG DES BLINDGEBORENEN

¹ Unterwegs sah Jesus einen Mann, der seit seiner Geburt blind war. ² Da fragten ihn seine Jünger: Rabbi, wer hat gesündigt? Er selbst oder seine Eltern, sodass er blind geboren wurde? ³ Jesus antwortete: Weder er noch seine Eltern haben gesündigt, sondern die Werke Gottes sollen an ihm offenbar werden. ⁴ Wir müssen, solange es Tag ist, die Werke dessen vollbringen, der mich gesandt hat; es kommt die Nacht, in der niemand mehr wirken kann.

⁵ **Solange ich in der Welt bin, bin ich das Licht der Welt.**

⁶ Als er dies gesagt hatte, spuckte er auf die Erde; dann machte er mit dem Speichel einen Teig, strich ihn dem Blinden auf die Augen ⁷ und sagte zu ihm: Geh und wasch dich in dem Teich Schiloach! Das heißt übersetzt: der Gesandte. Der Mann ging fort und wusch sich. Und als er zurückkam, konnte er sehen.

⁸ Die Nachbarn und jene, die ihn früher als Bettler gesehen hatten, sagten: Ist das nicht der Mann, der da saß und bettelte? ⁹ Einige sagten: Er ist es. Andere sagten: Nein, er sieht ihm nur ähnlich. Er selbst aber sagte: Ich bin es. ¹⁰ Da fragten sie ihn: Wie sind deine Augen geöffnet worden? ¹¹ Er antwortete: Der Mann, der Jesus heißt, machte einen Teig, bestrich damit meine Augen und sagte zu mir: Geh zum Schiloach und wasch dich! Ich ging hin, wusch mich und konnte sehen. ¹² Sie fragten ihn: Wo ist er? Er sagte: Ich weiß es nicht.

¹³ Da brachten sie den Mann, der blind gewesen war, zu den Pharisäern. ¹⁴ Es war aber Sabbat an dem Tag, als Jesus den Teig gemacht und ihm die Augen geöffnet hatte. ¹⁵ Auch die Pharisäer fragten ihn, wie er sehend geworden sei. Er antwortete ihnen: Er legte mir einen Teig auf die Augen und ich wusch mich und jetzt sehe ich. ¹⁶ Einige der Pharisäer sagten: Dieser Mensch ist nicht von Gott, weil er den Sabbat nicht hält. Andere aber sagten: Wie kann ein sündiger Mensch solche Zeichen tun? So entstand eine Spaltung unter ihnen. ¹⁷ Da fragten sie den Blinden noch einmal: Was sagst du selbst über ihn? Er hat doch deine Augen geöffnet. Der Mann sagte:

Er ist ein Prophet.

¹⁸ Die Juden aber wollten nicht glauben, dass er blind gewesen und sehend geworden war. Daher riefen sie die Eltern des von der Blindheit Geheilten ¹⁹ und fragten sie: Ist das euer Sohn, von dem ihr sagt, dass er blind geboren wurde? Wie kommt es, dass er jetzt sieht? ²⁰ Seine Eltern antworteten: Wir wissen, dass er unser Sohn ist und dass er blind geboren wurde. ²¹ Wie es kommt, dass er jetzt sieht, das wissen wir nicht. Und wer seine Augen geöffnet hat, das wissen wir auch nicht. Fragt doch ihn selbst, er ist alt genug und kann selbst für sich sprechen! ²² Das sagten seine Eltern, weil sie sich vor den Juden fürchteten; denn die Juden hatten schon beschlossen, jeden, der ihn als den Christus bekenne, aus der Synagoge auszustoßen. ²³ Deswegen sagten seine Eltern: Er ist alt genug, fragt ihn selbst!

²⁴ Da riefen die Pharisäer den Mann, der blind gewesen war, zum zweiten Mal und sagten zu ihm: Gib Gott die Ehre! Wir wissen, dass dieser Mensch ein Sünder ist. ²⁵ Er antwortete: Ob er ein Sünder ist, weiß ich nicht. Nur das eine weiß ich, dass ich blind war und jetzt sehe. ²⁶ Sie fragten ihn: Was hat er mit dir gemacht? Wie hat er deine Augen geöffnet? ²⁷ Er antwortete ihnen: Ich habe es euch bereits gesagt, aber ihr habt nicht gehört. Warum wollt ihr es noch einmal hören? Wollt etwa auch ihr seine Jünger werden? ²⁸ Da beschimpften sie ihn: Du bist ein Jünger dieses Menschen; wir aber sind Jünger des Mose. ²⁹ Wir wissen, dass zu Mose Gott gesprochen hat; aber von dem da wissen wir nicht, woher er kommt. ³⁰ Der Mensch antwortete ihnen:

Darin liegt ja das Erstaunliche, dass ihr nicht wisst, woher er kommt; dabei hat er doch meine Augen geöffnet.

³¹ Wir wissen, dass Gott Sünder nicht erhört; wer aber Gott fürchtet und seinen Willen tut, den erhört er. ³² Noch nie hat man gehört, dass jemand die Augen eines Blindgeborenen geöffnet hat. ³³ Wenn dieser nicht von Gott wäre, dann hätte er gewiss nichts ausrichten können. ³⁴ Sie entgegneten ihm: Du bist ganz und gar in Sünden geboren und du willst uns belehren? Und sie stießen ihn hinaus. ³⁵ Jesus hörte, dass sie ihn hinausgestoßen hatten, und als er ihn traf, sagte er zu ihm: Glaubst du an den Menschensohn? ³⁶ Da antwortete jener und sagte: Wer ist das, Herr, damit ich an ihn glaube? ³⁷ Jesus sagte zu ihm: Du hast ihn bereits gesehen; er, der mit dir redet, ist es. ³⁸ Er aber sagte: Ich glaube, Herr! Und er warf sich vor ihm nieder. ³⁹ Da sprach Jesus: Um zu richten, bin ich in diese Welt gekommen: damit die nicht Sehenden sehen und die Sehenden blind werden. ⁴⁰ Einige Pharisäer, die bei ihm waren, hörten dies. Und sie fragten ihn: Sind etwa auch wir blind? ⁴¹ Jesus sagte zu ihnen: Wenn ihr blind wärt, hättet ihr keine Sünde. Jetzt aber sagt ihr: Wir sehen. Darum bleibt eure Sünde.

10

10,1–42

DER GUTE HIRT

¹ Amen, amen, ich sage euch: Wer in den Schafstall nicht durch die Tür hineingeht, sondern anderswo einsteigt, der ist ein Dieb und ein Räuber. ² Wer aber durch die Tür hineingeht, ist der Hirt der Schafe. ³ Ihm öffnet der Türhüter und die Schafe hören auf seine Stimme; er ruft die Schafe, die ihm gehören, einzeln beim Namen und führt sie hinaus. ⁴ Wenn er alle seine Schafe hinausgetrieben hat, geht er ihnen voraus und die Schafe folgen ihm; denn sie kennen seine Stimme. ⁵ Einem Fremden aber werden sie nicht folgen, sondern sie werden vor ihm fliehen, weil sie die Stimme der Fremden nicht kennen. ⁶ Dieses Gleichnis erzählte ihnen Jesus; aber sie verstanden nicht den Sinn dessen, was er ihnen gesagt hatte.
⁷ Weiter sagte Jesus zu ihnen: Amen, amen, ich sage euch: Ich bin die Tür zu den Schafen. ⁸ Alle, die vor mir kamen, sind Diebe und Räuber; aber die Schafe haben nicht auf sie gehört. ⁹ Ich bin die Tür; wer durch mich hineingeht, wird gerettet werden; er wird ein- und ausgehen und Weide finden. ¹⁰ Der Dieb kommt nur, um zu stehlen, zu schlachten und zu vernichten; ich bin gekommen, damit sie das Leben haben und es in Fülle haben.
¹¹ Ich bin der gute Hirt. Der gute Hirt gibt sein Leben hin für die Schafe. ¹² Der bezahlte Knecht aber, der nicht Hirt ist und dem die Schafe nicht gehören, sieht den Wolf kommen, lässt die Schafe im Stich und flieht; und der Wolf reißt sie und zerstreut sie. Er flieht, ¹³ weil er nur ein bezahlter Knecht ist und ihm an den Schafen nichts liegt. ¹⁴ Ich bin der gute Hirt; ich kenne die Meinen und die Meinen kennen mich, ¹⁵ wie mich der Vater kennt und ich den Vater kenne; und ich gebe mein Leben hin für die Schafe. ¹⁶ Ich habe noch andere Schafe, die nicht aus diesem Stall sind; auch sie muss ich führen und sie werden auf meine Stimme hören; dann wird es nur eine Herde geben und einen Hirten. ¹⁷ Deshalb liebt mich der Vater, weil ich mein Leben hingebe, um es wieder zu nehmen. ¹⁸ Niemand entreißt es mir, sondern ich gebe es von mir aus hin. Ich habe Macht, es hinzugeben, und ich habe Macht, es wieder zu nehmen. Diesen Auftrag habe ich von meinem Vater empfangen.
¹⁹ Wegen dieser Worte kam es unter den Juden erneut zu einer Spaltung. ²⁰ Viele von ihnen sagten: Er ist von einem Dämon besessen und redet im Wahn. Warum hört ihr ihm zu? ²¹ Andere sagten: So redet kein Besessener. Kann ein Dämon die Augen von Blinden öffnen?

JESUS BEIM FEST DER TEMPELWEIHE IN JERUSALEM

²² Um diese Zeit fand in Jerusalem das Tempelweihfest statt. Es war Winter ²³ und Jesus ging im Tempel in der Halle Salomos auf und ab. ²⁴ Da umringten ihn die Juden und fragten ihn: Wie lange hältst du uns noch hin? Wenn du der Christus bist, sag es uns offen! ²⁵ Jesus antwortete ihnen: Ich habe es euch gesagt, aber ihr glaubt nicht.

> Die Werke, die ich im Namen meines Vaters vollbringe, legen Zeugnis für mich ab;

²⁶ ihr aber glaubt nicht, weil ihr nicht zu meinen Schafen gehört. ²⁷ Meine Schafe hören auf meine Stimme; ich kenne sie und sie folgen mir. ²⁸ Ich gebe ihnen ewiges Leben. Sie werden niemals zugrunde gehen und niemand wird sie meiner Hand entreißen. ²⁹ Mein Vater, der sie mir gab, ist größer als alle und niemand kann sie der Hand meines Vaters entreißen. ³⁰ Ich und der Vater sind eins. ³¹ Da hoben die Juden wiederum Steine auf, um ihn zu steinigen. ³² Jesus hielt ihnen entgegen: Viele gute Werke habe ich im Auftrag des Vaters vor euren Augen getan. Für welches dieser Werke wollt ihr mich steinigen? ³³ Die Juden antworteten ihm: Wir steinigen dich nicht wegen eines guten Werkes, sondern wegen Gotteslästerung; denn du bist nur ein Mensch und machst dich selbst zu Gott. ³⁴ Jesus erwiderte ihnen: Steht nicht geschrieben in eurem Gesetz: *Ich habe gesagt: Ihr seid Götter?* ³⁵ Wenn er jene Menschen Götter genannt hat, an die das Wort Gottes ergangen ist, und wenn die Schrift nicht aufgehoben werden kann, ³⁶ dürft ihr dann von dem, den der Vater geheiligt und in die Welt gesandt hat, sagen: Du lästerst Gott – weil ich gesagt habe: Ich bin Gottes Sohn? ³⁷ Wenn ich nicht die Werke meines Vaters vollbringe, dann glaubt mir nicht! ³⁸ Aber wenn ich sie vollbringe, dann glaubt wenigstens den Werken, wenn ihr mir nicht glaubt! Dann werdet ihr erkennen und einsehen, dass in mir der Vater ist und ich im Vater bin. ³⁹ Wieder suchten sie ihn festzunehmen; er aber entzog sich ihrem Zugriff.

RÜCKZUG JESU ÜBER DEN JORDAN. RÜCKBLICK AUF DEN TÄUFER

⁴⁰ Dann ging Jesus wieder weg auf die andere Seite des Jordan, an den Ort, wo Johannes zuerst getauft hatte; und dort blieb er. ⁴¹ Viele kamen zu ihm. Sie sagten: Johannes hat kein Zeichen getan; aber alles, was Johannes über diesen gesagt hat, erwies sich als wahr. ⁴² Und viele kamen dort zum Glauben an ihn.

JESUS AUF DEM WEG IN DIE PASSION

11,1–12,50

11

11,1–46

DIE AUFERWECKUNG DES LAZARUS

¹ Ein Mann war krank, Lazarus aus Betanien, dem Dorf der Maria und ihrer Schwester Marta. ² Maria war jene, die den Herrn mit Öl gesalbt und seine Füße mit ihren Haaren abgetrocknet hatte; deren Bruder Lazarus war krank. ³ Daher sandten die Schwestern Jesus die Nachricht: Herr, sieh: Der, den du liebst, er ist krank. ⁴ Als Jesus das hörte, sagte er: Diese Krankheit führt nicht zum Tod, sondern dient der Verherrlichung Gottes. Durch sie soll der Sohn Gottes verherrlicht werden. ⁵ Jesus liebte aber Marta, ihre Schwester und Lazarus. ⁶ Als er hörte, dass Lazarus krank war, blieb er noch zwei Tage an dem Ort, wo er sich aufhielt.

⁷ Danach sagte er zu den Jüngern: Lasst uns wieder nach Judäa gehen. ⁸ Die Jünger sagten zu ihm: Rabbi, eben noch suchten dich die Juden zu steinigen und du gehst wieder dorthin? ⁹ Jesus antwortete: Hat der Tag nicht zwölf Stunden? Wenn jemand am Tag umhergeht, stößt er nicht an, weil er das Licht dieser Welt sieht; ¹⁰ wenn aber jemand in der Nacht umhergeht, stößt er an, weil das Licht nicht in ihm ist. ¹¹ So sprach er. Dann sagte er zu ihnen: Lazarus, unser Freund, schläft; aber ich gehe hin, um ihn aufzuwecken. ¹² Da sagten die Jünger zu ihm: Herr, wenn er schläft, dann wird er gesund werden. ¹³ Jesus hatte aber von seinem Tod gesprochen, während sie meinten, er spreche von dem gewöhnlichen Schlaf. ¹⁴ Darauf sagte ihnen Jesus unverhüllt: Lazarus ist gestorben. ¹⁵ Und ich freue mich für euch, dass ich nicht dort war; denn ich will, dass ihr glaubt. Doch wir wollen zu ihm gehen. ¹⁶ Da sagte Thomas, genannt Didymus, zu den anderen Jüngern: **Lasst uns mit ihm gehen, um mit ihm zu sterben!**

¹⁷ Als Jesus ankam, fand er Lazarus schon vier Tage im Grab liegen. ¹⁸ Betanien war nahe bei Jerusalem, etwa fünfzehn Stadien entfernt. ¹⁹ Viele Juden waren zu Marta und Maria gekommen, um sie wegen ihres Bruders zu trösten. ²⁰ Als Marta hörte, dass Jesus komme, ging sie ihm entgegen, Maria aber blieb im Haus sitzen. ²¹ Marta sagte zu Jesus: Herr, wärst du hier gewesen, dann wäre mein Bruder nicht gestorben. ²² Aber auch jetzt weiß ich: Alles, worum du Gott bittest, wird Gott dir geben. ²³ Jesus sagte zu ihr: Dein Bruder wird auferstehen. ²⁴ Marta sagte zu ihm: Ich weiß, dass er auferstehen wird bei der Auferstehung am Jüngsten Tag. ²⁵ Jesus sagte zu ihr:

Ich bin die Auferstehung und das Leben. Wer an mich glaubt, wird leben, auch wenn er stirbt, ²⁶ und jeder, der lebt und an mich glaubt, wird auf ewig nicht sterben.

Glaubst du das? ²⁷ Marta sagte zu ihm: Ja, Herr, ich glaube, dass du der Christus bist, der Sohn Gottes, der in die Welt kommen soll.

²⁸ Nach diesen Worten ging sie weg, rief heimlich ihre Schwester Maria und sagte zu ihr: Der Meister ist da und lässt dich rufen. ²⁹ Als Maria das hörte, stand sie sofort auf und ging zu ihm. ³⁰ Denn Jesus war noch nicht in das Dorf gekommen; er war noch dort, wo ihn Marta getroffen hatte. ³¹ Die Juden, die bei Maria im Haus waren und sie trösteten, sahen, dass sie plötzlich aufstand und hinausging. Da folgten sie ihr, weil sie meinten, sie gehe zum Grab, um dort zu weinen. ³² Als Maria dorthin kam, wo Jesus war, und ihn sah, fiel sie ihm zu Füßen und sagte zu ihm: Herr, wärst du hier gewesen, dann wäre mein Bruder nicht gestorben. ³³ Als Jesus sah, wie sie weinte und wie auch die Juden weinten, die mit ihr gekommen waren, war er im Innersten erregt und erschüttert. ³⁴ Er sagte: Wo habt ihr ihn bestattet? Sie sagten zu ihm: Herr, komm und sieh! ³⁵ Da weinte Jesus. ³⁶ Die Juden sagten: Seht, wie lieb er ihn hatte! ³⁷ Einige aber sagten: Wenn er dem Blinden die Augen geöffnet hat, hätte er dann nicht auch verhindern können, dass dieser hier starb? ³⁸ Da wurde Jesus wiederum innerlich erregt und er ging zum Grab. Es war eine Höhle, die mit einem Stein verschlossen war. ³⁹ Jesus sagte: Nehmt den Stein weg! Marta, die Schwester des Verstorbenen, sagte zu ihm: Herr, er riecht aber schon, denn es ist bereits der vierte Tag. ⁴⁰ Jesus sagte zu ihr: Habe ich dir nicht gesagt: Wenn du glaubst, wirst du die Herrlichkeit Gottes sehen? ⁴¹ Da nahmen sie den Stein weg. Jesus aber erhob seine Augen und sprach: Vater, ich danke dir, dass du mich erhört hast. ⁴² Ich wusste, dass du mich immer erhörst; aber wegen der Menge, die um mich herumsteht, habe ich es gesagt, damit sie glauben, dass du mich gesandt hast. ⁴³ Nachdem er dies gesagt hatte, rief er mit lauter Stimme: Lazarus, komm heraus! ⁴⁴ Da kam der Verstorbene heraus; seine Füße und Hände waren mit Binden umwickelt und sein Gesicht war mit ei-

nem Schweißtuch verhüllt. Jesus sagte zu ihnen: Löst ihm die Binden und lasst ihn weggehen! ⁴⁵ Viele der Juden, die zu Maria gekommen waren und gesehen hatten, was Jesus getan hatte, kamen zum Glauben an ihn. ⁴⁶ Aber einige von ihnen gingen zu den Pharisäern und sagten ihnen, was er getan hatte.

DER TODESBESCHLUSS GEGEN JESUS. DAS LETZTE PASCHAFEST

⁴⁷ Da beriefen die Hohepriester und die Pharisäer eine Versammlung des Hohen Rates ein. Sie sagten: Was sollen wir tun? Dieser Mensch tut viele Zeichen. ⁴⁸ Wenn wir ihn gewähren lassen, werden alle an ihn glauben. Dann werden die Römer kommen und uns die heilige Stätte und das Volk nehmen. ⁴⁹ Einer von ihnen, Kajaphas, der Hohepriester jenes Jahres, sagte zu ihnen: Ihr versteht nichts. ⁵⁰ Ihr bedenkt nicht, dass es besser für euch ist, wenn ein einziger Mensch für das Volk stirbt, als wenn das ganze Volk zugrunde geht. ⁵¹ Das sagte er nicht aus sich selbst; sondern weil er der Hohepriester jenes Jahres war, sagte er aus prophetischer Eingebung, dass Jesus für das Volk sterben werde. ⁵² Aber er sollte nicht nur für das Volk sterben, sondern auch, um die versprengten Kinder Gottes wieder zu sammeln. ⁵³ Von diesem Tag an waren sie entschlossen, ihn zu töten. ⁵⁴ Jesus ging von nun an nicht mehr öffentlich unter den Juden umher, sondern zog sich von dort in die Gegend nahe der Wüste zurück, zu einer Stadt namens Efraim. Dort blieb er mit seinen Jüngern.

⁵⁵ Das Paschafest der Juden war nahe und viele zogen schon vor dem Paschafest aus dem ganzen Land nach Jerusalem hinauf, um sich zu heiligen. ⁵⁶ Sie suchten Jesus und sagten zueinander, während sie im Tempel zusammenstanden: Was meint ihr? Er wird wohl kaum zum Fest kommen. ⁵⁷ Die Hohepriester und die Pharisäer hatten nämlich angeordnet, wenn jemand wisse, wo er sich aufhält, solle er es melden, damit sie ihn festnehmen könnten.

12

12,1–50

DIE SALBUNG JESU IN BETANIEN

¹ Sechs Tage vor dem Paschafest kam Jesus nach Betanien, wo Lazarus war, den er von den Toten auferweckt hatte. ² Dort bereiteten sie ihm ein Mahl; Marta bediente und Lazarus war unter denen, die mit Jesus bei Tisch waren. ³ Da nahm Maria ein Pfund echtes, kostbares Nardenöl, salbte Jesus die Füße und trocknete sie mit ihren Haaren. Das Haus wurde vom Duft des Öls erfüllt. ⁴ Doch einer von seinen Jüngern, Judas Iskariot, der ihn später auslieferte, sagte: ⁵ Warum hat man dieses Öl nicht für dreihundert Denare verkauft und den Erlös den Armen gegeben? ⁶ Das sagte er aber nicht, weil er ein Herz für die Armen gehabt hätte, sondern weil er ein Dieb war; er hatte nämlich die Kasse und veruntreute die Einkünfte. ⁷ Jesus jedoch sagte: Lass sie, damit sie es für den Tag meines Begräbnisses aufbewahrt!

⁸ Die Armen habt ihr immer bei euch, mich aber habt ihr nicht immer.

⁹ Eine große Menge der Juden hatte erfahren, dass Jesus dort war, und sie kamen, jedoch nicht nur um Jesu willen, sondern auch um Lazarus zu sehen, den er von den Toten auferweckt hatte. ¹⁰ Die Hohepriester aber beschlossen, auch Lazarus zu töten, ¹¹ weil viele Juden seinetwegen hingingen und an Jesus glaubten.

JESU EINZUG IN JERUSALEM

¹² Am Tag darauf hörte die große Volksmenge, die sich zum Fest eingefunden hatte, Jesus komme nach Jerusalem. ¹³ Da nahmen sie Palmzweige, zogen hinaus, um ihn zu empfangen, und riefen: *Hosanna! Gesegnet sei er, der kommt im Namen des Herrn, der König Israels!* ¹⁴ Jesus fand einen jungen Esel und setzte sich darauf – wie es in der Schrift heißt: ¹⁵ *Fürchte dich nicht, Tochter Zion! Siehe, dein König kommt; er sitzt auf dem Fohlen einer Eselin.* ¹⁶ Das alles verstanden seine Jünger zunächst nicht; als Jesus aber verherrlicht war, da wurde ihnen bewusst, dass es so über ihn geschrieben stand und dass man so an ihm gehandelt hatte. ¹⁷ Die Menge, die bei Jesus gewesen war, als er Lazarus aus dem Grab rief und von den Toten auferweckte, legte Zeugnis für ihn ab. ¹⁸ Ebendeshalb war die Menge ihm entgegengezogen, weil sie gehört hatte, er habe dieses Zeichen getan. ¹⁹ Die Pharisäer aber sagten zueinander: Ihr seht, dass ihr nichts ausrichtet; alle Welt läuft ihm nach.

DIE STUNDE DER ENTSCHEIDUNG

²⁰ Unter den Pilgern, die beim Fest Gott anbeten wollten, gab es auch einige Griechen. ²¹ Diese traten an Philippus heran, der aus Betsaida in Galiläa stammte, und baten ihn: Herr, wir möchten Jesus sehen. ²² Philippus ging und sagte es Andreas; Andreas und Philippus gingen und sagten es Jesus. ²³ Jesus aber antwortete ihnen: Die Stunde ist gekommen, dass der Menschensohn verherrlicht wird. ²⁴ Amen, amen, ich sage euch:

Wenn das Weizenkorn nicht in die Erde fällt und stirbt, bleibt es allein; wenn es aber stirbt, bringt es reiche Frucht.

²⁵ Wer sein Leben liebt, verliert es; wer aber sein Leben in dieser Welt gering achtet, wird es bewahren bis ins ewige Leben. ²⁶ Wenn einer mir dienen will, folge er mir nach; und wo ich bin, dort wird auch mein Diener sein. Wenn einer mir dient, wird der Vater ihn ehren. ²⁷ Jetzt ist *meine Seele erschüttert*. Was soll ich sagen: Vater, rette mich aus dieser Stunde? Aber deshalb bin ich in diese Stunde gekommen. ²⁸ Vater, verherrliche deinen Namen! Da kam eine Stimme vom Himmel: Ich habe ihn schon verherrlicht und werde ihn wieder verherrlichen.

²⁹ Die Menge, die dabeistand und das hörte, sagte: Es hat gedonnert. Andere sagten: Ein Engel hat zu ihm geredet. ³⁰ Jesus antwortete und sagte: Nicht mir galt diese Stimme, sondern euch. ³¹ Jetzt wird Gericht gehalten über diese Welt; jetzt wird der Herrscher dieser Welt hinausgewor-

fen werden. ³² Und ich, wenn ich über die Erde erhöht bin, werde alle zu mir ziehen. ³³ Das sagte er, um anzudeuten, auf welche Weise er sterben werde.

³⁴ Die Menge jedoch hielt ihm entgegen: Wir haben aus dem Gesetz gehört, dass der Christus bis in Ewigkeit bleiben wird. Wie kannst du sagen, der Menschensohn müsse erhöht werden? Wer ist dieser Menschensohn? ³⁵ Da sagte Jesus zu ihnen: Nur noch kurze Zeit ist das Licht bei euch. Geht euren Weg, solange ihr das Licht habt, damit euch nicht die Finsternis überrascht! Wer in der Finsternis geht, weiß nicht, wohin er gerät. ³⁶ Solange ihr das Licht bei euch habt, glaubt an das Licht, damit ihr Söhne des Lichts werdet! Dies sagte Jesus. Und er ging fort und verbarg sich vor ihnen.

RÜCKBLICK AUF DAS WIRKEN JESU IN ISRAEL

³⁷ Obwohl Jesus so viele eichen vor ihren Augen getan hatte, glaubten sie nicht an ihn.

³⁸ So sollte sich das Wort erfüllen, das der Prophet Jesaja gesprochen hat: *Herr, wer hat unserer Botschaft geglaubt? Und der Arm des Herrn – wem wurde seine Macht offenbar?* ³⁹ Denn sie konnten nicht glauben, weil Jesaja an einer anderen Stelle gesagt hat: ⁴⁰ *Er hat ihre Augen blind gemacht und ihr Herz hart, damit sie mit ihren Augen nicht sehen und mit ihrem Herzen nicht zur Einsicht kommen, damit sie sich nicht bekehren und ich sie nicht heile.* ⁴¹ Das sagte Jesaja, weil er Jesu Herrlichkeit gesehen hatte; über ihn nämlich hat er gesprochen. ⁴² Dennoch kamen sogar von den führenden Männern viele zum Glauben an ihn; aber wegen der Pharisäer bekannten sie es nicht offen, um nicht aus der Synagoge ausgestoßen zu werden. ⁴³ Denn sie liebten die Ehre der Menschen mehr als die Ehre Gottes.

JESU LETZTER AUFRUF ZUM GLAUBEN

⁴⁴ Jesus aber rief aus:

Wer an mich glaubt, glaubt nicht an mich, sondern an den, der mich gesandt hat, ⁴⁵ und wer mich sieht, sieht den, der mich gesandt hat.

⁴⁶ Ich bin als Licht in die Welt gekommen, damit jeder, der an mich glaubt, nicht in der Finsternis bleibt. ⁴⁷ Wer meine Worte nur hört und sie nicht befolgt, den richte nicht ich; denn ich bin nicht gekommen, um die Welt zu richten, sondern um die Welt zu retten. ⁴⁸ Wer mich verachtet und meine Worte nicht annimmt, der hat schon seinen Richter: Das Wort, das ich gesprochen habe, wird ihn richten am Jüngsten Tag. ⁴⁹ Denn ich habe nicht von mir aus gesprochen, sondern der Vater, der mich gesandt hat, hat mir aufgetragen, was ich sagen und reden soll. ⁵⁰ Und ich weiß, dass sein Auftrag ewiges Leben ist.

Was ich also sage, sage ich so, wie es mir der Vater gesagt hat.

Das Evangelium nach JOHANNES

DER ABSCHIED JESU

13,1–17,26

13

13,1–38

DIE FUSSWASCHUNG

¹ Es war vor dem Paschafest. Jesus wusste, dass seine Stunde gekommen war, um aus dieser Welt zum Vater hinüberzugehen. Da er die Seinen liebte, die in der Welt waren, liebte er sie bis zur Vollendung. ² Es fand ein Mahl statt und der Teufel hatte Judas, dem Sohn des Simon Iskariot, schon ins Herz gegeben, ihn auszuliefern. ³ Jesus, der wusste, dass ihm der Vater alles in die Hand gegeben hatte und dass er von Gott gekommen war und zu Gott zurückkehrte, ⁴ stand vom Mahl auf, legte sein Gewand ab und umgürtete sich mit einem Leinentuch. ⁵ Dann goss er Wasser in eine Schüssel und begann, den Jüngern die Füße zu waschen und mit dem Leinentuch abzutrocknen, mit dem er umgürtet war. ⁶ Als er zu Simon Petrus kam, sagte dieser zu ihm: Du, Herr, willst mir die Füße waschen? ⁷ Jesus sagte zu ihm: Was ich tue, verstehst du jetzt noch nicht; doch später wirst du es begreifen. ⁸ Petrus entgegnete ihm: Niemals sollst du mir die Füße waschen! Jesus erwiderte ihm: Wenn ich dich nicht wasche, hast du keinen Anteil an mir. ⁹ Da sagte Simon Petrus zu ihm: Herr, dann nicht nur meine Füße, sondern auch die Hände und das Haupt. ¹⁰ Jesus sagte zu ihm: Wer vom Bad kommt, ist ganz rein und braucht sich nur noch die Füße zu waschen. Auch ihr seid rein, aber nicht alle. ¹¹ Er wusste nämlich, wer ihn ausliefern würde; darum sagte er: Ihr seid nicht alle rein.
¹² Als er ihnen die Füße gewaschen, sein Gewand wieder angelegt und Platz genommen hatte, sagte er zu ihnen: Begreift ihr, was ich an euch getan habe? ¹³ Ihr sagt zu mir Meister und Herr und ihr nennt mich mit Recht so; denn ich bin es. ¹⁴ Wenn nun ich, der Herr und Meister, euch die Füße gewaschen habe, dann müsst auch ihr einander die Füße waschen. ¹⁵ Ich habe euch ein Beispiel gegeben, damit auch ihr so handelt, wie ich an euch gehandelt habe.

¹⁶ **Amen, amen, ich sage euch: Der Sklave ist nicht größer als sein Herr und der Abgesandte ist nicht größer als der, der ihn gesandt hat. ¹⁷ Wenn ihr das wisst – selig seid ihr, wenn ihr danach handelt.**

¹⁸ Ich sage das nicht von euch allen. Ich weiß wohl, welche ich erwählt habe, aber das Schriftwort muss sich erfüllen: *Der mein Brot isst, hat seine Ferse gegen mich* erhoben. ¹⁹ Ich sage es euch schon jetzt, ehe es geschieht, damit ihr, wenn es geschehen ist, glaubt: Ich bin es. ²⁰ Amen, amen, ich sage euch: Wer einen aufnimmt, den ich senden werde, nimmt mich auf; wer aber mich aufnimmt, nimmt den auf, der mich gesandt hat.

DIE ANKÜNDIGUNG DER AUSLIEFERUNG

²¹ Nach diesen Worten wurde Jesus im Geiste erschüttert und bezeugte: Amen, amen, ich sage euch: Einer von euch wird mich ausliefern. ²² Die Jünger blickten sich ratlos an, weil sie nicht wussten, wen er meinte. ²³ Einer von den Jüngern lag an der Seite Jesu; es war der, den Jesus liebte. ²⁴ Simon Petrus nickte ihm zu, er solle fragen, von wem Jesus spreche. ²⁵ Da lehnte sich dieser zurück an die Brust Jesu und fragte ihn: Herr, wer ist es? ²⁶ Jesus antwortete: Der ist es, dem ich den Bissen Brot, den ich eintauche, geben werde. Dann tauchte er das Brot ein, nahm es und gab es Judas, dem Sohn des Simon Iskariot. ²⁷ Als Judas den Bissen Brot genommen hatte, fuhr der Satan in ihn. Jesus sagte zu ihm:

Was du tun willst, das tue bald!

²⁸ Aber keiner der Anwesenden verstand, warum er ihm das sagte. ²⁹ Weil Judas die Kasse hatte, meinten einige, Jesus wolle ihm sagen: Kaufe, was wir zum Fest brauchen! oder Jesus trage ihm auf, den Armen etwas zu geben. ³⁰ Als Judas den Bissen Brot genommen hatte, ging er sofort hinaus. Es war aber Nacht.

DIE ÜBERLEITUNG ZU DEN ABSCHIEDSREDEN

[31] Als Judas hinausgegangen war, sagte Jesus: Jetzt ist der Menschensohn verherrlicht und Gott ist in ihm verherrlicht. [32] Wenn Gott in ihm verherrlicht ist, wird auch Gott ihn in sich verherrlichen und er wird ihn bald verherrlichen. [33] Meine Kinder, ich bin nur noch kurze Zeit bei euch. Ihr werdet mich suchen, und was ich den Juden gesagt habe, sage ich jetzt auch euch: Wohin ich gehe, dorthin könnt ihr nicht gelangen. [34] Ein neues Gebot gebe ich euch:

[35] Daran werden alle erkennen, dass ihr meine Jünger seid: wenn ihr einander liebt.

[36] Simon Petrus fragte ihn: Herr, wohin gehst du? Jesus antwortete ihm: Wohin ich gehe, dorthin kannst du mir jetzt nicht folgen. Du wirst mir aber später folgen. [37] Petrus sagte zu ihm: Herr, warum kann ich dir jetzt nicht folgen? Mein Leben will ich für dich hingeben. [38] Jesus entgegnete: Du willst für mich dein Leben hingeben? Amen, amen, ich sage dir: Noch ehe der Hahn kräht, wirst du mich dreimal verleugnen.

Liebt einander! Wie ich euch geliebt habe, so sollt auch ihr einander lieben.

14

14,1–31

DIE ERSTE ABSCHIEDSREDE. FORTGANG UND NEUES KOMMEN JESU

¹ Euer Herz lasse sich nicht verwirren. Glaubt an Gott und glaubt an mich! ² Im Haus meines Vaters gibt es viele Wohnungen. Wenn es nicht so wäre, hätte ich euch dann gesagt: Ich gehe, um einen Platz für euch vorzubereiten? ³ Wenn ich gegangen bin und einen Platz für euch vorbereitet habe, komme ich wieder und werde euch zu mir holen, damit auch ihr dort seid, wo ich bin. ⁴ Und wohin ich gehe – den Weg dorthin kennt ihr. ⁵ Thomas sagte zu ihm: Herr, wir wissen nicht, wohin du gehst. Wie können wir dann den Weg kennen? ⁶ Jesus sagte zu ihm: Ich bin der Weg und die Wahrheit und das Leben; niemand kommt zum Vater außer durch mich. ⁷ Wenn ihr mich erkannt habt, werdet ihr auch meinen Vater erkennen. Schon jetzt kennt ihr ihn und habt ihn gesehen. ⁸ Philippus sagte zu ihm: Herr, zeig uns den Vater; das genügt uns. ⁹ Jesus sagte zu ihm: Schon so lange bin ich bei euch und du hast mich nicht erkannt, Philippus? Wer mich gesehen hat, hat den Vater gesehen. Wie kannst du sagen: Zeig uns den Vater? ¹⁰ Glaubst du nicht, dass ich im Vater bin und dass der Vater in mir ist? Die Worte, die ich zu euch sage, habe ich nicht aus mir selbst. Der Vater, der in mir bleibt, vollbringt seine Werke. ¹¹ Glaubt mir doch, dass ich im Vater bin und dass der Vater in mir ist; wenn nicht, dann glaubt aufgrund eben dieser Werke! ¹² Amen, amen, ich sage euch: Wer an mich glaubt, wird die Werke, die ich vollbringe, auch vollbringen und er wird noch größere als diese vollbringen, denn ich gehe zum Vater. ¹³ Alles, um was ihr in meinem Namen bitten werdet, werde ich tun, damit der Vater im Sohn verherrlicht wird. ¹⁴ Wenn ihr mich um etwas in meinem Namen bitten werdet, werde ich es tun.

¹⁵ Wenn ihr mich liebt, werdet ihr meine Gebote halten. ¹⁶ Und ich werde den Vater bitten und er wird euch einen anderen Beistand geben, der für immer bei euch bleiben soll, ¹⁷ den Geist der Wahrheit, den die Welt nicht empfangen kann, weil sie ihn nicht sieht und nicht kennt. Ihr aber kennt ihn, weil er bei euch bleibt und in euch sein wird. ¹⁸ Ich werde euch nicht als Waisen zurücklassen, ich komme zu euch. ¹⁹ Nur noch kurze Zeit und die Welt sieht mich nicht mehr; ihr aber seht mich, weil ich lebe und auch ihr leben werdet. ²⁰ An jenem Tag werdet ihr erkennen: Ich bin in meinem Vater, ihr seid in mir und ich bin in euch. ²¹ Wer meine Gebote hat und sie hält, der ist es, der mich liebt; wer mich aber liebt, wird von meinem Vater geliebt werden und auch ich werde ihn lieben und mich ihm offenbaren. ²² Judas – nicht der Iskariot – fragte ihn: Herr, wie kommt es, dass du dich nur uns offenbaren willst und nicht der Welt? ²³ Jesus antwortete ihm: Wenn jemand mich liebt, wird er mein Wort halten; mein Vater wird ihn lieben und wir werden zu ihm kommen und bei ihm Wohnung nehmen. ²⁴ Wer mich nicht liebt, hält meine Worte nicht. Und das Wort, das ihr hört, stammt nicht von mir, sondern vom Vater, der mich gesandt hat.

²⁵ Das habe ich zu euch gesagt, während ich noch bei euch bin. ²⁶ Der Beistand aber, der Heilige Geist, den der Vater in meinem Namen senden wird, der wird euch alles lehren und euch an alles erinnern, was ich euch gesagt habe. ²⁷ Frieden hinterlasse ich euch, meinen Frieden gebe ich euch; nicht, wie die Welt ihn gibt, gebe ich ihn euch. Euer Herz beunruhige sich nicht und verzage nicht. ²⁸ Ihr habt gehört, dass ich zu euch sagte: Ich gehe fort und komme wieder zu euch. Wenn ihr mich liebtet, würdet ihr euch freuen, dass ich zum Vater gehe; denn der Vater ist größer als ich. ²⁹ Jetzt schon habe ich es euch gesagt, bevor es geschieht, damit ihr, wenn es geschieht, zum Glauben kommt. ³⁰ Ich werde nicht mehr viel zu euch sagen; denn es kommt der Herrscher der Welt. Über mich hat er keine Macht, ³¹ aber die Welt soll erkennen, dass ich den Vater liebe und so handle, wie es mir der Vater aufgetragen hat. Steht auf, wir wollen von hier weggehen!

15

15,1–27

DIE ZWEITE ABSCHIEDSREDE. EINHEIT MIT UND IN JESUS. DER HASS DER WELT

¹ Ich bin der wahre Weinstock und mein Vater ist der Winzer. ² Jede Rebe an mir, die keine Frucht bringt, schneidet er ab und jede Rebe, die Frucht bringt, reinigt er, damit sie mehr Frucht bringt. ³ Ihr seid schon rein kraft des Wortes, das ich zu euch gesagt habe. ⁴ Bleibt in mir und ich bleibe in euch. Wie die Rebe aus sich keine Frucht bringen kann, sondern nur, wenn sie am Weinstock bleibt, so auch ihr, wenn ihr nicht in mir bleibt. ⁵ Ich bin der Weinstock, ihr seid die Reben. Wer in mir bleibt und in wem ich bleibe, der bringt reiche Frucht; denn getrennt von mir könnt ihr nichts vollbringen. ⁶ Wer nicht in mir bleibt, wird wie die Rebe weggeworfen und er verdorrt. Man sammelt die Reben, wirft sie ins Feuer und sie verbrennen. ⁷ Wenn ihr in mir bleibt und meine Worte in euch bleiben, dann bittet um alles, was ihr wollt: Ihr werdet es erhalten. ⁸ Mein Vater wird dadurch verherrlicht, dass ihr reiche Frucht bringt und meine Jünger werdet.

⁹ Wie mich der Vater geliebt hat, so habe auch ich euch geliebt. Bleibt in meiner Liebe! ¹⁰ Wenn ihr meine Gebote haltet, werdet ihr in meiner Liebe bleiben, so wie ich die Gebote meines Vaters gehalten habe und in seiner Liebe bleibe. ¹¹ Dies habe ich euch gesagt, damit meine Freude in euch ist und damit eure Freude vollkommen wird. ¹² Das ist mein Gebot, dass ihr einander liebt, so wie ich euch geliebt habe.

¹³ **Es gibt keine größere Liebe, als wenn einer sein Leben für seine Freunde hingibt.**

¹⁴ Ihr seid meine Freunde, wenn ihr tut, was ich euch auftrage. ¹⁵ Ich nenne euch nicht mehr Knechte; denn der Knecht weiß nicht, was sein Herr tut. Vielmehr habe ich euch Freunde genannt; denn ich habe euch al-

les mitgeteilt, was ich von meinem Vater gehört habe. ¹⁶ Nicht ihr habt mich erwählt, sondern ich habe euch erwählt und dazu bestimmt, dass ihr euch aufmacht und Frucht bringt und dass eure Frucht bleibt. Dann wird euch der Vater alles geben, um was ihr ihn in meinem Namen bittet. ¹⁷ Dies trage ich euch auf, dass ihr einander liebt.

¹⁸ Wenn die Welt euch hasst, dann wisst, dass sie mich schon vor euch gehasst hat. ¹⁹ Wenn ihr von der Welt stammen würdet, würde die Welt euch als ihr Eigentum lieben. Aber weil ihr nicht von der Welt stammt, sondern weil ich euch aus der Welt erwählt habe, darum hasst euch die Welt. ²⁰ Denkt an das Wort, das ich euch gesagt habe: Der Sklave ist nicht größer als sein Herr. Wenn sie mich verfolgt haben, werden sie auch euch verfolgen; wenn sie an meinem Wort festgehalten haben, werden sie auch an eurem Wort festhalten. ²¹ Doch dies alles werden sie euch um meines Namens willen antun; denn sie kennen den nicht, der mich gesandt hat. ²² Wenn ich nicht gekommen wäre und nicht zu ihnen gesprochen hätte, wären sie ohne Sünde; jetzt aber haben sie keine Entschuldigung für ihre Sünde. ²³ Wer mich hasst, hasst auch meinen Vater. ²⁴ Wenn ich bei ihnen nicht die Werke vollbracht hätte, die kein anderer vollbracht hat, wären sie ohne Sünde. Jetzt aber haben sie die Werke gesehen und doch haben sie mich und meinen Vater gehasst. ²⁵ Aber das Wort sollte sich erfüllen, das in ihrem Gesetz geschrieben steht: *Ohne Grund haben sie mich gehasst.* ²⁶ Wenn aber der Beistand kommt, den ich euch vom Vater aus senden werde, der Geist der Wahrheit, der vom Vater ausgeht, dann wird er Zeugnis für mich ablegen. ²⁷ Und auch ihr legt Zeugnis ab, weil ihr von Anfang an bei mir seid.

16

16,1–33

¹ Das habe ich euch gesagt, damit ihr keinen Anstoß nehmt. ² Sie werden euch aus der Synagoge ausstoßen, ja es kommt die Stunde, in der jeder, der euch tötet, meint, Gott einen heiligen Dienst zu leisten. ³ Das werden sie tun, weil sie weder den Vater noch mich erkannt haben. ⁴ Ich habe es euch aber gesagt, damit ihr euch, wenn die Stunde kommt, daran erinnert, dass ich es euch gesagt habe.

DIE DRITTE ABSCHIEDSREDE. DAS KOMMEN DES GEISTES UND NEUE BEGEGNUNG MIT JESUS

Das habe ich euch nicht gleich zu Anfang gesagt; denn ich war ja bei euch. ⁵ Jetzt aber gehe ich zu dem, der mich gesandt hat, und keiner von euch fragt mich: Wohin gehst du? ⁶ Vielmehr hat Trauer euer Herz erfüllt, weil ich euch das gesagt habe. ⁷ Doch ich sage euch die Wahrheit: Es ist gut für euch, dass ich fortgehe. Denn wenn ich nicht fortgehe, wird der Beistand nicht zu euch kommen; gehe ich aber, so werde ich ihn zu euch senden. ⁸ Und wenn er kommt, wird er die Welt der Sünde überführen und der Gerechtigkeit und des Gerichts; ⁹ der Sünde, weil sie nicht an mich glauben; ¹⁰ der Gerechtigkeit, weil ich zum Vater gehe und ihr mich nicht mehr seht; ¹¹ des Gerichts, weil der Herrscher dieser Welt gerichtet ist.

¹² **Noch vieles habe ich euch zu sagen, aber ihr könnt es jetzt nicht tragen.**

¹³ Wenn aber jener kommt, der Geist der Wahrheit, wird er euch in der ganzen Wahrheit leiten. Denn er wird nicht aus sich selbst heraus reden, sondern er wird reden, was er hört, und euch verkünden, was kommen wird. ¹⁴ Er wird mich verherrlichen; denn er wird von dem, was mein ist, nehmen und es euch verkünden. ¹⁵ Alles, was der Vater hat, ist mein; darum habe ich gesagt: Er nimmt von dem, was mein ist, und wird es euch verkünden.

¹⁶ **Noch eine kurze Zeit, dann seht ihr mich nicht mehr, und wieder eine kurze Zeit, dann werdet ihr mich sehen.**

¹⁷ Da sagten einige von seinen Jüngern zueinander: Was meint er damit, wenn er zu uns sagt: Noch eine kurze Zeit, dann seht ihr mich nicht mehr, und wieder eine kurze Zeit, dann werdet ihr mich sehen? Und: Ich gehe zum Vater? ¹⁸ Sie sagten: Was heißt das, wenn er sagt: eine kurze Zeit? Wir wissen nicht, wovon er redet. ¹⁹ Jesus erkannte, dass sie ihn fragen wollten, und sagte zu ihnen: Ihr macht euch untereinander Gedanken darüber, dass ich euch gesagt habe: Noch eine kurze Zeit, dann seht ihr mich nicht mehr, und wieder eine kurze Zeit, dann werdet ihr mich sehen. ²⁰ Amen, amen, ich sage euch: Ihr werdet weinen und klagen, aber die Welt wird sich freuen; ihr werdet traurig sein, aber eure Trauer wird sich in Freude verwandeln. ²¹ Wenn die Frau gebären soll, hat sie Trauer, weil ihre Stunde gekommen ist; aber wenn sie das Kind geboren hat, denkt sie nicht mehr an ihre Not über der Freude, dass ein Mensch zur Welt gekommen ist. ²² So habt auch ihr jetzt Trauer, aber ich werde euch wiedersehen; dann wird euer Herz sich freuen und niemand nimmt euch eure Freude. ²³ An jenem Tag werdet ihr mich nichts mehr fra-

gen. Amen, amen, ich sage euch: Was ihr den Vater in meinem Namen bitten werdet, das wird er euch geben. ²⁴ Bis jetzt habt ihr noch um nichts in meinem Namen gebetet. Bittet und ihr werdet empfangen, damit eure Freude vollkommen ist. ²⁵ Dies habe ich in Bildreden zu euch gesagt; es kommt die Stunde, in der ich nicht mehr in Bildreden zu euch sprechen, sondern euch offen vom Vater künden werde. ²⁶ An jenem Tag werdet ihr in meinem Namen bitten und ich sage euch nicht, dass ich den Vater für euch bitten werde; ²⁷ denn der Vater selbst liebt euch, weil ihr mich geliebt und weil ihr geglaubt habt, dass ich von Gott ausgegangen bin. ²⁸ Ich bin vom Vater ausgegangen und in die Welt gekommen; ich verlasse die Welt wieder und gehe zum Vater. ²⁹ Da sagten seine Jünger: Siehe, jetzt redest du offen und sprichst nicht mehr in Bildreden. ³⁰ Jetzt wissen wir, dass du alles weißt und von niemandem gefragt zu werden brauchst. Darum glauben wir, dass du von Gott ausgegangen bist. ³¹ Jesus erwiderte ihnen: Glaubt ihr jetzt? ³² Siehe, die Stunde kommt und sie ist schon da, in der ihr versprengt sein werdet, jeder in sein Haus, und mich alleinlassen werdet. Aber ich bin nicht allein, denn der Vater ist bei mir. ³³ Dies habe ich zu euch gesagt, damit ihr in mir Frieden habt. In der Welt seid ihr in Bedrängnis; aber habt Mut: Ich habe die Welt besiegt.

17

17,1–26

DAS GEBET DES SCHEIDENDEN JESUS

¹ Dies sprach Jesus. Und er erhob seine Augen zum Himmel und sagte: Vater, die Stunde ist gekommen. Verherrliche deinen Sohn, damit der Sohn dich verherrlicht! ² Denn du hast ihm Macht über alle Menschen gegeben, damit er allen, die du ihm gegeben hast, ewiges Leben schenkt. ³ Das aber ist das ewige Leben: dass sie dich, den einzigen wahren Gott, erkennen und den du gesandt hast, Jesus Christus. ⁴ Ich habe dich auf der Erde verherrlicht und das Werk zu Ende geführt, das du mir aufgetragen hast. ⁵ Jetzt verherrliche du mich, Vater, bei dir mit der Herrlichkeit, die ich bei dir hatte, bevor die Welt war!

⁶ Ich habe deinen Namen den Menschen offenbart, die du mir aus der Welt gegeben hast. Sie gehörten dir und du hast sie mir gegeben und sie haben dein Wort bewahrt. ⁷ Sie haben jetzt erkannt, dass alles, was du mir gegeben hast, von dir ist. ⁸ Denn die Worte, die du mir gabst, habe ich ihnen gegeben und sie haben sie angenommen. Sie haben wahrhaftig erkannt, dass ich von dir ausgegangen bin, und sie sind zu dem Glauben gekommen, dass du mich gesandt hast. ⁹ Für sie bitte ich; nicht für die Welt bitte ich, sondern für alle, die du mir gegeben hast; denn sie gehören dir.

¹⁰ **Alles, was mein ist, ist dein, und was dein ist, ist mein; in ihnen bin ich verherrlicht.**

¹¹ Ich bin nicht mehr in der Welt, aber sie sind in der Welt und ich komme zu dir. Heiliger Vater, bewahre sie in deinem Namen, den du mir gegeben hast, damit sie eins sind wie wir! ¹² Solange ich bei ihnen war, bewahrte ich sie in deinem Namen, den du mir gegeben hast. Und ich habe sie behütet und keiner von ihnen ging verloren, außer dem Sohn des Verderbens, damit sich die Schrift erfüllte. ¹³ Aber jetzt komme ich zu dir und rede dies noch in der Welt, damit sie meine Freude in Fülle in sich haben. ¹⁴ Ich habe ihnen dein Wort gegeben und die Welt hat sie gehasst, weil sie nicht von der Welt sind, wie auch ich nicht von der Welt bin. ¹⁵ Ich bitte nicht, dass du sie aus der Welt nimmst, sondern dass du sie vor dem Bösen bewahrst. ¹⁶ Sie sind nicht von der Welt, wie auch ich nicht von der Welt bin.

¹⁷ **Heilige sie in der Wahrheit; dein Wort ist Wahrheit.**

¹⁸ Wie du mich in die Welt gesandt hast, so habe auch ich sie in die Welt gesandt. ¹⁹ Und ich heilige mich für sie, damit auch sie in der Wahrheit geheiligt sind. ²⁰ Ich bitte nicht nur für diese hier, sondern auch für alle, die durch ihr Wort an mich glauben. ²¹ Alle sollen eins sein: Wie du, Vater, in mir bist und ich in dir bin, sollen auch sie in uns sein, damit die Welt glaubt, dass du mich gesandt hast. ²² Und ich habe ihnen die Herrlichkeit gegeben, die du mir gegeben hast, damit sie eins sind, wie wir eins sind, ²³ ich in ihnen und du in mir. So sollen sie vollendet sein in der Einheit, damit die Welt erkennt, dass du mich gesandt hast und sie ebenso geliebt hast, wie du mich geliebt hast. ²⁴ Vater, ich will, dass alle, die du mir gegeben hast, dort bei mir sind, wo ich bin. Sie sollen meine Herrlichkeit sehen, die du mir gegeben hast, weil du mich schon geliebt hast vor Grundlegung der Welt. ²⁵ Gerechter Vater, die Welt hat dich nicht erkannt, ich aber habe dich erkannt und sie haben erkannt, dass du mich gesandt hast. ²⁶ Ich habe ihnen deinen Namen kundgetan und werde ihn kundtun, damit die Liebe, mit der du mich geliebt hast, in ihnen ist und ich in ihnen bin.

DIE STUNDE JESU: LEIDEN, TOD UND AUFERSTEHUNG

18,1–20,31

18

18,1–40

DIE VERHAFTUNG JESU

¹ Nach diesen Worten ging Jesus mit seinen Jüngern hinaus, auf die andere Seite des Baches Kidron. Dort war ein Garten; in den ging er mit seinen Jüngern hinein. ² Auch Judas, der ihn auslieferte, kannte den Ort, weil Jesus dort oft mit seinen Jüngern zusammengekommen war. ³ Judas holte die Soldaten und die Gerichtsdiener der Hohepriester und der Pharisäer und kam dorthin mit Fackeln, Laternen und Waffen. ⁴ Jesus, der alles wusste, was mit ihm geschehen sollte, ging hinaus und fragte sie: Wen sucht ihr? ⁵ Sie antworteten ihm: Jesus von Nazaret. Er sagte zu ihnen: Ich bin es. Auch Judas, der ihn auslieferte, stand bei ihnen. ⁶ Als er zu ihnen sagte: Ich bin es!, wichen sie zurück und stürzten zu Boden. ⁷ Er fragte sie noch einmal: Wen sucht ihr? Sie sagten: Jesus von Nazaret. ⁸ Jesus antwortete: Ich habe euch gesagt, dass ich es bin. Wenn ihr also mich sucht, dann lasst diese gehen! ⁹ So sollte sich das Wort erfüllen, das er gesagt hatte: Ich habe keinen von denen verloren, die du mir gegeben hast. ¹⁰ Simon Petrus, der ein Schwert bei sich hatte, zog es, traf damit den Diener des Hohepriesters und hieb ihm das rechte Ohr ab; der Diener aber hieß Malchus. ¹¹ Da sagte Jesus zu Petrus: Steck das Schwert in die Scheide! **Der Kelch, den mir der Vater gegeben hat – soll ich ihn nicht trinken?**

JESUS VOR HANNAS

¹² Die Soldaten, der Hauptmann und die Gerichtsdiener der Juden nahmen Jesus fest, fesselten ihn ¹³ und führten ihn zuerst zu Hannas; er war nämlich der Schwiegervater des Kajaphas, der in jenem Jahr Hohepriester war. ¹⁴ Kajaphas aber war es, der den Juden den Rat gegeben hatte:

Es ist besser, dass ein einziger Mensch für das Volk stirbt.

¹⁵ Simon Petrus und ein anderer Jünger folgten Jesus. Dieser Jünger war mit dem Hohepriester bekannt und ging mit Jesus in den Hof des Hohepriesters. ¹⁶ Petrus aber blieb draußen am Tor stehen. Da kam der andere Jünger, der Bekannte des Hohepriesters, heraus; er sprach mit der Pförtnerin und führte Petrus hinein. ¹⁷ Da sagte die Pförtnerin zu Petrus: Bist nicht auch du einer von den Jüngern dieses Menschen? Er sagte: Ich bin es nicht. ¹⁸ Die Knechte und die Diener hatten sich ein Kohlenfeuer angezündet und standen dabei, um sich zu wärmen; denn es war kalt. Auch Petrus stand bei ihnen und wärmte sich.

¹⁹ Der Hohepriester befragte Jesus über seine Jünger und über seine Lehre. ²⁰ Jesus antwortete ihm: Ich habe offen vor aller Welt gesprochen. Ich habe immer in der Synagoge und im Tempel gelehrt, wo alle Juden zusammenkommen. Nichts habe ich im Geheimen gesprochen. ²¹ Warum fragst du mich? Frag doch die, die gehört haben, was ich zu ihnen gesagt habe; siehe, sie wissen, was ich geredet habe. ²² Als er dies sagte, schlug einer von den Dienern, der dabeistand, Jesus ins Gesicht und sagte: Antwortest du so dem Hohepriester? ²³ Jesus entgegnete ihm: Wenn es nicht recht war, was ich gesagt habe, dann weise es nach; wenn es aber recht war, warum schlägst du mich? ²⁴ Da schickte ihn Hannas gefesselt zum Hohepriester Kajaphas.

²⁵ Simon Petrus aber stand da und wärmte sich. Da sagten sie zu ihm: Bist nicht auch du einer von seinen Jüngern? Er leugnete und sagte: Ich bin es nicht. ²⁶ Einer von den Knechten des Hohepriesters, ein Verwandter dessen, dem Petrus das Ohr abgehauen hatte, sagte: Habe ich dich nicht im Garten bei ihm gesehen? ²⁷ Wieder leugnete Petrus und gleich darauf krähte ein Hahn.

JESUS VOR PILATUS

²⁸ Von Kajaphas brachten sie Jesus zum Prätorium; es war früh am Morgen. Sie selbst gingen nicht in das Gebäude hinein, um nicht unrein zu werden, sondern das Paschalamm essen zu können. ²⁹ Deshalb kam Pilatus zu ihnen heraus und fragte: Welche Anklage erhebt ihr gegen diesen Menschen? ³⁰ Sie antworteten ihm: Wenn er kein Übeltäter wäre, hätten wir ihn dir nicht ausgeliefert. ³¹ Pilatus sagte zu ihnen: Nehmt ihr ihn doch und richtet ihn nach eurem Gesetz! Die Juden antworteten ihm: Uns ist es nicht gestattet, jemanden hinzurichten. ³² So sollte sich das Wort Jesu erfüllen, mit dem er angedeutet hatte, welchen Tod er sterben werde.

³³ Da ging Pilatus wieder in das Prätorium hinein, ließ Jesus rufen und fragte ihn: Bist du der König der Juden? ³⁴ Jesus antwortete: Sagst du das von dir aus oder haben es dir andere über mich gesagt? ³⁵ Pilatus entgegnete: Bin ich denn ein Jude? Dein Volk und die Hohepriester haben dich an mich ausgeliefert. Was hast du getan? ³⁶ Jesus antwortete: Mein Königtum ist nicht von dieser Welt. Wenn mein Königtum von dieser Welt wäre, würden meine Leute kämpfen, damit ich den Juden nicht ausgeliefert würde. Nun aber ist mein Königtum nicht von hier. ³⁷ Da sagte Pilatus zu ihm: Also bist du doch ein König? Jesus antwortete:

**Du sagst es,
ich bin ein König.**

Ich bin dazu geboren und dazu in die Welt gekommen, dass ich für die Wahrheit Zeugnis ablege. Jeder, der aus der Wahrheit ist, hört auf meine Stimme. ³⁸ Pilatus sagte zu ihm: Was ist Wahrheit?

Nachdem er das gesagt hatte, ging er wieder zu den Juden hinaus und sagte zu ihnen: Ich finde keine Schuld an ihm. ³⁹ Ihr seid aber gewohnt, dass ich euch zum Paschafest einen freilasse.

Wollt ihr also, dass ich euch den König der Juden freilasse? ⁴⁰ Da schrien sie wieder: Nicht diesen, sondern Barabbas! Barabbas aber war ein Räuber.

19

19,1–42

¹ Darauf nahm Pilatus Jesus und ließ ihn geißeln. ² Die Soldaten flochten einen Kranz aus Dornen; den setzten sie ihm auf das Haupt und legten ihm einen purpurroten Mantel um. ³ Sie traten an ihn heran und sagten: Sei gegrüßt, König der Juden! Und sie schlugen ihm ins Gesicht.

⁴ Pilatus ging wieder hinaus und sagte zu ihnen: Seht, ich bringe ihn zu euch heraus; ihr sollt wissen, dass ich keine Schuld an ihm finde. ⁵ Jesus kam heraus; er trug die Dornenkrone und den purpurroten Mantel. Pilatus sagte zu ihnen: Seht, der Mensch! ⁶ Als die Hohepriester und die Diener ihn sahen, schrien sie: Kreuzige ihn, kreuzige ihn! Pilatus sagte zu ihnen: Nehmt ihr ihn und kreuzigt ihn! Denn ich finde keine Schuld an ihm. ⁷ Die Juden entgegneten ihm: Wir haben ein Gesetz und nach dem Gesetz muss er sterben, weil er sich zum Sohn Gottes gemacht hat. ⁸ Als Pilatus das hörte, fürchtete er sich noch mehr. ⁹ Er ging wieder in das Prätorium hinein und fragte Jesus: Woher bist du? Jesus aber gab ihm keine Antwort. ¹⁰ Da sagte Pilatus zu ihm: Du sprichst nicht mit mir? Weißt du nicht, dass ich Macht habe, dich freizulassen, und Macht, dich zu kreuzigen? ¹¹ Jesus antwortete ihm: Du hättest keine Macht über mich, wenn es dir nicht von oben gegeben wäre; darum hat auch der eine größere Sünde, der mich dir ausgeliefert hat. ¹² Daraufhin wollte Pilatus ihn freilassen, aber die Juden schrien: Wenn du diesen freilässt, bist du kein Freund des Kaisers; jeder, der sich zum König macht, lehnt sich gegen den Kaiser auf.

¹³ Auf diese Worte hin ließ Pilatus Jesus herausführen und er setzte sich auf den Richterstuhl an dem Platz, der Lithostrotos, auf Hebräisch Gabbata, heißt. ¹⁴ Es war Rüsttag des Paschafestes, ungefähr die sechste Stunde. Pilatus sagte zu den Juden: Seht, euer König! ¹⁵ Sie aber schrien: Hinweg, hinweg, kreuzige ihn! Pilatus sagte zu ihnen: Euren König soll ich kreuzigen? Die Hohepriester antworteten: Wir haben keinen König außer dem Kaiser. ¹⁶ Da lieferte er ihnen Jesus aus, damit er gekreuzigt würde.

KREUZIGUNG, TOD UND BEGRÄBNIS JESU

Sie übernahmen Jesus. ¹⁷ Und er selbst trug das Kreuz und ging hinaus zur sogenannten Schädelstätte, die auf Hebräisch Golgota heißt. ¹⁸ Dort kreuzigten sie ihn und mit ihm zwei andere, auf jeder Seite einen, in der Mitte aber Jesus.

¹⁹ Pilatus ließ auch eine Tafel anfertigen und oben am Kreuz befestigen; die Inschrift lautete:

**Jesus von Nazaret,
der König der Juden.**

²⁰ Diese Tafel lasen viele Juden, weil der Platz, wo Jesus gekreuzigt wurde, nahe bei der Stadt lag. Die Inschrift war hebräisch, lateinisch und griechisch abgefasst. ²¹ Da sagten die Hohepriester der Juden zu Pilatus: Schreib nicht: Der König der Juden, sondern dass er gesagt hat: Ich bin der König der Juden. ²² Pilatus antwortete:

**Was ich geschrieben habe,
habe ich geschrieben.**

²³ Nachdem die Soldaten Jesus gekreuzigt hatten, nahmen sie seine Kleider und machten vier Teile daraus, für jeden Soldaten einen Teil, und dazu das Untergewand. Das Untergewand war aber ohne Naht von oben ganz durchgewoben. ²⁴ Da sagten sie zueinander: Wir wollen es nicht zerteilen, sondern darum losen, wem es gehören soll. So sollte sich das Schriftwort erfüllen: *Sie verteilten meine Kleider unter sich und warfen das Los um mein Gewand.* Dies taten die Soldaten.

²⁵ Bei dem Kreuz Jesu standen seine Mutter und die Schwester seiner Mutter, Maria, die Frau des Klopas, und Maria von Magdala. ²⁶ Als Jesus die Mutter sah und bei ihr den Jünger, den er liebte, sagte er zur Mutter: Frau, siehe, dein Sohn! ²⁷ Dann sagte er zu dem Jünger: Siehe, deine Mutter! Und von jener Stunde an nahm sie der Jünger zu sich.

²⁸ Danach, da Jesus wusste, dass nun alles vollbracht war, sagte er, damit

sich die Schrift erfüllte: Mich dürstet. ²⁹ Ein Gefäß voll Essig stand da. Sie steckten einen Schwamm voll Essig auf einen Ysopzweig und hielten ihn an seinen Mund. ³⁰ Als Jesus von dem Essig genommen hatte, sprach er:

Es ist vollbracht! Und er neigte das Haupt und übergab den Geist.

³¹ Weil Rüsttag war und die Körper während des Sabbats nicht am Kreuz bleiben sollten – dieser Sabbat war nämlich ein großer Feiertag –, baten die Juden Pilatus, man möge ihnen die Beine zerschlagen und sie dann abnehmen. ³² Also kamen die Soldaten und zerschlugen dem ersten die Beine, dann dem andern, der mit ihm gekreuzigt worden war. ³³ Als sie aber zu Jesus kamen und sahen, dass er schon tot war, zerschlugen sie ihm die Beine nicht, ³⁴ sondern einer der Soldaten stieß mit der Lanze in seine Seite und sogleich floss Blut und Wasser heraus. ³⁵ Und der es gesehen hat, hat es bezeugt und sein Zeugnis ist wahr. Und er weiß, dass er Wahres sagt, damit auch ihr glaubt. ³⁶ Denn das ist geschehen, damit sich das Schriftwort erfüllte: *Man soll an ihm kein Gebein zerbrechen.* ³⁷ Und ein anderes Schriftwort sagt: *Sie werden auf den blicken, den sie durchbohrt haben.*

³⁸ Josef aus Arimathäa war ein Jünger Jesu, aber aus Furcht vor den Juden nur im Verborgenen. Er bat Pilatus, den Leichnam Jesu abnehmen zu dürfen, und Pilatus erlaubte es. Also kam er und nahm den Leichnam ab. ³⁹ Es kam auch Nikodemus, der früher einmal Jesus bei Nacht aufgesucht hatte. Er brachte eine Mischung aus Myrrhe und Aloe, etwa hundert Pfund. ⁴⁰ Sie nahmen den Leichnam Jesu und umwickelten ihn mit Leinenbinden, zusammen mit den wohlriechenden Salben, wie es beim jüdischen Begräbnis Sitte ist. ⁴¹ An dem Ort, wo man ihn gekreuzigt hatte, war ein Garten und in dem Garten war ein neues Grab, in dem noch niemand bestattet worden war. ⁴² Wegen des Rüsttages der Juden und weil das Grab in der Nähe lag, setzten sie Jesus dort bei.

20

20,1–31

DAS LEERE GRAB

¹ Am ersten Tag der Woche kam Maria von Magdala frühmorgens, als es noch dunkel war, zum Grab und sah, dass der Stein vom Grab weggenommen war. ² Da lief sie schnell zu Simon Petrus und dem anderen Jünger, den Jesus liebte, und sagte zu ihnen: Sie haben den Herrn aus dem Grab weggenommen und wir wissen nicht, wohin sie ihn gelegt haben. ³ Da gingen Petrus und der andere Jünger hinaus und kamen zum Grab; ⁴ sie liefen beide zusammen, aber weil der andere Jünger schneller war als Petrus, kam er als Erster ans Grab. ⁵ Er beugte sich vor und sah die Leinenbinden liegen, ging jedoch nicht hinein. ⁶ Da kam auch Simon Petrus, der ihm gefolgt war, und ging in das Grab hinein. Er sah die Leinenbinden liegen ⁷ und das Schweißtuch, das auf dem Haupt Jesu gelegen hatte; es lag aber nicht bei den Leinenbinden, sondern zusammengebunden daneben an einer besonderen Stelle. ⁸ Da ging auch der andere Jünger, der als Erster an das Grab gekommen war, hinein; er sah und glaubte. ⁹ Denn sie hatten noch nicht die Schrift verstanden, dass er von den Toten auferstehen müsse. ¹⁰ Dann kehrten die Jünger wieder nach Hause zurück.

DIE ERSCHEINUNG JESU VOR MARIA VON MAGDALA

¹¹ Maria aber stand draußen vor dem Grab und weinte. Während sie weinte, beugte sie sich in die Grabkammer hinein.

¹² **Da sah sie zwei Engel in weißen Gewändern sitzen, den einen dort, wo der Kopf, den anderen dort, wo die Füße des Leichnams Jesu gelegen hatten.**
¹³ Diese sagten zu ihr: Frau, warum weinst du? Sie antwortete ihnen: Sie haben meinen Herrn weggenommen und ich weiß nicht, wohin sie ihn gelegt haben. ¹⁴ Als sie

das gesagt hatte, wandte sie sich um und sah Jesus dastehen, wusste aber nicht, dass es Jesus war. ¹⁵ Jesus sagte zu ihr: Frau, warum weinst du? Wen suchst du? Sie meinte, es sei der Gärtner, und sagte zu ihm: Herr, wenn du ihn weggebracht hast, sag mir, wohin du ihn gelegt hast! Dann will ich ihn holen. ¹⁶ Jesus sagte zu ihr: Maria! Da wandte sie sich um und sagte auf Hebräisch zu ihm:

Rabbuni!,

das heißt: Meister. ¹⁷ Jesus sagte zu ihr: **Halte mich nicht fest; denn ich bin noch nicht zum Vater hinaufgegangen.** Geh aber zu meinen Brüdern und sag ihnen: Ich gehe hinauf zu meinem Vater und eurem Vater, zu meinem Gott und eurem Gott. ¹⁸ Maria von Magdala kam zu den Jüngern und verkündete ihnen: Ich habe den Herrn gesehen. Und sie berichtete, was er ihr gesagt hatte.

DIE ERSCHEINUNG JESU VOR ALLEN JÜNGERN AM OSTERABEND

¹⁹ Am Abend dieses ersten Tages der Woche, als die Jünger aus Furcht vor den Juden bei verschlossenen Türen beisammen waren, kam Jesus, trat in ihre Mitte und sagte zu ihnen:

Friede sei mit euch!

²⁰ Nach diesen Worten zeigte er ihnen seine Hände und seine Seite. Da freuten sich die Jünger, als sie den Herrn sahen. ²¹ Jesus sagte noch einmal zu ihnen: Friede sei mit euch! Wie mich der Vater gesandt hat, so sende ich euch. ²² Nachdem er das gesagt hatte, hauchte er sie an und sagte zu ihnen: Empfangt den Heiligen Geist! ²³ Denen ihr die Sünden erlasst, denen sind sie erlassen; denen ihr sie behaltet, sind sie behalten.

EINE WEITERE ERSCHEINUNG JESU UND DER GLAUBE DES THOMAS

²⁴ Thomas, der Didymus genannt wurde, einer der Zwölf, war nicht bei ihnen, als Jesus kam. ²⁵ Die anderen Jünger sagten zu ihm: Wir haben den Herrn gesehen. Er entgegnete ihnen: Wenn ich nicht das Mal der Nägel an seinen Händen sehe und wenn ich meinen Finger nicht in das Mal der Nägel und meine Hand nicht in seine Seite lege, glaube ich nicht.
²⁶ Acht Tage darauf waren seine Jünger wieder drinnen versammelt und Thomas war dabei. Da kam Jesus bei verschlossenen Türen, trat in ihre Mitte und sagte: Friede sei mit euch! ²⁷ Dann sagte er zu Thomas: Streck deinen Finger hierher aus und sieh meine Hände! Streck deine Hand aus und leg sie in meine Seite und sei nicht ungläubig, sondern gläubig! ²⁸ Thomas antwortete und sagte zu ihm: Mein Herr und mein Gott! ²⁹ Jesus sagte zu ihm: Weil du mich gesehen hast, glaubst du. Selig sind, die nicht sehen und doch glauben.

ERSTER SCHLUSS DES JOHANNESEVANGELIUMS

³⁰ Noch viele andere Zeichen hat Jesus vor den Augen seiner Jünger getan, die in diesem Buch nicht aufgeschrieben sind. ³¹ Diese aber sind aufgeschrieben, damit ihr glaubt, dass Jesus der Christus ist, der Sohn Gottes, und damit ihr durch den Glauben Leben habt in seinem Namen.

DER EPILOG: JESUS, PETRUS UND DER LIEBLINGSJÜNGER

21

21,1–25

DIE ERSCHEINUNG JESU AM SEE VON TIBERIAS

¹ Danach offenbarte sich Jesus den Jüngern noch einmal, am See von Tiberias, und er offenbarte sich in folgender Weise. ² Simon Petrus, Thomas, genannt Didymus, Natanaël aus Kana in Galiläa, die Söhne des Zebedäus und zwei andere von seinen Jüngern waren zusammen. ³ Simon Petrus sagte zu ihnen: Ich gehe fischen. Sie sagten zu ihm: Wir kommen auch mit. Sie gingen hinaus und stiegen in das Boot. Aber in dieser Nacht fingen sie nichts. ⁴ Als es schon Morgen wurde, stand Jesus am Ufer. Doch die Jünger wussten nicht, dass es Jesus war. ⁵ Jesus sagte zu ihnen: Meine Kinder, habt ihr keinen Fisch zu essen? Sie antworteten ihm: Nein. ⁶ Er aber sagte zu ihnen: Werft das Netz auf der rechten Seite des Bootes aus und ihr werdet etwas finden. Sie warfen das Netz aus und konnten es nicht wieder einholen, so voller Fische war es. ⁷ Da sagte der Jünger, den Jesus liebte, zu Petrus: Es ist der Herr! Als Simon Petrus hörte, dass es der Herr sei, gürtete er sich das Obergewand um, weil er nackt war, und sprang in den See. ⁸ Dann kamen die anderen Jünger mit dem Boot – sie waren nämlich nicht weit vom Land entfernt, nur etwa zweihundert Ellen – und zogen das Netz mit den Fischen hinter sich her. ⁹ Als sie an Land gingen, sahen sie am Boden ein Kohlenfeuer und darauf Fisch und Brot liegen. ¹⁰ Jesus sagte zu ihnen: Bringt von den Fischen, die ihr gerade gefangen habt! ¹¹ Da stieg Simon Petrus ans Ufer und zog das Netz an Land. Es war mit hundertdreiundfünfzig großen Fischen gefüllt, und obwohl es so viele waren, zerriss das Netz nicht. ¹² Jesus sagte zu ihnen: Kommt her und esst! Keiner von den Jüngern wagte ihn zu befragen: Wer bist du? Denn sie wussten, dass es der Herr war. ¹³ Jesus trat heran, nahm das Brot und gab es ihnen, ebenso den Fisch. ¹⁴ Dies war schon das dritte Mal, dass Jesus sich den Jüngern offenbarte, seit er von den Toten auferstanden war.

DER AUFTRAG AN PETRUS UND SEIN RUF IN DIE NACHFOLGE

¹⁵ Als sie gegessen hatten, sagte Jesus zu Simon Petrus: Simon, Sohn des Johannes, liebst du mich mehr als diese? Er antwortete ihm: Ja, Herr, du weißt, dass ich dich liebe. Jesus sagte zu ihm: Weide meine Lämmer! ¹⁶ Zum zweiten Mal fragte er ihn: Simon, Sohn des Johannes, liebst du mich? Er antwortete: Ja, Herr, du weißt, dass ich dich liebe. Jesus sagte zu ihm: Weide meine Schafe! ¹⁷ Zum dritten Mal fragte er ihn: Simon, Sohn des Johannes, liebst du mich? Da wurde Petrus traurig, weil Jesus ihn zum dritten Mal gefragt hatte: Liebst du mich? Er gab ihm zur Antwort:

Herr, du weißt alles; du weißt, dass ich dich liebe. Jesus sagte zu ihm: Weide meine Schafe!

¹⁸ Amen, amen, ich sage dir: Als du jünger warst, hast du dich selbst gegürtet und gingst, wohin du wolltest. Wenn du aber alt geworden bist, wirst du deine Hände ausstrecken und ein anderer wird dich gürten und dich führen, wohin du nicht willst. ¹⁹ Das sagte Jesus, um anzudeuten, durch welchen Tod er Gott verherrlichen werde. Nach diesen Worten sagte er zu ihm: Folge mir nach!

DAS SCHICKSAL DES LIEBLINGSJÜNGERS

²⁰ Petrus wandte sich um und sah den Jünger folgen, den Jesus liebte und der beim Abendmahl an seiner Brust gelegen und ihm gesagt hatte: Herr, wer ist es, der dich ausliefert? ²¹ Als Petrus diesen sah, sagte er zu Jesus: Herr, was wird denn mit ihm? ²² Jesus sagte zu ihm: Wenn ich will, dass er bleibt, bis ich komme, was geht das dich an? Du folge mir nach! ²³ Da verbreitete sich unter den Brüdern die Meinung: Jener Jünger stirbt nicht. Doch Jesus hatte ihm nicht gesagt: Er stirbt nicht, sondern: Wenn ich will, dass er bleibt, bis ich komme, was geht das dich an?

ZWEITER SCHLUSS DES JOHANNESEVANGELIUMS

²⁴ Dies ist der Jünger, der all das bezeugt und der es aufgeschrieben hat; und wir wissen, dass sein Zeugnis wahr ist. ²⁵ Es gibt aber noch vieles andere, was Jesus getan hat. Wenn man alles einzeln aufschreiben wollte, so könnte, wie ich glaube, die ganze Welt die dann geschriebenen Bücher nicht fassen.

DIE APOSTEL-GESCHICHTE

DIE APOSTEL-GESCHICHTE

Die Apostelgeschichte ist der zweite Teil des lukanischen Doppelwerks und setzt das dritte Evangelium fort, auf das sie sich im ersten Vers bezieht. Der altkirchlichen Tradition galt der Paulus-Begleiter Lukas (vgl. Phlm 24; Kol 4,14; 2 Tim 4,11) als ihr Verfasser. Das Buch ist vermutlich um 90 n. Chr. entstanden, als die Kirche begann, sich auf die politische und kulturelle Wirklichkeit des Römischen Reiches einzustellen.

Seit dem 2. Jahrhundert trägt das Werk in den Handschriften den Titel „Taten der Apostel". Sein Inhalt ist die erste Epoche der Kirchengeschichte. In Apg 1,8 wird der Aufbau der Erzählung skizziert, der dem Wachstum der Kirche von Jerusalem bis an die Grenzen der Erde entspricht. Der erste Hauptteil (1,1–8,4) erzählt von der Urgemeinde in Jerusalem, die unter der Leitung der Apostel, namentlich des Petrus und des Johannes, steht. Diese Phase wird als ideale Urzeit beschrieben. Sie endet mit der Steinigung des Stephanus und der anschließenden Verfolgung. Der zweite Hauptteil schildert die allmähliche Ausbreitung des Gottesworts und die Aufnahme der heidnischen „Völker" in das Gottesvolk (8,5–12,24). Der dritte Hauptteil steht ganz im Zeichen des großen Missionswerks des Paulus, das im syrischen Antiochien beginnt, auf Kleinasien und Europa ausgreift und schließlich in Rom endet (12,25–28,31). Hier ist die Gründungsepoche der Kirche an einer Schwelle angelangt und die Erzählung endet offen, indem sie auf die freie Verkündigung des Glaubens hinweist.

Im Stil einer lebendigen Geschichtsschreibung führt das Werk die Anfangszeit der Kirche in bewegten Szenen, eindrücklichen Bildern und großen Reden vor Augen und deutet sie zugleich. Es will deutlich machen, dass das Evangelium auf der Höhe der zeitgenössischen Kultur steht. Schlüsselereignisse sind das Pfingstgeschehen (Kap. 2), die Berufung des Paulus zur Mission unter den Völkern (9,1–22) und das „Apostelkonzil", auf dem die Entscheidung fällt, die Heidenchristen in das Gottesvolk aufzunehmen, ohne dass sie die jüdische Tora-Observanz übernehmen müssen (Kap. 15). Dem Erfolg der christlichen Mission unter den Heiden entspricht die Spaltung innerhalb des alten Gottesvolkes: Die junge Kirche löst sich von jenem Teil Israels, der nicht zu Christus findet (vgl. bereits Lk 2,34). Lukas stellt die Kirchengeschichte in das Licht des Glaubens: Unsichtbar begleitet der auferstandene Christus die Seinen noch immer; die Verkünder des Evangeliums setzen sein Werk fort. Der Heilige Geist lenkt die Wege und Geschicke der Christen. Die Leser der Apostelgeschichte sollen das Wesen ihrer Gemeinschaft im Blick auf die Stiftungsepoche der Kirche wahrnehmen und daraus Selbstbewusstsein und Mut für den eigenen Weg gewinnen.

VORWORT

1 *1,1–8,4*

¹Im ersten Buch, lieber Theophilus, habe ich über alles berichtet, was Jesus von Anfang an getan und gelehrt hat, ²bis zu dem Tag, an dem er in den Himmel aufgenommen wurde. Vorher hat er den Aposteln, die er sich durch den Heiligen Geist erwählt hatte, Weisung gegeben. ³Ihnen hat er nach seinem Leiden durch viele Beweise gezeigt, dass er lebt; vierzig Tage hindurch ist er ihnen erschienen und hat vom Reich Gottes gesprochen.

DIE KIRCHE IN JERUSALEM

Weisungen und Himmelfahrt des Auferstandenen

⁴ Beim gemeinsamen Mahl gebot er ihnen: Geht nicht weg von Jerusalem, sondern wartet auf die Verheißung des Vaters, die ihr von mir vernommen habt! ⁵ Denn Johannes hat mit Wasser getauft, ihr aber werdet schon in wenigen Tagen mit dem Heiligen Geist getauft werden. ⁶ Als sie nun beisammen waren, fragten sie ihn: Herr, stellst du in dieser Zeit das Reich für Israel wieder her? ⁷ Er sagte zu ihnen: Euch steht es nicht zu, Zeiten und Fristen zu erfahren, die der Vater in seiner Macht festgesetzt hat. ⁸ Aber ihr werdet Kraft empfangen, wenn der Heilige Geist auf euch herabkommen wird; und ihr werdet meine Zeugen sein in Jerusalem und in ganz Judäa und Samarien und bis an die Grenzen der Erde. ⁹ Als er das gesagt hatte, wurde er vor ihren Augen emporgehoben und eine Wolke nahm ihn auf und entzog ihn ihren Blicken. ¹⁰ Während sie unverwandt ihm nach zum Himmel emporschauten, siehe, da standen zwei Männer in weißen Gewändern bei ihnen ¹¹ und sagten: Ihr Männer von Galiläa, was steht ihr da und schaut zum Himmel empor? Dieser Jesus, der von euch fort in den Himmel aufgenommen wurde, wird ebenso wiederkommen, wie ihr ihn habt zum Himmel hingehen sehen. ¹² Dann kehrten sie von dem Berg, der Ölberg genannt wird und nur einen Sabbatweg von Jerusalem entfernt ist, nach Jerusalem zurück.

Die betende Urgemeinde

¹³ Als sie in die Stadt kamen, gingen sie in das Obergemach hinauf, wo sie nun ständig blieben: Petrus und Johannes, Jakobus und Andreas, Philippus und Thomas, Bartholomäus und Matthäus, Jakobus, der Sohn des Alphäus, und Simon, der Zelot, sowie Judas, der Sohn des Jakobus. ¹⁴ Sie alle verharrten dort einmütig im Gebet, zusammen mit den Frauen und Maria, der Mutter Jesu, und seinen Brüdern.

Die Wahl des Matthias zum Apostel

¹⁵ In diesen Tagen erhob sich Petrus im Kreis der Brüder – etwa hundertzwanzig waren zusammengekommen – und sagte: ¹⁶ Brüder! Es musste sich das Schriftwort erfüllen, das der Heilige Geist durch den Mund Davids im Voraus über Judas gesprochen hat. Judas wurde zum Anführer derer, die Jesus gefangen nahmen. ¹⁷ Er wurde zu uns gezählt und hatte Anteil am gleichen Dienst. ¹⁸ Mit dem Lohn für seine Untat kaufte er sich ein Grundstück. Dann aber stürzte er vornüber zu Boden, sein Leib barst auseinander und alle seine Eingeweide quollen hervor. ¹⁹ Das wurde allen Einwohnern von Jerusalem bekannt; deshalb nannten sie jenes Grundstück in ihrer Sprache Hakeldamach, das heißt Blutacker. ²⁰ Denn es steht im Buch der Psalmen: *Sein Gehöft soll veröden, niemand soll darin wohnen!* und: *Sein Amt soll ein anderer erhalten!* ²¹ Es ist also nötig, dass einer von den Männern, die mit uns die ganze Zeit zusammen waren, als Jesus, der Herr, bei uns ein und aus ging, ²² angefangen von der Taufe durch Johannes bis zu dem Tag, an dem er von uns ging und in den Himmel aufgenommen wurde – einer von diesen muss nun zusammen mit uns Zeuge seiner Auferstehung sein. ²³ Und sie stellten zwei Männer auf: Josef, genannt Barsabbas, mit dem Beinamen Justus, und Matthias. ²⁴ Dann beteten sie: Du, Herr, kennst die Herzen aller; zeige, wen von diesen beiden du erwählt hast, ²⁵ diesen Dienst und dieses Apostelamt zu übernehmen! Denn Judas hat es verlassen und ist an den Ort gegangen, der ihm bestimmt war. ²⁶ Sie warfen das Los über sie; das Los fiel auf Matthias und er wurde den elf Aposteln zugezählt.

2,1–47

Das Pfingstereignis

¹ Als der Tag des Pfingstfestes gekommen war, waren alle zusammen am selben Ort. ² Da kam plötzlich vom Himmel her ein Brausen, wie wenn ein heftiger Sturm daherfährt, und erfüllte das ganze Haus, in dem sie saßen. ³ Und es erschienen ihnen Zungen wie von Feuer, die sich verteilten; auf jeden von ihnen ließ sich eine nieder. ⁴ Und alle wurden vom Heiligen Geist erfüllt und begannen, in anderen Sprachen zu reden, wie es der Geist ihnen eingab.

⁵ In Jerusalem aber wohnten Juden, fromme Männer aus allen Völkern unter dem Himmel. ⁶ Als sich das Getöse erhob, strömte die Menge zusammen und war ganz bestürzt; denn jeder hörte sie in seiner Sprache reden. ⁷ Sie waren fassungslos vor Staunen und sagten: Seht! Sind das nicht alles Galiläer, die hier reden? ⁸ Wieso kann sie jeder von uns in seiner Muttersprache hören? ⁹ Parther, Meder und Elamiter, Bewohner von Mesopotamien, Judäa und Kappadokien, von Pontus und der Provinz Asien, ¹⁰ von Phrygien und Pamphylien, von Ägypten und dem Gebiet Libyens nach Kyrene hin, auch die Römer, die sich hier aufhalten, ¹¹ Juden und Proselyten, Kreter und Araber – wir hören sie in unseren Sprachen Gottes große

Taten verkünden. ¹²Alle gerieten außer sich und waren ratlos. Die einen sagten zueinander: Was hat das zu bedeuten? ¹³Andere aber spotteten: Sie sind vom süßen Wein betrunken.

Die Pfingstpredigt des Petrus

¹⁴Da trat Petrus auf, zusammen mit den Elf; er erhob seine Stimme und begann zu reden: Ihr Juden und alle Bewohner von Jerusalem! Dies sollt ihr wissen, achtet auf meine Worte! ¹⁵Diese Männer sind nicht betrunken, wie ihr meint; es ist ja erst die dritte Stunde am Tag; ¹⁶sondern jetzt geschieht, was durch den Propheten Joël gesagt worden ist:

¹⁷*In den letzten Tagen wird es geschehen, / so spricht Gott: / Ich werde von meinem Geist ausgießen / über alles Fleisch. Eure Söhne und eure Töchter werden prophetisch reden, / eure jungen Männer werden Visionen haben / und eure Alten werden Träume haben.*

¹⁸*Auch über meine Knechte und Mägde / werde ich von meinem Geist ausgießen / in jenen Tagen und sie werden prophetisch reden.*

¹⁹*Ich werde Wunder erscheinen lassen droben am Himmel / und Zeichen unten auf der Erde: / Blut und Feuer und qualmenden Rauch.*

²⁰*Die Sonne wird sich in Finsternis verwandeln / und der Mond in Blut, / ehe der Tag des Herrn kommt, / der große und herrliche Tag.*

²¹*Und es wird geschehen: / Jeder, der den Namen des Herrn anruft, / wird gerettet werden.*

²²Israeliten, hört diese Worte: Jesus, den Nazoräer, einen Mann, den Gott vor euch beglaubigt hat durch Machttaten, Wunder und Zeichen, die er durch ihn in eurer Mitte getan hat, wie ihr selbst wisst – ²³ihn, der nach Gottes beschlossenem Willen und Vorauswissen hingegeben wurde, habt ihr durch die Hand von Gesetzlosen ans Kreuz geschlagen und umgebracht. ²⁴Gott aber hat ihn von den Wehen des Todes befreit und auferweckt; denn es war unmöglich, dass er vom Tod festgehalten wurde. ²⁵David nämlich sagt über ihn:

Ich hatte den Herrn beständig vor Augen. / Denn er steht mir zur Rechten, dass ich nicht wanke.

²⁶*Darum freute sich mein Herz / und frohlockte meine Zunge / und auch mein Leib wird in Hoffnung wohnen;*

²⁷*denn du gibst meine Seele nicht der Unterwelt preis, / noch lässt du deinen Frommen die Verwesung schauen.*

²⁸*Du hast mir die Wege zum Leben gezeigt, / du wirst mich erfüllen mit Freude vor deinem Angesicht.*

²⁹Brüder, ich darf freimütig zu euch über den Patriarchen David reden: Er starb und wurde begraben und sein Grabmal ist bei uns erhalten bis auf den heutigen Tag. ³⁰Da er ein Prophet war und wusste, dass Gott ihm einen Eid geschworen hatte, einer von seinen Nachkommen werde auf seinem Thron sitzen, ³¹sagte er vorausschauend über die Auferstehung des Christus: Er gab ihn nicht der Unterwelt preis und sein Leib schaute die Verwesung nicht. ³²Diesen Jesus hat Gott auferweckt, dafür sind wir alle Zeugen. ³³Zur Rechten Gottes erhöht, hat er vom Vater den verheißenen Heiligen Geist empfangen und ihn ausgegossen, wie ihr seht und hört. ³⁴Denn nicht David ist zum Himmel aufgestiegen; vielmehr sagt er selbst:

Es sprach der Herr zu meinem Herrn: / Setze dich mir zur Rechten,

³⁵*und ich lege dir deine Feinde / als Schemel unter die Füße.*

³⁶Mit Gewissheit erkenne also das ganze Haus Israel: Gott hat ihn zum Herrn und Christus gemacht, diesen Jesus, den ihr gekreuzigt habt.

Erste Bekehrungen

³⁷Als sie das hörten, traf es sie mitten ins Herz und sie sagten zu Petrus und den übrigen Aposteln: Was sollen wir tun, Brüder? ³⁸Petrus antwortete ihnen: Kehrt um und jeder von euch lasse sich auf den Namen Jesu Christi taufen zur Vergebung eurer Sünden; dann werdet ihr die Gabe des Heiligen Geistes empfangen. ³⁹Denn euch und euren Kindern gilt die Verheißung und all denen in der Ferne, die der Herr, unser Gott, herbeirufen wird. ⁴⁰Mit noch vielen anderen Worten beschwor und ermahnte er sie: Lasst euch retten aus diesem verdorbenen Geschlecht! ⁴¹Die nun, die sein Wort annahmen, ließen sich taufen. An diesem Tag wurden ihrer Gemeinschaft etwa dreitausend Menschen hinzugefügt. ⁴²Sie hielten an der Lehre der Apostel fest und an der Gemeinschaft, am Brechen des Brotes und an den Gebeten.

Das Leben der jungen Gemeinde

⁴³Alle wurden von Furcht ergriffen; und durch die Apostel geschahen viele Wunder und Zeichen. ⁴⁴Und alle, die glaubten, waren an demselben Ort und hatten alles gemeinsam. ⁴⁵Sie verkauften Hab und Gut und teilten davon allen zu, jedem so viel, wie er nötig hatte. ⁴⁶Tag für Tag verharrten sie einmütig im Tempel, brachen in ihren Häusern das Brot und hielten miteinander Mahl in Freude und Lauterkeit des Herzens. ⁴⁷Sie lobten Gott und fanden Gunst beim ganzen Volk. Und der Herr fügte täglich ihrer Gemeinschaft die hinzu, die gerettet werden sollten.

3,1–26

Die Heilung des Gelähmten im Tempel

¹Petrus und Johannes gingen zur Gebetszeit um die neunte Stunde in den Tempel hinauf. ²Da wurde ein Mann herbeigetragen, der von Geburt an gelähmt war. Man setzte ihn täglich an das Tor des Tempels, das man die Schöne Pforte nennt; dort sollte er bei denen, die in den Tempel gingen, um Almosen betteln. ³Als er nun Petrus und Johannes in den Tempel gehen sah, bat er sie um ein Almosen. ⁴Petrus und Johannes blickten ihn an und Petrus sagte: Sieh uns an! ⁵Da wandte er sich ihnen zu und erwartete, etwas von ihnen zu bekommen. ⁶Petrus aber sagte: Silber und Gold besitze ich nicht. Doch was ich habe, das gebe ich dir: Im Namen Jesu Christi, des Nazoräers, steh auf und geh umher! ⁷Und er fasste ihn an der rechten Hand und richtete ihn auf. Sogleich kam Kraft in seine Füße und Gelenke; ⁸er sprang auf, konnte stehen und ging umher. Dann ging er mit ihnen in den Tempel, lief und sprang umher und lobte Gott. ⁹Alle Leute sahen ihn umhergehen und Gott loben. ¹⁰Sie erkannten ihn als den, der gewöhnlich an der Schönen Pforte des Tempels saß und bettelte. Und sie waren voll Verwunderung und Staunen über das, was mit ihm geschehen war. ¹¹Da er sich Petrus und Johannes anschloss, lief das ganze Volk bei ihnen in der sogenannten Halle Salomos zusammen, außer sich vor Staunen.

Die Rede des Petrus auf dem Tempelplatz

¹²Als Petrus das sah, wandte er sich an das Volk: Israeliten, was wundert ihr euch darüber? Was starrt ihr uns an, als hätten wir aus eigener Kraft oder Frömmigkeit bewirkt, dass dieser gehen kann? ¹³*Der Gott Abrahams, Isaaks und Jakobs, der Gott unserer Väter*, hat seinen Knecht Jesus verherrlicht, den ihr ausgeliefert und vor Pilatus verleugnet habt, obwohl dieser entschieden hatte, ihn freizulassen. ¹⁴Ihr aber habt den Heiligen und Gerechten verleugnet und die Freilassung eines Mörders erbeten. ¹⁵Den Urheber des Lebens habt ihr getötet, aber Gott hat ihn von den Toten auferweckt. Dafür sind wir Zeugen. ¹⁶Und aufgrund des Glaubens an seinen Namen hat dieser Name den Mann hier, den ihr seht und kennt, zu Kräften gebracht; der Glaube, der durch ihn kommt, hat ihm vor euer aller Augen die volle Gesundheit geschenkt. ¹⁷Nun, Brüder, ich weiß, ihr habt aus Unwissenheit gehandelt, ebenso wie eure Anführer. ¹⁸Gott aber hat auf diese Weise erfüllt, was er durch den Mund aller Propheten im Voraus verkündet hat: dass sein Christus leiden werde. ¹⁹Also kehrt um und tut Buße, damit eure Sünden getilgt werden ²⁰und der Herr Zeiten des Aufatmens kommen lässt und Jesus sendet als den für euch bestimmten Christus! ²¹Ihn muss freilich der Himmel aufnehmen bis zu den Zeiten der Wiederherstellung von allem, die Gott von jeher durch den Mund seiner heiligen Propheten verkündet hat. ²²Mose hat gesagt: *Einen Propheten wie mich wird euch der Herr, euer Gott, aus euren Brüdern erwecken. Auf ihn sollt ihr hören in allem, was er zu euch sagt.* ²³*Jeder, der auf jenen Propheten nicht hört, wird aus dem Volk ausgemerzt werden.* ²⁴Und auch alle Propheten von Samuel an und alle, die später auftraten, haben diese Tage angekündet. ²⁵Ihr seid die Söhne der Propheten und des Bundes, den Gott mit euren Vätern geschlossen hat, als er zu Abraham sagte: *Durch deine Nachkommenschaft sollen alle Geschlechter der Erde Segen erlangen.* ²⁶Für euch zuerst hat Gott seinen Knecht erweckt und gesandt, damit er euch segnet und jeden von seiner Bosheit abbringt.

Petrus und Johannes vor dem Hohen Rat

¹Während sie zum Volk redeten, traten die Priester, der Tempelhauptmann und die Sadduzäer zu ihnen. ²Sie waren aufgebracht, weil die Apostel das Volk lehrten und in Jesus die Auferstehung von den Toten verkündeten. ³Und sie legten Hand an sie und hielten sie bis zum nächsten Morgen in Haft. Es war nämlich schon Abend. ⁴Viele aber von denen, die das Wort gehört hatten, wurden gläubig; und die Zahl der Männer stieg auf etwa fünftausend.

⁵Es geschah: Am anderen Morgen versammelten sich ihre Oberen sowie die Ältesten und die Schriftgelehrten in Jerusalem, ⁶dazu Hannas, der Hohepriester, Kajaphas, Johannes, Alexander und alle, die aus dem Geschlecht der Hohepriester stammten. ⁷Sie stellten die beiden in die Mitte und forschten sie aus: Mit welcher Kraft oder in wessen Namen habt ihr das getan? ⁸Da sagte Petrus, erfüllt vom Heiligen Geist, zu ihnen: Ihr Führer des Volkes und ihr Ältesten! ⁹Wenn wir heute wegen einer guten Tat an einem kranken Menschen darüber vernommen werden, durch wen er geheilt worden ist, ¹⁰so sollt ihr alle und das ganze Volk Israel wissen: im Namen Jesu Christi, des Nazoräers, den ihr gekreuzigt habt und den Gott von den Toten auferweckt hat. Durch ihn steht dieser Mann gesund vor euch. ¹¹Dieser Jesus ist der Stein, der von euch Bauleuten verworfen wurde, der aber zum Eckstein geworden ist. ¹²Und in keinem anderen ist das Heil zu finden. Denn es ist uns Menschen kein anderer Name unter dem Himmel gegeben, durch den wir gerettet werden sollen.

¹³Als sie den Freimut des Petrus und des Johannes sahen und merkten, dass es ungebildete und einfache Leute waren, wunderten sie sich. Sie erkannten sie als Jünger Jesu, ¹⁴sahen aber auch, dass der Geheilte bei ihnen stand; so konnten sie nichts dagegen sagen. ¹⁵Sie befahlen ihnen, den Hohen Rat zu verlassen; dann berieten sie miteinander ¹⁶und sagten: Was sollen wir mit diesen Leuten anfangen? Dass ein offenkundiges Zeichen durch sie geschehen ist, das ist allen Einwohnern von Jerusalem bekannt; wir können es nicht abstreiten. ¹⁷Damit aber die Sache nicht weiter im Volk verbreitet wird, wollen wir ihnen unter Drohungen verbieten, je wieder in diesem Namen zu irgendeinem Menschen zu sprechen. ¹⁸Und sie riefen sie herein und verboten ihnen, jemals wieder im Namen Jesu zu verkünden und zu lehren. ¹⁹Doch Petrus und Johannes antworteten ihnen: Ob es vor Gott recht ist, mehr auf euch zu hören als auf Gott, das entscheidet selbst. ²⁰Wir können unmöglich schweigen über das, was wir gesehen und gehört haben. ²¹Jene aber drohten ihnen noch mehr und ließen sie dann gehen; denn sie sahen keine Möglichkeit, sie zu bestrafen, mit Rücksicht auf das Volk, da alle Gott wegen des Geschehenen priesen. ²²Denn der Mann, an dem das Zeichen der Heilung geschah, war über vierzig Jahre alt.

Gebet der Urgemeinde um Furchtlosigkeit

²³Nach ihrer Freilassung gingen sie zu den Ihren und berichteten alles, was die Hohepriester und die Ältesten zu ihnen gesagt hatten. ²⁴Als sie das hörten, erhoben sie einmütig ihre Stimme zu Gott und sprachen: *Herr, du hast den Himmel, die Erde und das Meer geschaffen und alles, was sie erfüllt;* ²⁵du hast durch den Mund unseres Vaters David, deines Knechtes, durch den Heiligen Geist gesagt:

Warum tobten die Völker, / warum machten die Nationen nichtige Pläne?
²⁶*Die Könige der Erde standen auf / und die Herrscher haben sich verbündet / gegen den Herrn und seinen Christus.*

²⁷Wahrhaftig, verbündet haben sich in dieser Stadt gegen deinen heiligen Knecht Jesus, den du gesalbt hast, Herodes und Pontius Pilatus mit den Heiden und den Stämmen Israels, ²⁸um alles auszuführen, was deine Hand und dein Wille im Voraus bestimmt haben, dass es geschehe. ²⁹Doch jetzt, Herr, sieh auf ihre Drohungen und gib deinen Knechten, mit allem Freimut dein Wort zu verkünden! ³⁰Streck deine Hand aus, damit Heilungen und Zeichen und Wunder geschehen durch den Namen deines heiligen Knechtes Jesus! ³¹Als sie gebetet hatten, bebte der Ort, an dem sie versammelt waren, und alle wurden mit dem Heiligen Geist erfüllt und sie verkündeten freimütig das Wort Gottes.

Die Gütergemeinschaft der Urgemeinde

³² Die Menge derer, die gläubig geworden waren, war ein Herz und eine Seele. Keiner nannte etwas von dem, was er hatte, sein Eigentum, sondern sie hatten alles gemeinsam. ³³ Mit großer Kraft legten die Apostel Zeugnis ab von der Auferstehung Jesu, des Herrn, und reiche Gnade ruhte auf ihnen allen. ³⁴ Es gab auch keinen unter ihnen, der Not litt. Denn alle, die Grundstücke oder Häuser besaßen, verkauften ihren Besitz, brachten den Erlös ³⁵ und legten ihn den Aposteln zu Füßen. Jedem wurde davon so viel zugeteilt, wie er nötig hatte. ³⁶ Auch Josef, ein Levit, gebürtig aus Zypern, der von den Aposteln Barnabas, das heißt übersetzt: Sohn des Trostes, genannt wurde, ³⁷ verkaufte einen Acker, der ihm gehörte, brachte das Geld und legte es den Aposteln zu Füßen.

5,1–42

Der Betrug des Hananias und der Saphira

¹ Ein Mann namens Hananias aber und seine Frau Saphira verkauften zusammen ein Grundstück ² und mit Einverständnis seiner Frau behielt er etwas von dem Erlös für sich. Er brachte nur einen Teil und legte ihn den Aposteln zu Füßen. ³ Da sagte Petrus: Hananias, warum hat der Satan dein Herz erfüllt, dass du den Heiligen Geist belügst und von dem Erlös des Grundstücks etwas für dich behältst? ⁴ Hätte es nicht dein Eigentum bleiben können und konntest du nicht auch nach dem Verkauf frei über den Erlös verfügen? Warum hast du in deinem Herzen beschlossen, so etwas zu tun? Du hast nicht Menschen belogen, sondern Gott. ⁵ Als Hananias diese Worte hörte, stürzte er zu Boden und starb. Und über alle, die es hörten, kam große Furcht. ⁶ Die jungen Männer standen auf, hüllten ihn ein, trugen ihn hinaus und begruben ihn.

⁷ Nach etwa drei Stunden kam seine Frau herein, ohne zu wissen, was geschehen war. ⁸ Petrus fragte sie: Sag mir, habt ihr das Grundstück für so viel verkauft? Sie antwortete: Ja, für so viel. ⁹ Da sagte Petrus zu ihr: Warum seid ihr übereingekommen, den Geist des Herrn auf die Probe zu stellen? Siehe, die Füße derer, die deinen Mann begraben haben, stehen vor der Tür; auch dich wird man hinaustragen. ¹⁰ Im selben Augenblick brach sie vor seinen Füßen zusammen und starb. Die jungen Männer kamen herein, fanden sie tot, trugen sie hinaus und begruben sie neben ihrem Mann. ¹¹ Da kam große Furcht über die ganze Gemeinde und über alle, die davon hörten.

Zeichen und Wunder der Apostel

¹² Durch die Hände der Apostel geschahen viele Zeichen und Wunder im Volk. Alle kamen einmütig in der Halle Salomos zusammen. ¹³ Von den Übrigen wagte niemand, sich ihnen anzuschließen; aber das Volk schätzte sie hoch. ¹⁴ Immer mehr wurden im Glauben zum Herrn geführt, Scharen von Männern und Frauen. ¹⁵ Selbst die Kranken trug man auf die Straßen hinaus und legte sie auf Betten und Liegen, damit, wenn Petrus vorüberkam, wenigstens sein Schatten auf einen von ihnen fiel. ¹⁶ Auch aus den Städten rings um Jerusalem strömten die Leute zusammen und brachten Kranke und von unreinen Geistern Geplagte mit. Und alle wurden geheilt.

Verhaftung und Befreiung der Apostel

¹⁷ Da erhoben sich voll Eifersucht der Hohepriester und alle, die auf seiner Seite standen, nämlich die Partei der Sadduzäer. ¹⁸ Und sie legten Hand an die Apostel und nahmen sie in öffentlichen Gewahrsam. ¹⁹ Ein Engel des Herrn aber öffnete nachts die Gefängnistore, führte sie hinaus und sagte: ²⁰ Geht, tretet im Tempel auf und verkündet dem Volk alle Worte dieses Lebens! ²¹ Sie gehorchten und gingen bei Tagesanbruch in den Tempel und lehrten.

Die Apostel vor dem Hohen Rat

Währenddessen kam der Hohepriester mit seinen Begleitern. Sie riefen den Hohen Rat und alle Ältesten der Söhne Israels zusammen; man schickte Boten zum Gefängnis, um die Apostel vorführen zu lassen. ²² Die Diener gingen, fanden sie aber nicht im Gefängnis. Sie kehrten zurück und meldeten: ²³ Wir fanden das Gefängnis sorgfältig verschlossen und die Wachen vor den Toren stehen; als wir aber öffneten, fanden wir niemanden darin. ²⁴ Der Tempelhauptmann und die Hohepriester waren ratlos, als sie das hörten, und wussten nicht, was nun werden sollte. ²⁵ Da kam jemand und meldete ihnen: Siehe, die Männer, die ihr ins Gefängnis geworfen habt, stehen im Tempel und lehren das Volk. ²⁶ Da ging der Tempelhauptmann mit seinen Leuten hin und holte sie, allerdings nicht mit Gewalt; denn sie fürchteten, vom Volk gesteinigt zu werden. ²⁷ Man führte sie herbei und stellte sie vor den Hohen Rat. Der Hohepriester verhörte sie ²⁸ und sagte: Wir haben euch streng verboten, in diesem Namen zu lehren; und siehe, ihr habt Jerusalem mit eurer Lehre erfüllt; ihr wollt das Blut dieses Menschen über uns bringen. ²⁹ Petrus und die Apostel antworteten: Man muss Gott mehr gehorchen als den Menschen. ³⁰ Der Gott unserer Väter hat Jesus auferweckt, den ihr ans Holz gehängt und ermordet habt. ³¹ Ihn hat Gott als Anführer und Retter an seine rechte Seite erhoben, um Israel die Umkehr und Vergebung der Sünden zu schenken. ³² Zeugen dieser Ereignisse sind wir und der Heilige Geist, den Gott allen verliehen hat, die ihm gehorchen. ³³ Als sie das hörten, gerieten sie in Zorn und beschlossen, sie zu töten.

³⁴ Da erhob sich im Hohen Rat ein Pharisäer namens Gamaliël, ein beim ganzen Volk angesehener Gesetzeslehrer; er befahl, die Apostel für kurze Zeit hinauszuführen. ³⁵ Dann sagte er: Israeliten, überlegt euch gut, was ihr mit diesen Leuten tun wollt! ³⁶ Vor einiger Zeit nämlich trat Theudas auf und behauptete, er sei etwas Besonderes. Ihm schlossen sich etwa vierhundert Männer an. Aber er wurde getötet und sein ganzer Anhang wurde zerstreut und aufgerieben. ³⁷ Nach ihm trat in den Tagen der Volkszählung Judas, der Galiläer, auf; er brachte viel Volk hinter sich und verleitete es zum Aufruhr. Auch er kam um und alle seine Anhänger wurden zerstreut. ³⁸ Darum rate ich euch jetzt: Lasst von diesen Männern ab und gebt sie frei; denn wenn dieses Vorhaben oder dieses Werk von Menschen stammt, wird es zerstört werden; ³⁹ stammt es aber von Gott,

so könnt ihr sie nicht vernichten; sonst werdet ihr noch als Kämpfer gegen Gott dastehen. Sie stimmten ihm zu, ⁴⁰riefen die Apostel herein und ließen sie auspeitschen; dann verboten sie ihnen, im Namen Jesu zu predigen, und ließen sie frei. ⁴¹Sie aber gingen weg vom Hohen Rat und freuten sich, dass sie gewürdigt worden waren, für seinen Namen Schmach zu erleiden. ⁴²Und sie ließen nicht ab, Tag für Tag im Tempel und in den Häusern zu lehren, und verkündeten das Evangelium von Jesus, dem Christus.

Die Wahl der Sieben

¹In diesen Tagen, als die Zahl der Jünger zunahm, begehrten die Hellenisten gegen die Hebräer auf, weil ihre Witwen bei der täglichen Versorgung übersehen wurden. ²Da riefen die Zwölf die ganze Schar der Jünger zusammen und erklärten: Es ist nicht recht, dass wir das Wort Gottes vernachlässigen und uns dem Dienst an den Tischen widmen. ³Brüder, wählt aus eurer Mitte sieben Männer von gutem Ruf und voll Geist und Weisheit; ihnen werden wir diese Aufgabe übertragen. ⁴Wir aber wollen beim Gebet und beim Dienst am Wort bleiben. ⁵Der Vorschlag fand den Beifall der ganzen Gemeinde und sie wählten Stephanus, einen Mann, erfüllt vom Glauben und vom Heiligen Geist, ferner Philippus und Prochorus, Nikanor und Timon, Parmenas und Nikolaus, einen Proselyten aus Antiochia. ⁶Sie ließen sie vor die Apostel hintreten und diese legten ihnen unter Gebet die Hände auf. ⁷Und das Wort Gottes breitete sich aus und die Zahl der Jünger in Jerusalem wurde immer größer; auch eine große Anzahl von den Priestern nahm gehorsam den Glauben an.

Die Verhaftung des Stephanus

⁸Stephanus aber, voll Gnade und Kraft, tat Wunder und große Zeichen unter dem Volk. ⁹Doch einige von der sogenannten Synagoge der Libertiner und Kyrenäer und Alexandriner und Leute aus Kilikien und der Provinz Asien erhoben sich, um mit Stephanus zu streiten; ¹⁰aber sie konnten der Weisheit und dem Geist, mit dem er sprach, nicht widerstehen. ¹¹Da stifteten sie Männer zu der Aussage an: Wir haben gehört, wie er gegen Mose und Gott lästerte. ¹²Sie hetzten das Volk, die Ältesten und die Schriftgelehrten auf, drangen auf ihn ein, packten ihn und schleppten ihn vor den Hohen Rat. ¹³Und sie brachten falsche Zeugen bei, die sagten: Dieser Mensch hört nicht auf, gegen diesen heiligen Ort und das Gesetz zu reden. ¹⁴Wir haben ihn nämlich sagen hören: Dieser Jesus, der Nazoräer, wird diesen Ort zerstören und die Bräuche ändern, die uns Mose überliefert hat. ¹⁵Und als alle, die im Hohen Rat saßen, gespannt auf ihn blickten, erschien ihnen sein Gesicht wie das Gesicht eines Engels.

Die Rede des Stephanus

¹Der Hohepriester aber fragte: Ist das wahr? ²Stephanus antwortete: Brüder und Väter, hört mich an! Der Gott der Herrlichkeit erschien unserem Vater Abraham, als er in Mesopotamien lebte, ehe er sich in Haran niederließ, ³und sagte zu ihm: *Zieh weg aus deinem Land und aus deiner Verwandtschaft und geh in das Land, das ich dir zeigen werde!* ⁴Da zog er aus dem Land der Chaldäer fort und ließ sich in Haran nieder. Von dort ließ Gott ihn nach dem Tod seines Vaters in dieses Land übersiedeln, in dem ihr jetzt wohnt. ⁵Er hat ihm darin kein Erbteil gegeben, auch nicht einen Fußbreit, doch hat er verheißen, *das Land ihm und seinen Nachkommen zum Besitz zu geben,* obwohl er kinderlos war. ⁶So sprach Gott: *Seine Nachkommen werden als Fremde in einem Land wohnen, das ihnen nicht gehört; und man wird sie zu Sklaven machen und sie vierhundert Jahre lang hart behandeln.* ⁷*Aber auch über das Volk, dem sie als Sklaven dienen, werde ich Gericht halten,* sprach Gott, *und danach werden sie ausziehen* und mich an diesem Ort verehren. ⁸Und er gab ihm den Bund der Beschneidung. So zeugte Abraham den Isaak und beschnitt ihn am achten Tag, ebenso Isaak den Jakob und Jakob die zwölf Patriarchen. ⁹Die Patriarchen aber waren eifersüchtig auf Josef und verkauften ihn nach Ägypten; doch Gott war mit ihm. ¹⁰Er rettete ihn aus allen seinen Nöten, schenkte ihm Weisheit und die Gunst des Pharao, des Königs von Ägypten, und er bestellte ihn zum Herrscher über Ägypten und über sein ganzes Haus. ¹¹Es kam aber eine Hungersnot über ganz Ägypten und Kanaan und das Elend war groß. Auch unsere Väter hatten keine Nahrung mehr. ¹²Als Jakob hörte, dass es in Ägypten Getreide gab, schickte er unsere Väter ein erstes Mal dorthin. ¹³Beim zweiten Mal gab Josef sich seinen Brüdern zu erkennen und dem Pharao wurde Josefs Herkunft bekannt. ¹⁴Josef aber ließ seinen Vater Jakob und seine ganze Familie holen: fünfundsiebzig Menschen. ¹⁵So zog Jakob nach Ägypten hinab; und er starb und auch unsere Väter starben. ¹⁶Man brachte sie nach Sichem und bestattete sie in dem Grab, das Abraham von den Söhnen Hamors in Sichem für Silbergeld gekauft hatte.

¹⁷Als aber die Zeit der Verheißung herankam, die Gott dem Abraham zugesagt hatte, vermehrte sich das Volk und breitete sich in Ägypten aus, ¹⁸bis *ein anderer über Ägypten König wurde, der von Josef nichts wusste.* ¹⁹Er ging gegen unser Volk heimtückisch vor und zwang unsere Väter, ihre Kinder auszusetzen; sie sollten nicht am Leben bleiben. ²⁰In dieser Zeit wurde Mose geboren und Gott hatte Gefallen an ihm. Drei Monate lang wurde er im Haus seines Vaters aufgezogen; ²¹als er aber ausgesetzt wurde, nahm ihn die Tochter des Pharao auf und erzog ihn als ihren Sohn. ²²Und Mose wurde in aller Weisheit der Ägypter ausgebildet und er war mächtig in Wort und Tat. ²³Als er vierzig Jahre alt war, reifte in ihm der Gedanke, nach seinen Brüdern, den Söhnen Israels, zu sehen. ²⁴Und als er sah, wie einem von ihnen Unrecht geschah, kam er dem Unterdrückten zu Hilfe und rächte ihn, indem er den Ägypter er-

schlug. ²⁵ Er dachte, seine Brüder würden begreifen, dass Gott ihnen durch seine Hand Rettung bringen wolle; doch sie begriffen es nicht. ²⁶ Am folgenden Tag kam er dazu, wie sie sich stritten; er versuchte, sie auszusöhnen und Frieden zu stiften, und sagte: Männer, ihr seid doch Brüder. Warum tut ihr einander Unrecht? ²⁷ Der Mann aber, der seinem Nächsten Unrecht getan hatte, stieß ihn weg und sagte: *Wer hat dich zum Anführer und Schiedsrichter über uns bestellt? ²⁸ Willst du mich etwa umbringen, wie du gestern den Ägypter umgebracht hast?* ²⁹ Daraufhin floh Mose und hielt sich als Fremder in Midian auf; dort wurden ihm zwei Söhne geboren. ³⁰ Als vierzig Jahre vergangen waren, erschien ihm in der Wüste beim Berg Sinai ein Engel im Feuer eines brennenden Dornbusches. ³¹ Als Mose die Erscheinung sah, wunderte er sich darüber. Er ging näher hin, um sie genauer zu betrachten. Da ertönte die Stimme des Herrn: ³² *Ich bin der Gott deiner Väter, der Gott Abrahams, Isaaks und Jakobs.* Mose begann zu zittern und wagte nicht hinzusehen. ³³ Da sagte der Herr zu ihm: *Zieh deine Schuhe aus! Denn der Ort, wo du stehst, ist heiliger Boden. ³⁴ Ich habe das Elend meines Volkes in Ägypten gesehen und seine Klage gehört. Ich bin herabgestiegen, um sie zu retten. Und jetzt geh, ich sende dich nach Ägypten.* ³⁵ Diesen Mose, den sie verleugnet hatten mit den Worten: *Wer hat dich zum Anführer und Schiedsrichter bestellt?*, ihn hat Gott als Anführer und Befreier gesandt durch die Hand des Engels, der ihm im Dornbusch erschien. ³⁶ Dieser Mose hat sie herausgeführt, indem er Zeichen und Wunder tat in Ägypten und im Roten Meer und in der Wüste, vierzig Jahre lang. ³⁷ Dies ist der Mose, der zu den Söhnen Israels gesagt hat: *Einen Propheten wie mich wird Gott euch aus euren Brüdern erwecken.* ³⁸ Dieser stand bei der Versammlung des Volkes in der Wüste zwischen dem Engel, der mit ihm auf dem Berg Sinai redete, und unseren Vätern. Er hat Worte des Lebens empfangen, um sie uns zu geben. ³⁹ Aber unsere Väter wollten sich ihm nicht unterordnen; sie wiesen ihn ab und wandten ihr Herz nach Ägypten zurück. ⁴⁰ Sie sagten zu Aaron: *Mach uns Götter, die vor uns herziehen! Denn dieser Mose, der uns aus Ägypten herausgeführt hat – wir wissen nicht, was mit ihm geschehen ist.* ⁴¹ Und sie fertigten in jenen Tagen das Standbild eines Kalbes an, brachten dem Götzen ein Opfer dar und freuten sich über das Werk ihrer Hände. ⁴² Da wandte sich Gott ab und überließ sie dem Sternkult, wie es im Buch der Propheten heißt: *Habt ihr mir etwa Schlachttiere und Opfer dargebracht während der vierzig Jahre in der Wüste, ihr vom Haus Israel? ⁴³ Das Zelt des Molochs und den Stern des Gottes Raifan habt ihr herumgetragen, die Bilder, die ihr gemacht habt, um sie anzubeten. Darum will ich euch in die Gebiete jenseits von Babylon verbannen.*
⁴⁴ Unsere Väter hatten in der Wüste das Bundeszelt. So hat Gott es angeordnet; er hat dem Mose befohlen, es nach dem Vorbild zu errichten, das er geschaut hatte. ⁴⁵ Und unsere Väter haben es übernommen und mitgebracht, als sie unter Josua das Land der Heidenvölker besetzten, die Gott vor den Augen unserer Väter vertrieb, bis zu den Tagen Davids. ⁴⁶ Dieser fand Gnade vor Gott und bat für das Haus Jakob um ein Zeltheiligtum. ⁴⁷ Salomo aber baute ihm ein Haus. ⁴⁸ Doch der Höchste wohnt nicht in dem, was von Menschenhand gemacht ist, wie der Prophet sagt: ⁴⁹ *Der Himmel ist mein Thron und die Erde der Schemel für meine Füße. Was für ein Haus könnt ihr mir bauen?, spricht der Herr. Oder welcher Ort kann mir als Ruhestätte dienen?* ⁵⁰ *Hat nicht meine Hand dies alles gemacht?*

⁵¹ Ihr Halsstarrigen, unbeschnitten an Herzen und Ohren! Immerzu widersetzt ihr euch dem Heiligen Geist, eure Väter schon und nun auch ihr. ⁵² Welchen der Propheten haben eure Väter nicht verfolgt? Sie haben die getötet, die die Ankunft des Gerechten geweissagt haben, dessen Verräter und Mörder ihr jetzt geworden seid, ⁵³ ihr, die ihr durch die Anordnung von Engeln das Gesetz empfangen, es aber nicht gehalten habt.

Die Steinigung des Stephanus

⁵⁴ Als sie das hörten, waren sie in ihren Herzen aufs Äußerste über ihn empört und knirschten mit den Zähnen gegen ihn. ⁵⁵ Er aber, erfüllt vom Heiligen Geist, blickte zum Himmel empor, sah die Herrlichkeit Gottes und Jesus zur Rechten Gottes stehen ⁵⁶ und rief: Siehe, ich sehe den Himmel offen und den Menschensohn zur Rechten Gottes stehen. ⁵⁷ Da erhoben sie ein lautes Geschrei, hielten sich die Ohren zu, stürmten einmütig auf ihn los, ⁵⁸ trieben ihn zur Stadt hinaus und steinigten ihn. Die Zeugen legten ihre Kleider zu Füßen eines jungen Mannes nieder, der Saulus hieß. ⁵⁹ So steinigten sie Stephanus; er aber betete und rief: Herr Jesus, nimm meinen Geist auf! ⁶⁰ Dann sank er in die Knie und schrie laut: Herr, rechne ihnen diese Sünde nicht an! Nach diesen Worten starb er.

8,1–4

¹ Saulus aber war mit seiner Ermordung einverstanden.

Verfolgung und Zerstreuung der Urgemeinde

An jenem Tag brach eine schwere Verfolgung über die Kirche in Jerusalem herein. Alle wurden in die Gegenden von Judäa und Samarien zerstreut, mit Ausnahme der Apostel. ² Fromme Männer bestatteten Stephanus und hielten eine große Totenklage für ihn. ³ Saulus aber versuchte, die Kirche zu vernichten; er drang in die Häuser ein, schleppte Männer und Frauen fort und lieferte sie ins Gefängnis ein. ⁴ Die Gläubigen, die zerstreut worden waren, zogen umher und verkündeten das Wort.

DIE KIRCHE IN JUDÄA UND SAMARIEN

8,5–12,24

Philippus als Missionar in Samaria

⁵ Philippus aber kam in die Hauptstadt Samariens hinab und verkündete dort Christus. ⁶ Und die Menge achtete einmütig auf die Worte des Philippus; sie hörten zu und sahen die Zeichen, die er tat. ⁷ Denn aus vielen Besessenen fuhren unter lautem Geschrei die unreinen Geister aus; auch viele Lahme und Verkrüppelte wurden geheilt. ⁸ So herrschte große Freude in jener Stadt.
⁹ Ein Mann namens Simon hatte schon länger in der Stadt Zauberei getrieben und das Volk von Samarien in Staunen versetzt; er gab sich als etwas Großes aus. ¹⁰ Alle achteten auf ihn, Klein und Groß, und sie sagten: Dieser ist die Kraft Gottes, die man die Große nennt. ¹¹ Sie achteten aber deshalb auf ihn, weil er sie lange Zeit durch Zaubereien in Staunen versetzt hatte. ¹² Als sie jedoch dem Philippus Glauben schenkten, der das Evangelium vom Reich Gottes und vom Namen Jesu Christi verkündete, ließen sie sich taufen, Männer und Frauen. ¹³ Auch Simon wurde gläubig, ließ sich taufen und schloss sich dem Philippus an; und als er die großen Zeichen und Machttaten sah, geriet er außer sich vor Staunen.

Petrus und Johannes in Samaria

¹⁴ Als die Apostel in Jerusalem hörten, dass Samarien das Wort Gottes angenommen hatte, schickten sie Petrus und Johannes dorthin. ¹⁵ Diese zogen hinab und beteten für sie, dass sie den Heiligen Geist empfingen. ¹⁶ Denn er war noch auf keinen von ihnen herabgekommen; sie waren nur getauft auf den Namen Jesu, des Herrn. ¹⁷ Dann legten sie ihnen die Hände auf und sie empfingen den Heiligen Geist.
¹⁸ Als Simon sah, dass durch die Handauflegung der Apostel der Geist verliehen wird, brachte er ihnen Geld ¹⁹ und sagte: Gebt auch mir diese Vollmacht, damit jeder, dem ich die Hände auflege, den Heiligen Geist empfängt! ²⁰ Petrus aber sagte zu ihm: Dein Silber fahre mit dir ins Verderben, wenn du meinst, die Gabe Gottes lasse sich für Geld kaufen. ²¹ Du hast weder einen Anteil daran noch ein Recht darauf, denn dein Herz ist nicht aufrichtig vor Gott. ²² Wende dich von deiner Bosheit ab und bitte den Herrn, dass dir das Ansinnen deines Herzens vergeben werde! ²³ Denn ich sehe dich voll bitterer Galle und in Unrecht verstrickt. ²⁴ Da antwortete Simon: Betet ihr für mich zum Herrn, damit mich nichts von dem trifft, was ihr gesagt habt! ²⁵ Nachdem sie so das Wort des Herrn bezeugt und verkündet hatten, machten sie sich auf den Weg zurück nach Jerusalem und verkündeten in vielen Dörfern der Samariter das Evangelium.

Die Taufe des Äthiopiers

²⁶ Ein Engel des Herrn sagte zu Philippus: Steh auf und geh nach Süden auf der Straße, die von Jerusalem nach Gaza hinabführt! Sie führt durch eine einsame Gegend. ²⁷ Und er stand auf und ging. Und siehe, da war ein Äthiopier, ein Kämmerer, Hofbeamter der Kandake, der Königin der Äthiopier, der über ihrer ganzen Schatzkammer stand. Dieser war gekommen, um in Jerusalem anzubeten, ²⁸ und fuhr jetzt heimwärts. Er saß auf seinem Wagen und las den Propheten Jesaja. ²⁹ Und der Geist sagte zu Philippus: Geh und folge diesem Wagen! ³⁰ Philippus lief hin und hörte ihn den Propheten Jesaja lesen. Da sagte er: Verstehst du auch, was du liest? ³¹ Jener antwortete: Wie könnte ich es, wenn mich niemand anleitet? Und er bat den Philippus, einzusteigen und neben ihm Platz zu nehmen. ³² Der Abschnitt der Schrift, den er las, lautete:
Wie ein Schaf wurde er zum Schlachten geführt; / und wie ein Lamm, das verstummt, / wenn man es schert, / so tat er seinen Mund nicht auf.
³³ *In der Erniedrigung wurde seine Verurteilung aufgehoben. / Seine Nachkommen, wer wird von ihnen berichten? / Denn sein Leben wurde von der Erde fortgenommen.*
³⁴ Der Kämmerer wandte sich an Philippus und sagte: Ich bitte dich, von wem sagt der Prophet das? Von sich selbst oder von einem anderen? ³⁵ Da tat Philippus seinen Mund auf und, ausgehend von diesem Schriftwort, verkündete er ihm das Evangelium von Jesus. ³⁶ Als sie nun weiterzogen, kamen sie zu einer Wasserstelle. Da sagte der Kämmerer: Siehe, hier ist Wasser. Was steht meiner Taufe noch im Weg? [37]³⁸ Er ließ den Wagen halten und beide, Philippus und der Kämmerer, stiegen in das Wasser hinab und er taufte ihn. ³⁹ Als sie aber aus dem Wasser stiegen, entrückte der Geist des Herrn den Philippus. Der Kämmerer sah ihn nicht mehr und er zog voll Freude auf seinem Weg weiter. ⁴⁰ Den Philippus aber sah man in Aschdod wieder. Und er wanderte durch alle Städte und verkündete das Evangelium, bis er nach Cäsarea kam.

9,1–43

Die Bekehrung des Saulus

¹Saulus wütete noch immer mit Drohung und Mord gegen die Jünger des Herrn. Er ging zum Hohepriester ²und erbat sich von ihm Briefe an die Synagogen in Damaskus, um die Anhänger des Weges Jesu, Männer und Frauen, die er dort finde, zu fesseln und nach Jerusalem zu bringen. ³Unterwegs aber, als er sich bereits Damaskus näherte, geschah es, dass ihn plötzlich ein Licht vom Himmel umstrahlte. ⁴Er stürzte zu Boden und hörte, wie eine Stimme zu ihm sagte: Saul, Saul, warum verfolgst du mich? ⁵Er antwortete: Wer bist du, Herr? Dieser sagte: Ich bin Jesus, den du verfolgst. ⁶Steh auf und geh in die Stadt; dort wird dir gesagt werden, was du tun sollst! ⁷Die Männer aber, die mit ihm unterwegs waren, standen sprachlos da; sie hörten zwar die Stimme, sahen aber niemanden. ⁸Saulus erhob sich vom Boden. Obwohl seine Augen offen waren, sah er nichts. Sie nahmen ihn bei der Hand und führten ihn nach Damaskus hinein. ⁹Und er war drei Tage blind und er aß nicht und trank nicht.

¹⁰In Damaskus lebte ein Jünger namens Hananias. Zu ihm sagte der Herr in einer Vision: Hananias! Er antwortete: Siehe, hier bin ich, Herr. ¹¹Der Herr sagte zu ihm: Steh auf und geh zu der Straße, die man Die Gerade nennt, und frag im Haus des Judas nach einem Mann namens Saulus aus Tarsus! Denn siehe, er betet ¹²und hat in einer Vision gesehen, wie ein Mann namens Hananias hereinkommt und ihm die Hände auflegt, damit er wieder sieht. ¹³Hananias antwortete: Herr, ich habe von vielen gehört, wie viel Böses dieser Mann deinen Heiligen in Jerusalem angetan hat. ¹⁴Auch hier hat er Vollmacht von den Hohepriestern, alle zu fesseln, die deinen Namen anrufen. ¹⁵Der Herr aber sprach zu ihm: Geh nur! Denn dieser Mann ist mir ein auserwähltes Werkzeug: Er soll meinen Namen vor Völker und Könige und die Söhne Israels tragen. ¹⁶Denn ich werde ihm zeigen, wie viel er für meinen Namen leiden muss. ¹⁷Da ging Hananias hin und trat in das Haus ein; er legte ihm die Hände auf und sagte: Bruder Saul, der Herr hat mich gesandt, Jesus, der dir auf dem Weg, den du gekommen bist, erschienen ist; du sollst wieder sehen und mit dem Heiligen Geist erfüllt werden. ¹⁸Sofort fiel es wie Schuppen von seinen Augen und er sah wieder; er stand auf und ließ sich taufen. ¹⁹Und nachdem er etwas gegessen hatte, kam er wieder zu Kräften.

Einige Tage blieb er bei den Jüngern in Damaskus; ²⁰und sogleich verkündete er Jesus in den Synagogen: Dieser ist der Sohn Gottes. ²¹Alle, die es hörten, waren fassungslos und sagten: Ist das nicht der Mann, der in Jerusalem alle vernichten wollte, die diesen Namen anrufen? Und ist er nicht auch hierhergekommen, um sie gefesselt vor die Hohepriester zu führen? ²²Saulus aber trat umso kraftvoller auf und brachte die Juden in Damaskus in Verwirrung, weil er ihnen darlegte, dass Jesus der Christus ist.

Die Flucht des Saulus aus Damaskus

²³So verging einige Zeit; da beschlossen die Juden, ihn zu töten. ²⁴Doch ihr Plan wurde dem Saulus bekannt. Sie bewachten sogar Tag und Nacht die Stadttore, um ihn zu beseitigen. ²⁵Aber seine Jünger nahmen ihn und ließen ihn bei Nacht in einem Korb die Stadtmauer hinab.

²⁶Als er nach Jerusalem kam, versuchte er, sich den Jüngern anzuschließen. Aber alle fürchteten sich vor ihm, weil sie nicht glaubten, dass er ein Jünger war. ²⁷Barnabas jedoch nahm sich seiner an und brachte ihn zu den Aposteln. Er berichtete ihnen, wie Saulus auf dem Weg den Herrn gesehen habe und dass dieser zu ihm gesprochen habe und wie er in Damaskus freimütig im Namen Jesu aufgetreten sei. ²⁸So ging er bei ihnen in Jerusalem ein und aus, trat freimütig im Namen des Herrn auf ²⁹und führte auch Streitgespräche mit den Hellenisten. Diese aber planten, ihn zu töten. ³⁰Als die Brüder das erkannten, brachten sie ihn nach Cäsarea hinab und schickten ihn von dort nach Tarsus.

³¹Die Kirche in ganz Judäa, Galiläa und Samarien hatte nun Frieden; sie wurde gefestigt und lebte in der Furcht des Herrn. Und sie wuchs durch die Hilfe des Heiligen Geistes.

Petrus in Lydda und Joppe

³²Es geschah: Auf einer Reise zu den einzelnen Gemeinden kam Petrus auch zu den Heiligen in Lydda. ³³Dort fand er einen Mann namens Äneas, der seit acht Jahren lahm und bettlägerig war. ³⁴Petrus sagte zu ihm: Äneas, Jesus Christus heilt dich. Steh auf und richte dir dein Bett! Sogleich stand er auf. ³⁵Und alle Bewohner von Lydda und der Scharon-Ebene sahen ihn und bekehrten sich zum Herrn.

³⁶In Joppe lebte eine Jüngerin namens Tabita, das heißt übersetzt: Dorkas – Gazelle –. Sie tat viele gute Taten und gab reichlich Almosen. ³⁷Es geschah aber: In jenen Tagen wurde sie krank und starb. Man wusch sie und bahrte sie im Obergemach auf. ³⁸Weil aber Lydda nahe bei Joppe liegt und die Jünger hörten, dass Petrus dort war, schickten sie zwei Männer zu ihm und ließen ihn bitten: Komm zu uns, zögere nicht! ³⁹Da stand Petrus auf und ging mit ihnen. Als er ankam, führten sie ihn in das Obergemach hinauf; alle Witwen traten zu ihm, sie weinten und zeigten ihm die Röcke und Mäntel, die Dorkas gemacht hatte, als sie noch bei ihnen war. ⁴⁰Petrus aber schickte alle hinaus, kniete nieder und betete. Dann wandte er sich zu dem Leichnam und sagte: Tabita, steh auf! Da öffnete sie ihre Augen, sah Petrus an und setzte sich auf. ⁴¹Er gab ihr die Hand und ließ sie aufstehen; dann rief er die Heiligen und die Witwen und zeigte ihnen, dass sie wieder lebte. ⁴²Das wurde in ganz Joppe bekannt und viele kamen zum Glauben an den Herrn. ⁴³Es geschah aber, dass Petrus längere Zeit in Joppe bei einem gewissen Simon, einem Gerber, blieb.

10,1–48

Die Vision des Hauptmanns Kornelius in Cäsarea

¹ In Cäsarea lebte ein Mann namens Kornelius, Hauptmann in der sogenannten Italischen Kohorte; ² er lebte mit seinem ganzen Haus fromm und gottesfürchtig, gab dem Volk reichlich Almosen und betete beständig zu Gott. ³ Er sah um die neunte Tagesstunde in einer Vision deutlich, wie ein Engel Gottes bei ihm eintrat und zu ihm sagte: Kornelius! ⁴ Kornelius blickte ihn an und fragte erschrocken: Was ist, Herr? Er sagte zu ihm: Deine Gebete und Almosen sind zu Gott gelangt und er hat ihrer gedacht. ⁵ Schick jetzt einige Männer nach Joppe und lass einen gewissen Simon herbeiholen, der den Beinamen Petrus hat. ⁶ Er ist zu Gast bei einem Gerber namens Simon, der ein Haus am Meer hat. ⁷ Als der Engel, der mit ihm sprach, weggegangen war, rief Kornelius zwei seiner Hausklaven und einen frommen Soldaten von denen, die ihm treu ergeben waren. ⁸ Er erzählte ihnen alles und schickte sie nach Joppe.

Die Vision des Petrus in Joppe

⁹ Am folgenden Tag, als jene unterwegs waren und sich der Stadt näherten, stieg Petrus auf das Dach, um zu beten; es war um die sechste Stunde. ¹⁰ Da wurde er hungrig und wollte essen. Während man etwas zubereitete, kam eine Verzückung über ihn. ¹¹ Er sah den Himmel offen und eine Art Gefäß herabkommen, das aussah wie ein großes Leinentuch, das, an den vier Ecken gehalten, auf die Erde heruntergelassen wurde. ¹² Darin waren alle möglichen Vierfüßler, Kriechtiere der Erde und Vögel des Himmels. ¹³ Und eine Stimme rief ihm zu: Steh auf, Petrus, schlachte und iss! ¹⁴ Petrus aber antwortete: Niemals, Herr! Noch nie habe ich etwas Unheiliges und Unreines gegessen. ¹⁵ Da erging die Stimme ein zweites Mal an ihn: Was Gott für rein erklärt hat, nenne du nicht unrein! ¹⁶ Das geschah dreimal und sogleich wurde das Gefäß in den Himmel hinaufgenommen.

¹⁷ Petrus war noch ratlos und überlegte, was die Vision, die er gehabt hatte, wohl bedeutete; siehe, da standen die von Kornelius gesandten Männer, die sich zum Haus des Simon durchgefragt hatten, am Tor. ¹⁸ Sie riefen und fragten, ob Simon mit dem Beinamen Petrus hier zu Gast sei. ¹⁹ Während Petrus noch über die Vision nachdachte, sagte der Geist zu ihm: Siehe, da sind drei Männer und suchen dich. ²⁰ Steh auf, geh hinunter und zieh ohne Bedenken mit ihnen; denn ich habe sie geschickt. ²¹ Petrus stieg zu den Männern hinab und sagte: Siehe, ich bin der, den ihr sucht. Aus welchem Grund seid ihr hier? ²² Sie antworteten: Der Hauptmann Kornelius, ein gerechter und gottesfürchtiger Mann, der beim ganzen Volk der Juden in gutem Ruf steht, hat von einem heiligen Engel die Weisung erhalten, dich in sein Haus holen zu lassen und zu hören, was du ihm zu sagen hast. ²³ Da ließ er sie eintreten und nahm sie gastlich auf.

Die Taufe des heidnischen Hauptmanns Kornelius

Tags darauf machte er sich mit ihnen auf den Weg und einige Brüder aus Joppe begleiteten ihn. ²⁴ Am folgenden Tag kamen sie nach Cäsarea. Kornelius erwartete sie schon und hatte seine Verwandten und seine nächsten Freunde zusammengerufen. ²⁵ Als nun Petrus ankam, ging ihm Kornelius entgegen und warf sich ihm ehrfürchtig zu Füßen. ²⁶ Petrus aber richtete ihn auf und sagte: Steh auf! Auch ich bin nur ein Mensch. ²⁷ Während er sich mit ihm unterhielt, ging er hinein und fand dort viele Menschen versammelt. ²⁸ Da sagte er zu ihnen: Ihr wisst, dass es einem Juden nicht erlaubt ist, mit einem Nichtjuden zu verkehren oder sein Haus zu betreten; mir aber hat Gott gezeigt, dass man keinen Menschen unheilig oder unrein nennen darf. ²⁹ Darum bin ich auch ohne Widerspruch gekommen, als nach mir geschickt wurde. Nun frage ich: Warum habt ihr mich holen lassen?

³⁰ Da sagte Kornelius: Vor vier Tagen um diese Zeit war ich zum Gebet der neunten Stunde in meinem Haus; siehe, da stand ein Mann in einem leuchtenden Gewand vor mir ³¹ und sagte: Kornelius, dein Gebet wurde erhört und deiner Almosen wurde vor Gott gedacht. ³² Schick jemanden nach Joppe und lass Simon, der den Beinamen Petrus hat, holen; er ist Gast im Haus des Gerbers Simon am Meer. ³³ Sofort habe ich nach dir geschickt und es ist gut, dass du gekommen bist. Jetzt sind wir alle hier vor Gott zugegen, um all das anzuhören, was dir vom Herrn aufgetragen worden ist.

³⁴ Da begann Petrus zu reden und sagte: Wahrhaftig, jetzt begreife ich, dass Gott nicht auf die Person sieht, ³⁵ sondern dass ihm in jedem Volk willkommen ist, wer ihn fürchtet und tut, was recht ist. ³⁶ Er hat das Wort den Israeliten gesandt, indem er den Frieden verkündete durch Jesus Christus: Dieser ist der Herr aller.

³⁷ Ihr wisst, was im ganzen Land der Juden geschehen ist, angefangen in Galiläa, nach der Taufe, die Johannes verkündet hat: ³⁸ wie Gott Jesus von Nazaret gesalbt hat mit dem Heiligen Geist und mit Kraft, wie dieser umherzog, Gutes tat und alle heilte, die in der Gewalt des Teufels waren; denn Gott war mit ihm. ³⁹ Und wir sind Zeugen für alles, was er im Land der Juden und in Jerusalem getan hat. Ihn haben sie an den Pfahl gehängt und getötet. ⁴⁰ Gott aber hat ihn am dritten Tag auferweckt und hat ihn erscheinen lassen, ⁴¹ zwar nicht dem ganzen Volk, wohl aber den von Gott vorherbestimmten Zeugen: uns, die wir mit ihm nach seiner Auferstehung von den Toten gegessen und getrunken haben. ⁴² Und er hat uns geboten, dem Volk zu verkünden und zu bezeugen: Dieser ist der von Gott eingesetzte Richter der Lebenden und der Toten. ⁴³ Von ihm bezeugen alle Propheten, dass jeder, der an ihn glaubt, durch seinen Namen die Vergebung der Sünden empfängt.

⁴⁴ Noch während Petrus dies sagte, kam der Heilige Geist auf alle herab, die das Wort hörten. ⁴⁵ Die gläubig gewordenen Juden, die mit Petrus gekommen waren, konnten es nicht fassen, dass auch auf die Heiden die Gabe des Heiligen Geistes ausgegossen wurde. ⁴⁶ Denn sie hörten sie in Zungen reden und Gott preisen. Petrus aber sagte: ⁴⁷ Kann jemand denen das Wasser zur Taufe verweigern, die ebenso wie wir den Heiligen Geist empfangen haben? ⁴⁸ Und er ordnete an, sie im Namen Jesu Christi zu taufen. Danach baten sie ihn, einige Tage zu bleiben.

11
11,1–30

Die Rechenschaft des Petrus vor der Gemeinde in Jerusalem

¹ Die Apostel und die Brüder in Judäa hörten, dass auch die Heiden das Wort Gottes angenommen hatten. ² Als nun Petrus nach Jerusalem hinaufkam, hielten ihm die gläubig gewordenen Juden vor: ³ Du bist bei Unbeschnittenen eingekehrt und hast mit ihnen gegessen. ⁴ Da begann Petrus, ihnen der Reihe nach zu berichten: ⁵ Ich war in der Stadt Joppe und betete; da hatte ich in einer Verzückung eine Vision: Eine Art Gefäß, das aussah wie ein großes Leinentuch, das, an den vier Ecken gehalten, auf die Erde heruntergelassen wurde, senkte sich aus dem Himmel und es kam bis zu mir herab. ⁶ Als ich genauer hinschaute, sah und betrachtete ich darin die Vierfüßler der Erde, die wilden Tiere, die Kriechtiere und die Vögel des Himmels. ⁷ Ich hörte auch eine Stimme, die zu mir sagte: Steh auf, Petrus, schlachte und iss! ⁸ Ich antwortete: Niemals, Herr! Noch nie ist etwas Unheiliges oder Unreines in meinen Mund gekommen. ⁹ Doch zum zweiten Mal kam eine Stimme vom Himmel; sie sagte: Was Gott für rein erklärt hat, nenne du nicht unrein! ¹⁰ Das geschah dreimal, dann wurde alles wieder in den Himmel hinaufgezogen. ¹¹ Und siehe, gleich darauf standen drei Männer vor dem Haus, in dem wir wohnten; sie waren aus Cäsarea zu mir geschickt worden. ¹² Der Geist aber sagte mir, ich solle ohne Bedenken mit ihnen gehen. Auch diese sechs Brüder zogen mit mir und wir kamen in das Haus jenes Mannes. ¹³ Er erzählte uns, wie er in seinem Haus den Engel stehen sah, der zu ihm sagte: Schick jemanden nach Joppe und lass Simon, der Petrus genannt wird, holen! ¹⁴ Er wird dir Worte sagen, durch die du mit deinem ganzen Haus gerettet werden wirst. ¹⁵ Als ich zu reden begann, kam der Heilige Geist auf sie herab, wie am Anfang auf uns. ¹⁶ Da erinnerte ich mich an das Wort des Herrn: Johannes hat mit Wasser getauft, ihr aber werdet mit dem Heiligen Geist getauft werden. ¹⁷ Wenn nun Gott ihnen die gleiche Gabe verliehen hat wie uns, als wir zum Glauben an Jesus Christus, den Herrn, gekommen sind: Wer bin ich, dass ich Gott hindern könnte? ¹⁸ Als sie das hörten, beruhigten sie sich, priesen Gott und sagten: Gott hat also auch den Heiden die Umkehr zum Leben geschenkt.

Die Entstehung einer christlichen Gemeinde in Antiochia

¹⁹ Bei der Verfolgung, die wegen Stephanus entstanden war, kamen die Versprengten bis nach Phönizien, Zypern und Antiochia; doch verkündeten sie das Wort nur den Juden. ²⁰ Einige aber von ihnen, die aus Zypern und Kyrene stammten, verkündeten, als sie nach Antiochia kamen, auch den Griechen das Evangelium von Jesus, dem Herrn. ²¹ Die Hand des Herrn war mit ihnen und viele wurden gläubig und bekehrten sich zum Herrn. ²² Die Nachricht davon kam der Gemeinde von Jerusalem zu Ohren und sie schickten Barnabas nach Antiochia. ²³ Als er ankam und die Gnade Gottes sah, freute er sich und ermahnte alle, dem Herrn treu zu bleiben, wie sie es sich im Herzen vorgenommen hatten. ²⁴ Denn er war ein trefflicher Mann, erfüllt vom Heiligen Geist und von Glauben. So wurde für den Herrn viel Volk hinzugewonnen. ²⁵ Barnabas aber zog nach Tarsus, um Saulus aufzusuchen. ²⁶ Er fand ihn und nahm ihn nach Antiochia mit. Dort wirkten sie miteinander ein volles Jahr in der Gemeinde und lehrten eine große Zahl von Menschen. In Antiochia nannte man die Jünger zum ersten Mal Christen.

Die Spende der Gemeinde von Antiochia für die Christen in Judäa

²⁷ In jenen Tagen kamen von Jerusalem Propheten nach Antiochia hinab. ²⁸ Einer von ihnen namens Agabus trat auf und weissagte durch den Geist, eine große Hungersnot werde über die ganze Erde kommen. Sie brach dann unter Claudius aus. ²⁹ Sie beschlossen, jeder von den Jüngern solle nach seinem Vermögen den Brüdern, die in Judäa wohnen, etwas zur Unterstützung senden. ³⁰ Das taten sie auch und schickten ihre Gaben durch Barnabas und Saulus an die Ältesten.

12
12,1–24

Die Hinrichtung des Jakobus und die Verhaftung des Petrus

¹ Um jene Zeit ließ der König Herodes einige aus der Gemeinde verhaften und misshandeln. ² Jakobus, den Bruder des Johannes, ließ er mit dem Schwert hinrichten. ³ Als er sah, dass es den Juden gefiel, ließ er auch Petrus festnehmen. Das geschah in den Tagen der Ungesäuerten Brote. ⁴ Er nahm ihn also fest und warf ihn ins Gefängnis. Die Bewachung übertrug er vier Abteilungen von je vier Soldaten. Er beabsichtigte, ihn nach dem Paschafest dem Volk vorführen zu lassen. ⁵ Petrus wurde also im Gefängnis bewacht. Die Gemeinde aber betete inständig für ihn zu Gott.

Die wunderbare Befreiung des Petrus

⁶ In der Nacht, ehe Herodes ihn vorführen lassen wollte, schlief Petrus, mit zwei Ketten gefesselt, zwischen zwei Soldaten; vor der Tür aber bewachten Posten den Kerker. ⁷ Und siehe, ein Engel des Herrn trat hinzu und ein Licht strahlte in dem Raum. Er stieß Petrus in die Seite, weckte ihn und sagte: Schnell, steh auf! Da fielen die Ketten von seinen Händen. ⁸ Der Engel aber sagte zu ihm: Gürte dich und zieh deine Sandalen an! Er tat es. Und der Engel sagte zu ihm: Wirf deinen Mantel um und folge mir! ⁹ Und Petrus ging hinaus und folgte ihm, ohne zu wissen, dass es Wirklichkeit war, was durch den Engel geschah; es kam ihm vor, als habe er eine Vision. ¹⁰ Sie gingen an der ersten und an der zweiten Wache vorbei und kamen an das eiserne Tor, das in die Stadt führt; es öffnete sich ihnen von selbst. Sie traten hinaus

und gingen eine Gasse weit; und sogleich verließ ihn der Engel. ¹¹ Da kam Petrus zu sich und sagte: Nun weiß ich wahrhaftig, dass der Herr seinen Engel gesandt und mich der Hand des Herodes entrissen hat und alldem, was das Volk der Juden erwartet hat. ¹² Als er sich darüber klar geworden war, ging er zum Haus der Maria, der Mutter des Johannes, mit dem Beinamen Markus, wo nicht wenige versammelt waren und beteten. ¹³ Als er am Außentor klopfte, kam eine Magd namens Rhode, um zu hören, wer es sei. ¹⁴ Sie erkannte die Stimme des Petrus, doch vor Freude machte sie das Tor nicht auf, sondern lief hinein und berichtete: Petrus steht vor dem Tor. ¹⁵ Da sagten sie zu ihr: Du bist nicht bei Sinnen. Doch sie bestand darauf, es sei so. Da sagten sie: Es ist sein Engel. ¹⁶ Petrus aber klopfte noch immer. Als sie öffneten und ihn sahen, waren sie fassungslos. ¹⁷ Er gab ihnen mit der Hand ein Zeichen zu schweigen und erzählte ihnen, wie der Herr ihn aus dem Gefängnis herausgeführt hatte. Er sagte: Berichtet das dem Jakobus und den Brüdern! Dann verließ er sie und ging an einen anderen Ort.

¹⁸ Als es Tag wurde, herrschte bei den Soldaten keine geringe Aufregung darüber, was wohl mit Petrus geschehen sei. ¹⁹ Herodes aber ließ ihn suchen, und da man ihn nicht fand, verhörte er die Wachen und befahl, sie abzuführen.

Der Tod des Herodes Agrippa

Dann zog Herodes von Judäa nach Cäsarea hinab und blieb dort. ²⁰ Er war über die Bewohner von Tyrus und Sidon sehr aufgebracht. Sie kamen gemeinsam zu ihm, gewannen Blastus, den Kämmerer des Königs, für sich und baten um Frieden, weil sie ihre Nahrung aus dem Land des Königs bezogen. ²¹ Am festgesetzten Tag nahm Herodes im Königsgewand auf der Tribüne Platz und hielt vor ihnen eine feierliche Ansprache. ²² Das Volk aber schrie: Die Stimme eines Gottes, nicht eines Menschen! ²³ Im selben Augenblick schlug ihn ein Engel des Herrn, weil er nicht Gott die Ehre gegeben hatte. Und von Würmern zerfressen, starb er. ²⁴ Das Wort Gottes aber wuchs und breitete sich aus.

DIE KIRCHE UNTER DEN VÖLKERN

12,25–28,31

Die Aussendung des Barnabas und des Saulus

²⁵ Nachdem Barnabas und Saulus in Jerusalem den Dienst erfüllt hatten, kehrten sie zurück; Johannes, mit dem Beinamen Markus, nahmen sie mit.

13
13,1–52

¹ In der Gemeinde von Antiochia gab es Propheten und Lehrer: Barnabas und Simeon, genannt Niger, Lucius von Kyrene, Manaën, ein Jugendgefährte des Tetrarchen Herodes, und Saulus. ² Als sie zu Ehren des Herrn Gottesdienst feierten und fasteten, sprach der Heilige Geist: Wählt mir Barnabas und Saulus zu dem Werk aus, zu dem ich sie berufen habe! ³ Da fasteten und beteten sie, legten ihnen die Hände auf und ließen sie ziehen.

Die erste Missionsreise: von Antiochia über Zypern bis Perge

⁴ Vom Heiligen Geist ausgesandt, zogen sie nach Seleukia hinab und segelten von da nach Zypern. ⁵ Als sie in Salamis angekommen waren, verkündeten sie das Wort Gottes in den Synagogen der Juden. Johannes hatten sie als Helfer bei sich. ⁶ Sie durchzogen die ganze Insel bis Paphos. Dort trafen sie einen Mann namens Barjesus, einen Zauberer und falschen Propheten, der Jude war ⁷ und zum Gefolge des Prokonsuls Sergius Paulus, eines verständigen Mannes, gehörte. Dieser ließ Barnabas und Saulus rufen und wünschte, von ihnen das Wort Gottes zu hören. ⁸ Aber Elymas, der Zauberer – so wird nämlich sein Name übersetzt –, trat gegen sie auf und suchte den Prokonsul vom Glauben abzuhalten. ⁹ Aber Saulus, der auch Paulus heißt, blickte ihn, vom Heiligen Geist erfüllt, an ¹⁰ und sagte: Du elender und gerissener Betrüger, du Sohn des Teufels, du Feind aller Gerechtigkeit, willst du nicht endlich aufhören, die geraden Wege des Herrn zu verdrehen? ¹¹ Und siehe, jetzt kommt die Hand des Herrn über dich. Du wirst blind sein und eine Zeit lang die Sonne nicht mehr sehen. Im selben Augenblick fiel Finsternis und Dunkel auf ihn, er tappte umher und suchte jemanden, der ihn an der Hand führte. ¹² Als der Prokonsul sah, was geschehen war, wurde er gläubig, denn er war voll Staunen über die Lehre des Herrn. ¹³ Von Paphos fuhr Paulus mit seinen Begleitern ab und kam nach Perge in Pamphylien. Johannes aber trennte sich von ihnen und kehrte nach Jerusalem zurück.

Das Wirken des Barnabas und des Paulus in Antiochia in Pisidien

¹⁴ Sie selbst wanderten von Perge weiter und kamen nach Antiochia in Pisidien. Dort gingen sie am Sabbat in die Synagoge und setzten sich. ¹⁵ Nach der Lesung aus dem Gesetz und den Propheten schickten die Synagogenvorsteher zu ihnen und ließen ihnen sagen: Brüder, wenn ihr ein Wort des Zuspruchs für das Volk habt, so redet!
¹⁶ Da stand Paulus auf, gab mit der Hand ein Zeichen und sagte: Ihr Israeliten und ihr Gottesfürchtigen, hört! ¹⁷ Der Gott dieses Volkes Israel hat unsere Väter erwählt und das Volk in der Fremde erhöht, im Land Ägypten; er hat sie mit hoch erhobenem Arm von dort herausgeführt ¹⁸ und etwa vierzig Jahre durch die Wüste getragen. ¹⁹ Sieben Völker hat er im Land Kanaan vernichtet und ihr Land ihnen zum Besitz gegeben, ²⁰ für etwa vierhundertfünfzig Jahre. Danach hat er ihnen Richter gegeben bis zum Propheten Samuel. ²¹ Dann verlangten sie einen König und Gott gab ihnen Saul, den Sohn des Kisch, einen Mann aus dem Stamm Benjamin, für vierzig Jahre. ²² Nachdem er ihn verworfen hatte, erhob er David zu ihrem König, von dem er bezeugte: Ich habe David, den Sohn des Isai, als einen Mann nach meinem Herzen gefunden, der alles, was ich will, vollbringen wird. ²³ Aus seinem Geschlecht hat Gott dem Volk Israel, der Verheißung gemäß, Jesus als Retter geschickt. ²⁴ Vor dessen Auftreten hat Johannes dem ganzen Volk Israel eine Taufe der Umkehr verkündet. ²⁵ Als Johannes aber seinen Lauf vollendet hatte, sagte er: Ich bin nicht der, für den ihr mich haltet; aber siehe, nach mir kommt einer, dem die Sandalen von den Füßen zu lösen ich nicht wert bin.
²⁶ Brüder, ihr Söhne aus Abrahams Geschlecht und ihr Gottesfürchtigen! Uns wurde das Wort dieses Heils gesandt. ²⁷ Denn die Einwohner von Jerusalem und ihre Führer haben Jesus nicht erkannt, aber sie haben die Worte der Propheten, die an jedem Sabbat vorgelesen werden, erfüllt und haben ihn verurteilt. ²⁸ Obwohl sie nichts fanden, wofür er den Tod verdient hätte, forderten sie von Pilatus seine Hinrichtung. ²⁹ Als sie alles vollbracht hatten, was in der Schrift über ihn gesagt ist, nahmen sie ihn vom Kreuzesholz und legten ihn ins Grab. ³⁰ Gott aber hat ihn von den Toten auferweckt ³¹ und er ist viele Tage hindurch denen erschienen, die mit ihm zusammen von Galiläa nach Jerusalem hinaufgezogen waren und die jetzt vor dem Volk seine Zeugen sind. ³² So verkünden wir euch das Evangelium: Gott hat die Verheißung, die an die Väter ergangen ist, ³³ an uns, ihren Kindern, erfüllt, indem er Jesus auferweckt hat, wie es im zweiten Psalm heißt: *Mein Sohn bist du, heute habe ich dich gezeugt.* ³⁴ Dass er ihn aber von den Toten auferweckt hat, um ihn nicht mehr zur Verwesung zurückkehren zu lassen, hat er so ausgedrückt: Ich will *euch die Heilsgaben gewähren, die ich David fest zugesagt habe.* ³⁵ Darum sagt er auch an einer anderen Stelle: *Du lässt deinen Heiligen nicht die Verwesung schauen.* ³⁶ David aber ist, nachdem er seinen Zeitgenossen gedient hatte, nach Gottes Willen entschlafen und mit seinen Vätern vereint worden. Er hat die Verwesung gesehen; ³⁷ der aber, den Gott auferweckte, hat die Verwesung nicht gesehen. ³⁸ Ihr sollt also wissen, meine Brüder: Durch diesen wird euch die Vergebung der Sünden verkündet *und* in allem, worin euch das Gesetz des Mose nicht gerecht machen konnte, ³⁹ wird jeder, der glaubt, durch ihn gerecht gemacht. ⁴⁰ Gebt also Acht, dass nicht eintrifft, was bei den Propheten gesagt ist: ⁴¹ *Schaut hin, ihr Verächter, staunt und vergeht! Denn ich vollbringe in euren Tagen eine Tat – würde man euch von dieser Tat erzählen, ihr glaubtet es nicht.*

⁴² Als sie hinausgingen, bat man sie, am nächsten Sabbat über diese Worte zu ihnen zu sprechen. ⁴³ Und als die Versammlung sich aufgelöst hatte, schlossen sich viele Juden und fromme Proselyten Paulus und Barnabas an. Diese redeten ihnen zu und ermahnten sie, der Gnade Gottes treu zu bleiben.
⁴⁴ Am folgenden Sabbat versammelte sich fast die ganze Stadt, um das Wort des Herrn zu hören. ⁴⁵ Als die Juden die Scharen sahen, wurden sie eifersüchtig, widersprachen den Worten des Paulus und stießen Lästerungen aus.
⁴⁶ Paulus und Barnabas aber erklärten freimütig: Euch musste das Wort Gottes zuerst verkündet werden. Da ihr es aber zurückstoßt und euch selbst des ewigen Lebens für unwürdig erachtet, siehe, so wenden wir uns jetzt an die Heiden. ⁴⁷ Denn so hat uns der Herr aufgetragen:
*Ich habe dich zum Licht für die Völker gemacht,
bis an das Ende der Erde sollst du das Heil sein.*
⁴⁸ Als die Heiden das hörten, freuten sie sich und priesen das Wort des Herrn; und alle wurden gläubig, die für das ewige Leben bestimmt waren. ⁴⁹ Das Wort des Herrn aber verbreitete sich in der ganzen Gegend. ⁵⁰ Die Juden jedoch hetzten die vornehmen gottesfürchtigen Frauen und die Ersten der Stadt auf, veranlassten eine Verfolgung gegen Paulus und Barnabas und vertrieben sie aus ihrem Gebiet. ⁵¹ Diese aber schüttelten gegen sie den Staub von ihren Füßen und zogen nach Ikonion. ⁵² Und die Jünger wurden mit Freude und Heiligem Geist erfüllt.

14, 1–28

Die erste Missionsreise: in Ikonion und Lystra

¹ Es geschah: In Ikonion gingen sie ebenfalls in die Synagoge der Juden und redeten in dieser Weise und eine große Zahl von Juden und Griechen wurde gläubig. ² Die Juden aber, die sich widersetzten, erregten und erbitterten die Gemüter der Heiden gegen die Brüder. ³ Längere Zeit nun blieben sie dort und predigten freimütig im Vertrauen auf den Herrn; er legte Zeugnis ab für das Wort seiner Gnade, indem er durch die Hände der Apostel Zeichen und Wunder geschehen ließ. ⁴ Doch das Volk in der Stadt spaltete sich; die einen hielten zu den Juden, die andern zu den Aposteln. ⁵ Als die Apostel merkten, dass die Heiden und die Juden zusammen mit ihren Führern entschlossen waren, sie zu misshandeln und zu steinigen, ⁶ flohen sie in die Städte von Lykaonien, Lystra und Derbe und in deren Umgebung. ⁷ Auch dort verkündeten sie das Evangelium.

⁸ In Lystra saß ein Mann, der keine Kraft in den Füßen hatte, von Geburt an lahm, der noch nie hatte gehen können. ⁹ Er hörte, wie Paulus redete. Dieser blickte ihm fest ins Auge; und da er sah, dass der Mann den Glauben hatte, geheilt zu werden, ¹⁰ sprach er mit lauter Stimme: Steh auf! Stell dich aufrecht auf deine Füße! Da sprang der Mann auf und ging umher. ¹¹ Als die Menge sah, was Paulus getan hatte, fing sie an zu schreien und rief auf Lykaonisch: Die Götter sind in Menschengestalt zu uns herabgestiegen. ¹² Und sie nannten den Barnabas Zeus, den Paulus aber Hermes, weil er der Wortführer war. ¹³ Der Priester des vor der Stadt gelegenen Tempels des Zeus brachte Stiere und Kränze an die Tore und wollte zusammen mit der Volksmenge ein Opfer darbringen. ¹⁴ Als die Apostel Barnabas und Paulus dies hörten, zerrissen sie ihre Kleider, eilten hinaus unter das Volk und riefen: ¹⁵ Männer, was tut ihr? Auch wir sind nur schwache Menschen wie ihr! Wir bringen euch das Evangelium, damit ihr euch von diesen Nichtsen zu dem lebendigen Gott bekehrt, *der den Himmel, die Erde und das Meer geschaffen hat und alles, was dazugehört.* ¹⁶ Er ließ in den vergangenen Zeiten alle Heidenvölker ihre Wege gehen. ¹⁷ Und doch hat er sich nicht unbezeugt gelassen: Er tat Gutes, gab euch vom Himmel her Regen und fruchtbare Zeiten; mit Nahrung und mit Freude erfüllte er euer Herz. ¹⁸ Mit diesen Worten konnten sie die Volksmenge mit Mühe davon abbringen, ihnen zu opfern.

¹⁹ Von Antiochia und Ikonion aber kamen Juden und überredeten die Volksmenge. Und sie steinigten den Paulus und schleiften ihn zur Stadt hinaus, in der Meinung, er sei tot. ²⁰ Als aber die Jünger ihn umringten, stand er auf und ging in die Stadt.

Die erste Missionsreise: in Derbe und Antiochia und die Rückkehr nach Syrien

Am anderen Tag zog er mit Barnabas nach Derbe weiter. ²¹ Als sie dieser Stadt das Evangelium verkündet und viele Jünger gewonnen hatten, kehrten sie nach Lystra, Ikonion und Antiochia zurück. ²² Sie stärkten die Seelen der Jünger und ermahnten sie, treu am Glauben festzuhalten; sie sagten: Durch viele Drangsale müssen wir in das Reich Gottes gelangen. ²³ Sie setzten für sie in jeder Gemeinde Älteste ein und empfahlen sie unter Gebet und Fasten dem Herrn, an den sie nun glaubten. ²⁴ Nachdem sie durch Pisidien gezogen waren, kamen sie nach Pamphylien, ²⁵ verkündeten in Perge das Wort und gingen dann nach Attalia hinab. ²⁶ Von dort segelten sie nach Antiochia, wo man sie für das Werk, das sie nun vollbracht hatten, der Gnade Gottes übereignet hatte. ²⁷ Als sie dort angekommen waren, riefen sie die Gemeinde zusammen und berichteten alles, was Gott mit ihnen zusammen getan und dass er den Heiden die Tür zum Glauben geöffnet hatte. ²⁸ Und sie blieben noch längere Zeit bei den Jüngern.

15, 1–41

Die Streitfrage zwischen Juden und Heiden

¹ Es kamen einige Leute von Judäa herab und lehrten die Brüder: Wenn ihr euch nicht nach dem Brauch des Mose beschneiden lasst, könnt ihr nicht gerettet werden. ² Da nun nicht geringer Zwist und Streit zwischen ihnen und Paulus und Barnabas entstand, beschloss man, Paulus und Barnabas und einige andere von ihnen sollten wegen dieser Streitfrage zu den Aposteln und den Ältesten nach Jerusalem hinaufgehen. ³ Die Gemeinde gab ihnen das Weggeleit. Dann zogen sie durch Phönizien und Samarien; dabei berichteten sie den Brüdern von der Bekehrung der Heiden und bereiteten damit allen Brüdern große Freude. ⁴ Bei ihrer Ankunft in Jerusalem wurden sie von der Gemeinde und von den Aposteln und den Ältesten empfangen. Sie erzählten alles, was Gott mit ihnen zusammen getan hatte. ⁵ Da erhoben sich einige aus der Partei der Pharisäer, die gläubig geworden waren, und sagten: Man muss sie beschneiden und von ihnen fordern, am Gesetz des Mose festzuhalten.

Die Versammlung der Apostel und der Ältesten mit der Gemeinde

⁶ Die Apostel und die Ältesten traten zusammen, um die Frage zu prüfen. ⁷ Als ein heftiger Streit entstand, erhob sich Petrus und sagte zu ihnen: Brüder, wie ihr wisst, hat Gott schon längst hier bei euch die Entscheidung getroffen, dass die Heiden durch meinen Mund das Wort des Evangeliums hören und zum Glauben gelangen sollen. ⁸ Und Gott, der die Herzen kennt, hat dies bestätigt, indem er ihnen ebenso wie uns den Heiligen Geist gab. ⁹ Er machte keinerlei Unterschied zwischen uns und ihnen; denn er hat ihre Herzen durch den

Glauben gereinigt. ¹⁰ Warum stellt ihr also jetzt Gott auf die Probe und legt den Jüngern ein Joch auf den Nacken, das weder unsere Väter noch wir tragen konnten? ¹¹ Wir glauben im Gegenteil, durch die Gnade Jesu, des Herrn, gerettet zu werden, auf die gleiche Weise wie jene. ¹² Da schwieg die ganze Versammlung. Und sie hörten Barnabas und Paulus zu, wie sie erzählten, welch große Zeichen und Wunder Gott durch sie unter den Heiden getan hatte.

¹³ Als sie geendet hatten, nahm Jakobus das Wort und sagte: Brüder, hört mich an! ¹⁴ Simon hat berichtet, dass Gott selbst zuerst darauf geschaut hat, aus den Heiden ein Volk für seinen Namen zu gewinnen. ¹⁵ Damit stimmen die Worte der Propheten überein, die geschrieben haben:

¹⁶ *Danach werde ich mich umwenden / und die zerfallene Hütte Davids wieder aufrichten; / ich werde sie aus ihren Trümmern wieder aufrichten / und werde sie wiederherstellen,*

¹⁷ *damit die übrigen Menschen den Herrn suchen, / auch alle Völker, / über denen mein Name ausgerufen ist – / spricht der Herr, der das ausführt,*

¹⁸ *was ihm seit Ewigkeit bekannt ist.*

¹⁹ Darum halte ich es für richtig, den Heiden, die sich zu Gott bekehren, keine Lasten aufzubürden; ²⁰ man weise sie nur an, Verunreinigung durch Götzenopferfleisch und Unzucht zu meiden und weder Ersticktes noch Blut zu essen. ²¹ Denn Mose hat seit alten Zeiten in jeder Stadt seine Verkünder, da er in den Synagogen an jedem Sabbat verlesen wird.

Die Beschlüsse der Versammlung

²² Da beschlossen die Apostel und die Ältesten zusammen mit der ganzen Gemeinde, Männer aus ihrer Mitte auszuwählen und sie zusammen mit Paulus und Barnabas nach Antiochia zu senden, nämlich Judas, genannt Barsabbas, und Silas, führende Männer unter den Brüdern. ²³ Sie gaben ihnen folgendes Schreiben mit: Die Apostel und die Ältesten, eure Brüder, grüßen die Brüder aus dem Heidentum in Antiochia, in Syrien und Kilikien. ²⁴ Wir haben gehört, dass einige von uns, denen wir keinen Auftrag erteilt haben, euch mit ihren Reden beunruhigt und eure Gemüter erregt haben. ²⁵ Deshalb haben wir einmütig beschlossen, Männer auszuwählen und zusammen mit unseren geliebten Brüdern Barnabas und Paulus zu euch zu schicken, ²⁶ die beide für den Namen Jesu Christi, unseres Herrn, ihr Leben eingesetzt haben. ²⁷ Wir haben Judas und Silas abgesandt, die euch das Gleiche auch mündlich mitteilen sollen. ²⁸ Denn der Heilige Geist und wir haben beschlossen, euch keine weitere Last aufzuerlegen als diese notwendigen Dinge: ²⁹ Götzenopferfleisch, Blut, Ersticktes und Unzucht zu meiden. Wenn ihr euch davor hütet, handelt ihr richtig. Lebt wohl!

Die Mitteilung der Beschlüsse an die Gemeinde von Antiochia

³⁰ Man verabschiedete die Abgesandten und sie zogen hinab nach Antiochia, riefen die Gemeinde zusammen und übergaben ihr den Brief. ³¹ Sie lasen ihn und freuten sich über den Zuspruch. ³² Judas und Silas, selbst Propheten, sprachen den Brüdern mit vielen Worten Mut zu und stärkten sie. ³³ Nach einiger Zeit wurden sie von den Brüdern in Frieden wieder zu denen entlassen, die sie abgesandt hatten. [³⁴]³⁵ Paulus aber und Barnabas blieben in Antiochia und lehrten und verkündeten mit vielen anderen das Wort des Herrn.

Die Trennung von Paulus und Barnabas und Beginn der zweiten Missionsreise

³⁶ Nach einiger Zeit sagte Paulus zu Barnabas: Wir wollen wieder aufbrechen und sehen, wie es den Brüdern in all den Städten geht, in denen wir das Wort des Herrn verkündet haben. ³⁷ Barnabas wollte auch den Johannes, genannt Markus, mitnehmen; ³⁸ doch Paulus bestand darauf, ihn nicht mitzunehmen, weil er sie in Pamphylien im Stich gelassen hatte, nicht mit ihnen gezogen war und an ihrer Arbeit nicht mehr teilgenommen hatte. ³⁹ Es kam zu einer heftigen Auseinandersetzung, sodass sie sich voneinander trennten; Barnabas nahm Markus mit und segelte nach Zypern. ⁴⁰ Paulus aber wählte sich Silas und reiste ab, nachdem die Brüder ihn der Gnade des Herrn empfohlen hatten. ⁴¹ Er zog durch Syrien und Kilikien und stärkte die Gemeinden.

16, 1–40

Paulus in Lykaonien während der zweiten Missionsreise

¹ Er kam auch nach Derbe und nach Lystra. Und siehe, dort lebte ein Jünger namens Timotheus, der Sohn einer gläubig gewordenen Jüdin und eines Griechen. ² Er war Paulus von den Brüdern in Lystra und Ikonion empfohlen worden. ³ Paulus wollte ihn als Begleiter mitnehmen und ließ ihn mit Rücksicht auf die Juden, die in jenen Gegenden wohnten, beschneiden; denn alle wussten, dass sein Vater ein Grieche war. ⁴ Als sie nun durch die Städte zogen, überbrachten sie ihnen die von den Aposteln und den Ältesten in Jerusalem gefassten Beschlüsse und trugen ihnen auf, sich daran zu halten. ⁵ So wurden die Gemeinden im Glauben gestärkt und wuchsen von Tag zu Tag.

Durch Kleinasien bis Troas während der zweiten Missionsreise

⁶ Weil ihnen aber vom Heiligen Geist verwehrt wurde, das Wort in der Provinz Asien zu verkünden, reisten sie durch Phrygien und das galatische Land. ⁷ Sie zogen an Mysien entlang und versuchten, Bithynien zu erreichen; doch auch das erlaubte ihnen der Geist Jesu nicht. ⁸ So durchwanderten sie Mysien und kamen nach Troas hinab. ⁹ Dort hatte Paulus in der Nacht eine Vision. Ein Mazedonier stand da und bat ihn: Komm herüber nach Mazedonien und hilf uns! ¹⁰ Auf diese Vision hin wollten wir sofort nach Mazedonien abfahren; denn wir kamen zu dem Schluss, dass uns Gott dazu berufen hatte, dort das Evangelium zu verkünden.

Das Wirken des Paulus in Philippi

¹¹ So brachen wir von Troas auf und fuhren auf dem kürzesten Weg nach Samothrake und am folgenden Tag nach Neapolis. ¹² Von dort gingen wir nach Philippi, eine führende Stadt des

Bezirks von Mazedonien, eine Kolonie. In dieser Stadt hielten wir uns einige Tage auf. ¹³ Am Sabbat gingen wir durch das Stadttor hinaus an den Fluss, wo wir eine Gebetsstätte vermuteten. Wir setzten uns und sprachen zu den Frauen, die sich eingefunden hatten. ¹⁴ Eine Frau namens Lydia, eine Purpurhändlerin aus der Stadt Thyatira, hörte zu; sie war eine Gottesfürchtige und der Herr öffnete ihr das Herz, sodass sie den Worten des Paulus aufmerksam lauschte. ¹⁵ Als sie und alle, die zu ihrem Haus gehörten, getauft waren, bat sie: Wenn ihr wirklich meint, dass ich zum Glauben an den Herrn gefunden habe, kommt in mein Haus und bleibt da. Und sie drängte uns. ¹⁶ Als wir einmal auf dem Weg zur Gebetsstätte waren, begegnete uns eine Magd, die einen Wahrsagegeist hatte und mit der Wahrsagerei ihren Herren großen Gewinn einbrachte. ¹⁷ Sie lief Paulus und uns nach und schrie: Diese Menschen sind Knechte des höchsten Gottes; sie verkünden euch den Weg des Heils. ¹⁸ Das tat sie viele Tage lang. Da wurde Paulus ärgerlich, wandte sich um und sagte zu dem Geist: Ich befehle dir im Namen Jesu Christi: Fahre aus dieser Frau aus! Und im gleichen Augenblick fuhr er aus.

¹⁹ Als aber ihre Herren sahen, dass sie keinen Gewinn mehr erhoffen konnten, ergriffen sie Paulus und Silas, schleppten sie auf den Markt vor die Stadtbehörden, ²⁰ führten sie den obersten Beamten vor und sagten: Diese Männer bringen Unruhe in unsere Stadt. Es sind Juden; ²¹ sie verkünden Sitten und Bräuche, die wir als Römer weder annehmen können noch ausüben dürfen. ²² Da erhob sich das Volk gegen sie und die obersten Beamten ließen ihnen die Kleider vom Leib reißen und befahlen, sie mit Ruten zu schlagen. ²³ Sie ließen ihnen viele Schläge geben und sie ins Gefängnis werfen; dem Gefängniswärter gaben sie Befehl, sie in sicherem Gewahrsam zu halten. ²⁴ Auf diesen Befehl hin warf er sie in das innere Gefängnis und schloss ihre Füße in den Block. ²⁵ Um Mitternacht beteten Paulus und Silas und sangen Loblieder; und die Gefangenen hörten ihnen zu. ²⁶ Plötzlich begann ein gewaltiges Erdbeben, sodass die Grundmauern des Gefängnisses wankten. Mit einem Schlag sprangen die Türen auf und allen fielen die Fesseln ab. ²⁷ Als der Gefängniswärter aufwachte und die Türen des Gefängnisses offen sah, zog er sein Schwert, um sich zu töten; denn er meinte, die Gefangenen seien entflohen. ²⁸ Da rief Paulus laut: Tu dir nichts an! Wir sind alle noch da. ²⁹ Jener rief nach Licht, stürzte hinein und fiel Paulus und Silas zitternd zu Füßen. ³⁰ Er führte sie hinaus und sagte: Ihr Herren, was muss ich tun, um gerettet zu werden? ³¹ Sie antworteten: Glaube an Jesus, den Herrn, und du wirst gerettet werden, du und dein Haus. ³² Und sie verkündeten ihm und allen in seinem Haus das Wort des Herrn. ³³ Er nahm sie in jener Nachtstunde bei sich auf, wusch ihre Striemen und ließ sich sogleich mit allen seinen Angehörigen taufen. ³⁴ Dann führte er sie in sein Haus hinauf, ließ ihnen den Tisch decken und war mit seinem ganzen Haus voll Freude, weil er zum Glauben an Gott gekommen war.

³⁵ Als es Tag wurde, schickten die obersten Beamten die Amtsdiener und ließen sagen: Lass jene Männer frei! ³⁶ Der Gefängniswärter überbrachte Paulus die Nachricht: Die obersten Beamten haben hergeschickt und befohlen, euch freizulassen. Geht also, zieht in Frieden! ³⁷ Paulus aber sagte zu ihnen: Sie haben uns ohne Urteil öffentlich auspeitschen lassen, obgleich wir römische Bürger sind, und haben uns ins Gefängnis geworfen. Und jetzt möchten sie uns heimlich fortschicken? Nein! Sie sollen selbst kommen und uns hinausführen. ³⁸ Die Amtsdiener meldeten es den obersten Beamten. Diese erschraken, als sie hörten, es seien römische Bürger. ³⁹ Und sie kamen, um sie zu beschwichtigen, führten sie hinaus und baten sie, die Stadt zu verlassen. ⁴⁰ Vom Gefängnis aus gingen sie zu Lydia. Dort sahen sie die Brüder, sprachen ihnen Mut zu und zogen dann weiter.

17,1–34

Paulus in Thessalonich und Beröa

¹ Auf dem Weg über Amphipolis und Apollonia kamen sie nach Thessalonich. Dort hatten die Juden eine Synagoge. ² Nach seiner Gewohnheit ging Paulus zu ihnen und redete an drei Sabbaten zu ihnen, wobei er von den Schriften ausging. ³ Er legte sie ihnen aus und erklärte, dass der Christus leiden und von den Toten auferstehen musste. Und er sagte: Jesus, den ich euch verkünde, ist dieser Christus. ⁴ Einige von ihnen ließen sich überzeugen und schlossen sich Paulus und Silas an, außerdem eine große Schar gottesfürchtiger Griechen, darunter nicht wenige Frauen aus vornehmen Kreisen.

⁵ Die Juden wurden eifersüchtig, holten sich einige nichtsnutzige Männer, die sich auf dem Markt herumtrieben, wiegelten mit ihrer Hilfe das Volk auf und brachten die Stadt in Aufruhr. Sie zogen zum Haus des Jason und wollten die beiden vor das Volk führen. ⁶ Sie fanden sie aber nicht. Daher schleppten sie den Jason und einige Brüder vor die Stadtpräfekten und schrien: Diese Leute, die schon die ganze Welt in Aufruhr gebracht haben, sind jetzt auch hier ⁷ und Jason hat sie aufgenommen. Sie alle verstoßen gegen die Gesetze des Kaisers; denn sie behaupten, ein anderer sei König, nämlich Jesus. ⁸ So brachten sie die Menge und die Stadtpräfekten, die das hörten, in Erregung. ⁹ Diese nahmen von Jason und den anderen eine Bürgschaft und ließen sie frei.

¹⁰ Die Brüder schickten noch in der Nacht Paulus und Silas weiter nach Beröa. Nach ihrer Ankunft gingen sie in die Synagoge der Juden. ¹¹ Diese waren vornehmer gesinnt als die in Thessalonich; mit großer Bereitschaft nahmen sie das Wort auf und forschten Tag für Tag in den Schriften nach, ob sich dies wirklich so verhielte. ¹² Viele von ihnen wurden gläubig und ebenso nicht wenige der vornehmen griechischen Frauen und Männer. ¹³ Als aber die Juden von Thessalonich erfuhren, dass Paulus auch in Beröa das Wort Gottes verkündete, kamen sie dorthin, um das Volk aufzuwiegeln und aufzuhetzen. ¹⁴ Da schickten die Brüder Paulus sogleich weg zum Meer hinunter. Silas und Timotheus aber blieben zurück. ¹⁵ Die Begleiter des Paulus brachten ihn nach Athen. Mit dem Auftrag an Silas und Timotheus, Paulus möglichst rasch nachzukommen, kehrten sie zurück.

Paulus in Athen

¹⁶ Während Paulus in Athen auf sie wartete, wurde sein Geist von heftigem Zorn erfasst; denn er sah die Stadt voll von Götzenbildern. ¹⁷ Er redete in der Synagoge mit den Juden und Gottesfürchtigen und auf dem Markt sprach er täglich mit denen, die er gerade antraf. ¹⁸ Einige von den epikureischen und stoischen Philosophen diskutierten mit ihm und manche sagten: Was will denn dieser Schwätzer? Andere aber: Er scheint ein Verkünder fremder Gottheiten zu sein. Denn er verkündete das Evangelium von Jesus und von der Auferstehung. ¹⁹ Sie nahmen ihn mit, führten ihn zum Areopag und fragten: Können wir erfahren, was das für eine neue Lehre ist, die du vorträgst? ²⁰ Du bringst uns recht befremdliche Dinge zu Gehör. Wir wüssten gern, worum es sich handelt. ²¹ Alle Athener und die Fremden dort taten nichts lieber, als die letzten Neuigkeiten zu erzählen oder zu hören.

²² Da stellte sich Paulus in die Mitte des Areopags und sagte: Männer von Athen, nach allem, was ich sehe, seid ihr sehr fromm. ²³ Denn als ich umherging und mir eure Heiligtümer ansah, fand ich auch einen Altar mit der Aufschrift: Einem unbekannten Gott. Was ihr verehrt, ohne es zu kennen, das verkünde ich euch. ²⁴ Der Gott, der die Welt erschaffen hat und alles in ihr, er, der Herr über Himmel und Erde, wohnt nicht in Tempeln, die von Menschenhand gemacht sind. ²⁵ Er lässt sich auch nicht von Menschenhänden dienen, als ob er etwas brauche, er, der allen das Leben, den Atem und alles gibt. ²⁶ Er hat aus einem einzigen Menschen das ganze Menschengeschlecht erschaffen, damit es die ganze Erde bewohne. Er hat für sie bestimmte Zeiten und die Grenzen ihrer Wohnsitze festgesetzt. ²⁷ Sie sollten Gott suchen, ob sie ihn ertasten und finden könnten; denn keinem von uns ist er fern. ²⁸ Denn in ihm leben wir, bewegen wir uns und sind wir; wie auch einige von euren Dichtern gesagt haben: Wir sind von seinem Geschlecht. ²⁹ Da wir also von Gottes Geschlecht sind, dürfen wir nicht meinen, das Göttliche sei wie ein goldenes oder silbernes oder steinernes Gebilde menschlicher Kunst und Erfindung. ³⁰ Gott, der über die Zeiten der Unwissenheit hinweggesehen hat, gebietet jetzt den Menschen, dass überall alle umkehren sollen. ³¹ Denn er hat einen Tag festgesetzt, an dem er den Erdkreis in Gerechtigkeit richten wird, durch einen Mann, den er dazu bestimmt und vor allen Menschen dadurch ausgewiesen hat, dass er ihn von den Toten auferweckte.

³² Als sie von der Auferstehung der Toten hörten, spotteten die einen, andere aber sagten: Darüber wollen wir dich ein andermal hören. ³³ So ging Paulus aus ihrer Mitte weg. ³⁴ Einige Männer aber schlossen sich ihm an und wurden gläubig, unter ihnen auch Dionysius, der Areopagit, außerdem eine Frau namens Damaris und noch andere mit ihnen.

Paulus in Korinth

¹ Hierauf verließ Paulus Athen und ging nach Korinth. ² Dort traf er einen aus Pontus stammenden Juden namens Aquila, der vor Kurzem aus Italien gekommen war, und dessen Frau Priscilla. Claudius hatte nämlich angeordnet, dass alle Juden Rom verlassen müssten. Diesen beiden schloss er sich an, ³ und da sie das gleiche Handwerk betrieben, blieb er bei ihnen und arbeitete dort. Sie waren Zeltmacher von Beruf. ⁴ An jedem Sabbat redete er in der Synagoge und suchte Juden und Griechen zu überzeugen. ⁵ Als aber Silas und Timotheus aus Mazedonien eingetroffen waren, widmete sich Paulus ganz dem Wort und bezeugte den Juden, dass Jesus der Christus sei. ⁶ Als sie sich dagegen auflehnten und Lästerungen ausstießen, schüttelte er seine Kleider aus und sagte zu ihnen: Euer Blut komme über euer Haupt! Ich bin daran unschuldig. Von jetzt an werde ich zu den Heiden gehen.

⁷ Und er ging von da in das Haus eines gewissen Titius Justus hinüber, eines Gottesfürchtigen, dessen Haus an die Synagoge grenzte. ⁸ Krispus aber, der Synagogenvorsteher, kam mit seinem ganzen Haus zum Glauben an den Herrn; und viele Korinther, die davon hörten, wurden gläubig und ließen sich taufen. ⁹ Der Herr aber sagte nachts in einer Vision zu Paulus: Fürchte dich nicht! Rede nur, schweige nicht! ¹⁰ Denn ich bin mit dir, niemand wird dir etwas antun. Viel Volk nämlich gehört mir in dieser Stadt. ¹¹ So blieb Paulus ein Jahr und sechs Monate und lehrte bei ihnen das Wort Gottes.

¹² Als aber Gallio Prokonsul von Achaia war, traten die Juden einmütig gegen Paulus auf, brachten ihn vor den Richterstuhl ¹³ und sagten: Dieser verführt die Menschen zu einer Gottesverehrung, die gegen das Gesetz verstößt. ¹⁴ Als Paulus etwas erwidern wollte, sagte Gallio zu den Juden: Läge hier ein Vergehen oder Verbrechen vor, ihr Juden, so würde ich eure Klage ordnungsgemäß behandeln. ¹⁵ Streitet ihr jedoch über Lehre und Namen und euer Gesetz, dann seht selber zu! Darüber will ich nicht Richter sein. ¹⁶ Und er wies sie vom Richterstuhl weg. ¹⁷ Da ergriffen alle den Synagogenvorsteher Sosthenes und verprügelten ihn vor dem Richterstuhl. Gallio aber kümmerte sich nicht darum.

Die Rückkehr des Paulus über Ephesus nach Antiochia – Ende der zweiten Missionsreise

¹⁸ Paulus blieb noch längere Zeit. Dann verabschiedete er sich von den Brüdern und segelte zusammen mit Priscilla und Aquila nach Syrien ab. In Kenchreä hatte er sich aufgrund eines Gelübdes den Kopf kahl scheren lassen. ¹⁹ Sie gelangten nach Ephesus. Dort trennte er sich von den beiden; er selbst ging in die Synagoge und redete zu den Juden. ²⁰ Sie baten ihn, noch länger zu bleiben; aber er wollte nicht, ²¹ sondern verabschiedete sich und sagte: Ich werde wieder zu euch kommen, wenn Gott es will. So fuhr er von Ephesus ab, ²² landete in Cäsarea, zog nach Jerusalem hinauf, begrüßte dort die Gemeinde und ging dann nach Antiochia hinab.

Beginn der dritten Missionsreise

²³ Nachdem er dort einige Zeit geblieben war, zog er weiter, durchwanderte zuerst das galatische Land, dann Phrygien und stärkte alle Jünger.

Die Missionsarbeit des Apollos in Ephesus

²⁴ Ein Jude namens Apollos kam nach Ephesus. Er stammte aus Alexandria, war redekundig und in der Schrift bewandert. ²⁵ Er war unterwiesen im Weg des Herrn. Er sprach mit glühendem Geist und trug die Lehre von Jesus genau vor; doch kannte er nur die Taufe des Johannes. ²⁶ Er begann, mit Freimut in der Synagoge zu sprechen. Priscilla und Aquila hörten ihn, nahmen ihn zu sich und legten ihm den Weg Gottes noch genauer dar. ²⁷ Als er nach Achaia gehen wollte, schrieben die Brüder den Jüngern und ermunterten sie, ihn aufzunehmen. Nach seiner Ankunft wurde er den Gläubigen durch die Gnade eine große Hilfe. ²⁸ Denn mit Nachdruck widerlegte er die Juden, indem er öffentlich aus der Schrift nachwies, dass Jesus der Christus sei.

Die Begegnung des Paulus mit Johannesjüngern

¹ Während Apollos sich in Korinth aufhielt, durchwanderte Paulus das Hochland und kam nach Ephesus hinab. Er stieß dort auf einige Jünger ² und fragte sie: Habt ihr den Heiligen Geist empfangen, als ihr gläubig wurdet? Sie antworteten ihm: Wir haben noch nicht einmal gehört, dass es einen Heiligen Geist gibt. ³ Da fragte er: Auf welche Taufe seid ihr denn getauft worden? Sie antworteten: Auf die Taufe des Johannes. ⁴ Paulus sagte: Johannes hat mit der Taufe der Umkehr getauft und das Volk gelehrt, sie sollten an den glauben, der nach ihm komme: an Jesus. ⁵ Als sie das hörten, ließen sie sich auf den Namen Jesu, des Herrn, taufen. ⁶ Paulus legte ihnen die Hände auf und der Heilige Geist kam auf sie herab; sie redeten in Zungen und weissagten. ⁷ Es waren im Ganzen ungefähr zwölf Männer.

Das Wirken des Paulus in Ephesus

⁸ Er ging in die Synagoge und lehrte drei Monate lang freimütig und suchte sie vom Reich Gottes zu überzeugen. ⁹ Da aber einige verstockt waren, sich widersetzten und vor allen Leuten den Weg Jesu verspotteten, trennte er sich mit den Jüngern von ihnen und unterwies sie täglich im Lehrsaal des Tyrannus. ¹⁰ Das geschah zwei Jahre lang; auf diese Weise hörten alle Bewohner der Provinz Asien, Juden wie Griechen, das Wort des Herrn.

Die Wundertaten des Paulus in Ephesus

¹¹ Auch ungewöhnliche Machttaten tat Gott durch die Hand des Paulus. ¹² Sogar seine Schweißbinden und Tücher, die er auf der Haut getragen hatte, nahm man weg und legte sie den Kranken auf; da wichen die Krankheiten und die bösen Geister fuhren aus. ¹³ Auch einige der umherziehenden jüdischen Beschwörer versuchten, den Namen Jesu, des Herrn, über den von bösen Geistern Besessenen anzurufen, indem sie sagten: Ich beschwöre euch bei dem Jesus, den Paulus verkündet. ¹⁴ Das taten sieben Söhne eines gewissen Skeuas, eines jüdischen Oberpriesters. ¹⁵ Aber der böse Geist antwortete ihnen: Jesus kenne ich und auch Paulus ist mir bekannt. Doch wer seid ihr? ¹⁶ Und der Mensch, in dem der böse Geist hauste, stürzte sich auf sie, überwältigte sie und setzte ihnen so zu, dass sie nackt und zerschunden aus dem Haus fliehen mussten. ¹⁷ Das wurde allen Juden und Griechen, die in Ephesus wohnten, bekannt; alle wurden von Furcht gepackt und der Name Jesu, des Herrn, wurde hoch gepriesen. ¹⁸ Viele, die gläubig geworden waren, kamen und bekannten offen, was sie früher getan hatten. ¹⁹ Und nicht wenige, die Zauberei getrieben hatten, brachten ihre Zauberbücher herbei und verbrannten sie vor aller Augen. Man berechnete den Wert der Bücher auf fünfzigtausend Silberdrachmen. ²⁰ So wuchs das Wort in der Kraft des Herrn und wurde stark.

Der Aufruhr der Silberschmiede von Ephesus

²¹ Als sich diese Geschehnisse erfüllt hatten, fasste Paulus im Geist den Beschluss, über Mazedonien und Achaia nach Jerusalem zu reisen. Er sagte: Wenn ich dort gewesen bin, muss ich auch Rom sehen. ²² Er sandte zwei seiner Helfer, Timotheus und Erastus, nach Mazedonien voraus und blieb selbst noch eine Zeit lang in der Provinz Asien.

²³ Um jene Zeit aber wurde der Weg Jesu Anlass zu einem schweren Aufruhr. ²⁴ Denn ein Silberschmied namens Demetrius, der silberne Artemistempel herstellte und den Kunsthandwerkern viel zu verdienen gab, ²⁵ rief diese und die anderen damit beschäftigten Arbeiter zusammen und sagte: Männer, ihr wisst, dass wir unseren Wohlstand diesem Gewerbe verdanken. ²⁶ Nun seht und hört ihr, dass dieser Paulus nicht nur in Ephesus, sondern fast in der ganzen Provinz Asien viele Leute überredet und verführt hat mit seiner Behauptung, die mit Händen gemachten Götter sind keine Götter. ²⁷ So kommt nicht nur unser Gewerbe in Verruf, sondern auch dem Heiligtum der großen Göttin Artemis droht Gefahr, nichts mehr zu gelten, ja sie selbst, die von der ganzen Provinz Asien und von der ganzen Welt verehrt wird, wird ihre Hoheit verlieren. ²⁸ Als sie das hörten, wurden sie wütend und schrien: Groß ist die Artemis der Epheser! ²⁹ Die ganze Stadt geriet in Aufruhr; alles stürmte ins Theater und sie schleppten die Mazedonier Gaius und Aristarch, Reisegefährten des Paulus, mit sich.

³⁰ Als aber Paulus in die Volksversammlung gehen wollte, hielten ihn die Jünger zurück. ³¹ Auch einige hohe Beamte der Provinz Asien, die mit ihm befreundet waren, schickten zu ihm und rieten ihm, nicht ins Theater zu gehen.

³² Dort schrien die einen dies, die andern das; denn in der Versammlung herrschte ein großes Durcheinander und die meisten wussten gar nicht, weshalb man überhaupt zusammengekommen war. ³³ Die Juden schickten Alexander nach vorn und aus der Menge gab man ihm noch Hinweise. Alexander gab mit der Hand ein Zeichen und wollte vor der Volksversammlung eine Verteidigungsrede halten. ³⁴ Doch als sie merkten, dass er ein Jude war, schrien sie alle fast zwei Stunden lang wie aus einem

Mund: Groß ist die Artemis der Epheser! ³⁵ Der Stadtschreiber aber brachte die Menge zur Ruhe und sagte: Männer von Ephesus! Wer wüsste nicht, dass die Stadt der Epheser die Tempelhüterin der Großen Artemis und ihres vom Himmel gefallenen Bildes ist? ³⁶ Dies ist unbestreitbar; ihr müsst also Ruhe bewahren und dürft nichts Unüberlegtes tun. ³⁷ Ihr habt diese Männer hergeschleppt, die weder Tempelräuber noch Lästerer unserer Göttin sind. ³⁸ Wenn also Demetrius und seine Zunftgenossen eine Klage gegen irgendjemanden haben, so gibt es dafür Gerichtstage und Prokonsuln; dort mögen sie einander verklagen. ³⁹ Wenn ihr aber noch etwas anderes vorzubringen habt, so kann das in der gesetzmäßigen Volksversammlung geklärt werden. ⁴⁰ Sonst sind wir in Gefahr, dass man uns nach dem heutigen Vorfall des Aufruhrs anklagt, weil kein Grund vorliegt, mit dem wir diesen Volksauflauf rechtfertigen könnten. Nach diesen Worten löste er die Versammlung auf.

20,1–38

¹ Nachdem der Tumult sich gelegt hatte, rief Paulus die Jünger zusammen und sprach ihnen Mut zu. Dann verabschiedete er sich und ging weg, um nach Mazedonien zu reisen.

Paulus in Mazedonien und Griechenland

² Er zog durch die dortigen Gegenden und sprach oft und eindringlich zu den Jüngern. Dann begab er sich nach Griechenland; ³ dort blieb er drei Monate. Als er mit dem Schiff nach Syrien fahren wollte, planten die Juden einen Anschlag auf ihn. So entschloss er sich, den Rückweg über Mazedonien zu nehmen. ⁴ Dabei begleiteten ihn Sopater, der Sohn des Pyrrhus, aus Beröa, Aristarch und Secundus aus Thessalonich, Gaius aus Derbe und Timotheus sowie Tychikus und Trophimus aus der Provinz Asien. ⁵ Diese reisten voraus und warteten auf uns in Troas. ⁶ Nach den Tagen der Ungesäuerten Brote segelten wir von Philippi ab und kamen in fünf Tagen zu ihnen nach Troas, wo wir uns sieben Tage aufhielten.

Der Abschiedsbesuch des Paulus in Troas

⁷ Als wir am ersten Tag der Woche versammelt waren, um das Brot zu brechen, redete Paulus zu ihnen, denn er wollte am folgenden Tag abreisen; und er dehnte seine Rede bis Mitternacht aus. ⁸ In dem Obergemach, in dem wir versammelt waren, brannten viele Lampen. ⁹ Ein junger Mann namens Eutychus saß im offenen Fenster und sank in tiefen Schlaf, als Paulus immer länger sprach; überwältigt vom Schlaf, fiel er aus dem dritten Stock hinunter; als man ihn aufhob, war er tot. ¹⁰ Paulus lief hinab, warf sich über ihn, umfasste ihn und sagte: Beunruhigt euch nicht: Er lebt! ¹¹ Dann stieg er wieder hinauf, brach das Brot und aß und redete mit ihnen bis zum Morgengrauen. So verließ er sie. ¹² Den jungen Mann aber führten sie lebend von dort weg und sie wurden nicht wenig getröstet.

Von Troas nach Milet

¹³ Wir gingen voraus zum Schiff und fuhren nach Assos, wo wir Paulus an Bord nehmen sollten; so hatte er es angeordnet, weil er selbst zu Fuß gehen wollte. ¹⁴ Als er in Assos zu uns stieß, nahmen wir ihn an Bord und erreichten Mitylene. ¹⁵ Von dort segelten wir am nächsten Tag ab und kamen bis auf die Höhe von Chios. Am anderen Tag liefen wir Samos an und landeten am folgenden Tag in Milet. ¹⁶ Paulus hatte sich entschlossen, an Ephesus vorbeizufahren, um in der Provinz Asien keine Zeit zu verlieren. Denn er hatte es eilig, weil er, wenn möglich, am Pfingsttag in Jerusalem sein wollte.

Die Abschiedsrede des Paulus in Milet

¹⁷ Von Milet aus schickte er jemanden nach Ephesus und ließ die Ältesten der Gemeinde zu sich rufen. ¹⁸ Als sie bei ihm eingetroffen waren, sagte er: Ihr wisst, wie ich vom ersten Tag an, seit ich die Provinz Asien betreten habe, die ganze Zeit in eurer Mitte war ¹⁹ und wie ich dem Herrn in aller Demut diente unter Tränen und vielen Prüfungen, die ich durch die Nachstellungen der Juden erlitten habe, ²⁰ wie ich nichts verschwiegen habe von dem, was heilsam ist. Ich habe es euch verkündet und habe euch gelehrt, öffentlich und in den Häusern. ²¹ Ich habe vor Juden und Griechen Zeugnis abgelegt für die Umkehr zu Gott und den Glauben an Jesus, unseren Herrn. ²² Und siehe, nun ziehe ich, gebunden durch den Geist, nach Jerusalem und ich weiß nicht, was dort mit mir geschehen wird. ²³ Jedoch bezeugt mir der Heilige Geist von Stadt zu Stadt, dass Fesseln und Drangsale auf mich warten. ²⁴ Aber ich will mit keinem Wort mein Leben wichtig nehmen, wenn ich nur meinen Lauf vollende und den Dienst erfülle, der mir von Jesus, dem Herrn, übertragen wurde: das Evangelium von der Gnade Gottes zu bezeugen. ²⁵ Und siehe, ich weiß, dass ihr mich nicht mehr von Angesicht sehen werdet, ihr alle, zu denen ich gekommen bin und denen ich das Reich verkündet habe. ²⁶ Darum bezeuge ich euch am heutigen Tag: Ich bin rein vom Blut aller. ²⁷ Denn ich habe mich der Pflicht nicht entzogen, euch den ganzen Ratschluss Gottes zu verkünden. ²⁸ Gebt Acht auf euch und auf die ganze Herde, in der euch der Heilige Geist zu Vorstehern bestellt hat, damit ihr als Hirten für die Kirche des Herrn sorgt, die er sich durch sein eigenes Blut erworben hat! ²⁹ Ich weiß: Nach meinem Weggang werden reißende Wölfe bei euch eindringen und die Herde nicht schonen. ³⁰ Und selbst aus eurer Mitte werden Männer auftreten, die mit ihren falschen Reden die Jünger auf ihre Seite ziehen. ³¹ Seid also wachsam und denkt daran, dass ich drei Jahre lang Tag und Nacht nicht aufgehört habe, unter Tränen jeden Einzelnen zu ermahnen. ³² Und jetzt vertraue ich euch Gott und dem Wort seiner Gnade an, das die Kraft hat, aufzubauen und das Erbe in der Gemeinschaft der Geheiligten zu verleihen. ³³ Silber oder Gold oder Kleider habe ich von keinem verlangt; ³⁴ ihr wisst selbst, dass für meinen Unterhalt und den meiner Begleiter diese Hände hier gearbeitet haben. ³⁵ In allem habe ich euch gezeigt, dass man sich auf diese Weise abmühen und sich der Schwachen annehmen soll, in Erinnerung an die Worte Jesu, des Herrn, der selbst gesagt hat: Geben ist seliger als nehmen.

³⁶ Nach diesen Worten kniete er nieder und betete mit ihnen allen. ³⁷ Und alle brachen in lautes Weinen aus, fielen Paulus um den Hals und küssten ihn; ³⁸ am meisten schmerzte sie sein Wort, sie würden ihn nicht mehr von Angesicht sehen. Dann begleiteten sie ihn zum Schiff.

Von Milet über Cäsarea nach Jerusalem und Ende der dritten Missionsreise

¹Als die Zeit zur Abfahrt gekommen war, trennten wir uns von ihnen, fuhren auf dem kürzesten Weg nach Kos, am anderen Tag nach Rhodos und von dort nach Patara. ²Hier fanden wir ein Schiff, das nach Phönizien fuhr; wir gingen an Bord und fuhren ab. ³Als wir Zypern sichteten, ließen wir es zur Linken liegen, segelten nach Syrien und landeten in Tyrus; hier sollte das Schiff seine Ladung löschen. ⁴Nachdem wir die Jünger ausfindig gemacht hatten, blieben wir sieben Tage bei ihnen. Auf Eingebung des Geistes hin warnten sie Paulus davor, nach Jerusalem zu gehen.

⁵Als die Tage um waren, brachen wir zur Weiterreise auf und sie alle, auch Frauen und Kinder, begleiteten uns bis vor die Stadt. Am Strand knieten wir nieder, beteten ⁶und nahmen Abschied voneinander. Dann gingen wir an Bord; jene aber kehrten nach Hause zurück.

⁷So fuhren wir von Tyrus ab und beendeten unsere Seereise in Ptolemaïs. Wir begrüßten die Brüder und blieben einen Tag bei ihnen. ⁸Am folgenden Tag zogen wir weiter und kamen nach Cäsarea. Wir gingen in das Haus des Evangelisten Philippus, der einer von den Sieben war, und blieben bei ihm. ⁹Er hatte vier Töchter, prophetisch begabte Jungfrauen.

¹⁰Wir blieben mehrere Tage. Da kam von Judäa ein Prophet namens Agabus herab ¹¹und suchte uns auf. Er nahm den Gürtel des Paulus, band sich Füße und Hände und sagte: So spricht der Heilige Geist: Den Mann, dem dieser Gürtel gehört, werden die Juden in Jerusalem ebenso fesseln und den Heiden ausliefern. ¹²Als wir das hörten, redeten wir ihm zusammen mit den Einheimischen zu, nicht nach Jerusalem hinaufzuziehen. ¹³Doch Paulus antwortete: Warum weint ihr und macht mir das Herz schwer? Ich bin nicht nur bereit, mich fesseln zu lassen, sondern auch, in Jerusalem für den Namen Jesu, des Herrn, zu sterben. ¹⁴Da er sich nicht überreden ließ, gaben wir nach und sagten: Der Wille des Herrn geschehe.

¹⁵Nach diesen Tagen bereiteten wir uns zur Reise vor und zogen hinauf nach Jerusalem. ¹⁶Auch einige Jünger aus Cäsarea begleiteten uns und brachten uns zu einem gewissen Mnason aus Zypern, bei dem wir wohnen sollten; er war ein Jünger aus der Anfangszeit. ¹⁷Als wir nach Jerusalem kamen, wurden wir von den Brüdern freudig empfangen.

Paulus bei Jakobus und das Nasiräatsgelübde

¹⁸Am folgenden Tag ging Paulus mit uns zu Jakobus; auch alle Ältesten fanden sich ein. ¹⁹Er begrüßte sie und berichtete im Einzelnen alles, was Gott durch seinen Dienst unter den Heiden getan hatte. ²⁰Als sie das hörten, priesen sie Gott und sagten zu ihm: Du siehst, Bruder, wie viele Tausende unter den Juden gläubig geworden sind, und sie alle sind Eiferer für das Gesetz. ²¹Nun hat man ihnen von dir erzählt: Du lehrst alle unter den Heiden lebenden Juden, von Mose abzufallen, und forderst sie auf, ihre Kinder nicht zu beschneiden und sich nicht an die Bräuche zu halten. ²²Was nun? Sicher werden sie hören, dass du gekommen bist. ²³Tu also, was wir dir sagen: Bei uns sind vier Männer, die ein Gelübde auf sich genommen haben. ²⁴Nimm sie mit und weihe dich zusammen mit ihnen; trag die Kosten für sie, damit sie sich das Haar abscheren lassen können! So wird jeder einsehen, dass an dem, was man von dir erzählt hat, nichts ist, sondern dass auch du das Gesetz genau beachtest. ²⁵Über die gläubig gewordenen Heiden aber haben wir ja einen Beschluss gefasst und ihnen geschrieben, sie sollten sich vor Götzenopferfleisch, Blut, Ersticktem und Unzucht hüten.

²⁶Da nahm Paulus die Männer mit und weihte sich am nächsten Tag zusammen mit ihnen, ging dann in den Tempel und meldete das Ende der Weihetage an, damit für jeden von ihnen das Opfer dargebracht werde.

Die Verhaftung des Paulus

²⁷Als die sieben Tage zu Ende gingen, sahen ihn die Juden aus der Provinz Asien im Tempel. Sie brachten das ganze Volk in Aufruhr, ergriffen ihn ²⁸und schrien: Israeliten! Kommt zu Hilfe! Das ist der Mensch, der in aller Welt Lehren verbreitet, die sich gegen das Volk und das Gesetz und gegen diesen Ort richten; er hat sogar Griechen in den Tempel mitgenommen und diesen heiligen Ort entweiht. ²⁹Sie hatten nämlich kurz zuvor den Ephesier Trophimus mit ihm zusammen in der Stadt gesehen und meinten, Paulus habe ihn in den Tempel mitgenommen. ³⁰Da geriet die ganze Stadt in Aufregung und es gab einen Volksauflauf. Sie ergriffen Paulus und zerrten ihn aus dem Tempel und sofort wurden die Tore geschlossen.

³¹Schon wollten sie ihn umbringen, da brachte man dem Obersten der Kohorte die Meldung hinauf: Ganz Jerusalem ist in Aufruhr! ³²Da nahm er sogleich Soldaten und Hauptleute hinzu und eilte zu ihnen hinunter. Als sie den Obersten und die Soldaten sahen, hörten sie auf, Paulus zu schlagen. ³³Der Oberst trat hinzu, ergriff ihn, ließ ihn mit zwei Ketten fesseln und fragte, wer er sei und was er getan habe. ³⁴In der Menge schrien die einen dies, die andern das. Da er wegen des Getümmels nichts Sicheres ermitteln konnte, befahl er, ihn in die Kaserne zu führen. ³⁵Als Paulus an die Freitreppe kam, mussten ihn die Soldaten wegen des Ansturms der Masse tragen. ³⁶Denn die Volksmenge lief hinterher und schrie: Weg mit ihm!

³⁷Als man Paulus in die Kaserne bringen wollte, sagte er zum Obersten: Darf ich ein Wort mit dir reden? Der antwortete: Du verstehst Griechisch? ³⁸Dann bist du also nicht der Ägypter, der vor einiger Zeit einen Aufruhr angezettelt und die viertausend Sikarier in die Wüste hinausgeführt hat? ³⁹Paulus antwortete: Ich bin ein Jude aus Tarsus in Kilikien, Bürger einer nicht unbedeutenden Stadt. Ich bitte dich, gestatte mir, zum Volk zu sprechen! ⁴⁰Als der Oberst es erlaubte, stellte sich Paulus auf die Freitreppe und gab dem Volk mit der Hand ein Zeichen. Alles wurde still und er redete sie in hebräischer Sprache an:

22, 1–30

¹ Brüder und Väter! Hört jetzt, was ich euch zu meiner Verteidigung zu sagen habe. ² Als sie hörten, dass er in hebräischer Sprache zu ihnen redete, waren sie noch ruhiger.

Die Rede des Paulus im Tempelvorhof

Und er sagte: ³ Ich bin ein Jude, geboren in Tarsus in Kilikien, hier in dieser Stadt erzogen, zu Füßen Gamaliëls genau nach dem Gesetz der Väter ausgebildet, ein Eiferer für Gott, wie ihr alle es heute seid. ⁴ Ich habe diesen Weg bis auf den Tod verfolgt, habe Männer und Frauen gefesselt und in die Gefängnisse eingeliefert. ⁵ Das bezeugen mir der Hohepriester und der ganze Rat der Ältesten. Von ihnen erhielt ich auch Briefe an die Brüder und begab mich nach Damaskus, um auch jene, die dort waren, zu fesseln und zur Bestrafung nach Jerusalem zu bringen. ⁶ Als ich nun unterwegs war und mich Damaskus näherte, da geschah es, dass mich um die Mittagszeit plötzlich vom Himmel her ein helles Licht umstrahlte. ⁷ Ich stürzte zu Boden und hörte eine Stimme zu mir sagen: Saul, Saul, warum verfolgst du mich? ⁸ Ich antwortete: Wer bist du, Herr? Er sagte zu mir: Ich bin Jesus, der Nazoräer, den du verfolgst. ⁹ Meine Begleiter sahen zwar das Licht, die Stimme dessen aber, der zu mir sprach, hörten sie nicht. ¹⁰ Ich sagte: Herr, was soll ich tun? Der Herr antwortete: Steh auf und geh nach Damaskus, dort wird dir alles gesagt werden, was dir zu tun bestimmt ist. ¹¹ Da ich aber vom Glanz jenes Lichtes geblendet war, sodass ich nicht mehr sehen konnte, wurde ich von meinen Begleitern an der Hand geführt und gelangte so nach Damaskus.

¹² Ein gewisser Hananias, ein frommer Mann nach dem Gesetz, der bei allen Juden dort in gutem Ruf stand, ¹³ kam zu mir, trat vor mich und sagte: Bruder Saul, du sollst wieder sehen! Und im gleichen Augenblick konnte ich ihn sehen. ¹⁴ Er sagte: Der Gott unserer Väter hat dich dazu erwählt, seinen Willen zu erkennen, den Gerechten zu sehen und die Stimme seines Mundes zu hören; ¹⁵ denn du wirst vor allen Menschen sein Zeuge sein für das, was du gesehen und gehört hast. ¹⁶ Was zögerst du jetzt? Steh auf, lass dich taufen und deine Sünden abwaschen und rufe seinen Namen an! ¹⁷ Es geschah aber, als ich nach Jerusalem zurückgekehrt war und im Tempel betete, dass ich in eine Verzückung geriet. ¹⁸ Und ich sah ihn, wie er zu mir sagte: Beeil dich, verlasse sofort Jerusalem; denn sie werden dein Zeugnis über mich nicht annehmen. ¹⁹ Da sagte ich: Herr, sie wissen doch, dass ich es war, der jene, die an dich glauben, ins Gefängnis werfen und in den Synagogen auspeitschen ließ. ²⁰ Auch als das Blut deines Zeugen Stephanus vergossen wurde, stand ich dabei; ich stimmte zu und passte auf die Kleider derer auf, die ihn umbrachten. ²¹ Aber er sagte zu mir: Brich auf, denn ich will dich in die Ferne zu den Heiden senden!

Paulus und der römische Oberst

²² Bis zu diesem Wort hörten sie ihm zu, dann fingen sie an zu schreien: Weg vom Erdboden mit so einem Menschen! Er darf nicht am Leben bleiben. ²³ Sie lärmten, zerrissen ihre Kleider und warfen Staub in die Luft. ²⁴ Da befahl der Oberst, ihn in die Kaserne zu führen, und ordnete an, ihn unter Geißelschlägen zu verhören. Auf diese Weise wollte er herausfinden, warum sie derart gegen ihn tobten. ²⁵ Als sie ihn aber für die Geißelung festbanden, sagte Paulus zu dem Hauptmann, der dabeistand: Dürft ihr jemand, der das römische Bürgerrecht besitzt, geißeln, noch dazu ohne Verurteilung? ²⁶ Als der Hauptmann das hörte, ging er zum Obersten, meldete es und sagte: Was hast du vor? Der Mann ist Römer. ²⁷ Der Oberst kam zu Paulus und fragte ihn: Sag mir, bist du wirklich Römer? Er antwortete: Ja. ²⁸ Da antwortete der Oberst: Ich habe für dieses Bürgerrecht ein Vermögen gezahlt. Paulus sagte: Ich aber bin als Römer geboren. ²⁹ Sofort ließen die, welche ihn verhören sollten, von ihm ab. Und der Oberst ängstigte sich, weil er bedachte, dass es ein Römer war und er ihn hatte fesseln lassen.

Paulus vor dem Hohen Rat

³⁰ Weil er genau wissen wollte, was die Juden ihm vorwarfen, ließ er ihn am nächsten Tag aus dem Gefängnis holen und befahl, die Hohepriester und der ganze Hohe Rat sollten sich versammeln. Und er ließ Paulus hinunterführen und ihnen gegenüberstellen.

23, 1–35

¹ Paulus schaute mit festem Blick auf den Hohen Rat und sagte: Brüder! Bis zum heutigen Tag lebe ich vor Gott mit völlig reinem Gewissen. ² Der Hohepriester Hananias aber befahl denen, die bei ihm standen, ihn auf den Mund zu schlagen. ³ Da sagte Paulus zu ihm: Dich wird Gott schlagen, du getünchte Wand! Du sitzt hier, um mich nach dem Gesetz zu richten, und entgegen dem Gesetz befiehlst du, mich zu schlagen? ⁴ Die Umstehenden sagten: Du wagst es, den Hohepriester Gottes zu schmähen? ⁵ Paulus antwortete: Ich wusste nicht, Brüder, dass er der Hohepriester ist. Denn es heißt in der Schrift: *Einen Fürsten deines Volkes sollst du nicht verfluchen.* ⁶ Da Paulus aber wusste, dass der eine Teil zu den Sadduzäern, der andere zu den Pharisäern gehörte, rief er vor dem Hohen Rat aus: Brüder, ich bin Pharisäer und ein Sohn von Pharisäern; wegen der Hoffnung und wegen der Auferstehung der Toten stehe ich vor Gericht.

⁷ Als er das sagte, brach ein Streit zwischen den Pharisäern und den Sadduzäern aus und die Versammlung spaltete sich. ⁸ Die Sadduzäer behaupten nämlich, es gebe weder Auferstehung noch Engel noch Geist, die Pharisäer dagegen bekennen sich zu alldem. ⁹ Es erhob sich ein lautes Geschrei und einige Schriftgelehrte aus dem Kreis der Pharisäer standen auf

und verfochten ihre Ansicht. Sie sagten: Wir finden nichts Schlimmes an diesem Menschen. Vielleicht hat doch ein Geist oder ein Engel zu ihm gesprochen. ¹⁰ Als aber der Streit heftig wurde, befürchtete der Oberst, sie könnten Paulus zerreißen. Daher ließ er die Wachtruppe herabkommen, ihn mit Gewalt aus ihrer Mitte herausholen und in die Kaserne bringen. ¹¹ In der folgenden Nacht aber trat der Herr zu Paulus und sagte: Hab Mut! Denn so wie du in Jerusalem meine Sache bezeugt hast, sollst du auch in Rom Zeugnis ablegen.

Die Verschwörung der Juden gegen Paulus

¹² Nach Tagesanbruch rotteten sich die Juden zusammen und verschworen sich, weder zu essen noch zu trinken, bis sie Paulus getötet hätten. ¹³ An dieser Verschwörung waren mehr als vierzig Männer beteiligt. ¹⁴ Sie gingen zu den Hohepriestern und den Ältesten und sagten: Wir haben mit einem heiligen Eid geschworen, nichts zu essen, bis wir Paulus getötet haben. ¹⁵ Geht also jetzt zusammen mit dem Hohen Rat zum Obersten und bittet ihn, Paulus zu euch herunterzuführen, da ihr den Fall noch genauer untersuchen wollt; wir aber halten uns bereit, um ihn, noch bevor er hierherkommt, umzubringen. ¹⁶ Der Sohn der Schwester des Paulus erfuhr jedoch von dem Anschlag. Er ging in die Kaserne und verständigte Paulus. ¹⁷ Paulus ließ einen der Hauptleute rufen und sagte: Bring diesen jungen Mann zum Obersten, denn er hat ihm etwas zu melden! ¹⁸ Der nahm ihn mit sich, brachte ihn zum Obersten und sagte: Der Gefangene Paulus hat mich gerufen und gebeten, diesen jungen Mann zu dir zu führen, da er dir etwas mitzuteilen habe. ¹⁹ Der Oberst fasste ihn bei der Hand, nahm ihn beiseite und fragte: Was hast du mir zu melden? ²⁰ Er antwortete: Die Juden haben verabredet, dich zu bitten, du mögest morgen den Paulus vor den Hohen Rat hinunterführen lassen. Angeblich wollen sie Genaueres über ihn erfahren. ²¹ Lass du dich nicht von ihnen überreden! Denn mehr als vierzig Männer von ihnen lauern ihm auf. Sie haben sich geschworen, weder zu essen noch zu trinken, bis sie ihn umgebracht haben; schon stehen sie bereit und warten auf deine Anordnung. ²² Der Oberst befahl dem jungen Mann: Sag niemandem etwas darüber, dass du mir das angezeigt hast! Dann ließ er ihn gehen.

Die Überführung des Paulus nach Cäsarea

²³ Er rief zwei von den Hauptleuten und gab ihnen den Befehl: Haltet von der dritten Stunde der Nacht an zweihundert Soldaten zum Marsch nach Cäsarea bereit, außerdem siebzig Reiter und zweihundert Leichtbewaffnete; ²⁴ auch Tragtiere soll man bereitstellen, Paulus aufsitzen lassen und sicher zum Statthalter Felix bringen. ²⁵ Und er schrieb einen Brief mit folgendem Inhalt: ²⁶ Claudius Lysias entbietet dem erlauchten Statthalter Felix seinen Gruß! ²⁷ Dieser Mann wurde von den Juden ergriffen und wäre beinahe von ihnen umgebracht worden. Ich habe mit der Wachtruppe eingegriffen und ihn herausgeholt. Ich hatte nämlich erfahren, dass er Römer ist. ²⁸ Und weil ich ermitteln wollte, wessen sie ihn beschuldigen, brachte ich ihn vor ihren Hohen Rat. ²⁹ Ich fand heraus, dass er wegen Streitfragen über ihr Gesetz angeschuldigt wird, dass aber keine Anklage gegen ihn vorliegt, die Tod oder Haft verdient. ³⁰ Da mir aber angezeigt wurde, gegen den Mann sei ein Anschlag geplant, schicke ich ihn sogleich zu dir; auch habe ich die Kläger angewiesen, ihre Sache gegen ihn bei dir vorzubringen. ³¹ Die Soldaten übernahmen Paulus, wie ihnen befohlen war, und brachten ihn bei Nacht bis Antipatris. ³² Am nächsten Tag ließen sie die Reiter mit ihm weiterziehen und kehrten in die Kaserne zurück. ³³ Diese gaben nach ihrer Ankunft in Cäsarea den Brief beim Statthalter ab und führten ihm Paulus vor. ³⁴ Er las den Brief und fragte Paulus, aus welcher Provinz er stamme. Als er hörte, er sei aus Kilikien, ³⁵ sagte er: Ich werde dich vernehmen, sobald deine Ankläger eingetroffen sind. Dann befahl er, ihn im Prätorium des Herodes in Gewahrsam zu halten.

24, 1–27

Paulus vor dem römischen Statthalter Felix

¹ Nach fünf Tagen kam der Hohepriester Hananias mit einigen Ältesten und dem Anwalt Tertullus herab und sie brachten beim Statthalter ihre Klage gegen Paulus vor. ² Er wurde herbeigeholt und Tertullus erhob Anklage mit folgenden Worten: Tiefen Frieden genießen wir durch dich und durch deine Umsicht hat sich für dieses Volk vieles gebessert. ³ Das erkennen wir immer und überall mit großer Dankbarkeit an, erlauchter Felix. ⁴ Um dich aber nicht länger bemühen zu müssen, bitte ich dich, uns in deiner Milde kurz anzuhören. ⁵ Wir finden nämlich, dieser Mann ist eine Pest, ein Unruhestifter bei allen Juden in der Welt und ein Rädelsführer der Nazoräersekte. ⁶ Er hat sogar versucht, den Tempel zu entweihen. Wir haben ihn festgenommen. [⁷]⁸ Wenn du ihn verhörst, wirst du selbst alles ermitteln können, wessen wir ihn anklagen. ⁹ Und die Juden unterstützten ihn, indem sie behaupteten, so sei es.
¹⁰ Auf einen Wink des Statthalters erwiderte Paulus: Da ich dich seit vielen Jahren als Richter für dieses Volk kenne, verteidige ich meine Sache voll Zuversicht. ¹¹ Wie du feststellen kannst, sind erst zwölf Tage vergangen, seit ich nach Jerusalem hinaufgezogen bin, um Gott anzubeten. ¹² Sie haben mich weder im Tempel noch in den Synagogen noch anderswo in der Stadt dabei angetroffen, dass ich ein Streitgespräch mit jemandem geführt oder einen Aufruhr im Volk erregt hätte. ¹³ Sie können dir auch nichts von dem beweisen, was sie mir jetzt vorwerfen. ¹⁴ Das allerdings bekenne ich dir: Dem Weg entsprechend, den sie eine Sekte nennen, diene ich dem Gott meiner Väter. Ich glaube an alles, was im Gesetz und in den Propheten steht, ¹⁵ und ich habe dieselbe Hoffnung auf Gott, die auch diese hier haben: dass es eine Auferstehung der Gerechten und Ungerechten geben wird. ¹⁶ Deshalb bemühe ich mich auch, vor Gott und den Menschen immer ein untadeliges Gewissen zu haben. ¹⁷ Nach mehreren Jahren bin ich nun zu meinem Volk gekommen, um Spenden zu überbringen und zu opfern. ¹⁸ Als ich mich zu diesem Zweck im Tempel hatte heiligen lassen, fanden mich – nicht mit einer Volksmenge und nicht bei einem Tumult – ¹⁹ einige Juden aus der Provinz Asien; sie müssten vor dir erscheinen und Anklage erheben, wenn sie etwas gegen mich vorzubringen haben. ²⁰ Oder diese hier sollen doch selbst

sagen, was für ein Vergehen sie herausgefunden haben, als ich vor dem Hohen Rat stand, ²¹ es sei denn der eine Satz, den ich, als ich vor ihnen stand, ausgerufen habe: Wegen der Auferstehung der Toten stehe ich heute vor eurem Gericht.
²² Nachdem Felix genauere Kenntnis über den Weg gewonnen hatte, vertagte er den Fall mit den Worten: Sobald der Oberst Lysias herabkommt, werde ich eure Sache entscheiden. ²³ Den Hauptmann wies er an, Paulus weiter in Gewahrsam zu halten, jedoch in leichter Haft, und niemanden von den Seinen daran zu hindern, ihm zu Diensten zu sein.
²⁴ Einige Tage darauf erschien Felix mit seiner Gemahlin Drusilla, einer Jüdin, ließ Paulus holen und hörte ihn an über den Glauben an Christus Jesus. ²⁵ Als aber die Rede auf Gerechtigkeit, Enthaltsamkeit und das bevorstehende Gericht kam, geriet Felix in Furcht und unterbrach ihn: Für jetzt kannst du gehen; wenn ich Zeit finde, werde ich dich wieder rufen. ²⁶ Dabei hoffte er zugleich, von Paulus Geld zu erhalten. Deshalb ließ er ihn auch häufiger kommen und unterhielt sich mit ihm.

Paulus vor dem Statthalter Festus – Seine Berufung an den Kaiser

²⁷ Nach zwei Jahren aber wurde Porcius Festus Nachfolger des Felix; und weil Felix den Juden einen Gefallen erweisen wollte, ließ er Paulus in der Haft zurück.

¹ Als Festus in der Provinz eingetroffen war, zog er drei Tage später von Cäsarea nach Jerusalem hinauf. ² Da erstatteten die Hohepriester und die Vornehmsten der Juden bei ihm Anzeige gegen Paulus. Sie ersuchten ihn, gegen Paulus vorzugehen, ³ und baten ihn um den Gefallen, Paulus nach Jerusalem bringen zu lassen. Sie wollten ihn nämlich unterwegs aus einem Hinterhalt heraus ermorden. ⁴ Festus jedoch antwortete, Paulus bleibe in Cäsarea in Haft und er selbst wolle in Kürze abreisen. ⁵ Die unter euch, die dafür zuständig sind, sagte er, können mit hinabkommen, und wenn gegen den Mann etwas vorliegt, sollen sie gegen ihn Anklage erheben.
⁶ Er hielt sich nicht länger als acht oder zehn Tage bei ihnen auf, dann reiste er nach Cäsarea hinab. Am folgenden Tag setzte er sich auf den Richterstuhl und ließ Paulus vorführen. ⁷ Als dieser erschien, umringten ihn die Juden, die von Jerusalem herabgekommen waren, und brachten viele schwere Beschuldigungen vor, konnten sie aber nicht beweisen. ⁸ Paulus verteidigte sich: Ich habe mich weder gegen das Gesetz der Juden noch gegen den Tempel noch gegen den Kaiser vergangen. ⁹ Festus jedoch wollte den Juden einen Gefallen erweisen und antwortete dem Paulus: Willst du nach Jerusalem hinaufgehen und dich dort vor mir wegen dieser Dinge richten lassen? ¹⁰ Paulus sagte: Ich stehe vor dem Richterstuhl des Kaisers und da muss ich gerichtet werden. Den Juden habe ich kein Unrecht getan, wie auch du sehr wohl weißt. ¹¹ Wenn ich wirklich schuldig bin und etwas getan habe, was des Todes würdig wäre, weigere ich mich nicht zu sterben. Wenn aber ihre Anklage gegen mich unbegründet ist, kann mich niemand ihnen ausliefern. Ich lege Berufung beim Kaiser ein! ¹² Da besprach sich Festus mit seinen Ratgebern und antwortete: An den Kaiser hast du appelliert; zum Kaiser sollst du gehen.

Die Rede des Paulus vor König Agrippa

¹³ Einige Tage später trafen König Agrippa und Berenike in Cäsarea ein, um Festus ihre Aufwartung zu machen. ¹⁴ Sie blieben mehrere Tage dort. Da trug Festus dem König den Fall des Paulus vor und sagte: Von Felix ist ein Mann als Gefangener zurückgelassen worden, ¹⁵ gegen den die Hohepriester und die Ältesten der Juden, als ich in Jerusalem war, vorstellig wurden. Sie forderten seine Verurteilung, ¹⁶ ich aber erwiderte ihnen, es sei bei den Römern nicht üblich, einen Menschen auszuliefern, bevor nicht der Angeklagte den Anklägern gegenübergestellt sei und Gelegenheit erhalten habe, sich gegen die Anschuldigungen zu verteidigen. ¹⁷ Als sie dann zusammen hierherkamen, setzte ich mich ohne jeden Verzug tags darauf auf den Richterstuhl und ließ den Mann vorführen. ¹⁸ Bei der Gegenüberstellung brachten die Kläger keine Anklage wegen solcher Verbrechen vor, die ich vermutet hatte; ¹⁹ sie führten nur einige Streitfragen gegen ihn ins Feld, die ihre Religion und einen gewissen Jesus betreffen, der gestorben ist, von dem Paulus aber behauptet, er lebe. ²⁰ Da ich mich auf die Untersuchung dieser Dinge nicht verstand, fragte ich, ob er nach Jerusalem gehen wolle, um sich dort deswegen richten zu lassen. ²¹ Paulus jedoch legte Berufung ein; er wollte bis zur Entscheidung des Kaisers in Schutzhaft bleiben. Daher gab ich Befehl, ihn in Gewahrsam zu halten, bis ich ihn zum Kaiser schicken kann. ²² Da sagte Agrippa zu Festus: Ich würde diesen Menschen auch gern selbst hören. Morgen, antwortete er, sollst du ihn hören.
²³ So kamen am folgenden Tag Agrippa und Berenike mit großem Gepränge und betraten die Audienzhalle, zusammen mit den Obersten und den vornehmsten Männern der Stadt. Auf Befehl des Festus wurde Paulus vorgeführt ²⁴ und Festus sagte: König Agrippa und all ihr Männer, die ihr hier bei uns seid! Da seht ihr den Mann, dessentwegen mich die Menge der Juden in Jerusalem und auch hier bestürmt hat mit ihrem Geschrei, er dürfe nicht länger am Leben bleiben. ²⁵ Ich aber konnte nicht feststellen, dass er etwas begangen hat, was des Todes würdig ist. Da er jedoch selbst an die kaiserliche Majestät appelliert hat, habe ich beschlossen, ihn dorthin zu schicken. ²⁶ Etwas Genaues über ihn weiß ich meinem Herrn allerdings nicht zu schreiben. Darum habe ich ihn euch und vor allem dir, König Agrippa, vorführen lassen, um nach dem Verhör zu wissen, was ich schreiben kann. ²⁷ Denn es scheint mir unsinnig, einen Gefangenen zu schicken, ohne anzugeben, was man ihm vorwirft.

26
26,1–32

¹ Da sagte Agrippa zu Paulus: Du hast die Erlaubnis, in eigener Sache zu reden. Paulus erhob die Hand und sagte zu seiner Verteidigung: ² Ich schätze mich glücklich, König Agrippa, dass ich mich heute vor dir verteidigen darf wegen all der Dinge, die mir die Juden vorwerfen, ³ besonders, da du ein Kenner aller jüdischen Bräuche und Streitfragen bist. Deshalb bitte ich, mich großmütig anzuhören.

⁴ Das Leben, das ich seit meiner Jugend bei meinem Volk und in Jerusalem geführt habe, ist allen Juden von Anfang an bekannt. ⁵ Ich bin ihnen von früher her bekannt, und wenn sie wollen, können sie bezeugen, dass ich nach der strengsten Richtung unserer Religion gelebt habe, nämlich als Pharisäer. ⁶ Und jetzt stehe ich vor Gericht wegen der Hoffnung auf die Verheißung, die von Gott an unsere Väter ergangen ist. ⁷ Unser Zwölfstämmevolk hofft, sie zu erlangen, und deshalb dient es Gott unablässig bei Tag und Nacht. Dieser Hoffnung wegen, König, werde ich von den Juden angeklagt. ⁸ Warum haltet ihr es für unglaubhaft, dass Gott Tote auferweckt? ⁹ Ich selbst meinte, ich müsste den Namen Jesu, des Nazoräers, heftig bekämpfen. ¹⁰ Das habe ich in Jerusalem denn auch getan. Ich ließ mir von den Hohepriestern Vollmacht geben und sperrte viele der Heiligen ins Gefängnis; und wenn sie getötet werden sollten, stimmte ich zu. ¹¹ Und in allen Synagogen habe ich oft versucht, sie durch Strafen zur Lästerung zu zwingen; in maßloser Wut habe ich sie sogar bis in Städte außerhalb des Landes verfolgt.

¹² So zog ich auch mit der Vollmacht und Erlaubnis der Hohepriester nach Damaskus. ¹³ Da sah ich unterwegs, König, mitten am Tag ein Licht, das mich und meine Begleiter vom Himmel her umstrahlte, heller als die Sonne. ¹⁴ Wir alle stürzten zu Boden und ich hörte eine Stimme auf Hebräisch zu mir sagen: Saul, Saul, warum verfolgst du mich? Es wird dir schwerfallen, gegen den Stachel auszuschlagen. ¹⁵ Ich antwortete: Wer bist du, Herr? Der Herr sagte: Ich bin Jesus, den du verfolgst. ¹⁶ Steh auf, stell dich auf deine Füße! Denn ich bin dir erschienen, um dich zum Diener und Zeugen dessen zu erwählen, was du gesehen hast und wie ich mich dir noch zeigen werde. ¹⁷ Ich will dich aus dem Volk und den Heiden aussondern, zu denen ich dich sende, ¹⁸ um ihnen die Augen zu öffnen. Denn sie sollen sich von der Finsternis zum Licht und von der Macht des Satans zu Gott bekehren und sollen durch den Glauben an mich die Vergebung der Sünden empfangen und mit den Geheiligten am Erbe teilhaben.

¹⁹ Daher, König Agrippa, habe ich mich der himmlischen Erscheinung nicht widersetzt, ²⁰ sondern zuerst denen in Damaskus und in Jerusalem, dann im ganzen Land Judäa und bei den Heiden verkündet, sie sollten umkehren, sich Gott zuwenden und der Umkehr entsprechende Taten tun. ²¹ Aus diesem Grund haben mich einige Juden im Tempel ergriffen und versucht, mich umzubringen. ²² Doch ich habe Gottes Hilfe erfahren bis zum heutigen Tag; so stehe ich da als Zeuge für Groß und Klein und sage nichts anderes als das, was nach dem Wort der Propheten und des Mose geschehen soll: ²³ dass der Christus leiden müsse und dass er, als Erster von den Toten auferstanden, dem Volk und den Heiden ein Licht verkünden werde.

²⁴ Als er sich mit diesen Worten verteidigte, rief Festus laut: Du bist von Sinnen, Paulus! Das viele Schriftstudium treibt dich zum Wahnsinn. ²⁵ Paulus erwiderte: Ich bin nicht von Sinnen, erlauchter Festus; was ich sage, ist wahr und vernünftig. ²⁶ Der König versteht sich auf diese Dinge; deshalb spreche ich auch freimütig zu ihm. Ich bin überzeugt, dass ihm nichts davon entgangen ist; das alles hat sich ja nicht in irgendeinem Winkel zugetragen. ²⁷ König Agrippa, glaubst du den Propheten? Ich weiß, du glaubst. ²⁸ Darauf sagte Agrippa zu Paulus: Bald überredest du mich und machst mich zum Christen. ²⁹ Paulus antwortete: Ich wünschte mir von Gott, dass bald oder später nicht nur du, sondern alle, die mich heute hören, das werden, was ich bin, freilich ohne diese Fesseln.

³⁰ Da erhoben sich der König und der Statthalter, auch Berenike und alle, die bei ihnen saßen. ³¹ Sie zogen sich zurück, besprachen sich miteinander und sagten: Dieser Mensch tut nichts, was Tod oder Haft verdient. ³² Und Agrippa sagte zu Festus: Dieser Mensch könnte freigelassen werden, wenn er nicht an den Kaiser appelliert hätte.

27,1–44

Die Abfahrt des gefangenen Apostels nach Rom

¹ Als unsere Abfahrt nach Italien feststand, wurden Paulus und einige andere Gefangene einem Hauptmann der kaiserlichen Kohorte namens Julius übergeben. ² Wir bestiegen ein Schiff aus Adramyttium, das die Orte entlang der Küste Kleinasiens anlaufen sollte, und fuhren ab; bei uns war Aristarch, der Mazedonier aus Thessalonich. ³ Am anderen Tag liefen wir in Sidon ein und Julius, der Paulus menschenfreundlich behandelte, erlaubte ihm, zu seinen Freunden zu gehen und sich versorgen zu lassen. ⁴ Von dort fuhren wir weiter und umsegelten, weil wir Gegenwind hatten, Zypern. ⁵ Wir fuhren durch das Meer von Kilikien und Pamphylien und erreichten Myra in Lykien. ⁶ Dort fand der Hauptmann ein alexandrinisches Schiff, das nach Italien fuhr, und er brachte uns an Bord. ⁷ Viele Tage lang kamen wir nur langsam vorwärts und mit Mühe erreichten wir die Höhe von Knidos. Da uns der Wind nicht herankommen ließ, umsegelten wir Kreta bei Salmone, ⁸ fuhren unter Mühe an Kreta entlang und erreichten einen Ort namens Kaloi Limenes, in dessen Nähe die Stadt Lasäa liegt.

⁹ Da inzwischen längere Zeit vergangen und die Schifffahrt bereits unsicher geworden war – sogar das Fasten war schon vorüber –, warnte Paulus und sagte: ¹⁰ Männer, ich sehe, die Fahrt wird mit Gefahr und großem Schaden verbunden sein, nicht nur für die Ladung und das Schiff, sondern auch für unser Leben. ¹¹ Der Hauptmann aber vertraute dem Steuermann und dem Kapitän mehr als den Worten des Paulus. ¹² Da der Hafen zum Überwintern ungeeignet war, beschloss die Mehrheit weiterzufahren, um nach Möglichkeit Phönix zu erreichen, einen nach Südwesten und Nordwesten offenen Hafen Kretas; dort wollten sie überwintern. ¹³ Als leichter Südwind aufkam, meinten sie, ihr Vorhaben sei schon geglückt; sie lichteten den Anker und fuhren dicht an Kreta entlang.

Der Seesturm

¹⁴ Doch kurz darauf brach von der Insel her ein Orkan los, Eurakylon genannt. ¹⁵ Das Schiff wurde mitgerissen, und weil es nicht mehr gegen den Wind gedreht werden konnte, gaben wir auf und ließen uns treiben. ¹⁶ Während wir unter einer kleinen Insel namens Kauda hinfuhren, konnten wir das Beiboot nur mit Mühe in die Gewalt bekommen. ¹⁷ Sie hoben es hoch, dann sicherten sie das Schiff, indem sie Taue darum herumspannten. Weil sie fürchteten, in die Syrte zu geraten, ließen sie den Treibanker hinab und trieben dahin. ¹⁸ Da wir vom Sturm hart bedrängt wurden, erleichterten sie am nächsten Tag das Schiff ¹⁹ und am dritten Tag warfen sie eigenhändig die Schiffsausrüstung über Bord. ²⁰ Mehrere Tage hindurch zeigten sich weder Sonne noch Sterne und der heftige Sturm hielt an. Schließlich schwand uns alle Hoffnung auf Rettung.

²¹ Niemand wollte mehr essen; da trat Paulus in ihre Mitte und sagte: Männer, man hätte auf mich hören und von Kreta nicht abfahren sollen, dann wären uns diese Gefahr und dieses Ungemach erspart geblieben. ²² Doch jetzt ermahne ich euch: Verliert nicht den Mut! Niemand von euch wird sein Leben verlieren, nur das Schiff wird untergehen. ²³ Denn in dieser Nacht ist ein Engel des Gottes, dem ich gehöre und dem ich diene, zu mir gekommen ²⁴ und hat gesagt: Fürchte dich nicht, Paulus! Du musst vor den Kaiser treten. Und siehe, Gott hat dir alle geschenkt, die mit dir fahren. ²⁵ Habt also Mut, Männer! Denn ich vertraue auf Gott, dass es so kommen wird, wie mir gesagt worden ist. ²⁶ Wir müssen allerdings an einer Insel stranden.

Der Schiffbruch vor Malta

²⁷ Als wir schon die vierzehnte Nacht auf der Adria trieben, merkten die Matrosen um Mitternacht, dass sich ihnen Land näherte. ²⁸ Sie warfen das Lot hinab und maßen zwanzig Faden; kurz danach loteten sie nochmals und maßen fünfzehn Faden. ²⁹ Aus Furcht, wir könnten auf Klippen laufen, warfen sie vom Heck aus vier Anker und wünschten den Tag herbei. ³⁰ Als aber die Matrosen unter dem Vorwand, sie wollten vom Bug aus Anker auswerfen, vom Schiff zu fliehen versuchten und das Beiboot ins Meer hinunterließen, ³¹ sagte Paulus zum Hauptmann und zu den Soldaten: Wenn sie nicht auf dem Schiff bleiben, könnt ihr nicht gerettet werden. ³² Da kappten die Soldaten die Taue des Beibootes und ließen es forttreiben. ³³ Als es nun Tag werden wollte, ermahnte Paulus alle, etwas zu essen, und sagte: Heute ist schon der vierzehnte Tag, dass ihr ausharrt, ohne auch nur die geringste Nahrung zu euch zu nehmen. ³⁴ Deshalb ermahne ich euch: Nehmt Nahrung zu euch; das ist gut für eure Rettung. Denn keinem von euch wird auch nur ein Haar von seinem Kopf verloren gehen. ³⁵ Nach diesen Worten nahm er Brot, dankte Gott vor den Augen aller, brach es und begann zu essen. ³⁶ Da fassten alle Mut und nahmen Nahrung zu sich. ³⁷ Wir waren im Ganzen zweihundertsechsundsiebzig Menschen an Bord. ³⁸ Nachdem sie sich satt gegessen hatten, warfen sie das Getreide ins Meer, um das Schiff zu erleichtern.

³⁹ Als es nun Tag wurde, entdeckten sie eine Bucht mit flachem Strand; auf ihn wollten sie, wenn möglich, das Schiff auflaufen lassen; das Land selbst war ihnen unbekannt. ⁴⁰ Sie machten die Anker los und ließen sie im Meer zurück. Zugleich lösten sie die Haltetaue der Steuerruder, hissten das Vorsegel und hielten mit dem Wind auf den Strand zu. ⁴¹ Als sie aber auf eine Sandbank gerieten, strandeten sie mit dem Schiff; der Bug bohrte sich ein und saß unbeweglich fest; das Heck aber begann in der Brandung zu zerbrechen. ⁴² Da beschlossen die Soldaten, die Gefangenen zu töten, damit keiner schwimmend entkommen könne. ⁴³ Der Hauptmann aber wollte Paulus retten und hinderte sie an ihrem Vorhaben. Er befahl, dass zuerst alle, die schwimmen konnten, über Bord springen und das Land erreichen sollten, ⁴⁴ dann die Übrigen, teils auf Planken, teils auf anderen Schiffstrümmern. So kam es, dass alle ans Land gerettet wurden.

28
28,1–31

Die Überwinterung auf Malta

¹ Als wir gerettet waren, erfuhren wir, dass die Insel Malta heißt. ² Die Einheimischen erwiesen uns ungewöhnliche Menschenfreundlichkeit; sie zündeten ein Feuer an und holten uns alle zu sich, weil es zu regnen begann und kalt war. ³ Als Paulus einen Haufen Reisig zusammenraffte und auf das Feuer legte, fuhr infolge der Hitze eine Viper heraus und biss sich an seiner Hand fest. ⁴ Als die Einheimischen das Tier an seiner Hand hängen sahen, sagten sie zueinander: Dieser Mensch ist gewiss ein Mörder; die Rachegöttin lässt ihn nicht leben, obwohl er dem Meer entkommen ist. ⁵ Er aber schüttelte das Tier von sich ab ins Feuer und erlitt keinen Schaden. ⁶ Da erwarteten sie, er werde anschwellen oder plötzlich tot umfallen. Als sie aber eine Zeit lang gewartet hatten und sahen, dass ihm nichts Schlimmes geschah, änderten sie ihre Meinung und sagten, er sei ein Gott.

⁷ In jener Gegend lagen Landgüter, die dem Publius, dem Ersten der Insel, gehörten; er nahm uns auf und bewirtete uns drei Tage lang freundlich als seine Gäste. ⁸ Der Vater des Publius lag gerade mit Fieber und Ruhr im Bett. Paulus ging zu ihm hinein und betete; dann legte er ihm die Hände auf und heilte ihn. ⁹ Daraufhin kamen auch die anderen Kranken der Insel herbei und wurden geheilt. ¹⁰ Sie erwiesen uns viele Ehren und bei der Abfahrt gaben sie uns alles mit, was wir brauchten.

Von Malta nach Rom

¹¹ Drei Monate später fuhren wir mit einem alexandrinischen Schiff ab, das auf der Insel überwintert hatte und die Dioskuren als Schiffszeichen trug. ¹² Wir liefen in Syrakus ein und blieben drei Tage; ¹³ von dort fuhren wir die Küste entlang weiter und erreichten Rhegion. Nach einem Tag setzte Südwind ein und so kamen wir in zwei Tagen nach Puteoli. ¹⁴ Hier trafen wir Brüder; sie baten uns, sieben Tage bei ihnen zu bleiben. Und so kamen wir nach Rom. ¹⁵ Von dort waren uns die Brüder, die von uns gehört hatten, bis Forum Appii und Tres Tabernae entgegengekommen, um uns zu begrüßen. Als Paulus sie sah, dankte er Gott und fasste Mut.

Ankunft und Wirken des Völkerapostels in Rom

¹⁶ Nach unserer Ankunft in Rom erhielt Paulus die Erlaubnis, für sich allein zu wohnen, zusammen mit dem Soldaten, der ihn bewachte.

¹⁷ Drei Tage später rief er die führenden Männer der Juden zusammen. Als sie versammelt waren, sagte er zu ihnen: Brüder, obwohl ich mich nicht gegen das Volk oder die Sitten der Väter vergangen habe, bin ich von Jerusalem aus als Gefangener den Römern ausgeliefert worden. ¹⁸ Diese haben mich verhört und wollten mich freilassen, da nichts Todeswürdiges gegen mich vorlag. ¹⁹ Weil aber die Juden Einspruch erhoben, war ich gezwungen, Berufung beim Kaiser einzulegen, jedoch nicht, um mein Volk anzuklagen. ²⁰ Aus diesem Grund habe ich darum gebeten, euch sehen und sprechen zu dürfen. Denn um der Hoffnung Israels willen trage ich diese Fesseln. ²¹ Sie antworteten ihm: Wir haben über dich weder Briefe aus Judäa erhalten noch ist einer von den Brüdern gekommen, der uns etwas Belastendes über dich berichtet oder erzählt hätte. ²² Wir wünschen aber von dir zu hören, was du denkst; denn von dieser Sekte ist uns bekannt, dass sie überall auf Widerspruch stößt.

²³ Sie vereinbarten mit ihm einen bestimmten Tag, an dem sie in noch größerer Zahl zu ihm in die Wohnung kamen. Vom Morgen bis in den Abend hinein erklärte und bezeugte er ihnen das Reich Gottes und versuchte, sie vom Gesetz des Mose und von den Propheten aus für Jesus zu gewinnen. ²⁴ Die einen ließen sich durch seine Worte überzeugen, die andern blieben ungläubig. ²⁵ Sie waren uneins untereinander und gingen weg. Paulus aber sagte noch das eine Wort: Treffend hat der Heilige Geist durch den Propheten Jesaja zu euren Vätern gesprochen:

²⁶ *Geh zu diesem Volk und sag: / Hören sollt ihr, hören, aber nicht verstehen; / sehen sollt ihr, sehen, aber nicht erkennen.*

²⁷ *Denn das Herz dieses Volkes ist hart geworden / und mit ihren Ohren hören sie nur schwer / und ihre Augen halten sie geschlossen, damit sie mit ihren Augen nicht sehen / und mit ihren Ohren nicht hören, / damit sie mit ihrem Herzen nicht zur Einsicht kommen, / sich bekehren und ich sie heile.*

²⁸ Darum sollt ihr nun wissen: Den Heiden ist dieses Heil Gottes gesandt worden. Und sie werden hören! [29]

³⁰ Er blieb zwei volle Jahre in seiner Mietwohnung und empfing alle, die zu ihm kamen. ³¹ Er verkündete das Reich Gottes und lehrte über Jesus Christus, den Herrn – mit allem Freimut, ungehindert.

DIE PAULINISCHEN BRIEFE

Am Beginn der Briefsammlung des Neuen Testaments stehen 14 Briefe, von denen 13 den Namen des Apostels Paulus im Absender nennen, während einer – der Hebräerbrief – am Schluss lediglich Timotheus erwähnt, einen seiner Mitarbeiter. Die Briefe des Apostels wurden schon früh gesammelt. Ein Hinweis auf eine solche Sammlung findet sich bereits im Neuen Testament (2 Petr 3,15). Einige der Briefe stammen wohl nicht von Paulus, wurden aber unter seinem Namen verbreitet und fanden ebenfalls Aufnahme in die Sammlung. Diese ist in absteigender Reihenfolge nach dem Umfang der Briefe angeordnet; davon weicht nur der Hebräerbrief am Ende der Sammlung aufgrund seines besonderen Charakters ab.

Anhand von inhaltlichen und sprachlich-stilistischen Merkmalen wird seit Langem versucht, die Briefe, die der Apostel selbst verfasst hat, von denen zu unterscheiden, für die dies eher unwahrscheinlich ist. Als authentisch gelten heute die Briefe an die Römer, die Korinther (1. und 2. Brief), die Galater, die Philipper sowie der 1. Brief an die Gemeinde in Thessalonich und der Brief an Philemon. Sie sind die ältesten Texte des Neuen Testaments und entstanden noch vor den Evangelien. Bei den Briefen an die Kolosser, die Epheser, die Gemeinde in Thessalonich (2. Brief), an Timotheus (beide Briefe) und Titus wird die Autorschaft des Apostels meist nicht angenommen, wiewohl diese im Einzelfall, besonders beim Kolosserbrief, auch verteidigt wird. Die paulinische Herkunft des Hebräerbriefs war schon in der Antike umstritten.

In der Briefsammlung unterscheidet man noch die Gruppe der Gefangenschaftsbriefe, die Hinweise darauf enthalten, dass Paulus sich bei deren Abfassung in Haft befand (so die Briefe an die Gemeinden in Philippi und die Hausgemeinde des Philemon, außerdem die Briefe nach Kolossä und Ephesus), und die Briefe an Timotheus und Titus, die Pastoral-(Hirten-)Briefe genannt werden, da sie nicht an Gemeinden, sondern an Gemeindehirten (pastores) gerichtet sind und diesen seelsorglich-kirchliche Anweisungen erteilen.

Gemeinsam ist den paulinischen Briefen folgende Grundstruktur: Zwischen dem Präskript (Absender, Adressaten, Gruß), dem ein sogenanntes Proömium (Dankesworte, Selbstempfehlung des Apostels) folgen kann, und einer abschließenden Paränese (Mahnungen) samt Angaben über Reisepläne des Apostels, an die das Postskript (Grüße verschiedener Art, Segenswunsch des Apostels) anschließt, spannt sich ein Rahmen, in den sich die thematischen Ausführungen (sogenannter Briefkorpus) einfügen.

Die inhaltlichen Schwerpunkte und Anliegen sind – den Adressaten und der Situation entsprechend – vielfältig. Indem sie auf Glaubensfragen antworten, Schwierigkeiten im Gemeindeleben zu lösen suchen, seelsorgliche Anweisungen treffen und die neu bekehrten Christen ermahnen, trösten und stärken, geben diese Schreiben wichtige Einblicke in das Denken des Apostels und seiner Mitarbeiter sowie in das Leben der Gemeinden des paulinischen Missionsgebiets.

Der Brief an die RÖMER

Der Römerbrief ist das früheste unmittelbare Zeugnis für die Existenz einer ansehnlichen Schar von Christen in der Stadt Rom. Diese waren inzwischen von den römischen Synagogen getrennt und größtenteils keine Juden mehr (1,13; 11,13). Sie lebten in jeweils selbstständigen Hausgemeinden, von denen die Grußliste am Ende des Briefes wenigstens drei zu erkennen gibt (16,3–5.14f.). Dass Paulus die Adressaten im Präskript (entgegen seiner sonstigen Gewohnheit) nicht als „Kirche Gottes in Rom" anspricht, dürfte mit dem Fehlen übergreifender Gemeindestrukturen zusammenhängen.

Paulus schreibt im Winter 56/57 von Korinth aus an die römischen Christen, kurz bevor er seine Reise nach Jerusalem antritt, bei der er die Kollekte der heidenchristlichen Gemeinden von Makedonien und Griechenland überbringen will (Röm 15,25–30; vgl. Apg 20,3–23,11).

Doch seine Pläne reichen weiter. Nachdem er im Osten kein Arbeitsfeld mehr für sich sieht, will er über Jerusalem nach Rom und dann nach Spanien reisen (15,23f.28), um auch dort – entsprechend seinem Grundsatz, Christus nur da zu verkündigen, wo sein Name noch nicht genannt wurde (15,20) – das Evangelium zu verbreiten. Von den Römern erhofft er sich, dass sie ihn dabei nicht nur geistig unterstützen, sondern ihn auch ausrüsten und ihm kundiges Weggeleit geben (15,24). Die Begründung einer apostolischen Partnerschaft ist ein wichtiges Ziel seines Schreibens.

Mit diesem stellt er sich den Adressaten vor und legt umfassend Rechenschaft über sein Verständnis des Evangeliums ab; zugleich nutzt er die Gelegenheit, sich gegen Missverständnisse seiner Botschaft abzugrenzen. Das Ergebnis ist ein eindrucksvoll strukturierter Brief, den man nicht grundlos das „Testament des Paulus" genannt hat.

Der erste große Hauptteil (1–11) dient der argumentativen Entfaltung der These: Heil für alle – Juden und Heiden (1,16f.). Bevor er das Evangelium Jesu Christi als Botschaft von der den Menschen aus Glauben rettenden Gerechtigkeit Gottes vorstellt (3,21–5,21), deckt Paulus die Heillosigkeit der Welt ohne Evangelium auf (1,18–3,20): Kein Mensch – weder aus der Völkerwelt (1,18–32) noch erst recht aus Israel (2,1–3,20) – soll sich über seine Verlorenheit in Sünde und Tod Illusionen machen. Anschließend (6,1–8,17) wendet er sich gegen das Missverständnis, dass die Überzeugung, Jesus Christus und nicht das Gesetz sei der einzige Heilsweg, zur Abwertung des Gesetzes und in Konsequenz zu einer Entwertung des Ethos führe. Eindringlich erklärt er: Der Mensch wird erst durch die Taufe auf den Tod Jesu zum wahren Gehorsam gegen Gott und zu einem im Geist erfüllten Leben befreit; in Christus ist er befähigt, „die Forderung des Gesetzes" zu „erfüllen" (8,4), die ohne den Geist, der den Menschen erneuert, in ihr Gegenteil verkehrt würde (7,7–23). Die Entfaltung des Evangeliums als Grund der Hoffnung in allem Leiden (8,18–39; vgl. 5,1–11) führt dessen positive Darstellung zu ihrem Höhepunkt. Danach geht Paulus auf den zweiten Vorwurf gegen ihn ein (9–11): Sein Evangelium für die Heiden führe zur Israelvergessenheit. Demgegenüber zeigt er, dass Gottes Verheißung für Israel durch das Nein vieler Juden zum Evangelium nicht hinfällig geworden ist, sondern sich über den Umweg der weltweiten Heidenmission in der Rettung ganz Israels durch den wiederkommenden Messias Jesus bewahrheiten wird.

Der zweite große Hauptteil (12,1–15,13) bietet als Konsequenz aus dem Evangelium Weisungen für das Leben der Gemeinde, zuerst grundsätzliche (12,1–13,14), dann auf die Situation der Christen in Rom bezogene konkrete Weisungen (14,1–15,6). In der Zusammenfassung (15,7–13) rückt Paulus die Mahnung an die Adressaten zu gegenseitigem Respekt in den großen Horizont seines Denkens, das durch den Gedanken der Einheit von Juden und Heiden beseelt ist.

Der Briefschluss enthält die Reisepläne des Paulus, ausführliche Grüße sowie letzte Ermahnungen (15,14–16,24). Ihm ist auch zu entnehmen, dass er seinen Brief einer Botin anvertraut hat, einer nach Rom reisenden Geschäftsfrau mit Namen Phoebe aus Kenchreä, die für die dortige Gemeinde Verantwortung trug und der er wohl auch zutraute, bei Rückfragen der Adressaten etwas zu seinem Schreiben zu sagen. Ein großer Lobpreis (16,25–27) bildet den feierlichen Abschluss.

Der Bedeutung des Römerbriefs als einer umfassenden theologischen Auslegung des Evangeliums entspricht seine programmatische Stellung am Anfang der Sammlung der Paulusbriefe. So schließt er organisch an die letzte Szene der Apostelgeschichte an, die mit der freimütigen Verkündigung des Evangeliums durch Paulus in Rom endet.

Das Schreiben des Apostels lädt dazu ein, nicht nur über das Verhältnis von Israel und der Kirche, sondern auch über das Miteinander der Christen auf dem alle verbindenden Fundament des einen Evangeliums von Jesus Christus nachzudenken.

Anschrift und Gruß

1,1–7

1

¹ Paulus, Knecht Christi Jesu, berufen zum Apostel, ausgesondert, das Evangelium Gottes zu verkünden, ² das er durch seine Propheten im Voraus verheißen hat in heiligen Schriften: ³ das Evangelium von seinem Sohn, der dem Fleisch nach geboren ist als Nachkomme Davids, ⁴ der dem Geist der Heiligkeit nach eingesetzt ist als Sohn Gottes in Macht seit der Auferstehung von den Toten, das Evangelium von Jesus Christus, unserem Herrn. ⁵ Durch ihn haben wir Gnade und Apostelamt empfangen, um unter allen Heiden Glaubensgehorsam aufzurichten um seines Namens willen; ⁶ unter ihnen lebt auch ihr, die ihr von Jesus Christus berufen seid. ⁷ An alle in Rom, die von Gott geliebt sind, die berufenen Heiligen: Gnade sei mit euch und Friede von Gott, unserem Vater, und dem Herrn Jesus Christus.

Danksagung und Thema des Briefes

1,8–17

⁸ Zunächst danke ich meinem Gott durch Jesus Christus für euch alle, weil euer Glaube in der ganzen Welt bekannt gemacht wird. ⁹ Denn Gott, dem ich mit der Verkündigung des Evangeliums von seinem Sohn mit ganzem Herzen diene, ist mein Zeuge: Unablässig denke ich an euch ¹⁰ in allen meinen Gebeten und bitte darum, es möge mir durch Gottes Willen endlich gelingen, zu euch zu kommen. ¹¹ Denn ich sehne mich danach, euch zu sehen; ich möchte euch ein wenig mit geistlicher Gnadengabe beschenken, damit ihr gestärkt werdet, ¹² oder besser: damit wir, wenn ich bei euch bin, miteinander Zuspruch empfangen durch den gemeinsamen Glauben, euren und meinen. ¹³ Ihr sollt wissen, Brüder und Schwestern, dass ich mir schon oft vorgenommen habe, zu euch zu kommen, aber bis heute daran gehindert wurde; denn wie bei den anderen Heiden soll meine Arbeit auch bei euch etwas Frucht bringen. ¹⁴ Griechen und Nichtgriechen, Gebildeten und Ungebildeten bin ich verpflichtet; ¹⁵ deshalb bin ich, soviel an mir liegt, bereit, auch euch in Rom das Evangelium zu verkünden. ¹⁶ Denn ich schäme mich des Evangeliums nicht: Es ist eine Kraft Gottes zur Rettung für jeden, der glaubt, zuerst für den Juden, aber ebenso für den Griechen. ¹⁷ Denn in ihm wird die Gerechtigkeit Gottes offenbart aus Glauben zum Glauben, wie geschrieben steht: *Der aus Glauben Gerechte wird leben.*

Die Heillosigkeit der Welt ohne das Evangelium

1,18–3,20

Prophetische Gerichtsrede gegen die Menschen aus der Völkerwelt

¹⁸ Denn der Zorn Gottes wird vom Himmel herab offenbart wider alle Gottlosigkeit und Ungerechtigkeit der Menschen, die die Wahrheit durch Ungerechtigkeit niederhalten. ¹⁹ Denn es ist ihnen offenbar, was man von Gott erkennen kann; Gott hat es ihnen offenbart. ²⁰ Seit Erschaffung der Welt wird nämlich seine unsichtbare Wirklichkeit an den Werken der Schöpfung mit der Vernunft wahrgenommen, seine ewige Macht und Gottheit. Daher sind sie unentschuldbar. ²¹ Denn obwohl sie Gott erkannt haben, haben sie ihn nicht als Gott geehrt und ihm nicht gedankt, sondern verfielen in ihren Gedanken der Nichtigkeit und ihr unverständiges Herz wurde verfinstert. ²² Sie behaupteten, weise zu sein, und wurden zu Toren ²³ und sie vertauschten die Herrlichkeit des unvergänglichen Gottes mit Bildern, die einen vergänglichen Menschen und fliegende, vierfüßige und kriechende Tiere darstellen. ²⁴ Darum lieferte Gott sie durch die Begierden ihres Herzens der Unreinheit aus, sodass sie ihren Leib durch ihr eigenes Tun entehrten. ²⁵ Sie vertauschten die Wahrheit Gottes mit der Lüge, sie beteten das Geschöpf an und verehrten es anstelle des Schöpfers – gepriesen ist er in Ewigkeit. Amen. ²⁶ Darum lieferte Gott sie entehrenden Leidenschaften aus: Ihre Frauen vertauschten den natürlichen Verkehr mit dem widernatürlichen; ²⁷ ebenso gaben auch die Männer den natürlichen Verkehr mit der Frau auf und entbrannten in Begierde zueinander; Männer treiben mit Männern Unzucht und erhalten den ihnen gebührenden Lohn für ihre Verirrung. ²⁸ Und da sie es nicht für wert erachteten, sich gemäß ihrer Erkenntnis an Gott zu halten, lieferte Gott sie einem haltlosen Denken aus, sodass sie tun, was sich nicht gehört: ²⁹ Sie sind voll Ungerechtigkeit, Schlechtigkeit, Habgier und Bosheit, voll Neid, Mord, Streit, List und Tücke, sie verleumden ³⁰ und treiben üble Nachrede, sie hassen Gott, sind überheblich, hochmütig und prahlerisch, erfinderisch im Bösen und ungehorsam gegen die Eltern, ³¹ sie sind unverständig und haltlos, ohne Liebe und Erbarmen. ³² Sie erkennen, dass Gottes Rechtsordnung bestimmt: Wer so handelt, verdient den Tod. Trotzdem tun sie es nicht nur selbst, sondern stimmen bereitwillig auch denen zu, die so handeln.

2

2,1–29

Prophetische Gerichtsrede gegen die Juden

¹ Darum bist du unentschuldbar – wer du auch bist, o Mensch –, wenn du richtest. Denn worin du den andern richtest, darin verurteilst du dich selbst, weil du, der Richtende, dasselbe tust. ² Wir wissen aber, dass Gottes Gericht über alle, die solche Dinge tun, der Wahrheit entspricht. ³ Meinst du etwa, o Mensch, du könntest dem Gericht Gottes entrinnen, wenn du die richtest, die solche Dinge tun, und dasselbe tust wie sie? ⁴ Oder verachtest du den Reichtum seiner Güte, Geduld und Langmut? Weißt du nicht, dass Gottes Güte dich zur Umkehr treibt? ⁵ Weil du aber starrsinnig bist und dein Herz nicht umkehrt, sammelst du Zorn gegen dich für den Tag des Zornes, den Tag der Offenbarung von Gottes gerechtem Gericht. ⁶ *Er wird jedem vergelten, wie es seine Taten verdienen:* ⁷ Denen, die beharrlich Gutes tun und Herrlichkeit, Ehre und Unvergänglichkeit erstreben, gibt er ewiges Leben, ⁸ denen aber, die selbstsüchtig sind und nicht der Wahrheit gehorchen, sondern der Ungerechtigkeit, widerfährt Zorn und Grimm. ⁹ Not und Bedrängnis wird das Leben eines jeden Menschen treffen, der das Böse tut, zuerst den Juden, aber ebenso den Griechen; ¹⁰ doch Herrlichkeit, Ehre und Friede werden jedem zuteil, der das Gute tut, zuerst dem Juden, aber ebenso dem Griechen; ¹¹ denn es gibt bei Gott kein Ansehen der Person.

¹² Denn die ohne das Gesetz sündigten, werden auch ohne das Gesetz zugrunde gehen, und die unter dem Gesetz sündigten, werden durch das Gesetz gerichtet werden. ¹³ Denn nicht die sind vor Gott gerecht, die das Gesetz hören, sondern die das Gesetz tun, die werden für gerecht erklärt werden. ¹⁴ **Denn** wenn Heiden, die das Gesetz nicht haben, von Natur aus das tun, was im Gesetz gefordert ist, so sind sie, die das Gesetz nicht haben, sich selbst Gesetz. ¹⁵ Sie zeigen damit, dass ihnen die Forderung des Gesetzes ins Herz geschrieben ist; ihr Gewissen legt Zeugnis davon ab, ihre Gedanken klagen sich gegenseitig an und verteidigen sich – ¹⁶ an jenem Tag, an dem Gott, wie ich es in meinem Evangelium verkünde, das, was im Menschen verborgen ist, durch Jesus Christus richten wird.

¹⁷ Wenn du dich aber Jude nennst, dich auf das Gesetz verlässt und dich Gottes rühmst, ¹⁸ seinen Willen kennst und, belehrt aus dem Gesetz, zu beurteilen weißt, worauf es ankommt; ¹⁹ wenn du dir zutraust, Führer zu sein für Blinde, Licht für die in der Finsternis, ²⁰ Erzieher der Unverständigen, Lehrer der Unmündigen, da du im Gesetz die Verkörperung von Erkenntnis und Wahrheit besitzt. – ²¹ Du belehrst also andere Menschen, aber dich selbst belehrst du nicht? Du predigst: Du sollst nicht stehlen! und du stiehlst? ²² Du sagst: Du sollst die Ehe nicht brechen! und brichst sie? Du verabscheust die Götzenbilder, begehst aber Tempelraub? ²³ Du rühmst dich des Gesetzes, entehrst aber Gott durch Übertreten des Gesetzes. ²⁴ *Denn euretwegen wird unter den Heiden der Name Gottes gelästert,* wie geschrieben steht.

²⁵ Die Beschneidung ist nämlich nützlich, wenn du das Gesetz befolgst; übertrittst du jedoch das Gesetz, so bist du trotz deiner Beschneidung zum Unbeschnittenen geworden. ²⁶ Wenn aber der Unbeschnittene die Forderungen des Gesetzes beachtet, wird dann nicht sein Unbeschnittensein als Beschneidung angerechnet werden? ²⁷ Der leiblich Unbeschnittene, der das Gesetz erfüllt, wird dich richten, weil du trotz Buchstabe und Beschneidung ein Übertreter des Gesetzes bist. ²⁸ Denn Jude ist nicht, wer es nach außen hin ist, und Beschneidung ist nicht, was sichtbar am Fleisch geschieht, ²⁹ sondern Jude ist, wer es im Verborgenen ist, und Beschneidung ist, was am Herzen durch den Geist, nicht durch den Buchstaben geschieht. Der Ruhm eines solchen Juden kommt nicht von Menschen, sondern von Gott.

3

3,1–20

Gottes Treue angesichts der Sünde der Menschen

¹ Was ist nun der Vorzug der Juden, was der Nutzen der Beschneidung? ² Er ist groß in jeder Hinsicht. Vor allem: Ihnen sind die Worte Gottes anvertraut. ³ Denn was macht das schon: Wenn einige untreu wurden, wird dann etwa ihre Untreue die Treue Gottes aufheben? ⁴ Keineswegs! Gott soll sich vielmehr als wahrhaftig erweisen, jeder Mensch aber als Lügner, wie geschrieben steht:

Damit du recht behältst mit deinen Worten und den Sieg davonträgst, wenn man mit dir rechtet.

⁵ Wenn aber unsere Ungerechtigkeit die Gerechtigkeit Gottes bestätigt, was sagen wir dann? Ist Gott – ich frage sehr menschlich – nicht ungerecht, wenn er seinen Zorn verhängt? ⁶ Keineswegs! Denn wie könnte Gott die Welt sonst richten? ⁷ Wenn aber die Wahrhaftigkeit Gottes sich durch meine Unwahrhaftigkeit als groß erwiesen hat und so Gott verherrlicht wird, warum werde ich dann als Sünder gerichtet? ⁸ Und gilt am Ende das, womit man uns verleumdet und was einige uns in den Mund legen: Lasst uns Böses tun, damit Gutes entsteht? Diese Leute werden mit Recht verurteilt.

⁹ Was heißt das nun? Sind wir im Vorteil? Nicht unbedingt. Denn wir haben vorher die Anklage erhoben, dass alle, Juden wie Griechen, unter der Herrschaft der Sünde stehen, ¹⁰ wie geschrieben steht:

Es gibt keinen, der gerecht ist, / auch nicht einen;
¹¹ *es gibt keinen Verständigen, / keinen, der Gott sucht.*
¹² *Alle sind abtrünnig geworden, / alle miteinander taugen nichts.*
Es gibt keinen, der Gutes tut, / auch nicht einen Einzigen.
¹³ *Ihre Kehle ist ein offenes Grab, / mit ihrer Zunge betrügen sie; / Schlangengift ist auf ihren Lippen.*
¹⁴ *Ihr Mund ist voll Fluch und Gehässigkeit.*
¹⁵ *Schnell sind ihre Füße, Blut zu vergießen; /* ¹⁶ *Verderben und Unheil sind auf ihren Wegen /* ¹⁷ *und den Weg des Friedens kennen sie nicht.*
¹⁸ *Die Gottesfurcht steht ihnen nicht vor Augen.*

¹⁹ Wir wissen aber: Was das Gesetz sagt, sagt es denen, die unter dem Gesetz leben, damit jeder Mund gestopft und die ganze Welt vor Gott schuldig wird. ²⁰ Denn aus Werken des Gesetzes wird niemand vor ihm gerecht werden; denn durch das Gesetz kommt es nur zur Erkenntnis der Sünde.

Die Offenbarung des Heils im Evangelium

3,21–5,21

Das Kreuz Jesu als Heilsort für alle Menschen

²¹ Jetzt aber ist unabhängig vom Gesetz die Gerechtigkeit Gottes offenbart worden, bezeugt vom Gesetz und von den Propheten: ²² die Gerechtigkeit Gottes durch Glauben an Jesus Christus, offenbart für alle, die glauben. Denn es gibt keinen Unterschied: ²³ Alle haben ja gesündigt und die Herrlichkeit Gottes verloren. ²⁴ Umsonst werden sie gerecht, dank seiner Gnade, durch die Erlösung in Christus Jesus. ²⁵ Ihn hat Gott aufgerichtet als Sühnemal – wirksam durch Glauben – in seinem Blut, zum Erweis seiner Gerechtigkeit durch die Vergebung der Sünden, die früher, ²⁶ in der Zeit der Geduld Gottes, begangen wurden; ja zum Erweis seiner Gerechtigkeit in der gegenwärtigen Zeit, um zu zeigen: Er selbst ist gerecht und macht den gerecht, der aus Glauben an Jesus lebt.

²⁷ Wo bleibt da noch das Rühmen? Es ist ausgeschlossen. Durch welches Gesetz? Durch das der Werke? Nein, durch das Gesetz des Glaubens. ²⁸ Denn wir sind der Überzeugung, dass der Mensch gerecht wird durch Glauben, unabhängig von Werken des Gesetzes. ²⁹ Oder ist Gott nur der Gott der Juden, nicht auch der Heiden? Ja, auch der Heiden, ³⁰ da doch gilt: Gott ist der Eine. Er wird aufgrund des Glaubens sowohl die Beschnittenen wie die Unbeschnittenen gerecht machen. ³¹ Setzen wir also durch den Glauben das Gesetz außer Kraft? Im Gegenteil, wir richten das Gesetz auf.

4

4,1–25

Abraham – Vater aller Glaubenden, der Juden wie auch der Heiden

¹ Was sollen wir nun von Abraham sagen, was hat er erlangt, unser leiblicher Stammvater? ² Wenn Abraham aufgrund von Werken Gerechtigkeit erlangt hat, dann hat er zwar Ruhm, aber nicht vor Gott. ³ Denn was sagt die Schrift? *Abraham glaubte Gott und das wurde ihm als Gerechtigkeit angerechnet.* ⁴ Dem, der Werke tut, wird der Lohn nicht aus Gnade angerechnet, sondern weil er ihm zusteht. ⁵ Dem aber, der keine Werke tut, sondern an den glaubt, der den Gottlosen gerecht macht, dem wird sein Glaube als Gerechtigkeit angerechnet. ⁶ So preist auch David den Menschen selig, dem Gott Gerechtigkeit unabhängig von Werken anrechnet:

⁷ *Selig sind die, deren Frevel vergeben / und deren Sünden bedeckt sind.*
⁸ *Selig ist der Mensch, / dem der Herr die Sünde nicht anrechnet.*

⁹ Gilt nun diese Seligpreisung nur den Beschnittenen oder auch den Unbeschnittenen? Wir sagen ja: Abraham wurde der Glaube als Gerechtigkeit angerechnet. ¹⁰ Wie wurde er aber angerechnet: als er beschnitten oder als er unbeschnitten war? Nicht als er beschnitten, sondern als er noch unbeschnitten war. ¹¹ Und das Zeichen der Beschneidung empfing er zur Besiegelung der Glaubensgerechtigkeit, die ihm als Unbeschnittenem zuteilwurde; also ist er der Vater aller, die als Unbeschnittene glauben, sodass ihnen die Gerechtigkeit angerechnet wird, ¹² und er ist der Vater jener Beschnittenen, die nicht nur beschnitten sind, sondern auch den Spuren des Glaubens folgen, des Glaubens, den unser Vater Abraham schon vor seiner Beschneidung hatte.

¹³ Denn Abraham und seine Nachkommen erhielten nicht aufgrund des Gesetzes die Verheißung, Erben der Welt zu sein, sondern aufgrund der Glaubensgerechtigkeit. ¹⁴ Wenn nämlich jene Erben sind, die aus dem Gesetz leben, dann ist der Glaube entleert und die Verheißung außer Kraft gesetzt. ¹⁵ Denn das Gesetz bewirkt Zorn; wo aber kein Gesetz ist, da ist auch keine Übertretung. ¹⁶ Deshalb gilt: aus Glauben, damit auch gilt: aus Gnade. Nur so bleibt die Verheißung für die ganze Nachkommenschaft gültig, nicht nur für die, welche aus dem Gesetz, sondern auch für die, welche aus dem Glauben Abrahams leben. Er ist unser aller Vater, ¹⁷ wie geschrieben steht: *Ich habe dich zum Vater vieler Völker bestimmt* – im Angesicht des Gottes, dem er geglaubt hat, des Gottes, der die Toten lebendig macht und das, was nicht ist, ins Dasein ruft. ¹⁸ Gegen alle Hoffnung hat er voll Hoffnung geglaubt, dass er der Vater vieler Völker werde, nach dem Wort: So zahlreich werden deine Nachkommen sein. ¹⁹ Ohne im Glauben schwach zu werden, bedachte er, der fast Hundertjährige, dass sein Leib und auch Saras Mutterschoß schon erstorben waren. ²⁰ Er zweifelte aber nicht im Unglauben an der Verheißung Gottes, sondern wurde stark im Glauben, indem er Gott die Ehre erwies, ²¹ fest davon überzeugt, dass Gott die Macht besitzt, auch zu tun, was er verheißen hat. ²² Darum wurde es ihm auch als Gerechtigkeit angerechnet.

²³ Doch nicht allein um seinetwillen steht geschrieben: *Es wurde ihm angerechnet,* ²⁴ sondern auch um unseretwillen, denen es angerechnet werden soll, uns, die wir an den glauben, der Jesus, unseren Herrn, von den Toten auferweckt hat. ²⁵ Wegen unserer Verfehlungen wurde er hingegeben, / wegen unserer Gerechtmachung wurde er auferweckt.

5

5,1–21

Hoffnung auf die Verwirklichung des Heils

¹ Gerecht gemacht also aus Glauben, haben wir Frieden mit Gott durch Jesus Christus, unseren Herrn. ² Durch ihn haben wir auch im Glauben den Zugang zu der Gnade erhalten, in der wir stehen, und rühmen uns der Hoffnung auf die Herrlichkeit Gottes. ³ Mehr noch, wir rühmen uns ebenso der Bedrängnisse; denn wir wissen: Bedrängnis bewirkt Geduld, ⁴ Geduld aber Bewährung, Bewährung Hoffnung. ⁵ Die Hoffnung aber lässt nicht zugrunde gehen; denn die Liebe Gottes ist ausgegossen in unsere Herzen durch den Heiligen Geist, der uns gegeben ist. ⁶ Denn Christus ist, als wir noch schwach

waren, für die zu dieser Zeit noch Gottlosen gestorben. ⁷Dabei wird nur schwerlich jemand für einen Gerechten sterben; vielleicht wird er jedoch für einen guten Menschen sein Leben wagen. ⁸Gott aber erweist seine Liebe zu uns darin, dass Christus für uns gestorben ist, als wir noch Sünder waren. ⁹Nachdem wir jetzt durch sein Blut gerecht gemacht sind, werden wir durch ihn erst recht vor dem Zorn gerettet werden. ¹⁰Da wir mit Gott versöhnt wurden durch den Tod seines Sohnes, als wir noch Gottes Feinde waren, werden wir erst recht, nachdem wir versöhnt sind, gerettet werden durch sein Leben. ¹¹Mehr noch, ebenso rühmen wir uns Gottes durch Jesus Christus, unseren Herrn, durch den wir jetzt schon die Versöhnung empfangen haben.

Adam und Christus oder vergebliches und erfülltes Menschsein

¹²Deshalb: Wie durch einen einzigen Menschen die Sünde in die Welt kam und durch die Sünde der Tod und auf diese Weise der Tod zu allen Menschen gelangte, weil alle sündigten – ¹³Sünde war nämlich schon vor dem Gesetz in der Welt, aber Sünde wird nicht angerechnet, wo es kein Gesetz gibt; ¹⁴dennoch herrschte der Tod von Adam bis Mose auch über die, welche nicht durch Übertreten eines Gebots gesündigt hatten wie Adam, der ein Urbild des Kommenden ist. ¹⁵Doch anders als mit der Übertretung verhält es sich mit der Gnade; sind durch die Übertretung des einen die vielen dem Tod anheimgefallen, so ist erst recht die Gnade Gottes und die Gabe, die durch die Gnadentat des einen Menschen Jesus Christus bewirkt worden ist, den vielen reichlich zuteilgeworden. ¹⁶Und anders als mit dem, was durch den einen Sünder verursacht wurde, verhält es sich mit dieser Gabe: Denn das Gericht führt wegen eines Einzigen zur Verurteilung, die Gnade führt aus vielen Übertretungen zur Gerechtsprechung. ¹⁷Denn ist durch die Übertretung des einen der Tod zur Herrschaft gekommen, durch diesen einen, so werden erst recht diejenigen, denen die Gnade und die Gabe der Gerechtigkeit reichlich zuteilwurde, im Leben herrschen durch den einen, Jesus Christus. ¹⁸Wie es also durch die Übertretung eines Einzigen für alle Menschen zur Verurteilung kam, so kommt es auch durch die gerechte Tat eines Einzigen für alle Menschen zur Gerechtsprechung, die Leben schenkt. ¹⁹Denn wie durch den Ungehorsam des einen Menschen die vielen zu Sündern gemacht worden sind, so werden auch durch den Gehorsam des einen die vielen zu Gerechten gemacht werden. ²⁰Das Gesetz aber ist dazwischen hineingekommen, damit die Übertretung mächtiger werde; wo jedoch die Sünde mächtig wurde, da ist die Gnade übergroß geworden, ²¹damit, wie die Sünde durch den Tod herrschte, so auch die Gnade herrsche durch Gerechtigkeit zum ewigen Leben, durch Jesus Christus, unseren Herrn.

Zum Gehorsam befreit durch das Evangelium

6,1–8,17

6

6,1–23

Ermöglichung eines neuen Lebens durch die Taufe

¹Was sollen wir nun sagen? Sollen wir an der Sünde festhalten, damit die Gnade umso mächtiger werde? ²Keineswegs! Wie können wir, die wir für die Sünde tot sind, noch in ihr leben? ³Wisst ihr denn nicht, dass wir, die wir auf Christus Jesus getauft wurden, auf seinen Tod getauft worden sind? ⁴Wir wurden ja mit ihm begraben durch die Taufe auf den Tod, damit auch wir, so wie Christus durch die Herrlichkeit des Vaters von den Toten auferweckt wurde, in der Wirklichkeit des neuen Lebens wandeln. ⁵Wenn wir nämlich mit der Gestalt seines Todes verbunden wurden, dann werden wir es auch mit der seiner Auferstehung sein. ⁶Wir wissen doch: Unser alter Mensch wurde mitgekreuzigt, damit der von der Sünde beherrschte Leib vernichtet werde, sodass wir nicht mehr Sklaven der Sünde sind. ⁷Denn wer gestorben ist, der ist frei geworden von der Sünde. ⁸Sind wir nun mit Christus gestorben, so glauben wir, dass wir auch mit ihm leben werden. ⁹Wir wissen, dass Christus, von den Toten auferweckt, nicht mehr stirbt; der Tod hat keine Macht mehr über ihn. ¹⁰Denn durch sein Sterben ist er ein für alle Mal gestorben für die Sünde, sein Leben aber lebt er für Gott. ¹¹So begreift auch ihr euch als Menschen, die für die Sünde tot sind, aber für Gott leben in Christus Jesus. ¹²Daher soll die Sünde nicht mehr in eurem sterblichen Leib herrschen, sodass ihr seinen Begierden gehorcht. ¹³Stellt eure Glieder nicht der Sünde zur Verfügung als Waffen der Ungerechtigkeit, sondern stellt euch Gott zur Verfügung als Menschen, die aus Toten zu Lebenden geworden sind, und stellt eure Glieder als Waffen der Gerechtigkeit in den Dienst Gottes! ¹⁴Denn die Sünde wird nicht mehr über euch herrschen; denn ihr steht nicht unter dem Gesetz, sondern unter der Gnade.

¹⁵Was heißt das nun? Sollen wir sündigen, weil wir nicht unter dem Gesetz stehen, sondern unter der Gnade? Keineswegs! ¹⁶Wisst ihr nicht: Wenn ihr euch als Sklaven zum Gehorsam verpflichtet, dann seid ihr Sklaven dessen, dem ihr gehorchen müsst; ihr seid entweder Sklaven der Sünde, die zum Tod führt, oder des Gehorsams, der zur Gerechtigkeit führt. ¹⁷Gott aber sei Dank; denn ihr wart Sklaven der Sünde, seid jedoch von Herzen der Gestalt der Lehre gehorsam geworden, an die ihr übergeben wurdet. ¹⁸Ihr wurdet aus der Macht der Sünde befreit und seid zu Sklaven der Gerechtigkeit geworden. ¹⁹Wegen eures schwachen Fleisches rede ich nach Menschenweise: Wie ihr eure Glieder in den Dienst der Unreinheit und der Ge-

setzlosigkeit gestellt habt, sodass ihr gesetzlos wurdet, so stellt jetzt eure Glieder in den Dienst der Gerechtigkeit, sodass ihr heilig werdet! ²⁰ Denn als ihr Sklaven der Sünde wart, da wart ihr der Gerechtigkeit gegenüber frei. ²¹ Welche Frucht hattet ihr damals? Es waren Dinge, deren ihr euch jetzt schämt; denn sie bringen den Tod. ²² Jetzt aber, da ihr aus der Macht der Sünde befreit und zu Sklaven Gottes geworden seid, habt ihr eine Frucht, die zu eurer Heiligung führt und das ewige Leben bringt. ²³ Denn der Lohn der Sünde ist der Tod, die Gabe Gottes aber ist das ewige Leben in Christus Jesus, unserem Herrn.

7

7,1–25

Freiheit vom Gesetz – Erneuerung im Geist

¹ Wisst ihr denn nicht, Brüder und Schwestern – ich rede doch zu Leuten, die das Gesetz kennen –, dass das Gesetz für einen Menschen nur Geltung hat, solange er lebt? ² So ist die Ehefrau durch das Gesetz an ihren Mann gebunden, solange er lebt; wenn ihr Mann aber stirbt, ist sie frei von dem Gesetz, das die Frau an den Mann bindet. ³ Wenn sie darum zu Lebzeiten des Mannes einem anderen gehört, wird sie Ehebrecherin genannt; ist aber der Mann gestorben, dann ist sie frei vom Gesetz und wird nicht zur Ehebrecherin, wenn sie einem anderen gehört. ⁴ Ebenso seid auch ihr, meine Brüder und Schwestern, durch das Sterben Christi tot für das Gesetz, sodass ihr einem anderen gehört, dem, der von den Toten auferweckt wurde, damit wir Gott Frucht bringen. ⁵ Denn als wir noch dem Fleisch verfallen waren, wirkten sich die Leidenschaften der Sünden, die durch das Gesetz hervorgerufen wurden, so in unseren Gliedern aus, dass wir dem Tod Frucht brachten. ⁶ Jetzt aber sind wir frei geworden vom Gesetz, dem gestorben, woran wir gebunden waren, sodass wir in der neuen Wirklichkeit des Geistes dienen, nicht mehr in der alten Wirklichkeit des Buchstabens.

Das alte Leben unter dem Gesetz

⁷ Was sollen wir nun sagen? Ist das Gesetz Sünde? Keineswegs! Jedoch habe ich die Sünde nur durch das Gesetz erkannt. Ich hätte ja von der Begierde nichts gewusst, wenn nicht das Gesetz gesagt hätte: *Du sollst nicht begehren.* ⁸ Die Sünde aber ergriff die Gelegenheit, die ihr durch das Gebot gegeben war, und bewirkte in mir alle Begierde, denn ohne das Gesetz war die Sünde tot. ⁹ Ich aber lebte einst ohne das Gesetz; aber als das Gebot kam, wurde die Sünde lebendig, ¹⁰ ich dagegen starb und musste erfahren, dass dieses Gebot, das zum Leben führen sollte, mir den Tod brachte. ¹¹ Denn nachdem die Sünde die Gelegenheit ergriffen hatte, die ihr durch das Gebot gegeben war, täuschte und tötete sie mich durch das Gebot. ¹² Deshalb ist das Gesetz heilig und das Gebot ist heilig, gerecht und gut.

¹³ Ist dann etwa das Gute mir zum Tod geworden? Keineswegs! Sondern die Sünde verursachte, damit sie als Sünde offenbar werde, mir durch das Gute den Tod; denn durch das Gebot sollte die Sünde sich in ihrem ganzen Ausmaß als Sünde erweisen. ¹⁴ Wir wissen nämlich, dass das Gesetz selbst vom Geist bestimmt ist; ich aber bin fleischlich, das heißt: verkauft unter die Sünde. ¹⁵ Denn was ich bewirke, begreife ich nicht: Ich tue nicht das, was ich will, sondern das, was ich hasse. ¹⁶ Wenn ich aber das tue, was ich nicht will, erkenne ich an, dass das Gesetz gut ist. ¹⁷ Dann aber bin nicht mehr ich es, der dies bewirkt, sondern die in mir wohnende Sünde. ¹⁸ Ich weiß nämlich, dass in mir, das heißt in meinem Fleisch, nichts Gutes wohnt: Das Wollen ist bei mir vorhanden, aber ich vermag das Gute nicht zu verwirklichen. ¹⁹ Denn ich tue nicht das Gute, das ich will, sondern das Böse, das ich nicht will, das vollbringe ich. ²⁰ Wenn ich aber das tue, was ich nicht will, dann bin nicht mehr ich es, der es bewirkt, sondern die in mir wohnende Sünde.

²¹ Ich stoße also auf das Gesetz, dass in mir das Böse vorhanden ist, obwohl ich das Gute tun will. ²² Denn in meinem Innern freue ich mich am Gesetz Gottes, ²³ ich sehe aber ein anderes Gesetz in meinen Gliedern, das mit dem Gesetz meiner Vernunft im Streit liegt und mich gefangen hält im Gesetz der Sünde, das in meinen Gliedern herrscht. ²⁴ Ich elender Mensch! Wer wird mich aus diesem dem Tod verfallenen Leib erretten?

Das neue Leben im Geist Gottes

²⁵ Dank aber sei Gott durch Jesus Christus, unseren Herrn! Es ergibt sich also, dass ich mit meiner Vernunft dem Gesetz Gottes diene, mit dem Fleisch aber dem Gesetz der Sünde.

8

8,1–17

¹ Jetzt also gibt es keine Verurteilung mehr für die, welche in Christus Jesus sind. ² Denn das Gesetz des Geistes und des Lebens in Christus Jesus hat dich frei gemacht vom Gesetz der Sünde und des Todes. ³ Denn weil das Gesetz, ohnmächtig durch das Fleisch, nichts vermochte, sandte Gott seinen Sohn in der Gestalt des Fleisches, das unter der Macht der Sünde steht, wegen der Sünde, um die Sünde im Fleisch zu verurteilen; ⁴ dies tat er, damit die Forderung des Gesetzes durch uns erfüllt werde, die wir nicht nach dem Fleisch, sondern nach dem Geist leben. ⁵ Denn diejenigen, die vom Fleisch bestimmt sind, trachten nach dem, was dem Fleisch entspricht, die aber vom Geist bestimmt sind, nach dem, was dem Geist entspricht. ⁶ Denn das Trachten des Fleisches führt zum Tod, das Trachten des Geistes aber zu Leben und Frieden. ⁷ Denn das Trachten des Fleisches ist Feindschaft gegen Gott; es unterwirft sich nämlich nicht dem Gesetz Gottes und kann es auch nicht. ⁸ Wer aber vom Fleisch bestimmt ist, kann Gott nicht gefallen. ⁹ Ihr aber seid nicht vom Fleisch, sondern vom Geist bestimmt, da ja der Geist Gottes in euch wohnt. Wer aber den Geist Christi nicht hat, der gehört nicht zu ihm. ¹⁰ Wenn aber Christus in euch ist, dann ist zwar der Leib tot aufgrund der Sünde, der Geist aber ist Leben aufgrund der Gerechtigkeit. ¹¹ Wenn aber der Geist dessen in euch wohnt, der Jesus von den Toten auferweckt hat, dann wird er, der Christus von den Toten auferweckt hat, auch eure sterblichen Leiber lebendig machen, durch seinen Geist, der in euch wohnt.

Erfülltes Leben der Söhne und Töchter Gottes

[12] Wir sind also nicht dem Fleisch verpflichtet, Brüder und Schwestern, sodass wir nach dem Fleisch leben müssten. [13] Denn wenn ihr nach dem Fleisch lebt, müsst ihr sterben; wenn ihr aber durch den Geist die sündigen Taten des Leibes tötet, werdet ihr leben. [14] Denn die sich vom Geist Gottes leiten lassen, sind Kinder Gottes. [15] Denn ihr habt nicht einen Geist der Knechtschaft empfangen, sodass ihr immer noch Furcht haben müsstet, sondern ihr habt den Geist der Kindschaft empfangen, in dem wir rufen: Abba, Vater! [16] Der Geist selber bezeugt unserem Geist, dass wir Kinder Gottes sind. [17] Sind wir aber Kinder, dann auch Erben; Erben Gottes und Miterben Christi, wenn wir mit ihm leiden, um mit ihm auch verherrlicht zu werden.

Die Gewissheit der Hoffnung in allem Leiden

8,18–39

Das Seufzen der ganzen Schöpfung – Zeichen der Hoffnung

[18] Ich bin nämlich überzeugt, dass die Leiden der gegenwärtigen Zeit nichts bedeuten im Vergleich zu der Herrlichkeit, die an uns offenbar werden soll. [19] Denn die Schöpfung wartet sehnsüchtig auf das Offenbarwerden der Söhne Gottes. [20] Gewiss, die Schöpfung ist der Nichtigkeit unterworfen, nicht aus eigenem Willen, sondern durch den, der sie unterworfen hat, auf Hoffnung hin: [21] Denn auch sie, die Schöpfung, soll von der Knechtschaft der Vergänglichkeit befreit werden zur Freiheit und Herrlichkeit der Kinder Gottes. [22] Denn wir wissen, dass die gesamte Schöpfung bis zum heutigen Tag seufzt und in Geburtswehen liegt. [23] Aber nicht nur das, sondern auch wir, obwohl wir als Erstlingsgabe den Geist haben, auch wir seufzen in unserem Herzen und warten darauf, dass wir mit der Erlösung unseres Leibes als Söhne offenbar werden. [24] Denn auf Hoffnung hin sind wir gerettet. Hoffnung aber, die man schon erfüllt sieht, ist keine Hoffnung. Denn wie kann man auf etwas hoffen, das man sieht? [25] Hoffen wir aber auf das, was wir nicht sehen, dann harren wir aus in Geduld. [26] So nimmt sich auch der Geist unserer Schwachheit an. Denn wir wissen nicht, was wir in rechter Weise beten sollen; der Geist selber tritt jedoch für uns ein mit unaussprechlichen Seufzern. [27] Der die Herzen erforscht, weiß, was die Absicht des Geistes ist. Denn er tritt so, wie Gott es will, für die Heiligen ein. [28] Wir wissen aber, dass denen, die Gott lieben, alles zum Guten gereicht, denen, die gemäß seinem Ratschluss berufen sind; [29] denn diejenigen, die er im Voraus erkannt hat, hat er auch im Voraus dazu bestimmt, an Wesen und Gestalt seines Sohnes teilzuhaben, damit dieser der Erstgeborene unter vielen Brüdern sei. [30] Die er aber vorausbestimmt hat, die hat er auch berufen, und die er berufen hat, die hat er auch gerecht gemacht; die er aber gerecht gemacht hat, die hat er auch verherrlicht.

Der Lobpreis der Gerechtfertigten

[31] Was sollen wir nun dazu sagen? Ist Gott für uns, wer ist dann gegen uns? [32] Er hat seinen eigenen Sohn nicht verschont, sondern ihn für uns alle hingegeben – wie sollte er uns mit ihm nicht alles schenken? [33] Wer kann die Auserwählten Gottes anklagen? Gott ist es, der gerecht macht. [34] Wer kann sie verurteilen? Christus Jesus, der gestorben ist, mehr noch: der auferweckt worden ist, er sitzt zur Rechten Gottes und tritt für uns ein. [35] Was kann uns scheiden von der Liebe Christi? Bedrängnis oder Not oder Verfolgung, Hunger oder Kälte, Gefahr oder Schwert? [36] Wie geschrieben steht: *Um deinetwillen sind wir den ganzen Tag dem Tod ausgesetzt; wir werden behandelt wie Schafe, die man zum Schlachten bestimmt hat.* [37] Doch in alldem tragen wir einen glänzenden Sieg davon durch den, der uns geliebt hat. [38] Denn ich bin gewiss: Weder Tod noch Leben, weder Engel noch Mächte, weder Gegenwärtiges noch Zukünftiges noch Gewalten, [39] weder Höhe oder Tiefe noch irgendeine andere Kreatur können uns scheiden von der Liebe Gottes, die in Christus Jesus ist, unserem Herrn.

Heil für ganz Israel

9,1–11,36

9

9,1–33

Trauer um Israel. Autobiografische Einleitung

[1] Ich sage in Christus die Wahrheit und lüge nicht und mein Gewissen bezeugt es mir im Heiligen Geist: [2] Ich bin voll Trauer, unablässig leidet mein Herz. [3] Ja, ich wünschte selbst verflucht zu sein, von Christus getrennt, um meiner Brüder willen, die der Abstammung nach mit mir verbunden sind. [4] Sie sind Israeliten; ihnen gehören die Sohnschaft, die Herrlichkeit und die Bundesschlüsse; ihnen ist das Gesetz gegeben, der Gottesdienst und die Verheißungen; [5] ihnen gehören die Väter und ihnen entstammt der Christus dem Fleische nach. Gott, der über allem ist, er sei gepriesen in Ewigkeit. Amen.

Israels Väter. Die geheimnisvollen Wege der Erwählung Gottes

[6] Es ist aber keineswegs so, dass Gottes Wort hinfällig geworden ist. Denn nicht alle, die aus Israel stammen, sind Israel; [7] auch sind nicht alle, weil sie Nachkommen Abrahams sind, deshalb schon seine Kinder, sondern es heißt: *In Isaak wird dir Nachkommenschaft berufen.* [8] Das bedeutet: Nicht die Kinder des Fleisches sind Kinder Gottes, sondern die Kinder der Verheißung werden als Nachkommen anerkannt; [9] denn es ist eine Verheißung, wenn gesagt wird: *Um diese Zeit werde ich kommen, dann wird Sara einen Sohn haben.* [10] So war es aber nicht nur bei ihr, sondern auch bei Rebekka, die von einem einzigen Mann empfangen hatte, von unserem Vater Isaak; [11] denn ihre Kinder waren noch nicht geboren und hatten weder Gutes noch

Böses getan; damit aber Gottes freie Wahl und Vorherbestimmung gültig bleibe, ¹² nicht abhängig von Werken, sondern von ihm, der beruft, wurde ihr gesagt: *Der Ältere muss dem Jüngeren dienen;* ¹³ wie geschrieben steht: *Jakob habe ich geliebt, Esau aber gehasst.*

Mose und Pharao. Ein Gespräch über Gott – ein Gott der Willkür?

¹⁴ Was sollen wir nun sagen? Handelt Gott ungerecht? Keineswegs! ¹⁵ Denn zu Mose sagt er: *Ich schenke Erbarmen, wem ich will, und erweise Gnade, wem ich will.* ¹⁶ Also kommt es nicht auf das Wollen und Laufen des Menschen an, sondern auf den sich erbarmenden Gott. ¹⁷ Denn in der Schrift wird zum Pharao gesagt: *Eben dazu habe ich dich bestimmt, dass ich an dir meine Macht zeige und dass auf der ganzen Erde mein Name verkündet wird.* ¹⁸ Er erbarmt sich also, wessen er will, und macht verstockt, wen er will.

¹⁹ Nun wirst du einwenden: Wie kann er dann noch anklagen, wenn niemand seinem Willen zu widerstehen vermag? ²⁰ O Mensch, wer bist du denn, dass du mit Gott rechten willst? *Sagt etwa das Werk zu dem, der es geschaffen hat: Warum hast du mich so gemacht?* ²¹ Ist nicht vielmehr der Töpfer Herr über den Ton? Kann er nicht aus derselben Masse ein Gefäß herstellen zu ehrenhaftem, ein anderes zu unehrenhaftem Gebrauch? ²² Wie aber, wenn Gott in der Absicht, seinen Zorn zu zeigen und seine Macht zu erweisen, die zur Vernichtung bereiteten Gefäße des Zorns mit großer Langmut ertragen hat, ²³ auch um den Reichtum seiner Herrlichkeit an den Gefäßen des Erbarmens zu erweisen, die er zuvor zur Herrlichkeit bestimmt hat? ²⁴ Sie hat er auch berufen, das sind wir, nicht allein aus den Juden, sondern auch aus den Heiden. ²⁵ So spricht er auch bei Hosea: *Ich werde als mein Volk berufen, was nicht mein Volk war, und als Geliebte jene, die nicht geliebt war.* ²⁶ *Und dort, wo ihnen gesagt wurde: Ihr seid nicht mein Volk, dort werden sie gerufen werden: Söhne des lebendigen Gottes.* ²⁷ Und Jesaja ruft über Israel aus: *Wenn auch die Israeliten so zahlreich wären wie der Sand am Meer – nur der Rest wird gerettet werden.* ²⁸ *Denn der Herr wird handeln, indem er sein Wort auf der Erde erfüllt und durchsetzt.* ²⁹ Ebenso hat Jesaja vorhergesagt: *Hätte nicht der Herr Zebaoth uns Nachkommenschaft übrig gelassen, wir wären wie Sodom geworden, wir wären Gomorra gleich.*

Israel und die Heiden auf der Suche nach Gerechtigkeit

³⁰ Was sollen wir nun sagen? Heiden, die nicht der Gerechtigkeit nachjagten, haben Gerechtigkeit empfangen, die Gerechtigkeit aber aus Glauben. ³¹ Israel aber, das dem Gesetz der Gerechtigkeit nachjagte, hat das Gesetz nicht erreicht. ³² Warum? Weil es ihm nicht um die Gerechtigkeit aus Glauben, sondern um die Gerechtigkeit aus Werken ging. Sie stießen sich am Stein des Anstoßes, ³³ wie geschrieben steht: *Siehe, ich richte in Zion einen Stein auf, an dem man anstößt, einen Fels, an dem man zu Fall kommt. Und wer an ihn glaubt, wird nicht zugrunde gehen.*

10

10,1–21

Das Gebet des Apostels für Israel

¹ Brüder und Schwestern, ich wünsche von ganzem Herzen und bete zu Gott, dass sie gerettet werden. ² Denn ich bezeuge ihnen, dass sie Eifer haben für Gott, aber ohne Erkenntnis. ³ Denn indem sie die Gerechtigkeit Gottes verkannten und ihre eigene Gerechtigkeit aufzurichten suchten, haben sie sich der Gerechtigkeit Gottes nicht unterworfen. ⁴ Denn Ziel des Gesetzes ist Christus zur Gerechtigkeit für jeden, der glaubt.

Heilende Nähe Christi im Evangelium für alle, die glauben

⁵ Denn Mose schreibt über die Gerechtigkeit aus dem Gesetz: *Der Mensch, der dieses tut, wird darin leben.* ⁶ Die Gerechtigkeit aus dem Glauben aber spricht: *Sag nicht in deinem Herzen: Wer wird in den Himmel hinaufsteigen?* Das heißt: Christus herabzuholen. ⁷ *Oder: Wer wird in den Abgrund hinabsteigen?* Das heißt: Christus von den Toten heraufzuführen. ⁸ Sondern was sagt sie? *Nahe ist dir das Wort in deinem Mund und in deinem Herzen.* Das heißt: das Wort des Glaubens, das wir verkünden; ⁹ denn wenn du mit deinem Mund bekennst: Herr ist Jesus – und in deinem Herzen glaubst: Gott hat ihn von den Toten auferweckt, so wirst du gerettet werden. ¹⁰ Denn mit dem Herzen glaubt man und das führt zur Gerechtigkeit, mit dem Mund bekennt man und das führt zur Rettung. ¹¹ Denn die Schrift sagt: *Jeder, der an ihn glaubt, wird nicht zugrunde gehen.* ¹² Denn darin gibt es keinen Unterschied zwischen Juden und Griechen. Denn alle haben denselben Herrn; aus seinem Reichtum beschenkt er alle, die ihn anrufen. ¹³ Denn *jeder, der den Namen des Herrn anruft, wird gerettet werden.*

Mögliche Gründe für das Nein Israels

¹⁴ Wie sollen sie nun den anrufen, an den sie nicht glauben? Wie sollen sie an den glauben, von dem sie nichts gehört haben? Wie sollen sie hören, wenn niemand verkündet? ¹⁵ Wie soll aber jemand verkünden, wenn er nicht gesandt ist? Wie geschrieben steht: *Wie willkommen sind die Füße der Freudenboten, die Gutes verkünden!* ¹⁶ Doch nicht alle sind dem Evangelium gehorsam geworden. Denn Jesaja sagt: *Herr, wer hat unserer Kunde geglaubt?* ¹⁷ So gründet der Glaube in der Botschaft, die Botschaft aber im Wort Christi. ¹⁸ Aber, so frage ich: Haben sie etwa nicht gehört? Ja doch: *In die ganze Welt ist ihr Schall gedrungen und bis an die Enden der Erde ihre Worte.* ¹⁹ Aber ich frage: Hat etwa Israel nicht verstanden? Zunächst antwortet Mose: *Ich will euch eifersüchtig machen auf ein Volk, das kein Volk ist; auf ein unverständiges Volk will ich euch zornig machen.* ²⁰ Aber Jesaja wagt sogar zu sagen: *Ich ließ mich finden von denen, die nicht nach mir suchten; ich offenbarte mich denen, die nicht nach mir fragten.* ²¹ Über Israel aber sagt er: *Den ganzen Tag habe ich meine Hände ausgestreckt nach einem ungehorsamen und widerspenstigen Volk.*

11

11,1–36

Das nicht verstoßene Volk und der erwählte Rest

¹ Ich frage also: Hat Gott sein Volk verstoßen? Keineswegs! Denn auch ich bin ein Israelit, ein Nachkomme Abrahams, aus dem Stamm Benjamin. ² Gott hat sein Volk nicht verstoßen, das er im Voraus erwählt hat.

Oder wisst ihr nicht, was die Schrift von Elija sagt, wie er vor Gott gegen Israel Klage führt? ³ *Herr, sie haben deine Propheten getötet und deine Altäre zerstört. Ich allein bin übrig geblieben und nun trachten sie auch mir nach dem Leben.* ⁴ Aber was sagt ihm der Gottesspruch? *Ich habe siebentausend Männer für mich übriggelassen, die ihr Knie nicht vor Baal gebeugt haben.* ⁵ Ebenso gibt es auch in der gegenwärtigen Zeit einen Rest, der aus Gnade erwählt ist – ⁶ wenn aber aus Gnade, dann nicht mehr aufgrund von Werken, weil sonst die Gnade nicht mehr Gnade wäre.

⁷ Was bedeutet das nun? Was Israel erstrebt, das hat es nicht erlangt, aber der erwählte Rest hat es erlangt; die Übrigen aber wurden verstockt, ⁸ wie geschrieben steht: *Gott gab ihnen einen Geist der Betäubung, Augen, die nicht sehen, und Ohren, die nicht hören, bis zum heutigen Tag.* ⁹ Und David sagt: *Ihr Opfertisch werde für sie zur Schlinge und zur Falle, zur Ursache des Sturzes und der Bestrafung.* ¹⁰ *Ihre Augen sollen erblinden, sodass sie nicht sehen; ihren Rücken beuge ständig!*

Israel und die Heidenchristen. Zwei miteinander verschränkte Wege

¹¹ Nun frage ich: Sind sie etwa gestrauchelt, damit sie zu Fall kommen? Keineswegs! Vielmehr kam durch ihren Fehltritt das Heil zu den Heiden, um sie selbst eifersüchtig zu machen. ¹² Wenn aber ihr Fehltritt Reichtum für die Welt bedeutet und ihre geringe Zahl Reichtum für die Heiden, um wie viel mehr ihre Vollzahl! ¹³ Euch aber, den Heiden, sage ich: Gerade als Apostel der Heiden preise ich meinen Dienst, ¹⁴ weil ich hoffe, die Angehörigen meines Volkes eifersüchtig zu machen und wenigstens einige von ihnen zu retten. ¹⁵ Denn wenn schon ihre Zurückweisung für die Welt Versöhnung bedeutet, was wird dann ihre Annahme anderes sein als Leben aus den Toten?

Gleichnisse: Die Erstlingsgabe vom Teig und der Ölbaum

¹⁶ Ist aber die Erstlingsgabe vom Teig heilig, so ist es auch der ganze Teig; und ist die Wurzel heilig, so sind es auch die Zweige. ¹⁷ Wenn aber einige Zweige herausgebrochen wurden, du aber als Zweig vom wilden Ölbaum mitten unter ihnen eingepfropft wurdest und damit Anteil erhieltest an der kraftvollen Wurzel des edlen Ölbaums, ¹⁸ so rühme dich nicht gegen die anderen Zweige! Wenn du dich aber rühmst, sollst du wissen: Nicht du trägst die Wurzel, sondern die Wurzel trägt dich. ¹⁹ Nun wirst du sagen: Die Zweige wurden doch herausgebrochen, damit ich eingepfropft werde. ²⁰ Gewiss, wegen des Unglaubens wurden sie herausgebrochen. Du aber stehst durch den Glauben. Sei daher nicht überheblich, sondern fürchte dich! ²¹ Hat nämlich Gott die Zweige, die von Natur zum edlen Baum gehören, nicht verschont, so wird er auch dich nicht verschonen. ²² Siehe nun die Güte Gottes und seine Strenge! Die Strenge gegen jene, die gefallen sind, Gottes Güte aber gegen dich, sofern du in seiner Güte bleibst; sonst wirst auch du herausgehauen werden. ²³ Ebenso werden auch jene, wenn sie nicht im Unglauben bleiben, wieder eingepfropft werden; denn Gott hat die Macht, sie wieder einzupfropfen. ²⁴ Wenn du nämlich aus dem von Natur wilden Ölbaum herausgehauen und gegen die Natur in den edlen Ölbaum eingepfropft wurdest, dann werden erst recht sie als die von Natur zugehörigen Zweige ihrem eigenen Ölbaum wieder eingepfropft werden.

Das Geheimnis der Errettung ganz Israels

²⁵ Denn ich will euch, Brüder und Schwestern, nicht in Unkenntnis über dieses Geheimnis lassen, damit ihr euch nicht selbst für klug haltet: Verstockung liegt auf einem Teil Israels, bis die Vollzahl der Heiden hereingekommen ist, ²⁶ und so wird ganz Israel gerettet werden, wie geschrieben steht:

Es wird kommen aus Zion der Retter, / er wird alle Gottlosigkeit von Jakob entfernen.

²⁷ *Und das ist der Bund, den ich für sie gestiftet habe, / wenn ich ihre Sünden hinwegnehme.*

²⁸ Vom Evangelium her gesehen sind sie Feinde, und das um euretwillen; von ihrer Erwählung her gesehen aber sind sie Geliebte, und das um der Väter willen. ²⁹ Denn unwiderruflich sind die Gnadengaben und die Berufung Gottes. ³⁰ Denn wie ihr einst Gott ungehorsam wart, jetzt aber infolge ihres Ungehorsams Erbarmen gefunden habt, ³¹ so sind auch sie infolge des Erbarmens, das ihr gefunden habt, ungehorsam geworden, damit jetzt auch sie Erbarmen finden. ³² Denn Gott hat alle in den Ungehorsam eingeschlossen, um sich aller zu erbarmen.

Hymnus auf die Unergründlichkeit der Wege Gottes

³³ O Tiefe des Reichtums, der Weisheit und der Erkenntnis Gottes! Wie unergründlich sind seine Entscheidungen, wie unerforschlich seine Wege! ³⁴ Denn *wer hat die Gedanken des Herrn erkannt? Oder wer ist sein Ratgeber gewesen?* ³⁵ *Oder wer hat ihm etwas gegeben, sodass Gott ihm etwas zurückgeben müsste?* ³⁶ Denn aus ihm und durch ihn und auf ihn hin ist die ganze Schöpfung. Ihm sei Ehre in Ewigkeit! Amen.

Weisungen für das Leben der Gemeinde

12,1–15,13

12

12,1–21

Erneuerung im Denken

¹Ich ermahne euch also, Brüder und Schwestern, kraft der Barmherzigkeit Gottes, eure Leiber als lebendiges, heiliges und Gott wohlgefälliges Opfer darzubringen – als euren geistigen Gottesdienst. ²Und gleicht euch nicht dieser Welt an, sondern lasst euch verwandeln durch die Erneuerung des Denkens, damit ihr prüfen und erkennen könnt, was der Wille Gottes ist: das Gute, Wohlgefällige und Vollkommene!

Das Gleichnis vom Leib und seinen Gliedern. Mahnung zur Besonnenheit

³Denn aufgrund der Gnade, die mir gegeben ist, sage ich einem jeden von euch: Strebt nicht über das hinaus, was euch zukommt, sondern strebt danach, besonnen zu sein, jeder nach dem Maß des Glaubens, das Gott ihm zugeteilt hat! ⁴Denn wie wir an dem einen Leib viele Glieder haben, aber nicht alle Glieder dieselbe Aufgabe haben, ⁵so sind wir, die vielen, ein Leib in Christus, als Einzelne aber sind wir Glieder, die zueinander gehören. ⁶Wir haben unterschiedliche Gaben, je nach der uns verliehenen Gnade. Hat einer die Gabe prophetischer Rede, dann rede er in Übereinstimmung mit dem Glauben; ⁷hat einer die Gabe des Dienens, dann diene er. Wer zum Lehren berufen ist, der lehre; ⁸wer zum Trösten und Ermahnen berufen ist, der tröste und ermahne. Wer gibt, gebe ohne Hintergedanken; wer Vorsteher ist, setze sich eifrig ein; wer Barmherzigkeit übt, der tue es freudig.

Ethische und religiöse Verhaltensregeln für den Alltag

⁹Die Liebe sei ohne Heuchelei. Verabscheut das Böse, haltet fest am Guten! ¹⁰Seid einander in brüderlicher Liebe zugetan, übertrefft euch in gegenseitiger Achtung! ¹¹Lasst nicht nach in eurem Eifer, lasst euch vom Geist entflammen und dient dem Herrn! ¹²Freut euch in der Hoffnung, seid geduldig in der Bedrängnis, beharrlich im Gebet! ¹³Nehmt Anteil an den Nöten der Heiligen; gewährt jederzeit Gastfreundschaft! ¹⁴Segnet eure Verfolger; segnet sie, verflucht sie nicht! ¹⁵Freut euch mit den Fröhlichen und weint mit den Weinenden! ¹⁶Seid untereinander eines Sinnes; strebt nicht hoch hinaus, sondern bleibt demütig! Haltet euch nicht selbst für klug! ¹⁷Vergeltet niemandem Böses mit Bösem! Seid allen Menschen gegenüber auf Gutes bedacht! ¹⁸Soweit es euch möglich ist, haltet mit allen Menschen Frieden! ¹⁹Übt nicht selbst Vergeltung, Geliebte, sondern lasst Raum für das Zorngericht Gottes; denn es steht geschrieben: *Mein ist die Vergeltung, ich werde vergelten*, spricht der Herr. ²⁰Vielmehr: *Wenn dein Feind Hunger hat, gib ihm zu essen, wenn er Durst hat, gib ihm zu trinken; tust du das, dann sammelst du glühende Kohlen auf sein Haupt.* ²¹Lass dich nicht vom Bösen besiegen, sondern besiege das Böse durch das Gute!

13

13,1–14

Weisung zum rechten Verhalten den staatlichen Behörden gegenüber

¹Jeder ordne sich den Trägern der staatlichen Gewalt unter. Denn es gibt keine staatliche Gewalt außer von Gott; die jetzt bestehen, sind von Gott eingesetzt. ²Wer sich daher der staatlichen Gewalt widersetzt, stellt sich gegen die Ordnung Gottes, und wer sich ihm entgegenstellt, wird dem Gericht verfallen. ³Vor den Trägern der Macht hat sich nicht die gute, sondern die böse Tat zu fürchten; willst du also ohne Furcht vor der staatlichen Gewalt leben, dann tue das Gute, sodass du ihre Anerkennung findest! ⁴Denn sie steht im Dienst Gottes für dich zum Guten. Wenn du aber das Böse tust, fürchte dich! Denn nicht ohne Grund trägt sie das Schwert. Sie steht nämlich im Dienst Gottes und vollstreckt das Urteil an dem, der das Böse tut. ⁵Deshalb ist es notwendig, sich unterzuordnen, nicht allein um der Strafe, sondern auch um des Gewissens willen. ⁶Das ist auch der Grund, weshalb ihr Steuern zahlt; denn in Gottes Auftrag handeln jene, die Steuern einzuziehen haben. ⁷Gebt allen, was ihr ihnen schuldig seid, Steuer, wem ihr Steuer schuldet, Zoll, wem ihr Zoll schuldet, Furcht, wem ihr Furcht schuldet, Ehre, wem ihr Ehre schuldet!

Die Liebe als Erfüllung des Gesetzes

⁸Niemandem bleibt etwas schuldig, außer der gegenseitigen Liebe! Wer den andern liebt, hat das Gesetz erfüllt. ⁹Denn die Gebote: *Du sollst nicht die Ehe brechen, du sollst nicht töten, du sollst nicht stehlen, du sollst nicht begehren!* und alle anderen Gebote sind in dem einen Satz zusammengefasst: *Du sollst deinen Nächsten lieben wie dich selbst.*

¹⁰ Die Liebe tut dem Nächsten nichts Böses. Also ist die Liebe die Erfüllung des Gesetzes.

Das Gebot der Stunde

¹¹ Und das tut im Wissen um die gegenwärtige Zeit: Die Stunde ist gekommen, aufzustehen vom Schlaf. Denn jetzt ist das Heil uns näher als zu der Zeit, da wir gläubig wurden. ¹² Die Nacht ist vorgerückt, der Tag ist nahe. Darum lasst uns ablegen die Werke der Finsternis und anlegen die Waffen des Lichts! ¹³ Lasst uns ehrenhaft leben wie am Tag, ohne maßloses Essen und Trinken, ohne Unzucht und Ausschweifung, ohne Streit und Eifersucht! ¹⁴ Vielmehr zieht den Herrn Jesus Christus an und sorgt nicht so für euren Leib, dass die Begierden erwachen.

14

14,1–23

Mahnung zu Toleranz und Respekt voreinander

¹ Nehmt den an, der im Glauben schwach ist, ohne mit ihm über verschiedene Auffassungen zu streiten! ² Der eine glaubt, alles essen zu dürfen, der Schwache aber isst nur Gemüse. ³ Wer Fleisch isst, verachte den nicht, der es nicht isst; wer aber kein Fleisch isst, richte den nicht, der es isst. Denn Gott hat ihn angenommen. ⁴ Wer bist du, dass du den Diener eines anderen richtest? Durch seinen eigenen Herrn steht oder fällt er. Er wird aber stehen; denn der Herr hat die Macht, ihm Stand zu geben. ⁵ Der eine nämlich bevorzugt bestimmte Tage, der andere aber macht keinen Unterschied zwischen den Tagen. Jeder soll von seiner eigenen Auffassung überzeugt sein. ⁶ Wer einen bestimmten Tag bevorzugt, tut es zur Ehre des Herrn. Und wer Fleisch isst, tut es zur Ehre des Herrn; denn er dankt Gott dabei. Und wer kein Fleisch isst, unterlässt es zur Ehre des Herrn und auch er dankt Gott. ⁷ Denn keiner von uns lebt sich selber und keiner stirbt sich selber: ⁸ Leben wir, so leben wir dem Herrn, sterben wir, so sterben wir dem Herrn. Ob wir leben oder ob wir sterben, wir gehören dem Herrn. ⁹ Denn Christus ist gestorben und lebendig geworden, um Herr zu sein über Tote und Lebende. ¹⁰ Du aber, was richtest du deinen Bruder? Und du, was verachtest du deinen Bruder? Wir werden doch alle vor dem Richterstuhl Gottes stehen. ¹¹ Denn es steht geschrieben: *So wahr ich lebe, spricht der Herr, vor mir wird jedes Knie sich beugen und jede Zunge wird Gott preisen.* ¹² Also wird jeder von uns vor Gott Rechenschaft über sich selbst ablegen.

Erkenntnis und Liebe, Kriterien des Handelns

¹³ Daher wollen wir uns nicht mehr gegenseitig richten. Achtet vielmehr darauf, dem Bruder keinen Anstoß zu geben und ihn nicht zu Fall zu bringen! ¹⁴ Ich weiß und bin im Herrn Jesus fest davon überzeugt, dass nichts unrein ist in sich selbst; unrein ist es nur für den, der es als unrein betrachtet. ¹⁵ Denn wenn wegen einer Speise, die du isst, dein Bruder verwirrt und betrübt wird, dann handelst du nicht mehr der Liebe gemäß. Richte durch deine Speise nicht die zugrunde, für die Christus gestorben ist! ¹⁶ Es darf doch euer wahres Gut nicht der Lästerung preisgegeben werden; ¹⁷ denn das Reich Gottes ist nicht Essen und Trinken, sondern Gerechtigkeit, Friede und Freude im Heiligen Geist. ¹⁸ Denn wer Christus so dient, ist Gott wohlgefällig und geachtet bei den Menschen. ¹⁹ Lasst uns also dem nachjagen, was dem Frieden dient und der gegenseitigen Auferbauung! ²⁰ Reiß nicht wegen einer Speise das Werk Gottes nieder! Alle Dinge sind rein; schlecht ist es jedoch, wenn ein Mensch durch sein Essen Anstoß erregt. ²¹ Es ist nicht gut, Fleisch zu essen oder Wein zu trinken oder sonst etwas zu tun, wenn dein Bruder daran Anstoß nimmt. ²² Die Überzeugung, die du selbst hast, sollst du vor Gott haben. Wohl dem, der sich nicht zu verurteilen braucht bei dem, was er für recht hält. ²³ Wer aber Zweifel hat, wenn er etwas isst, der ist gerichtet, weil er nicht aus der Überzeugung des Glaubens handelt. Alles, was nicht aus Glauben geschieht, ist Sünde.

15

15,1–13

Die Schwächen des Nächsten mittragen

¹ Wir müssen als die Starken die Schwäche derer tragen, die schwach sind, und dürfen nicht für uns selbst leben. ² Jeder von uns soll dem Nächsten zu Gefallen leben, zum Guten und zur Auferbauung. ³ Denn auch Christus hat nicht sich selbst zu Gefallen gelebt; vielmehr steht geschrieben: *Die Schmähungen derer, die dich schmähen, sind auf mich gefallen.* ⁴ Denn alles, was einst geschrieben worden ist, ist zu unserer Belehrung geschrieben, damit wir durch Geduld und durch den Trost der Schriften Hoffnung haben. ⁵ Der Gott der Geduld und des Trostes aber schenke euch, eines Sinnes untereinander zu sein, Christus Jesus gemäß, ⁶ damit ihr Gott, den Vater unseres Herrn Jesus Christus, einmütig und mit einem Munde preist.

Gegenseitige Annahme und gemeinsames Gotteslob

⁷ Darum nehmt einander an, wie auch Christus uns angenommen hat, zur Ehre Gottes! ⁸ Denn, das sage ich, Christus ist um der Wahrhaftigkeit Gottes willen Diener der Beschnittenen geworden, um die Verheißungen an die Väter zu bestätigen; ⁹ die Heiden aber sollen Gott rühmen um seines Erbarmens willen, wie geschrieben steht:

Darum will ich dich bekennen unter den Heiden / und deinem Namen lobsingen.

¹⁰ An anderer Stelle heißt es:

Ihr Heiden, freut euch mit seinem Volk! /

¹¹ Und es heißt auch:

Lobt den Herrn, alle Heiden, / preisen sollen ihn alle Völker!

¹² Und Jesaja sagt:

Kommen wird der Spross aus der Wurzel Isais; /
er wird sich erheben, / um über die Heiden zu herrschen. /
Auf ihn werden die Heiden hoffen.

¹³ Der Gott der Hoffnung aber erfülle euch mit aller Freude und mit allem Frieden im Glauben, damit ihr reich werdet an Hoffnung in der Kraft des Heiligen Geistes.

Briefschluß

15,14–16,24

Reisepläne

¹⁴ Meine Brüder und Schwestern, im Blick auf euch bin ich fest überzeugt, dass auch ihr voller Güte seid, erfüllt von aller Erkenntnis, und selbst imstande seid, einander zurechtzuweisen. ¹⁵ Um euch aber einiges in Erinnerung zu rufen, habe ich euch einen teilweise ziemlich kühnen Brief geschrieben. Ich tat es kraft der Gnade, die mir von Gott gegeben ist, ¹⁶ damit ich als Diener Christi Jesu für die Heiden wirke und das Evangelium Gottes wie ein Priester verwalte; denn die Heiden sollen eine Opfergabe werden, die Gott wohlgefällig ist, geheiligt im Heiligen Geist.

¹⁷ In Christus Jesus kann ich mich also vor Gott rühmen. ¹⁸ Denn ich würde es nicht wagen, von etwas zu reden, was Christus nicht durch mich bewirkt hat, um die Heiden zum Gehorsam zu führen, in Wort und Tat, ¹⁹ in der Kraft von Zeichen und Wundern, in der Kraft des Geistes Gottes. So habe ich von Jerusalem aus in weitem Umkreis bis nach Illyrien überall das Evangelium Christi zur Erfüllung gebracht. ²⁰ Dabei habe ich meine Ehre dafür eingesetzt, das Evangelium nicht dort zu verkünden, wo der Name Christi schon bekannt gemacht war, um nicht auf einem fremden Fundament zu bauen; ²¹ sondern wie geschrieben steht:

Sehen werden die, denen nichts über ihn verkündet wurde, /
und die werden verstehen, die nichts gehört haben.

²² Das ist es auch, was mich immer wieder gehindert hat, zu euch zu kommen. ²³ Jetzt aber habe ich in diesen Gegenden kein Arbeitsfeld mehr, habe aber seit vielen Jahren das Verlangen, zu euch zu kommen, ²⁴ wenn ich einmal nach Spanien reise; denn auf dem Weg dorthin hoffe ich euch zu sehen und dann von euch für die Weiterreise ausgerüstet zu werden, nachdem ich mich zuerst ein wenig an euch erfreut habe. ²⁵ Doch jetzt gehe ich nach Jerusalem, um den Heiligen einen Dienst zu erweisen. ²⁶ Denn Mazedonien und Achaia haben beschlossen, eine Sammlung als Zeichen ihrer Gemeinschaft für die Armen unter den Heiligen in Jerusalem durchzuführen. ²⁷ Ja, das haben sie beschlossen und sie sind auch deren Schuldner. Denn wenn die Heiden an ihren geistlichen Gütern Anteil erhalten haben, so sind sie auch verpflichtet, ihnen mit irdischen Gütern zu dienen. ²⁸ Wenn ich das abgeschlossen und ihnen den Ertrag der Sammlung versiegelt übergeben habe, will ich euch besuchen und dann nach Spanien weiterreisen. ²⁹ Ich weiß aber, wenn ich zu euch komme, werde ich mit der Fülle des Segens Christi kommen.

Aufforderung zur Fürbitte und Segenswunsch für die Adressaten

³⁰ Ich bitte euch aber, Brüder und Schwestern, bei unserem Herrn Jesus Christus und bei der Liebe des Geistes: Kämpft mit mir in den Gebeten für mich vor Gott, ³¹ dass ich vor den Ungehorsamen in Judäa gerettet werde, dass mein Dienst an Jerusalem von den Heiligen dankbar aufgenommen wird ³² und dass ich, wenn es Gottes Wille ist, voll Freude zu euch kommen kann, um mit euch eine Zeit der Ruhe zu verbringen! ³³ Der Gott des Friedens aber sei mit euch allen! Amen.

16

16,1–24

Grüße und Ermahnungen

¹ Ich empfehle euch unsere Schwester Phöbe, die auch Dienerin der Gemeinde von Kenchreä ist: ² Nehmt sie im Namen des Herrn auf, wie es Heilige tun sollen, und steht ihr in jeder Sache bei, in der sie euch braucht; denn für viele war sie ein Beistand, auch für mich selbst.

³ Grüßt Prisca und Aquila, meine Mitarbeiter in Christus Jesus, ⁴ die für mein Leben ihren eigenen Kopf hingehalten haben; nicht allein ich, sondern alle Gemeinden der Heiden sind ihnen dankbar. ⁵ Grüßt auch die Gemeinde, die sich in ihrem Haus versammelt! Grüßt meinen lieben Epänetus, der die Erstlingsgabe der Provinz Asien für Christus ist! ⁶ Grüßt Maria, die für euch viel Mühe auf sich genommen hat! ⁷ Grüßt Andronikus und Junia, die zu meinem Volk gehören und mit mir zusammen im Gefängnis waren; sie ragen heraus unter den Aposteln und haben sich schon vor mir zu Christus bekannt. ⁸ Grüßt meinen im Herrn geliebten Ampliatus. ⁹ Grüßt Urbanus, unseren Mitarbeiter in Christus, und meinen geliebten Stachys! ¹⁰ Grüßt Apelles, der sich in Christus bewährt hat! Grüßt die aus dem Haus des Aristobul! ¹¹ Grüßt Herodion, der zu meinem Volk gehört! Grüßt die aus dem Haus des Narzissus, die sich zum Herrn bekennen! ¹² Grüßt Tryphäna und Tryphosa, die sich im Herrn gemüht haben! Grüßt die geliebte Persis; sie hat im Herrn große Mühe auf sich genommen! ¹³ Grüßt Rufus, der vom Herrn auserwählt ist; grüßt seine Mutter, die auch mir zur Mutter geworden ist! ¹⁴ Grüßt Asynkritus, Phlegon, Hermes, Patrobas, Hermas und die Brüder, die bei ihnen sind! ¹⁵ Grüßt Philologus und Julia, Nereus und seine Schwester, Olympas und alle Heiligen, die bei ihnen sind! ¹⁶ Grüßt einander mit dem heiligen Kuss! Es grüßen euch alle Gemeinden Christi.

¹⁷ Ich ermahne euch aber, Brüder und Schwestern, auf die Acht zu geben, die im Widerspruch zu der Lehre, die ihr gelernt habt, Spaltung und Verwirrung verursachen: Haltet euch von ihnen fern! ¹⁸ Denn diese Leute dienen nicht Christus, unserem Herrn, sondern ihrem Bauch und sie verführen durch ihre schönen und gewandten Reden das Herz der Arglosen. ¹⁹ Doch euer Gehorsam ist allen bekannt; daher freue ich mich über euch und wünsche nur, dass ihr verständig bleibt, offen für das Gute, unzugänglich für das Böse. ²⁰ Der Gott des Friedens aber wird den Satan bald zertreten und unter eure Füße legen. Die Gnade Jesu, unseres Herrn, sei mit euch!

²¹ Es grüßen euch Timotheus, mein Mitarbeiter, und Lucius, Jason und Sosipater, die zu meinem Volk gehören. ²² Ich, Tertius, der Schreiber dieses Briefes, grüße euch im Namen des Herrn. ²³ Es grüßt euch Gaius, der mich und die ganze Gemeinde gastlich aufgenommen hat. Es grüßt euch der Stadtkämmerer Erastus und der Bruder Quartus.

²⁴ **Die Gnade Jesu Christi, unseres Herrn, sei mit euch allen! Amen.**

Abschließender Lobpreis Gottes

16,25–27

²⁵ Dem aber, der die Macht hat, euch Kraft zu geben – / gemäß meinem Evangelium und der Botschaft von Jesus Christus, / gemäß der Offenbarung jenes Geheimnisses, / das seit ewigen Zeiten unausgesprochen war, ²⁶ jetzt aber nach dem Willen des ewigen Gottes offenbart / und durch prophetische Schriften kundgemacht wurde, / um alle Heiden zum Gehorsam des Glaubens zu führen –, ²⁷ ihm, dem einen, weisen Gott, / sei Ehre durch Jesus Christus in alle Ewigkeit! Amen.

Der 1. Brief an die

KORINTHER

Diesen Brief verfasste Paulus im Frühjahr 54 oder 55 in Ephesus (16,8). Die Gemeinde in Korinth, der Hauptstadt der römischen Provinz Achaia, an die er sich damit wendet, hatte er 50/51 während eines rund anderthalbjährigen Aufenthaltes selbst gegründet (3,6.10; 4,14f.). Seitdem hatte er die Gemeinde nicht mehr aufgesucht, war mit ihr jedoch in brieflichem Kontakt geblieben (5,9; das hier erwähnte, dem 1. Korintherbrief vorausgehende Schreiben gilt als verloren). Für den darauf folgenden Winter stellt er einen längeren Besuch in Aussicht (16,5–7).

Von den hier erörterten Fragen und Problemen hatte Paulus durch verschiedene Informationsquellen Kenntnis erhalten: zum einen durch die Leute der Chloë (1,11; vgl. 5,1; 11,18), sodann durch einen Brief der Gemeinde, die sich mit Anfragen an ihren Gründer gewandt hatte (7,1; vgl. 8,1; 12,1; vielleicht auch 16,1) sowie schließlich durch Stephanas und seine Begleiter, die ihn in Ephesus besuchten (16,17f.; zu Stephanas vgl. auch 1,16; 16,15f.).

Vor allem das Wirken des hellenistischen Judenchristen Apollos aus Alexandria, der nach Paulus als Verkündiger in Korinth tätig geworden war (3,5–9; vgl. Apg 18,24–19,1), hatte wohl dazu geführt, dass sich innerhalb der Gemeinde konkurrierende Gruppen ausbildeten (1,12) und sie zu spalten drohten. Mit diesem Konflikt setzt sich Paulus in 1,10–4,21 auseinander.

In 5,1–13 (Verhältnis eines Gemeindemitglieds mit seiner Stiefmutter) und 6,12–20 (Umgang von Gemeindemitgliedern mit Prostituierten) bezieht er Stellung zu sexuellem Fehlverhalten; in 6,1–11 äußert er sich kritisch zu Rechtsstreitigkeiten unter Gemeindemitgliedern, die vor heidnischen Gerichten ausgetragen werden; in 7,1–40 widmet er sich Fragen zur Ehe und Ehelosigkeit. Eine Frage, die ihm die korinthische Gemeinde in ihrem Schreiben gestellt hatte, lässt einseitig asketische Tendenzen erkennen (7,1), gegen die Paulus eine differenzierte Argumentation setzt. Er favorisiert zwar eine ehelose Lebensform, aber für ihn muss die Voraussetzung gegeben sein, dass Gott dem Menschen eine Befähigung zu geschlechtlicher Enthaltsamkeit als individuelle Gnadengabe (Charisma) zugeteilt hat (7,7–9). In 8,1–11,1 erörtert Paulus die Fragen, ob es erlaubt sei, Götzenopferfleisch zu verzehren und an Götzenopfermahlzeiten teilzunehmen.

In 11,2–34 äußert er sich zu Fehlentwicklungen im Gottesdienst der Gemeinde. In 11,2–16 tadelt er zunächst, dass Frauen in der korinthischen Gemeinde, sofern sie im Gottesdienst beten und prophetisch reden, dies nicht in der gebotenen schicklichen Form tun, konkret, dass sie durch Ablehnung einer frauentypischen Kopfbedeckung oder Frisur gegen allgemein akzeptierte Konventionen verstoßen. In 11,17–34 wendet Paulus sich dann gegen Missstände bei der Feier des Herrenmahls, die in einer Benachteiligung der ärmeren Gemeindemitglieder bei dem zur Herrenmahlfeier gehörigen gemeinsamen Sättigungsmahl bestehen. In den Kapiteln 12–14 setzt er gegen eine einseitige Hochschätzung bestimmter Geistesgaben ihre Unverfügbarkeit als göttliche Gnadengaben (Charismen) sowie die notwendige Vielfalt dieser Gnadengaben für die Lebensfähigkeit der Gemeinde (12,1–31a). Das sogenannte Hohe Lied der Liebe (13) zeigt dabei auf, dass alle Gnadengaben, die Gott den Gemeindemitgliedern schenkt, erst durch die Liebe ihr Ziel erreichen. In 14,1–25 wird der besondere Stellenwert der prophetischen Rede für den Gemeindeaufbau hervorgehoben.

Im 15. Kapitel setzt sich Paulus schließlich mit der in Teilen der korinthischen Gemeinde vertretenen These auseinander, eine Auferstehung der Toten gebe es nicht (15,12). Dem hält er entgegen, dass das Bekenntnis von Tod und Auferweckung Christi (15,1–11) untrennbar mit dem Glauben an die Auferstehung der Toten verbunden ist (15,12–34). Aus 15,35–58 geht hervor, dass die korinthische Leugnung ihren Grund in der Ablehnung der leiblichen Dimension des Auferweckungsglaubens hat. Diese leibliche Dimension kann freilich nach Überzeugung des Paulus nicht in Frage gestellt werden. Doch stellt er klar, dass Auferweckungsexistenz keine Rückkehr in den vergänglichen Leib dieser Schöpfung bedeutet. Vielmehr ist der Auferweckungsleib ein geistig-geistlicher (pneumatischer) Leib, der sich der endzeitlichen Neuschöpfung verdankt.

Das Schlusskapitel des Briefes enthält Anweisungen zur Teilnahme an der Kollekte für die Jerusalemer Urgemeinde (16,1–4), Mitteilungen über die weiteren Pläne des Apostels einschließlich einer Besuchsankündigung (16,5–12) sowie Schlussmahnungen und Grüße (16,13–24).

Wie kaum ein anderer Text des Neuen Testaments gewährt der 1. Korintherbrief Einblick in das sich entwickelnde Leben einer urchristlichen Gemeinde. Zugleich zeigt er, wie sehr sich Paulus als Gründer dieser Gemeinde weiterhin für sie verantwortlich fühlt (4,14f.) und versucht, die aufgetretenen Probleme und die ihm gestellten Fragen im Licht der Heilsbotschaft von Kreuz und Auferweckung Jesu Christi zu lösen und zu beantworten. Seine theologischen Reflexionen und pastoralen Argumente haben über die Anlässe der korinthischen Situation hinaus bis in die Gegenwart ihre Aktualität nicht verloren.

Anschrift und Gruß

1,1–3

1

¹ Paulus, durch Gottes Willen berufener Apostel Christi Jesu, und der Bruder Sosthenes ² an die Kirche Gottes, die in Korinth ist – die Geheiligten in Christus Jesus, die berufenen Heiligen –, mit allen, die den Namen unseres Herrn Jesus Christus überall anrufen, bei ihnen und bei uns. ³ Gnade sei mit euch und Friede von Gott, unserem Vater, und dem Herrn Jesus Christus!

Dank an Gott

1,4–9

⁴ Ich danke meinem Gott jederzeit euretwegen für die Gnade Gottes, die euch in Christus Jesus geschenkt wurde, ⁵ dass ihr an allem reich geworden seid in ihm, an aller Rede und aller Erkenntnis. ⁶ Denn das Zeugnis über Christus wurde bei euch gefestigt, ⁷ sodass euch keine Gnadengabe fehlt, während ihr auf die Offenbarung unseres Herrn Jesus Christus wartet. ⁸ Er wird euch auch festigen bis ans Ende, sodass ihr schuldlos dasteht am Tag unseres Herrn Jesus Christus. ⁹ Treu ist Gott, durch den ihr berufen worden seid zur Gemeinschaft mit seinem Sohn Jesus Christus, unserem Herrn.

Die Spaltungen in der Gemeinde

1,10–4,21

Mahnung zur Einheit

¹⁰ Ich ermahne euch aber, Brüder und Schwestern, im Namen unseres Herrn Jesus Christus: Seid alle einmütig und duldet keine Spaltungen unter euch; seid vielmehr eines Sinnes und einer Meinung! ¹¹ Es wurde mir nämlich, meine Brüder und Schwestern, von den Leuten der Chloë berichtet, dass es Streitigkeiten unter euch gibt. ¹² Ich meine damit, dass jeder von euch etwas anderes sagt: Ich halte zu Paulus – ich zu Apollos – ich zu Kephas – ich zu Christus. ¹³ Ist denn Christus zerteilt? Wurde etwa Paulus für euch gekreuzigt? Oder seid ihr auf den Namen des Paulus getauft worden? ¹⁴ Ich danke Gott, dass ich niemanden von euch getauft habe, außer Krispus und Gaius, ¹⁵ sodass keiner sagen kann, ihr seiet auf meinen Namen getauft worden. ¹⁶ Ich habe allerdings auch das Haus des Stephanas getauft. Ob ich sonst noch jemanden getauft habe, weiß ich nicht mehr. ¹⁷ Denn Christus hat mich nicht gesandt zu taufen, sondern das Evangelium zu verkünden, aber nicht mit gewandten und klugen Worten, damit das Kreuz Christi nicht um seine Kraft gebracht wird.

Der gekreuzigte Christus als Weisheit Gottes

¹⁸ Denn das Wort vom Kreuz ist denen, die verloren gehen, Torheit; uns aber, die gerettet werden, ist es Gottes Kraft. ¹⁹ In der Schrift steht nämlich:
Ich werde die Weisheit der Weisen vernichten / und die Klugheit der Klugen verwerfen.
²⁰ Wo ist ein Weiser? Wo ein Schriftgelehrter? Wo ein Wortführer in dieser Weltzeit? Hat Gott nicht die Weisheit der Welt als Torheit entlarvt? ²¹ Denn da die Welt angesichts der Weisheit Gottes auf dem Weg ihrer Weisheit Gott nicht erkannte, beschloss Gott, alle, die glauben, durch die Torheit der Verkündigung zu retten. ²² Die Juden fordern Zeichen, die Griechen suchen Weisheit. ²³ Wir dagegen verkünden Christus als den Gekreuzigten: für Juden ein Ärgernis, für Heiden eine Torheit, ²⁴ für die Berufenen aber, Juden wie Griechen, Christus, Gottes Kraft und Gottes Weisheit. ²⁵ Denn das Törichte an Gott ist weiser als die Menschen und das Schwache an Gott ist stärker als die Menschen.

Die Gemeinde und Paulus als Spiegel der Weisheit Gottes

²⁶ Seht doch auf eure Berufung, Brüder und Schwestern! Da sind nicht viele Weise im irdischen Sinn, nicht viele Mächtige, nicht viele Vornehme, ²⁷ sondern das Törichte in der Welt hat Gott erwählt, um die Weisen zuschanden zu machen, und das Schwache in der Welt hat Gott erwählt, um das Starke zuschanden zu machen. ²⁸ Und das Niedrige in der Welt und das Verachtete hat Gott erwählt: das, was nichts ist, um das, was etwas ist, zu vernichten, ²⁹ damit kein Mensch sich rühmen kann vor Gott. ³⁰ Von ihm her seid ihr in Christus Jesus, den Gott für uns zur Weisheit gemacht hat, zur Gerechtigkeit, Heiligung und Erlösung. ³¹ *Wer sich also rühmen will, der rühme sich des Herrn;* so heißt es schon in der Schrift.

2

2,1–16

¹ Auch ich kam nicht zu euch, Brüder und Schwestern, um glänzende Reden oder gelehrte Weisheit vorzutragen, sondern um euch das Geheimnis Gottes zu verkünden. ² Denn ich hatte mich entschlossen, bei euch nichts zu wissen außer Jesus Christus, und zwar als den Gekreuzigten. ³ Zudem kam ich in Schwäche und in Furcht, zitternd und bebend zu euch. ⁴ Meine Botschaft und Verkündigung war nicht Überredung durch gewandte und kluge Worte, sondern war mit dem Erweis von Geist und Kraft verbunden, ⁵ damit sich euer Glaube nicht auf Menschenweisheit stützte, sondern auf die Kraft Gottes.

Paulus, Verkünder der Weisheit Gottes

⁶ Und doch verkünden wir Weisheit unter den Vollkommenen, aber nicht Weisheit dieser Welt oder der Machthaber dieser Welt, die einst entmachtet werden. ⁷ Vielmehr verkünden wir das Geheimnis der verborgenen Weisheit Gottes, die Gott vor allen Zeiten vorausbestimmt hat zu unserer Verherrlichung. ⁸ Keiner der Machthaber dieser Welt hat sie erkannt; denn hätten sie die Weisheit Gottes erkannt, so hätten sie den Herrn der Herrlichkeit nicht gekreuzigt. ⁹ Nein, wir verkünden, wie es in der Schrift steht, *was kein Auge gesehen und kein Ohr gehört hat, was in keines Menschen Herz gedrungen ist, was Gott denen bereitet hat, die ihn lieben.*
¹⁰ Uns aber hat es Gott enthüllt durch den Geist. Der Geist ergründet nämlich alles, auch die Tiefen Gottes. ¹¹ Wer von den Menschen kennt den Menschen, wenn nicht der Geist des Menschen, der in ihm ist? So erkennt auch keiner Gott – nur der Geist Gottes. ¹² Wir aber haben nicht den Geist der Welt empfangen, sondern den Geist, der aus Gott stammt, damit wir das erkennen, was uns von Gott geschenkt worden ist. ¹³ Davon reden wir auch, nicht mit Worten, wie menschliche Weisheit sie lehrt, sondern wie der Geist sie lehrt, indem wir den Geisterfüllten Geistgewirktes deuten. ¹⁴ Der irdisch gesinnte Mensch aber erfasst nicht, was vom Geist Gottes kommt. Torheit ist es für ihn und er kann es nicht verstehen, weil es nur mit Hilfe des Geistes beurteilt werden kann. ¹⁵ Der geisterfüllte Mensch aber urteilt über alles, ihn selbst vermag niemand zu beurteilen. ¹⁶ Denn *wer begreift den Geist des Herrn? Wer kann ihn belehren?* Wir aber haben den Geist Christi.

3

3,1–23

Die Unmündigkeit der Gemeinde

¹ Vor euch, Brüder und Schwestern, konnte ich aber nicht wie vor Geisterfüllten reden; ihr wart noch irdisch eingestellt, unmündige Kinder in Christus. ² Milch gab ich euch zu trinken statt fester Speise; denn diese konntet ihr noch nicht vertragen. Ihr könnt es aber auch jetzt noch nicht; ³ denn ihr seid immer noch irdisch eingestellt. Oder seid ihr nicht irdisch eingestellt, handelt ihr nicht sehr menschlich, wenn Eifersucht und Streit unter euch herrschen? ⁴ Denn wenn einer sagt: Ich halte zu Paulus!, ein anderer: Ich zu Apollos!, urteilt ihr da nicht zu menschlich?

Paulus und Apollos als Mitarbeiter Gottes beim Aufbau der Gemeinde

⁵ Was ist denn Apollos? Und was ist Paulus? Diener, durch die ihr zum Glauben gekommen seid, und jeder, wie der Herr es ihm gegeben hat: ⁶ Ich habe gepflanzt, Apollos hat begossen, Gott aber ließ wachsen. ⁷ So ist weder der etwas, der pflanzt, noch der, der begießt, sondern nur Gott, der wachsen lässt. ⁸ Wer pflanzt und wer begießt: Beide sind eins, jeder aber erhält seinen eigenen Lohn entsprechend seiner Mühe. ⁹ Denn wir sind Gottes Mitarbeiter; ihr seid Gottes Ackerfeld, Gottes Bau. ¹⁰ Der Gnade Gottes entsprechend, die mir geschenkt wurde, habe ich wie ein weiser Baumeister den Grund gelegt; ein anderer baut darauf weiter. Aber jeder soll darauf achten, wie er weiterbaut. ¹¹ Denn einen anderen Grund kann niemand legen als den, der gelegt ist: Jesus Christus. ¹² Ob aber jemand auf dem Grund mit Gold, Silber, kostbaren Steinen, mit Holz, Heu oder Stroh weiterbaut: ¹³ Das Werk eines jeden wird offenbar werden; denn der Tag wird es sichtbar machen, weil er sich mit Feuer offenbart. Und wie das Werk eines jeden beschaffen ist, wird das Feuer prüfen. ¹⁴ Hält das Werk stand, das er aufgebaut hat, so empfängt er Lohn. ¹⁵ Brennt es nieder, dann muss er den Verlust tragen. Er selbst aber wird gerettet werden, doch so wie durch Feuer hindurch.
¹⁶ Wisst ihr nicht, dass ihr Gottes Tempel seid und der Geist Gottes in euch wohnt?
¹⁷ Wer den Tempel Gottes zerstört, den wird Gott zerstören. Denn Gottes Tempel ist heilig und der seid ihr.

Weisheit der Welt – Torheit vor Gott

¹⁸ Keiner täusche sich selbst. Wenn einer unter euch meint, er sei weise in dieser Welt, dann werde er töricht, um weise zu werden. ¹⁹ Denn die Weisheit dieser Welt ist Torheit vor Gott. In der Schrift steht nämlich: *Er fängt die Weisen in ihrer eigenen List.* ²⁰ Und an einer anderen Stelle: *Der Herr kennt die Gedanken der Weisen; er weiß, sie sind nichtig.* ²¹ Daher soll sich niemand eines Menschen rühmen. Denn alles gehört euch; ²² Paulus, Apollos, Kephas, Welt, Leben, Tod, Gegenwart und Zukunft: Alles gehört euch; ²³ ihr aber gehört Christus und Christus gehört Gott.

4

4,1–21

Das Urteil des Herrn

¹ So soll man uns betrachten: als Diener Christi und als Verwalter von Geheimnissen Gottes. ² Von Verwaltern aber verlangt man, dass sie sich als treu erweisen. ³ Mir macht es allerdings gar nichts aus, wenn ihr oder ein menschliches Gericht über mich urteilt; ich urteile auch nicht über mich selbst. ⁴ Ich bin mir zwar keiner Schuld bewusst, doch bin ich dadurch noch nicht gerecht gesprochen; der Herr ist es, der über mich urteilt. ⁵ Richtet also nicht vor der Zeit; wartet, bis der Herr kommt, der das im Dunkeln Verborgene ans Licht bringen und die Absichten der Herzen aufdecken wird! Dann wird jeder sein Lob von Gott erhalten.

Schwachheit und Überheblichkeit

⁶ Brüder und Schwestern, ich habe das auf mich und Apollos bezogen, und zwar euretwegen, damit ihr an uns lernt: Nicht über das hinaus, was in der Schrift steht, dass also keiner zugunsten des einen und zum Nachteil des andern sich wichtig machen darf. ⁷ Denn wer räumt dir einen Vorrang ein? Und was hast du, das du nicht empfangen hättest? Wenn du es aber empfangen hast, warum rühmst du dich, als hättest du es nicht empfangen? ⁸ Ihr seid schon satt, ihr seid schon reich geworden, ohne uns seid ihr zur Herrschaft gelangt. Wäret ihr doch nur zur Herrschaft gelangt! Dann könnten auch wir mit euch zusammen herrschen.

⁹ Ich glaube nämlich, Gott hat uns Apostel auf den letzten Platz gestellt, wie Todgeweihte; denn wir sind zum Schauspiel geworden für die Welt, für Engel und Menschen. ¹⁰ Wir stehen als Toren da um Christi willen, ihr dagegen seid kluge Leute in Christus. Wir sind schwach, ihr seid stark; ihr seid angesehen, wir sind verachtet. ¹¹ Bis zur Stunde leiden wir Hunger und Durst und Blöße und werden mit Fäusten geschlagen und sind heimatlos. ¹² Wir mühen uns ab, indem wir mit eigenen Händen arbeiten; wir werden beschimpft und segnen; wir werden verfolgt und halten stand; ¹³ wir werden geschmäht und reden gut zu. Wir sind sozusagen der Unrat der Welt geworden, der Abschaum von allen bis heute.

Mahnungen

¹⁴ Nicht um euch zu beschämen, schreibe ich das, sondern um euch als meine geliebten Kinder zu ermahnen. ¹⁵ Hättet ihr nämlich auch unzählige Erzieher in Christus, so doch nicht viele Väter. Denn in Christus Jesus habe ich euch durch das Evangelium gezeugt. ¹⁶ Darum ermahne ich euch: Haltet euch an mein Vorbild! ¹⁷ Deswegen habe ich Timotheus zu euch geschickt, mein geliebtes und treues Kind im Herrn. Er wird euch erinnern an meine Wege in Christus Jesus, wie ich sie überall in jeder Gemeinde lehre. ¹⁸ In der Annahme, dass ich nicht selber zu euch komme, haben sich einige wichtig gemacht. ¹⁹ Ich werde aber bald zu euch kommen, wenn der Herr will. Dann werde ich diese Wichtigtuer nicht auf ihre Worte prüfen, sondern auf ihre Kraft. ²⁰ Denn nicht in Worten erweist sich die Herrschaft Gottes, sondern in der Kraft. ²¹ Was zieht ihr vor: Soll ich mit dem Stock zu euch kommen oder mit Liebe und im Geist der Sanftmut?

Die Gemeinde in der Verantwortung für Reinheit und Heiligkeit

5,1–6,20

5

5,1–13

Ein Fall von Blutschande

¹ Allgemein hört man von Unzucht unter euch, und zwar von Unzucht, wie sie nicht einmal unter den Heiden vorkommt, dass nämlich einer mit der Frau seines Vaters lebt. ² Und da macht ihr euch noch wichtig, statt traurig zu werden und den aus eurer Mitte zu stoßen, der so etwas getan hat. ³ Was mich angeht, so habe ich – leiblich zwar abwesend, geistig aber anwesend – mein Urteil über den, der sich so vergangen hat, schon jetzt gefällt, als ob ich persönlich anwesend wäre: ⁴ Im Namen Jesu, unseres Herrn, wollen wir uns versammeln, ihr und mein Geist, und zusammen mit der Kraft Jesu, unseres Herrn, ⁵ diesen Menschen dem Satan übergeben zum Verderben seines Fleisches, damit sein Geist am Tag des Herrn gerettet wird.

⁶ Zu Unrecht rühmt ihr euch. Wisst ihr nicht, dass ein wenig Sauerteig den ganzen Teig durchsäuert? ⁷ Schafft den alten Sauerteig weg, damit ihr neuer Teig seid! Ihr seid ja schon ungesäuertes Brot; denn als unser Paschalamm ist Christus geopfert worden. ⁸ Lasst uns also das Fest nicht mit dem alten Sauerteig feiern, nicht mit dem Sauerteig der Bosheit und Schlechtigkeit, sondern mit den ungesäuerten Broten der Aufrichtigkeit und Wahrheit!

⁹ Ich habe euch in meinem Brief geschrieben, dass ihr nichts mit Unzüchtigen zu schaffen haben sollt. ¹⁰ Gemeint waren damit nicht alle Unzüchtigen dieser Welt oder alle Habgierigen und Räuber und Götzendiener; sonst müsstet ihr ja aus der Welt auswandern. ¹¹ Nun aber habe ich euch geschrieben: Habt nichts zu schaffen mit einem, der sich Bruder nennt und dennoch Unzucht treibt, habgierig ist, Götzen verehrt, lästert, trinkt oder raubt; mit einem solchen Menschen sollt ihr auch keine Tischgemeinschaft haben. ¹² Was geht es mich denn an, die Außenstehenden zu richten? Habt ihr nicht die zu richten, die zu euch gehören? ¹³ Die Außenstehenden wird Gott richten. *Schafft den Übeltäter weg aus eurer Mitte!*

6

6,1–20

Rechtsstreitigkeiten unter Christen vor heidnischen Gerichten

¹Wagt es einer von euch, der mit einem anderen einen Rechtsstreit hat, vor das Gericht der Ungerechten zu gehen, statt zu den Heiligen? ²Wisst ihr denn nicht, dass die Heiligen die Welt richten werden? Und wenn durch euch die Welt gerichtet wird, seid ihr dann nicht zuständig, einen Rechtsstreit über Kleinigkeiten zu schlichten? ³Wisst ihr nicht, dass wir über Engel richten werden? Also erst recht über Alltägliches. ⁴Wie könnt ihr dann jene, die im Urteil der Gemeinde nichts gelten, als Richter einsetzen, wenn ihr einen Rechtsstreit über Alltägliches auszutragen habt? ⁵Ich sage das, damit ihr euch schämt. Gibt es denn unter euch wirklich keinen, der über die Weisheit verfügt, zwischen Brüdern zu entscheiden? ⁶Stattdessen zieht ein Bruder den andern vor Gericht, und zwar vor Ungläubige. ⁷Ist es nicht überhaupt schon ein Versagen, dass ihr miteinander Prozesse führt? Warum leidet ihr nicht lieber Unrecht? Warum lasst ihr euch nicht lieber übervorteilen? ⁸Nein, ihr selber begeht Unrecht und übervorteilt, und zwar Brüder. ⁹Wisst ihr denn nicht, dass Ungerechte das Reich Gottes nicht erben werden? Täuscht euch nicht! Weder Unzüchtige noch Götzendiener, weder Ehebrecher noch Lustknaben, noch Knabenschänder, ¹⁰noch Diebe, noch Habgierige, keine Trinker, keine Lästerer, keine Räuber werden das Reich Gottes erben. ¹¹Und solche gab es unter euch. Aber ihr seid reingewaschen, seid geheiligt, seid gerecht geworden im Namen Jesu Christi, des Herrn, und im Geist unseres Gottes.

Unzucht und christliche Freiheit

¹²Alles ist mir erlaubt – aber nicht alles nützt mir. Alles ist mir erlaubt – aber nichts soll Macht haben über mich. ¹³Die Speisen sind für den Bauch da und der Bauch für die Speisen; Gott wird beide vernichten. Der Leib ist aber nicht für die Unzucht da, sondern für den Herrn und der Herr für den Leib. ¹⁴Gott hat den Herrn auferweckt; er wird durch seine Macht auch uns auferwecken. ¹⁵Wisst ihr nicht, dass eure Leiber Glieder Christi sind? Darf ich nun die Glieder Christi nehmen und zu Gliedern einer Dirne machen? Auf keinen Fall! ¹⁶Oder wisst ihr nicht: Wer sich an eine Dirne bindet, ist ein Leib mit ihr? Denn es heißt: *Die zwei werden ein Fleisch sein.* ¹⁷Wer sich dagegen an den Herrn bindet, ist ein Geist mit ihm. ¹⁸Meidet die Unzucht! Jede Sünde, die der Mensch tut, bleibt außerhalb des Leibes. Wer aber Unzucht treibt, versündigt sich gegen den eigenen Leib. ¹⁹Oder wisst ihr nicht, dass euer Leib ein Tempel des Heiligen Geistes ist, der in euch wohnt und den ihr von Gott habt? Ihr gehört nicht euch selbst; ²⁰denn um einen teuren Preis seid ihr erkauft worden. Verherrlicht also Gott in eurem Leib!

Ehe – Ehescheidung – Ehelosigkeit

7,1–40

7

7,1–40

Sexualität in der Ehe

¹Nun zu dem aber, was ihr geschrieben habt: Es ist gut für den Mann, keine Frau zu berühren. ²Wegen der Gefahr der Unzucht soll aber jeder seine Frau haben und jede soll ihren Mann haben. ³Der Mann soll seine Pflicht gegenüber der Frau erfüllen und ebenso die Frau gegenüber dem Mann. ⁴Die Frau verfügt nicht über ihren Leib, sondern der Mann. Ebenso verfügt aber auch der Mann nicht über seinen Leib, sondern die Frau. ⁵Entzieht euch einander nicht, außer im gegenseitigen Einverständnis und nur eine Zeit lang, um für das Gebet frei zu sein! Dann kommt wieder zusammen, damit euch der Satan nicht in Versuchung führt, weil ihr euch nicht enthalten könnt. ⁶Das sage ich als Zugeständnis, nicht als Gebot. ⁷Ich wünschte, alle Menschen wären unverheiratet wie ich. Doch jeder hat seine eigene Gnadengabe von Gott, der eine so, der andere so.

Treue zum Lebensstand und Bedingungen für eine Veränderung

⁸Den Unverheirateten und den Witwen sage ich: Es ist gut, wenn sie so bleiben wie ich. ⁹Wenn sie aber nicht enthaltsam leben können, sollen sie heiraten. Es ist nämlich besser zu heiraten, als sich in Begierde zu verzehren. ¹⁰Den Verheirateten gebiete nicht ich, sondern der Herr: Die Frau soll sich vom Mann nicht trennen ¹¹– wenn sie sich aber trennt, so bleibe sie unverheiratet oder versöhne sich wieder mit dem Mann – und der Mann darf die Frau nicht verstoßen.

¹²Den Übrigen sage ich, nicht der Herr: Wenn ein Bruder eine ungläubige Frau hat und sie willigt ein, weiter mit ihm zusammenzuleben, soll er sie nicht verstoßen. ¹³Auch wenn eine Frau einen ungläubigen Mann hat und er willigt ein, mit ihr zusammenzuleben, soll sie den Mann nicht verstoßen. ¹⁴Denn der ungläubige Mann ist durch die Frau geheiligt und die ungläubige Frau ist durch den Bruder geheiligt. Sonst wären eure Kinder unrein; sie sind aber heilig. ¹⁵Wenn aber der Ungläubige sich trennen will, soll er es tun. Der Bruder oder die Schwester ist in solchen Fällen nicht wie ein Sklave gebunden; zu einem Leben in Frieden hat Gott euch berufen. ¹⁶Woher weißt du denn, Frau, ob du den Mann retten kannst? Oder woher weißt du, Mann, ob du die Frau retten kannst?

Lebensstand und Berufung

¹⁷ Im Übrigen soll jeder so leben, wie der Herr es ihm zugemessen, wie Gottes Ruf ihn getroffen hat. Das ist meine Weisung für alle Gemeinden. ¹⁸ Wenn einer als Beschnittener berufen wurde, soll er beschnitten bleiben. Wenn einer als Unbeschnittener berufen wurde, soll er sich nicht beschneiden lassen. ¹⁹ Es kommt nicht darauf an, beschnitten oder unbeschnitten zu sein, sondern darauf, die Gebote Gottes zu halten. ²⁰ Jeder soll in dem Stand bleiben, in dem ihn der Ruf Gottes getroffen hat. ²¹ Wenn du als Sklave berufen wurdest, soll dich das nicht bedrücken; aber wenn du frei werden kannst, mach lieber Gebrauch davon! ²² Denn wer im Herrn als Sklave berufen wurde, ist Freigelassener des Herrn. Ebenso ist einer, der als Freier berufen wurde, Sklave Christi. ²³ Um einen teuren Preis seid ihr erkauft worden. Macht euch nicht zu Sklaven von Menschen! ²⁴ Brüder und Schwestern, jeder soll vor Gott in dem Stand bleiben, in dem ihn der Ruf Gottes getroffen hat.

Ehe und Ehelosigkeit in der bald vergehenden Welt

²⁵ Was aber die Unverheirateten betrifft, so habe ich kein Gebot vom Herrn. Ich gebe euch nur einen Rat als einer, den der Herr durch sein Erbarmen vertrauenswürdig gemacht hat. ²⁶ Ich meine, es ist gut wegen der bevorstehenden Not, ja, es ist gut für den Menschen, so zu sein. ²⁷ Bist du an eine Frau gebunden, suche dich nicht zu lösen; bist du ohne Frau, dann suche keine! ²⁸ Heiratest du aber, so sündigst du nicht; und heiratet eine Jungfrau, sündigt auch sie nicht. Freilich werden solche Leute Bedrängnis erfahren in ihrem irdischen Dasein; ich aber möchte sie euch ersparen. ²⁹ Denn ich sage euch, Brüder: Die Zeit ist kurz. Daher soll, wer eine Frau hat, sich in Zukunft so verhalten, als habe er keine, ³⁰ wer weint, als weine er nicht, wer sich freut, als freue er sich nicht, wer kauft, als würde er nicht Eigentümer, ³¹ wer sich die Welt zunutze macht, als nutze er sie nicht; denn die Gestalt dieser Welt vergeht.
³² Ich wünschte aber, ihr wäret ohne Sorgen. Der Unverheiratete sorgt sich um die Sache des Herrn; er will dem Herrn gefallen. ³³ Der Verheiratete sorgt sich um die Dinge der Welt; er will seiner Frau gefallen. ³⁴ So ist er geteilt. Die unverheiratete Frau aber und die Jungfrau sorgen sich um die Sache des Herrn, um heilig zu sein an Leib und Geist. Die Verheiratete sorgt sich um die Dinge der Welt; sie will ihrem Mann gefallen. ³⁵ Dies sage ich zu eurem Nutzen: nicht um euch eine Fessel anzulegen, vielmehr, damit ihr euch in rechter Weise und ungestört immer an den Herrn haltet.
³⁶ Wer sich gegenüber seiner Verlobten ungehörig zu verhalten glaubt, wenn sie herangereift ist und es so geschehen soll, der soll tun, wozu es ihn drängt, nämlich heiraten, er sündigt nicht. ³⁷ Wer aber in seinem Herzen fest bleibt, weil er sich in der Gewalt hat und seinem Trieb nicht ausgeliefert ist, wer also in seinem Herzen entschlossen ist, seine Verlobte unberührt zu lassen, der handelt gut. ³⁸ Wer seine Verlobte heiratet, handelt also gut; doch wer sie nicht heiratet, handelt besser.

Wiederverheiratung nach dem Tod des Mannes

³⁹ Eine Frau ist gebunden, solange ihr Mann lebt; wenn aber der Mann gestorben ist, ist sie frei zu heiraten, wen sie will; nur geschehe es im Herrn. ⁴⁰ Glücklicher aber ist sie zu preisen, wenn sie nach meinem Rat unverheiratet bleibt – und ich denke, dass auch ich Gottes Geist habe.

Die Gemeinde und der heidnische Kult

8,1–11,1

8

8,1–13

Christliche Freiheit und Götzenopferfleisch

¹ Nun zur Frage des Götzenopferfleisches. Gewiss, wir alle haben Erkenntnis. Doch die Erkenntnis macht aufgeblasen, die Liebe dagegen baut auf. ² Wenn einer meint, er sei zur Erkenntnis gelangt, hat er noch nicht so erkannt, wie man erkennen muss. ³ Wer aber Gott liebt, der ist von ihm erkannt worden. ⁴ Was nun das Essen von Götzenopferfleisch angeht, so wissen wir, dass es keine Götzen gibt in der Welt und keinen Gott außer dem einen. ⁵ Und selbst wenn es im Himmel oder auf der Erde sogenannte Götter gibt – und solche Götter und Herren gibt es viele –, ⁶ so haben doch wir nur einen Gott, den Vater. Von ihm stammt alles und wir leben auf ihn hin. Und einer ist der Herr: Jesus Christus. Durch ihn ist alles und wir sind durch ihn.
⁷ Aber nicht alle haben die Erkenntnis. Einige essen, weil sie bisher an die Götzen gewöhnt waren, das Fleisch noch als Götzenopferfleisch und so wird ihr schwaches Gewissen befleckt. ⁸ Speise aber wird uns Gott nicht näherbringen. Wenn wir nicht essen, verlieren wir nichts, und wenn wir essen, gewinnen wir nichts. ⁹ Doch gebt Acht, dass diese eure Freiheit nicht den Schwachen zum Anstoß wird! ¹⁰ Wenn nämlich einer dich, der du Erkenntnis hast, im Götzentempel beim Mahl sieht, wird dann nicht sein Gewissen, da er schwach ist, verleitet, auch Götzenopferfleisch zu essen? ¹¹ Der Schwache geht an deiner Erkenntnis zugrunde, er, dein Bruder, für den Christus gestorben ist. ¹² Wenn ihr euch auf diese Weise gegen eure Brüder versündigt und ihr schwaches Gewissen verletzt, versündigt ihr euch gegen Christus. ¹³ Wenn darum eine Speise meinem Bruder zum Anstoß wird, will ich bis in Ewigkeit kein Fleisch mehr essen, um meinem Bruder keinen Anstoß zu geben.

9

9,1–27

Das Beispiel des Apostels

¹ Bin ich nicht frei? Bin ich nicht ein Apostel? Habe ich nicht Jesus, unseren Herrn, gesehen? Seid ihr nicht mein Werk im Herrn? ² Wenn ich für andere kein Apostel bin, bin ich es doch für euch. Ihr seid ja im Herrn das Siegel meines Apostelamtes. ³ Das aber ist meine Rechtfertigung vor denen, die abfällig über mich urteilen: ⁴ Haben wir nicht das Recht, zu essen und zu trinken? ⁵ Haben wir nicht das Recht, eine Schwester im Glauben als Frau mitzunehmen, wie die übrigen Apostel und die Brüder des Herrn und wie Kephas? ⁶ Haben nur ich und Barnabas kein Recht, nicht zu arbeiten? ⁷ Wer leistet denn Kriegsdienst und bezahlt sich selber den Sold? Wer pflanzt einen Weinberg und isst nicht von seinem Ertrag? Oder wer weidet eine Herde und trinkt nicht von der Milch der Herde? ⁸ Sage ich das nur als Mensch? Sagt das nicht auch das Gesetz? ⁹ Im Gesetz des Mose steht doch: *Du sollst dem Ochsen beim Dreschen keinen Maulkorb anlegen.* Liegt denn Gott etwas an den Ochsen? ¹⁰ Spricht er nicht allenthalben unseretwegen? Ja, unseretwegen wurde geschrieben: *Der Pflüger wie der Drescher sollen ihre Arbeit in der Erwartung tun, ihren Teil zu erhalten.* ¹¹ Wenn wir für euch die Geistesgaben gesät haben, ist es dann zu viel verlangt, wenn wir von euch die irdischen Gaben ernten? ¹² Wenn andere an dem, was euch gehört, teilhaben dürfen, dann nicht wir erst recht? Aber wir haben von diesem Recht keinen Gebrauch gemacht. Vielmehr ertragen wir alles, um dem Evangelium Christi kein Hindernis in den Weg zu legen. ¹³ Wisst ihr nicht, dass alle, die im Heiligtum Dienst tun, vom Heiligtum leben und dass alle, die am Altar Dienst tun, vom Altar ihren Anteil erhalten? ¹⁴ So hat auch der Herr denen, die das Evangelium verkünden, geboten, vom Evangelium zu leben. ¹⁵ Ich aber habe all das nicht in Anspruch genommen. Ich schreibe dies auch nicht, damit es in meinem Fall so geschieht. Lieber wollte ich sterben, als dass mir jemand diesen Ruhm entreißt. ¹⁶ Wenn ich nämlich das Evangelium verkünde, gebührt mir deswegen kein Ruhm; denn ein Zwang liegt auf mir. Weh mir, wenn ich das Evangelium nicht verkünde! ¹⁷ Wäre es mein freier Entschluss, so erhielte ich Lohn. Wenn es mir aber nicht freisteht, so ist es ein Dienst, der mir anvertraut wurde. ¹⁸ Was ist nun mein Lohn? Dass ich unentgeltlich verkünde und so das Evangelium bringe und keinen Gebrauch von meinem Anrecht aus dem Evangelium mache.
¹⁹ Obwohl ich also von niemandem abhängig bin, habe ich mich für alle zum Sklaven gemacht, um möglichst viele zu gewinnen. ²⁰ Den Juden bin ich ein Jude geworden, um Juden zu gewinnen; denen, die unter dem Gesetz stehen, bin ich, obgleich ich nicht unter dem Gesetz stehe, einer unter dem Gesetz geworden, um die zu gewinnen, die unter dem Gesetz stehen. ²¹ Den Gesetzlosen bin ich sozusagen ein Gesetzloser geworden – nicht als ein Gesetzloser vor Gott, sondern gebunden an das Gesetz Christi –, um die Gesetzlosen zu gewinnen. ²² Den Schwachen bin ich ein Schwacher geworden, um die Schwachen zu gewinnen. Allen bin ich alles geworden, um auf jeden Fall einige zu retten. ²³ Alles aber tue ich um des Evangeliums willen, um an seiner Verheißung teilzuhaben. ²⁴ Wisst ihr nicht, dass die Läufer im Stadion zwar alle laufen, aber dass nur einer den Siegespreis gewinnt? Lauft so, dass ihr ihn gewinnt! ²⁵ Jeder Wettkämpfer lebt aber völlig enthaltsam; jene tun dies, um einen vergänglichen, wir aber, um einen unvergänglichen Siegeskranz zu gewinnen. ²⁶ Darum laufe ich wie einer, der nicht ziellos läuft, und kämpfe mit der Faust wie einer, der nicht in die Luft schlägt; ²⁷ vielmehr züchtige und unterwerfe ich meinen Leib, damit ich nicht anderen verkünde und selbst verworfen werde.

10

10,1–33

Israels Geschichte als Warnung

¹ Ihr sollt wissen, Brüder und Schwestern, dass unsere Väter alle unter der Wolke waren, alle durch das Meer zogen ² und alle auf Mose getauft wurden in der Wolke und im Meer. ³ Alle aßen auch die gleiche geistgeschenkte Speise ⁴ und alle tranken den gleichen geistgeschenkten Trank; denn sie tranken aus dem geistgeschenkten Felsen, der mit ihnen zog. Und dieser Fels war Christus. ⁵ Gott aber hatte an den meisten von ihnen kein Gefallen; denn er ließ sie in der Wüste umkommen. ⁶ Das aber geschah als warnendes Beispiel für uns: damit wir uns nicht von der Gier nach dem Bösen beherrschen lassen, wie jene sich von der Gier beherrschen ließen. ⁷ Werdet nicht Götzendiener wie einige von ihnen; denn es steht in der Schrift: *Das Volk setzte sich zum Essen und Trinken; dann standen sie auf, um sich zu vergnügen.* ⁸ Lasst uns nicht Unzucht treiben, wie einige von ihnen Unzucht trieben! Damals kamen an einem einzigen Tag dreiundzwanzigtausend Menschen um. ⁹ Lasst uns auch nicht Christus auf die Probe stellen, wie es einige von ihnen taten, die dann von Schlangen getötet wurden! ¹⁰ Murrt auch nicht, wie einige von ihnen murrten; sie wurden vom Verderber umgebracht! ¹¹ Das aber geschah an ihnen, damit es uns als Beispiel dient; uns zur Warnung wurde es aufgeschrieben, uns, die das Ende der Zeiten erreicht hat. ¹² Wer also zu stehen meint, der gebe Acht, dass er nicht fällt. ¹³ Noch ist keine Versuchung über euch gekommen, die den Menschen überfordert. Gott ist treu; er wird nicht zulassen, dass ihr über eure Kraft hinaus versucht werdet. Er wird euch mit der Versuchung auch einen Ausweg schaffen, sodass ihr sie bestehen könnt.

Unvereinbarkeit von Herrenmahl und Götzenopfermahl

¹⁴ Darum, meine Geliebten, meidet den Götzendienst! ¹⁵ Ich rede doch zu verständigen Menschen; urteilt selbst über das, was ich sage! ¹⁶ Ist der Kelch des Segens, über den wir den Segen sprechen, nicht Teilhabe am Blut Christi? Ist das Brot, das wir brechen, nicht Teilhabe am Leib Christi? ¹⁷ Ein Brot ist es. Darum sind wir viele ein Leib; denn wir alle haben teil an dem einen Brot. ¹⁸ Schaut auf das irdische Israel: Haben die, welche von den Opfern essen, nicht teil am Altar? ¹⁹ Was meine ich damit? Dass Götzenopferfleisch wirklich etwas ist? Oder dass ein Götze wirklich etwas ist? ²⁰ Nein, aber was man dort opfert, opfert man den Dämonen und nicht Gott. Ich will jedoch nicht, dass ihr Gemeinschaft mit Dämonen habt. ²¹ Ihr könnt nicht den Kelch des Herrn trinken und den Kelch der Dämonen. Ihr könnt nicht teilhaben am Tisch des Herrn und am Tisch der Dämonen. ²² Oder wollen wir die Eifersucht des Herrn wecken? Sind wir stärker als er?

Rücksicht auf das Gewissen des Anderen beim Verzehr von Götzenopferfleisch

²³ Alles ist erlaubt – aber nicht alles nützt. Alles ist erlaubt – aber nicht alles baut auf. ²⁴ Denkt dabei nicht an euch selbst, sondern an die anderen! ²⁵ Alles, was auf dem Fleischmarkt verkauft wird, das esst, ohne aus Gewissensgründen nachzuforschen. ²⁶ Denn *dem Herrn gehört die Erde und was sie erfüllt.* ²⁷ Wenn ein Ungläubiger euch einlädt und ihr hingehen möchtet, dann esst, was euch vorgesetzt wird, ohne aus Gewissensgründen nachzuforschen! ²⁸ Wenn euch aber jemand darauf hinweist: Das ist Opferfleisch!, dann esst nicht davon mit Rücksicht auf den, der euch aufmerksam gemacht hat, und auf das Gewissen; ²⁹ ich meine aber nicht das eigene Gewissen, sondern das des anderen; denn warum soll meine Freiheit vom Gewissen eines anderen abhängig sein? ³⁰ Wenn ich in Dankbarkeit mitesse, soll ich dann getadelt werden, dass ich etwas esse, wofür ich Dank sage? ³¹ Ob ihr also esst oder trinkt oder etwas anderes tut: Tut alles zur Verherrlichung Gottes! ³² Gebt weder Juden noch Griechen, noch der Kirche Gottes Anlass zu einem Vorwurf! ³³ Auch ich suche allen in allem entgegenzukommen; ich suche nicht meinen Nutzen, sondern den Nutzen aller, damit sie gerettet werden.

11

11,1

¹ Nehmt mich zum Vorbild, wie ich Christus zum Vorbild nehme!

Missstände beim Gemeindegottesdienst

11,2–34

Unschickliches Auftreten der Frauen beim gottesdienstlichen Handeln

² Ich lobe euch, dass ihr in allem an mich denkt und an den Überlieferungen festhaltet, wie ich sie euch übergeben habe. ³ Ihr sollt aber wissen, dass Christus das Haupt eines jeden Mannes ist, der Mann aber das Haupt der Frau und Gott das Haupt Christi. ⁴ Jeder Mann, der betet oder prophetisch redet und dabei sein Haupt bedeckt hat, entehrt sein Haupt. ⁵ Jede Frau aber, die betet oder prophetisch redet und dabei ihr Haupt nicht verhüllt, entehrt ihr Haupt. Sie unterscheidet sich dann in keiner Weise von einer Geschorenen. ⁶ Denn wenn eine Frau sich nicht verhüllt, soll sie sich doch gleich scheren lassen. Ist es aber für eine Frau eine Schande, sich die Haare abschneiden oder sich kahl scheren zu lassen, dann soll sie sich auch verhüllen. ⁷ Der Mann darf sein Haupt nicht verhüllen, weil er Bild und Abglanz Gottes ist; die Frau aber ist der Abglanz des Mannes. ⁸ Denn der Mann stammt nicht von der Frau, sondern die Frau vom Mann. ⁹ Der Mann wurde auch nicht für die Frau erschaffen, sondern die Frau für den Mann. ¹⁰ Deswegen soll die Frau Acht haben auf ihr Haupt um der Engel willen. ¹¹ Doch im Herrn gibt es weder die Frau ohne den Mann noch den Mann ohne die Frau. ¹² Denn wie die Frau vom Mann stammt, so kommt der Mann durch die Frau zur Welt; alles aber stammt von Gott.

¹³ Urteilt selber! Gehört es sich, dass eine Frau unverhüllt zu Gott betet? ¹⁴ Lehrt euch nicht schon die Natur, dass es für den Mann eine Schande, ¹⁵ für die Frau aber eine Ehre ist, lange Haare zu tragen? Denn der Frau ist das Haar als Hülle gegeben. ¹⁶ Wenn aber einer meint, er müsse darüber streiten: Wir und auch die Gemeinden Gottes kennen einen solchen Brauch nicht.

Unwürdiges Verhalten bei der Feier des Herrenmahls

¹⁷ Wenn ich schon Anweisungen gebe: Das kann ich nicht loben, dass ihr nicht zu eurem Nutzen, sondern zu eurem Schaden zusammenkommt. ¹⁸ Zunächst höre ich, dass es Spaltungen unter euch gibt, wenn ihr als Gemeinde zusammenkommt; zum Teil glaube ich das auch. ¹⁹ Denn es muss Parteiungen geben unter euch, damit die Bewährten unter euch offenkundig werden. ²⁰ Wenn ihr euch versammelt, ist das kein Essen des Herrenmahls; ²¹ denn jeder nimmt beim Essen sein eigenes Mahl vorweg und dann hungert der eine, während der andere betrunken ist. ²² Könnt ihr denn nicht zu Hause essen und trinken? Oder verachtet ihr die Kirche Gottes? Wollt ihr jene demütigen, die nichts haben? Was soll ich dazu sagen? Soll ich euch etwa loben? In diesem Fall kann ich euch nicht loben.

²³ Denn ich habe vom Herrn empfangen, was ich euch dann überliefert habe: Jesus, der Herr, nahm in der Nacht, in der er ausgeliefert wurde, Brot, ²⁴ sprach das Dankgebet, brach das Brot und sagte: Das ist mein Leib für euch. Tut dies zu meinem Gedächtnis! ²⁵ Ebenso nahm er nach dem Mahl den Kelch und

sagte: Dieser Kelch ist der neue Bund in meinem Blut. Tut dies, sooft ihr daraus trinkt, zu meinem Gedächtnis!
26 Denn sooft ihr von diesem Brot esst und aus dem Kelch trinkt, verkündet ihr den Tod des Herrn, bis er kommt. 27 Wer also unwürdig von dem Brot isst und aus dem Kelch des Herrn trinkt, macht sich schuldig am Leib und am Blut des Herrn. 28 Jeder soll sich selbst prüfen; erst dann soll er von dem Brot essen und aus dem Kelch trinken. 29 Denn wer davon isst und trinkt, ohne den Leib zu unterscheiden, der zieht sich das Gericht zu, indem er isst und trinkt. 30 Deswegen sind unter euch viele schwach und krank und nicht wenige sind schon entschlafen. 31 Gingen wir mit uns selbst ins Gericht, dann würden wir nicht gerichtet. 32 Doch wenn wir jetzt vom Herrn gerichtet werden, dann ist es eine Zurechtweisung, damit wir nicht zusammen mit der Welt verdammt werden. 33 Wenn ihr also zum Mahl zusammenkommt, meine Brüder und Schwestern, wartet aufeinander! 34 Wer Hunger hat, soll zu Hause essen; sonst wird euch die Zusammenkunft zum Gericht. Weitere Anordnungen werde ich treffen, wenn ich komme.

Die Vielfalt der Geistesgaben

12,1–14,40

12

12,1–31

Der eine Geist und die vielen Gaben

1 Auch über die Gaben des Geistes möchte ich euch nicht in Unkenntnis lassen, meine Brüder und Schwestern. 2 Als ihr noch Heiden wart, zog es euch, wie ihr wisst, mit unwiderstehlicher Gewalt zu den stummen Götzen. 3 Darum erkläre ich euch: Keiner, der aus dem Geist Gottes redet, sagt: Jesus sei verflucht! Und keiner kann sagen: Jesus ist der Herr!, wenn er nicht aus dem Heiligen Geist redet.

4 Es gibt verschiedene Gnadengaben, aber nur den einen Geist. 5 Es gibt verschiedene Dienste, aber nur den einen Herrn. 6 Es gibt verschiedene Kräfte, die wirken, aber nur den einen Gott: Er bewirkt alles in allen. 7 Jedem aber wird die Offenbarung des Geistes geschenkt, damit sie anderen nützt. 8 Dem einen wird vom Geist die Gabe geschenkt, Weisheit mitzuteilen, dem anderen durch denselben Geist die Gabe, Erkenntnis zu vermitteln, 9 einem anderen in demselben Geist Glaubenskraft, einem anderen – immer in dem einen Geist – die Gabe, Krankheiten zu heilen, 10 einem anderen Kräfte, Machttaten zu wirken, einem anderen prophetisches Reden, einem anderen die Fähigkeit, die Geister zu unterscheiden, wieder einem anderen verschiedene Arten von Zungenrede, einem anderen schließlich die Gabe, sie zu übersetzen. 11 Das alles bewirkt ein und derselbe Geist; einem jeden teilt er seine besondere Gabe zu, wie er will.

Der eine Leib und die vielen Glieder

12 Denn wie der Leib einer ist, doch viele Glieder hat, alle Glieder des Leibes aber, obgleich es viele sind, einen einzigen Leib bilden: So ist es auch mit Christus. 13 Durch den einen Geist wurden wir in der Taufe alle in einen einzigen Leib aufgenommen, Juden und Griechen, Sklaven und Freie; und alle wurden wir mit dem einen Geist getränkt. 14 Auch der Leib besteht nicht nur aus einem Glied, sondern aus vielen Gliedern. 15 Wenn der Fuß sagt: Ich bin keine Hand, ich gehöre nicht zum Leib!, so gehört er doch zum Leib. 16 Und wenn das Ohr sagt: Ich bin kein Auge, ich gehöre nicht zum Leib!, so gehört es doch zum Leib. 17 Wenn der ganze Leib nur Auge wäre, wo bliebe dann das Gehör? Wenn er nur Gehör wäre, wo bliebe dann der Geruchssinn? 18 Nun aber hat Gott jedes einzelne Glied so in den Leib eingefügt, wie es seiner Absicht entsprach. 19 Wären alle zusammen nur ein Glied, wo bliebe dann der Leib? 20 So aber gibt es viele Glieder und doch nur einen Leib. 21 Das Auge kann nicht zur Hand sagen: Ich brauche dich nicht. Der Kopf wiederum kann nicht zu den Füßen sagen: Ich brauche euch nicht. 22 Im Gegenteil, gerade die schwächer scheinenden Glieder des Leibes sind unentbehrlich. 23 Denen, die wir für weniger edel ansehen, erweisen wir umso mehr Ehre und unseren weniger anständigen Gliedern begegnen wir mit umso mehr Anstand, 24 während die anständigen das nicht nötig haben. Gott aber hat den Leib so zusammengefügt, dass er dem benachteiligten Glied umso mehr Ehre zukommen ließ, 25 damit im Leib kein Zwiespalt entstehe, sondern alle Glieder einträchtig füreinander sorgen. 26 Wenn darum ein Glied leidet, leiden alle Glieder mit; wenn ein Glied geehrt wird, freuen sich alle Glieder mit. 27 Ihr aber seid der Leib Christi und jeder Einzelne ist ein Glied an ihm.

28 So hat Gott in der Kirche die einen erstens als Apostel eingesetzt, zweitens als Propheten, drittens als Lehrer; ferner verlieh er die Kraft, Machttaten zu wirken, sodann die Gaben, Krankheiten zu heilen, zu helfen, zu leiten, endlich die verschiedenen Arten von Zungenrede. 29 Sind etwa alle Apostel, alle Propheten, alle Lehrer? Haben alle die Kraft, Machttaten zu wirken? 30 Besitzen alle die Gabe, Krankheiten zu heilen? Reden alle in Zungen? Können alle übersetzen? 31 Strebt aber nach den höheren Gnadengaben!

Der Weg der Liebe

Dazu zeige ich euch einen überragenden Weg:

13

13,1–13

¹Wenn ich in den Sprachen der Menschen und Engel redete, / hätte aber die Liebe nicht, / wäre ich dröhnendes Erz oder eine lärmende Pauke.
²Und wenn ich prophetisch reden könnte / und alle Geheimnisse wüsste / und alle Erkenntnis hätte; / wenn ich alle Glaubenskraft besäße / und Berge damit versetzen könnte, / hätte aber die Liebe nicht, / wäre ich nichts.
³Und wenn ich meine ganze Habe verschenkte / und wenn ich meinen Leib opferte, um mich zu rühmen, / hätte aber die Liebe nicht, / nützte es mir nichts.
⁴Die Liebe ist langmütig, / die Liebe ist gütig. / Sie eifert sich nicht, / sie prahlt nicht, / sie bläht sich nicht auf.
⁵Sie handelt nicht ungehörig, / sucht nicht ihren Vorteil, / lässt sich nicht zum Zorn reizen, / trägt das Böse nicht nach.
⁶Sie freut sich nicht über das Unrecht, / sondern freut sich an der Wahrheit.
⁷Sie erträgt alles, / glaubt alles, / hofft alles, / hält allem stand.
⁸Die Liebe hört niemals auf. / Prophetisches Reden hat ein Ende, / Zungenrede verstummt, / Erkenntnis vergeht.
⁹Denn Stückwerk ist unser Erkennen, / Stückwerk unser prophetisches Reden;
¹⁰wenn aber das Vollendete kommt, / vergeht alles Stückwerk.
¹¹Als ich ein Kind war, / redete ich wie ein Kind, / dachte wie ein Kind / und urteilte wie ein Kind. Als ich ein Mann wurde, / legte ich ab, was Kind an mir war.
¹²Jetzt schauen wir in einen Spiegel / und sehen nur rätselhafte Umrisse, / dann aber schauen wir von Angesicht zu Angesicht. Jetzt ist mein Erkennen Stückwerk, / dann aber werde ich durch und durch erkennen, / so wie ich auch durch und durch erkannt worden bin.

13 Für jetzt bleiben Glaube, Hoffnung, Liebe,

diese drei; / doch am größten unter ihnen ist die Liebe.

14

14,1–40

Über die Charismen der Prophetie und der Zungenrede

¹Jagt der Liebe nach! Strebt aber auch nach den Geistesgaben, vor allem nach der prophetischen Rede! ²Denn wer in Zungen redet, redet nicht zu Menschen, sondern zu Gott; keiner versteht ihn: Im Geist redet er geheimnisvolle Dinge. ³Wer aber prophetisch redet, redet zu Menschen: Er baut auf, ermutigt, spendet Trost. ⁴Wer in Zungen redet, erbaut sich selbst; wer aber prophetisch redet, baut die Gemeinde auf. ⁵Ich wünschte, ihr alle würdet in Zungen reden, weit mehr aber, ihr würdet prophetisch reden. Der Prophet steht höher als der, der in Zungen redet, es sei denn, er übersetzt sein Reden, damit die Gemeinde aufgebaut wird.

⁶Was nützt es euch, Brüder und Schwestern, wenn ich zu euch komme und in Zungen rede, euch aber keine Offenbarung, keine Erkenntnis, keine Prophetie, keine Lehre bringe? ⁷Wenn leblose Musikinstrumente, eine Flöte oder eine Harfe, nicht deutlich unterschiedene Töne hervorbringen, wie soll man dann erkennen, was auf der Flöte oder was auf der Harfe gespielt wird? ⁸Und wenn die Trompete unklare Töne hervorbringt, wer wird dann zu den Waffen greifen? ⁹So ist es auch mit euch, wenn ihr in Zungen redet, aber kein verständliches Wort hervorbringt. Wer soll dann das Gesprochene verstehen? Ihr redet nur in den Wind.

¹⁰Es gibt wer weiß wie viele Sprachen in der Welt und nichts ist ohne Sprache. ¹¹Wenn ich nun den Sinn der Sprache nicht kenne, bin ich für den Sprecher ein Fremder, wie der Sprecher für mich. ¹²So ist es auch mit euch. Da ihr nach Geistesgaben strebt, gebt euch Mühe, dass ihr damit vor allem zum Aufbau der Gemeinde beitragt! ¹³Deswegen soll einer, der in Zungen redet, beten, dass er es auch übersetzen kann. ¹⁴Denn wenn ich in Zungen bete, betet zwar mein Geist, mein Verstand aber bleibt unfruchtbar. ¹⁵Was folgt daraus? Ich will im Geist beten, ich will aber auch mit dem Verstand beten. Ich will im Geist lobsingen, ich will aber auch mit dem Verstand lobsingen. ¹⁶Wenn du nur im Geist den Lobpreis sprichst und ein Unkundiger anwesend ist, wie kann er zu deinem Dankgebet das Amen sprechen; er versteht ja nicht, was du sagst. ¹⁷Dein Dankgebet mag noch so gut sein, aber der andere wird nicht auferbaut. ¹⁸Ich danke Gott, dass ich mehr als ihr alle in Zungen rede. ¹⁹Doch vor der Gemeinde will ich lieber fünf Worte mit meinem Verstand reden, um auch andere zu unterweisen, als zehntausend Worte in Zungen stammeln.

²⁰Seid doch nicht Kinder an Einsicht, Brüder und Schwestern! Seid unmündig an Bosheit, an Einsicht aber seid vollkommen! ²¹Im Gesetz steht: *Durch Leute, die anders und in anderen Sprachen reden, werde ich zu diesem Volk sprechen; aber auch so werden sie nicht* auf mich *hören*, spricht der Herr. ²²So ist Zungenreden ein Zeichen nicht für die Glaubenden, sondern für die Ungläubigen, prophetisches Reden aber ein Zeichen nicht für die Ungläubigen, sondern für die Glaubenden. ²³Wenn also die ganze Gemeinde sich versammelt und alle in Zungen reden und es kommen Unkundige oder Ungläubige herein,

werden sie dann nicht sagen: Ihr seid verrückt? ²⁴Wenn aber alle prophetisch reden und ein Ungläubiger oder Unkundiger kommt herein, dann wird er von allen überführt, von allen geprüft; ²⁵was in seinem Herzen verborgen ist, wird aufgedeckt. Und so wird er niederfallen auf sein Angesicht, Gott anbeten und bekennen: *Wahrhaftig, Gott ist bei euch!*

Die rechte Ordnung im Gottesdienst

²⁶Was soll also geschehen, Brüder und Schwestern? Wenn ihr zusammenkommt, trägt jeder etwas bei: einer einen Psalm, ein anderer eine Lehre, der dritte eine Offenbarung; einer redet in Zungen und ein anderer übersetzt es. Alles geschehe so, dass es aufbaut. ²⁷Wenn man in Zungen reden will, so sollen es nur zwei tun, höchstens drei, und zwar einer nach dem anderen; dann soll einer übersetzen. ²⁸Wenn aber niemand übersetzen kann, soll der Zungenredner in der Gemeinde schweigen. Er soll es bei sich selber tun und vor Gott. ²⁹Auch zwei oder drei Propheten sollen zu Wort kommen; die anderen sollen urteilen. ³⁰Wenn aber noch einem andern Anwesenden eine Offenbarung zuteilwird, soll der erste schweigen; ³¹einer nach dem andern könnt ihr alle prophetisch reden. So lernen alle etwas und alle werden ermutigt. ³²Die Äußerung prophetischer Eingebungen ist nämlich dem Willen der Propheten unterworfen. ³³Denn Gott ist nicht ein Gott der Unordnung, sondern ein Gott des Friedens.

Wie es in allen Gemeinden der Heiligen üblich ist, ³⁴sollen die Frauen in den Versammlungen schweigen; es ist ihnen nicht gestattet zu reden: Sie sollen sich unterordnen, wie auch das Gesetz sagt. ³⁵Wenn sie etwas lernen wollen, dann sollen sie zu Hause ihre Männer fragen; denn es gehört sich nicht für eine Frau, in der Versammlung zu reden. ³⁶Ist etwa das Gotteswort von euch ausgegangen? Ist es etwa nur zu euch gekommen? ³⁷Wenn einer meint, Prophet zu sein oder geisterfüllt, soll er in dem, was ich euch schreibe, ein Gebot des Herrn erkennen. ³⁸Wer das nicht anerkennt, wird nicht anerkannt. ³⁹Strebt also nach dem prophetischen Reden, meine Brüder und Schwestern, und verhindert nicht das Reden in Zungen! ⁴⁰Doch alles soll in Anstand und Ordnung geschehen.

Die Auferweckung Christi und der Toten

15,1–58

15

15,1–58

Das Bekenntnis zu Tod und Auferweckung Christi

¹Ich erinnere euch, Brüder und Schwestern, an das Evangelium, das ich euch verkündet habe. Ihr habt es angenommen; es ist der Grund, auf dem ihr steht. ²Durch dieses Evangelium werdet ihr gerettet werden, wenn ihr festhaltet an dem Wort, das ich euch verkündet habe, es sei denn, ihr hättet den Glauben unüberlegt angenommen.

³Denn vor allem habe ich euch überliefert, was auch ich empfangen habe:

Christus ist für unsere Sünden gestorben, / gemäß der Schrift,

⁴und ist begraben worden. / Er ist am dritten Tag auferweckt worden, / gemäß der Schrift,

⁵und erschien dem Kephas, dann den Zwölf.

⁶Danach erschien er mehr als fünfhundert Brüdern zugleich; die meisten von ihnen sind noch am Leben, einige sind entschlafen. ⁷Danach erschien er dem Jakobus, dann allen Aposteln. ⁸Zuletzt erschien er auch mir, gleichsam der Missgeburt. ⁹Denn ich bin der Geringste von den Aposteln; ich bin nicht wert, Apostel genannt zu werden, weil ich die Kirche Gottes verfolgt habe. ¹⁰Doch durch Gottes Gnade bin ich, was ich bin, und sein gnädiges Handeln an mir ist nicht ohne Wirkung geblieben. Mehr als sie alle habe ich mich abgemüht – nicht ich, sondern die Gnade Gottes zusammen mit mir. ¹¹Ob nun ich verkünde oder die anderen: Das ist unsere Botschaft und das ist der Glaube, den ihr angenommen habt.

Die Gewissheit künftiger Totenauferweckung

¹²Wenn aber verkündet wird, dass Christus von den Toten auferweckt worden ist, wie können dann einige von euch sagen: Eine Auferstehung der Toten gibt es nicht? ¹³Wenn es keine Auferstehung der Toten gibt, ist auch Christus nicht auferweckt worden. ¹⁴Ist aber Christus nicht auferweckt worden, dann ist unsere Verkündigung leer, leer auch euer Glaube. ¹⁵Wir werden dann auch als falsche Zeugen Gottes entlarvt, weil wir im Widerspruch zu Gott das Zeugnis abgelegt haben: Er hat Christus auferweckt. Er hat ihn eben nicht auferweckt, wenn Tote nicht auferweckt werden. ¹⁶Denn wenn Tote nicht auferweckt werden, ist auch Christus nicht auferweckt worden. ¹⁷Wenn aber Christus nicht auferweckt worden ist, dann ist euer Glaube nutzlos und ihr seid immer noch in euren Sünden; ¹⁸und auch die in Christus Entschlafenen sind dann verloren. ¹⁹Wenn wir allein für dieses Leben unsere Hoffnung auf Christus gesetzt haben, sind wir erbärmlicher daran als alle anderen Menschen.

²⁰Nun aber ist Christus von den Toten auferweckt worden als der Erste der Entschlafenen. ²¹Da nämlich durch einen Men-

schen der Tod gekommen ist, kommt durch einen Menschen auch die Auferstehung der Toten. ²² Denn wie in Adam alle sterben, so werden in Christus alle lebendig gemacht werden. ²³ Es gibt aber eine bestimmte Reihenfolge: Erster ist Christus; dann folgen, wenn Christus kommt, alle, die zu ihm gehören. ²⁴ Danach kommt das Ende, wenn er jede Macht, Gewalt und Kraft entmachtet hat und seine Herrschaft Gott, dem Vater, übergibt. ²⁵ Denn er muss herrschen, bis Gott ihm alle Feinde unter seine Füße gelegt hat. ²⁶ Der letzte Feind, der entmachtet wird, ist der Tod. ²⁷ Denn: *Alles hat er seinen Füßen unterworfen.* Wenn es aber heißt, alles sei unterworfen, ist offenbar der ausgenommen, der ihm alles unterwirft. ²⁸ Wenn ihm dann alles unterworfen ist, wird auch er, der Sohn, sich dem unterwerfen, der ihm alles unterworfen hat, damit Gott alles in allem sei.

²⁹ Wie kämen sonst einige dazu, sich für die Toten taufen zu lassen? Wenn Tote gar nicht auferweckt werden, warum lässt man sich dann taufen für sie? ³⁰ Warum setzen dann auch wir uns stündlich der Gefahr aus? ³¹ Täglich sehe ich dem Tod ins Auge, so wahr ihr, Brüder und Schwestern, mein Ruhm seid, den ich in Christus Jesus, unserem Herrn, habe. ³² Wenn ich in Ephesus nur nach Menschenart mit wilden Tieren gekämpft hätte, was würde es mir nützen? Wenn Tote nicht auferweckt werden, dann *lasst uns essen und trinken; denn morgen sterben wir.* ³³ Lasst euch nicht irreführen! Schlechter Umgang verdirbt gute Sitten. ³⁴ Werdet nüchtern, wie es sich gehört, und sündigt nicht! Einige Leute wissen nichts von Gott; ich sage das, damit ihr euch schämt.

Der Auferweckungsleib als endzeitliche Neuschöpfung

³⁵ Nun könnte einer fragen: Wie werden die Toten auferweckt, was für einen Leib werden sie haben? ³⁶ Du Tor! Auch das, was du säst, wird nicht lebendig, wenn es nicht stirbt. ³⁷ Und was du säst, ist noch nicht der Leib, der entstehen wird; es ist nur ein nacktes Samenkorn, zum Beispiel ein Weizenkorn oder ein anderes. ³⁸ Gott gibt ihm den Leib, den er vorgesehen hat, und zwar jedem Samen einen eigenen Leib. ³⁹ Nicht alles Fleisch ist dasselbe: Das Fleisch der Menschen ist anders als das des Viehs, das Fleisch der Vögel ist anders als das der Fische. ⁴⁰ Auch gibt es Himmelskörper und irdische Körper. Die Schönheit der Himmelskörper ist anders als die der irdischen Körper. ⁴¹ Der Glanz der Sonne ist anders als der Glanz des Mondes, anders als der Glanz der Sterne; denn auch die Gestirne unterscheiden sich durch ihren Glanz.

⁴² So ist es auch mit der Auferstehung der Toten. Was gesät wird, ist verweslich, was auferweckt wird, unverweslich. ⁴³ Was gesät wird, ist armselig, was auferweckt wird, herrlich. Was gesät wird, ist schwach, was auferweckt wird, ist stark. ⁴⁴ Gesät wird ein irdischer Leib, auferweckt ein überirdischer Leib. Wenn es einen irdischen Leib gibt, gibt es auch einen überirdischen. ⁴⁵ So steht es auch in der Schrift: Adam, *der erste Mensch, wurde ein irdisches Lebewesen.* Der letzte Adam wurde lebendig machender Geist. ⁴⁶ Aber zuerst kommt nicht das Überirdische; zuerst kommt das Irdische, dann das Überirdische. ⁴⁷ Der erste Mensch stammt von der Erde und ist Erde; der zweite Mensch stammt vom Himmel. ⁴⁸ Wie der von der Erde irdisch war, so sind es auch seine Nachfahren. Und wie der vom Himmel himmlisch ist, so sind es auch seine Nachfahren. ⁴⁹ Wie wir nach dem Bild des Irdischen gestaltet wurden, so werden wir auch nach dem Bild des Himmlischen gestaltet werden.

Die endzeitliche Verwandlung der Lebenden und Toten

⁵⁰ Damit will ich sagen, Brüder und Schwestern: Fleisch und Blut können das Reich Gottes nicht erben; das Verwesliche erbt nicht das Unverwesliche.

⁵¹ Seht, ich enthülle euch ein Geheimnis: Wir werden nicht alle entschlafen, aber wir werden alle verwandelt werden – ⁵² plötzlich, in einem Augenblick, beim letzten Posaunenschall. Die Posaune wird erschallen, die Toten werden als Unverwesliche auferweckt, wir aber werden verwandelt werden. ⁵³ Denn dieses Verwesliche muss sich mit Unverweslichkeit bekleiden und dieses Sterbliche mit Unsterblichkeit. ⁵⁴ Wenn sich aber dieses Verwesliche mit Unverweslichkeit bekleidet und dieses Sterbliche mit Unsterblichkeit, dann erfüllt sich das Wort der Schrift:

Verschlungen ist der Tod vom Sieg.

⁵⁵ **Tod, wo ist dein Sieg? / Tod, wo ist dein Stachel?**

⁵⁶ Der Stachel des Todes aber ist die Sünde, die Kraft der Sünde ist das Gesetz. ⁵⁷ Gott aber sei Dank, der uns den Sieg geschenkt hat durch unseren Herrn Jesus Christus. ⁵⁸ Daher, meine geliebten Brüder und Schwestern, seid standhaft und unerschütterlich, seid stets voll Eifer im Werk des Herrn und denkt daran, dass im Herrn eure Mühe nicht vergeblich ist!

Der Schluss des Briefes

16,1–24

16

16,1–24

Die Sammlung für Jerusalem

¹ Was die Geldsammlung für die Heiligen angeht, sollt auch ihr euch an das halten, was ich für die Gemeinden Galatiens angeordnet habe. ² Jeder soll immer am ersten Tag der Woche etwas zurücklegen und so zusammensparen, was er kann. Dann sind keine Sammlungen mehr nötig, wenn ich komme. ³ Nach meiner Ankunft werde ich eure Vertrauensleute mit Briefen nach Jerusalem schicken, damit sie eure Liebesgabe überbringen. ⁴ Ist es der Mühe wert, dass ich selbst hinreise, dann sollen sie mit mir reisen.

Die Pläne des Apostels

⁵ Ich werde zu euch kommen, wenn ich durch Mazedonien gereist bin. In Mazedonien will ich nämlich nicht bleiben, ⁶ aber, wenn es möglich ist, bei euch, vielleicht sogar den ganzen Winter. Wenn ich dann weiterreise, könnt ihr mich für die Weiterreise ausrüsten. ⁷ Ich möchte euch diesmal nicht nur auf der Durchreise sehen; ich hoffe, einige Zeit bei euch bleiben zu können, wenn der Herr es zulässt.

⁸ In Ephesus will ich bis Pfingsten bleiben. ⁹ Denn weit und wirksam ist mir hier eine Tür geöffnet worden; doch auch an Gegnern fehlt es nicht.

¹⁰ Wenn Timotheus kommt, achtet darauf, dass ihr ihn nicht entmutigt; denn er arbeitet im Dienst des Herrn wie ich. ¹¹ Keiner soll ihn gering schätzen. Verabschiedet ihn dann in Frieden, damit er zu mir zurückkehrt; ich warte auf ihn mit den Brüdern.

¹² Was den Bruder Apollos angeht, so habe ich ihn dringend gebeten, er möge mit den Brüdern zu euch reisen, aber er wollte auf keinen Fall jetzt kommen. Er wird aber kommen, wenn er eine günstige Gelegenheit findet.

Abschließende Mahnungen und Grüße

¹³ Seid wachsam, steht fest im Glauben, seid mutig, seid stark! ¹⁴ Alles, was ihr tut, geschehe in Liebe.

¹⁵ Ich habe noch eine Bitte, Brüder und Schwestern. Ihr kennt das Haus des Stephanas: Sie sind die erste Frucht Achaias und haben sich in den Dienst für die Heiligen gestellt. ¹⁶ Solchen ordnet euch unter, ebenso jedem, der mitarbeitet und sich abmüht! ¹⁷ Es freut mich, dass Stephanas, Fortunatus und Achaikus zu mir gekommen sind; sie sind mir ein Ersatz für euch, da ihr nicht hier sein könnt. ¹⁸ Sie haben meinen und euren Geist erquickt. Erweist ihnen Anerkennung!

¹⁹ Es grüßen euch die Gemeinden in der Provinz Asien. Aquila und Prisca und ihre Hausgemeinde senden euch viele Grüße im Herrn. ²⁰ Es grüßen euch alle Brüder. Grüßt einander mit dem heiligen Kuss!

²¹ Den Gruß schreibe ich, Paulus, eigenhändig.

²² Wer den Herrn nicht liebt, sei verflucht! Marána thá – Unser Herr, komm!

²³ Die Gnade Jesu, des Herrn, sei mit euch!

²⁴ Meine Liebe ist mit euch allen in Christus Jesus.

Der 2. Brief an die

KORINTHER

Den 2. Brief an die korinthische Gemeinde schrieb Paulus ca. 55 in Makedonien. Nach der Abfassung des 1. Briefs an die Korinther hatte sich sein Verhältnis zur Gemeinde verschlechtert. Gegnerische Missionare traten auf und versuchten, die Gemeinde gegen ihn aufzuwiegeln. Auf entsprechende Nachrichten hin entschied sich Paulus für einen Besuch in Korinth (12,14; 13,1), der zu einer schmerzhaften Konfrontation mit einem Gemeindemitglied führte (2,5; 7,12). Bei dieser Gelegenheit kündigte er einen weiteren, diesmal schonungslosen Besuch an (13,2). Statt erneut zu kommen, schrieb er dann aber von Ephesus aus den sogenannten Tränenbrief (2,1–4; 7,8), der wohl von Titus überbracht wurde.

Nachdem Titus in Richtung Korinth aufgebrochen war, unternahm Paulus eine Missionsreise nach Troas (2,12). Obwohl die Mission dort vielversprechend verlief, reiste er aus Sorge um die korinthische Gemeinde vorzeitig nach Makedonien weiter (2,13). Dort traf er Titus, der gute Nachrichten aus Korinth brachte: Die Gemeinde hatte sich in der Mehrheit auf die Seite des Paulus gestellt und das Mitglied, das gegen ihn aufgetreten war, bestraft (2,6; 7,6f.). Allerdings waren damit noch nicht alle Probleme gelöst. Zum einen gab es offenbar immer noch Vorbehalte gegen Paulus; zum anderen waren seine Gegner nach wie vor aktiv. In dieser Situation schrieb er den 2. Korintherbrief.

Nach der Eröffnung (1,1–11) formuliert Paulus Thema und Anliegen (1,12–14): Es geht um die richtige Beurteilung seiner Tätigkeit durch die Korinther; sie sollen die teilweise erreichte Versöhnung zu einer vollständigen werden lassen. Nach verschiedenen Rückblenden (1,15–2,13) entwirft Paulus ein Bild seines apostolischen Dienstes (2,14–7,4), in dem er einerseits seinen großen Auftrag, andererseits die Niedrigkeit seiner Leidensexistenz sichtbar werden lässt. Dieser Teil schließt mit Aufrufen zur Gemeinschaft (6,11–13; 7,2–4). Nach einem weiteren Rückblick (7,5–16) appelliert er an die Gemeinde, sich an einer Kollekte für Jerusalem zu beteiligen und so die vertiefte Gemeinschaft mit ihrem Apostel zu demonstrieren (8–9). In einem sehr heftigen Schlussteil kämpft Paulus anschließend gegen diejenigen, die diese Gemeinschaft gefährden (10–13).

Der 2. Korintherbrief ist in gewissem Sinn der persönlichste Paulusbrief. Er lässt auch besonders gut erkennen, wie dieser seinen Dienst verstand. Im Gegensatz zu seinen Gegnern, für die das Apostelsein auch von außen, an einem eindrucksvollen Auftreten, erkennbar sein musste, war Paulus überzeugt, dass die Hoheit des Apostelamtes gerade in der – als Christusförmigkeit verstandenen – Niedrigkeit zu finden ist (vgl. 4,7: „Wir haben diesen Schatz in zerbrechlichen Gefäßen").

Anschrift und Gruß

1,1–2

1

¹ Paulus, durch Gottes Willen Apostel Christi Jesu, und der Bruder Timotheus an die Kirche Gottes, die in Korinth ist, und an alle Heiligen in ganz Achaia. ² Gnade sei mit euch und Friede von Gott, unserem Vater, und dem Herrn Jesus Christus!

Von Leiden und Trost des Apostels

1,3–11

³ Gepriesen sei der Gott und Vater unseres Herrn Jesus Christus, der Vater des Erbarmens und Gott allen Trostes. ⁴ Er tröstet uns in all unserer Not, damit auch wir die Kraft haben, alle zu trösten, die in Not sind, durch den Trost, mit dem auch wir von Gott getröstet werden. ⁵ Wie uns nämlich die Leiden Christi überreich zuteilgeworden sind, so wird uns durch Christus auch überreicher Trost zuteil. ⁶ Sind wir aber in Not, so ist es zu eurem Trost und Heil. Werden wir getröstet, so ist es zu eurem Trost, er wird wirksam durch Geduld in den gleichen Leiden, die auch wir erleiden. ⁷ Unsere Hoffnung für euch ist unerschütterlich, denn wir wissen, dass ihr nicht nur an den Leiden teilhabt, sondern auch am Trost.

⁸ Denn wir wollen euch über die Not nicht in Unkenntnis lassen, Brüder und Schwestern, die in der Provinz Asien über uns kam und uns über alles Maß bedrückte; unsere Kraft war so sehr erschöpft, dass wir am Leben verzweifelten. ⁹ Aber was uns betrifft, hatten wir schon das Todesurteil gesprochen, damit wir unser Vertrauen nicht auf uns selbst setzen, sondern auf Gott, der die Toten auferweckt. ¹⁰ Er hat uns aus dieser großen Todesnot errettet und wird uns retten; auf ihm ruht unsere Hoffnung, dass er uns auch in Zukunft retten wird. ¹¹ Helft aber auch ihr, indem ihr für uns betet, damit viele Menschen in unserem Namen Dank sagen für die Gnade, die uns geschenkt wurde!

Thema und Anliegen des Briefs

1,12–14

¹² Denn das ist unser Ruhm – und dafür zeugt auch unser Gewissen –, dass wir in der Welt, vor allem euch gegenüber, in der Aufrichtigkeit und Lauterkeit, wie Gott sie schenkt, unser Leben führten, nicht aufgrund menschlicher Weisheit, sondern aufgrund göttlicher Gnade. ¹³ Denn wir schreiben euch nichts anderes, als was ihr lest und kennt; ich hoffe, ihr werdet noch ganz erkennen, ¹⁴ wie ihr uns zum Teil schon erkannt habt, nämlich dass wir euer Ruhm sind, so wie ihr unser Ruhm seid, am Tag unseres Herrn Jesus.

Erster Rückblick: Spannungen zwischen Apostel und Gemeinde

1,15–2,11

Gott ist nicht ja und nein zugleich

¹⁵ In dieser Zuversicht wollte ich zunächst zu euch kommen, damit ihr ein zweites Mal Gnade erfahren hättet. ¹⁶ Von euch wollte ich dann nach Mazedonien weiterreisen und von Mazedonien zu euch zurückkommen, um von euch für die Reise nach Judäa ausgestattet zu werden. ¹⁷ Dies also wollte ich. War ich dabei etwa leichtsinnig? Oder will ich das, was ich will, dem Fleische nach, sodass bei mir zugleich Ja, ja und Nein, nein gilt? ¹⁸ Gott ist treu, er bürgt dafür, dass unser Wort euch gegenüber nicht Ja und Nein zugleich ist. ¹⁹ Denn Gottes Sohn Jesus Christus, der euch durch uns verkündet wurde – durch mich, Silvanus und Timotheus –, ist nicht als Ja und Nein zugleich gekommen; in ihm ist das Ja verwirklicht. ²⁰ Denn er ist das Ja zu allem, was Gott verheißen hat. Darum ergeht auch durch ihn das Amen zu Gottes Lobpreis, vermittelt durch uns. ²¹ Gott aber ist es, der uns mit euch auf Christus hin stärkt und der uns gesalbt hat. ²² Er hat uns auch sein Siegel aufgedrückt und als ersten Anteil den Geist in unsere Herzen gegeben.

²³ Ich rufe aber Gott zum Zeugen an bei meinem Leben, dass ich nur, um euch zu schonen, nicht mehr nach Korinth gekommen bin. ²⁴ Wir sind nicht Herren über euren Glauben, sondern wir sind Mitarbeiter eurer Freude; denn im Glauben steht ihr fest.

2

¹ Denn ich entschloss mich, nicht noch einmal zu euch zu kommen und euch zu betrüben. ² Wenn ich euch nämlich betrübe, wer wird mich dann erfreuen? Etwa der, den ich selbst betrübt habe?

Mahnung zur Milde

³ Und eben dies habe ich geschrieben, um nicht bei meinem Kommen von denen betrübt zu werden, die mich erfreuen sollten; ich bin sicher, dass meine Freude auch die Freude von euch allen ist. ⁴ Denn ich schrieb euch aus großer Bedrängnis und Herzensnot, unter vielen Tränen, nicht um euch zu betrüben, nein, um euch meine übergroße Liebe spüren zu lassen. ⁵ Wenn aber einer Betrübnis verursacht hat, hat er nicht mich betrübt, sondern mehr oder weniger – um nicht zu übertreiben – euch alle. ⁶ Die Strafe, die dem Schuldigen von der Mehrheit auferlegt wurde, soll genügen. ⁷ Deshalb sollt ihr jetzt lieber verzeihen und trösten, damit ein solcher nicht von allzu großer Traurigkeit überwältigt wird. ⁸ Darum bitte ich euch, ihm gegenüber Liebe walten zu lassen. ⁹ Gerade deswegen habe ich euch ja auch geschrieben, weil ich wissen wollte, ob ihr wirklich in allen Stücken gehorsam seid. ¹⁰ Wem ihr aber verzeiht, dem verzeihe auch ich. Denn auch ich habe, wenn hier etwas zu verzeihen war, im Angesicht Christi um euretwillen verziehen, ¹¹ damit wir nicht vom Satan überlistet werden; wir kennen seine Absichten nur zu gut.

Zweiter Rückblick: die Suche nach Titus

2,12–13

¹² Als ich dann nach Troas kam, um das Evangelium Christi zu verkünden, und mir der Herr eine Tür öffnete, ¹³ hatte mein Geist dennoch keine Ruhe, weil ich meinen Bruder Titus nicht fand. So nahm ich Abschied von ihnen und reiste nach Mazedonien.

Der Dienst des Paulus

2,14–7,4

Einleitung und Thema

¹⁴ Dank sei Gott, der uns stets im Triumphzug Christi mitführt und durch uns den Geruch seiner Erkenntnis an allen Orten verbreitet! ¹⁵ Denn wir sind Christi Wohlgeruch für Gott unter denen, die gerettet werden, wie unter denen, die verloren gehen. ¹⁶ Den einen sind wir Todesgeruch, der Tod bringt; den anderen Lebensgeruch, der Leben bringt. Wer aber ist dazu fähig? ¹⁷ Denn wir sind nicht wie die vielen anderen, die mit dem Wort Gottes Geschäfte machen. Wir verkünden es aufrichtig, von Gott her und vor Gott in Christus.

3

3,1–18

Der Apostel und sein Dienst an der Gemeinde

¹ Fangen wir schon wieder an, uns selbst zu empfehlen? Oder brauchen wir – wie gewisse Leute – Empfehlungsschreiben an euch oder von euch? ² Unser Brief seid ihr; eingeschrieben in unsere Herzen und von allen Menschen erkannt und gelesen. ³ Unverkennbar seid ihr ein Brief Christi, ausgefertigt durch unseren Dienst, geschrieben nicht mit Tinte, sondern mit dem Geist des lebendigen Gottes, nicht auf Tafeln aus Stein, sondern – wie auf Tafeln – in Herzen von Fleisch.

Der Dienst des alten und des neuen Bundes

⁴ Wir haben durch Christus so großes Vertrauen zu Gott. ⁵ Doch sind wir dazu nicht von uns aus fähig, als ob wir uns selbst etwas zuschreiben könnten; unsere Befähigung stammt vielmehr von Gott. ⁶ Er hat uns fähig gemacht, Diener des neuen Bundes zu sein, nicht des Buchstabens, sondern des Geistes. Denn der Buchstabe tötet, der Geist aber macht lebendig. ⁷ Wenn aber schon der Dienst des Todes, dessen Buchstaben in Stein gemeißelt waren, so herrlich war, dass die Israeliten das Gesicht des Mose nicht anschauen konnten, weil es eine Herrlichkeit ausstrahlte, die doch vergänglich war, ⁸ wie sollte da der Dienst des Geistes nicht viel herrlicher sein? ⁹ Denn wenn schon der Dienst der Verurteilung herrlich war, so ist der Dienst der Gerechtigkeit noch viel herrlicher. ¹⁰ Eigentlich ist das Verherrlichte nämlich in diesem Fall gar nicht verherrlicht angesichts der überragenden Herrlichkeit. ¹¹ Wenn nämlich schon das Vergängliche in Herrlichkeit erschien: Die Herrlichkeit des Bleibenden wird es überstrahlen.

¹² Weil wir also eine solche Hoffnung haben, treten wir mit großem Freimut auf, ¹³ nicht wie Mose, der über sein Gesicht eine Hülle legte, damit die Israeliten das Ende des Vergänglichen nicht sahen. ¹⁴ Doch ihr Denken wurde verhärtet. Denn bis zum heutigen Tag liegt die gleiche Hülle auf dem alten Bund, wenn daraus vorgelesen wird; sie wird nicht aufgedeckt, weil sie in Christus beseitigt wird. ¹⁵ Bis heute liegt die Hülle auf ihrem Herzen, wenn Mose vorgelesen wird. ¹⁶ *Sobald er aber zum Herrn zurückkehrt, wird die Hülle entfernt.* ¹⁷ Der Herr aber ist der Geist; wo aber der Geist des Herrn ist, da ist Freiheit. ¹⁸ Wir alle aber schauen mit enthülltem Angesicht die Herrlichkeit des Herrn wie in einem Spiegel und werden so in sein eigenes Bild verwandelt, von Herrlichkeit zu Herrlichkeit, durch den Geist des Herrn.

4

4,1–18

¹ Daher erlahmt unser Eifer nicht in dem Dienst, der uns durch Gottes Erbarmen übertragen wurde. ² Wir haben uns von aller schimpflichen Arglist losgesagt; wir verhalten uns nicht hinterhältig und verfälschen das Wort Gottes nicht, sondern machen die Wahrheit offenbar. So empfehlen wir uns vor dem Angesicht Gottes jedem menschlichen Gewissen. ³ Wenn unser Evangelium dennoch verhüllt ist, ist es nur denen verhüllt, die verloren gehen; ⁴ denn der Gott dieser Weltzeit hat das Denken der Ungläubigen verblendet. So strahlt ihnen der Glanz des Evangeliums von der Herrlichkeit Christi, der Gottes Bild ist, nicht auf. ⁵ Wir verkünden nämlich nicht uns selbst, sondern Jesus Christus als den Herrn, uns aber als eure Knechte um Jesu willen. ⁶ Denn Gott, der sprach: Aus Finsternis soll Licht aufleuchten!, er ist in unseren Herzen aufgeleuchtet, damit aufstrahlt die Erkenntnis des göttlichen Glanzes auf dem Antlitz Christi.

Die Leidensgemeinschaft des Apostels mit Christus

⁷ Diesen Schatz tragen wir in zerbrechlichen Gefäßen; so wird deutlich, dass das Übermaß der Kraft von Gott und nicht von uns kommt. ⁸ Von allen Seiten werden wir in die Enge getrieben und finden doch noch Raum; wir wissen weder aus noch ein und verzweifeln dennoch nicht; ⁹ wir werden gehetzt und sind doch nicht verlassen; wir werden niedergestreckt und doch nicht vernichtet. ¹⁰ Immer tragen wir das Todesleiden Jesu an unserem Leib, damit auch das Leben Jesu an unserem Leib sichtbar wird. ¹¹ Denn immer werden wir, obgleich wir leben, um Jesu willen dem Tod ausgeliefert, damit auch das Leben Jesu an unserem sterblichen Fleisch offenbar wird. ¹² So erweist an uns der Tod, an euch aber das Leben seine Macht. ¹³ Doch haben wir den gleichen Geist des Glaubens, von dem es in der Schrift heißt: *Ich habe geglaubt, darum habe ich geredet.* Auch wir glauben und darum reden wir. ¹⁴ Denn wir wissen, dass der, welcher Jesus, den Herrn, auferweckt hat, auch uns mit Jesus auferwecken und uns zusammen mit euch vor sich stellen wird. ¹⁵ Alles tun wir euretwegen, damit immer mehr Menschen aufgrund der überreich gewordenen Gnade den Dank vervielfachen zur Verherrlichung Gottes.

¹⁶ Darum werden wir nicht müde; wenn auch unser äußerer Mensch aufgerieben wird, der innere wird Tag für Tag erneuert. ¹⁷ Denn die kleine Last unserer gegenwärtigen Not schafft uns in maßlosem Übermaß ein ewiges Gewicht an Herrlichkeit, ¹⁸ uns, die wir nicht auf das Sichtbare, sondern auf das Unsichtbare blicken; denn das Sichtbare ist vergänglich, das Unsichtbare ist ewig.

5

5,1–21

Die Hoffnung des Apostels

¹ Wir wissen: Wenn unser irdisches Zelt abgebrochen wird, dann haben wir eine Wohnung von Gott, ein nicht von Menschenhand errichtetes ewiges Haus im Himmel. ² Im gegenwärtigen Zustand seufzen wir und sehnen uns danach, mit dem himmlischen Haus überkleidet zu werden. ³ So bekleidet, werden wir nicht nackt erscheinen. ⁴ Solange wir nämlich in diesem Zelt leben, seufzen wir unter schwerem Druck, weil wir nicht entkleidet, sondern überkleidet werden möchten, damit so das Sterbliche vom Leben verschlungen werde. ⁵ Gott aber, der uns gerade dazu fähig gemacht hat, er hat uns auch als ersten Anteil den Geist gegeben. ⁶ Wir sind also immer zuversichtlich, auch wenn wir wissen, dass wir fern vom Herrn in der Fremde leben, solange wir in diesem Leib zu Hause sind; ⁷ denn als Glaubende gehen wir unseren Weg, nicht als Schauende. ⁸ Weil wir aber zuversichtlich sind, ziehen wir es vor, aus dem Leib auszuwandern und daheim beim Herrn zu sein. ⁹ Deswegen suchen wir unsere Ehre darin, ihm zu gefallen, ob wir daheim oder in der Fremde sind. ¹⁰ Denn wir alle müssen vor dem Richterstuhl Christi offenbar werden, damit jeder seinen Lohn empfängt für das Gute oder Böse, das er im irdischen Leben getan hat.

Der Dienst der Versöhnung

¹¹ So versuchen wir, erfüllt von der Furcht des Herrn, Menschen zu gewinnen; vor Gott stehen wir offen da. Ich hoffe, dass wir auch vor eurem Gewissen offen dastehen. ¹² Damit wollen wir uns euch nicht wieder empfehlen, sondern wir geben euch Gelegenheit, rühmend auf uns hinzuweisen, damit ihr denen entgegentreten könnt, die sich äußerlich, nicht im Herzen rühmen. ¹³ Wenn wir nämlich von Sinnen waren, so geschah es für Gott; wenn wir besonnen sind, geschieht es für euch. ¹⁴ Denn die Liebe Christi drängt uns, da wir erkannt haben: Einer ist für alle gestorben, also sind alle gestorben. ¹⁵ Er ist aber für alle gestorben, damit die Lebenden nicht mehr für sich leben, sondern für den, der für sie starb und auferweckt wurde. ¹⁶ Also kennen wir von jetzt an niemanden mehr dem Fleische nach; auch wenn wir früher Christus dem Fleische nach gekannt haben, jetzt kennen wir ihn nicht mehr so. ¹⁷ Wenn also jemand in Christus ist, dann ist er eine neue Schöpfung: Das Alte ist vergangen, siehe, Neues ist geworden. ¹⁸ Aber das alles kommt von Gott, der uns durch Christus mit sich versöhnt und uns den Dienst der Versöhnung aufgetragen hat. ¹⁹ Ja, Gott war es, der in Christus die Welt mit sich versöhnt hat, indem er ihnen ihre Verfehlungen nicht anrechnete und unter uns das Wort von der Versöhnung aufgerichtet hat. ²⁰ Wir sind also Gesandte an Christi statt und Gott ist es, der durch uns mahnt. Wir bitten an Christi statt: Lasst euch mit Gott versöhnen! ²¹ Er hat den, der keine Sünde kannte, für uns zur Sünde gemacht, damit wir in ihm Gerechtigkeit Gottes würden.

6

6,1–18

Gnade und Bewährung

¹ Als Mitarbeiter Gottes ermahnen wir euch, dass ihr seine Gnade nicht vergebens empfangt. ² Denn es heißt:
Zur Zeit der Gnade habe ich dich erhört, / am Tag der Rettung habe ich dir geholfen.
Siehe, jetzt ist sie da, die Zeit der Gnade; siehe, jetzt ist er da, der Tag der Rettung. ³ Niemandem geben wir auch nur den geringsten Anstoß, damit unser Dienst nicht verhöhnt werden kann. ⁴ In allem empfehlen wir uns als Gottes Diener: durch große Standhaftigkeit, in Bedrängnis, in Not, in Angst, ⁵ unter Schlägen, in Gefängnissen, in Zeiten der Unruhe, unter der Last der Arbeit, in durchwachten Nächten, durch Fasten, ⁶ durch lautere Gesinnung, durch Erkenntnis, durch Langmut, durch Güte, durch den Heiligen Geist, durch ungeheuchelte Liebe, ⁷ durch das Wort der Wahrheit, in der Kraft Gottes, mit den Waffen der Gerechtigkeit in der Rechten und in der Linken, ⁸ bei Ehrung und Schmähung, bei übler Nachrede und bei Lob. Wir gelten als Betrüger und sind doch wahrhaftig; ⁹ wir werden verkannt und doch anerkannt; wir sind wie Sterbende und siehe, wir leben; wir werden gezüchtigt und doch nicht getötet; ¹⁰ uns wird Leid zugefügt und doch sind wir jederzeit fröhlich; wir sind arm und machen doch viele reich; wir haben nichts und haben doch alles.

Werbung und Mahnung

¹¹ Unser Mund hat sich für euch aufgetan, Korinther, unser Herz ist weit geworden. ¹² In uns ist es nicht zu eng für euch; eng ist es in eurem Herzen. ¹³ Macht doch als Antwort darauf – ich rede wie zu meinen Kindern – auch euer Herz weit!
¹⁴ Beugt euch nicht unter ein fremdes Joch mit Ungläubigen! Was haben denn Gerechtigkeit und Gesetzwidrigkeit miteinander zu tun? Was haben Licht und Finsternis gemeinsam? ¹⁵ Was für ein Einklang herrscht zwischen Christus und Beliar? Was hat ein Gläubiger mit einem Ungläubigen gemeinsam? ¹⁶ Wie verträgt sich der Tempel Gottes mit Götzenbildern? Wir sind doch der Tempel des lebendigen Gottes; denn Gott hat gesprochen:
Ich will unter ihnen wohnen und mit ihnen gehen. / Ich werde ihr Gott sein / und sie werden mein Volk sein.
¹⁷ *Zieht darum weg aus ihrer Mitte / und sondert euch ab, spricht der Herr, / und fasst nichts Unreines an! / Dann will ich euch aufnehmen*
¹⁸ *und euer Vater sein und ihr sollt meine Söhne und Töchter sein, spricht der Herr, der Herrscher über das All.*

7

7,1–4

¹ Das sind die Verheißungen, Geliebte, die wir haben. Reinigen wir uns also von aller Unreinheit des Leibes und des Geistes und streben wir in Gottesfurcht nach vollkommener Heiligung.
² Gebt uns doch Raum! Niemanden haben wir geschädigt, niemanden zugrunde gerichtet, niemanden übervorteilt. ³ Ich sage das nicht, um euch zu verurteilen; denn eben habe ich gesagt, dass ihr in unserem Herzen wohnt, verbunden mit uns zum Sterben und zum Leben. ⁴ Ich bin ganz offen zu euch; ich bin sehr stolz auf euch. Trotz all unserer Not bin ich von Trost erfüllt und ströme über von Freude.

Dritter Rückblick: die Rückkehr des Titus

7,5–16

⁵ Als wir nach Mazedonien gekommen waren, fanden wir in unserer Schwachheit keine Ruhe. Überall bedrängten uns Schwierigkeiten: von außen Kämpfe, von innen Ängste. ⁶ Aber Gott, der die Niedergeschlagenen tröstet, hat auch uns getröstet, und zwar durch die Ankunft des Titus – ⁷ nicht nur durch seine Ankunft, sondern auch durch den Trost, den er bei euch erfahren hatte. Er erzählte uns von eurer Sehnsucht, eurer Klage, eurem Eifer für mich, sodass ich mich noch mehr freute. ⁸ Dass ich euch aber mit meinem Brief traurig gemacht habe, tut mir nicht leid. Wenn es mir auch eine Weile leid tat – ich sehe ja, dass dieser Brief euch, wenn auch nur für kurze Zeit, traurig gemacht hat –: ⁹ jetzt freue ich mich, nicht weil ihr traurig geworden seid, sondern weil die Traurigkeit euch zur Sinnesänderung geführt hat. Denn es war eine gottgewollte Traurigkeit; so ist euch durch uns kein Nachteil erwachsen. ¹⁰ Die gottgewollte Traurigkeit verursacht nämlich Sinnesänderung zum Heil, die nicht bereut zu werden braucht; die weltliche Traurigkeit aber führt zum Tod. ¹¹ Siehe, wie groß war doch der Eifer, zu dem euch diese gottgewollte Traurigkeit geführt hat, wie aufrichtig eure Entschuldigung, euer Bedauern, eure Furcht, eure Sehnsucht, wie wirksam eure Anstrengung und am Ende die Bestrafung! In jeder Hinsicht habt ihr gezeigt, dass ihr in dieser Sache unschuldig seid. ¹² Wenn ich euch also geschrieben habe, so tat ich es nicht, um den zu treffen, der Unrecht getan hatte, auch nicht, um dem Recht zu verschaffen, der Unrecht erlitten hatte, sondern ich tat es, damit euer Eifer für uns sichtbar werde vor euch und vor Gott. ¹³ Deswegen sind wir jetzt getröstet. Wir wurden aber nicht nur getröstet, sondern darüber hinaus erfreut durch die Freude des Titus, dessen Geist neue Kraft gefunden hat durch euch alle. ¹⁴ Wenn ich euch vor ihm gerühmt hatte, so brauchte ich mich jetzt nicht zu schämen. Im Gegenteil, wie alles Wahrheit

ist, was wir euch verkündet haben, so erwies sich unser Lob vor Titus als volle Wahrheit. ¹⁵ Er ist euch von Herzen zugetan, wenn er daran denkt, wie ihr euch alle gehorsam gezeigt und ihn mit Furcht und Zittern aufgenommen habt. ¹⁶ Ich freue mich, dass ich in jeder Hinsicht auf euch vertrauen kann.

Die Sammlung für Jerusalem

8,1–9,15

8

8,1–24

Aufruf zur Vollendung der Sammlung

¹ Wir berichten euch jetzt, Brüder und Schwestern, von der Gnade, die Gott den Gemeinden Mazedoniens erwiesen hat. ² Während sie durch große Not geprüft wurden, verwandelten sich ihre übergroße Freude und ihre tiefe Armut in den Reichtum ihrer selbstlosen Güte. ³ Ich bezeuge, dass sie nach Kräften und sogar über ihre Kräfte spendeten, ganz von sich aus. ⁴ Sie haben uns eindringlich um die Teilnahme an diesem Liebeswerk und die Gemeinschaft des Dienstes für die Heiligen gebeten. ⁵ Und über unsere Erwartung hinaus haben sie sich eingesetzt, zunächst für den Herrn, aber auch für uns, wie es Gottes Wille war. ⁶ Daraufhin ermutigten wir Titus, dieses Liebeswerk, das er früher bei euch begonnen hatte, nun auch zu vollenden. ⁷ Wie ihr aber an allem reich seid, an Glauben, Rede und Erkenntnis, an jedem Eifer und an der Liebe, die wir in euch begründet haben, so sollt ihr euch auch an diesem Liebeswerk mit reichlichen Spenden beteiligen. ⁸ Ich meine das nicht als strenge Weisung, aber ich gebe euch Gelegenheit, angesichts des Eifers anderer auch eure Liebe als echt zu erweisen. ⁹ Denn ihr kennt die Gnade unseres Herrn Jesus Christus: Er, der reich war, wurde euretwegen arm, um euch durch seine Armut reich zu machen. ¹⁰ Ich gebe euch nur einen Rat, der euch helfen soll; ihr habt ja schon voriges Jahr angefangen, etwas zu unternehmen, und zwar aus eigenem Wollen. ¹¹ Jetzt sollt ihr das Begonnene zu Ende führen, damit das Ergebnis dem guten Willen entspricht – je nach eurem Besitz. ¹² Wenn nämlich der gute Wille da ist, dann ist jeder willkommen mit dem, was er hat, und man fragt nicht nach dem, was er nicht hat. ¹³ Denn es geht nicht darum, dass ihr in Not geratet, indem ihr anderen helft; es geht um einen Ausgleich. ¹⁴ Im Augenblick soll euer Überfluss ihrem Mangel abhelfen, damit auch ihr Überfluss einmal eurem Mangel abhilft. So soll ein Ausgleich entstehen, ¹⁵ wie es in der Schrift heißt: *Wer viel gesammelt hatte, hatte nicht zu viel, und wer wenig, hatte nicht zu wenig.*

Die Durchführung der Kollekte

¹⁶ Dank sei Gott, der den gleichen Eifer für euch auch Titus ins Herz gelegt hat! ¹⁷ Denn Titus war mit meinem Vorschlag einverstanden und sein Eifer war so groß, dass er aus eigenem Entschluss gleich zu euch abreiste. ¹⁸ Zusammen mit ihm haben wir den Bruder geschickt, der wegen seiner Verkündigung des Evangeliums in allen Gemeinden Anerkennung findet ¹⁹ und außerdem von den Gemeinden dazu bestimmt wurde, unser Reisegefährte zu sein, wenn wir diese Gnadengabe zur Ehre des Herrn und als Zeichen unseres guten Willens überbringen. ²⁰ Denn angesichts der großen Spende, die von uns überbracht werden soll, möchten wir vermeiden, dass man uns verdächtigt. ²¹ Denn wir sind auf das Gute bedacht, nicht nur vor dem Herrn, sondern auch vor den Menschen. ²² Wir haben aber mit den beiden noch einen weiteren Bruder geschickt, dessen Eifer wir vielfach und bei vielen Gelegenheiten feststellen konnten und der sich in diesem Fall noch eifriger zeigt, weil er großes Vertrauen zu euch hat. ²³ Was nun Titus angeht: Er ist mein Gefährte und mein Mitarbeiter, der für euch tätig ist; unsere anderen Brüder aber sind Abgesandte der Gemeinden und ein Abglanz Christi. ²⁴ Legt also ihnen gegenüber und damit vor den Gemeinden das Zeugnis eurer Liebe ab und zeigt, dass wir euch zu Recht gerühmt haben!

9

9,1–15

¹ Eigentlich ist es unnötig, euch über das Hilfswerk für die Heiligen zu schreiben. ² Denn ich kenne euren guten Willen und rühme euch vor den Mazedoniern, indem ich ihnen sage: Achaia ist seit einem Jahr gerüstet. Und euer Eifer hat viele andere angespornt. ³ Trotzdem habe ich die Brüder zu euch geschickt; denn unser Lob für euch könnte in dieser Hinsicht verfrüht gewesen sein. Ihr solltet also jetzt wirklich, wie ich sagte, gerüstet sein. ⁴ Wenn nämlich Mazedonier mit mir kämen und euch noch nicht gerüstet fänden, dann könnte es geschehen, dass wir uns zu schämen hätten – um nicht zu sagen, ihr hättet euch in dieser Lage zu schämen. ⁵ Ich hielt es also für notwendig, die Brüder zu bitten, sie möchten zu euch vorausreisen und eure in Aussicht gestellte Segensgabe schon jetzt einsammeln, damit sie dann verfügbar ist, und zwar als Segensgabe, nicht als Gabe des Geizes.

Der Segen des Hilfswerks

⁶Denkt daran:

Wer kärglich sät, wird auch kärglich ernten; wer mit Segen sät, wird mit Segen ernten.

⁷Jeder gebe, wie er es sich in seinem Herzen vorgenommen hat, nicht verdrossen und nicht unter Zwang; denn Gott liebt einen fröhlichen Geber. ⁸In seiner Macht kann Gott alle Gaben über euch ausschütten, sodass euch allezeit in allem alles Nötige ausreichend zur Verfügung steht und ihr noch genug habt, um allen Gutes zu tun, ⁹wie es in der Schrift heißt: *Er teilte aus, er gab den Armen; / seine Gerechtigkeit hat Bestand für immer.* ¹⁰Gott, der *Samen* gibt *für die Aussaat und Brot zur Nahrung,* wird auch euch das Saatgut geben und die Saat aufgehen lassen; er wird die Früchte eurer Gerechtigkeit wachsen lassen. ¹¹In allem werdet ihr reich genug sein zu jeder selbstlosen Güte; sie wird durch uns Dank an Gott hervorrufen. ¹²Denn dieser heilige Dienst füllt nicht nur die leeren Hände der Heiligen, sondern wird weiterwirken als vielfältiger Dank an Gott. ¹³Vom Zeugnis eines solchen Dienstes bewegt, werden sie Gott dafür preisen, dass ihr euch gehorsam zum Evangelium Christi bekannt und dass ihr ihnen und allen selbstlos geholfen habt. ¹⁴In ihrem Gebet für euch werden sie sich angesichts der übergroßen Gnade, die Gott euch geschenkt hat, eng mit euch verbunden fühlen. ¹⁵Dank sei Gott für sein unfassbares Geschenk!

Auseinandersetzungen mit Gegnern

10,1–13,10

10

10,1–18

Die Durchsetzungsfähigkeit des Paulus

¹Ich, Paulus, der ja im persönlichen Umgang mit euch so unterwürfig, aus der Ferne aber so unerschrocken sein soll, ich ermahne euch angesichts der Freundlichkeit und Güte Christi ²und bitte euch: Zwingt mich nicht, bei meinem Kommen so unerschrocken und fest aufzutreten, wie ich es gegen gewisse Leute zu tun gedenke, die meinen, wir verhalten uns wie Menschen dieser Welt! ³Wir leben zwar in dieser Welt, kämpfen aber nicht mit den Waffen dieser Welt. ⁴Die Waffen, die wir bei unserem Feldzug einsetzen, sind nicht irdisch, aber sie haben durch Gott die Macht, Festungen zu schleifen; mit ihnen reißen wir ⁵alle hohen Gedankengebäude nieder, die sich gegen die Erkenntnis Gottes auftürmen. Wir nehmen alles Denken gefangen, sodass es Christus gehorcht; ⁶wir sind entschlossen, alle Ungehorsamen zu strafen, sobald ihr wirklich gehorsam geworden seid.

⁷Schaut auf das, was vor Augen liegt! Wenn jemand überzeugt ist, Christus zu gehören, dann soll er doch auch bedenken, dass nicht nur er, sondern auch wir Christus gehören. ⁸Und wenn ich etwas mehr auf unsere Vollmacht poche, werde ich mich nicht zu scheuen brauchen. Der Herr hat sie mir allerdings verliehen, damit ich bei euch aufbaue, nicht damit ich niederreiße; ⁹ich möchte nicht den Anschein erwecken, als

wollte ich euch durch meine Briefe einschüchtern. ¹⁰ Ja, die Briefe, wird gesagt, die sind wuchtig und voll Kraft, aber sein persönliches Auftreten ist matt und seine Worte sind armselig. ¹¹ Wer so redet, der soll sich merken: Wie wir durch das geschriebene Wort aus der Ferne wirken, so können wir auch in eurer Gegenwart tatkräftig auftreten.

Beachtung des Maßes

¹² Wir sind allerdings nicht so vermessen, uns gleichzustellen oder zu vergleichen mit gewissen Leuten, die sich selbst empfehlen. In ihrem Unverstand messen sie sich an sich selbst und vergleichen sich mit sich selbst. ¹³ Wir dagegen wollen uns nicht maßlos rühmen, sondern jenen Maßstab anlegen, den uns Gott zugeteilt hat, dass wir nämlich bis zu euch gelangt sind. ¹⁴ Wir überschreiten also nicht unser Maß, wie wir es tun würden, wenn wir nicht bis zu euch gelangt wären; denn wir sind wirklich als Erste mit dem Evangelium Christi bis zu euch gekommen. ¹⁵ Wir rühmen uns also nicht maßlos und mit fremden Leistungen; aber wir haben die Hoffnung, wenn euer Glaube stärker wird, vor euren Augen über das uns gesetzte Maß weit hinauszuwachsen ¹⁶ und das Evangelium über eure Grenzen hinauszutragen. Nach einem fremden Maßstab und auf einem Feld, das schon bestellt ist, wollen wir keinen Ruhm ernten. ¹⁷ *Wer sich also rühmt, der rühme sich im Herrn.* ¹⁸ Denn nicht, wer sich selbst empfiehlt, ist anerkannt, sondern der, den der Herr empfiehlt.

11

11,1–33

Kritik an Gemeinde und Gegnern

¹ Lasst euch doch ein wenig Unverstand von mir gefallen! Aber das tut ihr ja. ² Denn ich werbe eifrig um euch mit dem Eifer Gottes; ich habe euch einem einzigen Mann verlobt, um euch als reine Jungfrau zu Christus zu führen. ³ Ich fürchte aber, wie die Schlange einst durch ihre Falschheit Eva täuschte, könntet auch ihr in euren Gedanken von der aufrichtigen und reinen Hingabe an Christus abkommen. ⁴ Ihr nehmt es ja offenbar hin, wenn irgendeiner daherkommt und einen anderen Jesus verkündet, als wir verkündet haben, wenn ihr einen anderen Geist empfangt, als ihr empfangen habt, oder ein anderes Evangelium, als ihr angenommen habt. ⁵ Ich denke doch, ich stehe den Überaposteln keineswegs nach. ⁶ Im Reden mag ich ein Stümper sein, aber nicht in der Erkenntnis; wir haben es euch in jeder Weise gezeigt. ⁷ Oder habe ich einen Fehler gemacht, als ich, um euch zu erhöhen, mich selbst erniedrigte und euch das Evangelium Gottes verkündete, ohne etwas dafür zu nehmen? ⁸ Andere Gemeinden habe ich ausgeplündert und Geld von ihnen genommen, um euch dienen zu können. ⁹ Aber als ich zu euch kam und in Schwierigkeiten geriet, bin ich niemandem zur Last gefallen; was ich zu wenig hatte, ergänzten die Brüder, die aus Mazedonien kamen. Ich habe also darauf Wert gelegt, euch in keiner Weise zur Last zu fallen, und werde auch weiterhin darauf Wert legen. ¹⁰ So gewiss die Wahrheit Christi in mir ist: Diesen Ruhm wird mir im Gebiet von Achaia niemand nehmen. ¹¹ Warum? Liebe ich euch etwa nicht? Gott weiß es. ¹² Was ich aber tue, werde ich auch in Zukunft tun: Ich werde denen die Gelegenheit nehmen, die nur die Gelegenheit suchen, sich Achtung zu verschaffen, um so dazustehen wie wir. ¹³ Denn diese Leute sind Lügenapostel, unehrliche Arbeiter; sie tarnen sich freilich als Apostel Christi. ¹⁴ Kein Wunder, denn auch der Satan tarnt sich als Engel des Lichts. ¹⁵ Es ist also nicht erstaunlich, wenn sich auch seine Diener als Diener der Gerechtigkeit tarnen. Ihr Ende wird ihren Taten entsprechen.

Einleitung zur Narrenrede

¹⁶ Noch einmal sage ich: Keiner soll mich für einen Narren halten. Tut ihr es aber doch, dann lasst mich auch als Narren gewähren, damit auch ich ein wenig prahlen kann! ¹⁷ Was ich hier sage, sage ich nicht im Sinn des Herrn, sondern, wenn es schon um das Prahlen geht, wie ein Narr. ¹⁸ Da viele Menschen im Sinn dieser Welt prahlen, will auch ich einmal prahlen. ¹⁹ Ihr lasst euch die Narren ja gern gefallen, ihr klugen Leute. ²⁰ Denn ihr nehmt es hin, wenn euch jemand versklavt, wenn euch jemand ausbeutet, wenn euch jemand in seine Gewalt bringt, wenn jemand anmaßend auftritt, wenn euch jemand ins Gesicht schlägt. ²¹ Zu meiner Schande muss ich gestehen: Dazu bin ich allerdings zu schwach gewesen.

Herkunft und Dienst

Wozu aber jemand den Mut aufbringt – ich rede jetzt als Narr –, dazu bringe auch ich ihn auf. ²² Sie sind Hebräer – ich auch. Sie sind Israeliten – ich auch. Sie sind Nachkommen Abrahams – ich auch. ²³ Sie sind Diener Christi – jetzt rede ich ganz unvernünftig –, ich noch mehr: Ich ertrug mehr Mühsal, war häufiger im Gefängnis, wurde mehr geschlagen, war oft in Todesgefahr. ²⁴ Fünfmal erhielt ich von Juden die vierzig Hiebe weniger einen; ²⁵ dreimal wurde ich ausgepeitscht, einmal gesteinigt, dreimal erlitt ich Schiffbruch, eine Nacht und einen Tag trieb ich auf hoher See. ²⁶ Ich war oft auf Reisen, gefährdet durch Flüsse, gefährdet durch Räuber, gefährdet durch das eigene Volk, gefährdet durch Heiden, gefährdet in der Stadt, gefährdet in der Wüste, gefährdet auf dem Meer, gefährdet durch falsche Brüder. ²⁷ Ich erduldete Mühsal und Plage, viele durchwachte Nächte, Hunger und Durst, häufiges Fasten, Kälte und Nacktheit. ²⁸ Um von allem andern zu schweigen, dem täglichen Andrang zu mir und der Sorge für alle Gemeinden: ²⁹ Wer ist schwach und ich bin nicht schwach? Wer kommt zu Fall und ich werde nicht von brennender Sorge verzehrt? ³⁰ Wenn schon geprahlt sein muss, will ich mit meiner Schwachheit prahlen. ³¹ Gott, der Vater Jesu, des Herrn, er, der gepriesen ist in Ewigkeit, weiß, dass ich nicht lüge. ³² In Damaskus ließ der Statthalter des Königs Aretas die Stadt der Damaszener bewachen, um mich festzunehmen. ³³ Aber durch ein Fenster wurde ich in einem Korb die Stadtmauer hinuntergelassen und so entkam ich ihm.

12

12,1–21

Visionen und Offenbarungen

¹ Ich muss mich ja rühmen; zwar nützt es nichts, trotzdem will ich jetzt von Erscheinungen und Offenbarungen des Herrn sprechen. ² Ich kenne einen Menschen in Christus, der vor vierzehn Jahren bis in den dritten Himmel entrückt wurde; ³ ich weiß allerdings nicht, ob es mit dem Leib oder ohne den Leib geschah, nur Gott weiß es. ⁴ Und ich weiß, dass dieser Mensch in das Paradies entrückt wurde; ob es mit dem Leib oder ohne den Leib geschah, weiß ich nicht, nur Gott weiß es. Er hörte unsagbare Worte, die ein Mensch nicht aussprechen darf. ⁵ Diesen Menschen will ich rühmen; meiner selbst will ich mich nicht rühmen, höchstens meiner Schwachheit. ⁶ Wenn ich mich dennoch rühmen wollte, wäre ich zwar kein Narr, sondern würde die Wahrheit sagen. Aber ich verzichte darauf; denn jeder soll mich nur nach dem beurteilen, was er an mir sieht oder aus meinem Mund hört. ⁷ Damit ich mich wegen der einzigartigen Offenbarungen nicht überhebe, wurde mir ein Stachel ins Fleisch gestoßen: ein Bote Satans, der mich mit Fäusten schlagen soll, damit ich mich nicht überhebe. ⁸ Dreimal habe ich den Herrn angefleht, dass dieser Bote Satans von mir ablasse. ⁹ Er aber antwortete mir: Meine Gnade genügt dir; denn die Kraft wird in der Schwachheit vollendet. Viel lieber also will ich mich meiner Schwachheit rühmen, damit die Kraft Christi auf mich herabkommt. ¹⁰ Deswegen bejahe ich meine Ohnmacht, alle Misshandlungen und Nöte, Verfolgungen und Ängste, die ich für Christus ertrage; denn wenn ich schwach bin, dann bin ich stark.

Abschluss der Narrenrede

¹¹ Jetzt bin ich wirklich ein Narr geworden; ihr habt mich dazu gezwungen. Eigentlich sollte ich von euch empfohlen werden; denn in nichts bin ich hinter den Überaposteln zurückgeblieben, obgleich ich nichts bin. ¹² Das, woran man den Apostel erkennt, wurde mit großer Ausdauer unter euch vollbracht: Zeichen, Wunder und Machttaten. ¹³ Worin seid ihr denn im Vergleich mit den übrigen Gemeinden zu kurz gekommen? Höchstens darin, dass gerade ich euch nicht zur Last gefallen bin. Dann verzeiht mir bitte dieses Unrecht!

Die Unterhaltsfrage

¹⁴ Siehe, schon zum dritten Mal will ich jetzt zu euch kommen und ich werde euch nicht zur Last fallen; ich suche ja nicht euer Geld, sondern euch. Denn nicht die Kinder sollen für die Eltern sparen, sondern die Eltern für die Kinder. ¹⁵ Ich aber will sehr gern alles aufwenden und mich für euch aufreiben. Wenn ich euch so sehr liebe, soll ich deswegen weniger Liebe empfangen? ¹⁶ Nun gut! Eine schwere Last habe ich euch zwar nicht zugemutet; aber habe ich euch, verschlagen wie ich bin, mit List in mein Netz gelockt? ¹⁷ Habe ich euch vielleicht durch einen, den ich zu euch sandte, übervorteilt? ¹⁸ Ja, ich habe Titus gebeten, euch zu besuchen, und den Bruder mit ihm gesandt. Hat Titus euch etwa übervorteilt? Sind wir nicht beide im gleichen Geist aufgetreten? Nicht in den gleichen Spuren?

Missstände in der Gemeinde

¹⁹ Ihr denkt schon lange, dass wir uns vor euch nur herausreden wollen. Aber wir reden in Christus, vor dem Angesicht Gottes. Und alles, Geliebte, geschieht zu eurer Erbauung. ²⁰ Denn ich fürchte, dass ich euch bei meinem Kommen nicht so finde, wie ich euch zu finden wünsche, und dass ihr mich so findet, wie ihr mich nicht zu finden wünscht. Ich fürchte, dass es zu Streit, Eifersucht, Zornesausbrüchen, Ehrgeiz, Verleumdungen, übler Nachrede, Überheblichkeit, allgemeiner Verwirrung kommt; ²¹ dass mein Gott, wenn ich wiederkomme, mich noch einmal vor euch demütigt; dass ich Grund haben werde, traurig zu sein über viele, die schon früher Sünder waren und sich trotz ihrer Unreinheit, Unzucht und Ausschweifung noch nicht zur Umkehr entschlossen haben.

13

13,1–10

Ankündigung kraftvollen Wirkens

¹ Das ist das dritte Mal, dass ich zu euch komme. *Durch die Aussage von zwei oder drei Zeugen wird jede Sache entschieden.* ² Denen, die sich früher verfehlt haben, und allen Übrigen sage ich jetzt aus der Ferne dasselbe, was ich schon bei meinem zweiten Aufenthalt angekündigt habe: Wenn ich komme, werde ich keine Nachsicht mehr üben. ³ Denn ihr verlangt einen Beweis dafür, dass durch mich Christus spricht, der nicht in seiner Schwachheit, sondern in seiner Kraft unter euch wirkt. ⁴ Zwar wurde er in seiner Schwachheit gekreuzigt, aber er lebt aus Gottes Kraft. Auch wir sind schwach in ihm, aber wir werden zusammen mit ihm vor euren Augen aus Gottes Kraft leben.

Mahnung, Warnung, Gebet

⁵ Fragt euch selbst, ob ihr im Glauben seid, prüft euch selbst! Erfahrt ihr nicht an euch selbst, dass Jesus Christus in euch ist? Sonst hättet ihr ja schon versagt. ⁶ Ich hoffe aber, ihr werdet erkennen, dass wir nicht versagt haben. ⁷ Doch flehen wir zu Gott, dass ihr nichts Böses tut, nicht, damit wir bewährt erscheinen, sondern nur, damit ihr das Gute tut, wir aber wie Versager dasteht. ⁸ Denn wir vermögen nichts gegen die Wahrheit, nur für die Wahrheit. ⁹ So ist es uns eine Freude, wenn wir schwach dastehen, ihr aber euch als stark erweist. Das ist es, was wir erflehen: eure vollständige Erneuerung. ¹⁰ Deswegen schreibe ich das alles aus der Ferne, um nicht, wenn ich zu euch komme, Strenge gebrauchen zu müssen kraft der Vollmacht, die der Herr mir zum Aufbauen, nicht zum Niederreißen gegeben hat.

Abschließende Mahnungen, Grüße und Segenswunsch

13,11–13

[11] Im Übrigen, Brüder und Schwestern, freut euch, kehrt zur Ordnung zurück, lasst euch ermahnen, seid eines Sinnes, haltet Frieden!

Dann wird der Gott der Liebe und des Friedens mit euch sein. [12] Grüßt einander mit dem heiligen Kuss! Es grüßen euch alle Heiligen. [13] Die Gnade des Herrn Jesus Christus und die Liebe Gottes und die Gemeinschaft des Heiligen Geistes sei mit euch allen!

Der Brief an die
GALATER

Auf seinen Missionsreisen ist Paulus zweimal in das „galatische Land" gekommen (Apg 16,6; 18,23; vgl. Gal 4,13). Welche Region damit bezeichnet wird und wo die Gemeinden lagen, an die er sich mit diesem Schreiben wendet, ist Gegenstand vieler Diskussionen. Diese haben ihren Ursprung darin, dass als „Galatia" sowohl die Landschaft um die Stadt Ankyra im Innern Kleinasiens, wo sich seit dem 3. Jahrhundert v. Chr. keltische Einwanderer niedergelassen hatten, als auch die römische Provinz bezeichnet werden konnte, die weite Gebiete darüber hinaus umfasste.

Der Brief wendet sich – anders als die übrigen authentischen Paulusbriefe – an mehrere Gemeinden. Deren Mitglieder waren Heidenchristen (vgl. 4,8; 5,2; 6,12), die inzwischen von Irrlehrern aufgesucht und beeinflusst wurden. Diese verstanden sich selbst als Judenchristen und verlangten von den Galatern, sich ebenfalls beschneiden zu lassen und das alttestamentliche Gesetz als zum Heil notwendig anzuerkennen (5,1–12; 6,11–16). Auch stellten sie die apostolische Autorität des Paulus in Frage. Paulus reagierte auf die Nachrichten von dieser Entwicklung mit der Autorität des Apostels, der seine Berufung nicht von Menschen, sondern von Jesus Christus selbst empfangen hat (1,1). Der Ton seiner Ausführungen ist bestimmt (1,6; 6,17), die Anrede streng („Ihr unvernünftigen Galater", 3,1), das Urteil über die Irrlehrer vernichtend („er sei verflucht", 1,9). Persönliche Dankes- und Grußworte am Schluss sind diesem Schreiben, das er durch die eigene Schrift beglaubigt (6,11f.), fremd.

Die Entstehung dürfte in das Jahr 55 fallen, als Paulus von Ephesus nach Mazedonien und von dort nach Korinth auf dem Weg war und keine Möglichkeit hatte, der Unruhe in den galatischen Gemeinden durch einen erneuten persönlichen Besuch entgegenzutreten. Die inhaltlichen Ausführungen zeigen eine Nähe zum Römerbrief und geben auch damit ein Indiz für diese zeitliche Einordnung.

Der Aufbau des Galaterbriefs orientiert sich an der Situation der Adressaten und nimmt diese zum Anlass für eine biografisch gestützte theologische Erörterung grundlegender Positionen der christlichen Botschaft. Nach dem Präskript und einem Blick auf den Anlass des Schreibens (1,1–5; 1,6–9) wendet sich Paulus dem Konflikt zu, der die Gemeinden Galatiens in Unruhe versetzt: dem Verhältnis zwischen „Heidenchristen" und „Judenchristen", und der Frage, ob alle Christen den jüdischen Zeremonialgesetzen zu unterwerfen sind (1,10–2,21). Er erinnert zunächst an seine eigene Bekehrung und seine Einsetzung zum Apostel der Völker, an seine Unabhängigkeit von den Vertretern der judenchristlichen Mission (1,10–24), an die Anerkennung seiner gesetzesfreien Mission unter den Völkern beim Apostelkonvent in Jerusalem (2,1–10) und an die Auseinandersetzung mit Petrus und Barnabas in Antiochien (2,11–21). Auf dieser Grundlage der eigenen Lebenserfahrung baut seine allgemeine theologische Reflexion über die Gerechtigkeit aus dem Glauben und die Freiheit der Christen auf (3,1–5,12; 5,13–6,10). Von der Verheißung, die dem Urvater Abraham gegeben wurde, spannt er den Bogen zu Christus, in dem diese erfüllt wurde (3,6–18). Das dazwischen „wegen der Übertretungen" erlassene Gesetz hatte eine wichtige Funktion bis zum Kommen Christi, kann aber danach die an Christus Glaubenden nicht mehr binden, die über alle ethnischen, sozialen und geschlechtlichen Unterschiede hinweg eine universale Gemeinschaft bilden (3,19–4,7). Diese ist – was erneut mit der Erinnerung an Abraham, diesmal an die Geburt seiner Söhne von der Sklavin und der Freien, belegt wird (4,21–31) – nicht auf Knechtschaft, sondern auf die Freiheit gegründet (5,1–12). Diese verwirklicht sich in der Liebe (5,13–25) und stiftet damit das „Gesetz Christi", auf das Paulus seine Adressaten verpflichtet (5,26–6,10). Nach einem letzten Urteil über diejenigen, die den Gemeinden in Galatien die Beschneidung aufzwingen wollen, und einem stolzen Bekenntnis des Apostels, dass er jetzt die Zeichen Jesu an seinem Leib trägt, findet das Schreiben seinen Abschluss mit einer kurzen Segensformel (6,11–18).

Als historisches Zeugnis gibt der Galaterbrief Einblick in die Entwicklung junger Gemeinden in heidnischer Umgebung und in den Klärungsprozess ihres Verhältnisses zur jüdischen Tradition. Als biografisches Dokument spiegelt er das Selbstverständnis des „Völkerapostels" Paulus. Als theologische Abhandlung bietet er eine eingehende Darlegung des Verhältnisses von Rechtfertigung und Glaube, Freiheit und Liebe und eine Begründung für die alle Grenzen übersteigende Einheit der Kirche.

1

1,1–9

Anschrift und Gruß

¹Paulus, zum Apostel berufen, nicht von Menschen oder durch einen Menschen, sondern durch Jesus Christus und durch Gott, den Vater, der ihn von den Toten auferweckt hat, ²und alle Brüder, die bei mir sind, an die Gemeinden in Galatien: ³Gnade sei mit euch und Friede von Gott, unserem Vater, und dem Herrn Jesus Christus, ⁴der sich für unsere Sünden hingegeben hat, um uns aus der gegenwärtigen bösen Welt zu befreien, nach dem Willen unseres Gottes und Vaters. ⁵Ihm sei Ehre in alle Ewigkeit. Amen.

Der Anlass des Briefes

⁶Ich bin erstaunt, dass ihr euch so schnell von dem abwendet, der euch durch die Gnade Christi berufen hat, und dass ihr euch einem anderen Evangelium zuwendet. ⁷Es gibt kein anderes Evangelium, es gibt nur einige Leute, die euch verwirren und die das Evangelium Christi verfälschen wollen. ⁸Jedoch, auch wenn wir selbst oder ein Engel vom Himmel euch ein anderes Evangelium verkündeten als das, das wir verkündet haben – er sei verflucht. ⁹Was ich gesagt habe, das sage ich noch einmal:

Wer euch ein anderes Evangelium verkündet im Widerspruch zu dem, das ihr angenommen habt – er sei verflucht.

Der Weg des paulinischen Evangeliums

1,10–2,21

Die Berufung zum Apostel

¹⁰ Geht es mir denn um die Zustimmung der Menschen oder geht es mir um Gott? Suche ich etwa Menschen zu gefallen? Wollte ich noch den Menschen gefallen, dann wäre ich kein Knecht Christi. ¹¹ Ich erkläre euch, Brüder und Schwestern: Das Evangelium, das ich verkündet habe, stammt nicht von Menschen; ¹² ich habe es ja nicht von einem Menschen übernommen oder gelernt, sondern durch eine Offenbarung Jesu Christi empfangen. ¹³ Ihr habt doch von meinem früheren Lebenswandel im Judentum gehört und wisst, wie maßlos ich die Kirche Gottes verfolgte und zu vernichten suchte. ¹⁴ Im Judentum machte ich größere Fortschritte als die meisten Altersgenossen in meinem Volk und mit dem größten Eifer setzte ich mich für die Überlieferungen meiner Väter ein. ¹⁵ Als es aber Gott gefiel, der mich schon im Mutterleib auserwählt und durch seine Gnade berufen hat, ¹⁶ in mir seinen Sohn zu offenbaren, damit ich ihn unter den Völkern verkünde, da zog ich nicht Fleisch und Blut zu Rate; ¹⁷ ich ging auch nicht sogleich nach Jerusalem hinauf zu denen, die vor mir Apostel waren, sondern zog nach Arabien und kehrte dann wieder nach Damaskus zurück. ¹⁸ Drei Jahre später ging ich nach Jerusalem hinauf, um Kephas kennenzulernen, und blieb fünfzehn Tage bei ihm. ¹⁹ Von den anderen Aposteln sah ich keinen, nur Jakobus, den Bruder des Herrn. ²⁰ Was ich euch hier schreibe – siehe, bei Gott, ich lüge nicht. ²¹ Danach ging ich in das Gebiet von Syrien und Kilikien. ²² Den Gemeinden Christi in Judäa aber blieb ich persönlich unbekannt, ²³ sie hörten nur: Er, der uns einst verfolgte, verkündet jetzt den Glauben, den er früher vernichten wollte. ²⁴ Und sie lobten Gott um meinetwillen.

2

2,1–21

Das Apostelkonzil in Jerusalem

¹ Vierzehn Jahre später ging ich wieder nach Jerusalem hinauf, zusammen mit Barnabas; ich nahm auch Titus mit. ² Ich ging hinauf aufgrund einer Offenbarung, legte der Gemeinde und im Besonderen den Angesehenen das Evangelium vor, das ich unter den Völkern verkünde; ich wollte sicher sein, dass ich nicht ins Leere laufe oder gelaufen bin. ³ Doch nicht einmal mein Begleiter Titus, der Grieche ist, wurde gezwungen, sich beschneiden zu lassen. ⁴ Denn was die falschen Brüder betrifft, jene Eindringlinge, die sich eingeschlichen hatten, um die Freiheit, die wir in Christus Jesus haben, auszuspähen und uns zu versklaven, ⁵ so haben wir uns ihnen keinen Augenblick unterworfen und ihnen nicht nachgegeben, damit euch die Wahrheit des Evangeliums erhalten bleibe. ⁶ Aber auch von denen, die Ansehen genießen – was sie früher waren, kümmert mich nicht, Gott schaut nicht auf die Person –, auch von den Angesehenen wurde mir nichts auferlegt. ⁷ Im Gegenteil, sie sahen, dass mir das Evangelium für die Unbeschnittenen anvertraut ist wie dem Petrus für die Beschnittenen – ⁸ denn Gott, der Petrus die Kraft zum Aposteldienst unter den Beschnittenen gegeben hat, gab sie mir zum Dienst unter den Völkern – ⁹ und sie erkannten die Gnade, die mir verliehen ist. Deshalb gaben Jakobus, Kephas und Johannes, die als die Säulen Ansehen genießen, mir und Barnabas die Hand zum Zeichen der Gemeinschaft: Wir sollten zu den Heiden gehen, sie zu den Beschnittenen. ¹⁰ Nur sollten wir an die Armen denken; und das zu tun, habe ich mich eifrig bemüht.

Der Zwischenfall in Antiochia

¹¹ Als Kephas aber nach Antiochia gekommen war, habe ich ihm ins Angesicht widerstanden, weil er sich ins Unrecht gesetzt hatte. ¹² Bevor nämlich einige von Jakobus eintrafen, hatte er mit den Heiden zusammen gegessen. Nach ihrer Ankunft aber zog er sich zurück und sonderte sich ab, weil er die aus der Beschneidung fürchtete. ¹³ Und mit ihm heuchelten die anderen Juden, sodass auch Barnabas durch ihre Heuchelei mitgerissen wurde. ¹⁴ Als ich aber sah, dass sie nicht geradlinig auf die Wahrheit des Evangeliums zugingen, sagte ich zu Kephas in Gegenwart aller: Wenn du als Jude nach Art der Heiden und nicht nach Art der Juden lebst, wie kannst du dann die Heiden zwingen, wie Juden zu leben? ¹⁵ Wir, die wir von Geburt Juden sind und nicht Sünder aus den Heiden, ¹⁶ wissen, dass der Mensch nicht aus Werken des Gesetzes gerecht wird, sondern aus dem Glauben an Jesus Christus; so sind auch wir zum Glauben an Christus Jesus gelangt, damit wir gerecht werden durch den Glauben an Christus und nicht durch Werke des Gesetzes; denn durch Werke des Gesetzes wird kein Fleisch gerecht. ¹⁷ Wenn nun auch wir, die wir in Christus gerecht zu werden suchen, als Sünder erfunden werden, ist dann Christus etwa Diener der Sünde? Keineswegs! ¹⁸ Denn wenn ich das, was ich niedergerissen habe, wieder aufbaue, dann stelle ich mich selbst als Übertreter hin. ¹⁹ Denn ich bin durch das Gesetz dem Gesetz gestorben, damit ich für Gott lebe. Ich bin mit

Christus gekreuzigt worden. ²⁰ Nicht mehr ich lebe, sondern Christus lebt in mir. Was ich nun im Fleische lebe, lebe ich im Glauben an den Sohn Gottes, der mich geliebt und sich für mich hingegeben hat. ²¹ Ich missachte die Gnade Gottes in keiner Weise; denn käme die Gerechtigkeit durch das Gesetz, so wäre Christus vergeblich gestorben.

Die Wahrheit des Paulinischen Evangeliums

3,1–5,12

3

3,1–29

Aufruf an die Galater

¹ Ihr unvernünftigen Galater, wer hat euch verblendet? Ist euch Jesus Christus nicht deutlich als der Gekreuzigte vor Augen gestellt worden? ² Dies eine möchte ich von euch erfahren: Habt ihr den Geist durch die Werke des Gesetzes oder durch das Hören der Glaubensbotschaft empfangen? ³ Seid ihr so unvernünftig? Im Geist habt ihr angefangen und jetzt wollt ihr im Fleisch enden? ⁴ Habt ihr denn so Großes vergeblich erfahren? Wenn es denn vergeblich war! ⁵ Warum gibt euch denn Gott den Geist und bewirkt Machttaten unter euch? Aus Werken des Gesetzes oder aus dem Hören der Glaubensbotschaft?

Abrahams Glaube und die Verheißung des Segens

⁶ So auch bei Abraham: *Er glaubte Gott und das wurde ihm als Gerechtigkeit angerechnet.* ⁷ Erkennt also: Die aus dem Glauben leben, sind Söhne Abrahams. ⁸ Und da die Schrift vorhersah, dass Gott die Völker aufgrund des Glaubens gerecht macht, hat sie dem Abraham im Voraus verkündet: *In dir sollen alle Völker gesegnet werden.* ⁹ Also werden sie, die glauben, gesegnet mit dem glaubenden Abraham. ¹⁰ Diejenigen aber, die aus den Werken des Gesetzes leben, stehen unter einem Fluch. Denn geschrieben steht: *Verflucht ist jeder, der sich nicht an alles hält, was das Buch des Gesetzes zu tun vorschreibt.* ¹¹ Dass aber durch das Gesetz niemand vor Gott gerecht gemacht wird, ist offenkundig; denn: *Der aus Glauben Gerechte wird leben.* ¹² Für das Gesetz aber gilt nicht: aus Glauben, sondern es gilt: Wer die Gebote erfüllt, wird durch sie leben. ¹³ Christus hat uns vom Fluch des Gesetzes freigekauft, indem er für uns zum Fluch geworden ist; denn es steht geschrieben: *Verflucht ist jeder, der am Holz hängt.* ¹⁴ Jesus Christus hat uns freigekauft, damit den Völkern durch ihn der Segen Abrahams zuteilwird und wir so durch den Glauben den verheißenen Geist empfangen.

¹⁵ Brüder und Schwestern, ich nehme einen Vergleich aus dem menschlichen Leben: Niemand setzt das rechtsgültig festgelegte Testament eines Menschen außer Kraft oder versieht es mit einem Zusatz. ¹⁶ Abraham wurden die Verheißungen zugesprochen und seinem Nachkommen. Es heißt nicht: und den Nachkommen, als wären viele gemeint, sondern es wird nur von einem gesprochen: *und deinem Nachkommen;* das aber ist Christus. ¹⁷ Damit sage ich: Das Testament, dem Gott zuvor Gültigkeit verliehen hat, wird durch das vierhundertdreißig Jahre später erlassene Gesetz nicht ungültig, sodass die Verheißung aufgehoben wäre. ¹⁸ Würde sich das Erbe nämlich aus dem Gesetz herleiten, dann eben nicht mehr aus der Verheißung. Gott hat aber durch die Verheißung Abraham Gnade erwiesen.

Die heilsgeschichtliche Stellung des Gesetzes

¹⁹ Warum gibt es dann das Gesetz? Wegen der Übertretungen wurde es hinzugefügt, bis der Nachkomme käme, dem die Verheißung gilt. Es wurde durch Engel erlassen und durch einen Mittler bekannt gegeben. ²⁰ Der Mittler jedoch ist nicht der Mittler eines Einzigen; Gott aber ist der Eine. ²¹ Steht also das Gesetz gegen die Verheißungen Gottes? Keineswegs! Wäre ein Gesetz gegeben worden, das die Kraft hat, lebendig zu machen, dann käme in der Tat die Gerechtigkeit aus dem Gesetz; ²² aber die Schrift hat alles unter der Sünde eingeschlossen, damit die Verheißung aus dem Glauben an Jesus Christus denen gegeben wird, die glauben. ²³ Ehe der Glaube kam, waren wir vom Gesetz behütet, verwahrt, bis der Glaube offenbar werden sollte. ²⁴ So ist das Gesetz unser Erzieher auf Christus hin geworden, damit wir aus dem Glauben gerecht gemacht werden. ²⁵ Nachdem aber der Glaube gekommen ist, stehen wir nicht mehr unter dem Erzieher. ²⁶ Denn alle seid ihr durch den Glauben Söhne Gottes in Christus Jesus. ²⁷ Denn ihr alle, die ihr auf Christus getauft seid, habt Christus angezogen. ²⁸ Es gibt nicht mehr Juden und Griechen, nicht Sklaven und Freie, nicht männlich und weiblich; denn ihr alle seid einer in Christus Jesus. ²⁹ Wenn ihr aber Christus gehört, dann seid ihr Abrahams Nachkommen, Erben gemäß der Verheißung.

4

4,1–31

¹ Ich sage aber: Solange der Erbe unmündig ist, unterscheidet er sich in keiner Hinsicht von einem Sklaven, obwohl er Herr ist über alles; ² er steht unter Vormundschaft und sein Erbe wird verwaltet bis zu der Zeit, die sein Vater festgesetzt hat. ³ So waren auch wir, solange wir unmündig waren, Sklaven der Elementarmächte dieser Welt. ⁴ Als aber die Zeit erfüllt war, sandte Gott seinen Sohn, geboren von einer Frau und dem Gesetz unterstellt, ⁵ damit er die freikaufe, die unter dem Gesetz stehen, und damit wir die Sohnschaft erlangen. ⁶ Weil ihr aber Söhne seid, sandte Gott den Geist seines Sohnes in unsere Herzen, den Geist, der ruft: Abba, Vater. ⁷ Daher bist du nicht mehr Sklave, sondern Sohn; bist du aber Sohn, dann auch Erbe, Erbe durch Gott.

Warnung vor Rückfall in die alte Knechtschaft

⁸ Doch einst, als ihr Gott noch nicht kanntet, wart ihr Sklaven der Götter, die in Wirklichkeit keine sind. ⁹ Wie aber könnt ihr jetzt, da ihr Gott erkannt habt, mehr noch von Gott erkannt worden seid, wieder zu den schwachen und armseligen Elementarmächten zurückkehren? Warum wollt ihr von Neuem ihre Sklaven werden? ¹⁰ Warum achtet ihr so ängstlich auf Tage, Monate, bestimmte Zeiten und Jahre? ¹¹ Ich fürchte, ich habe mich vergeblich um euch bemüht.

¹² Werdet wie ich, denn auch ich bin wie ihr geworden, ich bitte euch darum, Brüder und Schwestern. Kein Unrecht habt ihr mir getan. ¹³ Ihr wisst aber, dass ich euch in der Schwachheit des Fleisches das Evangelium damals verkündet habe, ¹⁴ ihr aber habt auf meine Schwäche, die für euch eine Versuchung war, nicht mit Verachtung und Abscheu geantwortet, sondern mich wie einen Engel Gottes aufgenommen, wie Christus Jesus. ¹⁵ Wo also ist eure Seligpreisung? Ich bezeuge euch: Wäre es möglich gewesen, ihr hättet euch die Augen ausgerissen, um sie mir zu geben. ¹⁶ Bin ich also euer Feind geworden, weil ich euch die Wahrheit sage? ¹⁷ Jene Leute eifern um euch nicht in guter Absicht; sie wollen euch abtrünnig machen, damit ihr um sie eifert. ¹⁸ Gut ist es, allezeit um das Gute zu eifern, und nicht nur, wenn ich bei euch bin, ¹⁹ meine Kinder, für die ich von Neuem Geburtswehen erleide, bis Christus in euch Gestalt annimmt. ²⁰ Ich wollte, ich könnte jetzt bei euch sein und in anderem Ton mit euch reden; denn ihr macht mich ratlos.

Das Zeugnis der Schrift

²¹ Sagt mir, die ihr euch dem Gesetz unterstellen wollt, habt ihr niemals das Gesetz gehört? ²² Es steht doch geschrieben, dass Abraham zwei Söhne hatte, einen von der Sklavin, den andern von der Freien. ²³ Der von der Sklavin wurde gemäß dem Fleisch gezeugt, der von der Freien aufgrund der Verheißung. ²⁴ Das ist bildlich gesprochen: Diese Frauen bedeuten zwei Bundesschlüsse. Der eine stammt vom Berg Sinai und gebiert zur Sklaverei; das ist Hagar, ²⁵ denn Hagar steht für den Berg Sinai in Arabien. Ihr entspricht jedoch das jetzige Jerusalem, denn es dient mit seinen Kindern als Sklaven. ²⁶ Aber das Jerusalem oben ist frei; und dieses ist unsre Mutter. ²⁷ Denn geschrieben steht:

Freu dich, du Unfruchtbare, die nie geboren hat, / brich in Jubel aus und jauchze, die du nie in Wehen lagst! / Denn viele Kinder hat die Einsame, / mehr als die den Mann hat.

²⁸ Ihr aber, Brüder und Schwestern, seid Kinder der Verheißung wie Isaak! ²⁹ Doch wie damals der Sohn, der gemäß dem Fleisch gezeugt war, den verfolgte, der gemäß dem Geist gezeugt war, so geschieht es auch jetzt. ³⁰ In der Schrift aber heißt es: *Stoß die Sklavin und ihren Sohn hinaus! Denn der Sohn der Sklavin soll nicht Erbe sein zusammen mit dem Sohn der Freien.* ³¹ Daraus folgt also, meine Brüder und Schwestern, dass wir nicht Kinder der Sklavin sind, sondern Kinder der Freien.

5

5,1–12

Freiheit oder Knechtschaft

¹ Zur Freiheit hat uns Christus befreit. Steht daher fest und lasst euch nicht wieder ein Joch der Knechtschaft auflegen! ² Siehe, ich, Paulus, sage euch: Wenn ihr euch beschneiden lasst, wird Christus euch nichts nützen. ³ Ich bezeuge wiederum jedem Menschen, der sich beschneiden lässt: Er ist verpflichtet, das ganze Gesetz zu halten. ⁴ Ihr, die ihr durch das Gesetz gerecht werden wollt, seid von Christus getrennt; ihr seid aus der Gnade herausgefallen. ⁵ Denn wir erwarten im Geist aus dem Glauben die Hoffnung der Gerechtigkeit. ⁶ Denn in Christus Jesus vermag weder die Beschneidung noch die Unbeschnittenheit etwas, sondern der Glaube, der durch die Liebe wirkt. ⁷ Ihr lieft gut. Wer hat euch gehindert, weiter der Wahrheit zu folgen? ⁸ Was man auch gesagt hat, um euch zu überreden: Es kommt nicht von dem, der euch beruft. ⁹ Ein wenig Sauerteig durchsäuert den ganzen Teig. ¹⁰ Ich vertraue auf euch im Herrn, dass ihr nicht anders denken werdet. Wer euch verwirrt, wird das Urteil zu tragen haben, wer es auch sei. ¹¹ Ich aber, Brüder und Schwestern, wenn ich noch die Beschneidung verkündete – warum werde ich dann verfolgt? Damit wäre ja das Ärgernis des Kreuzes beseitigt. ¹² Diese Leute, die Unruhe bei euch stiften, sollen sich doch gleich entmannen lassen.

Der rechte Gebrauch der Freiheit

5,13–6,10

Das vom Geist geleitete Leben

[13] Denn ihr seid zur Freiheit berufen, Brüder und Schwestern. Nur nehmt die Freiheit nicht zum Vorwand für das Fleisch, sondern dient einander in Liebe! [14] Denn das ganze Gesetz ist in dem einen Wort erfüllt: Du sollst deinen Nächsten lieben wie dich selbst! [15] Wenn ihr aber einander beißt und fresst, dann gebt Acht, dass ihr nicht einer vom anderen verschlungen werdet! [16] Ich sage aber: Wandelt im Geist, dann werdet ihr das Begehren des Fleisches nicht erfüllen! [17] Denn das Fleisch begehrt gegen den Geist, der Geist gegen das Fleisch, denn diese sind einander entgegengesetzt, damit ihr nicht tut, was ihr wollt. [18] Wenn ihr euch aber vom Geist führen lasst, dann steht ihr nicht unter dem Gesetz.

[19] Die Werke des Fleisches sind deutlich erkennbar: Unzucht, Unreinheit, Ausschweifung, [20] Götzendienst, Zauberei, Feindschaften, Streit, Eifersucht, Jähzorn, Eigennutz, Spaltungen, Parteiungen, [21] Neid, maßloses Trinken und Essen und Ähnliches mehr. Ich sage euch voraus, wie ich es früher vorausgesagt habe: Wer so etwas tut, wird das Reich Gottes nicht erben. [22] Die Frucht des Geistes aber ist Liebe, Freude, Friede, Langmut, Freundlichkeit, Güte, Treue, [23] Sanftmut und Enthaltsamkeit; gegen all das ist das Gesetz nicht. [24] Die zu Christus Jesus gehören, haben das Fleisch und damit ihre Leidenschaften und Begierden gekreuzigt. [25] Wenn wir im Geist leben, lasst uns auch im Geist wandeln!

Das Gesetz Christi

[26] Lasst uns nicht prahlen, nicht einander herausfordern und einander nicht beneiden!

6

6,1–10

[1] Brüder und Schwestern, wenn ein Mensch sich zu einer Verfehlung hinreißen lässt, so sollt ihr, die ihr vom Geist erfüllt seid, ihn im Geist der Sanftmut zurechtweisen. Doch gib Acht, dass du nicht selbst in Versuchung gerätst! [2] Einer trage des anderen Last; so werdet ihr das Gesetz Christi erfüllen. [3] Denn wer sich einbildet, etwas zu sein, obwohl er nichts ist, betrügt sich selbst. [4] Jeder prüfe sein eigenes Werk. Dann wird er sich nur im Blick auf sich selbst rühmen können, nicht aber im Vergleich mit anderen. [5] Denn jeder wird seine eigene Bürde zu tragen haben.

[6] Wer im Wort des Evangeliums unterwiesen wird, lasse den, der ihn unterweist, an allen Gütern teilhaben. [7] Täuscht euch nicht: Gott lässt seiner nicht spotten; denn was der Mensch sät, wird er auch ernten. [8] Denn wer auf sein eigenes Fleisch sät, wird vom Fleisch Verderben ernten; wer aber auf den Geist sät, wird vom Geist ewiges Leben ernten. [9] Lasst uns nicht müde werden, das Gute zu tun; denn wenn wir darin nicht nachlassen, werden wir ernten, sobald die Zeit dafür gekommen ist. [10] Deshalb lasst uns, solange wir Zeit haben, allen Menschen Gutes tun, besonders aber den Glaubensgenossen!

Schlußwort und Segenswunsch

6,11–18

[11] Seht, mit welch großen Buchstaben ich euch schreibe, mit eigener Hand. [12] Jene Leute, die im Fleisch nach Anerkennung streben, nötigen euch nur deshalb zur Beschneidung, damit sie wegen des Kreuzes Christi nicht verfolgt werden. [13] Denn obwohl sie beschnitten sind, halten sie selbst das Gesetz nicht; dennoch dringen sie auf eure Beschneidung, damit sie sich eures Fleisches rühmen können. [14] Ich aber will mich allein des Kreuzes Jesu Christi, unseres Herrn, rühmen, durch das mir die Welt gekreuzigt ist und ich der Welt. [15] Denn es gilt weder die Beschneidung etwas noch das Unbeschnittensein, sondern: neue Schöpfung. [16] Friede und Erbarmen komme über alle, die diesem Grundsatz folgen, und über das Israel Gottes.

[17] In Zukunft soll mir niemand mehr solche Schwierigkeiten bereiten. Denn ich trage die Leidenszeichen Jesu an meinem Leib. [18] Die Gnade Jesu Christi, unseres Herrn, sei mit eurem Geist, meine Brüder und Schwestern! Amen.

Der Brief an die
EPHESER

Der Epheserbrief trägt den Charakter eines theologischen Rundschreibens, das sich nicht nur an die Christen in Ephesus, sondern an den ganzen Wirkungskreis des Paulus richtet. Die Ortsangabe „Ephesus" (1,1) fehlt in vielen Handschriften, dürfte aber dennoch ursprünglich sein. Der Brief stammt wohl nicht von Paulus selbst, sondern wurde gegen Ende des 1. Jahrhunderts von einem uns unbekannten Autor aus dem paulinischen Traditionskreis verfasst, der bereits 1 Thess, 1 Kor und Röm gekannt und Kol, vor allem in den Ermahnungen der Kapitel 4–6, literarisch rezipiert hat. Die Vorstellung, dass der Brief (wie der an die Philipper, an die Kolosser und an Philemon) von Paulus aus der Gefangenschaft geschrieben sei, soll den Eindruck der Authentizität stärken.

Ein bestimmter Anlass für die Entstehung ist nicht erkennbar. Die Intention des Schreibens ist die Wahrung des paulinischen Erbes der universalen Christusbotschaft, die sich nun in der einen Kirche aus Juden und Heiden darstellt. Daraus resultiert auch das eigentliche Thema des Briefes: die Einheit der Kirche.

Im ersten Teil (1,3–3,21) steht der Gedanke im Mittelpunkt, dass Gott Juden und Heiden in Christus vorzeitlich erwählt (1,3–14) und in der einen Kirche aus Juden und Heiden zusammengeführt hat (2,11–22). Der Apostel Paulus ist von Gott dazu ausersehen, diesen göttlichen Heilsplan der einheitsstiftenden Völkerkirche ins Werk zu setzen (3,1–13). Diese Ausführungen sind in einem feierlich-liturgischen Stil gehalten: Am Beginn steht ein Lobpreis auf Gott, der die Christen schon vor „Grundlegung der Welt" erwählt hat (1,3–14); das Ende korrespondiert mit diesem Anfang durch eine Fürbitte für die Kirche und einen Lobpreis Gottes (3,14–21).

Auch für den zweiten Teil, in dem ermahnende Aussagen überwiegen, ist der Gedanke der Einheit leitend (4,1–6,20). Die Glaubenden, die in Christus zusammengeführt worden sind, sollen aus dem Glauben an den einen Gott und geleitet durch den einen Geist zu einem Leib zusammenwachsen (4,1–16) und sich auch in praktisch-ethischer Hinsicht von denen abgrenzen, die „in ihrem nichtigen Denken" (4,17) verfangen sind und Gott nicht kennen. Für die Christen soll das Ethos der Liebe gelten, im Zusammenleben in der Gemeinde (4,17–5,20) ebenso wie in Ehe und Familie (5,21–6,9).

Mit dem Grundthema der Einheit sind bedeutsame Aussagen über das Wesen und die Aufgabe der Kirche verbunden: Sie repräsentiert die Einheit der Menschheit vor Gott und soll diese Einheit in ihrem Lebensvollzug darstellen. Als Gemeinschaft der von Gott Erwählten kommt es ihr zu, zur Erkenntnis des Geheimnisses Gottes zu führen. In der Entfaltung dieser Aspekte enthält der Epheserbrief die bedeutendsten theologischen Aussagen im Neuen Testament über die Kirche.

Anschrift und Gruß

1,1–2

1

¹ Paulus, Apostel Christi Jesu durch den Willen Gottes, an die Heiligen in Ephesus, die Gläubigen in Christus Jesus, ² Gnade sei mit euch und Friede von Gott, unserem Vater, und dem Herrn Jesus Christus!

Gottes Heilsplan

1,3–2,22

Loblied auf den Heilsplan Gottes

³ Gepriesen sei der Gott und Vater unseres Herrn Jesus Christus. / Er hat uns mit allem Segen seines Geistes gesegnet durch unsere Gemeinschaft mit Christus im Himmel.

⁴ Denn in ihm hat er uns erwählt vor der Grundlegung der Welt, / damit wir heilig und untadelig leben vor ihm.

⁵ Er hat uns aus Liebe im Voraus dazu bestimmt, / seine Söhne zu werden durch Jesus Christus und zu ihm zu gelangen nach seinem gnädigen Willen,

⁶ zum Lob seiner herrlichen Gnade. / Er hat sie uns geschenkt in seinem geliebten Sohn.

⁷ In ihm haben wir die Erlösung durch sein Blut, / die Vergebung der Sünden nach dem Reichtum seiner Gnade.

⁸ Durch sie hat er uns reich beschenkt, in aller Weisheit und Einsicht,

⁹ er hat uns das Geheimnis seines Willens kundgetan, / wie er es gnädig im Voraus bestimmt hat in ihm.

¹⁰ Er hat beschlossen, die Fülle der Zeiten heraufzuführen, / das All in Christus als dem Haupt zusammenzufassen, was im Himmel und auf Erden ist, in ihm.

¹¹ In ihm sind wir auch als Erben vorherbestimmt / nach dem Plan dessen, der alles so bewirkt, / wie er es in seinem Willen beschließt;

¹² wir sind zum Lob seiner Herrlichkeit bestimmt, / die wir schon früher in Christus gehofft haben.

¹³ In ihm habt auch ihr das Wort der Wahrheit gehört, das Evangelium von eurer Rettung; / in ihm habt ihr das Siegel des verheißenen Heiligen Geistes empfangen, als ihr zum Glauben kamt.

¹⁴ Der Geist ist der erste Anteil unseres Erbes, / hin zur Erlösung, durch die ihr Gottes Eigentum werdet, / zum Lob seiner Herrlichkeit.

Gebet um Erkenntnis Gottes

¹⁵/¹⁶ Darum höre ich nicht auf, für euch zu danken, wenn ich in meinen Gebeten an euch denke; denn ich habe von eurem Glauben an Jesus, den Herrn, und von eurer Liebe zu allen Heiligen gehört. ¹⁷ Der Gott Jesu Christi, unseres Herrn, der Vater der Herrlichkeit, gebe euch den Geist der Weisheit und Offenbarung, damit ihr ihn erkennt. ¹⁸ Er erleuchte die Augen eures Herzens, damit ihr versteht, zu welcher Hoffnung ihr durch ihn berufen seid, welchen Reichtum die Herrlichkeit seines Erbes den Heiligen schenkt ¹⁹ und wie überragend groß seine Macht sich an uns, den Gläubigen, erweist durch das Wirken seiner Kraft und Stärke. ²⁰ Er ließ sie wirksam werden in Christus, den er von den Toten auferweckt und im Himmel auf den Platz zu seiner Rechten erhoben hat, ²¹ hoch über jegliche Hoheit und Gewalt, Macht und Herrschaft und über jeden Namen, der nicht nur in dieser Weltzeit, sondern auch in der künftigen genannt wird. ²² *Alles hat er ihm zu Füßen gelegt* und ihn, der als Haupt alles überragt, über die Kirche gesetzt.

²³ **Sie ist sein Leib, die Fülle dessen, der das All in allem erfüllt.**

2

2,1–22

Vom Tod zum Leben

¹ Ihr wart tot infolge eurer Verfehlungen und Sünden. ² Ihr wart einst darin gefangen, wie es der Art dieser Welt entspricht, unter der Herrschaft jenes Geistes, der im Bereich der Lüfte regiert und jetzt noch in den Ungehorsamen wirksam ist. ³ Unter ihnen haben auch wir alle einmal unser Leben geführt, als wir noch von den Begierden unseres Fleisches beherrscht wurden. Wir folgten dem, was das Fleisch und der böse Sinn uns eingaben, und waren von Natur aus Kinder des Zorns wie auch die anderen. ⁴/⁵ Gott aber, der reich ist an Erbarmen, hat uns, die wir infolge unserer Sünden tot waren, in seiner großen Liebe, mit der er uns geliebt hat, zusammen mit Christus lebendig gemacht. Aus Gnade seid ihr gerettet. ⁶ Er hat uns mit Christus Jesus auferweckt und uns zusammen mit ihm einen Platz in den himmlischen Bereichen gegeben, ⁷ um in den kommenden Zeiten den überfließenden Reichtum seiner Gnade zu zeigen, in Güte an uns durch Christus Jesus. ⁸ Denn aus Gnade seid ihr durch den Glauben gerettet, nicht aus eigener Kraft – Gott hat es geschenkt –, ⁹ nicht aus Werken, damit keiner sich rühmen kann. ¹⁰ Denn seine Geschöpfe sind wir, in Christus Jesus zu guten Werken erschaffen, die Gott für uns im Voraus bestimmt hat, damit wir mit ihnen unser Leben gestalten.

Versöhnung von Juden und Heiden in Christus

¹¹ Erinnert euch also, dass ihr früher von Geburt Heiden wart und von denen, die äußerlich beschnitten sind, Unbeschnittene genannt wurdet. ¹² Zu jener Zeit wart ihr von Christus getrennt, der Gemeinde Israels fremd und von dem Bund der Verheißung ausgeschlossen; ihr hattet keine Hoffnung und lebtet ohne Gott in der Welt. ¹³ Jetzt aber seid ihr, die ihr einst in der Ferne wart, in Christus Jesus, nämlich durch sein Blut, in die Nähe gekommen. ¹⁴ Denn er ist unser Friede. Er vereinigte die beiden Teile und riss die trennende Wand der Feindschaft in seinem Fleisch nieder. ¹⁵ Er hob das Gesetz mit seinen Geboten und Forderungen auf, um die zwei in sich zu einem neuen Menschen zu machen. Er stiftete Frieden ¹⁶ und versöhnte die beiden durch das Kreuz mit Gott in einem einzigen Leib. Er hat in seiner Person die Feindschaft getötet. ¹⁷ Er kam und verkündete den Frieden: euch, den Fernen, und Frieden den Nahen. ¹⁸ Denn durch ihn haben wir beide in dem einen Geist Zugang zum Vater. ¹⁹ Ihr seid also jetzt nicht mehr Fremde und ohne Bürgerrecht, sondern Mitbürger der Heiligen und Hausgenossen Gottes. ²⁰ Ihr seid auf das Fundament der Apostel und Propheten gebaut; der Eckstein ist Christus Jesus selbst. ²¹ In ihm wird der ganze Bau zusammengehalten und wächst zu einem heiligen Tempel im Herrn. ²² Durch ihn werdet auch ihr zu einer Wohnung Gottes im Geist miterbaut.

Der Apostel und die Kirche

3,1–21

3

Paulus, Verkünder des weltweiten Evangeliums

¹ Deshalb bin ich, Paulus, der Gefangene Christi Jesu für euch, die Heiden. ² Ihr habt doch gehört, welches Amt die Gnade Gottes mir für euch verliehen hat. ³ Durch eine Offenbarung wurde mir das Geheimnis kundgetan, wie ich es soeben kurz beschrieben habe. ⁴ Wenn ihr das lest, könnt ihr erkennen, welche Einsicht in das Geheimnis Christi mir gegeben ist. ⁵ Den Menschen früherer Generationen wurde es nicht kundgetan, jetzt aber ist es seinen heiligen Aposteln und Propheten durch den Geist offenbart worden: ⁶ dass nämlich die Heiden Miterben sind, zu demselben Leib gehören und mit teilhaben an der Verheißung in Christus Jesus durch das Evangelium. ⁷ Dessen Diener bin ich geworden dank des Geschenks der Gnade Gottes, die mir durch das Wirken seiner Macht verliehen wurde. ⁸ Mir, dem Geringsten unter allen Heiligen, wurde diese Gnade zuteil: Ich soll den Heiden mit dem Evangelium den unergründlichen Reichtum Christi verkünden ⁹ und enthüllen, was die Verwirklichung des geheimen Ratschlusses beinhaltet, der von Ewigkeit her in Gott, dem Schöpfer des Alls, verborgen war. ¹⁰ So soll jetzt den Fürsten und Gewalten des himmlischen Bereichs durch die Kirche die vielfältige Weisheit Gottes kundgetan werden, ¹¹ nach seinem ewigen Plan, den er durch Christus Jesus, unseren Herrn, ausgeführt hat. ¹² In ihm haben wir den freien und vertrauensvollen Zugang, den der Glaube an ihn schenkt. ¹³ Deshalb bitte ich, nicht wegen der Leiden zu verzagen, die ich für euch ertrage, denn sie sind euer Ruhm.

Fürbitte für die an Christus Glaubenden

¹⁴ Daher beuge ich meine Knie vor dem Vater, ¹⁵ von dem jedes Geschlecht im Himmel und auf der Erde seinen Namen hat. ¹⁶ Er gebe euch aufgrund des Reichtums seiner Herrlichkeit, dass ihr in Bezug auf den inneren Menschen durch seinen Geist an Kraft und Stärke zunehmt. ¹⁷ Durch den Glauben wohne Christus in euren Herzen, in der Liebe verwurzelt und auf sie gegründet. ¹⁸ So sollt ihr mit allen Heiligen dazu fähig sein, die Länge und Breite, die Höhe und Tiefe zu ermessen ¹⁹ und die Liebe Christi zu erkennen, die alle Erkenntnis übersteigt. So werdet ihr erfüllt werden in die ganze Fülle Gottes hinein. ²⁰ Dem aber, der gemäß der Macht, die in uns wirkt, unendlich viel mehr tun kann, als wir erbitten oder erdenken, ²¹ ihm sei die Herrlichkeit in der Kirche und in Christus Jesus bis in alle Generationen für ewige Zeiten. Amen.

Mahnung zur christlichen Lebensgestaltung

4,1–6,20

4

4,1–32

Aufruf zur Einheit

¹ Ich, der Gefangene im Herrn, ermahne euch, ein Leben zu führen, das des Rufes würdig ist, der an euch erging. ² Seid demütig, friedfertig und geduldig, ertragt einander in Liebe ³ und bemüht euch, die Einheit des Geistes zu wahren durch das Band des Friedens! ⁴ Ein Leib und ein Geist, wie ihr auch berufen seid zu einer Hoffnung in eurer Berufung: ⁵ ein Herr, ein Glaube, eine Taufe, ⁶ ein Gott und Vater aller, der über allem und durch alles und in allem ist.

Die Gnadengaben im Dienst der Einheit der Kirche

⁷ Aber jeder von uns empfing die Gnade in dem Maß, wie Christus sie ihm geschenkt hat. ⁸ Deshalb heißt es: *Er stieg hinauf zur Höhe und erbeutete Gefangene, er gab den Menschen Geschenke.* ⁹ Wenn es heißt: *Er stieg* aber *hinauf*, was bedeutet dies anderes, als dass er auch zur Erde herabstieg? ¹⁰ Derselbe, der herabstieg, ist auch hinaufgestiegen über alle Himmel, um das All zu erfüllen. ¹¹ Und er setzte die einen als Apostel ein, andere als Propheten, andere als Evangelisten, andere als Hirten und Lehrer, ¹² um die Heiligen für die Erfüllung ihres Dienstes zuzurüsten, für den Aufbau des Leibes Christi, ¹³ bis wir alle zur Einheit im Glauben und der Erkenntnis des Sohnes Gottes gelangen, zum vollkommenen Menschen, zur vollen Größe, die der Fülle Christi entspricht. ¹⁴ Wir sollen nicht mehr unmündige Kinder sein, ein Spiel der Wellen, geschaukelt und getrieben von jedem Widerstreit der Lehrmeinungen, im Würfelspiel der Menschen, in Verschlagenheit, die in die Irre führt. ¹⁵ Wir aber wollen, von der Liebe geleitet, die Wahrheit bezeugen und in allem auf ihn hin wachsen. Er, Christus, ist das Haupt. ¹⁶ Von ihm her wird der ganze Leib zusammengefügt und gefestigt durch jedes Gelenk. Jedes versorgt ihn mit der Kraft, die ihm zugemessen ist. So wächst der Leib und baut sich selbst in Liebe auf.

Der alte und der neue Mensch

¹⁷ Das also sage ich und beschwöre euch im Herrn: Lebt nicht mehr wie die Heiden in ihrem nichtigen Denken! ¹⁸ Sie sind verfinstert in ihrem Sinn. Sie sind dem Leben Gottes entfremdet durch die Unwissenheit, in der sie befangen sind, durch die Verhärtung ihres Herzens. ¹⁹ In ihrer Haltlosigkeit gaben sie sich der Ausschweifung hin, um jede Art von Unreinheit in Habgier zu vollführen. ²⁰ Ihr aber habt Christus nicht so kennengelernt. ²¹ Ihr habt doch von ihm gehört und seid unterrichtet worden, wie es Wahrheit ist in Jesus. ²² Legt den alten Menschen des früheren Lebenswandels ab, der sich in den Begierden des Trugs zugrunde richtet, ²³ und lasst euch erneuern durch den Geist in eurem Denken! ²⁴ Zieht den neuen Menschen an, der nach dem Bild Gottes geschaffen ist in wahrer Gerechtigkeit und Heiligkeit!

Mahnungen zum Miteinander im Geist Christi

²⁵ Legt deshalb die Lüge ab und *redet die Wahrheit, jeder mit seinem Nächsten;* denn wir sind als Glieder miteinander verbunden. ²⁶ *Wenn ihr zürnt, sündigt nicht!* Die Sonne soll über eurem Zorn nicht untergehen.

²⁷ Gebt dem Teufel keinen Raum!

²⁸ Der Dieb soll nicht mehr stehlen, vielmehr soll er sich abmühen und mit seinen Händen etwas verdienen, damit er den Notleidenden davon geben kann. ²⁹ Über eure Lippen komme kein böses Wort, sondern nur ein gutes, das den, der es braucht, auferbaut und denen, die es hören, Nutzen bringt! ³⁰ Betrübt nicht den Heiligen Geist Gottes, den ihr als Siegel empfangen habt für den Tag der Erlösung! ³¹ Jede Art von Bitterkeit und Wut und Zorn und Geschrei und Lästerung mit allem Bösen verbannt aus eurer Mitte! ³² Seid gütig zueinander, seid barmherzig, vergebt einander, wie auch Gott euch in Christus vergeben hat.

5

5,1–33

¹Ahmt Gott nach als seine geliebten Kinder ²und führt euer Leben in Liebe, wie auch Christus uns geliebt und sich für uns hingegeben hat als Gabe und Opfer, das Gott gefällt!

Aus der Finsternis zum Licht

³Von Unzucht aber und Unreinheit jeder Art oder von Habgier soll bei euch, wie es sich für Heilige gehört, nicht einmal die Rede sein. ⁴Auch Sittenlosigkeit und albernes oder zweideutiges Geschwätz schicken sich nicht für euch, sondern vielmehr Dankbarkeit. ⁵Denn das sollt ihr wissen: Kein unzüchtiger, schamloser oder habgieriger Mensch – das heißt kein Götzendiener – erhält ein Erbteil im Reich Christi und Gottes. ⁶Niemand täusche euch mit leeren Worten: All das nämlich zieht auf die Ungehorsamen den Zorn Gottes herab. ⁷Habt darum mit ihnen nichts gemein! ⁸Denn einst wart ihr Finsternis, jetzt aber seid ihr Licht im Herrn. Lebt als Kinder des Lichts! ⁹Denn das Licht bringt lauter Güte, Gerechtigkeit und Wahrheit hervor. ¹⁰Prüft, was dem Herrn gefällt, ¹¹und habt nichts gemein mit den Werken der Finsternis, die keine Frucht bringen, deckt sie vielmehr auf! ¹²Denn von dem, was sie heimlich tun, auch nur zu reden, ist schändlich. ¹³Alles, was aufgedeckt ist, wird vom Licht erleuchtet. ¹⁴Denn alles Erleuchtete ist Licht. Deshalb heißt es:
Wach auf, du Schläfer, / und steh auf von den Toten / und Christus wird dein Licht sein.
¹⁵Achtet also sorgfältig darauf, wie ihr euer Leben führt, nicht wie Toren, sondern wie Kluge! ¹⁶Nutzt die Zeit, denn die Tage sind böse. ¹⁷Darum seid nicht unverständig, sondern begreift, was der Wille des Herrn ist! ¹⁸Berauscht euch nicht mit Wein – das macht zügellos –, sondern lasst euch vom Geist erfüllen! ¹⁹Lasst in eurer Mitte Psalmen, Hymnen und geistliche Lieder erklingen, singt und jubelt aus vollem Herzen dem Herrn! ²⁰Sagt Gott, dem Vater, jederzeit Dank für alles im Namen unseres Herrn Jesus Christus!

Christliches Leben in Haus und Familie

²¹Einer ordne sich dem andern unter in der gemeinsamen Furcht Christi! ²²Ihr Frauen euren Männern wie dem Herrn; ²³denn der Mann ist das Haupt der Frau, wie auch Christus das Haupt der Kirche ist. Er selbst ist der Retter des Leibes. ²⁴Wie aber die Kirche sich Christus unterordnet, so sollen sich auch die Frauen in allem den Männern unterordnen. ²⁵Ihr Männer, liebt eure Frauen, wie auch Christus die Kirche geliebt und sich für sie hingegeben hat, ²⁶um sie zu heiligen, da er sie gereinigt hat durch das Wasserbad im Wort! ²⁷So will er die Kirche herrlich vor sich hinstellen, ohne Flecken oder Falten oder andere Fehler; heilig soll sie sein und makellos. ²⁸Darum sind die Männer verpflichtet, ihre Frauen so zu lieben wie ihren eigenen Leib.

Wer seine Frau liebt, liebt sich selbst.

²⁹Keiner hat je seinen eigenen Leib gehasst, sondern er nährt und pflegt ihn, wie auch Christus die Kirche. ³⁰Denn wir sind Glieder seines Leibes. ³¹*Darum wird der Mann Vater und Mutter verlassen und sich an seine Frau binden und die zwei werden ein Fleisch sein.* ³²Dies ist ein tiefes Geheimnis; ich beziehe es auf Christus und die Kirche. ³³Indessen sollt auch ihr, jeder Einzelne, seine Frau lieben wie sich selbst, die Frau aber ehre ihren Mann.

6

6,1–20

¹ Ihr Kinder, gehorcht euren Eltern im Herrn, denn das ist recht!

² Ehre deinen Vater und deine Mutter:

Das ist ein Hauptgebot mit einer Verheißung: ³ damit es dir wohl ergehe und du lange lebst auf der Erde. ⁴ Und ihr Väter, reizt eure Kinder nicht zum Zorn, sondern erzieht sie in der Zucht und Weisung des Herrn! ⁵ Ihr Sklaven, gehorcht den irdischen Herren mit Furcht und Zittern und mit aufrichtigem Herzen, als wäre es Christus, ⁶ nicht in Augendienerei, als wolltet ihr Menschen gefallen, sondern erfüllt als Sklaven Christi von Herzen den Willen Gottes! ⁷ Dient mit Hingabe, als dientet ihr dem Herrn und nicht den Menschen! ⁸ Denn ihr wisst, dass jeder, der etwas Gutes tut, es vom Herrn zurückerhalten wird, ob er ein Sklave ist oder ein Freier. ⁹ Und ihr Herren, handelt in gleicher Weise ihnen gegenüber, unterlasst das Drohen, denn ihr wisst, dass ihr im Himmel denselben Herrn habt, und bei ihm gibt es kein Ansehen der Person!

Aufruf zum Kampf

¹⁰ Schließlich: Werdet stark durch die Kraft und Macht des Herrn! ¹¹ Zieht an die Waffenrüstung Gottes, um den listigen Anschlägen des Teufels zu widerstehen! ¹² Denn wir haben nicht gegen Menschen aus Fleisch und Blut zu kämpfen, sondern gegen Mächte und Gewalten, gegen die Weltherrscher dieser Finsternis, gegen die bösen Geister in den himmlischen Bereichen. ¹³ Darum legt die Waffenrüstung Gottes an, damit ihr am Tag des Unheils widerstehen, alles vollbringen und standhalten könnt!

¹⁴ Steht also da, eure Hüften umgürtet mit Wahrheit, angetan mit dem Brustpanzer der Gerechtigkeit, ¹⁵ die Füße beschuht mit der Bereitschaft für das Evangelium des Friedens. ¹⁶ Vor allem greift zum Schild des Glaubens! Mit ihm könnt ihr alle feurigen Geschosse des Bösen auslöschen. ¹⁷ Und nehmt den Helm des Heils und das Schwert des Geistes, das ist das Wort Gottes! ¹⁸ Hört nicht auf, zu beten und zu flehen! Betet jederzeit im Geist; seid wachsam, harrt aus und bittet für alle Heiligen, ¹⁹ auch für mich, dass mir das rechte Wort gegeben werde, sooft ich meinen Mund auftue, mit Freimut das Geheimnis des Evangeliums zu verkünden; ²⁰ als dessen Gesandter bin ich in Ketten, damit ich in ihm freimütig zu reden vermag, wie es meine Pflicht ist.

Gruß und Segenswunsch

6,21–24

²¹ Damit auch ihr erfahrt, wie es mir geht und was ich tue, wird euch Tychikus, der geliebte Bruder und treue Diener im Herrn, alles berichten. ²² Ihn habe ich eigens zu euch gesandt, damit ihr alles über uns erfahrt und er eure Herzen ermutige. ²³ Friede sei mit den Brüdern, Liebe und Glaube von Gott, dem Vater, und dem Herrn Jesus Christus. ²⁴ Gnade mit allen, die unseren Herrn Jesus Christus lieben – in Unvergänglichkeit.

Der Brief an die
PHILIPPER

Die Gemeinde von Philippi in Mazedonien, die Paulus bei seiner zweiten Missionsreise um das Jahr 50 gründete, war die erste auf europäischem Boden. Sie wuchs ihm besonders ans Herz. Nur von ihr ließ er sich unterstützen, auch finanziell.

An die Philipper schrieb Paulus um 55 aus dem Gefängnis, wahrscheinlich in Ephesus. Die Auffassung, der Brief sei erst in der römischen Gefangenschaft des Apostels abgefasst worden, ist heute weithin aufgegeben. Zwar erfahren wir aus der Apostelgeschichte nichts über eine Gefangenschaft in Ephesus, aber Andeutungen in anderen Briefen lassen darauf schließen (1 Kor 15,32; vor allem 2 Kor 1,8–10; vgl. auch 2 Kor 11,22–33).

Anlass des Briefs war der Wunsch der Christen in Philippi, von ihrem Apostel, der im Gefängnis saß, Näheres über sein Schicksal zu erfahren, sowie eine Geldspende, die sie ihm durch Epaphroditus überbringen ließen. Auch das Eindringen von Irrlehren bewog zur Abfassung dieses Schreibens.

Nach Dank und Fürbitte (1,3–11) spricht Paulus von seinem Schicksal, das er mit dem Los des Evangeliums verknüpft (1,12–26). In seine Mahnung zur Einheit der Gemeinde integriert er einen hymnischen Text aus der Tradition, der den Weg Christi, des Gottessohnes und erhöhten Herrn, vor Augen stellt, an dem die Gemeinde durch den Glauben Anteil gewonnen hat (1,27–2,18). Sodann spricht er über seine persönlichen Pläne (2,19–30). Im 3. Kapitel nimmt er mit außerordentlich scharfen Worten Stellung gegen christliche Wanderprediger, die Irrlehren verbreiten, und weist auf die Gefahr hin, die dadurch droht. Abschließend wendet er sich an einzelne Gemeindemitglieder, die ihm Sorge bereiten, und bedankt sich für die empfangene Gabe (Kap. 4).

Der besondere Wert des Briefs liegt darin, dass er uns Einblick in das persönliche Wollen und Denken des Menschen und Christen Paulus gibt. Der bekannteste und besonders wichtige Text ist der Christushymnus (2,6–11). Theologisch bedeutsam ist auch die Erwartung des Paulus im Hinblick auf das Ergehen nach dem Tod (1,19–26) und die Gemeinschaft mit Christus (3,7–21).

Anschrift und Gruß

1,1-2

1

¹ Paulus und Timotheus, Knechte Christi Jesu, an alle Heiligen in Christus Jesus, die in Philippi sind, mit ihren Vorstehern und Helfern. ² Gnade sei mit euch und Friede von Gott, unserem Vater, und dem Herrn Jesus Christus!

Der Apostel und ein Evangelium

1,3-26

Dank und Fürbitte

³ Ich danke meinem Gott jedes Mal, sooft ich eurer gedenke; ⁴ immer, wenn ich für euch alle bete, bete ich mit Freude. ⁵ Ich danke für eure Gemeinschaft im Dienst am Evangelium vom ersten Tag an bis jetzt. ⁶ Ich vertraue darauf, dass er, der bei euch das gute Werk begonnen hat, es auch vollenden wird bis zum Tag Christi Jesu. ⁷ Es ist nur recht, dass ich so über euch alle denke, weil ich euch ins Herz geschlossen habe. Denn ihr alle habt Anteil an der Gnade, die mir durch meine Gefangenschaft und die Verteidigung und Bekräftigung des Evangeliums gewährt ist. ⁸ Denn Gott ist mein Zeuge, wie ich mich nach euch allen sehne im Erbarmen Christi Jesu. ⁹ Und ich bete darum, dass eure Liebe immer noch reicher an Einsicht und jedem Verständnis wird, ¹⁰ damit ihr beurteilen könnt, worauf es ankommt. Dann werdet ihr rein und ohne Tadel sein für den Tag Christi, ¹¹ erfüllt mit der Frucht der Gerechtigkeit, die durch Jesus Christus kommt, zur Ehre und zum Lob Gottes.

Paulus, Verkünder der frohen Botschaft

¹² Ich will aber, dass ihr wisst, Brüder und Schwestern, dass alles, was mir zugestoßen ist, die Verbreitung des Evangeliums gefördert hat. ¹³ Denn im ganzen Prätorium und bei allen Übrigen ist offenbar geworden, dass ich meine Fesseln um Christi willen trage, ¹⁴ und die meisten der Brüder sind durch meine Gefangenschaft zuversichtlich geworden im Glauben an den Herrn und wagen umso kühner, das Wort furchtlos zu sagen. ¹⁵ Einige verkünden Christus zwar aus Neid und Streitsucht, andere aber in guter Absicht. ¹⁶ Die einen verkünden Christus aus Liebe, weil sie wissen, dass ich zur Verteidigung des Evangeliums bestimmt bin, ¹⁷ die andern aus Streitsucht, nicht in redlicher Gesinnung; womit sie meinen Fesseln weitere Bedrängnis hinzufügen möchten. ¹⁸ Aber was liegt daran? Auf jede Weise, ob vorgetäuscht oder in Wahrheit, wird Christus verkündet und darüber freue ich mich.

Doch ich werde mich auch weiterhin freuen; ¹⁹ denn ich weiß: Das wird zu meiner Rettung führen durch euer Gebet und durch die Hilfe des Geistes Jesu Christi. ²⁰ Denn ich erwarte und hoffe, dass ich in keiner Hinsicht beschämt werde, dass vielmehr Christus in aller Öffentlichkeit – wie immer, so auch jetzt – verherrlicht werden wird in meinem Leibe, ob ich lebe oder sterbe. ²¹ Denn für mich ist Christus das Leben und Sterben Gewinn. ²² Wenn ich aber weiterleben soll, bedeutet das für mich fruchtbares Wirken. Was soll ich wählen? Ich weiß es nicht. ²³ Bedrängt werde ich von beiden Seiten: Ich habe das Verlangen, aufzubrechen und bei Christus zu sein – um wie viel besser wäre das! ²⁴ Aber euretwegen ist es notwendiger, dass ich am Leben bleibe. ²⁵ Im Vertrauen darauf weiß ich, dass ich bleiben und bei euch allen verbleiben werde, um euch im Glauben zu fördern und zu erfreuen, ²⁶ damit ihr euch in Christus Jesus umso mehr meiner rühmen könnt, wenn ich wieder zu euch komme.

Verschiedene Mahnungen

1,27-2,18

Aufruf zur Eintracht

²⁷ Vor allem: Lebt als Gemeinde so, wie es dem Evangelium Christi entspricht! Ob ich komme und euch sehe oder ob ich fern bin, ich möchte hören, dass ihr in dem einen Geist feststeht, einmütig für den Glauben an das Evangelium kämpft ²⁸ und euch in keinem Fall von euren Gegnern einschüchtern lasst. Das wird für sie ein Zeichen dafür sein, dass sie verloren sind und ihr gerettet werdet, ein Zeichen, das von Gott kommt. ²⁹ Denn euch wurde die Gnade zuteil, für Christus da zu sein, also nicht nur an ihn zu glauben, sondern auch seinetwegen zu leiden. ³⁰ Denn ihr habt den gleichen Kampf zu bestehen, den ihr früher an mir gesehen habt und von dem ihr auch jetzt hört.

2

2,1–18

¹Wenn es also eine Ermahnung in Christus gibt, einen Zuspruch aus Liebe, eine Gemeinschaft des Geistes, ein Erbarmen und Mitgefühl, ²dann macht meine Freude vollkommen, dass ihr eines Sinnes seid, einander in Liebe verbunden, einmütig, einträchtig, ³dass ihr nichts aus Streitsucht und nichts aus Prahlerei tut. Sondern in Demut schätze einer den andern höher ein als sich selbst. ⁴Jeder achte nicht nur auf das eigene Wohl, sondern auch auf das der anderen.

Die Erniedrigung und Erhöhung Christi

⁵Seid untereinander so gesinnt, wie es dem Leben in Christus Jesus entspricht:

⁶Er war Gott gleich, / hielt aber nicht daran fest, Gott gleich zu sein,

⁷sondern er entäußerte sich / und wurde wie ein Sklave / und den Menschen gleich. / Sein Leben war das eines Menschen;

⁸er erniedrigte sich / und war gehorsam bis zum Tod, / bis zum Tod am Kreuz.

⁹Darum hat ihn Gott über alle erhöht / und ihm den Namen verliehen, / der größer ist als alle Namen,

¹⁰damit alle im Himmel, auf der Erde und unter der Erde ihr Knie beugen / vor dem Namen Jesu

¹¹und jeder Mund bekennt: / Jesus Christus ist der Herr / zur Ehre Gottes, des Vaters.

Die Sorge des Apostels um das Heil der Gemeinde

¹²Darum, meine Geliebten, – ihr wart ja immer gehorsam, nicht nur in meiner Gegenwart, sondern noch viel mehr jetzt in meiner Abwesenheit –: Wirkt mit Furcht und Zittern euer Heil! ¹³Denn Gott ist es, der in euch das Wollen und das Vollbringen bewirkt zu seinem Wohlgefallen. ¹⁴Tut alles ohne Murren und Bedenken, ¹⁵damit ihr rein und ohne Tadel seid, Kinder Gottes ohne Makel mitten in einer verkehrten und verwirrten Generation, unter der ihr als Lichter in der Welt leuchtet! ¹⁶Haltet fest am Wort des Lebens, mir zum Ruhm für den Tag Christi, damit ich nicht vergeblich gelaufen bin oder mich umsonst abgemüht habe! ¹⁷Doch wenn auch mein Leben dargebracht wird zusammen mit dem Opfer und Gottesdienst eures Glaubens, freue ich mich und freue mich mit euch allen. ¹⁸Ebenso freut auch ihr euch und freut euch mit mir!

Die Pläne des Apostels

2,19–30

¹⁹Ich hoffe aber in Jesus, dem Herrn, Timotheus bald zu euch schicken zu können, damit auch ich ermutigt werde, wenn ich erfahre, wie es um euch steht. ²⁰Denn ich habe keinen Gleichgesinnten, der so aufrichtig um eure Sache besorgt ist; ²¹denn alle suchen ihren Vorteil, nicht, was Jesu Christi ist. ²²Ihr wisst ja, wie er sich bewährt hat: Wie ein Kind dem Vater – so hat er mit mir zusammen dem Evangelium gedient. ²³Diesen also hoffe ich schicken zu können, sobald ich meine Lage übersehe. ²⁴Doch ich habe die Zuversicht im Herrn, dass auch ich bald kommen kann.

²⁵Ich hielt es aber für notwendig, Epaphroditus, meinen Bruder, Mitarbeiter und Mitstreiter, euren Abgesandten und Helfer in meiner Not, zu euch zu schicken. ²⁶Denn er sehnte sich nach euch allen und war beunruhigt, weil ihr hörtet, dass er krank geworden sei. ²⁷Und er war tatsächlich so krank, dass er dem Tod nahe war. Aber Gott hatte Erbarmen mit ihm, und nicht nur mit ihm, sondern auch mit mir, damit ich nicht vom Kummer überwältigt würde. ²⁸Umso mehr beeile ich mich, ihn zu schicken, damit ihr euch wieder freut, wenn ihr ihn seht, und auch ich weniger Kummer habe. ²⁹Nehmt ihn also im Herrn mit aller Freude auf und haltet Menschen wie ihn in Ehren, ³⁰denn wegen des Werkes Christi kam er dem Tod nahe! Er hat sein Leben aufs Spiel gesetzt, um zu vollenden, was an eurem Dienst für mich noch gefehlt hat.

Das Leben des Christen - das Vorbild des Apostels

3,1–4,9

3

3,1–21

Warnung vor falschen Lehrern

¹Im Übrigen, meine Brüder und Schwestern, freut euch im Herrn! Euch dasselbe zu schreiben, wird mir nicht lästig, euch aber macht es sicher. ²Gebt Acht auf die Hunde, gebt Acht auf die üblen Arbeiter, gebt Acht auf die Verschnittenen! ³Denn die Beschnittenen sind wir, die wir im Geist Gottes dienen und uns in Christus Jesus rühmen und nicht auf irdische Vorzüge vertrauen, ⁴obwohl ich mein Vertrauen auch auf irdische Vorzüge setzen könnte. Wenn ein anderer meint, er könne auf irdische Vorzüge vertrauen, so könnte ich es noch mehr. ⁵Ich wurde am achten Tag beschnitten, bin aus Israels Geschlecht, vom Stamm Benjamin, ein Hebräer von Hebräern, nach dem Gesetz ein Pharisäer; ⁶ich verfolgte voll Eifer die Kirche und war untadelig gemessen an der Gerechtigkeit, die im Gesetz gefordert ist.

Der Berufungsweg des Apostels

⁷ Doch was mir ein Gewinn war, das habe ich um Christi willen für Verlust gehalten. ⁸ Ja noch mehr: Ich halte dafür, dass alles Verlust ist, weil die Erkenntnis Christi Jesu, meines Herrn, alles überragt. Seinetwegen habe ich alles aufgegeben und halte es für Unrat, um Christus zu gewinnen ⁹ und in ihm erfunden zu werden. Nicht meine Gerechtigkeit will ich haben, die aus dem Gesetz hervorgeht, sondern jene, die durch den Glauben an Christus kommt, die Gerechtigkeit, die Gott schenkt aufgrund des Glaubens. ¹⁰ Christus will ich erkennen und die Macht seiner Auferstehung und die Gemeinschaft mit seinen Leiden, indem ich seinem Tod gleich gestaltet werde. ¹¹ So hoffe ich, auch zur Auferstehung von den Toten zu gelangen.

¹² Nicht dass ich es schon erreicht hätte oder dass ich schon vollendet wäre. Aber ich strebe danach, es zu ergreifen, weil auch ich von Christus Jesus ergriffen worden bin. ¹³ Brüder und Schwestern, ich bilde mir nicht ein, dass ich es schon ergriffen hätte. Eines aber tue ich: Ich vergesse, was hinter mir liegt, und strecke mich nach dem aus, was vor mir ist. ¹⁴ Das Ziel vor Augen, jage ich nach dem Siegespreis: der himmlischen Berufung Gottes in Christus Jesus.

Heimat im Himmel

¹⁵ Das also wollen wir bedenken, wir Vollkommenen. Und wenn ihr anders über etwas denkt, wird Gott euch auch das offenbaren. ¹⁶ Nur müssen wir festhalten, was wir erreicht haben. ¹⁷ Ahmt auch ihr mich nach, Brüder und Schwestern, und achtet auf jene, die nach dem Vorbild leben, das ihr an uns habt! ¹⁸ Denn viele – von denen ich oft zu euch gesprochen habe, doch jetzt unter Tränen spreche – leben als Feinde des Kreuzes Christi. ¹⁹ Ihr Ende ist Verderben, ihr Gott der Bauch und ihre Ehre besteht in ihrer Schande; Irdisches haben sie im Sinn. ²⁰ Denn unsere Heimat ist im Himmel. Von dorther erwarten wir auch Jesus Christus, den Herrn, als Retter, ²¹ der unseren armseligen Leib verwandeln wird in die Gestalt seines verherrlichten Leibes, in der Kraft, mit der er sich auch alles unterwerfen kann.

4

4,1–9

Christliche Grundhaltungen

¹ Darum, meine geliebten Brüder und Schwestern, nach denen ich mich sehne, meine Freude und mein Ehrenkranz, steht fest im Herrn, Geliebte! ² Ich ermahne Evodia und ich ermahne Syntyche, einmütig zu sein im Herrn. ³ Ja, ich bitte auch dich, treuer Gefährte, nimm dich ihrer an! Sie haben mit mir für das Evangelium gekämpft, zusammen mit Klemens und meinen anderen Mitarbeitern. Ihre Namen stehen im Buch des Lebens.

⁴ Freut euch im Herrn zu jeder Zeit! Noch einmal sage ich: Freut euch! ⁵ Eure Güte werde allen Menschen bekannt. Der Herr ist nahe. ⁶ Sorgt euch um nichts, sondern bringt in jeder Lage betend und flehend eure Bitten mit Dank vor Gott! ⁷ Und der Friede Gottes, der alles Verstehen übersteigt, wird eure Herzen und eure Gedanken in Christus Jesus bewahren. ⁸ Im Übrigen, Brüder und Schwestern: Was immer wahrhaft, edel, recht, was lauter, liebenswert, ansprechend ist, was Tugend heißt und lobenswert ist, darauf seid bedacht! ⁹ Und was ihr gelernt und angenommen, gehört und an mir gesehen habt, das tut! Und der Gott des Friedens wird mit euch sein.

Dank des Apostels

4,10–20

¹⁰ Ich habe mich im Herrn besonders gefreut, dass ihr eure Sorge für mich wieder einmal entfalten konntet. Ihr hattet schon daran gedacht, aber es fehlte euch die Gelegenheit dazu. ¹¹ Ich sage das nicht, weil ich Mangel leide; denn ich habe gelernt, mich in jeder Lage zurechtzufinden: ¹² Ich weiß Entbehrungen zu ertragen, ich kann im Überfluss leben. In jedes und alles bin ich eingeweiht: in Sattsein und Hungern, Überfluss und Entbehrung. ¹³ Alles vermag ich durch den, der mich stärkt. ¹⁴ Doch ihr habt recht daran getan, an meiner Bedrängnis Anteil zu nehmen. ¹⁵ Ihr wisst selbst, ihr Philipper, dass ich beim Beginn der Verkündigung des Evangeliums, als ich aus Mazedonien aufbrach, mit keiner Gemeinde durch Geben und Nehmen verbunden war außer mit euch ¹⁶ und dass ihr mir auch in Thessalonich und auch sonst das eine und andere Mal etwas geschickt habt, um mir zu helfen. ¹⁷ Es geht mir nicht um die Gabe, es geht mir um den Gewinn, der euch mit Zinsen gutgeschrieben wird. ¹⁸ Ich habe alles empfangen und habe Überfluss; ich lebe in Fülle. Mir fehlt nichts mehr, seit ich von Epaphroditus eure Gaben erhielt, einen Wohlgeruch, eine angenehme Opfergabe, die Gott gefällt. ¹⁹ Mein Gott aber wird euch durch Christus Jesus alles, was ihr nötig habt, aus dem Reichtum seiner Herrlichkeit schenken. ²⁰ Unserem Gott und Vater aber sei die Ehre in alle Ewigkeit! Amen.

Grüße und Segenswunsch

4,21–23

²¹ Grüßt jeden Heiligen in Christus Jesus! Es grüßen euch die Brüder, die bei mir sind. ²² Es grüßen euch alle Heiligen, besonders aber die aus dem Haus des Kaisers. ²³ Die Gnade Jesu Christi, des Herrn, sei mit eurem Geist!

Der Brief an die
KOLOSSER

Die Gemeinde in Kolossä (westliches Kleinasien) war nicht von Paulus selbst, sondern in seinem Auftrag von Epaphras gegründet worden (1,7f.); Paulus ist in hr offenbar nie persönlich aufgetreten (2,1).

Als Absender des Briefs werden zu Beginn Paulus und sein langjähriger Begleiter Timotheus (zu dessen Person vgl. die Einleitung zu 1 Tim) genannt. Die abschließende Grußformel betont die eigenhändige Signierung des Schreibens durch den gefesselten Paulus (4,18; vgl. die Einleitung zu 2 Thess). Damit ordnet sich auch dieses Schreiben in die Reihe der paulinischen „Gefangenschaftsbriefe" ein (vgl. Eph, Phil, Phlm). Manche Forscher verteidigen eine paulinische Verfasserschaft, etwa auch unter der Annahme einer späteren nachpaulinischen Überarbeitung. Dennoch ist aus inhaltlichen und sprachlich-stilistischen Gründen die Autorschaft des Apostels Paulus weniger wahrscheinlich. Für eine nachpaulinische Verfasserschaft sprechen Vorstellungen wie die kosmische Christusdeutung (1,18.20), die man in den sicher authentischen Paulusbriefen nicht findet. Auch das damit verbundene universale Kirchenverständnis (1,18; 1,23f.) und besonders die hellenistisch beeinflusste Vorstellung von Christus als Haupt des Welt- und Kirchenleibes (1,18) kennen nur der Kolosser- und der Epheserbrief.

Der Anlass des Schreibens ist das Aufkommen von „philosophischen" Irrlehren in Kolossä und Umgebung. Diese relativieren die Einzigkeit Christi, indem sie neben ihm noch andere verehrungswürdige Mächte wie Engel und Gestirne als heilswirksam ansehen und damit den Boden des überlieferten Glaubens verlassen. Demgegenüber betont der Verfasser des Briefs die Einzigkeit des erhöhten Christus.

Dieses Bekenntnis findet nach dem einleitenden Dank und einer Fürbitte für die Gemeinde (1,3–11) Ausdruck in einem Hymnus (1,15–20), der Christus als Bild Gottes und Schöpfungsmittler besingt: In Christus hat alles Bestand (1,17); er ist das Haupt über das All und die Kirche (1,18); durch sein Kreuz hat er die Versöhnung der Mächte des All bewirkt (1,20).

Im Blick auf dieses Heilsgeschehen, das der Gemeinde zugute kommt (1,21–23), und auf den für den Christusglauben leidenden Apostel Paulus (1,24–29), zugleich in Erinnerung an die mit der Taufe bereits erwirkte Auferweckung der Glaubenden, warnt der Autor vor den Irrlehrern (2,8–23). Darauf folgen Worte zur existenziellen Ausrichtung auf den erhöhten Christus (3,1–4) und Ermahnungen zu einer entsprechenden Lebensführung in Gemeinde und Haus (3,5–4,1), zum Gebet (4,2–4) sowie zum Umgang mit den Außenstehenden (4,5f.). Eine Reihe von Grußworten und Anweisungen an einzelne Gemeindemitglieder schließen den Brief ab (4,7–18).

Die Bedeutung dieses Briefs liegt vor allem in der Betonung der kosmologisch gedeuteten Einzigkeit Christi (Christus-Hymnus) und der damit verbundenen soteriologischen Sicht der Kirche als Leib Christi.

Anschrift und Gruß

1,1–2

1

¹ Paulus, Apostel Christi Jesu durch den Willen Gottes, und der Bruder Timotheus, ² an die heiligen und gläubigen Brüder und Schwestern in Christus, die in Kolossä sind, Gnade sei mit euch und Friede von Gott, unserm Vater!

Gottes Heilswirken an der Gemeinde

1,3–23

Dank für die Gemeinde

³ Wir danken Gott, dem Vater unseres Herrn Jesus Christus, allezeit, wenn wir für euch beten. ⁴ Denn wir haben von eurem Glauben in Christus Jesus gehört und von der Liebe, die ihr zu allen Heiligen habt ⁵ wegen der Hoffnung, die für euch im Himmel bereitliegt. Schon früher habt ihr davon gehört durch das wahre Wort des Evangeliums, ⁶ das bei euch anwesend ist. Wie in der ganzen Welt, so trägt es auch bei euch Frucht und wächst seit dem Tag, an dem ihr den Ruf der göttlichen Gnade vernommen und in Wahrheit erkannt habt. ⁷ So habt ihr es von Epaphras, unserm geliebten Mitknecht, gelernt. Er ist an unserer Stelle ein treuer Diener Christi ⁸ und er hat uns auch von der Liebe berichtet, die der Geist in euch bewirkt hat.

Fürbitte für die Gemeinde

⁹ Daher hören wir seit dem Tag, an dem wir davon erfahren haben, nicht auf, für euch zu beten und zu bitten, dass ihr mit der Erkenntnis seines Willens in aller Weisheit und geistlichen Einsicht erfüllt werdet. ¹⁰ Denn ihr sollt ein Leben führen, das des Herrn würdig ist und in allem sein Gefallen findet. Ihr sollt Frucht bringen in jeder Art von guten Werken und wachsen in der Erkenntnis Gottes. ¹¹ Er gebe euch in der Macht seiner Herrlichkeit viel Kraft, damit ihr in allem Geduld und Ausdauer habt.

Dank für die Erlösung

¹² Dankt dem Vater mit Freude! Er hat euch fähig gemacht, Anteil zu haben am Los der Heiligen, die im Licht sind. ¹³ Er hat uns der Macht der Finsternis entrissen und aufgenommen in das Reich seines geliebten Sohnes. ¹⁴ Durch ihn haben wir die Erlösung, die Vergebung der Sünden.

Christus, der Erstgeborene und Erlöser des Alls

¹⁵ Er ist Bild des unsichtbaren Gottes, / der Erstgeborene der ganzen Schöpfung.
¹⁶ Denn in ihm wurde alles erschaffen / im Himmel und auf Erden, / das Sichtbare und das Unsichtbare, / Throne und Herrschaften, Mächte und Gewalten; / alles ist durch ihn und auf ihn hin erschaffen.
¹⁷ Er ist vor aller Schöpfung / und in ihm hat alles Bestand.
¹⁸ Er ist das Haupt, / der Leib aber ist die Kirche. / Er ist der Ursprung, / der Erstgeborene der Toten; / so hat er in allem den Vorrang.
¹⁹ Denn Gott wollte mit seiner ganzen Fülle in ihm wohnen, /
²⁰ um durch ihn alles auf ihn hin zu versöhnen. / Alles im Himmel und auf Erden wollte er zu Christus führen, / der Frieden gestiftet hat am Kreuz durch sein Blut.

Aufruf an die Gemeinde

²¹ Auch ihr standet ihm einst fremd und feindlich gegenüber; denn euer Sinn trieb euch zu bösen Taten. ²² Jetzt aber hat er euch durch den Tod seines sterblichen Leibes versöhnt, um euch heilig, untadelig und schuldlos vor sich hintreten zu lassen. ²³ Doch müsst ihr im Glauben bleiben, fest und in ihm verwurzelt, und ihr dürft euch nicht von der Hoffnung des Evangeliums, das ihr gehört habt, abbringen lassen. In der ganzen Schöpfung unter dem Himmel wurde es verkündet und ich, Paulus, bin sein Diener geworden.

Apostel und apostolische Überlieferung

1,24–3,4

Diener der Kirche für alle Menschen

²⁴ Jetzt freue ich mich in den Leiden, die ich für euch ertrage. Ich ergänze in meinem irdischen Leben, was an den Bedrängnissen Christi noch fehlt an seinem Leib, der die Kirche ist. ²⁵ Ihr Diener bin ich geworden gemäß dem Heilsplan Gottes, um an euch das Wort Gottes zu erfüllen. ²⁶ Er ist jenes Geheimnis, das seit ewigen Zeiten und Generationen verborgen war – jetzt aber seinen Heiligen offenbart wurde. ²⁷ Ihnen wollte Gott kundtun, was der Reichtum der Herrlichkeit dieses Geheimnisses unter den Völkern ist: Christus ist unter euch, die Hoffnung auf Herrlichkeit. ²⁸ Ihn verkünden wir; wir ermahnen jeden Menschen und belehren jeden Menschen in aller Weisheit, damit wir jeden Menschen vollkommen darstellen in Christus. ²⁹ Dafür mühe ich mich und kämpfe ich mit Hilfe seiner Kraft, die machtvoll in mir wirkt.

2

2,1–23

Der Glaube der Gemeinde

¹ Ich will euch nämlich wissen lassen, was für einen schweren Kampf ich für euch und die Gläubigen in Laodizea zu bestehen habe, auch für alle anderen, die mich von Angesicht nie gesehen haben. ² Dadurch sollen sie getröstet werden, verbunden in der Liebe, um die tiefe und reiche Einsicht zu erlangen und das Geheimnis Gottes zu erkennen, das Christus ist. ³ In ihm sind alle Schätze der Weisheit und Erkenntnis verborgen. ⁴ Das sage ich, damit euch niemand durch Überredungskünste täuscht. ⁵ Denn wenn ich auch leiblich fern von euch bin, im Geist bin ich doch bei euch. Mit Freude sehe ich, wie fest und geordnet euer Glaube an Christus ist. ⁶ Ihr habt also Christus Jesus als Herrn angenommen. Darum führt auch, wie es ihm entspricht, euren Lebenswandel! ⁷ Bleibt in ihm verwurzelt und auf ihn gegründet, gefestigt durch den Glauben, in dem ihr unterrichtet wurdet! Seid voller Dankbarkeit!

Warnung vor Irrlehrern

⁸ Gebt Acht, dass euch niemand mit seiner Philosophie und leerem Trug einfängt, die sich nur auf menschliche Überlieferung stützen und sich auf die Elementarmächte der Welt berufen, nicht auf Christus! ⁹ Denn in ihm wohnt die ganze Fülle der Gottheit leibhaftig. ¹⁰ Durch ihn seid auch ihr davon erfüllt; denn er ist das Haupt aller Mächte und Gewalten. ¹¹ In ihm habt ihr eine Beschneidung empfangen, die man nicht mit Händen vornimmt, nämlich die Beschneidung, die Christus gegeben hat. Wer sie empfängt, sagt sich los von seinem vergänglichen Leib. ¹² Mit Christus wurdet ihr in der Taufe begraben, mit ihm auch auferweckt, durch den Glauben an die Kraft Gottes, der ihn von den Toten auferweckt hat. ¹³ Ihr wart tot infolge eurer Sünden und euer Fleisch war unbeschnitten; Gott aber hat euch mit Christus zusammen lebendig gemacht und uns alle Sünden vergeben. ¹⁴ Er hat den Schuldschein, der gegen uns sprach, durchgestrichen und seine Forderungen, die uns anklagten, aufgehoben. Er hat ihn dadurch getilgt, dass er ihn an das Kreuz geheftet hat. ¹⁵ Die Fürsten und Gewalten hat er entwaffnet und öffentlich zur Schau gestellt; durch Christus hat Gott über sie triumphiert.

¹⁶ Darum soll euch niemand verurteilen wegen Speise und Trank oder wegen eines Festes, ob Neumond oder Sabbat. ¹⁷ Das alles ist nur ein Schatten von dem, was kommen wird, die Wirklichkeit aber ist Christus. ¹⁸ Niemand soll euch den Kampfpreis absprechen, der sich gefällt in Unterwürfigkeit und Verehrung, die er den Engeln erweist, der als Eingeweihter mit Visionen prahlt und sich ohne Grund nach weltlicher Art wichtig macht. ¹⁹ Er hält sich nicht an das Haupt, von dem aus der ganze Leib durch Gelenke und Bänder versorgt und zusammengehalten wird und durch Gottes Wirken wächst. ²⁰ Wenn ihr mit Christus den Elementarmächten der Welt gestorben seid, warum lasst ihr euch dann, als würdet ihr noch in der Welt leben, vorschreiben: ²¹ Berühre das nicht, iss das nicht, fass das nicht an! ²² Das alles wird verbraucht und dadurch vernichtet. Menschliche Satzungen und Lehren sind es. ²³ Man sagt zwar, in ihnen liege Weisheit, es sei freiwillige Frömmigkeit und Unterwürfigkeit, den Leib nicht zu schonen. Doch das bringt keine Ehre ein, sondern dient nur zur Befriedigung irdischer Eitelkeit.

3

3,1–4

Auferweckung der Gläubigen mit Christus

¹ Seid ihr nun mit Christus auferweckt, so strebt nach dem, was oben ist, wo Christus zur Rechten Gottes sitzt! ² Richtet euren Sinn auf das, was oben ist, nicht auf das Irdische! ³ Denn ihr seid gestorben und euer Leben ist mit Christus verborgen in Gott. ⁴ Wenn Christus, unser Leben, offenbar wird, dann werdet auch ihr mit ihm offenbar werden in Herrlichkeit.

Weisungen an die Getauften

3,5–4,6

Der alte und der neue Mensch

⁵ Darum tötet, was irdisch an euch ist: Unzucht, Unreinheit, Leidenschaft, böse Begierde und die Habsucht, die Götzendienst ist! ⁶ All das zieht den Zorn Gottes nach sich. ⁷ Einst war auch euer Lebenswandel von solchen Dingen bestimmt, ihr habt darin gelebt. ⁸ Jetzt aber sollt auch ihr das alles ablegen: Zorn, Wut, Bosheit, Lästerung und schmutzige Rede, die aus eurem Munde kommt. ⁹ Belügt einander nicht; denn ihr habt den alten Menschen mit seinen Taten abgelegt ¹⁰ und habt den neuen Menschen angezogen, der nach dem Bild seines Schöpfers erneuert wird, um ihn zu erkennen. ¹¹ Da gibt es dann nicht mehr Griechen und Juden, Beschnittene und Unbeschnittene, Barbaren, Skythen, Sklaven, Freie, sondern Christus ist alles und in allen. ¹² Bekleidet euch also, als Erwählte Gottes, Heilige und Geliebte, mit innigem Erbarmen, Güte, Demut, Milde, Geduld! ¹³ Ertragt einander und vergebt einander, wenn einer dem anderen etwas vorzuwerfen hat! Wie der Herr euch vergeben hat, so vergebt auch ihr! ¹⁴ Vor allem bekleidet euch mit der Liebe, die das Band der Vollkommenheit ist! ¹⁵ Und der Friede Christi triumphiere in euren Herzen. Dazu seid ihr berufen als Glieder des einen Leibes. Seid dankbar! ¹⁶ Das Wort Christi wohne mit seinem ganzen Reichtum bei euch. In aller Weisheit belehrt und ermahnt einander! Singt Gott Psalmen, Hymnen und geistliche Lieder in Dankbarkeit in euren Herzen! ¹⁷ Alles, was ihr in Wort oder Werk tut, geschehe im Namen Jesu, des Herrn. Dankt Gott, dem Vater, durch ihn!

Christliche Hausordnung

[18] Ihr Frauen, ordnet euch den Männern unter, wie es sich im Herrn geziemt! [19] Ihr Männer, liebt die Frauen und seid nicht erbittert gegen sie! [20] Ihr Kinder, gehorcht euren Eltern in allem, denn das ist dem Herrn wohlgefällig! [21] Ihr Väter, schüchtert eure Kinder nicht ein, damit sie nicht mutlos werden! [22] Ihr Sklaven, gehorcht in allem euren irdischen Herren, nicht in einem augenfälligen Dienst, um Menschen zu gefallen, sondern in der Aufrichtigkeit des Herzens! Fürchtet den Herrn! [23] Tut eure Arbeit gern, als wäre sie für den Herrn und nicht für Menschen; [24] ihr wisst, dass ihr vom Herrn das Erbe als Lohn empfangen werdet. Dient Christus, dem Herrn! [25] Denn wer Unrecht tut, wird zurückbekommen, was er an Unrecht getan hat, ohne Ansehen der Person.

4

4,1–6

[1] Ihr Herren, gebt den Sklaven, was recht und billig ist; ihr wisst, dass auch ihr im Himmel einen Herrn habt.

Mahnungen an alle

[2] Lasst nicht nach im Beten; seid dabei wachsam und dankbar! [3] Betet auch für uns, damit Gott uns eine Tür öffnet für das Wort und wir vom Geheimnis Christi sprechen können, um dessentwillen ich im Gefängnis bin; [4] betet, damit ich es so kundtue, wie davon zu sprechen meine Pflicht ist! [5] Seid weise im Umgang mit den Außenstehenden, nutzt die Zeit! [6] Euer Wort sei immer freundlich, doch mit Salz gewürzt, denn ihr müsst jedem in der rechten Weise antworten können.

Persönliche Mitteilungen und Grüße

4,7–18

[7] Was mich betrifft, wird euch Tychikus, der geliebte Bruder und treue Diener und Mitknecht im Herrn, alles berichten. [8] Ihn habe ich eigens zu euch gesandt, damit ihr alles über uns erfahrt und er eure Herzen ermutige. [9] Er kommt mit Onesimus, dem treuen und geliebten Bruder, der ja einer von euch ist. Sie werden euch über alles berichten, was hier vor sich geht. [10] Es grüßt euch Aristarch, mein Mitgefangener, und Markus, der Vetter des Barnabas – was ihn betrifft, dazu habt ihr schon Anweisungen erhalten; wenn er zu euch kommt, nehmt ihn auf! – [11] Auch Jesus, genannt Justus, grüßt euch. Von den Juden sind sie die Einzigen, die mit mir für das Reich Gottes arbeiten; durch sie bin ich getröstet worden. [12] Es grüßt euch Epaphras, der Knecht Christi Jesu, einer von euch. Immer kämpft er für euch im Gebet, dass ihr vollkommen werdet und ganz durchdrungen seid vom Willen Gottes. [13] Ich bezeuge ihm, dass er sich große Mühe gibt um euch und um die Gläubigen in Laodizea und Hiërapolis. [14] Es grüßen euch Lukas, der geliebte Arzt, und Demas. [15] Grüßt die Brüder in Laodizea, auch Nympha und die Gemeinde in ihrem Haus! [16] Und wenn der Brief bei euch vorgelesen worden ist, sorgt dafür, dass er auch in der Gemeinde von Laodizea vorgelesen wird und dass ihr auch den aus Laodizea lest! [17] Sagt dem Archippus: Achte auf den Dienst, den du im Herrn empfangen hast, damit du ihn erfüllst!

[18] **Den Gruß schreibe ich, Paulus, eigenhändig. Denkt an meine Fesseln! Die Gnade sei mit euch!**

Der 1. Brief an die

THESSALONICHER

Paulus gründete die Gemeinde in Thessalonich auf der sogenannten „zweiten Missionsreise" etwa 49/50 (1 Thess 1,9f.; 2,2; vgl. Apg 17,1–9). Er wirkte einige Zeit in der Stadt (1 Thess 2,1–12), bevor er von dort über Athen nach Korinth reiste. Nach seinem Weggang wollte er die Gemeinde zweimal besuchen, wurde aber jedes Mal daran gehindert (2,17f.). Besorgt sandte er von Athen aus seinen Mitarbeiter Timotheus nach Thessalonich (3,1f.), der jedoch mit guten Nachrichten zurückkehrte (3,6): Die dortige Gemeinde hielt an den Anfängen fest. Den 1. Brief an die Thessalonicher verfasste Paulus in Korinth in den Jahren 50/51. Mit ihm liegen uns der älteste Paulusbrief und das älteste christliche Schriftstück überhaupt vor.

Der Aufbau des Briefs folgt einem in der Antike üblichen Schema. Den Rahmen bilden Briefeingang (1,1–10) und Briefschluss (5,23–28). Das Briefkorpus (2,1–5,22) beginnt mit einer einführenden Selbstempfehlung des Paulus (2,1–12). Das erste Briefthema beschäftigt sich mit dem Besuchswunsch des Paulus bei der Gemeinde und der Sendung eines Boten nach Thessalonich (2,13–3,13); die Beziehung des Apostels zur Gemeinde wird gestärkt. Das zweite Briefthema behandelt das Leben der Gemeinde in der Endzeit (4,1–5,11). Das Schreiben schließt mit Mahnungen an die Adressaten (5,12–22).

Der 1. Thessalonicherbrief spricht in die Situation einer noch ganz jungen Gemeinde, die der Selbstvergewisserung bedarf. Dazu entfaltet er eine theologische Konzeption. Ihre Erwählung durch Gott bestimmt das Selbstbild der Gemeinde (1,4; 4,7; 5,9.24); denn sie hat sich von den Göttern der hellenistischen Kultur ab- und dem einen Gott Israels zugewandt, der ihr in Jesus Christus begegnete (1,9f.). Sie lebt in der Zeit kurz vor der Parusie, der Wiederkunft des Herrn. Ihre neue Überzeugung gründet im Evangelium, in dem sie Gottes Wort hören konnte (2,13) und das Paulus und seine Mitarbeiter persönlich glaubwürdig verkündet hatten (2,1–12). Den Apostel und damit den Herrn selbst konnten die Thessalonicher nachahmen, indem sie sein Wort trotz Drangsal annahmen (1,6; 2,13f.; 3,3–5). Im guten Handeln untereinander und gegenüber Außenstehenden verwirklicht die Gemeinde ihre christliche Überzeugung (4,3–12; 5,12–22).

Wichtige Aussagen betreffen die Zukunftshoffnung. In apokalyptischen Mustern entwirft Paulus (4,13–18) eine Vorstellung von der Parusie Christi und der endzeitlichen Totenerweckung; die Hoffnung der Gemeinde fasst er dabei in das Bild der Gemeinschaft mit Christus, die über den Tod hinaus andauert, ja intensiviert wird (4,17). Allen Terminspekulationen über das Ende der Welt erteilt er eine Absage (5,1–11).

An deren Stelle soll ein Leben in der Ausrichtung am neuen Glauben, als „Kinder des Lichtes und des Tages" treten (5,5).

Anschrift und Gruß

1,1

1

¹ Paulus, Silvanus und Timotheus an die Kirche der Thessalonicher, die in Gott, dem Vater, und in Jesus Christus, dem Herrn, ist: Gnade sei mit euch und Friede!

Der Apostel und seine Gemeinde: Danksagung

1,2–10

² Wir danken Gott für euch alle, sooft wir in unseren Gebeten an euch denken; ³ unablässig erinnern wir uns vor Gott, unserem Vater, an das Werk eures Glaubens, an die Mühe eurer Liebe und an die Standhaftigkeit eurer Hoffnung auf Jesus Christus, unseren Herrn. ⁴ Wir wissen, von Gott geliebte Brüder und Schwestern, dass ihr erwählt seid. ⁵ Denn unser Evangelium kam zu euch nicht im Wort allein, sondern auch mit Kraft und mit dem Heiligen Geist und mit voller Gewissheit; ihr wisst selbst, wie wir bei euch aufgetreten sind, um euch zu gewinnen. ⁶ Und ihr seid unserem Beispiel gefolgt und dem des Herrn; ihr habt das Wort trotz großer Bedrängnis mit der Freude aufgenommen, die der Heilige Geist gibt. ⁷ So wurdet ihr ein Vorbild für alle Glaubenden in Mazedonien und in Achaia. ⁸ Von euch aus ist das Wort des Herrn aber nicht nur nach Mazedonien und Achaia gedrungen, sondern überall ist euer Glaube an Gott bekannt geworden, sodass wir darüber nichts zu sagen brauchen. ⁹ Denn man erzählt sich überall, welche Aufnahme wir bei euch gefunden haben und wie ihr euch von den Götzen zu Gott bekehrt habt, um dem lebendigen und wahren Gott zu dienen ¹⁰ und seinen Sohn vom Himmel her zu erwarten, Jesus, den er von den Toten auferweckt hat und der uns dem kommenden Zorn entreißt.

Selbstempfehlung

2,1–12

2

¹ Ihr wisst selbst, Brüder und Schwestern, dass wir nicht vergebens zu euch gekommen sind. ² Wir hatten vorher in Philippi viel zu leiden und wurden misshandelt, wie ihr wisst; dennoch haben wir im Vertrauen auf unseren Gott das Evangelium Gottes trotz harter Kämpfe freimütig bei euch verkündet. ³ Denn wir predigen nicht, um euch irrezuführen und nicht in unlauterer oder betrügerischer Absicht, ⁴ sondern wir tun es, weil Gott uns geprüft und uns das Evangelium anvertraut hat, nicht also um den Menschen, sondern um Gott zu gefallen, der unsere Herzen prüft. ⁵ Nie haben wir mit unseren Worten zu schmeicheln versucht, das wisst ihr, und nie haben wir aus versteckter Habgier gehandelt, dafür ist Gott Zeuge. ⁶ Wir haben auch keine Ehre bei den Menschen gesucht, weder bei euch noch bei anderen, ⁷ obwohl wir als Apostel Christi unser Ansehen hätten geltend machen können. Im Gegenteil, wir sind euch freundlich begegnet: Wie eine Mutter für ihre Kinder sorgt, ⁸ so waren wir euch zugetan und wollten euch nicht nur am Evangelium Gottes teilhaben lassen, sondern auch an unserem Leben; denn ihr wart uns sehr lieb geworden. ⁹ Ihr erinnert euch, Brüder und Schwestern, wie wir uns gemüht und geplagt haben. Bei Tag und Nacht haben wir gearbeitet, um keinem von euch zur Last zu fallen, und haben euch so das Evangelium Gottes verkündet. ¹⁰ Ihr seid Zeugen und auch Gott ist Zeuge, wie gottgefällig, gerecht und untadelig wir uns euch, den Glaubenden, gegenüber verhalten haben. ¹¹ Ihr wisst auch, dass wir, wie ein Vater seine Kinder, jeden Einzelnen von euch ¹² ermahnt, ermutigt und beschworen haben zu leben, wie es Gottes würdig ist, der euch zu seinem Reich und zu seiner Herrlichkeit beruft.

Besuchswunsch und Botensendung

2,13–3,13

Bedrohtes Glaubensleben

¹³ Darum danken wir Gott unablässig dafür, dass ihr das Wort Gottes, das ihr durch unsere Verkündigung empfangen habt, nicht als Menschenwort, sondern – was es in Wahrheit ist – als Gottes Wort angenommen habt; und jetzt ist es in euch, den Glaubenden, wirksam. ¹⁴ Denn, Brüder und Schwestern, ihr seid dem Beispiel der Gemeinden Gottes in Judäa gefolgt, die in Christus Jesus sind. Ihr habt von euren Mitbürgern das Gleiche erlitten wie jene von den Juden. ¹⁵ Diese haben Jesus, den Herrn, und die Propheten getötet; auch uns haben sie verfolgt. Sie missfallen Gott und sind Feinde aller Menschen; ¹⁶ sie

hindern uns daran, den Heiden das Evangelium zu verkünden und ihnen so das Heil zu bringen. Dadurch machen sie unablässig das Maß ihrer Sünden voll. Aber der ganze Zorn ist schon über sie gekommen.

Besuchsabsicht und Verbundenheit mit der Gemeinde

¹⁷ Für kurze Zeit, Brüder und Schwestern, sind wir verwaist, weil ihr uns fern seid, den Augen fern, nicht dem Herzen; deshalb haben wir uns in großer Sehnsucht umso eifriger bemüht, euch wiederzusehen. ¹⁸ Ja, wir hatten uns fest vorgenommen, zu euch zu kommen, und das wollte ich, Paulus, schon einige Male; aber der Satan hat uns daran gehindert. ¹⁹ Denn wer ist unsere Hoffnung, unsere Freude, der Kranz unseres Ruhmes vor Jesus, unserem Herrn, bei seiner Ankunft? Nicht etwa auch ihr? ²⁰ Ja, ihr seid unsere Ehre und Freude.

3

3,1–13

Sendung und Rückkehr des Timotheus

¹ Darum hielten wir es nicht länger aus; wir beschlossen, allein in Athen zurückzubleiben, ² und schickten Timotheus, unseren Bruder und Gottes Mitarbeiter am Evangelium Christi, um euch zu stärken und in eurem Glauben aufzurichten, ³ damit keiner wankt in diesen Bedrängnissen. Ihr wisst selbst: Für sie sind wir bestimmt. ⁴ Denn als wir noch bei euch waren, haben wir euch vorausgesagt, dass wir in Bedrängnis geraten werden; und so ist es, wie ihr wisst, auch eingetroffen. ⁵ Darum ertrug ich es auch nicht länger; ich schickte Timotheus, um über euren Glauben Kenntnis zu erhalten, ob nicht der Versucher euch in Versuchung geführt hat und unsere Mühe vergeblich war.

⁶ Inzwischen ist aber Timotheus von euch zu uns zurückgekommen und hat uns gute Nachricht von eurem Glauben und eurer Liebe gebracht, auch dass ihr uns stets in guter Erinnerung bewahrt und euch danach sehnt, uns zu sehen, wie auch wir euch sehen möchten. ⁷ Darum, Brüder und Schwestern, wurden wir beim Gedenken an euch in all unserer Not und Bedrängnis durch euren Glauben getröstet; ⁸ jetzt leben wir auf, weil ihr fest in der Gemeinschaft mit dem Herrn steht. ⁹ Wie können wir Gott euretwegen genug danken für all die Freude, die uns um euretwillen vor unserem Gott erfüllt? ¹⁰ Bei Tag und Nacht bitten wir inständig darum, euch wiederzusehen und an eurem Glauben zu ergänzen, was ihm noch fehlt.

Gebetswunsch

¹¹ Gott, unser Vater, und Jesus, unser Herr, mögen unsere Schritte zu euch lenken. ¹² Euch aber lasse der Herr wachsen und reich werden in der Liebe zueinander und zu allen, wie auch wir euch lieben, ¹³ damit eure Herzen gestärkt werden und ihr ohne Tadel seid, geheiligt vor Gott, unserem Vater, bei der Ankunft Jesu, unseres Herrn, mit allen seinen Heiligen. Amen.

Leben in der Endzeit

4,1–5,11

4

4,1–18

Lebenswandel

¹ Im Übrigen, Brüder und Schwestern, bitten und ermahnen wir euch im Namen Jesu, des Herrn: Ihr habt von uns gelernt, wie ihr leben müsst, um Gott zu gefallen, und ihr lebt auch so; werdet darin noch vollkommener! ² Ihr wisst ja, welche Ermahnungen wir euch im Auftrag Jesu, des Herrn, gegeben haben. ³ Das ist es, was Gott will: eure Heiligung – dass ihr die Unzucht meidet, ⁴ dass jeder von euch lernt, mit seiner Frau in heiliger und achtungsvoller Weise zu verkehren, ⁵ nicht in leidenschaftlicher Begierde wie die Heiden, die Gott nicht kennen, ⁶ und dass keiner seinen Bruder bei Geschäften betrügt und übervorteilt, denn all das rächt der Herr, wie wir euch schon früher gesagt und bezeugt haben.

⁷ Denn Gott hat uns nicht dazu berufen, unrein zu leben, sondern heilig zu sein.

⁸ Wer das verwirft, der verwirft also nicht Menschen, sondern Gott, der euch seinen Heiligen Geist schenkt. ⁹ Über die Bruderliebe brauche ich euch nicht zu schreiben; Gott selbst hat euch schon gelehrt, einander zu lieben; ¹⁰ und danach handelt ihr auch an allen, die zu uns gehören in ganz Mazedonien. Wir ermahnen euch aber, Brüder und Schwestern, darin noch vollkommener zu werden. ¹¹ Setzt eure Ehre darein, ruhig zu leben, euch um die eigenen Aufgaben zu kümmern und mit euren Händen zu arbeiten, wie wir euch aufgetragen haben. ¹² So sollt ihr vor denen, die nicht zu euch gehören, ein rechtschaffenes Leben führen und auf niemanden angewiesen sein.

Das Schicksal der Verstorbenen

¹³ Brüder und Schwestern, wir wollen euch über die Entschlafenen nicht in Unkenntnis lassen, damit ihr nicht trauert wie die anderen, die keine Hoffnung haben. ¹⁴ Denn wenn wir glauben, dass Jesus gestorben und auferstanden ist, so wird Gott die Entschlafenen durch Jesus in die Gemeinschaft mit ihm führen. ¹⁵ Denn dies sagen wir euch nach einem Wort des Herrn: Wir, die Lebenden, die noch übrig sind bei der Ankunft des Herrn, werden den Entschlafenen nichts vorausharben. ¹⁶ Denn der Herr selbst wird vom Himmel herabkommen, wenn der Befehl ergeht, der Erzengel ruft und die Posaune Gottes erschallt. Zuerst werden die in Christus Verstorbenen auferstehen; ¹⁷ dann werden wir, die Lebenden, die noch übrig sind, zugleich mit ihnen auf den Wolken in die Luft entrückt zur Begegnung mit dem Herrn. Dann werden wir immer beim Herrn sein. ¹⁸ Tröstet also einander mit diesen Worten!

5

5,1–11

Wachsamkeit angesichts des Kommens Christi

¹ Über Zeiten und Stunden, Brüder und Schwestern, brauche ich euch nicht zu schreiben. ² Ihr selbst wisst genau, dass der Tag des Herrn kommt wie ein Dieb in der Nacht. ³ Während die Menschen sagen: Friede und Sicherheit!, kommt plötzlich Verderben über sie wie die Wehen über eine schwangere Frau und es gibt kein Entrinnen. ⁴ Ihr aber, Brüder und Schwestern, lebt nicht im Finstern, sodass euch der Tag nicht wie ein Dieb überraschen kann. ⁵ Ihr alle seid Kinder des Lichts und Kinder des Tages. Wir gehören nicht der Nacht und nicht der Finsternis. ⁶ Darum wollen wir nicht schlafen wie die anderen, sondern wach und nüchtern sein. ⁷ Denn wer schläft, schläft bei Nacht, und wer sich betrinkt, betrinkt sich bei Nacht. ⁸ Wir aber, die dem Tag gehören, wollen nüchtern sein und uns rüsten mit dem Panzer des Glaubens und der Liebe und mit dem Helm der Hoffnung auf Rettung. ⁹ Denn Gott hat uns nicht für das Gericht seines Zorns bestimmt, sondern dafür, dass wir durch Jesus Christus, unseren Herrn, die Rettung erlangen. ¹⁰ Er ist für uns gestorben, damit wir vereint mit ihm leben, ob wir nun wachen oder schlafen. ¹¹ Darum tröstet einander und einer baue den andern auf, wie ihr es schon tut!

Abschließende Mahnungen

5,12–22

¹² Wir bitten euch, Brüder und Schwestern: Erkennt die an, die sich unter euch mühen und euch vorstehen im Herrn und euch zurechtweisen! ¹³ Achtet sie äußerst hoch in Liebe wegen ihres Wirkens! Haltet Frieden untereinander!

¹⁴ Wir ermahnen euch, Brüder und Schwestern: Weist die zurecht, die ein unordentliches Leben führen, ermutigt die Ängstlichen, nehmt euch der Schwachen an, seid geduldig mit allen! ¹⁵ Seht zu, dass keiner dem andern Böses mit Bösem vergilt, sondern bemüht euch immer, einander und allen Gutes zu tun! ¹⁶ Freut euch zu jeder Zeit! ¹⁷ Betet ohne Unterlass! ¹⁸ Dankt für alles; denn das ist der Wille Gottes für euch in Christus Jesus. ¹⁹ Löscht den Geist nicht aus! ²⁰ Verachtet prophetisches Reden nicht! ²¹ Prüft alles und behaltet das Gute! ²² Meidet das Böse in jeder Gestalt!

Grüße und Segenswunsch

5,23–28

²³ Er selbst, der Gott des Friedens, heilige euch ganz und gar und bewahre euren Geist, eure Seele und euren Leib unversehrt, damit ihr ohne Tadel seid bei der Ankunft unseres Herrn Jesus Christus. ²⁴ Gott, der euch beruft, ist treu; er wird es tun.

²⁵ Brüder und Schwestern, betet auch für uns!

²⁶ Grüßt alle Brüder und Schwestern mit dem heiligen Kuss!

²⁷ Ich beschwöre euch beim Herrn, diesen Brief allen Brüdern und Schwestern in der Gemeinde vorzulesen.

²⁸ Die Gnade Jesu Christi, unseres Herrn, sei mit euch!

Der 2. Brief an die
THESSALONICHER

Der Verfasser des zweiten Thessalonicherbriefs verwendet den ersten als Vorlage und schließt sich ihm sowohl im Aufbau als auch im Wortlaut eng an. Auffällig sind die Hervorhebung der früheren Lehre des Paulus (2,15; 3,6) und die betonte Selbstbeglaubigung am Ende (3,17). Es ist unsicher, ob der Brief von Paulus selbst stammt oder nicht doch eher aus der Hand eines unbekannten Verfassers der zweiten christlichen Generation, der sich ganz bewusst in die Tradition des Paulus stellt und mit dieser auf die Fragen der Zeit Antworten sucht. Der eigenhändige Schlussgruß, mit dem ein Briefautor in der Antike einen Brief, den er diktiert, gelegentlich unterschreibt, stellt dann eine literarische Fiktion dar. Das Schreiben dürfte im fortgeschrittenen 1. Jahrhundert verfasst worden sein. Der Ort der Entstehung ist nicht bekannt.

Der Aufbau des Briefs entspricht dem Schema, bei dem Eingang (1,1–12) und Schluss (3,14–18) den Rahmen bilden. Der thematische Hauptteil (2,1–3,13) besteht aus zwei Abschnitten: Nach der Behandlung von Fragen der Parusie, der Wiederkunft des Herrn und ihrer Bedeutung für die Gegenwart (2,1–12) folgen verschiedene Gesichtspunkte, die zum Festhalten am Glauben gemäß der Überlieferung des Paulus ermuntern sollen (2,13–3,13).

Der 2. Thessalonicherbrief setzt sich mit Strömungen im paulinisch geprägten Urchristentum auseinander, denen die Gegenwart als Zeit der Vollendung erschien („der Tag des Herrn ist schon da"; 2,2). Eine Verunsicherung war die Folge: Ist die Gegenwart als Zeit der Vollendung oder der Bewährung zu verstehen? Es traten Vernachlässigungen des Alltagslebens auf: Einige in der Gemeinde wollten nicht mehr arbeiten und keine soziale Verantwortung mehr übernehmen (3,6–12).

Der Verfasser des 2. Thessalonicherbriefs will diese Einstellung unter Rückgriff auf den ersten Brief korrigieren, in dem die Vollendung als noch bevorstehend beschrieben und zur Wachsamkeit aufgerufen wird (1 Thess 4,15–17; 5,1–8). Auch die apokalyptische Sprache des 1. Briefs kehrt im 2. Thessalonicherbrief wieder (2,3–12). Dieser will Aufmerksamkeit dafür wecken, wo aktuell die „Gesetzlosigkeit" herrscht, und die Hoffnung bestärken, dass alle, die jetzt mit Christus leben, nach dieser Zeit der Bedrängnis in die „Königsherrschaft Gottes" gelangen (1,5–10).

Der Brief zeigt, wie schon innerhalb der neutestamentlichen Schriften Glaubensvorstellungen korrigiert werden. Ähnlich wie in 2 Petr wird zum Festhalten an der endzeitlichen Erwartung Christi gemahnt, doch vor einer schwärmerischen Vorwegnahme der Ankunft Christi gewarnt. Der Brief ruft zur Bewährung in der Nachfolge Christi im Alltag und zu einem besonnenen Wandel in der Welt auf.

Anschrift und Gruß

1,1–2

1

¹Paulus, Silvanus und Timotheus an die Kirche der Thessalonicher, die in Gott, unserem Vater, und in Jesus Christus, dem Herrn, ist: ²Gnade sei mit euch und Friede von Gott, dem Vater, und dem Herrn Jesus Christus!

Danksagung und Fürbitte

1,3–12

³Wir müssen Gott euretwegen immer danken, Brüder und Schwestern, wie es recht ist, denn euer Glaube wächst kräftig und die gegenseitige Liebe nimmt bei einem jeden von euch allen zu. ⁴So können wir in den Gemeinden Gottes mit Stolz auf euch hinweisen, weil ihr Standhaftigkeit und Glauben zeigt in allen euren Verfolgungen und Bedrängnissen, die ihr aushaltet.

⁵**Dies ist ein Anzeichen des gerechten Gerichtes Gottes; ihr sollt ja des Reiches Gottes teilhaftig werden, für das ihr leidet.**

⁶Denn es ist gerecht von Gott, denen mit Bedrängnis zu vergelten, die euch bedrängen, ⁷euch aber, den Bedrängten, zusammen mit uns Ruhe zu schenken, wenn Jesus, der Herr, sich vom Himmel her offenbart mit seinen mächtigen Engeln ⁸in loderndem Feuer. Dann übt er Vergeltung an denen, die Gott nicht kennen und dem Evangelium Jesu, unseres Herrn, nicht gehorchen. ⁹Sie werden mit ewigem Verderben bestraft. Sie sind fern vom Angesicht des Herrn und seiner Macht und Herrlichkeit, ¹⁰wenn er an jenem Tag kommt, um inmitten seiner Heiligen verherrlicht und inmitten der Glaubenden bewundert zu werden; auch bei euch hat ja unser Zeugnis Glauben gefunden.
¹¹Darum beten wir auch immer für euch, dass unser Gott euch eurer Berufung würdig mache und in seiner Macht allen Willen zum Guten und das Werk des Glaubens vollende. ¹²So soll der Name Jesu, unseres Herrn, in euch verherrlicht werden und ihr in ihm, durch die Gnade unseres Gottes und Jesu Christi, des Herrn.

Die Wiederkunft Christi und ihr Verhältnis zur Gegenwart

2,1–12

2

¹Brüder und Schwestern, wir bitten euch hinsichtlich der Ankunft Jesu Christi, unseres Herrn, und unserer Vereinigung mit ihm: ²Lasst euch nicht so schnell aus der Fassung bringen und in Schrecken jagen, wenn in einem prophetischen Wort oder einer Rede oder in einem Brief, wie wir ihn geschrieben haben sollen, behauptet wird, der Tag des Herrn sei schon da! ³Lasst euch durch niemanden und auf keine Weise täuschen! Denn zuerst muss der Abfall von Gott kommen und der Mensch der Gesetzwidrigkeit offenbar werden, der Sohn des Verderbens, ⁴der Widersacher, der sich über alles, was Gott oder Heiligtum heißt, so sehr erhebt, dass er sich sogar in den Tempel Gottes setzt und sich als Gott ausgibt. ⁵Erinnert ihr euch nicht, dass ich euch dies schon gesagt habe, als ich bei euch war? ⁶Ihr wisst jetzt auch, was ihn zurückhält, damit er erst zu seiner Zeit offenbar wird. ⁷Denn das Geheimnis der Gesetzwidrigkeit ist schon am Werk; nur muss erst der beseitigt werden, der es jetzt noch zurückhält. ⁸Dann wird der gesetzwidrige Mensch offenbar werden. Jesus, der Herr, wird ihn durch den Hauch seines Mundes töten und durch das Erscheinen seiner Ankunft vernichten. ⁹Der Gesetzwidrige aber wird bei seiner Ankunft die Kraft des Satans haben. Er wird mit großer Macht auftreten und trügerische Zeichen und Wunder tun. ¹⁰Er wird jene, die verloren gehen, mit allen Mitteln der Ungerechtigkeit täuschen; denn sie haben sich der Liebe zur Wahrheit verschlossen, durch die sie gerettet werden sollten. ¹¹Darum lässt Gott sie der Macht des Irrtums verfallen, sodass sie der Lüge glauben; ¹²denn alle müssen gerichtet werden, die der Wahrheit nicht geglaubt, sondern an der Ungerechtigkeit Gefallen hatten.

Festhalten am Glauben des Apostels

2,13–3,13

Erwählung und Berufung

¹³Wir müssen Gott zu jeder Zeit euretwegen danken, vom Herrn geliebte Brüder und Schwestern, weil Gott euch als Erstlingsgabe dazu auserwählt hat, aufgrund der Heiligung durch den Geist und aufgrund eures Glaubens an die Wahrheit gerettet zu werden. ¹⁴Dazu hat er euch durch unser Evangelium berufen; ihr sollt nämlich die Herrlichkeit Jesu Christi, unseres Herrn, erlangen.

Aufforderung zum Festhalten an der Überlieferung

¹⁵Seid also standhaft, Brüder und Schwestern, und haltet an den Überlieferungen fest, in denen wir euch unterwiesen haben, sei es mündlich, sei es durch einen Brief! ¹⁶Jesus Christus selbst aber, unser Herr, und Gott, unser Vater, der uns liebt und uns in seiner Gnade ewigen Trost und sichere Hoffnung schenkt, ¹⁷ermutige eure Herzen und gebe euch Kraft zu jedem guten Werk und Wort.

3

3,1–13

Ablehnung durch Menschen und Gottes Treue

¹Im Übrigen, Brüder und Schwestern, betet für uns, damit das Wort des Herrn sich ausbreitet und verherrlicht wird, ebenso wie bei euch! ²Betet auch darum, dass wir vor den bösen und schlechten Menschen gerettet werden; denn nicht alle nehmen den Glauben an. ³Aber der Herr ist treu; er wird euch Kraft geben und euch vor dem Bösen bewahren. ⁴Wir vertrauen im Herrn auf euch, dass ihr jetzt und auch in Zukunft tut, was wir anordnen. ⁵Der Herr richte eure Herzen auf die Liebe Gottes aus und auf die Geduld Christi.

Das Verhalten im Alltag

⁶ Im Namen Jesu Christi, des Herrn, gebieten wir euch, Brüder und Schwestern: Haltet euch von jenen fern, die ein unordentliches Leben führen und sich nicht an die Überlieferung halten, die sie von uns empfangen haben! ⁷ Ihr selbst wisst, wie man uns nachahmen soll. Wir haben bei euch kein unordentliches Leben geführt ⁸ und bei niemandem unser Brot umsonst gegessen; wir haben uns gemüht und geplagt, Tag und Nacht haben wir gearbeitet, um keinem von euch zur Last zu fallen. ⁹ Nicht als hätten wir keinen Anspruch auf Unterhalt; wir wollten euch aber ein Beispiel geben, damit ihr uns nachahmen könnt. ¹⁰ Denn als wir bei euch waren, haben wir euch geboten: Wer nicht arbeiten will, soll auch nicht essen. ¹¹ Wir hören aber, dass einige von euch ein unordentliches Leben führen und alles Mögliche treiben, nur nicht arbeiten. ¹² Diesen gebieten wir und wir ermahnen sie in Jesus Christus, dem Herrn, in Ruhe ihrer Arbeit nachzugehen und ihr eigenes Brot zu essen. ¹³ Ihr aber, Brüder und Schwestern, werdet nicht müde, Gutes zu tun!

Gruß und Segenswunsch

3,14–18

¹⁴ Wenn jemand auf unsere Mahnung in diesem Brief nicht hört, dann merkt ihn euch und meidet den Umgang mit ihm, damit er sich schämt; ¹⁵ doch seht ihn nicht als Feind an, sondern weist ihn als euren Bruder zurecht!
¹⁶ Der Herr des Friedens aber schenke euch den Frieden zu jeder Zeit und auf jede Weise.

Der Herr sei mit euch allen.

¹⁷ Den Gruß schreibe ich, Paulus, eigenhändig. Das ist mein Zeichen in jedem Brief; so schreibe ich.
¹⁸ Die Gnade Jesu Christi, unseres Herrn, sei mit euch allen!

DIE PASTORALBRIEFE

Der 1. und 2. Timotheusbrief und der Titusbrief werden als „Pastoralbriefe" bezeichnet, weil sie nicht an Gemeinden, sondern an namentlich genannte Vorsteher (Hirten) einer Gemeinde gerichtet sind, denen sie eine konkrete Anleitung für ihre Aufgabe geben.

Die in vielerlei Hinsicht bestehenden Unterschiede zwischen den Pastoralbriefen und den anerkannt echten Paulusbriefen deuten darauf hin, dass sie nicht den Apostel Paulus selbst zum Verfasser haben, sondern am Übergang vom 1. zum 2. Jahrhundert, also in der dritten christlichen Generation, entstanden sind. Die Ortsbezeichnungen, insbesondere die Erwähnung von Ephesus (1 Tim 1,3; 2 Tim 1,18; 4,12), verweisen auf Kleinasien als Entstehungsraum.

Stil und Sprache zeigen ein eigenes, von Paulus abweichendes Profil. Alle drei Briefe setzen sich mit „Falschlehrern" auseinander. Im Unterschied zu Paulus steht im Zentrum nicht mehr, dass der Mensch durch den Glauben an Jesus Christus gerecht wird (Gal 2,16). Die Botschaft der Briefe zielt auf die Verteidigung der „gesunden Lehre", ohne dass diese inhaltlich ausführlich konkretisiert würde (vgl. 1 Tim 1,10; 2 Tim 4,3; Tit 2,1). Sie grenzt sich von einer „sogenannten Erkenntnis" (Gnosis; vgl. 1 Tim 6,20) ab, welche die Auslegung des Evangeliums bestimmt. Der Ausblick auf die Wiederkunft Christi rückt in den Hintergrund; dafür wird die Verantwortung der Christen für die Welt stärker betont. Das Wesen der christlichen Gemeinde wird nicht mehr wie bei Paulus mit dem Motiv von dem einen Leib und den vielen Gliedern veranschaulicht (vgl. Röm 12,3–8; 1 Kor 12,12–31a), sondern mit dem Bild vom Haus (vgl. 1 Tim 3,5.15), in welchem der „Hausverwalter", vorzugsweise der Bischof und die Ältesten (vgl. 1 Tim 3,1–7; Tit 1,6–9), über das Leben und den Glauben der Gemeinde bestimmen soll.

Ein zentrales Anliegen der Pastoralbriefe ist das Bekenntnis zum universalen Heilswillen Gottes, „unseres Retters" (vgl. Tit 1,3), der „durch das Erscheinen unseres Retters Christus Jesus" (2 Tim 1,10) offenbart wurde. In der Überzeugung, dass Gott das Heil aller Menschen will (vgl. 1 Tim 2,1–6; 2 Tim 1,9f.; Tit 2,11), zeigt sich die grundlegende Übereinstimmung dieser neutestamentlichen Spätschriften sowohl mit der Christusverkündigung der Evangelien (vgl. Mk 10,45) als auch mit dem Evangelium des Paulus (vgl. Röm 8,31f.).

Der 1. Brief an
TIMOTHEUS

Der Adressat dieses Briefs, Timotheus, wird in der Apostelgeschichte als Sohn eines Griechen und einer judenchristlichen Frau vorgestellt (Apg 16,1–3). Von Paulus als „mein geliebtes und treues Kind im Herrn" bezeichnet (1 Kor 4,17), hatte er in dessen Auftrag verschiedene Aufgaben bei der Betreuung der Gemeinden (Thessalonich, Korinth) übernommen. In einigen Briefen des Apostels ist er als Mitabsender genannt (2 Kor 1,1; Phil 1,1; 1 Thess 1,1).

Mit der Wahl dieses engen Paulus-Mitarbeiters als Empfänger werden stellvertretend die Verantwortlichen in den Gemeinden der Zeit der Pastoralbriefe angesprochen. In der Unterscheidung von Episkopos (1 Tim 3,1), Diakon (3,8) und Presbyter (4,14) deutet sich der Gedanke der Bevollmächtigung durch apostolische Nachfolge an.

Nach dem konventionellen Briefeingang mit den Angaben von Absender und Adressat sowie dem Segenswunsch (1,1–2) wird im 1. Kapitel (1,3–20) an den Auftrag erinnert, den Paulus vor seiner Abreise aus Ephesus dem Timotheus übertragen hat, nämlich gegen Falschlehrer in der Gemeinde vorzugehen. Eingeschoben ist (1,12–17) der Dank des Apostels für das ihm von Gott geschenkte Erbarmen, welches zugleich allen Menschen gilt. In den beiden folgenden Kapiteln (2,1–3,16) steht die Ordnung der Gemeinde im Zentrum; den Höhepunkt bildet ein hymnischer Text zur Kirche als „Fundament der Wahrheit" (3,14–16).

Nach erneuten Belehrungen über den Umgang mit falschen asketischen Forderungen (4,1–11) werden sodann (4,12–6,2) Verhaltensmaßregeln für verschiedene Gruppen in der Gemeinde formuliert, wobei die Belehrungen über den Stand und die Aufgaben der Witwen am umfangreichsten sind (5,3–16). Die abschließenden Ermahnungen (6,3–21) gelten wieder dem Auftrag an Timotheus, für die Bewahrung des rechten Glaubens Sorge zu tragen.

Der 1. Timotheusbrief stellt die Aufgaben der für das Leben und den Glauben der Gemeinde verantwortlichen Vorsteher, insbesondere des Episkopos, und die damit verknüpften Verpflichtungen für deren persönlichen Lebenswandel in den Mittelpunkt. Auch die Anweisungen für die Ordnung der Gemeinde, die hier nicht der Adressat ist wie in den Briefen des Apostels, werden der Verantwortung des Gemeindeleiters zugeordnet.

Der 1. Brief an TIMOTHEUS

Anschrift und Gruß

1,1–2

1

¹ Paulus, Apostel Christi Jesu gemäß dem Auftrag Gottes, unseres Retters, und Christi Jesu, unserer Hoffnung, ² an Timotheus, sein rechtmäßiges Kind im Glauben. Gnade, Erbarmen und Friede von Gott, dem Vater, und Christus Jesus, unserem Herrn.

Der Auftrag an Timotheus

1,3–20

Kampf gegen Falschlehrer

³ Bei meiner Abreise nach Mazedonien habe ich dich ermahnt, in Ephesus zu bleiben, damit du bestimmten Leuten verbietest, falsche Lehren zu verbreiten ⁴ und sich mit Fabeleien und endlosen Geschlechterreihen abzugeben, die nur Streitfragen mit sich bringen, statt dem Heilsplan Gottes zu dienen, der sich im Glauben verwirklicht. ⁵ Das Ziel der Unterweisung ist Liebe aus reinem Herzen, gutem Gewissen und ungeheucheltem Glauben. ⁶ Davon sind aber manche abgekommen und haben sich leerem Geschwätz zugewandt. ⁷ Sie wollen Gesetzeslehrer sein, verstehen aber nichts von dem, was sie sagen und worüber sie so sicher urteilen.

Das Gesetz im Licht des Evangeliums

⁸ Wir wissen aber: Das Gesetz ist gut, wenn es jemand im Sinn des Gesetzes anwendet ⁹ und bedenkt, dass das Gesetz nicht für den Gerechten bestimmt ist, sondern für Gesetzlose und Ungehorsame, für Gottlose und Sünder, für Menschen ohne Glauben und Ehrfurcht, für solche, die Vater oder Mutter töten, für Mörder, ¹⁰ Unzüchtige, Knabenschänder, Menschenhändler, für Leute, die lügen und Meineide schwören und all das tun, was gegen die gesunde Lehre verstößt, ¹¹ gemäß dem Evangelium von der Herrlichkeit des seligen Gottes, das mir anvertraut ist.

Dank des Paulus für die ihm geschenkte Gnade

¹² Ich danke dem, der mir Kraft gegeben hat: Christus Jesus, unserem Herrn. Er hat mich für treu gehalten und in seinen Dienst genommen, ¹³ obwohl ich früher ein Lästerer, Verfolger und Frevler war. Aber ich habe Erbarmen gefunden, denn ich wusste in meinem Unglauben nicht, was ich tat. ¹⁴ Doch über alle Maßen groß war die Gnade unseres Herrn, die mir in Christus Jesus den Glauben und die Liebe schenkte. ¹⁵ Das Wort ist glaubwürdig und wert, dass man es beherzigt: Christus Jesus ist in die Welt gekommen, um die Sünder zu retten. Von ihnen bin ich der Erste. ¹⁶ Aber ich habe gerade darum Erbarmen gefunden, damit Christus Jesus an mir als Erstem seine ganze Langmut erweisen konnte, zum Vorbild für alle, die in Zukunft an ihn glauben, um das ewige Leben zu erlangen. ¹⁷ Dem König der Ewigkeit, dem unvergänglichen, unsichtbaren, einzigen Gott, sei Ehre und Herrlichkeit in alle Ewigkeit. Amen.

Mahnung an den Apostelschüler

¹⁸ Diese Ermahnung lege ich dir ans Herz, mein Kind Timotheus, gemäß den prophetischen Worten, die über dich gesprochen wurden; durch diese Worte gestärkt, kämpfe den guten Kampf, ¹⁹ gläubig und mit reinem Gewissen, das manche missachtet und so im Glauben Schiffbruch erlitten haben! ²⁰ Zu ihnen gehören Hymenäus und Alexander, die ich dem Satan übergeben habe, damit sie in Zucht genommen werden und nicht mehr lästern.

Die Ordnung der Gemeinde

2,1–3,16

2

2,1–15

Der eine Mittler und das Heil aller Menschen

¹ Vor allem fordere ich zu Bitten und Gebeten, zu Fürbitte und Danksagung auf, und zwar für alle Menschen, ² für die Herrscher und für alle, die Macht ausüben, damit wir in aller Frömmigkeit und Rechtschaffenheit ungestört und ruhig leben können. ³ Das ist recht und wohlgefällig vor Gott, unserem Retter; ⁴ er will, dass alle Menschen gerettet werden und zur Erkenntnis der Wahrheit gelangen.
⁵ Denn:
Einer ist Gott, / Einer auch Mittler zwischen Gott und den Menschen: / der Mensch Christus Jesus,
⁶ der sich als Lösegeld hingegeben hat für alle, / ein Zeugnis zur vorherbestimmten Zeit,
⁷ als dessen Verkünder und Apostel ich eingesetzt wurde – ich sage die Wahrheit und lüge nicht –, als Lehrer der Völker im Glauben und in der Wahrheit.

Rechtes Verhalten von Männern und Frauen

⁸ Ich will, dass die Männer überall beim Gebet ihre Hände in Reinheit erheben, frei von Zorn und Streit. ⁹ Auch sollen die Frauen sich anständig, bescheiden und zurückhaltend kleiden; nicht Haartracht, Gold, Perlen oder kostbare Kleider seien ihr Schmuck, ¹⁰ sondern gute Werke; so gehört es sich für Frauen, die gottesfürchtig sein wollen. ¹¹ Eine Frau soll sich still und in voller Unterordnung belehren lassen. ¹² Dass eine Frau lehrt, erlaube ich nicht, auch nicht, dass sie über ihren Mann herrscht; sie soll sich still verhalten. ¹³ Denn zuerst wurde Adam erschaffen, danach Eva. ¹⁴ Und nicht Adam wurde verführt, sondern die Frau ließ sich verführen und übertrat das Gebot. ¹⁵ Sie wird aber dadurch gerettet werden, dass sie Kinder zur Welt bringt, wenn diese in Glaube, Liebe und Heiligkeit ein besonnenes Leben führen.

3

3,1–16

Der Gemeindeleiter

¹ Das Wort ist glaubwürdig: Wer das Amt eines Bischofs anstrebt, der strebt nach einer großen Aufgabe. ² Deshalb soll der Bischof untadelig, Mann einer einzigen Frau, nüchtern, besonnen sein, von würdiger Haltung, gastfreundlich, fähig zu lehren; ³ er sei kein Trinker und kein gewalttätiger Mensch, sondern rücksichtsvoll; er sei nicht streitsüchtig und nicht geldgierig. ⁴ Er muss seinem eigenen Haus gut vorstehen, seine Kinder in Gehorsam und allem Anstand erziehen. ⁵ Wenn einer seinem eigenen Haus nicht vorstehen kann, wie soll der für die Kirche Gottes sorgen? ⁶ Er darf kein Neubekehrter sein, damit er nicht hochmütig wird und dem Gericht des Teufels verfällt. ⁷ Er muss aber auch bei den Außenstehenden einen guten Ruf haben, damit er nicht in üble Nachrede kommt und in die Falle des Teufels gerät.

Die Diakone

⁸ Ebenso müssen Diakone sein: achtbar, nicht doppelzüngig, nicht dem Wein ergeben und nicht gewinnsüchtig; ⁹ sie sollen mit reinem Gewissen am Geheimnis des Glaubens festhalten. ¹⁰ Auch sie soll man vorher prüfen, und nur wenn sie unbescholten sind, sollen sie ihren Dienst ausüben. ¹¹ Ebenso müssen Frauen ehrbar sein, nicht verleumderisch, sondern nüchtern und in allem zuverlässig. ¹² Diakone sollen Männer einer einzigen Frau sein und ihren Kindern und ihrem eigenen Haus gut vorstehen. ¹³ Denn wer seinen Dienst gut versieht, erlangt einen hohen Rang und große Zuversicht im Glauben an Christus Jesus.

Die Kirche, Säule und Fundament der Wahrheit

¹⁴ Ich schreibe dir das in der Hoffnung, schon bald zu dir zu kommen. ¹⁵ Falls ich aber länger ausbleibe, sollst du wissen, wie man sich im Haus Gottes verhalten muss, welches die Kirche des lebendigen Gottes ist, Säule und Fundament der Wahrheit. ¹⁶ Wahrhaftig, groß ist das Geheimnis unserer Frömmigkeit: Er wurde offenbart im Fleisch, / gerechtfertigt durch den Geist, geschaut von den Engeln, / verkündet unter den Völkern, geglaubt in der Welt, / aufgenommen in die Herrlichkeit.

Die Auseinandersetzung mit den falschen Lehren

4,1–11

4

Zurückweisung falscher asketischer Forderungen

¹ Der Geist aber sagt ausdrücklich: In späteren Zeiten werden manche vom Glauben abfallen; sie werden sich betrügerischen Geistern und den Lehren von Dämonen zuwenden, ² getäuscht von heuchlerischen Lügnern, deren Gewissen gebrandmarkt ist. ³ Sie verbieten die Heirat und fordern den Verzicht auf bestimmte Speisen, die Gott doch dazu geschaffen hat, dass die, die zum Glauben und zur Erkenntnis der Wahrheit gelangt sind, sie mit Danksagung zu sich nehmen. ⁴ Denn alles, was Gott geschaffen hat, ist gut und nichts ist verwerflich, wenn es mit Dank genossen wird; ⁵ es wird geheiligt durch Gottes Wort und durch das Gebet.

Der Nutzen der Frömmigkeit

⁶ Dies trage den Brüdern vor, dann wirst du ein guter Diener Christi Jesu sein, erzogen in den Worten des Glaubens und der guten Lehre, der du gefolgt bist. ⁷ Gottlose Altweiberfabeln weise zurück! Übe dich in der Frömmigkeit! ⁸ Denn körperliche Übung nützt nur wenig, die Frömmigkeit aber ist nützlich zu allem: Ihr ist das gegenwärtige und das zukünftige Leben verheißen. ⁹ Dieses Wort ist glaubwürdig und wert, dass man es beherzigt. ¹⁰ Dafür arbeiten und kämpfen wir, denn wir haben unsere Hoffnung auf den lebendigen Gott gesetzt, den Retter aller Menschen, besonders der Gläubigen. ¹¹ Das sollst du anordnen und lehren.

Anweisungen für das Gemeindeleben und für die Kirchenordnung

4,12–6,2

Mahnungen zu vorbildlichem Leben

¹² Niemand soll dich wegen deiner Jugend gering schätzen. Sei vielmehr den Gläubigen ein Vorbild in deinen Worten, in deinem Lebenswandel, in der Liebe, im Glauben, in der Lauterkeit! ¹³ Lies ihnen eifrig aus der Schrift vor, ermahne und belehre sie, bis ich komme! ¹⁴ Vernachlässige die Gnade nicht, die in dir ist und die dir verliehen wurde, als dir die Ältesten aufgrund prophetischer Worte gemeinsam die Hände auflegten! ¹⁵ Dafür sollst du sorgen, darin sollst du leben, damit allen deine Fortschritte offenbar werden. ¹⁶ Achte auf dich selbst und auf die Lehre; halte daran fest! Wenn du das tust, rettest du dich und alle, die auf dich hören.

5

5,1–25

Rechter Umgang mit Menschen verschiedenen Alters

¹ Einen älteren Mann sollst du nicht grob behandeln, sondern ihm zureden wie einem Vater. Mit jüngeren Männern rede wie mit Brüdern, ² mit älteren Frauen wie mit Müttern, mit jüngeren wie mit Schwestern, in aller Zurückhaltung!

Der Stand der Witwen

³ Ehre die Witwen, wenn sie wirklich Witwen sind! ⁴ Hat eine Witwe aber Kinder oder Enkel, dann sollen diese lernen, zuerst denen im eigenen Haus Ehrfurcht zu erweisen und dankbar für die älteren Generationen zu sorgen; denn das ist wohlgefällig vor Gott. ⁵ Eine Frau aber, die wirklich eine Witwe ist und allein steht, setzt ihre Hoffnung auf Gott und betet beharrlich und inständig bei Tag und Nacht. ⁶ Wenn eine jedoch ein ausschweifendes Leben führt, ist sie schon bei Lebzeiten tot. ⁷ Das sollst du ihnen einprägen; dann wird man ihnen nichts vorwerfen können. ⁸ Wenn aber jemand für seine Angehörigen, besonders für die eigenen Hausgenossen, nicht sorgt, der verleugnet damit den Glauben und ist schlimmer als ein Ungläubiger.
⁹ Eine Frau soll nur dann in die Liste der Witwen aufgenommen werden, wenn sie mindestens sechzig Jahre alt ist, nur einmal verheiratet war, ¹⁰ wenn bekannt ist, dass sie Gutes getan hat, wenn sie Kinder aufgezogen hat, gastfreundlich gewesen ist und den Heiligen die Füße gewaschen hat, wenn sie denen, die in Not waren, geholfen hat und überhaupt bemüht war, Gutes zu tun. ¹¹ Jüngere Witwen weise ab; denn wenn die Leidenschaft sie Christus entfremdet, wollen sie heiraten ¹² und ziehen sich den Vorwurf zu, ihrem ersten Versprechen, das sie Christus gegeben haben, untreu geworden zu sein. ¹³ Zugleich lernen sie auch untätig zu sein, indem sie von Haus zu Haus laufen, dabei aber nicht nur untätig, sondern geschwätzig und neugierig sind und reden, was sich nicht gehört. ¹⁴ Deshalb will ich, dass jüngere Witwen heiraten, Kinder zur Welt bringen, den Haushalt versorgen und dem Gegner keinen Anlass zu übler Nachrede geben. ¹⁵ Einige haben sich schon abgewandt und sind dem Satan gefolgt. ¹⁶ Wenn eine gläubige Frau Witwen in ihrem Haus hat, soll sie für sie sorgen. Die Gemeinde soll nicht belastet werden, damit sie sich um die kümmern kann, die wirklich Witwen sind.

Regeln für Presbyter, den Apostelschüler und Sklaven

¹⁷ Älteste, die das Amt des Vorstehers gut versehen, verdienen doppelte Anerkennung, besonders solche, die sich mit ganzer Kraft dem Wort und der Lehre widmen. ¹⁸ Denn die Schrift sagt: *Du sollst dem Ochsen zum Dreschen keinen Maulkorb anlegen,* und: Wer arbeitet, hat ein Recht auf seinen Lohn.
¹⁹ Nimm gegen einen Ältesten keine Klage an, außer *wenn zwei oder drei Zeugen sie bekräftigen!* ²⁰ Diejenigen, die sich verfehlen, weise in Gegenwart aller zurecht, damit auch die anderen sich fürchten! ²¹ Ich beschwöre dich bei Gott, bei Christus Jesus und bei den auserwählten Engeln: Befolge dies alles ohne Vorurteil und vermeide jede Bevorzugung! ²² Lege keinem vorschnell die Hände auf und mach dich nicht mitschuldig an fremden Sünden; bewahre dich rein!
²³ Trink nicht nur Wasser, sondern nimm auch etwas Wein, mit Rücksicht auf deinen Magen und deine häufigen Krankheiten! ²⁴ Die Sünden mancher Leute liegen offen zutage, sie laufen ihnen gleichsam voraus zum Gericht; bei anderen kommen sie erst hinterher. ²⁵ Ebenso liegen die guten Werke offen zutage, und wenn sie noch nicht offenkundig sind, können sie doch nicht verborgen bleiben.

6

6,1–2

¹ Alle, die das Joch der Sklaverei zu tragen haben, sollen ihren Herren alle Ehre erweisen, damit der Name Gottes und die Lehre nicht in Verruf kommen. ² Diejenigen aber, die gläubige Herren haben, sollen diese nicht gering achten, weil sie Brüder sind, sondern sollen noch eifriger ihren Dienst verrichten, weil sie Glaubende und Geliebte sind, die sich bemühen, Gutes zu tun. So sollst du lehren, dazu sollst du ermahnen.

Abschließende Mahnungen

6,3–19

Warnung vor Irrlehrern und vor Geldgier

³Wenn einer etwas anderes lehrt und sich nicht an die gesunden Worte Jesu Christi, unseres Herrn, hält und an die Lehre, die unserer Frömmigkeit entspricht, ⁴der ist verblendet; er versteht nichts, sondern ist krank vor lauter Auseinandersetzungen und Wortgefechten. Diese führen zu Neid, Streit, Verleumdungen, üblen Verdächtigungen ⁵und Gezänk unter den Menschen, deren Denken verdorben ist; diese Leute sind von der Wahrheit abgekommen und meinen, die Frömmigkeit sei ein Mittel, um irdischen Gewinn zu erzielen. ⁶Die Frömmigkeit bringt in der Tat reichen Gewinn, wenn man genügsam ist. ⁷Denn wir haben nichts in die Welt mitgebracht und wir können auch nichts aus ihr mitnehmen. ⁸Wenn wir Nahrung und Kleidung haben, soll uns das genügen. ⁹Die aber reich sein wollen, geraten in Versuchung und Verstrickung und in viele sinnlose und schädliche Begierden, welche die Menschen ins Verderben und in den Untergang stürzen.

¹⁰ Denn die Wurzel aller Übel ist die Habsucht.

Nicht wenige, die ihr verfielen, sind vom Glauben abgeirrt und haben sich viele Qualen bereitet.

Mahnungen an Timotheus

¹¹Du aber, ein Mann Gottes, flieh vor alldem! Strebe vielmehr nach Gerechtigkeit, Frömmigkeit, Glauben, Liebe, Standhaftigkeit und Sanftmut! ¹²Kämpfe den guten Kampf des Glaubens, ergreife das ewige Leben, zu dem du berufen worden bist und für das du vor vielen Zeugen das gute Bekenntnis abgelegt hast! ¹³Ich gebiete dir bei Gott, von dem alles Leben kommt, und bei Christus Jesus, der vor Pontius Pilatus das gute Bekenntnis abgelegt hat und als Zeuge dafür eingetreten ist: ¹⁴Erfülle deinen Auftrag rein und ohne Tadel, bis zum Erscheinen Jesu Christi, unseres Herrn, ¹⁵das zur vorherbestimmten Zeit herbeiführen wird

der selige und einzige Herrscher,
der König der Könige und Herr der Herren,
¹⁶der allein die Unsterblichkeit besitzt,
der in unzugänglichem Licht wohnt,
den kein Mensch gesehen hat
noch je zu sehen vermag: Ihm gebührt Ehre und ewige Macht. Amen.

Vom rechten Gebrauch des Reichtums

¹⁷Ermahne die, die in dieser Welt reich sind, nicht überheblich zu werden und ihre Hoffnung nicht auf den unsicheren Reichtum zu setzen, sondern auf Gott, der uns alles reichlich gibt, was wir brauchen! ¹⁸Sie sollen wohltätig sein, reich werden an guten Werken, freigebig sein und, was sie haben, mit anderen teilen. ¹⁹So sammeln sie sich einen Schatz als sichere Grundlage für die Zukunft, um das wahre Leben zu erlangen.

Abschließende Mahnung und Gruß

6,20–21

²⁰Timotheus, bewahre, was dir anvertraut ist! Halte dich fern von dem gottlosen Geschwätz und den Widersprüchen der fälschlich sogenannten Erkenntnis! ²¹Einige, die sich darauf eingelassen haben, sind vom Weg des Glaubens abgekommen. Die Gnade sei mit euch!

Der 2. Brief an

TIMOTHEUS

Der 2. Brief an Timotheus, der ebenfalls Paulus als Absender nennt, setzt weiterhin die am Beginn des 1. Briefs (vgl. 1 Tim 1,3) angesprochene Situation in Ephesus voraus. Der Zusammenhang beider Briefe, den auch ihre Abfolge im Neuen Testament dokumentiert, entspricht der Konzeption des Autors.

Der zweite Timotheusbrief ist im Vergleich zum ersten und zum Titusbrief persönlicher gehalten und hat stellenweise den Charakter eines Testaments: Der Apostel befindet sich in Gefangenschaft (vgl. 1,8; 2,9f.) und rechnet mit seinem baldigen Tod (vgl. 4,6–8). Damit wird die Dringlichkeit der dem Timotheus aufgetragenen Weisungen verstärkt. Die Betonung der engen Beziehungen zwischen Absender und Adressat zeigt eine Nähe zur Gattung der in der Antike bekannten Freundschaftsbriefe.

Nach den einleitenden Versen mit der betonten Anrede des Timotheus als „geliebtes Kind" (1,1–2) dankt Paulus für dessen Glauben (1,3–5) und ermahnt ihn, in der Treue für das Evangelium standhaft zu bleiben (1,6–14). Bei der Beschreibung der Aufgaben des Timotheus (2,1–26) geht es zunächst um Bewährung des eigenen Glaubens auch im Leiden und die damit gegebene Verheißung (2,1–7.8–13), anschließend um das rechte Verhalten im Einsatz für die Wahrheit in der Auseinandersetzung mit Falschlehrern (2,14–26). Den Menschen, die sich „in den letzten Tagen" der Wahrheit widersetzen (3,1–9), wird der in Treue zu Paulus stehende Timotheus als Ideal eines Gemeindeleiters vorgestellt (3,10–17). Dessen Verkündigung muss an die Stelle des Paulus treten, der seinen baldigen Tod erwartet (4,1–7). Hier und in dem Auftrag an Timotheus, die Botschaft des Paulus anderen „zuverlässigen Menschen" zur Weiterverkündigung anzuvertrauen (2,2), tritt der im 1. Timotheusbrief angedeutete Gedanke der apostolischen Nachfolge noch klarer hervor.

Anschrift und Gruß

1,1–2

1

¹Paulus, durch den Willen Gottes Apostel Christi Jesu, gemäß der Verheißung des Lebens in Christus Jesus, ²an Timotheus, sein geliebtes Kind:

Gnade, Erbarmen und Friede von Gott, dem Vater, und Christus Jesus, unserem Herrn.

Dank und Ermutigung

1,3–18

Danksagung an Gott

³Ich danke Gott, dem ich wie schon meine Vorfahren mit reinem Gewissen diene. Unablässig denke ich an dich in meinen Gebeten bei Tag und bei Nacht. ⁴Wenn ich mich an deine Tränen erinnere, habe ich Sehnsucht, dich zu sehen, um mich wieder von Herzen freuen zu können; ⁵denn ich denke an deinen aufrichtigen Glauben, der schon in deiner Großmutter Loïs und in deiner Mutter Eunike lebendig war und der nun, wie ich weiß, auch in dir lebt.

Ermutigung zu furchtlosem Zeugnis

⁶Darum rufe ich dir ins Gedächtnis: Entfache die Gnade Gottes wieder, die dir durch die Auflegung meiner Hände zuteilgeworden ist! ⁷Denn Gott hat uns nicht einen Geist der Verzagtheit gegeben, sondern den Geist der Kraft, der Liebe und der Besonnenheit. ⁸Schäme dich also nicht des Zeugnisses für unseren Herrn und auch nicht meiner, seines Gefangenen, sondern leide mit mir für das Evangelium! Gott gibt dazu die Kraft: ⁹Er hat uns gerettet; mit einem heiligen Ruf hat er uns gerufen, nicht aufgrund unserer Taten, sondern aus eigenem Entschluss und aus Gnade, die uns schon vor ewigen Zeiten in Christus Jesus geschenkt wurde; ¹⁰jetzt aber wurde sie durch das Erscheinen unseres Retters Christus Jesus offenbart. Er hat den Tod vernichtet und uns das Licht des unvergänglichen Lebens gebracht durch das Evangelium, ¹¹als dessen Verkünder, Apostel und Lehrer ich eingesetzt bin. ¹²Darum muss ich auch dies alles erdulden; aber ich schäme mich nicht, denn ich weiß, wem ich Glauben geschenkt habe, und ich bin überzeugt, dass er die Macht hat, das mir anvertraute Gut bis zu jenem Tag zu bewahren. ¹³Als Vorbild gesunder Worte halte fest, was du von mir gehört hast in Glaube und Liebe in Christus Jesus! ¹⁴Bewahre das dir anvertraute kostbare Gut durch die Kraft des Heiligen Geistes, der in uns wohnt!

Gegner und Freunde des Paulus

¹⁵Du weißt, dass sich alle in der Provinz Asien von mir abgewendet haben; zu ihnen gehören Phygelus und Hermogenes. ¹⁶Dem Haus des Onesiphorus schenke der Herr sein Erbarmen, denn Onesiphorus hat mich oft getröstet und hat sich meiner Ketten nicht geschämt; ¹⁷vielmehr hat er, als er nach Rom kam, unermüdlich nach mir gesucht, bis er mich fand. ¹⁸Der Herr gebe ihm, dass er beim Herrn Erbarmen findet an jenem Tag. Seine treuen Dienste in Ephesus kennst du selbst am besten.

Auftrag an Timotheus

2,1–26

2

Weitergabe des Glaubens

¹ Du also, mein Kind, sei stark in der Gnade, die dir in Christus Jesus geschenkt ist! ² Was du vor vielen Zeugen von mir gehört hast, das vertraue zuverlässigen Menschen an, die fähig sein werden, auch andere zu lehren! ³ Leide mit mir als guter Soldat Christi Jesu! ⁴ Keiner, der in den Krieg zieht, lässt sich in Alltagsgeschäfte verwickeln, denn er will, dass sein Heerführer mit ihm zufrieden ist. ⁵ Und wer an einem Wettkampf teilnimmt, erhält den Siegeskranz nicht, wenn er nicht nach den Regeln kämpft. ⁶ Der Bauer, der die ganze Arbeit tut, soll als Erster seinen Teil von der Ernte erhalten. ⁷ Überlege dir, was ich sage! Dann wird der Herr dir in allem das rechte Verständnis geben.

Verheißung für Treue im Glauben

⁸ Denke an Jesus Christus, auferweckt von den Toten, aus Davids Geschlecht, gemäß meinem Evangelium, ⁹ um dessentwillen ich leide bis hin zu den Fesseln wie ein Verbrecher; aber das Wort Gottes ist nicht gefesselt. ¹⁰ Deshalb erdulde ich alles um der Auserwählten willen, damit auch sie das Heil in Christus Jesus erlangen mit ewiger Herrlichkeit. ¹¹ Das Wort ist glaubwürdig:
Wenn wir nämlich mit Christus gestorben sind, / werden wir auch mit ihm leben;
¹² wenn wir standhaft bleiben, / werden wir auch mit ihm herrschen;
wenn wir ihn verleugnen, / wird auch er uns verleugnen.
¹³ Wenn wir untreu sind, bleibt er doch treu, / denn er kann sich selbst nicht verleugnen.

Rechtes Verhalten im Einsatz für den Glauben

¹⁴ Rufe ihnen das ins Gedächtnis und beschwöre sie bei Gott, sich nicht um Worte zu streiten; das ist unnütz und führt die Zuhörer nur ins Verderben. ¹⁵ Bemühe dich darum, dich vor Gott zu bewähren als ein Arbeiter, der sich nicht zu schämen braucht, der das Wort der Wahrheit geradeheraus verkündet! ¹⁶ Dem gottlosen Geschwätz aber geh aus dem Weg; denn solche Menschen geraten immer tiefer in die Gottlosigkeit ¹⁷ und ihre Lehre wird um sich fressen wie ein Krebsgeschwür. Zu ihnen gehören Hymenäus und Philetus, ¹⁸ die von der Wahrheit abgeirrt sind, indem sie sagen, die Auferstehung sei schon geschehen. So zerstören sie bei manchen den Glauben. ¹⁹ Aber das feste Fundament, das Gott gelegt hat, hat Bestand. Es trägt als Siegel die Inschrift: *Der Herr kennt die Seinen*, und: *Jeder, der den Namen des Herrn nennt, meide das Unrecht.* ²⁰ In einem großen Haus gibt es nicht nur Gefäße aus Gold und Silber, sondern auch solche aus Holz und Ton – die einen für ehrenhaften, die anderen für unehrenhaften Gebrauch. ²¹ Wer sich nun von alldem rein hält, gleicht einem Gefäß zu ehrenhaftem Gebrauch, geheiligt, brauchbar für den Hausherrn, zu jedem guten Werk tauglich.

²² Fliehe vor den Begierden der Jugend; strebe vielmehr unermüdlich nach Gerechtigkeit, Glauben, Liebe und Frieden, zusammen mit denen, die den Herrn aus reinem Herzen anrufen! ²³ Lass dich nicht auf törichte und unsinnige Auseinandersetzungen ein; du weißt, dass sie nur Streitereien hervorbringen. ²⁴ Ein Knecht des Herrn soll nicht streiten, sondern zu allen freundlich sein, ein geschickter und geduldiger Lehrer, ²⁵ der auch die mit Güte zurechtweist, die sich hartnäckig widersetzen, damit Gott ihnen vielleicht Umkehr zur Erkenntnis der Wahrheit schenkt ²⁶ und sie wieder zur Besinnung kommen und aus dem Netz des Teufels befreit werden, von dem sie gefangen gehalten werden, seinem Willen unterworfen.

Aufgaben für Gemeindeleiter

3,1–4,8

3

3,1–17

Die Situation der Menschen in der Endzeit

¹ Das aber sollst du wissen: In den letzten Tagen werden schwere Zeiten anbrechen. ² Die Menschen werden selbstsüchtig sein, habgierig, prahlerisch, überheblich, Lästerer, ungehorsam gegen die Eltern, undankbar, gottlos, ³ lieblos, unversöhnlich, verleumderisch, unbeherrscht, rücksichtslos, dem Guten abgeneigt, ⁴ heimtückisch, verwegen, hochmütig, mehr dem Vergnügen als Gott zugewandt. ⁵ Den Schein der Frömmigkeit wahren sie, verleugnen aber deren Kraft. Wende dich von diesen Menschen ab! ⁶ Zu ihnen gehören nämlich auch die Leute, die sich in die Häuser einschleichen und dort gewisse Frauen auf ihre Seite ziehen, die von Sünden beherrscht und von Begierden aller Art umgetrieben werden, ⁷ Frauen, die ständig am Lernen sind und die doch nie zur Erkenntnis der Wahrheit gelangen können. ⁸ Wie sich Jannes und Jambres dem Mose widersetzt haben, so widersetzen sich auch diese Leute der Wahrheit: Menschen, verdorben im Denken, nicht bewährt im Glauben. ⁹ Doch sie werden wenig Erfolg haben, denn ihr Unverstand wird allen offenkundig werden, wie es auch bei jenen geschehen ist.

Der Apostel als Vorbild

¹⁰ Du aber bist mir gefolgt in der Lehre, im Leben und Streben, im Glauben, in der Langmut, der Liebe und der Ausdauer, ¹¹ in den Verfolgungen und Leiden, denen ich in Antiochia, Ikonion und Lystra ausgesetzt war. Welche Verfolgungen habe ich erduldet! Und aus allen hat der Herr mich errettet. ¹² Aber auch alle, die in der Gemeinschaft mit Christus Jesus ein frommes Leben führen wollen, werden verfolgt werden. ¹³ Böse Menschen und Schwindler dagegen werden immer mehr in das Böse hineingeraten; sie sind betrogene Betrüger. ¹⁴ Du aber bleibe bei dem, was du gelernt und wovon du dich überzeugt hast. Du weißt, von wem du es gelernt hast; ¹⁵ denn du kennst von Kindheit an die heiligen Schriften, die dich weise machen können zum Heil durch den Glauben an Christus Jesus. ¹⁶ Jede Schrift ist, als von Gott eingegeben, auch nützlich zur Belehrung, zur Widerlegung, zur Besserung, zur Erziehung in der Gerechtigkeit, ¹⁷ damit der Mensch Gottes gerüstet ist, ausgerüstet zu jedem guten Werk.

4

4,3–8

¹ Ich beschwöre dich bei Gott und bei Christus Jesus, dem kommenden Richter der Lebenden und der Toten, bei seinem Erscheinen und bei seinem Reich: ² Verkünde das Wort, tritt auf, ob gelegen oder ungelegen, überführe, weise zurecht, ermahne, in aller Geduld und Belehrung! ³ Denn es wird eine Zeit kommen, in der man die gesunde Lehre nicht erträgt, sondern sich nach eigenen Begierden Lehrer sucht, um sich die Ohren zu kitzeln; ⁴ und man wird von der Wahrheit das Ohr abwenden, sich dagegen Fabeleien zuwenden. ⁵ Du aber sei in allem nüchtern, ertrage das Leiden, verrichte dein Werk als Verkünder des Evangeliums, erfülle treu deinen Dienst! ⁶ Denn ich werde schon geopfert und die Zeit meines Aufbruchs ist nahe. ⁷ Ich habe den guten Kampf gekämpft, den Lauf vollendet, die Treue bewahrt. ⁸ Schon jetzt liegt für mich der Kranz der Gerechtigkeit bereit, den mir der Herr, der gerechte Richter, an jenem Tag geben wird, aber nicht nur mir, sondern allen, die sein Erscheinen ersehnen.

Persönliche Mitteilungen und Aufträge

4,9–18

⁹ Beeil dich, bald zu mir zu kommen! ¹⁰ Denn Demas hat mich aus Liebe zu dieser Welt verlassen und ist nach Thessalonich gegangen, Crescens ging nach Galatien, Titus nach Dalmatien. ¹¹ Lukas ist als Einziger bei mir. Nimm Markus und bring ihn mit; denn er ist für mich nützlich zum Dienst. ¹² Tychikus habe ich nach Ephesus geschickt. ¹³ Wenn du kommst, bring den Mantel mit, den ich in Troas bei Karpus gelassen habe, auch die Bücher, vor allem die Pergamente! ¹⁴ Alexander, der Schmied, hat mir viel Böses getan; der Herr wird ihm vergelten, wie es seine Taten verdienen. ¹⁵ Nimm auch du dich vor ihm in Acht, denn er hat sich unseren Worten heftig widersetzt!
¹⁶ Bei meiner ersten Verteidigung ist niemand für mich eingetreten; alle haben mich im Stich gelassen. Möge es ihnen nicht angerechnet werden. ¹⁷ Aber der Herr stand mir zur Seite und gab mir Kraft, damit durch mich die Verkündigung vollendet wird und alle Völker sie hören; und so wurde ich dem Rachen des Löwen entrissen. ¹⁸ Der Herr wird mich allem bösen Treiben entreißen und retten in sein himmlisches Reich. Ihm sei die Ehre in alle Ewigkeit. Amen.

Grüße und Segenswunsch

4,19–22

¹⁹ Grüße Prisca und Aquila und das Haus des Onesiphorus! ²⁰ Erastus blieb in Korinth, Trophimus musste ich krank in Milet zurücklassen. ²¹ Beeil dich, noch vor dem Winter zu kommen! Es grüßen dich Eubulus, Pudens, Linus, Claudia und alle Brüder.
²² Der Herr sei mit deinem Geist! Die Gnade sei mit euch!

Der Brief an
TITUS

Den Abschluss der Pastoralbriefe bildet der Brief an Titus. Auch hier sind die dem Adressaten mitgeteilten Weisungen stellvertretend an den Gemeindeleiter gerichtet und durch die Absenderangabe „Paulus, Knecht Gottes und Apostel Jesu Christi" autorisiert. Der Verfasser ist mit dem der beiden Briefe an Timotheus identisch.

Titus zählt neben Timotheus zu den engsten Mitarbeitern des Apostels Paulus bei seiner Mission. Überraschenderweise wird er in der Apostelgeschichte nicht erwähnt, dafür umso öfter in den Briefen des Paulus: als Mitglied der Vertreter der heidenchristlichen Kirchen beim sogenannten Apostelkonzil (Gal 2,3); sodann als von Paulus beauftragter Organisator der dort für Jerusalem vereinbarten Kollekte bei den Gemeinden in Kleinasien und Griechenland (2 Kor 8,6.16f.23); schließlich als Vermittler in den Auseinandersetzungen zwischen Paulus und der Kirche von Korinth (2 Kor 2,12f.; 7,6f.13–15; 12,18).

Der Brief an Titus nimmt Bezug darauf, dass Paulus ihm bei seiner Abreise von Kreta die Verantwortung für die dortige Kirche übertragen hat (Tit 1,5). Nach dem ausführlichen Eingangsgruß (1,1–4) werden zunächst die Aufgaben aufgezählt, die der Apostelschüler und -nachfolger zu erledigen hat (1,5–6): Einsetzung von Ältesten (1,5–9) und Bekämpfung von Irrlehrern (1,10–16). Nach Unterweisungen zur Belehrung einzelner Gruppen in der Gemeinde (2,1–10) folgen grundsätzliche Aussagen über den Glauben, unter Einbeziehung hymnenartiger Texte: Ein frommes Leben muss der in Jesus Christus offenbarten Gnade Gottes entsprechen (2,11–15); die in der Taufe geschenkte Erneuerung im Heiligen Geist verpflichtet die Christen zu einem entsprechenden Leben im öffentlichen wie im privaten Bereich (3,1–8). Nach einer erneuten Warnung vor Irrlehrern (3,9–11) schließt der Brief mit persönlichen Mitteilungen und Grüßen (3,12–15).

Auch im Titusbrief nimmt die Irrlehrerpolemik einen breiten Raum ein. Doch der Verfasser betont immer wieder, dass der Anspruch der „gesunden Lehre" nur dort zu Recht besteht, wo das Leben der Christen dem Geschenk der Gnade Gottes und der „Erneuerung im Heiligen Geist" entspricht.

Anschrift und Gruß

1,1–4

1

¹Paulus, Knecht Gottes und Apostel Jesu Christi, gemäß dem Glauben der Auserwählten Gottes und der Erkenntnis der Wahrheit, die der Frömmigkeit entspricht,

² **in der Hoffnung auf das ewige Leben, das Gott, der nicht lügt, schon vor ewigen Zeiten verheißen hat.**

³Zur vorherbestimmten Zeit aber hat er sein Wort offenbart durch die Verkündigung, mit der ich durch den Auftrag Gottes, unseres Retters, betraut worden bin. ⁴An Titus, sein rechtmäßiges Kind, aufgrund des gemeinsamen Glaubens: Gnade und Friede von Gott, dem Vater, und Christus Jesus, unserem Retter.

Aufgaben des Titus auf Kreta

1,5–16

Einsetzung geeigneter Bischöfe und Ältester

⁵Ich habe dich in Kreta deswegen zurückgelassen, damit du das, was noch zu tun ist, zu Ende führst und in den einzelnen Städten Älteste einsetzt, wie ich dir aufgetragen habe, ⁶wenn einer unbescholten und Mann einer einzigen Frau ist, mit gläubigen Kindern, die nicht unter dem Vorwurf der Liederlichkeit stehen oder ungehorsam sind.

⁷Denn der Bischof muss unbescholten sein als Haushalter Gottes, nicht überheblich und jähzornig, kein Trinker, nicht gewalttätig, nicht habgierig, ⁸sondern gastfreundlich, das Gute liebend; besonnen, gerecht, fromm und beherrscht

⁹einer, der sich an das zuverlässige Wort hält, das der Lehre entspricht, damit er in der Lage ist, in der gesunden Lehre zu unterweisen und die Widersprechenden zu überführen.

Bekämpfung von Irrlehrern

¹⁰Denn es gibt viele Ungehorsame, Schwätzer und die sich nicht fügen wollen, besonders die aus der Beschneidung. ¹¹Ihnen muss man den Mund stopfen, denn aus übler Gewinnsucht zerstören sie ganze Familien mit ihren falschen Lehren. ¹²Einer von ihnen hat als ihr eigener Prophet gesagt: Kreter sind immer Lügner, wilde Tiere, faule Bäuche. ¹³Unser Zeugnis ist wahr. Darum weise sie streng zurecht, damit sie im Glauben gesund werden ¹⁴und sich nicht mehr an jüdische Fabeleien halten und an Gebote von Menschen, die sich von der Wahrheit abwenden! ¹⁵Für die Reinen ist alles rein; für die Unreinen und Ungläubigen aber ist nichts rein, sogar ihr Denken und ihr Gewissen sind unrein. ¹⁶Sie beteuern, Gott zu kennen, durch ihr Tun aber verleugnen sie ihn; es sind abscheuliche und ungehorsame Menschen, zu jeder guten Tat unbrauchbar.

Anweisungen und Belehrungen über den Glauben

2,1–3,11

2

2,1–15

Das Verhalten verschiedener Gruppen

¹Du aber verkünde, was der gesunden Lehre entspricht! ²Die älteren Männer sollen nüchtern sein, achtbar, besonnen, gesund im Glauben, in der Liebe, in der Ausdauer. ³Ebenso seien die älteren Frauen würdevoll in ihrem Verhalten, nicht verleumderisch und nicht trunksüchtig; sie müssen fähig sein, das Gute zu lehren, ⁴damit sie die jungen Frauen dazu anhalten können, ihre Männer und Kinder zu lieben, ⁵besonnen zu sein, ehrbar, häuslich, tüchtig und ihren Männern gehorsam, damit das Wort Gottes nicht in Verruf kommt.
⁶Ebenso ermahne die jüngeren Männer, in allen Dingen besonnen zu sein! ⁷Gib selbst ein Beispiel durch gute Taten! Lehre die Wahrheit unverfälscht und mit Würde, ⁸mit gesunder, unanfechtbarer Rede, damit der Gegner beschämt werde und nichts Schlechtes über uns sagen kann!
⁹Die Sklaven sollen ihren Herren gehorchen, ihnen in allem gefällig sein, nicht widersprechen, ¹⁰nichts veruntreuen; sie sollen zuverlässig und treu sein, damit sie in allem der Lehre Gottes, unseres Retters, Ehre machen.

Gottes Gnade und christliches Leben

¹¹Denn die Gnade Gottes ist erschienen, um alle Menschen zu retten. ¹²Sie erzieht uns dazu, uns von der Gottlosigkeit und den irdischen Begierden loszusagen und besonnen, gerecht und fromm in dieser Welt zu leben, ¹³während wir auf die selige Erfüllung unserer Hoffnung warten: auf das Erscheinen der Herrlichkeit unseres großen Gottes und Retters Christus Jesus. ¹⁴Er hat sich für uns hingegeben, damit er uns von aller Ungerechtigkeit erlöse und für sich ein auserlesenes Volk schaffe, das voll Eifer danach strebt, das Gute zu tun. ¹⁵So sollst du mit allem Nachdruck lehren, ermahnen und zurechtweisen. Niemand soll dich gering achten.

3

3,1–11

Die Berufung der Christen durch die Taufe

¹Erinnere sie daran, sich den Obrigkeiten und Machthabern unterzuordnen und ihnen zu gehorchen und zu jedem guten Werk bereit zu sein, ²niemanden zu schmähen, friedfertig zu sein, gütig und alle Freundlichkeit allen Menschen gegenüber zu zeigen! ³Denn auch wir waren früher unverständig und ungehorsam, dem Irrtum verfallen, Sklaven aller möglichen Begierden und Leidenschaften, lebten in Bosheit und Neid, waren verhasst und hassten einander. ⁴Als aber die Güte und Menschenfreundlichkeit Gottes, unseres Retters, erschien, ⁵hat er uns gerettet – nicht aufgrund von Werken der Gerechtigkeit, die wir vollbracht haben, sondern nach seinem Erbarmen – durch das Bad der Wiedergeburt und die Erneuerung im Heiligen Geist. ⁶Ihn hat er in reichem Maß über uns ausgegossen durch Jesus Christus, unseren Retter, ⁷damit wir durch seine Gnade gerecht gemacht werden und das ewige Leben erben, das wir erhoffen.
⁸Dieses Wort ist glaubwürdig und ich will, dass du nachdrücklich dafür eintrittst, damit alle, die zum Glauben an Gott gekommen sind, darauf bedacht sind, sich in guten Werken hervorzutun. Das ist gut und für die Menschen nützlich.

Der rechte Umgang mit Irrlehrern

⁹Lass dich nicht ein auf törichte Auseinandersetzungen und Erörterungen über Geschlechterreihen, auf Streit und Gezänk über das Gesetz; sie sind nutzlos und vergeblich. ¹⁰Wenn du einen, der falsche Lehren vertritt, einmal und ein zweites Mal ermahnt hast, so meide ihn! ¹¹Du weißt, ein solcher Mensch ist auf dem verkehrten Weg; er sündigt und spricht sich selbst das Urteil.

Persönliche Aufträge und Gruß

3,12–15

¹²Sobald ich Artemas oder Tychikus zu dir schicke, beeile dich, zu mir nach Nikopolis zu kommen; denn ich habe mich entschlossen, dort den Winter zu verbringen. ¹³Den gesetzeskundigen Zenas und den Apollos statte für die Weiterreise gut aus, damit ihnen nichts fehlt! ¹⁴Auch unsere Leute sollen lernen, sich in guten Werken hervorzutun, wo es nötig ist, damit ihr Leben nicht ohne Frucht bleibt. ¹⁵Es grüßen dich alle, die bei mir sind. Grüße alle, die uns durch den Glauben in Liebe verbunden sind! Die Gnade sei mit euch allen!

Der Brief an
PHILEMON

Der kleine Brief hat einen ganz konkreten Anlass. Der Sklave Onesimus war seinem Herrn Philemon entlaufen, der vermutlich in Kolossä wohnte. Er kam auf seiner Flucht zu Paulus, der im Gefängnis saß, vermutlich in Ephesus. Der Brief wurde um das Jahr 55 geschrieben. Paulus gewann Onesimus für den christlichen Glauben und er war ihm in mancherlei Hinsicht nützlich (vgl. 11.20). Der Apostel schickte ihn zu Philemon zurück, dessen Haus einer christlichen Gemeinde als Versammlungsort diente. Der Brief sollte Philemon bewegen, dem Sklaven Onesimus zu verzeihen und ihn als christlichen Bruder aufzunehmen. Er leistet keinen direkten Beitrag zur Lösung des antiken Sklavenproblems, lässt aber ahnen, dass sich Mahnungen wie die des Paulus an Philemon langfristig auf den Umgang von Christen mit ihren Sklaven auswirken sollten. Als ein sehr persönliches Dokument zeigt der Brief, wie Paulus mit seiner Autorität als Apostel umging.

Anschrift und Gruß

1–3

¹Paulus, Gefangener Christi Jesu, und Timotheus, der Bruder, an Philemon, unseren Geliebten und Mitarbeiter, ²und Apphia, die Schwester, und Archippus, unseren Mitstreiter, und die Gemeinde in deinem Haus. ³Gnade sei mit euch und Friede von Gott, unserem Vater, und dem Herrn Jesus Christus!

Dankgebet des Apostels

4–7

⁴Ich danke meinem Gott jedes Mal, wenn ich bei meinen Gebeten deiner gedenke. ⁵Denn ich höre von deinem Glauben an Jesus, den Herrn, und von deiner Liebe zu ihm und zu allen Heiligen. ⁶Ich bete, dass unser gemeinsamer Glaube in dir wirkt und du all das Gute in uns erkennst, das auf Christus gerichtet ist. ⁷Denn viel Freude und Trost hatte ich an deiner Liebe, weil durch dich, Bruder, das Innerste der Heiligen erquickt worden ist.

Fürsprache für Onesimus

8–20

⁸Obwohl ich durch Christus volle Freiheit habe, dir zu befehlen, was du tun sollst, ⁹ziehe ich es um der Liebe willen vor, dich zu bitten. Ich, Paulus, ein alter Mann, jetzt auch Gefangener Christi Jesu, ¹⁰ich bitte dich für mein Kind Onesimus, dem ich im Gefängnis zum Vater geworden bin. ¹¹Einst war er dir unnütz, jetzt aber ist er dir und mir recht nützlich. ¹²Ich schicke ihn zu dir zurück, ihn, das bedeutet mein Innerstes. ¹³Ich wollte ihn bei mir behalten, damit er mir an deiner Stelle dient in den Fesseln des Evangeliums. ¹⁴Aber ohne deine Zustimmung wollte ich nichts tun. Deine gute Tat soll nicht erzwungen, sondern freiwillig sein. ¹⁵Denn vielleicht wurde er deshalb eine Weile von dir getrennt, damit du ihn für ewig zurückerhältst, ¹⁶nicht mehr als Sklaven, sondern als weit mehr: als geliebten Bruder. Das ist er jedenfalls für mich, um wie viel mehr dann für dich, als Mensch und auch vor dem Herrn. ¹⁷Wenn du also mit mir Gemeinschaft hast, nimm ihn auf wie mich! ¹⁸Wenn er dich aber geschädigt hat oder dir etwas schuldet, setz das auf meine Rechnung! ¹⁹Ich, Paulus, schreibe mit eigener Hand: Ich werde es erstatten – ohne jetzt davon zu reden, dass auch du dich selbst mir schuldest. ²⁰Ja, Bruder, um des Herrn willen möchte ich von dir einen Nutzen haben. Erquicke mein Innerstes in Christus!

Grüße und Segenswunsch

21–25

²¹Im Vertrauen auf deinen Gehorsam habe ich dir geschrieben; ich weiß, dass du noch mehr tun wirst, als ich gesagt habe. ²²Bereite zugleich eine Unterkunft für mich vor! Denn ich hoffe, dass ich euch durch eure Gebete wiedergeschenkt werde. ²³Es grüßen dich Epaphras, mein Mitgefangener in Christus Jesus, ²⁴Markus, Aristarch, Demas und Lukas, meine Mitarbeiter. ²⁵Die Gnade Jesu Christi, des Herrn, sei mit eurem Geist!

Der Brief an die

HEBRÄER

Der Hebräerbrief wird im Neuen Testament traditionell unter die Paulusbriefe eingereiht und bildet deren Abschluss. Dies ist auf die Überschrift „An die Hebräer" zurückzuführen, die freilich nicht vom Verfasser stammt, sondern erst im 2. Jahrhundert hinzugekommen ist und die Schrift nachträglich den Paulusbriefen zugeordnet hat. Allerdings hebt sich der Hebräerbrief in der Form, im Sprachstil und in der Theologie so deutlich von den Paulusbriefen ab, dass man ihn schwerlich Paulus zuordnen kann. Er ist wohl von einem uns unbekannten Autor verfasst worden und hat wegen seiner besonderen Theologie Eingang in den Kanon gefunden.

Der Verfasser, der seinen Namen nicht nennt, tritt dabei ganz hinter dem Schreiben zurück. Dessen gehobener Stil und die markante Struktur weisen auf einen gebildeten Theologen hin, der mit dem hellenistischen Judentum ebenso vertraut war wie mit der Sprache und der Kultur seiner Zeit und der ein sehr gutes Griechisch schreibt. Man kann davon ausgehen, dass er der zweiten oder dritten christlichen Generation angehört und als Lehrer in den Gemeinden tätig war.

Die vom Verfasser vorausgesetzte Gemeindestruktur und Verbindungen zum 1. Klemensbrief (1 Klem 17,1; 36,2–5) deuten auf eine Entstehung gegen Ende des 1. Jahrhunderts hin. Auch die das gesamte Schreiben durchziehende Mahnung zu einem neuen geistlichen Aufbruch legt nahe, den Hebräerbrief nicht der Frühzeit der christlichen Gemeinden zuzuordnen. Der Verfasser hat offensichtlich eine kirchliche Situation vor Augen, in der die Begeisterung des Anfangs schon etwas verblasst ist und der Glaube sich im Alltag und der Normalität des Lebens bewähren muss.

Das Schreiben ist sorgfältig in drei einander zugeordnete Teile gegliedert: Der Eröffnungsteil (1,1–4,13) stellt heraus, dass Gott im Sohn auf neue und endgültige Weise zu den Menschen gesprochen hat und sie diesen Ruf mit ihrem ganzen Leben aufnehmen sollen; der Mittelteil (4,14–10,18) weist auf den Sohn als Hohepriester des neuen Bundes hin, der in seinem Lebensopfer den Menschen die endgültige Versöhnung mit Gott eröffnet hat; der dritte Teil (10,19–13,17) ruft die Gemeinde auf, zu diesem Geschehen „hinzuzutreten", sich auf das Opfer Jesu Christi einzulassen und gemäß der Zuwendung Gottes in Jesus Christus neu zu leben. Den Abschluss bilden Segenswünsche, Grüße und die Ankündigung eines Besuches (13,18–25). Der Verfasser versteht sein Schreiben als eine „Mahnrede" (13,22), die aufs Ganze des christlichen Bekenntnisses zielt und den Gemeinden vor Augen hält, dass Christsein nicht von Beliebigkeiten, sondern von dem das ganze Leben bestimmenden Bekenntnis zum Heilshandeln Gottes in Jesus Christus bestimmt sein soll. Denn Christen treten mit ihrem Tun nicht vor irdische Instanzen, sondern müssen sich vor dem lebendigen Wort Gottes bewähren, das „wirksam und schärfer als jedes zweischneidige Schwert" ist (4,12). Der Verfasser sieht diese Bereitschaft, sich ganz in diesen Himmel und Erde umspannenden Gottesdienst einzufügen, bei den Adressaten offenbar nur ansatzweise realisiert. Deshalb ist er bemüht, sie wieder neu auf den Weg zu verpflichten, der von der Orientierung an Jesus bestimmt ist.

Maßgebliche Grundlage ist für den Hebräerbrief das griechische Alte Testament (Septuaginta). Dessen Texte erschließt er mit den Mitteln der in Alexandrien üblichen Auslegung, die weit über ein wörtliches Verständnis hinausgeht, in die Tiefe der Aussagen eindringen will und sie als gegenwärtige Anrede versteht. In diesem Sinn liest er die alttestamentlichen Texte geradezu als unmittelbar der christlichen Gemeinde zugesprochene Aussagen und als Verweise auf Christus und sein Opfer zum Heil der Menschen. Dies macht die Lektüre des Schreibens nicht immer leicht.

Der Hebräerbrief ist vom literarischen Genus her weniger ein Brief als eine Homilie bzw. eine seelsorglich bestimmte Mahnrede, wie sie auch im Synagogengottesdienst üblich war (vgl. Apg 13,15). Der Verfasser bezeichnet seine Ausführungen deshalb auch mehrfach als „Rede" (vgl. etwa 5,11; 6,9; 9,5; 11,32) und bittet die Leser am Ende in diesem Sinn ausdrücklich (13,22): „Nehmt diese Mahnrede bereitwillig an!"

Gottes endgültige Rede im Sohn

1,1–4,13

1

1,1–14

Gottes Rede in seinem Sohn

¹Vielfältig und auf vielerlei Weise hat Gott einst zu den Vätern gesprochen durch die Propheten; ²am Ende dieser Tage hat er zu uns gesprochen durch den Sohn, den er zum Erben von allem eingesetzt, durch den er auch die Welt erschaffen hat; ³er ist der Abglanz seiner Herrlichkeit und das Abbild seines Wesens; er trägt das All durch sein machtvolles Wort, hat die Reinigung von den Sünden bewirkt und sich dann zur Rechten der Majestät in der Höhe gesetzt; ⁴er ist umso viel erhabener geworden als die Engel, wie der Name, den er geerbt hat, ihren Namen überragt.

Die Erhabenheit des Sohnes über die Engel

⁵Denn zu welchem Engel hat er jemals gesagt: *Mein Sohn bist du, / ich habe dich heute gezeugt,* und weiter: *Ich will für ihn Vater sein / und er wird für mich Sohn sein?*
⁶Wenn er aber den Erstgeborenen wieder in die Welt einführt, sagt er: *Alle Engel Gottes sollen sich vor ihm niederwerfen.* ⁷Und von den Engeln sagt er: *Er macht seine Engel zu Winden / und seine Diener zu Feuerflammen;* ⁸zum Sohn aber:
Dein Thron, o Gott, steht für immer und ewig, und: *Das Zepter deiner Herrschaft ist ein gerechtes Zepter.* ⁹ *Du liebst das Recht und hasst das Unrecht, / darum, o Gott, hat dein Gott dich gesalbt / mit dem Öl der Freude wie keinen deiner Gefährten.*
¹⁰Und: *Du, Herr, hast vorzeiten der Erde Grund gelegt, / die Himmel sind das Werk deiner Hände.* ¹¹ *Sie werden vergehen, du aber bleibst; / sie alle veralten wie ein Gewand;* ¹² *du rollst sie zusammen wie einen Mantel / und wie ein Gewand werden sie gewechselt. Du aber bleibst, der du bist, / und deine Jahre enden nie.*
¹³Zu welchem Engel hat er jemals gesagt: *Setze dich mir zur Rechten / und ich lege dir deine Feinde als Schemel unter die Füße?* ¹⁴Sind sie nicht alle nur dienende Geister, ausgesandt, um denen zu helfen, die das Heil erben sollen?

2

2,1–18

Aufruf zum aufmerksamen Hören

¹Darum müssen wir umso aufmerksamer auf das achten, was wir gehört haben, damit wir nicht vom rechten Kurs abgetrieben werden. ²Denn wenn schon das durch Engel verkündete Wort verpflichtend war und jede Übertretung und jeder Ungehorsam die gerechte Vergeltung fand, ³wie sollen dann wir entrinnen, wenn wir uns um ein so erhabenes Heil nicht kümmern, das zuerst durch den Herrn verkündet und uns von denen, die es gehört hatten, bestätigt wurde? ⁴Auch Gott selbst hat dies bezeugt durch Zeichen und Wunder, durch Machttaten aller Art und Gaben des Heiligen Geistes, nach seinem Willen.

Die Erniedrigung des Sohnes und unser Heil

⁵Denn nicht Engeln hat er die zukünftige Welt unterworfen, von der wir reden, ⁶vielmehr bezeugt an einer Stelle jemand:
Was ist der Mensch, dass du seiner gedenkst, / oder des Menschen Sohn, dass du dich seiner annimmst? ⁷ *Du hast ihn nur ein wenig unter die Engel erniedrigt, / mit Herrlichkeit und Ehre hast du ihn gekrönt,* ⁸ *alles hast du ihm unter seine Füße gelegt.*
Denn indem er ihm alles unterwarf, hat er nichts ausgenommen, was ihm nicht unterworfen wäre. Jetzt aber sehen wir noch nicht, dass ihm alles unterworfen ist, ⁹aber den, der ein wenig unter die Engel erniedrigt war, Jesus, ihn sehen wir um seines Todesleidens willen mit Herrlichkeit und Ehre gekrönt; es war nämlich Gottes gnädiger Wille, dass er für alle den Tod erlitt.

¹⁰Denn es war angemessen, dass Gott, für den und durch den das All ist und der die vielen Söhne zur Herrlichkeit führen wollte, den Urheber ihres Heils durch Leiden vollendete. ¹¹Denn er, der heiligt, und sie, die geheiligt werden, stammen alle aus Einem; darum schämt er sich nicht, sie Brüder zu nennen ¹²und zu sagen:
Ich will deinen Namen meinen Brüdern verkünden, / inmitten der Gemeinde dich preisen; ¹³und ferner: *Ich will auf ihn mein Vertrauen setzen;* und: *Siehe, ich und die Kinder, die Gott mir geschenkt hat.*
¹⁴Da nun die Kinder von Fleisch und Blut sind, hat auch er in gleicher Weise daran Anteil genommen, um durch den Tod den zu entmachten, der die Gewalt über den Tod hat, nämlich den Teufel, ¹⁵und um die zu befreien, die durch die Furcht vor dem Tod ihr Leben lang der Knechtschaft verfallen waren. ¹⁶Denn er nimmt sich keineswegs der Engel an, sondern der Nachkommen Abrahams nimmt er sich an. ¹⁷Darum musste er in allem seinen Brüdern gleich sein, um ein barmherziger und treuer Hohepriester vor Gott zu sein und die Sünden des Volkes zu sühnen. ¹⁸Denn da er gelitten hat und selbst in Versuchung geführt wurde, kann er denen helfen, die in Versuchung geführt werden.

3

3,1–19

Jesu Treue als Gabe und Anspruch

¹ Darum, heilige Brüder und Schwestern, die ihr an himmlischer Berufung teilhabt, richtet euren Sinn auf den Apostel und Hohepriester unseres Bekenntnisses: Jesus, ² der – wie auch Mose in Gottes Haus – dem treu ist, der ihn eingesetzt hat! ³ Denn er ist größerer Herrlichkeit gewürdigt worden als Mose, so wie der, der ein Haus erbaut, größere Ehre hat als das Haus selbst. ⁴ Denn jedes Haus wird von jemand erbaut; der aber, der alles erbaut hat, ist Gott. ⁵ *Mose war zwar in Gottes ganzem Haus treu als ein Dienender* zum Zeugnis für das, was künftig gesagt werden sollte. ⁶ Christus aber ist treu als Sohn, der über das Haus Gottes gesetzt ist. Sein Haus sind wir, wenn wir an der Zuversicht und an der Hoffnung festhalten, derer wir uns rühmen.

Das warnende Beispiel der Wüstengeneration Israels

⁷ Darum beherzigt, was der Heilige Geist sagt: *Heute, wenn ihr seine Stimme hört, / ⁸ verhärtet nicht eure Herzen wie beim Aufruhr / am Tag der Versuchung in der Wüste! ⁹ Dort haben eure Väter mich versucht, / sie haben mich auf die Probe gestellt / und hatten doch meine Taten gesehen, / ¹⁰ vierzig Jahre lang. Darum war mir diese Generation zuwider / und ich sagte: Immer geht ihr Herz in die Irre. / Sie erkannten meine Wege nicht. ¹¹ Darum habe ich in meinem Zorn geschworen: / Sie sollen nicht in das Land meiner Ruhe kommen.*

¹² Gebt Acht, Brüder und Schwestern, dass keiner von euch ein böses, ungläubiges Herz hat, dass keiner vom lebendigen Gott abfällt, ¹³ sondern ermahnt einander jeden Tag, solange es noch heißt: Heute, damit niemand von euch durch den Betrug der Sünde verhärtet wird; ¹⁴ denn an Christus haben wir nur Anteil, wenn wir bis zum Ende an der Zuversicht festhalten, die wir am Anfang hatten.

¹⁵ Wenn es heißt: *Heute, wenn ihr seine Stimme hört, / verhärtet eure Herzen nicht wie beim Aufruhr* – ¹⁶ wer waren denn jene, die hörten und sich auflehnten? Waren es nicht alle, die unter Mose aus Ägypten ausgezogen waren? ¹⁷ Wer war Gott vierzig Jahre lang zuwider? Waren es nicht die Sünder, deren Leichen in der Wüste liegen blieben? ¹⁸ Wem aber hat er geschworen, dass sie nicht eingehen sollten in seine Ruhe, wenn nicht den Ungehorsamen? ¹⁹ Und wir sehen, dass sie nicht hineinkommen konnten wegen ihres Unglaubens.

4

4,1–13

Aufbruch im Vertrauen auf die Verheißung

¹ Darum lasst uns ernsthaft besorgt sein, dass keiner von euch zurückbleibt, solange die Verheißung, in seine Ruhe zu kommen, noch gilt. ² Denn auch uns ist das Evangelium verkündet worden wie jenen; doch hat ihnen das Wort, das sie hörten, nichts genützt, weil es sich nicht durch den Glauben mit den Hörern verband.

³ Denn wir, die wir gläubig geworden sind, kommen in seine Ruhe, wie er gesagt hat: *Darum habe ich in meinem Zorn geschworen: / Sie sollen nicht in meine Ruhe kommen.* Und doch waren die Werke seit Erschaffung der Welt getan, ⁴ denn vom siebten Tag heißt es an einer Stelle: *Und Gott ruhte am siebten Tag von all seinen Werken;* ⁵ hier aber heißt es: *Sie sollen nicht in meine Ruhe kommen.*

⁶ Da es nun dabei bleibt, dass einige hineinkommen, die aber, die früher das Evangelium empfangen haben, wegen ihres Ungehorsams nicht hineingekommen sind, ⁷ setzt er aufs Neue einen Tag fest, Heute, indem er durch David, wie schon gesagt, nach so langer Zeit spricht: *Heute, wenn ihr seine Stimme hört, verhärtet nicht eure Herzen!*

⁸ Denn hätte schon Josua sie in das Land der Ruhe geführt, so wäre nicht von einem anderen, späteren Tag die Rede. ⁹ Also verbleibt dem Volk Gottes noch eine Sabbatruhe. ¹⁰ Denn wer in seine Ruhe eingegangen ist, der ruht auch selbst von seinen Werken aus, wie Gott von den seinen.

¹¹ Bemühen wir uns also, in jene Ruhe einzugehen, damit niemand aufgrund des gleichen Ungehorsams zu Fall kommt!

Die Macht des Wortes Gottes

¹² Denn lebendig ist das Wort Gottes, wirksam und schärfer als jedes zweischneidige Schwert; es dringt durch bis zur Scheidung von Seele und Geist, von Gelenken und Mark; es richtet über die Regungen und Gedanken des Herzens; ¹³ vor ihm bleibt kein Geschöpf verborgen, sondern alles liegt nackt und bloß vor den Augen dessen, dem wir Rechenschaft schulden.

Der Sohn als Hohepriester des neuen Bundes

4,14–10,18

Mahnung zum Festhalten am Bekenntnis

¹⁴ Da wir nun einen erhabenen Hohepriester haben, der die Himmel durchschritten hat, Jesus, den Sohn Gottes, lasst uns an dem Bekenntnis festhalten. ¹⁵ Wir haben ja nicht einen Hohepriester, der nicht mitfühlen könnte mit unseren Schwächen, sondern einen, der in allem wie wir versucht worden ist, aber nicht gesündigt hat. ¹⁶ Lasst uns also voll Zuversicht hinzutreten zum Thron der Gnade, damit wir Erbarmen und Gnade finden und so Hilfe erlangen zur rechten Zeit!

5

5,1–14

Der Weg des Sohnes als priesterlicher Heilsdienst

¹ Denn jeder Hohepriester wird aus den Menschen genommen und für die Menschen eingesetzt zum Dienst vor Gott, um Gaben und Opfer für die Sünden darzubringen. ² Er ist fähig, mit den Unwissenden und Irrenden mitzufühlen, da er auch selbst behaftet ist mit Schwachheit, ³ und dieser Schwachheit wegen muss er wie für das Volk so auch für sich selbst Sündopfer darbringen. ⁴ Und keiner nimmt sich selbst diese Würde, sondern er wird von Gott berufen, so wie Aaron.

⁵ So hat auch Christus sich nicht selbst die Würde verliehen, Hoherpriester zu werden, sondern der zu ihm gesprochen hat: *Mein Sohn bist du. / Ich habe dich heute gezeugt*, ⁶ wie er auch an anderer Stelle sagt: *Du bist Priester auf ewig / nach der Ordnung Melchisedeks*.

⁷ Er hat in den Tagen seines irdischen Lebens mit lautem Schreien und unter Tränen Gebete und Bitten vor den gebracht, der ihn aus dem Tod retten konnte, und er ist erhört worden aufgrund seiner Gottesfurcht. ⁸ Obwohl er der Sohn war, hat er durch das, was er gelitten hat, den Gehorsam gelernt; ⁹ zur Vollendung gelangt, ist er für alle, die ihm gehorchen, der Urheber des ewigen Heils geworden ¹⁰ und wurde von Gott angeredet als Hoherpriester nach der Ordnung Melchisedeks.

Der erwachsene Glaube

¹¹ Darüber hätten wir viel zu sagen; es ist aber schwer verständlich zu machen, da ihr träge geworden seid im Hören. ¹² Denn obwohl ihr der Zeit nach schon Lehrer sein müsstet, braucht ihr von Neuem einen, der euch in den Anfangsgründen der Worte Gottes unterweist; und ihr seid solche geworden, die Milch nötig haben, nicht feste Speise. ¹³ Denn jeder, der noch mit Milch genährt wird, ist unerfahren im richtigen Reden; er ist ja ein unmündiges Kind; ¹⁴ feste Speise aber ist für Erwachsene, deren Sinne durch Gebrauch geübt sind, Gut und Böse zu unterscheiden.

6

6,1–20

¹ Darum wollen wir beiseitelassen, was man zuerst von Christus verkünden muss, und uns dem Vollkommeneren zuwenden; wir wollen nicht noch einmal den Grund legen mit der Abkehr von toten Werken und dem Glauben an Gott, ² mit der Lehre über die Taufen und die Handauflegung, über die Auferstehung der Toten und das ewige Gericht; ³ das wollen wir dann tun, wenn Gott es zulässt.

⁴ Denn es ist unmöglich, jene, die einmal erleuchtet worden sind, die von der himmlischen Gabe genossen und Anteil am Heiligen Geist empfangen haben, ⁵ die das gute Wort Gottes und die Kräfte der kommenden Weltzeit gekostet haben, ⁶ dann aber abgefallen sind, erneut zur Umkehr zu bringen; da sie den Sohn Gottes noch einmal für sich ans Kreuz schlagen und zum Gespött machen. ⁷ Wenn ein Boden den häufig herabströmenden Regen trinkt und denen, für die er bebaut wird, nützliche Gewächse hervorbringt, empfängt er Segen von Gott; ⁸ trägt er aber Dornen und Disteln, so ist er nutzlos und vom Fluch bedroht; am Ende wird er verbrannt.

⁹ Bei euch aber, Geliebte, sind wir trotz des Gesagten vom Besseren überzeugt und davon, dass ihr am Heil teilhabt. ¹⁰ Denn Gott ist nicht so ungerecht, euer Tun zu vergessen und die Liebe, die ihr seinem Namen bewiesen habt, indem ihr den Heiligen gedient habt und noch dient. ¹¹ Wir wünschen aber, dass jeder von euch im Blick auf den Reichtum unserer Hoffnung bis zum Ende den gleichen Eifer zeigt, ¹² damit ihr nicht träge werdet, sondern Nachahmer derer seid, die durch Glauben und Geduld Erben der Verheißungen sind.

Die unwiderrufliche Verheißung Gottes

¹³ Denn als Gott dem Abraham die Verheißung gab, schwor er bei sich selbst, da er bei keinem Höheren schwören konnte, ¹⁴ und sprach: Fürwahr, *ich will dir Segen schenken in Fülle und deine Nachkommen überaus zahlreich machen.* ¹⁵ So erlangte Abraham durch seine Ausdauer die Verheißung. ¹⁶ Menschen nämlich schwören bei dem Höheren; der Eid dient ihnen zur Bekräftigung und schließt jeden weiteren Einwand aus; ¹⁷ deshalb hat Gott, weil er den Erben der Verheißung ausdrücklich zeigen wollte, dass sein Entschluss unabänderlich ist, sich mit einem Eid verbürgt. ¹⁸ So sollten wir durch zwei unwiderrufliche Taten, bei denen Gott unmöglich täuschen konnte, einen kräftigen Ansporn haben, wir, die wir unsere Zuflucht dazu genommen haben, die dargebotene Hoffnung zu ergreifen. ¹⁹ In ihr haben wir einen sicheren und festen Anker der Seele, der hineinreicht in das Innere hinter dem Vorhang; ²⁰ dorthin ist Jesus für uns als Vorläufer hineingegangen, er, der nach der Ordnung Melchisedeks Hoherpriester geworden ist auf ewig.

7

7,1–28

Melchisedek als Abbild Christi, des wahren Hohepriesters

¹ Dieser *Melchisedek, König von Salem und Priester des höchsten Gottes; er, der dem Abraham, als dieser nach der Unterwerfung der Könige zurückkam, entgegenging und ihn segnete* ² *und welchem Abraham den Zehnten von allem gab;* er, dessen Name König der Gerechtigkeit bedeutet und der auch *König von Salem* ist, das heißt König des Friedens; ³ er, der vaterlos, mutterlos und ohne Stammbaum ist, ohne Anfang seiner Tage und ohne Ende seines Lebens, ähnlich geworden dem Sohn Gottes: Dieser Melchisedek bleibt Priester für immer. ⁴ Seht doch, wie groß der ist, dem *selbst Abraham,* der Patriarch, *den Zehnten* vom Besten der *Beute gab!* ⁵ Zwar haben auch die von den Söhnen Levis, die das Priesteramt empfangen, den Auftrag, den Zehnten gemäß dem Gesetz vom Volk, das heißt von ihren Brüdern, zu erheben, obwohl auch diese aus der Lende Abrahams hervorgegangen sind; ⁶ jener aber, der seinen Stammbaum nicht von ihnen herleitet, hat von Abraham den Zehnten genommen und den Träger der Verheißungen gesegnet. ⁷ Zweifellos wird aber immer das Geringere vom Höheren gesegnet. ⁸ Und hier nehmen den Zehnten sterbliche Menschen, dort aber einer, von dem bezeugt wird, dass er lebt. ⁹ Und in Abraham hat sozusagen auch Levi, der den Zehnten nimmt, den Zehnten entrichtet; ¹⁰ denn er war noch in der Lende des Stammvaters, als Melchisedek ihm entgegenging!

Christus, der vollkommene Hohepriester

¹¹ Wäre nun die Vollendung durch das levitische Priestertum gekommen – das Volk hat ja darüber gesetzliche Bestimmungen erhalten –, warum musste dann noch ein anderer Priester nach der Ordnung Melchisedeks eingesetzt und nicht nach der Ordnung Aarons benannt werden? ¹² Denn sobald das Priestertum geändert wird, ändert sich notwendig auch das Gesetz. ¹³ Der nämlich, von dem das gesagt wird, gehört einem anderen Stamm an, von dem keiner jemals am Altar gedient hat; ¹⁴ es ist ja bekannt, dass unser Herr aus Juda entsprossen ist; und über Priester aus diesem Stamm hat Mose nichts gesagt. ¹⁵ Das ist noch viel offenkundiger, wenn nach dem Vorbild Melchisedeks ein anderer Priester eingesetzt wird, ¹⁶ der nicht, wie das Gesetz es fordert, aufgrund leiblicher Abstammung Priester geworden ist, sondern durch die Kraft unzerstörbaren Lebens. ¹⁷ Denn es wird bezeugt: *Du bist Priester auf ewig / nach der Ordnung Melchisedeks.* ¹⁸ Das frühere Gebot wird zwar aufgehoben, weil es schwach und nutzlos war – ¹⁹ denn das Gesetz hat nicht zur Vollendung geführt –, eingeführt aber wird eine bessere Hoffnung, durch die wir Gott nahekommen.

²⁰ Und das geschah nicht ohne Eid. Denn jene sind ohne Eid Priester geworden, ²¹ dieser aber durch einen Eid dessen, der zu ihm sprach: *Der Herr hat geschworen und nie wird es ihn reuen: / Du bist Priester auf ewig.* ²² So ist auch Jesus zum Bürgen eines besseren Bundes geworden. ²³ Auch folgten dort viele Priester aufeinander, weil der Tod sie hinderte zu bleiben; ²⁴ er aber hat, weil er in Ewigkeit bleibt, ein unvergängliches Priestertum. ²⁵ Darum kann er auch die, die durch ihn vor Gott hintreten, für immer retten; denn er lebt allezeit, um für sie einzutreten. ²⁶ Ein solcher Hohepriester ziemte sich in der Tat für uns: einer, der heilig ist, frei vom Bösen, makellos, abgesondert von den Sündern und erhöht über die Himmel; ²⁷ einer, der es nicht Tag für Tag nötig hat, wie die Hohepriester zuerst für die eigenen Sünden Opfer darzubringen und dann für die des Volkes; denn das hat er ein für alle Mal getan, als er sich selbst dargebracht hat. ²⁸ Das Gesetz nämlich macht Menschen zu Hohepriestern, die der Schwachheit unterworfen sind; das Wort des Eides aber, der später als das Gesetz kam, setzt den Sohn ein, der auf ewig vollendet ist.

8

8,1–13

Die Liturgie des neuen Bundes

¹ Die Hauptsache bei dem Gesagten aber ist: Wir haben einen solchen Hohepriester, der sich zur Rechten des Thrones der Majestät im Himmel gesetzt hat, ² als Diener des Heiligtums und des wahren Zeltes, das der Herr selbst aufgeschlagen hat, nicht ein Mensch. ³ Denn jeder Hohepriester wird eingesetzt, um Gaben und Opfer darzubringen; deshalb muss auch dieser etwas haben, was er darbringt.

⁴ Wäre er nun auf Erden, so wäre er nicht einmal Priester, da es hier schon Priester gibt, die nach dem Gesetz die Gaben darbringen. ⁵ Sie dienen einem Abbild und Schatten der himmlischen Dinge, nach der Anweisung, die Mose erhielt, als er daranging, das Zelt zu errichten: *Sieh zu,* heißt es, *dass du alles nach dem Urbild ausführst, das dir auf dem Berg gezeigt wurde.* ⁶ Jetzt aber ist ihm ein umso erhabenerer Priesterdienst übertragen worden, weil er auch Mittler eines besseren Bundes ist, der auf bessere Verheißungen gegründet ist.

⁷ Wäre nämlich jener erste Bund ohne Tadel, so würde man nicht einen zweiten an seine Stelle zu setzen suchen. ⁸ Denn er tadelt sie und sagt: *Siehe, es werden Tage kommen – spricht der Herr –, da werde ich mit dem Haus Israel und dem Haus Juda einen neuen Bund schließen,* ⁹ *nicht wie der Bund war, den ich mit ihren Vätern geschlossen habe, am Tag, da ich sie an der Hand nahm, um sie aus dem Land Ägypten herauszuführen. Denn sie sind nicht bei meinem Bund geblieben und ich habe mich auch nicht mehr um sie gekümmert – spricht der Herr.* ¹⁰ *Denn das wird der Bund sein, den ich nach diesen Tagen mit dem Haus Israel schließe – spricht der Herr: Ich lege meine Gesetze in ihr Denken hinein und schreibe sie ihnen in ihr Herz. Ich werde ihr Gott sein und sie werden mein Volk sein.* ¹¹ *Und keiner wird seinen Mitbürger belehren und keiner seinem Bruder sagen: Erkenne den Herrn! Denn sie alle, Klein und Groß, werden mich kennen.* ¹² *Denn ich werde ihr Unrecht vergeben und an ihre Sünden nicht mehr denken.* ¹³ Indem er von einem neuen Bund spricht, hat er den ersten für veraltet erklärt. Was aber veraltet und überlebt ist, das ist dem Untergang nahe.

9

9,1–28

Der Kult des ersten Bundes und das Opfer Christi

¹Der erste Bund hatte zwar gottesdienstliche Vorschriften und ein irdisches Heiligtum. ²Es wurde nämlich ein erstes Zelt errichtet, in dem sich der Leuchter, der Tisch und die Schaubrote befanden; dieses wird das Heilige genannt. ³Hinter dem zweiten Vorhang jedoch war ein Zelt, das Allerheiligstes genannt wird, ⁴mit dem goldenen Rauchopferaltar und der ganz mit Gold überzogenen Bundeslade; darin waren ein goldener Krug mit dem Manna, der Stab Aarons, der Triebe angesetzt hatte, und die Bundestafeln; ⁵über ihr waren die Kerubim der Herrlichkeit, die die Sühneplatte überschatteten. Doch es ist nicht möglich, darüber jetzt im Einzelnen zu reden.

⁶So also ist das alles geordnet. In das erste Zelt gehen die Priester das ganze Jahr hinein, um die heiligen Dienste zu verrichten. ⁷In das zweite Zelt aber geht nur einmal im Jahr der Hohepriester allein hinein, und zwar mit dem Blut, das er für sich und für die unwissentlich begangenen Vergehen des Volkes darbringt. ⁸Damit macht der Heilige Geist deutlich, dass der Weg in das Heiligtum noch nicht offensteht, solange das erste Zelt noch Bestand hat. ⁹Das ist ein Gleichnis, das auf die gegenwärtige Zeit hinweist, in der Gaben und Opfer dargebracht werden, die das Gewissen des Opfernden nicht zur Vollkommenheit führen können; ¹⁰es handelt sich nur um Speisen und Getränke und allerlei Waschungen, äußerliche Vorschriften, die bis zu der Zeit einer besseren Ordnung auferlegt worden sind.

¹¹Christus aber ist gekommen als Hohepriester der künftigen Güter durch das größere und vollkommenere Zelt, das nicht von Menschenhand gemacht, das heißt nicht von dieser Schöpfung ist. ¹²Nicht mit dem Blut von Böcken und jungen Stieren, sondern mit seinem eigenen Blut ist er ein für alle Mal in das Heiligtum hineingegangen und so hat er eine ewige Erlösung bewirkt. ¹³Denn wenn schon das Blut von Böcken und Stieren und die Asche einer jungen Kuh die Unreinen, die damit besprengt werden, so heiligt, dass sie leiblich rein werden, ¹⁴um wie viel mehr wird das Blut Christi, der sich selbst als makelloses Opfer kraft des ewigen Geistes Gott dargebracht hat, unser Gewissen von toten Werken reinigen, damit wir dem lebendigen Gott dienen.

Christus als Mittler des neuen Bundes

¹⁵Und darum ist er der Mittler eines neuen Bundes; sein Tod hat die Erlösung von den im ersten Bund begangenen Übertretungen bewirkt, damit die Berufenen das verheißene ewige Erbe erhalten. ¹⁶Wo nämlich ein Testament vorliegt, muss der Tod des Erblassers nachgewiesen werden; ¹⁷denn ein Testament wird erst im Todesfall rechtskräftig und gilt nicht, solange der Erblasser noch lebt.

¹⁸Daher ist auch der erste Bund nicht ohne Blut in Kraft gesetzt worden. ¹⁹Nachdem Mose jedes Gebot dem Gesetz gemäß dem ganzen Volk vorgelesen hatte, nahm er das Blut der jungen Stiere und der Böcke, dazu Wasser, rote Wolle und Ysop, besprengte das Buch selbst und das ganze Volk ²⁰und sagte: *Das ist das Blut des Bundes, den Gott geboten hat für euch.* ²¹Dann besprengte er auch das Zelt und alle gottesdienstlichen Geräte auf gleiche Weise mit dem Blut. ²²Fast alles wird nach dem Gesetz mit Blut gereinigt, und ohne dass Blut vergossen wird, gibt es keine Vergebung.

²³Durch solche Mittel müssen also die Abbilder der himmlischen Dinge gereinigt werden; die himmlischen Dinge selbst aber erfordern wirksamere Opfer. ²⁴Denn Christus ist nicht in ein von Menschenhand gemachtes Heiligtum hineingegangen, in ein Abbild des wirklichen, sondern in den Himmel selbst, um jetzt vor Gottes Angesicht zu erscheinen für uns; ²⁵auch nicht, um sich selbst viele Male zu opfern, wie der Hohepriester jedes Jahr mit fremdem Blut in das Heiligtum hineingeht; ²⁶sonst hätte er viele Male seit der Erschaffung der Welt leiden müssen. Jetzt aber ist er am Ende der Zeiten ein einziges Mal erschienen, um durch sein Opfer die Sünde zu tilgen. ²⁷Und wie es dem Menschen bestimmt ist, ein einziges Mal zu sterben, worauf dann das Gericht folgt, ²⁸so wurde auch Christus ein einziges Mal geopfert, um die Sünden vieler hinwegzunehmen; beim zweiten Mal wird er nicht wegen der Sünde erscheinen, sondern um die zu retten, die ihn erwarten.

10

10,1–18

Das Opfer Jesu Christi als endgültige Versöhnung mit Gott

¹ Denn das Gesetz, das nur einen Schatten der künftigen Güter, nicht aber die Gestalt der Dinge selbst enthält, kann durch die immer gleichen, jährlich dargebrachten Opfer niemals diejenigen, die zu Gott hintreten, für immer zur Vollendung führen. ² Denn hätte man nicht aufgehört, Opfer darzubringen, wenn die Opfernden kein Sündenbewusstsein mehr gehabt hätten, da sie ja ein für alle Mal gereinigt worden wären? ³ Aber durch diese Opfer wird alljährlich nur an die Sünden erinnert, ⁴ denn das Blut von Stieren und Böcken kann unmöglich Sünden wegnehmen. ⁵ Darum spricht er bei seinem Eintritt in die Welt: *Schlacht- und Speiseopfer hast du nicht gefordert, / doch einen Leib hast du mir bereitet; /* ⁶ *an Brand- und Sündopfern hast du kein Gefallen.* ⁷ *Da sagte ich: Siehe, ich komme – / so steht es über mich in der Schriftrolle –, / um deinen Willen, Gott, zu tun.* ⁸ Zunächst sagt er: *Schlacht- und Speiseopfer, Brand- und Sündopfer forderst du nicht, du hast daran kein Gefallen,* obgleich sie doch nach dem Gesetz dargebracht werden; ⁹ dann aber hat er gesagt: *Siehe, ich komme, um deinen Willen zu tun.* Er hebt das Erste auf, um das Zweite in Kraft zu setzen. ¹⁰ Aufgrund dieses Willens sind wir durch die Hingabe des Leibes Jesu Christi geheiligt – ein für alle Mal.

¹¹ Und jeder Priester steht Tag für Tag da, versieht seinen Dienst und bringt viele Male die gleichen Opfer dar, die doch niemals Sünden wegnehmen können. ¹² Dieser aber hat nur ein einziges Opfer für die Sünden dargebracht und sich dann für immer zur Rechten Gottes gesetzt; ¹³ seitdem wartet er, bis seine Feinde ihm als Schemel unter die Füße gelegt werden. ¹⁴ Denn durch ein einziges Opfer hat er die, die geheiligt werden, für immer zur Vollendung geführt.

¹⁵ Das bezeugt uns auch der Heilige Geist; nachdem er gesagt hat: ¹⁶ *Dies ist der Bund, den ich nach diesen Tagen mit ihnen schließen werde – / spricht der Herr: Ich lege meine Gesetze in ihr Herz / und schreibe sie in ihr Denken hinein;* ¹⁷ *und: An ihre Sünden und Übertretungen denke ich nicht mehr.* ¹⁸ Wo also die Sünden vergeben sind, da gibt es kein Opfer für die Sünden mehr.

Der Weg des Glaubens

10,19–13,17

Das unwandelbare Bekenntnis

¹⁹ So haben wir die Zuversicht, Brüder und Schwestern, durch das Blut Jesu in das Heiligtum einzutreten. ²⁰ Er hat uns den neuen und lebendigen Weg erschlossen durch den Vorhang hindurch, das heißt durch sein Fleisch. ²¹ Und da wir einen Hohepriester haben, der über das Haus Gottes gestellt ist, ²² lasst uns mit aufrichtigem Herzen und in voller Gewissheit des Glaubens hinzutreten, die Herzen durch Besprengung gereinigt vom schlechten Gewissen und den Leib gewaschen mit reinem Wasser! ²³ Lasst uns an dem unwandelbaren Bekenntnis der Hoffnung festhalten, denn er, der die Verheißung gegeben hat, ist treu! ²⁴ Lasst uns aufeinander achten und uns zur Liebe und zu guten Taten anspornen! ²⁵ Lasst uns nicht unseren Zusammenkünften fernbleiben, wie es einigen zur Gewohnheit geworden ist, sondern ermuntert einander, und das umso mehr, als ihr seht, dass der Tag naht!

Warnung vor dem Abfall

²⁶ Denn wenn wir vorsätzlich sündigen, nachdem wir die Erkenntnis der Wahrheit empfangen haben, gibt es für diese Sünden kein Opfer mehr, ²⁷ sondern nur die schreckliche Erwartung des Gerichts und ein wütendes Feuer, das die Gegner verzehren wird. ²⁸ Wer das Gesetz des Mose verwirft, muss ohne Erbarmen *auf die Aussage von zwei oder drei Zeugen hin sterben.* ²⁹ Meint ihr nicht, dass eine noch viel härtere Strafe der verdient, der den Sohn Gottes mit Füßen getreten, das Blut des Bundes, durch das er geheiligt wurde, verachtet und den Geist der Gnade geschmäht hat? ³⁰ Wir kennen doch den, der gesagt hat: *Mein ist die Rache, ich werde vergelten,* und ferner: *Der Herr wird sein Volk richten.* ³¹ Es ist furchtbar, in die Hände des lebendigen Gottes zu fallen.

³² Erinnert euch an die früheren Tage, in denen ihr als Erleuchtete einen harten Leidenskampf auf euch genommen habt, ³³ da ihr durch Beschimpfungen und Bedrängnisse öffentlich zur Schau gestellt wurdet oder mitbetroffen gewesen seid vom Geschick derer, denen es so erging; ³⁴ denn ihr habt mit den Gefangenen gelitten und auch den Raub eures Vermögens mit Freuden hingenommen, da ihr wusstet, dass ihr einen besseren und bleibenden Besitz habt. ³⁵ Werft also eure Zuversicht nicht weg – sie hat großen Lohn! ³⁶ Was ihr braucht, ist Ausdauer, damit ihr den Willen Gottes erfüllt und die Verheißung erlangt.

³⁷ *Denn nur noch eine ganz kurze Zeit, / dann wird der kommen, der kommen soll, / und er bleibt nicht aus.* ³⁸ *Mein Gerechter aber wird aus Glauben leben; / doch wenn er zurückweicht, / hat meine Seele kein Gefallen an ihm.* ³⁹ Wir aber gehören nicht zu denen, die zurückweichen und verloren gehen, sondern zu denen, die glauben und das Leben gewinnen.

11

11,1–40

Das Glaubenszeugnis der vorangegangenen Generationen

¹ Glaube aber ist: Grundlage dessen, was man erhofft, ein Zutagetreten von Tatsachen, die man nicht sieht.
² Aufgrund dieses Glaubens haben die Alten ein gutes Zeugnis erhalten.
³ Aufgrund des Glaubens erkennen wir, dass die Welt durch Gottes Wort erschaffen wurde und so aus Unsichtbarem das Sichtbare entstanden ist.
⁴ Aufgrund des Glaubens brachte Abel Gott ein besseres Opfer dar als Kain; durch diesen Glauben erhielt er das Zeugnis, dass er gerecht war, was Gott durch die Annahme seiner Opfergaben bezeugte; und durch den Glauben redet Abel noch, obwohl er tot ist.
⁵ Aufgrund des Glaubens wurde Henoch entrückt, sodass er den Tod nicht schaute; er wurde nicht mehr gefunden, weil Gott ihn entrückt hatte; vor der Entrückung erhielt er das Zeugnis, dass er Gefallen gefunden habe bei Gott. ⁶ Ohne Glauben aber ist es unmöglich, Gott zu gefallen; denn wer hinzutreten will zu Gott, muss glauben, dass er ist und dass er die, die ihn suchen, belohnen wird.
⁷ Aufgrund des Glaubens baute Noach, dem offenbart wurde, was noch nicht sichtbar war, in frommem Gehorsam eine Arche zur Rettung seines Hauses; durch Glauben sprach er der Welt das Urteil und wurde Erbe der Gerechtigkeit, die aus dem Glauben kommt.
⁸ Aufgrund des Glaubens gehorchte Abraham dem Ruf, wegzuziehen in ein Land, das er zum Erbe erhalten sollte; und er zog weg, ohne zu wissen, wohin er kommen würde.
⁹ Aufgrund des Glaubens siedelte er im verheißenen Land wie in der Fremde und wohnte mit Isaak und Jakob, den Miterben derselben Verheißung, in Zelten, ¹⁰ denn er erwartete die Stadt mit den festen Grundmauern, die Gott selbst geplant und gebaut hat.
¹¹ Aufgrund des Glaubens empfing selbst Sara, die unfruchtbar war, die Kraft, trotz ihres Alters noch Mutter zu werden; denn sie hielt den für treu, der die Verheißung gegeben hatte. ¹² So stammen denn auch von einem einzigen Menschen, dessen Kraft bereits erstorben war, viele ab: zahlreich wie die Sterne am Himmel und der Sand am Meeresstrand, den man nicht zählen kann.
¹³ Im Glauben sind diese alle gestorben und haben die Verheißungen nicht erlangt, sondern sie nur von fern geschaut und gegrüßt und sie haben bekannt, dass sie Fremde und Gäste auf Erden sind. ¹⁴ Und die, die solches sagen, geben zu erkennen, dass sie eine Heimat suchen. ¹⁵ Hätten sie dabei an die Heimat gedacht, aus der sie weggezogen waren, so wäre ihnen Zeit geblieben zurückzukehren; ¹⁶ nun aber streben sie nach einer besseren Heimat, nämlich der himmlischen. Darum schämt sich Gott ihrer nicht, er schämt sich nicht, ihr Gott genannt zu werden; denn er hat ihnen eine Stadt bereitet.
¹⁷ Aufgrund des Glaubens hat Abraham den Isaak hingegeben, als er auf die Probe gestellt wurde; er gab den einzigen Sohn dahin, er, der die Verheißungen empfangen hatte ¹⁸ und zu dem gesagt worden war: *Durch Isaak wirst du Nachkommen haben.* ¹⁹ Er war überzeugt, dass Gott sogar die Macht hat, von den Toten zu erwecken; darum erhielt er Isaak auch zurück. Das ist ein Sinnbild.
²⁰ Aufgrund des Glaubens segnete Isaak Jakob und Esau im Hinblick auf das Kommende.
²¹ Aufgrund des Glaubens segnete Jakob sterbend jeden der Söhne Josefs und *neigte sich über das obere Ende seines Stabes.*
²² Aufgrund des Glaubens dachte Josef sterbend an den Auszug der Söhne Israels und gab Weisung wegen seiner Gebeine.
²³ Aufgrund des Glaubens wurde Mose nach seiner Geburt drei Monate lang von seinen Eltern verborgen, weil sie sahen, dass es ein schönes Kind war, und weil sie sich vor dem Befehl des Königs nicht fürchteten.
²⁴ Aufgrund des Glaubens weigerte sich Mose, als er herangewachsen war, für den Sohn einer Tochter des Pharao gehalten zu werden; ²⁵ lieber wollte er zusammen mit dem Volk Gottes Schlimmes erleiden, als flüchtigen Genuss von der Sünde zu haben; ²⁶ er hielt die Schmach des Christus für einen größeren Reichtum als die Schätze Ägyptens; denn er richtete seinen Blick auf die Belohnung.
²⁷ Aufgrund des Glaubens verließ er Ägypten, ohne Furcht vor dem Zorn des Königs; er hielt standhaft aus, als sähe er den Unsichtbaren.
²⁸ Aufgrund des Glaubens vollzog er das Pascha und bestrich die Türpfosten mit Blut, damit der Vernichter ihre Erstgeborenen nicht anrührte.
²⁹ Aufgrund des Glaubens zogen sie durch das Rote Meer wie über trockenes Land; als die Ägypter das Gleiche versuchten, wurden sie vom Meer verschlungen.
³⁰ Aufgrund des Glaubens geschah es, dass die Mauern von Jericho einstürzten, nachdem man sieben Tage um sie herumgezogen war.
³¹ Aufgrund des Glaubens kam die Dirne Rahab nicht zusammen mit den Ungehorsamen um; denn sie hatte die Kundschafter in Frieden aufgenommen.
³² Und was soll ich noch sagen? Die Zeit würde mir nicht reichen, wollte ich von Gideon erzählen, von Barak, Simson, Jiftach, David und von Samuel und den Propheten; ³³ sie haben aufgrund des Glaubens Königreiche besiegt, Gerechtigkeit geübt, Verheißungen erlangt, Löwen den Rachen gestopft, ³⁴ Feuersglut gelöscht; sie sind der Schärfe des Schwertes entgangen; sie kamen zu Kraft, als sie schwach waren; sie wurden stark im Kampf und haben feindliche Heere in die Flucht geschlagen. ³⁵ Frauen haben ihre Toten durch Auferstehung zurückerhalten. Andere wurden gefoltert, da sie den Loskauf nicht annahmen, um eine bessere Auferstehung zu erlangen. ³⁶ Andere haben Spott und Schläge erduldet, ja sogar Ketten und Kerker. ³⁷ Gesteinigt wurden sie, verbrannt, zersägt, mit dem Schwert umgebracht; sie zogen in Schafspelzen und Ziegenfellen umher, notleidend, bedrängt, misshandelt. ³⁸ Sie, deren die Welt nicht wert war, irrten umher in Wüsten und Gebirgen, in den Höhlen und Schluchten des Landes. ³⁹ Doch sie alle, die aufgrund des Glaubens besonders anerkannt wurden, haben das Verheißene nicht erlangt, ⁴⁰ weil Gott für uns etwas Besseres vorgesehen hatte; denn sie sollten nicht ohne uns vollendet werden.

12

12,1–29

Das Beispiel Jesu Christi

¹ Darum wollen auch wir, die wir eine solche Wolke von Zeugen um uns haben, alle Last und die Sünde abwerfen, die uns so leicht umstrickt. Lasst uns mit Ausdauer in dem Wettkampf laufen, der vor uns liegt, ² und dabei auf Jesus blicken, den Urheber und Vollender des Glaubens; er hat angesichts der vor ihm liegenden Freude das Kreuz auf sich genommen, ohne auf die Schande zu achten, und sich zur Rechten von Gottes Thron gesetzt. ³ Richtet also eure Aufmerksamkeit auf den, der solche Anfeindung von Seiten der Sünder gegen sich erduldet hat, damit ihr nicht ermattet und mutlos werdet!

Die Zucht des Herrn

⁴ Ihr habt im Kampf gegen die Sünde noch nicht bis aufs Blut Widerstand geleistet ⁵ und ihr habt die Mahnung vergessen, die euch als Söhne anredet: *Mein Sohn, verachte nicht die Erziehung des Herrn / und verzage nicht, wenn er dich zurechtweist!* ⁶ *Denn wen der Herr liebt, den züchtigt er; / er schlägt mit der Rute jeden Sohn, den er gern hat.*

⁷ Haltet aus, wenn ihr gezüchtigt werdet! Gott behandelt euch wie Söhne. Denn wo ist ein Sohn, den sein Vater nicht züchtigt? ⁸ Würdet ihr nicht gezüchtigt, wie es doch bisher allen ergangen ist, dann wäret ihr keine legitimen Kinder, ihr wäret nicht seine Söhne. ⁹ Ferner: An unseren leiblichen Vätern hatten wir harte Erzieher und wir achteten sie. Sollen wir uns dann nicht erst recht dem Vater der Geister unterwerfen und so das Leben haben? ¹⁰ Jene haben uns für kurze Zeit nach ihrem Ermessen in Zucht genommen; er aber tut es zu unserem Besten, damit wir Anteil an seiner Heiligkeit gewinnen.

¹¹ Jede Züchtigung scheint zwar für den Augenblick nicht Freude zu bringen, sondern Leid; später aber gewährt sie denen, die durch sie geschult worden sind, Gerechtigkeit als Frucht des Friedens.

¹² Darum macht die erschlafften Hände und die wankenden Knie wieder stark, ¹³ schafft ebene Wege für eure Füße, damit die lahmen Glieder nicht ausgerenkt, sondern vielmehr geheilt werden! ¹⁴ Trachtet nach Frieden mit allen und nach der Heiligung, ohne die keiner den Herrn sehen wird! ¹⁵ Seht zu, dass niemand von der Gnade Gottes abkomme, *damit keine bittere Wurzel aufsprosst, Schaden stiftet* und viele durch sie verunreinigt werden, ¹⁶ dass keiner unzüchtig ist oder gottlos wie Esau, der für eine einzige Mahlzeit sein Erstgeburtsrecht verkaufte! ¹⁷ Ihr wisst auch, dass er verworfen wurde, als er später den Segen erben wollte; denn er fand keinen Raum zur Umkehr, obgleich er unter Tränen danach suchte.

Die Größe der göttlichen Berufung

¹⁸ Denn ihr seid nicht zu einem sichtbaren, lodernden Feuer hinzugetreten, zu dunklen Wolken, zu Finsternis und Sturmwind, ¹⁹ zum Klang der Posaunen und zum Schall der Worte, bei denen die Hörer flehten, diese Stimme solle nicht weiter zu ihnen reden; ²⁰ denn sie ertrugen nicht den Befehl: *Sogar ein Tier, das den Berg berührt, soll gesteinigt werden.* ²¹ Ja, so furchtbar war die Erscheinung, dass Mose rief: *Ich bin voll Angst und Schrecken.* ²² Ihr seid vielmehr zum Berg Zion hinzugetreten, zur Stadt des lebendigen Gottes, dem himmlischen Jerusalem, zu Tausenden von Engeln, zu einer festlichen Versammlung ²³ und zur Gemeinschaft der Erstgeborenen, die im Himmel verzeichnet sind, und zu Gott, dem Richter aller, und zu den Geistern der schon vollendeten Gerechten, ²⁴ zum Mittler eines neuen Bundes, Jesus, und zum Blut der Besprengung, das mächtiger ruft als das Blut Abels.

²⁵ Gebt Acht, dass ihr den nicht ablehnt, der redet! Denn wenn schon die nicht entronnen sind, die ihn abgelehnt haben, als er auf Erden seine Gebote verkündete, um wie viel mehr gilt dies für uns, wenn wir uns von dem abwenden, der jetzt vom Himmel her spricht. ²⁶ Seine Stimme hat damals die Erde erschüttert, jetzt aber hat er verheißen: *Noch einmal werde ich zum Wanken bringen – nicht nur die Erde, sondern auch den Himmel.* ²⁷ Dieses Noch einmal aber zeigt an: Das, was erschüttert wird, weil es geschaffen ist, soll verwandelt werden, damit allein das bleibt, was nicht erschüttert werden kann. ²⁸ Darum wollen wir dankbar sein, weil wir ein unerschütterliches Reich empfangen, und wollen Gott so dienen, wie es ihm gefällt, in ehrfürchtiger Scheu; ²⁹ denn unser Gott ist *verzehrendes Feuer.*

13

13,1–17

Aufruf zu christlichem Leben

¹ Die Bruderliebe soll bleiben. ² Vergesst die Gastfreundschaft nicht; denn durch sie haben einige, ohne es zu ahnen, Engel beherbergt! ³ Denkt an die Gefangenen, als wäret ihr mitgefangen; denkt an die Misshandelten, denn auch ihr lebt noch in eurem irdischen Leib! ⁴ Die Ehe soll von allen in Ehren gehalten werden und das Ehebett bleibe unbefleckt; denn Unzüchtige und Ehebrecher wird Gott richten. ⁵ Euer Lebenswandel sei frei von Habgier; seid zufrieden mit dem, was ihr habt; denn Gott selbst hat gesagt: *Ich werde dich keineswegs aufgeben und niemals verlasse ich dich.* ⁶ So dürfen wir zuversichtlich sagen: *Der Herr ist mein Helfer, ich werde mich nicht fürchten. / Was kann ein Mensch mir antun?*

Der christliche Gottesdienst

⁷ Gedenkt eurer Vorsteher, die euch das Wort Gottes verkündet haben! Betrachtet den Ertrag ihres Lebenswandels! Ahmt ihren Glauben nach! ⁸ Jesus Christus ist derselbe gestern und heute und in Ewigkeit.

⁹ Lasst euch nicht von vieldeutigen und fremden Lehren irreführen; denn es ist gut, dass durch Gnade das Herz gefestigt wird und nicht durch Speisevorschriften, die denen, die sich daran hielten, keinen Nutzen brachten.

¹⁰ Wir haben einen Altar, von dem zu essen die Diener des Zeltes keine Erlaubnis haben. ¹¹ Denn die Leiber der Tiere, deren Blut vom Hohepriester zur Sühnung der Sünde in das Heiligtum gebracht wird, werden außerhalb des Lagers verbrannt. ¹² Deshalb hat auch Jesus, um durch sein eigenes Blut das Volk

zu heiligen, außerhalb des Tores gelitten.
[13] Lasst uns also zu ihm vor das Lager hinausziehen und seine Schmach tragen! [14] Denn wir haben hier keine bleibende Stadt, sondern wir suchen die zukünftige.
[15] Durch ihn also lasst uns Gott allezeit das Opfer des Lobes darbringen, nämlich die Frucht der Lippen, die seinen Namen bekennen. [16] Vergesst nicht, Gutes zu tun, und vernachlässigt nicht die Gemeinschaft; denn an solchen Opfern hat Gott Gefallen! [17] Gehorcht euren Vorstehern und ordnet euch ihnen unter, denn sie wachen über eure Seelen und müssen Rechenschaft darüber ablegen; sie sollen das mit Freude tun, nicht mit Seufzen, denn das wäre zu eurem Schaden.

Gebetsbitte und Segenswunsch

13,18–21

[18] Betet für uns! Wir sind nämlich überzeugt, ein gutes Gewissen zu haben, weil wir in allem recht zu leben suchen. [19] Eindringlich bitte ich euch, dies zu tun, damit ich euch möglichst bald zurückgegeben werde.
[20] Der Gott des Friedens aber, der Jesus, unseren Herrn, den erhabenen Hirten der Schafe, von den Toten heraufgeführt hat durch das Blut eines ewigen Bundes, [21] er mache euch tüchtig in allem Guten, damit ihr seinen Willen tut. Er bewirke in uns, was ihm gefällt, durch Jesus Christus, dem die Ehre sei in alle Ewigkeit. Amen.

Abschließende Mahnung und Grüße

13,22–25

[22] Ich bitte euch aber, Brüder und Schwestern, nehmt dieses Wort der Ermahnung bereitwillig an; denn ich habe euch ja nur kurz geschrieben. [23] Wisst, dass unser Bruder Timotheus freigelassen worden ist; sobald er kommt, werde ich euch mit ihm zusammen besuchen.
[24] Grüßt alle eure Vorsteher und alle Heiligen! Es grüßen euch die Brüder aus Italien.

[25] Die Gnade sei mit euch allen!

DIE KATHOLISCHEN BRIEFE

Die sieben Schreiben, die dem Hebräerbrief folgen, werden seit alter Zeit (mit dem griechischen Wort katholikós: allgemein) als „Katholische Briefe" bezeichnet, weil sie sich – sieht man von 2 Joh und 3 Joh ab – nicht an eine Einzelgemeinde oder Einzelperson richten. Sie weisen vielfach keine strenge Briefform auf, sondern haben eher den Charakter von Lehr- und Mahnschreiben, die zur Treue gegenüber dem in der Taufe angenommenen Glauben aufrufen. Damit leiten sie ihre Autorität nicht in erster Linie von ihrer apostolischen Herkunft, sondern von ihrem unverfälschten Christuszeugnis ab, das sie schon in der Sicht der Alten Kirche von zahlreichen anderen angeblich apostolischen Schriften unterschied. Dennoch setzten sie sich – anders als die Gruppe der Paulusbriefe – bei der Bildung des neutestamentlichen Kanons nur zögernd durch. Erst seit dem Ende des 4. Jahrhunderts gelten alle sieben Briefe als Teil des Neuen Testaments, wobei ihre Reihenfolge in Ost und West bis heute variiert. Zum Ort der einzelnen Katholischen Briefe im Kanon und zu den Fragen der Autorschaft vgl. die einzelnen Einleitungen.

Der Brief des
JAKOBUS

Der Jakobusbrief ist der erste der sieben „Katholischen Briefe". Er wird nach dem Muster des griechischen Briefformulars eröffnet, hat aber keinen förmlichen Briefschluss. In Analogie zu philosophischen Lehrbriefen der Antike kann man ihn als „weisheitlichen Lehrbrief" bezeichnen.

Nach weithin übereinstimmender Auffassung wurde er weder vom Zebedäussohn Jakobus (Mk 1,19) noch vom „Herrenbruder" Jakobus (Mk 6,3), sondern von einem uns unbekannten Autor verfasst, der sich dem gesetzestreuen Leiter der Urgemeinde verpflichtet wusste. Als Adressaten kommen am ehesten Kreise der städtischen Mittelschicht in der Gegend des syrischen Antiochia am Orontes in Frage, „Aufsteiger", die es zu einigem Wohlstand gebracht haben (4,13–17).

Durchgehend in einem ermahnenden Stil verfasst, spricht der Brief vor allem Themen an, die praktische Lebensvollzüge der Adressaten betreffen. Dazu gehören die Bewährung der christlichen Existenz im Angefochtensein (1,2–12; 5,7–20), das nicht zuletzt durch die Spannung von Arm und Reich bedingt ist (1,9–11; 2,1–7; 5,1–6). Bei den wohlhabenden Kreisen, die sich inzwischen im Adressatenkreis gebildet haben, sieht der Verfasser die Gefahr des Gewinnstrebens und des Glaubensverlustes (4,13–17). Aufgrund der zunehmenden sozialen Unterschiede warnt er vor innerchristlicher Eifersucht und Spaltungstendenzen (4,1–12). Von zentraler Bedeutung sind die Fragen nach einer Zuordnung von Glaube und Werk (2,14–26) sowie Glaube und Weisheit (1,5–8; 3,13–18). Zugleich berührt die Spannung von Reden und Tun die christliche Existenz in ihrem Grundverständnis.

Der ermahnende Ton des Briefs zeigt, dass es seinem Verfasser ganz wesentlich um Verhaltensänderung geht. In der Erfahrung von Bedrängnis und Krise will er einerseits die in der Diaspora verstreute Christenheit (1,1) zur Stetigkeit und zum Durchhalten ermutigen. Dies begründet er mit seinem Gottesbild: Gott ist zuverlässig und führt für den Glaubenden alles zum Guten (1,15–18.19–25). Andererseits sieht er die Adressaten in der Gefahr, sich zu sehr der Welt anzupassen (4,13–17).

Dass sich im Adressatenkreis schon kirchliche Funktionen und Dienste wie „Lehrer" (3,1) und „Älteste" (5,14) gebildet haben, deutet auf eine fortgeschrittene Zeit der Abfassung des Briefs hin (80–90 n. Chr.). Auch das Thema „Recht-fertigung aus dem Zusammenwirken von Glaube und Werk" (2,21–26) ist kaum ohne die Theologie des Paulus denkbar (vgl. Röm 3,28). Bedeutsam ist ferner die Erwähnung der Krankensalbung (5,14; vgl. Mk 6,13).

Anschrift und Gruß

1,1

1

¹ Jakobus, Knecht Gottes und des Herrn Jesus Christus, grüßt die zwölf Stämme in der Diaspora.

Die Vielgestaltigkeit der Versuchung

1,2–18

² Nehmt es voll Freude auf, meine Brüder und Schwestern, wenn ihr in mancherlei Versuchungen geratet! ³ Ihr wisst, dass die Prüfung eures Glaubens Geduld bewirkt. ⁴ Die Geduld aber soll zu einem vollkommenen Werk führen, damit ihr vollkommen und untadelig seid und es euch an nichts fehlt. ⁵ Fehlt es aber einem von euch an Weisheit, dann soll er sie von Gott erbitten; Gott wird sie ihm geben, denn er gibt allen gern und macht niemandem einen Vorwurf. ⁶ Wer bittet, soll aber im Glauben bitten und nicht zweifeln; denn wer zweifelt, gleicht einer Meereswoge, die vom Wind hin und her getrieben wird. ⁷ Ein solcher Mensch bilde sich nicht ein, dass er vom Herrn etwas erhalten wird: ⁸ Er ist ein Mann mit zwei Seelen, unbeständig auf all seinen Wegen.

⁹ Der Bruder, der in niederem Stand lebt, rühme sich seiner hohen Würde, ¹⁰ der Reiche aber seiner Niedrigkeit; denn er wird dahinschwinden wie die Blume im Gras. ¹¹ Denn die Sonne geht auf mit ihrer Hitze und versengt das Gras; die Blume verwelkt und ihre Pracht vergeht. So wird auch der Reiche vergehen in allem, was er unternimmt.

¹² Selig der Mann, der in der Versuchung standhält. Denn wenn er sich bewährt, wird er den Kranz des Lebens erhalten, der denen verheißen ist, die Gott lieben. ¹³ Keiner, der in Versuchung gerät, soll sagen: Ich werde von Gott in Versuchung geführt. Denn Gott lässt sich nicht zum Bösen versuchen, er führt aber auch selbst niemanden in Versuchung. ¹⁴ Vielmehr wird jeder von seiner eigenen Begierde in Versuchung geführt, die ihn lockt und fängt. ¹⁵ Wenn die Begierde dann schwanger geworden ist, bringt sie die Sünde zur Welt; ist die Sünde reif geworden, bringt sie den Tod hervor.

¹⁶ Lasst euch nicht irreführen, meine geliebten Brüder und Schwestern: ¹⁷ Jede gute Gabe und jedes vollkomme Geschenk kommt von oben herab, vom Vater der Gestirne, bei dem es keine Veränderung oder Verfinsterung gibt. ¹⁸ Aus freiem Willen hat er uns durch das Wort der Wahrheit geboren, damit wir eine Erstlingsfrucht seiner Schöpfung seien.

Leben aus Gottes Wort und Weisung

1,19–5,20

Gottes Wort hören und tun

¹⁹ Wisset, meine geliebten Brüder und Schwestern: Jeder Mensch sei schnell zum Hören, langsam zum Reden, langsam zum Zorn; ²⁰ denn der Zorn eines Mannes schafft keine Gerechtigkeit vor Gott. ²¹ Darum legt alles Schmutzige und die viele Bosheit ab und nehmt in Sanftmut das Wort an, das in euch eingepflanzt worden ist und die Macht hat, euch zu retten!

²² Werdet aber Täter des Wortes und nicht nur Hörer, sonst betrügt ihr euch selbst! ²³ Wer nur Hörer des Wortes ist und nicht danach handelt, gleicht einem Menschen, der sein eigenes Gesicht im Spiegel betrachtet: ²⁴ Er betrachtet sich, geht weg und schon hat er vergessen, wie er aussah. ²⁵ Wer sich aber in das vollkommene Gesetz der Freiheit vertieft und an ihm festhält, wer es nicht nur hört und es wieder vergisst, sondern zum Täter des Werkes geworden ist, wird selig sein in seinem Tun.

²⁶ Wenn einer meint, er diene Gott, aber seine Zunge nicht im Zaum hält, sondern sein Herz betrügt, dessen Gottesdienst ist wertlos. ²⁷ Ein reiner und makelloser Gottesdienst ist es vor Gott, dem Vater: für Waisen und Witwen in ihrer Not zu sorgen und sich unbefleckt von der Welt zu bewahren.

2

2,1–26

Verhalten gegenüber Reichen und Armen

¹ Meine Brüder und Schwestern, haltet den Glauben an unseren Herrn Jesus Christus, den Herrn der Herrlichkeit, frei von jedem Ansehen der Person! ² Wenn in eure Versammlung ein Mann mit goldenen Ringen und prächtiger Kleidung kommt und zugleich kommt ein Armer in schmutziger Kleidung ³ und ihr blickt auf den Mann in der prächtigen Kleidung und sagt: Setz du dich hier auf den guten Platz! und zu dem Armen sagt ihr: Du stell dich oder setz dich dort zu meinen Füßen! – ⁴ macht ihr dann nicht untereinander Unterschiede und seid Richter mit bösen Gedanken? ⁵ Hört, meine geliebten Brüder und Schwestern! Hat nicht Gott die Armen in der Welt zu Reichen im Glauben und Erben des Reiches erwählt, das er denen verheißen hat, die ihn lieben? ⁶ Ihr aber habt den Armen entehrt. Sind es nicht die Reichen, die euch unterdrücken und euch vor die Gerichte schleppen? ⁷ Sind nicht sie es, die den guten Namen lästern, der über euch ausgerufen worden ist? ⁸ Wenn ihr jedoch das königliche Gesetz gemäß der Schrift erfüllt: *Du sollst deinen Nächsten lieben wie dich selbst!*, dann handelt ihr recht. ⁹ Wenn ihr aber nach dem Ansehen der Person handelt, begeht ihr eine Sünde und werdet vom Gesetz überführt, dass ihr es übertreten habt. ¹⁰ Denn wer das ganze Gesetz hält, aber gegen ein einziges Gebot verstößt, der hat sich gegen al-

le verfehlt. ¹¹ Denn der gesagt hat: *Du sollst nicht die Ehe brechen!*, hat auch gesagt: *Du sollst nicht töten!* Wenn du nun nicht die Ehe brichst, aber tötest, bist du ein Übertreter des Gesetzes geworden. ¹² Darum redet und handelt wie solche, die nach dem Gesetz der Freiheit gerichtet werden! ¹³ Denn das Gericht ist erbarmungslos gegen den, der nicht mit Erbarmen gehandelt hat. Erbarmen triumphiert über das Gericht.

Glaube und Tat

¹⁴ Was nützt es, meine Brüder und Schwestern, wenn einer sagt, er habe Glauben, aber es fehlen die Werke? Kann etwa der Glaube ihn retten? ¹⁵ Wenn ein Bruder oder eine Schwester ohne Kleidung sind und ohne das tägliche Brot ¹⁶ und einer von euch zu ihnen sagt: Geht in Frieden, wärmt und sättigt euch!, ihr gebt ihnen aber nicht, was sie zum Leben brauchen – was nützt das? ¹⁷ So ist auch der Glaube für sich allein tot, wenn er nicht Werke vorzuweisen hat. ¹⁸ Aber es könnte einer sagen: Du hast Glauben und ich kann Werke vorweisen; zeige mir deinen Glauben ohne die Werke und ich zeige dir aus meinen Werken den Glauben. ¹⁹ Du glaubst: Es gibt nur einen Gott. Damit hast du Recht; das glauben auch die Dämonen und sie zittern. ²⁰ Willst du also einsehen, du törichter Mensch, dass der Glaube ohne Werke nutzlos ist? ²¹ Abraham, unser Vater, wurde er nicht aus den Werken als gerecht anerkannt, als er seinen Sohn Isaak auf den Opferaltar legte? ²² Du siehst, dass der Glaube mit seinen Werken zusammenwirkte und dass der Glaube aus den Werken zur Vollendung kam. ²³ So hat sich das Wort der Schrift erfüllt: *Abraham glaubte Gott und das wurde ihm als Gerechtigkeit angerechnet* und er wurde Freund Gottes genannt. ²⁴ Ihr seht, dass der Mensch aus Werken gerechtfertigt wird und nicht aus Glauben allein. ²⁵ Wurde nicht ebenso auch die Dirne Rahab durch ihre Werke als gerecht anerkannt, weil sie die Boten bei sich aufnahm und dann auf einem anderen Weg entkommen ließ? ²⁶ Denn wie der Körper ohne den Geist tot ist, so ist auch der Glaube ohne Werke tot.

3

3,1–18

Die Macht der Zunge

¹ Nicht viele von euch sollen Lehrer werden, meine Brüder und Schwestern. Ihr wisst, dass wir im Gericht strenger beurteilt werden. ² Denn wir alle verfehlen uns in vielen Dingen. Wer sich in seinen Worten nicht verfehlt, ist ein vollkommener Mann und kann auch seinen Körper völlig im Zaum halten. ³ Wenn wir den Pferden den Zaum anlegen, damit sie uns gehorchen, lenken wir damit das ganze Tier. ⁴ Siehe, auch die Schiffe: Sie sind groß und werden von starken Winden getrieben und doch lenkt sie der Steuermann mit einem sehr kleinen Steuer, wohin er will. ⁵ So ist auch die Zunge nur ein kleines Körperglied und rühmt sich großer Dinge. Und siehe, wie klein kann ein Feuer sein, das einen großen Wald in Brand steckt. ⁶ Auch die Zunge ist ein Feuer, eine Welt voll Ungerechtigkeit. Die Zunge ist es, die den ganzen Menschen verdirbt und das Rad des Lebens in Brand setzt; sie selbst aber wird von der Hölle in Brand gesetzt. ⁷ Denn jede Art von Tieren, auf dem Land und in der Luft, was am Boden kriecht und was im Meer schwimmt, lässt sich zähmen und ist vom Menschen auch gezähmt worden; ⁸ doch die Zunge kann kein Mensch zähmen, dieses ruhelose Übel, voll von tödlichem Gift. ⁹ Mit ihr preisen wir den Herrn und Vater und mit ihr verfluchen wir die Menschen, die nach dem Bilde Gottes geschaffen sind. ¹⁰ Aus ein und demselben Mund kommen Segen und Fluch. Meine Brüder und Schwestern, so darf es nicht sein. ¹¹ Lässt etwa eine Quelle aus derselben Öffnung süßes und bitteres Wasser hervorsprudeln? ¹² Kann denn, meine Brüder und Schwestern, ein Feigenbaum Oliven tragen oder ein Weinstock Feigen? So kann auch eine salzige Quelle kein Süßwasser hervorbringen.

Die Weisheit von oben

¹³ Wer von euch ist weise und verständig? Er soll in weiser Bescheidenheit die Taten eines rechtschaffenen Lebens vorweisen. ¹⁴ Wenn ihr aber bittere Eifersucht und Streitsucht in eurem Herzen tragt, dann prahlt nicht und verfälscht nicht die Wahrheit! ¹⁵ Das ist nicht die Weisheit, die von oben kommt, sondern eine irdische, weltliche, teuflische Weisheit. ¹⁶ Wo nämlich Eifersucht und Streit herrschen, da gibt es Unordnung und böse Taten jeder Art. ¹⁷ Doch die Weisheit von oben ist erstens heilig, sodann friedfertig, freundlich, gehorsam, reich an Erbarmen und guten Früchten, sie ist unparteiisch, sie heuchelt nicht. ¹⁸ Die Frucht der Gerechtigkeit wird in Frieden für die gesät, die Frieden schaffen.

4

4,1–17

Warnung vor Zwietracht und vor Freundschaft mit der Welt

¹Woher kommen Kriege bei euch, woher Streitigkeiten? Etwa nicht von den Leidenschaften, die in euren Gliedern streiten? ²Ihr begehrt und erhaltet doch nichts. Ihr mordet und seid eifersüchtig und könnt dennoch nichts erreichen. Ihr streitet und führt Krieg. Ihr erhaltet nichts, weil ihr nicht bittet. ³Ihr bittet und empfangt doch nichts, weil ihr in böser Absicht bittet, um es in euren Leidenschaften zu verschwenden. ⁴Ihr Ehebrecher, wisst ihr nicht, dass Freundschaft mit der Welt Feindschaft mit Gott ist? Wer also ein Freund der Welt sein will, der wird zum Feind Gottes. ⁵Oder meint ihr, die Schrift sage ohne Grund: Eifersüchtig verlangt er nach dem Geist, den er in uns wohnen ließ? ⁶Doch er gibt noch größere Gnade; darum heißt es auch: *Gott tritt den Stolzen entgegen, den Demütigen aber schenkt er Gnade.* ⁷Ordnet euch also Gott unter, leistet dem Teufel Widerstand und er wird vor euch fliehen. ⁸Naht euch Gott, dann wird er sich euch nahen! Reinigt die Hände, ihr Sünder, läutert eure Herzen, ihr Menschen mit zwei Seelen! ⁹Klagt, trauert und weint! Euer Lachen verwandle sich in Trauer und eure Freude in Betrübnis. ¹⁰Demütigt euch vor dem Herrn und er wird euch erhöhen!

¹¹Verleumdet einander nicht, Brüder und Schwestern! Wer seinen Bruder oder seine Schwester verleumdet oder verurteilt, verleumdet das Gesetz und verurteilt das Gesetz; wenn du aber das Gesetz verurteilst, handelst du nicht nach dem Gesetz, sondern bist sein Richter. ¹²Nur einer ist der Gesetzgeber und Richter: er, der die Macht hat, zu retten und zu verderben. Wer aber bist du, dass du über deinen Nächsten richtest?

Warnung vor Selbstsicherheit

¹³Ihr aber, die ihr sagt: Heute oder morgen werden wir in diese oder jene Stadt reisen, dort werden wir ein Jahr bleiben, Handel treiben und Gewinne machen – ¹⁴ihr wisst doch nicht, was morgen mit eurem Leben sein wird. Rauch seid ihr, den man eine Weile sieht; dann verschwindet er. ¹⁵Ihr solltet lieber sagen: Wenn der Herr will, werden wir noch leben und dies oder jenes tun. ¹⁶Nun aber rühmt ihr euch voll Übermut. Solches Rühmen ist schlecht. ¹⁷Wer also das Gute tun kann und es nicht tut, der sündigt.

5

5,1–20

Warnung an die hartherzigen Reichen

¹Ihr aber, ihr Reichen, weint nur und klagt über das Elend, das über euch kommen wird! ²Euer Reichtum verfault und eure Kleider sind von Motten zerfressen, ³euer Gold und Silber verrostet. Ihr Rost wird als Zeuge gegen euch auftreten und euer Fleisch fressen wie Feuer. Noch in den letzten Tagen habt ihr Schätze gesammelt. ⁴Siehe, der Lohn der Arbeiter, die eure Felder abgemäht haben, der Lohn, den ihr ihnen vorenthalten habt, schreit zum Himmel; die Klagerufe derer, die eure Ernte eingebracht haben, sind *bis zu den Ohren des Herrn Zebaoth* gedrungen. ⁵Ihr habt auf Erden geschwelgt und geprasst und noch am *Schlachttag* habt ihr eure Herzen gemästet. ⁶Verurteilt und umgebracht habt ihr den Gerechten, er aber leistete euch keinen Widerstand.

Mahnung zur Geduld

⁷Darum, Brüder und Schwestern, haltet geduldig aus bis zur Ankunft des Herrn! Siehe, auch der Bauer wartet auf die kostbare Frucht der Erde, er wartet geduldig auf sie, bis Frühregen oder Spätregen fällt. ⁸Ebenso geduldig sollt auch ihr sein; macht eure Herzen stark, denn die Ankunft des Herrn steht nahe bevor. ⁹Klagt nicht übereinander, Brüder und Schwestern, damit ihr nicht gerichtet werdet! Seht, der Richter steht schon vor der Tür. ¹⁰Brüder und Schwestern, im Leiden und in der Geduld nehmt euch die Propheten zum Vorbild, die im Namen des Herrn gesprochen haben! ¹¹Siehe, wir preisen selig, die geduldig alles ertragen haben. Ihr habt von der Ausdauer des Ijob gehört und das Ende gesehen, das der Herr herbeigeführt hat. Denn der Herr ist voll Erbarmen und Mitleid.

Verbot des Schwörens

¹²Vor allem aber, meine Brüder und Schwestern, schwört nicht, weder beim Himmel noch bei der Erde noch irgendeinen anderen Eid! Euer Ja soll ein Ja sein und euer Nein ein Nein, damit ihr nicht dem Gericht verfallt.

Von der Macht des Gebetes

¹³Ist einer von euch bedrückt? Dann soll er beten. Ist jemand guten Mutes? Dann soll er ein Loblied singen. ¹⁴Ist einer unter euch krank, dann rufe er die Ältesten der Gemeinde zu sich; sie sollen Gebete über ihn sprechen und ihn im Namen des Herrn mit Öl salben. ¹⁵Das gläubige Gebet wird den Kranken retten und der Herr wird ihn aufrichten; und wenn er Sünden begangen hat, werden sie ihm vergeben. ¹⁶Darum bekennt einander eure Sünden und betet füreinander, damit ihr geheilt werdet! Viel vermag das inständige Gebet eines Gerechten. ¹⁷Elija war ein Mensch wie wir; er betete inständig, es solle nicht regnen, und es regnete drei Jahre und sechs Monate nicht auf der Erde. ¹⁸Und wiederum betete er; da gab der Himmel Regen und die Erde brachte ihre Früchte hervor.

[19] **Meine Brüder und Schwestern, wenn einer unter euch von der Wahrheit abirrt und jemand ihn zur Umkehr bewegt,** [20] **dann soll er wissen: Wer einen Sünder, der auf einem Irrweg ist, zur Umkehr bewegt, rettet ihn vor dem Tod und deckt viele Sünden zu.**

Der 1. Brief des

PETRUS

Nach altkirchlicher Überlieferung wurde der 1. Petrusbrief kurz vor dem Tod des Apostels (64 oder 67) in Rom unter Kaiser Nero geschrieben. Der Verfasser, der sich als „Apostel Jesu Christi" (1,1) und „Zeuge der Leiden Christi" (5,1) vorstellt, tritt als „Mitältester" auf, der die Gemeinden in mehreren Provinzen Kleinasiens und ihre „Ältesten" zur Vorbildlichkeit in Glaube und Leben ermahnt. Dass der Apostel Petrus selbst oder der am Schluss erwähnte Silvanus als sein Sekretär der Verfasser dieses Schreibens war, wird heute aus mehrfachen Gründen – nicht zuletzt wegen des guten griechischen Stils und der vielen Gemeinsamkeiten mit den Paulusbriefen – nicht angenommen. Als Entstehungsort ist – u. a. wegen der Berührungen mit dem 1. Klemensbrief und der Chiffre „Babylon" (5,13) – die Stadt Rom wahrscheinlich. Der Missionserfolg und die kirchengeschichtlichen Verhältnisse, die sich in dem Brief spiegeln, deuten auf eine Abfassung am Anfang der 90er-Jahre hin.

Die ausführliche Anrede (1,1f.) sowie die Grüße und Segenswünsche am Ende (5,12–14) rahmen ein Briefkorpus, das die Adressaten in ihrer Situation der Diaspora zu einem christlichen Leben und zur „Hoffnung im Leiden" anleitet und ermutigt. Es wird eröffnet mit einem Lobpreis Gottes für das durch Christus geschenkte Heil (1,3–12). Hieran schließen sich Maßgaben für einen unterscheidend christlichen Lebenswandel (1,13–2,3) des zur Kirche auferbauten heiligen, priesterlichen Volkes Gottes an (2,4–10). Es folgen Anweisungen für das Verhältnis zur nichtchristlichen Mitwelt und zur staatlichen Ordnung (2,11–17), für einzelne Gruppen im Haus (2,18–3,7; vgl. Kol 3,18–4,1; Eph 5,21–6,9) sowie Mahnungen an alle zu Rücksicht, Besonnenheit, Gastfreundschaft und Liebe untereinander (3,8–12; vgl. 4,7–11). Mehrmals wird die Lebenssituation der Adressaten in sozialer Missachtung und Bedrohung angesprochen und als „Leiden" in Christus (3,13–4,6; 4,12–19) gedeutet. Der erneute Aufruf, dieses im Vertrauen auf Gott zu ertragen und durch Wort und Tat im Alltag der Welt (5,8–11) Zeugnis zu geben von der für Christen bezeichnenden Hoffnung (3,15), bildet den Abschluss.

Der 1. Petrusbrief ist charakteristisch für den Realismus, mit dem das frühe Christentum in Treue zum Evangelium auf die brennende Frage nach dem Verhältnis zwischen hellenistisch-römischer Kultur und Evangelium reagierte. Folgenreich war in Theologie- und Kirchengeschichte die Charakterisierung des Heilsstands der Christen als „heiliges, priesterliches Volk" (2,5.9), die aus Ex 19,5f. zitiert wird. Sie wurde zur Grundlage für die Lehre des gemeinsamen Priestertums der Gläubigen, die vom Zweiten Vatikanischen Konzil betont worden ist. Das in 3,19 zum ersten Mal anklingende Motiv vom Abstieg Christi in das Reich des Todes ging in das Glaubensbekenntnis ein.

Anschrift und Gruß

1,1–2

1

¹ Petrus, Apostel Jesu Christi, den erwählten Fremden in der Diaspora in Pontus, Galatien, Kappadokien, der Provinz Asia und Bithynien, ² von Gott, dem Vater, von jeher ausersehen und durch den Geist geheiligt, um gehorsam zu sein und besprengt zu werden mit dem Blut Jesu Christi. Gnade sei mit euch und Friede in Fülle!

Neugeburt in Christus und Berufung zum Gottesvolk

1,3–2,10

Lobpreis für Gottes Erbarmen und Kraft

³ Gepriesen sei der Gott und Vater unseres Herrn Jesus Christus: Er hat uns in seinem großen Erbarmen neu gezeugt zu einer lebendigen Hoffnung durch die Auferstehung Jesu Christi von den Toten, ⁴ zu einem unzerstörbaren, makellosen und unvergänglichen Erbe, das im Himmel für euch aufbewahrt ist.
⁵ Gottes Kraft behütet euch durch den Glauben, damit ihr die Rettung erlangt, die am Ende der Zeit offenbart werden soll. ⁶ Deshalb seid ihr voll Freude, wenn es für kurze Zeit jetzt sein muss, dass ihr durch mancherlei Prüfungen betrübt werdet. ⁷ Dadurch soll sich eure Standfestigkeit im Glauben, die kostbarer ist als Gold, das im Feuer geprüft wurde und doch vergänglich ist, herausstellen – zu Lob, Herrlichkeit und Ehre bei der Offenbarung Jesu Christi.
⁸ Ihn habt ihr nicht gesehen und dennoch liebt ihr ihn; ihr seht ihn auch jetzt nicht; aber ihr glaubt an ihn und jubelt in unaussprechlicher und von Herrlichkeit erfüllter Freude, ⁹ da ihr das Ziel eures Glaubens empfangen werdet: eure Rettung.

Zeit der Erfüllung

¹⁰ Nach dieser Rettung haben die Propheten gesucht und geforscht und sie haben über die Gnade geweissagt, die für euch bestimmt ist. ¹¹ Sie haben nachgeforscht, auf welche Zeit und welche Umstände der in ihnen wirkende Geist Christi hindeute, der die Leiden Christi und die darauf folgende Herrlichkeit im Voraus bezeugte. ¹² Ihnen wurde offenbart, dass sie damit nicht sich selbst, sondern euch dienten; und jetzt ist euch dies alles von denen verkündet worden, die euch in der Kraft des vom Himmel gesandten Heiligen Geistes das Evangelium gebracht haben. Das alles zu sehen ist sogar das Verlangen der Engel.

Neuer Lebenswandel

¹³ Deshalb umgürtet euch und macht euch bereit! Seid nüchtern und setzt eure Hoffnung ganz auf die Gnade, die euch bei der Offenbarung Jesu Christi geschenkt wird! ¹⁴ Als Kinder des Gehorsams gebt euch nicht den Begierden hin, wie früher in eurer Unwissenheit! ¹⁵ Wie er, der euch berufen hat, heilig ist, so soll auch eure ganze Lebensführung heilig sein. ¹⁶ Denn es steht geschrieben: *Seid heilig, weil ich heilig bin!*
¹⁷ Und wenn ihr den als Vater anruft, der jeden ohne Ansehen der Person nach seinem Tun beurteilt, dann führt auch, solange ihr in der Fremde seid, ein Leben in Gottesfurcht! ¹⁸ Ihr wisst, dass ihr aus eurer nichtigen, von den Vätern ererbten Lebensweise nicht um einen vergänglichen Preis losgekauft wurdet, nicht um Silber oder Gold, ¹⁹ sondern mit dem kostbaren Blut Christi, des Lammes ohne Fehl und Makel. ²⁰ Er war schon vor Grundlegung der Welt dazu ausersehen und euretwegen ist er am Ende der Zeiten erschienen. ²¹ Durch ihn seid ihr zum Glauben an Gott gekommen, der ihn von den Toten auferweckt und ihm die Herrlichkeit gegeben hat, sodass ihr an Gott glauben und auf ihn hoffen könnt.
²² Der Wahrheit gehorsam, habt ihr euer Herz rein gemacht für eine aufrichtige geschwisterliche Liebe; darum hört nicht auf, einander von Herzen zu lieben. ²³ Ihr seid neu gezeugt worden, nicht aus vergänglichem, sondern aus unvergänglichem Samen: aus Gottes Wort, das lebt und das bleibt. ²⁴ Denn:
*Alles Sterbliche ist wie Gras
und all seine Schönheit ist wie die Blume im Gras.
Das Gras verdorrt und die Blume verwelkt;*
²⁵ *doch das Wort des Herrn bleibt in Ewigkeit.*
Dies aber ist das Wort, das euch als frohe Botschaft verkündet worden ist.

2

2,1–10

¹ Legt also alle Bosheit ab, alle Falschheit und Heuchelei, allen Neid und alle Verleumdung! ² Verlangt wie neugeborene Kinder nach der unverfälschten, geistigen Milch, damit ihr durch sie heranwachst und Rettung erlangt! ³ *Denn ihr habt gekostet, wie gütig der Herr ist.*

Eine königliche Priesterschaft

⁴ Kommt zu ihm, dem lebendigen Stein, der von den Menschen verworfen, aber von Gott *auserwählt und geehrt* worden ist! ⁵ Lasst euch als lebendige Steine zu einem geistigen Haus aufbauen, zu einer heiligen Priesterschaft, um durch Jesus Christus geistige Opfer darzubringen, die Gott gefallen!
⁶ Denn es heißt in der Schrift:
*Siehe, ich lege in Zion einen auserwählten Stein,
einen Eckstein, den ich in Ehren halte;
wer an ihn glaubt, der geht nicht zugrunde.*
⁷ Euch, die ihr glaubt, gilt diese Ehre. Für jene aber, die nicht glauben, ist dieser *Stein, den die Bauleute verworfen haben, zum Eckstein geworden,* ⁸ *zum Stein, an den man anstößt, und zum Felsen,*

an dem man zu Fall kommt. Sie stoßen sich an ihm, weil sie dem Wort nicht gehorchen; doch dazu sind sie bestimmt. ⁹Ihr aber seid *ein auserwähltes Geschlecht, eine königliche Priesterschaft, ein heiliger Stamm, ein Volk, das sein besonderes Eigentum wurde, damit ihr die großen Taten dessen verkündet,* der euch aus der Finsternis in sein wunderbares Licht gerufen hat. ¹⁰Einst wart ihr *kein Volk,* jetzt aber seid ihr *Gottes Volk;* einst gab es für euch *kein Erbarmen,* jetzt aber habt ihr *Erbarmen gefunden.*

Christliches Leben in dieser Welt

2,11–5,11

Ordnung und Freiheit

¹¹Geliebte, da ihr Fremde und Gäste seid in dieser Welt, ermahne ich euch: Gebt den irdischen Begierden nicht nach, die gegen die Seele kämpfen! ¹²Führt unter den Heiden ein rechtschaffenes Leben, damit sie, die euch jetzt als Übeltäter verleumden, durch eure guten Taten, die sie sehen, Gott verherrlichen am *Tag der Heimsuchung!* ¹³Unterwerft euch um des Herrn willen jeder menschlichen Ordnung: dem Kaiser, weil er über allen steht, ¹⁴den Statthaltern, weil sie von ihm entsandt sind, um die zu bestrafen, die Böses tun, und die auszuzeichnen, die Gutes tun! ¹⁵Denn es ist der Wille Gottes, dass ihr durch eure guten Taten die Unwissenheit unverständiger Menschen zum Schweigen bringt. ¹⁶Handelt als Freie, ohne die Freiheit als Deckmantel der Bosheit zu benutzen, sondern als Knechte Gottes! ¹⁷Erweist allen Menschen Ehre, liebt die Brüder und Schwestern, fürchtet Gott und ehrt den Kaiser!

Christusnachfolge am Beispiel der Haussklaven

¹⁸Ihr Sklaven, ordnet euch in aller Ehrfurcht euren Herren unter, nicht nur den guten und freundlichen, sondern auch den launenhaften! ¹⁹Denn es ist eine Gnade, wenn jemand deswegen Kränkungen erträgt und zu Unrecht leidet, weil er sich in seinem Gewissen nach Gott richtet. ²⁰Ist es vielleicht etwas Besonderes, wenn ihr wegen einer Verfehlung Schläge erduldet? Wenn ihr aber recht handelt und trotzdem Leiden erduldet, das ist eine Gnade in den Augen Gottes.
²¹Dazu seid ihr berufen worden;
denn auch Christus hat für euch gelitten und euch ein Beispiel gegeben, damit ihr seinen Spuren folgt.
²² *Er hat keine Sünde begangen und in seinem Mund war keine Falschheit.*
²³Als er geschmäht wurde, schmähte er nicht;
als er litt, drohte er nicht, sondern überließ seine Sache dem gerechten Richter.
²⁴*Er hat unsere Sünden* mit seinem eigenen Leib auf das Holz des Kreuzes *getragen,* damit wir tot sind für die Sünden und leben für die Gerechtigkeit.
Durch seine Wunden seid ihr geheilt.
²⁵Denn ihr hattet euch verirrt wie Schafe, jetzt aber habt ihr euch hingewandt zum Hirten und Hüter eurer Seelen.

3

3,1–22

Christusnachfolge in der Ehe

¹Ebenso sollt ihr Frauen euch euren Männern unterordnen, damit auch sie, falls sie dem Wort nicht gehorchen, durch das Leben ihrer Frauen ohne ein Wort gewonnen werden, ²wenn sie sehen, wie ihr in Gottesfurcht ein reines Leben führt. ³Nicht auf äußeren Schmuck sollt ihr Wert legen, auf Haartracht, Goldschmuck und prächtige Kleider, ⁴sondern was im Herzen verborgen ist, das sei euer unvergänglicher Schmuck: ein sanftes und ruhiges Wesen. Das ist wertvoll in Gottes Augen. ⁵So haben sich einst auch die heiligen Frauen geschmückt, die ihre Hoffnung auf Gott setzten: Sie ordneten sich ihren Männern unter. ⁶Sara gehorchte Abraham und nannte ihn Herr. Ihre Kinder seid ihr geworden, wenn ihr recht handelt und euch vor keiner Einschüchterung fürchtet. ⁷Ebenso sollt ihr Männer im Umgang mit den Frauen rücksichtsvoll sein, denn sie sind der schwächere Teil; ehrt sie, denn auch sie sind Erben der Gnade des Lebens. So wird euren Gebeten nichts mehr im Weg stehen.

Mahnungen an alle Christen

⁸Endlich aber: Seid alle eines Sinnes, voll Mitgefühl und Liebe zueinander, seid barmherzig und demütig! ⁹Vergeltet Böses nicht mit Bösem oder Schmähung mit Schmähung! Im Gegenteil: Segnet, denn dazu seid ihr berufen worden, dass ihr Segen erbt. ¹⁰Es heißt nämlich:
*Wer das Leben liebt
und gute Tage zu sehen wünscht,
der bewahre seine Zunge vor Bösem
und seine Lippen vor falscher Rede.
¹¹Er meide das Böse und tue das Gute;
er suche Frieden und jage ihm nach.
¹²Denn die Augen des Herrn blicken auf die Gerechten
und seine Ohren hören ihr Flehen;
das Antlitz des Herrn aber richtet sich gegen die Bösen.*

Leiden und Hoffnung

¹³Und wer wird euch Böses zufügen, wenn ihr euch voll Eifer um das Gute bemüht? ¹⁴Aber auch wenn ihr um der Gerechtigkeit willen leidet, seid ihr seligzupreisen. *Fürchtet euch nicht vor ihnen und lasst euch nicht erschrecken,* ¹⁵heiligt vielmehr in eurem Herzen Christus, *den Herrn!* Seid stets bereit, jedem Rede und Antwort zu stehen, der von euch Rechenschaft fordert über die Hoffnung, die euch erfüllt; ¹⁶antwortet aber bescheiden und ehrfürchtig, denn ihr habt ein reines Gewissen, damit jene, die euren rechtschaffenen Lebenswandel in Christus in schlechten Ruf bringen, wegen ihrer Verleumdungen beschämt werden. ¹⁷Denn es ist besser, für gute Taten zu leiden, wenn es Gottes Wille ist, als für böse.

Christi Leiden – Leiden der Christen

¹⁸Denn auch Christus ist der Sünden wegen ein einziges Mal gestorben, ein Gerechter für Ungerechte, damit er euch zu Gott hinführe, nachdem er dem Fleisch nach zwar getötet,

aber dem Geist nach lebendig gemacht wurde. ¹⁹ In ihm ist er auch zu den Geistern gegangen, die im Gefängnis waren, und hat ihnen gepredigt. ²⁰ Diese waren einst ungehorsam, als Gott in den Tagen Noachs geduldig wartete, während die Arche gebaut wurde; in ihr wurden nur wenige, nämlich acht Menschen, durch das Wasser gerettet. ²¹ Dem entspricht die Taufe, die jetzt euch rettet. Sie dient nicht dazu, den Körper von Schmutz zu reinigen, sondern sie ist eine Bitte an Gott um ein reines Gewissen aufgrund der Auferstehung Jesu Christi, ²² der in den Himmel gegangen ist; dort ist er zur Rechten Gottes und Engel, Gewalten und Mächte sind ihm unterworfen.

4

4,1–19

¹ Da Christus im Fleisch gelitten hat, wappnet auch ihr euch mit diesem Gedanken, denn wer im Fleisch gelitten hat, für den hat die Sünde ein Ende. ² Darum richtet euch, solange ihr noch auf Erden lebt, nicht mehr nach den menschlichen Begierden, sondern nach dem Willen Gottes! ³ Denn lange genug habt ihr in der vergangenen Zeit getan, was die Heiden wollen, und habt ein ausschweifendes Leben voller Begierden geführt, habt getrunken, geprasst, gezecht und frevelhaften Götzenkult getrieben. ⁴ Darüber sind sie empört und sie lästern, weil ihr euch nicht mehr mittreiben lasst im Strom der Leidenschaften. ⁵ Aber sie werden vor dem Rechenschaft ablegen müssen, der schon bereitsteht, um die Lebenden und die Toten zu richten. ⁶ Denn auch Toten ist das Evangelium dazu verkündet worden, dass sie zwar wie Menschen gerichtet werden im Fleisch, aber wie Gott das Leben haben im Geist.

Kennzeichen christlichen Handelns

⁷ Das Ende aller Dinge ist nahe. Seid also besonnen und nüchtern und betet! ⁸ Vor allem haltet beharrlich fest an der Liebe zueinander; denn *die Liebe deckt viele Sünden zu.* ⁹ Seid untereinander gastfreundlich, ohne zu murren! ¹⁰ Dient einander als gute Verwalter der vielfältigen Gnade Gottes, jeder mit der Gabe, die er empfangen hat! ¹¹ Wer redet, der rede mit den Worten, die Gott ihm gibt; wer dient, der diene aus der Kraft, die Gott verleiht. So wird in allem Gott verherrlicht durch Jesus Christus. Sein ist die Herrlichkeit und die Macht in alle Ewigkeit. Amen.

Leiden in Freude und Hoffnung

¹² Geliebte, lasst euch durch die Feuersglut, die zu eurer Prüfung über euch gekommen ist, nicht verwirren, als ob euch etwas Ungewöhnliches zustoße! ¹³ Stattdessen freut euch, dass ihr Anteil an den Leiden Christi habt; denn so könnt ihr auch bei der Offenbarung seiner Herrlichkeit voll Freude jubeln. ¹⁴ Wenn ihr wegen des Namens Christi beschimpft werdet, seid ihr seligzupreisen; denn der Geist der Herrlichkeit, *der Geist Gottes, ruht* auf euch. ¹⁵ Wenn einer von euch leiden muss, soll es nicht deswegen sein, weil er ein Mörder oder ein Dieb ist, weil er Böses tut oder sich in fremde Angelegenheiten einmischt. ¹⁶ Wenn er aber leidet, weil er Christ ist, dann soll er sich nicht schämen, sondern Gott darin verherrlichen. ¹⁷ Denn jetzt ist die Zeit, in der das Gericht beim Haus Gottes beginnt; wenn es aber bei uns anfängt, wie wird dann das Ende derer sein, die dem Evangelium Gottes nicht gehorchen? ¹⁸ Und *wenn der Gerechte kaum gerettet wird, wo wird man dann die Frevler und Sünder finden?* ¹⁹ Darum sollen alle, die nach dem Willen Gottes leiden müssen, Gutes tun und dadurch ihr Leben dem treuen Schöpfer anbefehlen.

5

5,1–11

Hirten und Herde

¹ Eure Ältesten ermahne ich, als Mitältester und Zeuge der Leiden Christi, der auch an der Herrlichkeit teilhaben soll, die sich offenbaren wird: ² Weidet die euch anvertraute Herde Gottes, nicht gezwungen, sondern freiwillig, wie Gott es will; auch nicht aus Gewinnsucht, sondern mit Hingabe; ³ seid nicht Beherrscher der Gemeinden, sondern Vorbilder für die Herde! ⁴ Wenn dann der oberste Hirt erscheint, werdet ihr den nie verwelkenden Kranz der Herrlichkeit empfangen. ⁵ Sodann, ihr Jüngeren: Ordnet euch den Ältesten unter! Alle aber begegnet einander in Demut! Denn *Gott tritt Stolzen entgegen, Demütigen aber schenkt er seine Gnade.* ⁶ Beugt euch also in Demut unter die mächtige Hand Gottes, damit er euch erhöht, wenn die Zeit gekommen ist! ⁷ Werft alle eure Sorge auf ihn, denn er kümmert sich um euch!

Zuversicht trotz Bedrängnis

⁸ Seid nüchtern, seid wachsam! Euer Widersacher, der Teufel, geht wie ein brüllender Löwe umher und sucht, wen er verschlingen kann. ⁹ Leistet ihm Widerstand in der Kraft des Glaubens! Wisst, dass eure Brüder und Schwestern in der Welt die gleichen Leiden ertragen. ¹⁰ Der Gott aller Gnade aber, der euch in Christus zu seiner ewigen Herrlichkeit berufen hat, wird euch, die ihr kurze Zeit leiden müsst, wieder aufrichten, stärken, kräftigen und auf festen Grund stellen. ¹¹ Sein ist die Macht in Ewigkeit. Amen.

Grüße und Segenswunsch

5,12–14

¹² Durch Silvanus, den ich für einen treuen Bruder halte, habe ich euch kurz geschrieben: Ich habe euch ermahnt und habe bezeugt, dass dies die wahre Gnade Gottes ist, in der ihr stehen sollt. ¹³ Es grüßt euch die mitauserwählte Gemeinde in Babylon und Markus, mein Sohn. ¹⁴ Grüßt einander mit dem Kuss der Liebe! Friede sei mit euch allen, die ihr in Christus seid!

Der 2. Brief des
PETRUS

Der 2. Petrusbrief richtet sich ausdrücklich an die Adressaten des ersten (vgl. 3,1). Bei ihnen werden Briefe des Paulus als bekannt vorausgesetzt (3,15f.), weshalb sie im paulinischen Missionsgebiet Kleinasien zu suchen sind. Im zweiten Kapitel lehnt sich das Schreiben an Ausführungen des Judasbriefs an.

Auch der 2. Petrusbrief ist nach dem Tod des Apostels entstanden. Seine Abfassungszeit dürfte um 120 anzusetzen sein. Er kann als das jüngste Dokument des Neuen Testaments gelten.

Das Schreiben ist in Form eines Briefs abgefasst; auch einige persönliche Äußerungen entsprechen dem Briefcharakter. Jedoch fehlt ein Briefschluss: Das Ende bildet ein Lobpreis auf Christus (3,18; vgl. 1 Petr 4,11).

Nach Inhalt und Form will der Brief als Testament des Apostels verstanden sein (1,12–15). Er soll die Leser im Glauben und in der Hoffnung stärken und sie vor falschen Lehrern warnen, die über den Glauben an die Wiederkunft des Herrn spotten (3,4) und seine göttliche Herrlichkeit leugnen (2,1.10). Entsprechend ist ihre Lebensweise (vgl. Kap. 2). Das Schreiben verteidigt demgegenüber nachdrücklich die Erwartung der Wiederkunft Christi und erinnert an die Herrlichkeit Jesu, die bei der Verklärung sichtbar wurde (1,16–18). Wichtig sind die Aussagen über die heiligen Schriften und ihre richtige Auslegung (1,19–21).

Anschrift und Gruß

1,1–2

1

¹Simon Petrus, Knecht und Apostel Jesu Christi, an jene, die durch die Gerechtigkeit unseres Gottes und Retters Jesus Christus den gleichen kostbaren Glauben erlangt haben wie wir.

²**Gnade sei mit euch und Friede in Fülle durch die Erkenntnis Gottes und Jesu, unseres Herrn!**

Verpflichtung auf eine christliche Lebensführung

1,3–11

³ Alles, was für unser Leben und unsere Frömmigkeit gut ist, hat seine göttliche Macht uns geschenkt; sie hat uns den erkennen lassen, der uns durch seine Herrlichkeit und Kraft berufen hat. ⁴ Durch sie sind uns die kostbaren und überaus großen Verheißungen geschenkt, damit ihr durch diese Anteil an der göttlichen Natur erhaltet und dem Verderben entflieht, das durch die Begierde in der Welt herrscht. ⁵ Darum setzt allen Eifer daran, mit eurem Glauben die Tugend zu verbinden, mit der Tugend die Erkenntnis, ⁶ mit der Erkenntnis die Selbstbeherrschung, mit der Selbstbeherrschung die Ausdauer, mit der Ausdauer die Frömmigkeit, ⁷ mit der Frömmigkeit die Brüderlichkeit und mit der Brüderlichkeit die Liebe! ⁸ Wenn dies nämlich bei euch vorhanden ist und wächst, dann nimmt es euch die Trägheit und Unfruchtbarkeit für die Erkenntnis unseres Herrn Jesus Christus. ⁹ Wem dies nämlich fehlt, der ist blind und kurzsichtig; er hat vergessen, dass er gereinigt worden ist von seinen früheren Sünden. ¹⁰ Deshalb, Brüder und Schwestern, bemüht euch noch mehr darum, dass eure Berufung und Erwählung Bestand hat! Wenn ihr das tut, werdet ihr niemals scheitern. ¹¹ So wird euch in reichem Maß gewährt, in das ewige Reich unseres Herrn und Retters Jesus Christus einzutreten.

Verteidigung des christlichen Glaubens

1,12–3,13

Das Zeugnis der Propheten und Apostel

¹² Darum will ich euch immer daran erinnern, auch wenn ihr es schon wisst und in der Wahrheit gefestigt seid, die jetzt gegenwärtig ist. ¹³ Ich halte es nämlich für richtig, euch daran zu erinnern, solange ich noch in diesem Zelt lebe, und euch dadurch wachzuhalten; ¹⁴ denn ich weiß, dass mein Zelt bald abgebrochen wird, wie mir auch unser Herr Jesus Christus offenbart hat. ¹⁵ Ich will aber dafür sorgen, dass ihr euch auch nach meinem Tod jederzeit daran erinnern könnt. ¹⁶ Denn wir sind nicht klug ausgedachten Geschichten gefolgt, als wir euch die machtvolle Ankunft unseres Herrn Jesus Christus kundtaten, sondern wir waren Augenzeugen seiner Macht und Größe. ¹⁷ Denn er hat von Gott, dem Vater, Ehre und Herrlichkeit empfangen, als eine Stimme von erhabener Herrlichkeit an ihn erging: Das ist mein geliebter Sohn, an dem ich Wohlgefallen gefunden habe. ¹⁸ Diese Stimme, die vom Himmel kam, haben wir gehört, als wir mit ihm auf dem heiligen Berg waren. ¹⁹ Dadurch ist das Wort der Propheten für uns noch sicherer geworden und ihr tut gut daran, es zu beachten, wie ein Licht, das an einem finsteren Ort scheint, bis der Tag anbricht und der Morgenstern aufgeht in eurem Herzen. ²⁰ Bedenkt dabei vor allem dies: Keine Prophetie der Schrift wird durch eigenmächtige Auslegung wirksam; ²¹ denn niemals wurde eine Prophetie durch den Willen eines Menschen hervorgebracht, sondern vom Heiligen Geist getrieben haben Menschen im Auftrag Gottes geredet.

2

2,1–22

Die Vorwürfe gegen die Irrlehrer

¹ Es gab aber auch falsche Propheten im Volk, wie es auch unter euch falsche Lehrer geben wird. Sie werden Verderben bringende Irrlehren einschleusen und den Herrn, der sie freigekauft hat, verleugnen. Doch dadurch bringen sie über sich selbst rasches Verderben. ² Und ihren Ausschweifungen werden sich viele anschließen und ihretwegen wird der Weg der Wahrheit in Verruf kommen. ³ In ihrer Habgier werden sie euch mit erdichteten Worten zu kaufen versuchen; aber das Gericht über sie bereitet sich schon seit Langem vor und das Verderben, das ihnen droht, schläft nicht. ⁴ Gott hat auch die Engel, die gesündigt haben, nicht verschont, sondern sie mit Ketten in der Finsternis der Unterwelt verwahrt und sie als Gefangene dem Gericht übergeben. ⁵ Er hat auch die Welt am Anfang nicht verschont, sondern mit sieben anderen Noach, den Künder der Gerechtigkeit, bewahrt, als er die Flut über die Welt der Gottlosen brachte. ⁶ Auch die Städte Sodom und Gomorra hat er eingeäschert und zum Untergang verurteilt, als ein Beispiel für die Gottlosen in späteren Zeiten. ⁷ Den gerechten Lot aber, der unter dem ausschweifenden Lebenswandel der Frevler litt, hat er gerettet; ⁸ denn dieser Gerechte, der mitten unter ihnen wohnte, musste Tag für Tag ihr gesetzwidriges Tun sehen und hören und das quälte diesen Gerechten. ⁹ Der Herr kann die Frommen aus der Versuchung retten; die Ungerechten aber kann er für den Tag des Gerichts aufsparen, um sie zu bestrafen, ¹⁰ besonders jene, die sich von der schmutzigen Begierde ihres Körpers beherrschen lassen und die Macht des Herrn verachten. Diese frechen und anmaßenden Menschen schrecken nicht davor zurück, die überirdischen Mächte zu lästern, ¹¹ während Engel, die ihnen an Stärke und Macht überlegen sind, beim Herrn nicht über sie urteilen und lästern. ¹² Diese Menschen aber sind wie unvernünftige Tiere, die von Natur aus dazu geboren sind, gefangen zu werden und umzukommen. Sie lästern über Dinge, die sie nicht verstehen. In ihrer Verderbtheit werden auch sie verderben ¹³ und als Lohn für ihr Unrecht werden sie Unrecht erleiden. Sie halten es für ein Vergnügen, bei Tag ein üppiges Leben zu führen; Schandflecke und Makel sind sie, die in ihren Betrügereien schwelgen, wenn sie zusammen mit euch prassen. ¹⁴ Sie haben nur Augen für die Ehebrecherin und sind unersättlich in der Sünde. Sie ködern ungefestigte Seelen; ihr Herz

ist in der Habgier geübt, sie sind Kinder des Fluches. ¹⁵ Sie haben den geraden Weg verlassen und sind in die Irre gegangen. Sie folgten dem Weg Bileams, des Sohnes Bosors, der den Lohn der Ungerechtigkeit liebte, ¹⁶ aber er wurde wegen seines eigenen Vergehens zurechtgewiesen: Ein stummes Lasttier redete mit menschlicher Stimme und verhinderte das wahnwitzige Vorhaben des Propheten. ¹⁷ Diese Menschen sind Quellen ohne Wasser, sie sind Wolken, die der Sturm vor sich herjagt; für sie ist die dunkelste Finsternis bestimmt. ¹⁸ Sie führen geschwollene und nichtssagende Reden; in ihren fleischlichen Begierden ködern sie durch Ausschweifungen die Menschen, die sich wirklich von denen getrennt haben, die im Irrtum leben. ¹⁹ Freiheit versprechen sie ihnen und sind doch selbst Sklaven des Verderbens; denn wem jemand unterliegt, dessen Sklave ist er. ²⁰ Denn wenn sie den Schandtaten der Welt durch die Erkenntnis des Herrn und Retters Jesus Christus entkommen sind, in diese sich aber wieder verstricken und ihnen unterliegen, dann steht es mit ihnen am Ende schlimmer als vorher. ²¹ Denn es wäre besser für sie, den Weg der Gerechtigkeit nicht erkannt zu haben, als ihn erkannt zu haben und sich danach wieder von dem heiligen Gebot abzuwenden, das ihnen überliefert worden ist. ²² Auf sie trifft das wahre Sprichwort zu: *Der Hund kehrt zurück zu dem, was er erbrochen hat*, und: *Die gewaschene Sau wälzt sich wieder im Dreck.*

3

3,1–13

Die Wiederkunft Christi

¹ Das ist schon der zweite Brief, Geliebte, den ich euch schreibe. In beiden will ich eure klare Einsicht wachrufen und euch erinnern: ² Denkt an die Worte, die von den heiligen Propheten im Voraus gesprochen worden sind, und an das Gebot des Herrn und Retters, das eure Apostel euch überliefert haben! ³ Dies sollt ihr vor allem wissen: In den letzten Tagen werden Spötter kommen, die ihren Spott treiben, ihren eigenen Begierden nachgehen ⁴ und sagen: Wo bleibt seine verheißene Ankunft? Denn seit die Väter entschlafen sind, bleibt alles wie von Anfang der Schöpfung an. ⁵ Wer das behauptet, übersieht, dass es einst die Himmel gab und eine Erde, die aus dem Wasser entstand und durch das Wasser Bestand hatte auf das Wort Gottes hin. ⁶ Durch dieses wurde die damalige Welt vom Wasser überflutet und ging zugrunde. ⁷ Die jetzigen Himmel aber und die Erde sind durch dasselbe Wort für das Feuer aufgespart worden. Sie werden bewahrt für den Tag des Gerichts und des Verderbens der gottlosen Menschen. ⁸ Dies eine aber, Geliebte, soll euch nicht verborgen bleiben, dass beim Herrn ein Tag wie tausend Jahre und tausend Jahre wie ein Tag sind. ⁹ Der Herr der Verheißung zögert nicht, wie einige meinen, die von Verzögerung reden, sondern er ist geduldig mit euch, weil er nicht will, dass jemand zugrunde geht, sondern dass alle zur Umkehr gelangen. ¹⁰ Der Tag des Herrn wird aber kommen wie ein Dieb. Dann werden die Himmel mit Geprassel vergehen, die Elemente sich in Feuer auflösen und die Erde und die Werke auf ihr wird man nicht mehr finden. ¹¹ Wenn sich das alles in dieser Weise auflöst: Wie heilig und fromm müsst ihr dann leben, ¹² die Ankunft des Tages Gottes erwarten und beschleunigen! An jenem Tag werden die Himmel in Flammen aufgehen und die Elemente im Feuer zerschmelzen. ¹³ Wir erwarten gemäß seiner Verheißung *einen neuen Himmel und eine neue Erde,* in denen die Gerechtigkeit wohnt.

Schlußmahnung

3,14–18

Das Zeugnis der Paulusbriefe

¹⁴ Deswegen, Geliebte, die ihr dies erwartet, bemüht euch darum, von ihm ohne Makel und Fehler in Frieden angetroffen zu werden! ¹⁵ Und die Geduld unseres Herrn betrachtet als eure Rettung. Das hat euch auch unser geliebter Bruder Paulus mit der ihm geschenkten Weisheit geschrieben; ¹⁶ es steht in allen seinen Briefen, in denen er davon spricht. In ihnen ist einiges schwer zu verstehen und die Unwissenden, die noch nicht gefestigt sind, werden diese Stellen ebenso verdrehen wie die übrigen Schriften zu ihrem eigenen Verderben.

Wunsch und Lobpreis

¹⁷ Ihr aber, Geliebte, da ihr dies im Voraus wisst, gebt Acht, dass ihr nicht von dem Irrtum der Frevler mitgerissen werdet und eure eigene Standfestigkeit verliert! ¹⁸ Wachset in der Gnade und Erkenntnis unseres Herrn und Retters Jesus Christus! Ihm gebührt die Herrlichkeit, jetzt und bis zum Tag der Ewigkeit. Amen.

Der 1. Brief des
JOHANNES

Der Verfasser rechnet sich zu einer Gruppe christlicher Lehrer, die im Kampf gegen Irrlehrer das „von Anfang an" Verkündete in Erinnerung halten wollen. Der Brief, der gegen Ende des 1. Jahrhunderts verfasst sein dürfte, wendet sich wahrscheinlich an einen örtlich begrenzten Kreis christlicher Gemeinden. Nach Stil und Gedankengut ist er dem Johannesevangelium nah verwandt.

Das Schreiben ist kunstvoll gegliedert und hat folgenden Aufbau: Vorrede (1,1–4); Gemeinschaft mit Gott durch ein Leben im Licht, das heißt durch Einhalten der Gebote, Abwehr der „Antichriste" und Festhalten am wahren Bekenntnis zu Christus (1,5–2,27); Gotteskindschaft und Erfüllung der Gerechtigkeit in tätiger Liebe sowie Unterscheidung der Geister in rechtem Glauben (2,28–4,6); Gemeinschaft mit Gott in der Liebe und darin Sieg über die Welt und ewiges Leben (4,7–5,13); Abschluss: Sünde und ewiges Leben (5,14–21).

Der 1. Johannesbrief bezeugt, dass der wahre Glaube am Halten des Liebesgebots (3,11) und an der Orientierung an Jesu Beispiel (2,6: „einen Lebenswandel führen, wie er ihn geführt hat", auch 3,3.7) erkennbar wird. Die praktizierte Bruderliebe (2,9f.; 4,19–21) wird so zum Kriterium, mit dessen Hilfe sich Irrtum und Wahrheit scheiden lassen. Für die Frömmigkeitsgeschichte ist die Unterscheidung von Sünden, die zum Tod führen bzw. nicht zum Tod führen (5,16f.), von Bedeutung.

Vorrede: das Wort des Lebens

1,1–4

1

¹Was von Anfang an war, was wir gehört, was wir mit unseren Augen gesehen, was wir geschaut und was unsere Hände angefasst haben vom Wort des Lebens – ²das Leben ist erschienen und wir haben gesehen und bezeugen und verkünden euch das ewige Leben, das beim Vater war und uns erschienen ist –, ³was wir gesehen und gehört haben, das verkünden wir auch euch, damit auch ihr Gemeinschaft mit uns habt. Wir aber haben Gemeinschaft mit dem Vater und mit seinem Sohn Jesus Christus. ⁴Dies schreiben wir, damit unsere Freude vollkommen ist.

Gemeinschaft mit Gott durch Wandel im Licht

1,5–2,27

Bruch mit der Sünde, Wandel im Licht

⁵Das ist die Botschaft, die wir von ihm gehört haben und euch verkünden: Gott ist Licht und keine Finsternis ist in ihm. ⁶Wenn wir sagen, dass wir Gemeinschaft mit ihm haben und doch in der Finsternis wandeln, lügen wir und tun nicht die Wahrheit. ⁷Wenn wir im Licht wandeln, wie er im Licht ist, haben wir Gemeinschaft miteinander und das Blut seines Sohnes Jesus reinigt uns von aller Sünde. ⁸Wenn wir sagen, dass wir keine Sünde haben, führen wir uns selbst in die Irre und die Wahrheit ist nicht in uns. ⁹Wenn wir unsere Sünden bekennen, ist er treu und gerecht; er vergibt uns die Sünden und reinigt uns von allem Unrecht. ¹⁰Wenn wir sagen, dass wir nicht gesündigt haben, machen wir ihn zum Lügner und sein Wort ist nicht in uns.

2

2,1–27

¹Meine Kinder, ich schreibe euch dies, damit ihr nicht sündigt. Wenn aber einer sündigt, haben wir einen Beistand beim Vater: Jesus Christus, den Gerechten. ²Er ist die Sühne für unsere Sünden, aber nicht nur für unsere Sünden, sondern auch für die der ganzen Welt.

Wahre Gotteserkenntnis

³Und daran erkennen wir, dass wir ihn erkannt haben: wenn wir seine Gebote halten. ⁴Wer sagt: Ich habe ihn erkannt!, aber seine Gebote nicht hält, ist ein Lügner und in dem ist die Wahrheit nicht. ⁵Wer sich aber an sein Wort hält, in dem ist die Gottesliebe wahrhaft vollendet; daran erkennen wir, dass wir in ihm sind.

Das neue Gebot

⁶Wer sagt, dass er in ihm bleibt, muss auch einen Lebenswandel führen, wie er ihn geführt hat. ⁷Geliebte, ich schreibe euch kein neues Gebot, sondern ein altes Gebot, das ihr von Anfang an hattet. Das alte Gebot ist das Wort, das ihr gehört habt. ⁸Wiederum schreibe ich euch ein neues Gebot, was wahr ist in ihm und in euch, weil die Finsternis vergeht und das wahre Licht schon leuchtet. ⁹Wer sagt, er sei im Licht, aber seinen Bruder hasst, ist noch in der Finsternis. ¹⁰Wer seinen Bruder liebt, bleibt im Licht und in ihm gibt es keinen Anstoß. ¹¹Wer aber seinen Bruder hasst, ist in der Finsternis und wandelt in der Finsternis und weiß nicht, wohin er geht; denn die Finsternis hat seine Augen blind gemacht.

Bruch mit der Welt, rechter Glaube

¹²Ich schreibe euch, ihr Kinder: Euch sind die Sünden vergeben um seines Namens willen. ¹³Ich schreibe euch, ihr Väter: Ihr habt den erkannt, der von Anfang an ist. Ich schreibe euch, ihr jungen Männer: Ihr habt den Bösen besiegt. ¹⁴Ich habe euch geschrieben, ihr Kinder: Ihr habt den Vater erkannt. Ich habe euch geschrieben, ihr Väter: Ihr habt den erkannt, der von Anfang an ist. Ich habe euch geschrieben, ihr jungen Männer: Ihr seid stark und das Wort Gottes bleibt in euch und ihr habt den Bösen besiegt.
¹⁵Liebt nicht die Welt und was in der Welt ist! Wer die Welt liebt, in dem ist die Liebe des Vaters nicht. ¹⁶Denn alles, was in der Welt ist, die Begierde des Fleisches, die Begierde der Augen und das Prahlen mit dem Besitz, ist nicht vom Vater, sondern von der Welt. ¹⁷Die Welt vergeht und ihre Begierde; wer den Willen Gottes tut, bleibt in Ewigkeit.
¹⁸Meine Kinder, die letzte Stunde ist da. Ihr habt gehört, dass der Antichrist kommt, und jetzt sind viele Antichriste aufgetreten. Daran erkennen wir, dass die letzte Stunde da ist. ¹⁹Sie sind aus unserer Mitte gekommen, aber sie haben nicht zu uns gehört; denn wenn sie zu uns gehörten, wären sie bei uns geblieben. Es sollte aber offenbar werden, dass sie alle nicht zu uns gehören. ²⁰Ihr habt die Salbung von dem, der heilig ist, und ihr alle wisst es. ²¹Ich schreibe euch nicht, weil ihr die Wahrheit nicht kennt, sondern weil ihr sie kennt und weil keine Lüge von der

Wahrheit stammt. ²² Wer ist der Lügner, wenn nicht der, der leugnet, dass Jesus der Christus ist? Das ist der Antichrist, der den Vater und den Sohn leugnet. ²³ Jeder, der den Sohn leugnet, hat auch den Vater nicht; wer den Sohn bekennt, hat auch den Vater. ²⁴ Für euch gilt: Was ihr von Anfang an gehört habt, soll in euch bleiben; wenn in euch bleibt, was ihr von Anfang an gehört habt, dann werdet auch ihr im Sohn und im Vater bleiben. ²⁵ Und das ist die Verheißung, die er uns verheißen hat: das ewige Leben. ²⁶ Dies habe ich euch über die geschrieben, die euch in die Irre führen. ²⁷ Was euch betrifft, so bleibt die Salbung, die ihr von ihm empfangen habt, in euch und ihr braucht euch von niemandem belehren zu lassen; wie euch vielmehr seine Salbung über alles belehrt, so ist es auch wahr und keine Lüge. Und wie er euch belehrt hat, so bleibt ihr in ihm.

Gotteskindschaft im Tun der Gerechtigkeit

2,28–4,6

Bruch mit der Sünde, Tun der Gerechtigkeit

²⁸ Und jetzt, meine Kinder, bleibt in ihm, damit wir, wenn er erscheint, Zuversicht haben und bei seinem Kommen von ihm nicht beschämt werden! ²⁹ Wenn ihr wisst, dass er gerecht ist, erkennt auch, dass jeder, der die Gerechtigkeit tut, von Gott stammt!

3

3,1–24

¹ Seht, welche Liebe uns der Vater geschenkt hat: Wir heißen Kinder Gottes und wir sind es. Deshalb erkennt die Welt uns nicht, weil sie ihn nicht erkannt hat. ² Geliebte, jetzt sind wir Kinder Gottes. Doch ist noch nicht offenbar geworden, was wir sein werden. Wir wissen, dass wir ihm ähnlich sein werden, wenn er offenbar wird; denn wir werden ihn sehen, wie er ist. ³ Jeder, der diese Hoffnung auf ihn setzt, heiligt sich, so wie er heilig ist. ⁴ Jeder, der die Sünde tut, handelt gesetzwidrig; denn Sünde ist Gesetzwidrigkeit. ⁵ Ihr wisst, dass er erschienen ist, um die Sünden wegzunehmen, und in ihm ist keine Sünde. ⁶ Jeder, der in ihm bleibt, sündigt nicht. Jeder, der sündigt, hat ihn nicht gesehen und ihn nicht erkannt. ⁷ Meine Kinder, lasst euch von niemandem in die Irre führen! Wer die Gerechtigkeit tut, ist gerecht, wie er gerecht ist. ⁸ Wer die Sünde tut, stammt vom Teufel; denn der Teufel sündigt von Anfang an. Der Sohn Gottes aber ist erschienen, um die Werke des Teufels zu zerstören. ⁹ Jeder, der von Gott stammt, tut keine Sünde, weil Gottes Same in ihm bleibt, und er kann nicht sündigen, weil er von Gott stammt. ¹⁰ Daran kann man die Kinder Gottes und die Kinder des Teufels erkennen: Jeder, der die Gerechtigkeit nicht tut und seinen Bruder nicht liebt, ist nicht aus Gott.

Aufruf zur Bruderliebe

¹¹ Denn das ist die Botschaft, die ihr von Anfang an gehört habt: Wir sollen einander lieben ¹² und nicht wie Kain handeln, der von dem Bösen stammte und seinen Bruder erschlug. Warum hat er ihn erschlagen? Weil seine Taten böse waren, die Taten seines Bruders aber gerecht. ¹³ Wundert euch nicht, Brüder und Schwestern, wenn die Welt euch hasst! ¹⁴ Wir wissen, dass wir aus dem Tod in das Leben hinübergegangen sind, weil wir die Brüder lieben. Wer nicht liebt, bleibt im Tod. ¹⁵ Jeder, der seinen Bruder hasst, ist ein Menschenmörder und ihr wisst: Kein Menschenmörder hat ewiges Leben, das in ihm bleibt. ¹⁶ Daran haben wir die Liebe erkannt, dass er sein Leben für uns hingegeben hat. So müssen auch wir für die Brüder das Leben hingeben. ¹⁷ Wenn jemand die Güter dieser Welt hat und sein Herz vor dem Bruder verschließt, den er in Not sieht, wie kann die Liebe Gottes in ihm bleiben? ¹⁸ Meine Kinder, wir wollen nicht mit Wort und Zunge lieben, sondern in Tat und Wahrheit. ¹⁹ Und daran werden wir erkennen, dass wir aus der Wahrheit sind. Und wir werden vor ihm unser Herz überzeugen, ²⁰ dass, wenn unser Herz uns verurteilt, Gott größer ist als unser Herz und alles weiß. ²¹ Geliebte, wenn das Herz uns aber nicht verurteilt, haben wir gegenüber Gott Zuversicht; ²² und alles, was wir erbitten, empfangen wir von ihm, weil wir seine Gebote halten und tun, was ihm gefällt. ²³ Und das ist sein Gebot: Wir sollen an den Namen seines Sohnes Jesus Christus glauben und einander lieben gemäß dem Gebot, das er uns gegeben hat. ²⁴ Wer seine Gebote hält, bleibt in Gott und Gott in ihm. Und daran erkennen wir, dass er in uns bleibt: an dem Geist, den er uns gegeben hat.

4

4,1–6

Bruch mit der Welt, rechter Glaube

¹ Geliebte, traut nicht jedem Geist, sondern prüft die Geister, ob sie aus Gott sind; denn viele falsche Propheten sind in die Welt hinausgezogen. ² Daran erkennt ihr den Geist Gottes: Jeder Geist, der Jesus Christus bekennt als im Fleisch gekommen, ist aus Gott ³ und jeder Geist, der Jesus nicht bekennt, ist nicht aus Gott. Das ist der Geist des Antichrists, über den ihr gehört habt, dass er kommt. Jetzt ist er schon in der Welt. ⁴ Ihr aber, meine Kinder, seid aus Gott und habt die falschen Propheten besiegt; denn Er, der in euch ist, ist größer als jener, der in der Welt ist. ⁵ Sie sind aus der Welt; deshalb sprechen sie, wie die Welt spricht, und die Welt hört auf sie. ⁶ Wir aber sind aus Gott. Wer Gott erkennt, hört auf uns; wer nicht aus Gott ist, hört nicht auf uns. Daran erkennen wir den Geist der Wahrheit und den Geist des Irrtums.

Gemeinschaft mit Gott in der Liebe

4,7–5,13

Die Vollendung des Glaubens in der Liebe

⁷ Geliebte, wir wollen einander lieben; denn die Liebe ist aus Gott und jeder, der liebt, stammt von Gott und erkennt Gott. ⁸ Wer nicht liebt, hat Gott nicht erkannt; denn Gott ist Liebe. ⁹ Darin offenbarte sich die Liebe Gottes unter uns, dass Gott seinen einzigen Sohn in die Welt gesandt hat, damit wir durch ihn leben. ¹⁰ Darin besteht die Liebe: Nicht dass wir Gott geliebt haben, sondern dass er uns geliebt und seinen Sohn als Sühne für unsere Sünden gesandt hat. ¹¹ Geliebte, wenn Gott uns so geliebt hat, müssen auch wir einander lieben. ¹² Niemand hat Gott je geschaut; wenn wir einander lieben, bleibt Gott in uns und seine Liebe ist in uns vollendet.

¹³ Daran erkennen wir, dass wir in ihm bleiben und er in uns bleibt: Er hat uns von seinem Geist gegeben. ¹⁴ Wir haben geschaut und bezeugen, dass der Vater den Sohn gesandt hat als Retter der Welt. ¹⁵ Wer bekennt, dass Jesus der Sohn Gottes ist, in dem bleibt Gott und er bleibt in Gott. ¹⁶ Wir haben die Liebe, die Gott zu uns hat, erkannt und gläubig angenommen.

Furcht und Liebe

Gott ist Liebe, und wer in der Liebe bleibt, bleibt in Gott und Gott bleibt in ihm.

¹⁷ Darin ist unter uns die Liebe vollendet, dass wir am Tag des Gerichts Zuversicht haben. Denn wie er, so sind auch wir in dieser Welt. ¹⁸ Furcht gibt es in der Liebe nicht, sondern die vollkommene Liebe vertreibt die Furcht. Denn die Furcht rechnet mit Strafe, wer sich aber fürchtet, ist nicht vollendet in der Liebe.

¹⁹ Wir wollen lieben, weil er uns zuerst geliebt hat. ²⁰ Wenn jemand sagt: Ich liebe Gott!, aber seinen Bruder hasst, ist er ein Lügner. Denn wer seinen Bruder nicht liebt, den er sieht, kann Gott nicht lieben, den er nicht sieht. ²¹ Und dieses Gebot haben wir von ihm: Wer Gott liebt, soll auch seinen Bruder lieben.

5

5,1–13

Der Glaube als Sieg über die Welt

¹ Jeder, der glaubt, dass Jesus der Christus ist, ist aus Gott gezeugt und jeder, der den Vater liebt, liebt auch den, der aus ihm gezeugt ist. ² Daran erkennen wir, dass wir die Kinder Gottes lieben: wenn wir Gott lieben und seine Gebote erfüllen. ³ Denn darin besteht die Liebe zu Gott, dass wir seine Gebote halten; und seine Gebote sind nicht schwer. ⁴ Denn alles, was aus Gott gezeugt ist, besiegt die Welt. Und das ist der Sieg, der die Welt besiegt hat: unser Glaube.

⁵ Wer sonst besiegt die Welt, außer dem, der glaubt, dass Jesus der Sohn Gottes ist? ⁶ Dieser ist es, der durch Wasser und Blut gekommen ist: Jesus Christus. Er ist nicht nur im Wasser gekommen, sondern im Wasser und im Blut. Und der Geist ist es, der Zeugnis ablegt; denn der Geist ist die Wahrheit. ⁷ Denn drei sind es, die Zeugnis ablegen: ⁸ der Geist, das Wasser und das Blut; und diese drei sind eins. ⁹ Wenn wir von Menschen ein Zeugnis annehmen, so ist das Zeugnis Gottes größer; denn das ist das Zeugnis Gottes: Er hat Zeugnis abgelegt von seinem Sohn. ¹⁰ Wer an den Sohn Gottes glaubt, trägt das Zeugnis in sich. Wer Gott nicht glaubt, hat ihn zum Lügner gemacht, weil er nicht an das Zeugnis geglaubt hat, das Gott von seinem Sohn abgelegt hat. ¹¹ Und darin besteht das Zeugnis, dass Gott uns ewiges Leben gegeben hat; und dieses Leben ist in seinem Sohn. ¹² Wer den Sohn hat, hat das Leben; wer den Sohn Gottes nicht hat, hat das Leben nicht. ¹³ Dies habe ich euch geschrieben, damit ihr wisst, dass ihr ewiges Leben habt, denn ihr glaubt an den Namen des Sohnes Gottes.

Abschließende Mahnungen

5,14–21

¹⁴ Und dies ist die Zuversicht, die wir zu ihm haben, dass er uns hört, wenn wir etwas erbitten, das seinem Willen entspricht. ¹⁵ Wenn wir wissen, dass er uns bei allem hört, was wir erbitten, dann wissen wir auch, dass er unsere Bitten schon erfüllt hat.

¹⁶ Wenn einer seinen Bruder eine Sünde begehen sieht, die nicht zum Tod führt, soll er für ihn bitten und wird ihm so Leben schenken, allen, deren Sünde nicht zum Tod führt. Denn es gibt Sünde, die zum Tod führt. Von ihr spreche ich nicht, wenn ich sage, dass er bitten soll. ¹⁷ Jedes Unrecht ist Sünde; aber es gibt Sünde, die nicht zum Tod führt.

¹⁸ Wir wissen: Jeder, der von Gott stammt, sündigt nicht, sondern wer aus Gott gezeugt ist, hütet sich und der Böse tastet ihn nicht an. ¹⁹ Wir wissen: Wir sind aus Gott, aber die ganze Welt steht unter der Macht des Bösen. ²⁰ Wir wissen aber: Der Sohn Gottes ist gekommen und er hat uns Einsicht geschenkt, damit wir den Wahren erkennen. Und wir sind in diesem Wahren, in seinem Sohn Jesus Christus. Er ist der wahre Gott und ewiges Leben. ²¹ Meine Kinder, hütet euch vor den Götzen!

Der 2. Brief des

JOHANNES

Der Verfasser des 2. Johannesbriefs stellt sich als „der Alte" oder „der Älteste" (1,1) vor und weist damit auf seine Autorität hin. Durch diese eigentümliche Bezeichnung des Absenders ist der 2. mit dem 3. Johannesbrief verbunden; beide sind wohl demselben Verfasser zuzuweisen. Über dessen Person wissen wir nichts Sicheres.

Der Brief, der sich an eine nicht näher bezeichnete Gemeinde richtet, ist um das Ende des 1. Jahrhunderts zu datieren.

In der Anlage entspricht er antiken Briefen, die gewöhnlich den Umfang eines Papyrusblattes hatten (vgl. 3 Joh). Nach dem einleitenden Gruß (1–3) mahnt der Verfasser zu christlicher Lebensführung in der Wahrheit, d. h. entsprechend dem Liebesgebot (4–6), warnt vor Irrlehrern und gibt die Anweisung, ihnen keine Aufnahme und Gemeinschaft zu gewähren (7–11). Dann kündigt er seinen baldigen Besuch an und schließt mit Grüßen der Gemeinde, in der er sich befindet (12f.).

Der Brief gibt Einblick in christliches Denken um das Jahr 100 und zeigt, wie sich die Kirche damals gegen umherziehende Irrlehrer verteidigte. Die Betonung des Liebesgebots hindert nicht, eine scharfe Trennungslinie gegen die „Verführer" zu ziehen.

Nach Stil und Inhalt steht das Schreiben dem 1. Johannesbrief nahe (Betonung des Liebesgebots, Abweisung von Irrlehren über Christus).

Anschrift und Gruß

1–3

¹Der Älteste an die auserwählte Herrin und an ihre Kinder, die ich in Wahrheit liebe; aber nicht nur ich, sondern auch alle, die die Wahrheit erkannt haben, lieben sie ²aufgrund der Wahrheit, die in uns bleibt und die mit uns sein wird in Ewigkeit. ³Gnade wird mit uns sein, Erbarmen und Friede von Gott, dem Vater, und von Jesus Christus, dem Sohn des Vaters, in Wahrheit und Liebe.

Leben in der Wahrheit

4–6

⁴Ich habe mich sehr gefreut, unter deinen Kindern solche zu finden, die in der Wahrheit wandeln, gemäß dem Gebot, das wir vom Vater empfangen haben. ⁵Und jetzt bitte ich dich, Herrin, nicht als wollte ich dir ein neues Gebot schreiben, sondern nur das, das wir von Anfang an hatten: dass wir einander lieben sollen. ⁶Denn darin besteht die Liebe, dass wir nach seinen Geboten wandeln. Und darin besteht das Gebot, das ihr von Anfang an gehört habt: dass ihr in der Wahrheit wandelt.

Verharren in der Lehre und Abweisung von Irrlehrern

7–11

⁷Denn viele Verführer sind in die Welt hinausgegangen, die nicht den im Fleisch gekommenen Jesus Christus bekennen. Das ist der Verführer und der Antichrist. ⁸Achtet auf euch, damit ihr nicht preisgebt, was wir erarbeitet haben, sondern damit ihr den vollen Lohn empfangt! ⁹Jeder, der darüber hinausgeht und nicht in der Lehre Christi bleibt, hat Gott nicht. Wer aber in der Lehre bleibt, hat den Vater und den Sohn. ¹⁰Wenn jemand zu euch kommt und nicht diese Lehre mitbringt, dann nehmt ihn nicht in euer Haus auf, sondern verweigert ihm den Gruß! ¹¹Denn wer ihm den Gruß bietet, macht sich mitschuldig an seinen bösen Taten.

Grüße und Segenswunsch

12–13

¹²Vieles hätte ich euch noch zu schreiben; ich will es aber nicht mit Papier und Tinte tun, sondern hoffe, selbst zu euch zu kommen und persönlich mit euch zu sprechen, damit unsere Freude vollkommen wird. ¹³Es grüßen dich die Kinder deiner auserwählten Schwester.

Der 3. Brief des

JOHANNES

Der 3. Johannesbrief stammt von dem „Alten" oder „Ältesten" (1), der auch den 2. Johannesbrief verfasst hat. Er ist an einen sonst unbekannten Gaius gerichtet, der einem dem Absender verbundenen Freundeskreis angehört (vgl. 15). Von Irrlehrern ist hier keine Rede. Die Gemeinde, in der sich Gaius befindet, dürfte deshalb kaum dieselbe sein wie jene, an die sich der 2. Johannesbrief wendet.

Da er denselben Verfasser hat wie der 2. Johannesbrief, ist auch für diesen Brief das Ende des 1. Jahrhunderts als Entstehungszeit anzunehmen.

Drei Anliegen kommen darin zur Sprache: die Unterstützung von Wandermissionaren nach dem Beispiel des Gaius (5–8); die Zurückweisung eines herrschsüchtigen Gemeindeleiters namens Diotrephes, der die Bemühungen des Briefschreibers hindert und Christen aus der Gemeinde ausschließt (9–11); eine Empfehlung für einen gewissen Demetrius (12). Der Briefschluss (13–15) gleicht dem des 2. Johannesbriefs.

Der 3. Johannesbrief ist wertvoll für die Kenntnis damaliger Gemeindeverhältnisse: Noch gibt es keine feste kirchliche Verfassung, aber lebendige Gemeindezellen, Wandermissionare und den Einfluss eines über die Ortsgemeinden hinaus wirkenden Mannes.

Wie im 2. Johannesbrief wird im dritten die Zusammengehörigkeit von Wahrheit und Liebe betont, die hier in der gewährten Gastfreundschaft konkret wird.

Anschrift und Gruß

1–4

¹Der Älteste an den geliebten Gaius, den ich in Wahrheit liebe. ²Geliebter, ich wünsche dir in jeder Hinsicht Wohlergehen und Gesundheit, so wie es deiner Seele wohlergeht. ³Denn ich habe mich sehr gefreut, als Brüder kamen, die für deine Treue zur Wahrheit Zeugnis ablegten und berichteten, wie du in der Wahrheit wandelst. ⁴Ich habe keine größere Freude, als zu hören, dass meine Kinder in der Wahrheit wandeln.

Die Gastfreundschaft des Gaius

5–8

⁵Geliebter, du handelst treu in allem, was du an den Brüdern tust, und sogar an fremden. ⁶Sie haben vor der Gemeinde für deine Liebe Zeugnis abgelegt. Du wirst gut daran tun, wenn du sie für ihre Reise so ausrüstest, wie es Gottes würdig ist. ⁷Denn für seinen Namen sind sie ausgezogen und haben von den Heiden nichts angenommen. ⁸Darum sind wir verpflichtet, solche Männer aufzunehmen, damit auch wir zu Mitarbeitern für die Wahrheit werden.

Das Versagen des Diotrephes

9–11

⁹Ich habe der Gemeinde geschrieben. Aber Diotrephes, der unter ihnen der Erste sein will, nimmt uns nicht auf. ¹⁰Deshalb werde ich, wenn ich komme, an sein Tun und Treiben erinnern. Mit bösen Worten verleumdet er uns und gibt sich damit noch nicht zufrieden; sondern er selbst nimmt die Brüder nicht auf und hindert alle daran, die es tun wollen, und schließt diese aus der Gemeinde aus. ¹¹Geliebter, ahme nicht das Böse nach, sondern das Gute! Wer das Gute tut, ist aus Gott; wer aber das Böse tut, hat Gott nicht gesehen.

Empfehlung des Demetrius und Grüße

12–15

¹²Für Demetrius legen alle und die Wahrheit selbst Zeugnis ab; auch wir legen Zeugnis ab und du weißt, dass unser Zeugnis wahr ist. ¹³Vieles hätte ich dir noch zu schreiben; ich will aber nicht mit Tinte und Feder schreiben. ¹⁴Ich hoffe, dich bald zu sehen; dann werden wir persönlich miteinander sprechen.

¹⁵ Friede sei mit dir!

Es grüßen dich die Freunde. Grüße die Freunde, jeden Einzelnen!

Der Brief des
JUDAS

Der Verfasser stellt sich als „Judas, Knecht Jesu Christi, Bruder des Jakobus" (1) vor. Er beruft sich auf Jakobus, weil dieser eine bei den Empfängern des Briefs angesehene Persönlichkeit ist. Mit Judas kann also nur der „Bruder des Herrn" gemeint sein, der Mt 13,55 und Mk 6,3 neben Jakobus und weiteren Brüdern Jesu genannt wird.

Der Judasbrief ist sicher vor dem 2. Petrusbrief geschrieben, da dieser ihn im 2. Kapitel benutzt. Er will vor Irrlehrern warnen, die den Glauben gefährden und die Gemeinde spalten. Den falschen Lehrern wird Gottlosigkeit, ausschweifendes Leben, Leugnung der alleinigen Herrschaft Christi und Missachtung der Engel vorgeworfen (3f.8–16.19). Diese Angaben reichen nicht aus, um auf eine bestimmte Irrlehre zu schließen.

Der Aufbau des Briefs ist einfach. Im ersten Teil (3–16) droht Judas den falschen Lehrern das Gericht Gottes an. Er verweist auf warnende Beispiele im Alten Testament und beruft sich auch auf außerbiblische jüdische Überlieferungen: „Buch des Henoch" (7.14); „Himmelfahrt des Mose" (9). Der zweite Teil (17–23) wendet sich an die treu gebliebenen Christen. Sie sollen festhalten am Glauben und am Gebet, an der Liebe und an der Hoffnung und sie sollen sich der Brüder annehmen, die in Gefahr sind.

Anschrift und Gruß

1–2

¹Judas, Knecht Jesu Christi, Bruder des Jakobus, an die Berufenen, die in Gott, dem Vater, geliebt und für Jesus Christus bewahrt sind. ²Erbarmen, Friede und Liebe seien mit euch in Fülle!

Warnung vor Irrlehrern

3–16

Zweck und Anlass des Schreibens

³Geliebte, da es mich sehr drängte, euch über unsere gemeinsame Rettung zu schreiben, hielt ich es für notwendig, euch mit diesem Brief zu ermahnen: Kämpft für den Glauben, der den Heiligen ein für alle Mal übergeben ist! ⁴Denn es haben sich einige Leute eingeschlichen, die schon seit Langem für das Gericht vorgemerkt sind: Gottlose, die unseres Gottes Gnade mit einem zügellosen Leben vertauschen und die Jesus Christus, unseren einzigen Herrscher und Herrn, verleugnen.

Warnung vor Gottes Gericht

⁵Zwar wisst ihr alles ein für alle Mal; aber ich will euch dennoch daran erinnern, dass Jesus, nachdem er das Volk aus Ägypten gerettet hatte, später die vernichtete, die nicht glaubten. ⁶Die Engel, die ihren hohen Rang nicht bewahrt und ihren eigenen Wohnsitz verlassen haben, hat er mit ewigen Fesseln in der Finsternis eingeschlossen, um sie am großen Tag zu richten. ⁷Auch Sodom und Gomorra und ihre Nachbarstädte sind ein Beispiel: In ähnlicher Weise wie diese trieben sie Unzucht und liefen anderem Fleisch nach; daher erleiden sie die Strafe ewigen Feuers.

Der Weg der Irrlehrer

⁸Genauso beflecken auch diese Träumer das Fleisch, sie erkennen die Macht des Herrn nicht an und lästern die überirdischen Mächte. ⁹Als der Erzengel Michael mit dem Teufel rechtete und über den Leichnam des Mose stritt, wagte er es nicht, ein lästerndes Urteil zu fällen, sondern sagte: *Der Herr weise dich in die Schranken.* ¹⁰Diese jedoch lästern, was sie nicht kennen; was sie aber wie die unvernünftigen Tiere von Natur aus verstehen, daran gehen sie zugrunde. ¹¹Wehe ihnen! Sie sind den Weg Kains gegangen, gegen Lohn sind sie dem Irrtum Bileams verfallen, der Aufruhr Korachs hat sie ins Verderben gestürzt. ¹²Diese sind die Schandflecken bei euren Liebesmählern: Ohne Scheu prassen sie mit euch und weiden nur sich selbst. Wasserlose Wolken sind sie, von den Winden dahingetrieben; Bäume, die im Herbst keine Frucht tragen, zweimal abgestorben und entwurzelt; ¹³wilde Meereswogen, die ihre eigene Schande wie Schaum aufspritzen lassen; umherirrende Sterne, denen auf ewig die dunkelste Finsternis bestimmt ist. ¹⁴Auch ihnen gilt, was schon Henoch, der siebte nach Adam, geweissagt hat: Siehe, der Herr kommt mit seinen heiligen Zehntausenden, ¹⁵um über alle Gericht zu halten und jede Seele wegen all ihrer gottlosen Taten zu überführen, die sie verübt haben, und wegen all der frechen Reden, die die gottlosen Sünder gegen ihn geführt haben. ¹⁶Sie sind Nörgler, unzufrieden mit ihrem Geschick; sie lassen sich von ihren Begierden leiten; sie nehmen große Worte in den Mund und schmeicheln aus Eigennutz.

Abgrenzung von den Irrlehrern

17–23

[17] Ihr aber, Geliebte, gedenkt der Worte, die von den Aposteln Jesu Christi, unseres Herrn, im Voraus verkündet worden sind, [18] als sie euch sagten: Am Ende der Zeit wird es Spötter geben, die sich von ihren gottlosen Begierden leiten lassen. [19] Diese sind es, die Spaltungen verursachen, irdisch gesinnte Menschen, die den Geist nicht besitzen.
[20] Ihr aber, Geliebte, baut weiter auf eurem hochheiligen Glauben auf, betet im Heiligen Geist, [21] bewahrt euch in der Liebe Gottes und wartet auf das Erbarmen Jesu Christi, unseres Herrn, zum ewigen Leben!

[22] **Erbarmt euch derer, die zweifeln;** [23] **andere rettet, entreißt sie dem Feuer! Wieder anderer erbarmt euch in Furcht; hasst sogar das vom Fleisch befleckte Gewand!**

Lobpreis

24–25

²⁴ Dem einen Gott aber, der die Macht hat, euch vor jedem Fehltritt zu bewahren und euch untadelig und voll Jubel vor seine Herrlichkeit treten zu lassen,

²⁵ ihm, der uns durch Jesus Christus, unseren Herrn, rettet, gebührt die Herrlichkeit, Hoheit, Macht und Gewalt vor aller Zeit und jetzt und für alle Zeiten. Amen.

DIE OFFENBARUNG DES JOHANNES

Der Name „Offenbarung des Johannes" lehnt sich an die Einleitung des Buchs an: „Offenbarung Jesu Christi". Von ihr wird gesagt (1,1), dass sie Johannes durch die Sendung eines Engels kundgetan worden sei. Der erhöhte Christus spricht zu seinen Gemeinden, vermittelt durch seinen Engel und seine Zeugen. Die Besonderheit des Buchs kommt auch darin zum Ausdruck, dass Johannes diese Offenbarung in Bildern und Visionen sieht und hört, dass er vom Geist ergriffen und aufgefordert wird, das Geschaute aufzuschreiben (1,11). Die Bilder, die dabei verwendet werden, stammen aus jüdischer Tradition, aus den Büchern der Propheten und Psalmen, besonders Ezechiel und Daniel. Die Offenbarung des Johannes fügt sich so in die zeitgenössische Literatur der Apokalyptik ein, benutzt deren Vorstellungen und Ziele, hebt sich von ihr aber dadurch ab, dass sie die traditionellen Bilder mit dem christlichen Bekenntnis von Jesus, dem Gekreuzigten, Erhöhten und zur Parusie Wieder-kehrenden, verbindet.

Der Verfasser stellt sich selbst mit Namen als „Johannes, euer Bruder" vor (1,9). Er versteht sich als Prophet unter Propheten, die er seine Brüder nennt (22,9), und bezeichnet sein Buch als „Prophetie". Er muss ein Mann von hohem Ansehen in der römischen Provinz Asia, deren Hauptstadt Ephesus war, gewesen sein. Zur Zeit der Abfassung des Buchs befindet er sich auf der Insel Patmos „um des Wortes Gottes und des Zeugnisses für Jesus willen" (1,9). Seit geraumer Zeit hat sich die Auffassung allgemein durchgesetzt, dass er nicht mit dem Apostel Johannes gleichgesetzt werden kann; eine Auffassung, die lange Zeit bestand, aber auch schon in der Alten Kirche in Frage gestellt wurde.

Als Abfassungszeit des Werks gilt die Regierungszeit des Kaisers Domitian (81–96), eher die Neunzigerjahre. Hierauf weist die im Text vorausgesetzte bedrängte Lage der Kirche hin. Domitian förderte den Kaiserkult und ließ für ihn – gerade auch in der Provinz Asia – Tempel errichten. Die im 13. Kapitel verarbeitete Sage von der Wiederkehr des Kaisers Nero könnte ebenfalls auf Domitian verweisen, der „zweiter Nero" (Juvenal 4,38) genannt wurde.

Die Eröffnung weist das Werk als Brief aus. Die Adressaten sind die in den Sendschreiben (1,9–3,22) genannten sieben asiatischen Gemeinden. Ihre Reihenfolge ergibt sich aus dem Rundweg, an dem sie lagen, sodass der Überbringer geradezu eine Straßenanweisung erhielt. Die Siebenzahl hat als Zahl der Fülle symbolische Bedeutung. Sie gibt zu verstehen, dass das Buch über die konkreten Gemeinden hinaus an die ganze Kirche gerichtet ist.

Der Aufbau des Buchs erschließt sich in der Abfolge, wie sie 1,19 bietet: „Schreib auf, was du gesehen hast (1,9-20: die Erscheinung des erhöhten Christus), was ist (Kap. 2 und 3: die Sendschreiben) und was danach geschehen wird" (Kap. 4–22). Für die Gliederung ist weiter die Zahl Sieben maßgebend: Nach den sieben Sendschreiben folgen die Visionen der sieben Siegel, der sieben Posaunen und der sieben Schalen. Zum Inhalt: Nach dem kurzen Vorwort kommt das Briefpräskript mit Absender, Adressat und Gruß (1,4–8). In einer Vision beauftragt Christus den Seher Johannes, die Offenbarung weiterzugeben (1,9–20). Die sieben Sendschreiben (Kap. 2 und 3) verstärken den Briefcharakter. In ihnen gibt Johannes kund, dass er über den Zustand der Gemeinden gut unterrichtet ist. Er lobt sie, tadelt sie, spornt sie an. In den Kapiteln 4–22 folgt eine visionäre Beschreibung der Zeit zwischen der Auferstehung Christi und dem Ende der Welt. Die Zeit vor dem Ende ist gemäß den Vorstellungen in der apokalyptischen Literatur eine Periode der Bosheit, Schrecknisse und Plagen. Der große Widersacher der Kirche ist Satan, der das Imperium Romanum benutzt, um seine böse Herrschaft auszuüben (das Tier aus dem Meer, 13,1; die Hure Babylon, Kap. 17). Den Sieg aber trägt Christus davon, was in zahlreichen ermutigenden Bildern beschrieben wird: der siegreiche Reiter auf weißem Pferd (6,2); die 144 000 und die unermesslich große Schar der Erlösten (Kap. 7); die himmlische Frau, von der Sonne bekleidet, deren neugeborenes Kind der Bedrohung durch Satan entrissen wird; der Sieg Michaels über den Drachen (Kap. 12); nochmals die 144 000, die um Christus, das Lamm, versammelt sind (14,1–5); der Untergang Babylons (Kap. 18); das Tausendjährige Reich (Kap. 20). Am Schluss stehen der neue Himmel und die neue Erde und das himmlische Jerusalem (Kap. 21f.). Die Schilderungen werden immer wieder von Preis- und Dankliedern durchbrochen (4,8.11; 5,9–13; 7,12; 11,15.17f.; 12,10–12; 15,3f.; 16,5f.; 19,1–8).

Die Offenbarung des Johannes ist weniger ein Trostbuch für eine verfolgte Gemeinde in schwerer Zeit als vielmehr eine starke Auf-forderung, Christus und dem Glauben an ihn die Treue zu bewahren. Die Gemeinde soll sich davon nicht abbringen lassen, auch nicht durch Stimmen aus den eigenen Reihen. In diesem Sinn behält das Werk seine Gültigkeit.

Der Text der Offenbarung des Johannes fehlt in zahlreichen griechischen Handschriften. Das hängt damit zusammen, dass sich das Buch von Beginn an zwar in der lateinischen Kirche eines großen Ansehens erfreuen konnte, in der griechischen und syrischen aber stark vernachlässigt wurde.

VORWORT

1,1–3

1

¹Offenbarung Jesu Christi, die Gott ihm gegeben hat, damit er seinen Knechten zeigt, was bald geschehen muss; und er hat es durch seinen Engel, den er sandte, seinem Knecht Johannes gezeigt. ²Dieser hat das Wort Gottes und das Zeugnis Jesu Christi bezeugt: alles, was er geschaut hat. ³Selig, wer die Worte der Prophetie vorliest, und jene, die sie hören und das halten, was in ihr geschrieben ist; denn die Zeit ist nahe.

BRIEFLICHE EINLEITUNG

1,4–8

⁴Johannes an die sieben Gemeinden in der Provinz Asien: Gnade sei mit euch und Friede von Ihm, der ist und der war und der kommt, und von den sieben Geistern vor seinem Thron ⁵und von Jesus Christus; er ist der treue Zeuge, der Erstgeborene der Toten, der Herrscher über die Könige der Erde. Ihm, der uns liebt und uns von unseren Sünden erlöst hat durch sein Blut, ⁶der uns zu einem Königreich gemacht hat und zu Priestern vor Gott, seinem Vater: Ihm sei die Herrlichkeit und die Macht in alle Ewigkeit. Amen. ⁷Siehe, er kommt mit den Wolken und jedes Auge wird ihn sehen, auch alle, die ihn durchbohrt haben; und alle Völker der Erde werden seinetwegen jammern und klagen. Ja, Amen. ⁸Ich bin das Alpha und das Omega, spricht Gott, der Herr, der ist und der war und der kommt, der Herrscher über die ganze Schöpfung.

DIE BEAUFTRAGUNG DES JOHANNES

1,9–20

⁹ Ich, Johannes, euer Bruder und Gefährte in der Bedrängnis, in der Königsherrschaft und im standhaften Ausharren in Jesus, war auf der Insel, die Patmos heißt, um des Wortes Gottes willen und des Zeugnisses für Jesus.
¹⁰ Am Tag des Herrn wurde ich vom Geist ergriffen und hörte hinter mir eine Stimme, laut wie eine Posaune. ¹¹ Sie sprach: Schreib das, was du siehst, in ein Buch und schick es an die sieben Gemeinden: nach Ephesus, nach Smyrna, nach Pergamon, nach Thyatira, nach Sardes, nach Philadelphia und nach Laodizea!
¹² Da wandte ich mich um, weil ich die Stimme erblicken wollte, die zu mir sprach. Als ich mich umwandte, sah ich sieben goldene Leuchter ¹³ und mitten unter den Leuchtern einen gleich einem Menschensohn; er war bekleidet mit einem Gewand bis auf die Füße und um die Brust trug er einen Gürtel aus Gold.
¹⁴ Sein Haupt und seine Haare waren weiß wie weiße Wolle, wie Schnee, und seine Augen wie Feuerflammen; ¹⁵ seine Beine glänzten wie Golderz, das im Schmelzofen glüht, und seine Stimme war wie das Rauschen von Wassermassen.
¹⁶ In seiner Rechten hielt er sieben Sterne und aus seinem Mund kam ein scharfes, zweischneidiges Schwert und sein Gesicht leuchtete wie die machtvoll strahlende Sonne. ¹⁷ Als ich ihn sah, fiel ich wie tot vor seinen Füßen nieder. Er aber legte seine rechte Hand auf mich und sagte: Fürchte dich nicht! Ich bin der Erste und der Letzte ¹⁸ und der Lebendige. Ich war tot, doch siehe, ich lebe in alle Ewigkeit und ich habe die Schlüssel zum Tod und zur Unterwelt. ¹⁹ Schreib auf, was du gesehen hast: was ist und was danach geschehen wird. ²⁰ Das Geheimnis der sieben Sterne, die du auf meiner rechten Hand gesehen hast, und der sieben goldenen Leuchter ist:

Die sieben Sterne sind die Engel der sieben Gemeinden und die sieben Leuchter sind die sieben Gemeinden.

DIE SIEBEN BRIEFE

2,1–3,22

2

2,1–29

AN DIE GEMEINDE IN EPHESUS

¹ An den Engel der Gemeinde in Ephesus schreibe: So spricht Er, der die sieben Sterne in seiner Rechten hält und mitten unter den sieben goldenen Leuchtern einhergeht:
² Ich kenne deine Taten und deine Mühe und deine Geduld und weiß, dass du die Bösen nicht ertragen kannst. Du hast die auf die Probe gestellt, die sich Apostel nennen und es nicht sind, und hast sie als Lügner befunden.
³ Du legst Geduld an den Tag und hast um meines Namens willen Schweres ertragen und bist nicht müde geworden.
⁴ Aber ich habe gegen dich: Du hast deine erste Liebe verlassen.
⁵ Bedenke, aus welcher Höhe du gefallen bist! Kehr zurück zu deinen ersten Taten! Wenn du nicht umkehrst, werde ich zu dir kommen und deinen Leuchter von seiner Stelle wegrücken. ⁶ Doch für dich spricht: Du verabscheust das Treiben der Nikolaiten, das auch ich verabscheue.
⁷ Wer Ohren hat, der höre, was der Geist den Gemeinden sagt:

Wer siegt, dem werde ich zu essen geben vom Baum des Lebens, der im Paradies Gottes steht.

AN DIE GEMEINDE IN SMYRNA

⁸ An den Engel der Gemeinde in Smyrna schreibe: So spricht Er, der Erste und der Letzte, der tot war und wieder lebendig wurde:
⁹ Ich kenne deine Bedrängnis und deine Armut; und doch bist du reich. Und ich kenne die Lästerung von denen, die sagen, sie seien Juden; sie sind es aber nicht, sondern sind eine Synagoge des Satans.
¹⁰ Fürchte dich nicht vor dem, was du noch erleiden musst! Siehe, der Teufel wird einige von euch ins Gefängnis werfen, um euch auf die Probe zu stellen, und ihr werdet in Bedrängnis sein, zehn Tage lang. Sei treu bis in den Tod; dann werde ich dir den Kranz des Lebens geben.
¹¹ Wer Ohren hat, der höre, was der Geist den Gemeinden sagt:

Wer siegt, dem kann der zweite Tod nichts anhaben.

AN DIE GEMEINDE IN PERGAMON

¹² An den Engel der Gemeinde in Pergamon schreibe: So spricht Er, der das scharfe, zweischneidige Schwert trägt:
¹³ Ich weiß, wo du wohnst: dort, wo der Thron des Satans steht. Und doch hältst du an meinem Namen fest und hast den Glauben an mich nicht verleugnet, auch nicht in den Tagen, als Antipas, mein treuer Zeuge, bei euch getötet wurde, dort, wo der Satan wohnt.
¹⁴ Aber etwas habe ich gegen dich: Bei dir gibt es Leute, die an der Lehre Bileams festhalten, der Balak lehrte, den Söhnen Israels eine Falle zu stellen, sodass sie Götzenopferfleisch aßen und Unzucht trieben.
¹⁵ So gibt es auch bei dir Leute, die in gleicher Weise an der Lehre der Nikolaiten festhalten.
¹⁶ Kehr also um! Sonst komme ich bald und werde sie mit dem Schwert in meinem Mund bekämpfen.
¹⁷ Wer Ohren hat, der höre, was der Geist den Gemeinden sagt:

Wer siegt, dem werde ich von dem verborgenen Manna geben. Ich werde ihm einen weißen Stein geben und auf dem Stein steht ein neuer Name geschrieben, den nur der kennt, der ihn empfängt.

AN DIE GEMEINDE IN THYATIRA

¹⁸ An den Engel der Gemeinde in Thyatira schreibe: So spricht der Sohn Gottes, der Augen hat wie Feuerflammen und Beine wie Golderz: ¹⁹ Ich kenne deine Taten, deine Liebe und deinen Glauben, dein Dienen und deine Geduld und ich weiß, dass du in letzter Zeit mehr getan hast als am Anfang.
²⁰ Aber ich habe gegen dich, dass du Isebel, eine Frau, gewähren lässt; sie gibt sich als Prophetin aus und lehrt meine Knechte und verführt sie, Unzucht zu treiben und Götzenopferfleisch zu essen.
²¹ Ich habe ihr Zeit gelassen umzukehren; sie aber will nicht umkehren und von ihrer Unzucht ablassen.
²² Siehe, ich werfe sie auf das Krankenbett und alle, die mit ihr Ehebruch treiben, bringe ich in große Bedrängnis, wenn sie sich nicht abkehren vom Treiben dieser Frau.
²³ Ihre Kinder werde ich töten, der Tod wird sie treffen und alle Gemeinden werden erkennen, dass ich es bin, der Herz und Nieren prüft, und ich werde jedem von euch vergelten gemäß seinen Taten.
²⁴ Aber euch Übrigen in Thyatira, denen, die dieser Lehre nicht folgen und die Tiefen des Satans, wie sie es nennen, nicht erkannt haben, euch sage ich:
Ich lege euch keine andere Last auf.
²⁵ Aber was ihr habt, das haltet fest, bis ich komme!

²⁶ Wer siegt und bis zum Ende an den Werken festhält, die ich gebiete, dem werde ich Macht über die Völker geben.

²⁷ *Er wird sie weiden mit eisernem Zepter und sie zerschlagen wie Tongeschirr;* ²⁸ *wie auch ich solche Macht von meinem Vater empfangen habe, und ich werde ihm den Morgenstern geben.*
²⁹ Wer Ohren hat, der höre, was der Geist den Gemeinden sagt.

3

3,1–22

AN DIE GEMEINDE IN SARDES

¹An den Engel der Gemeinde in Sardes schreibe: So spricht Er, der die sieben Geister Gottes und die sieben Sterne hat: Ich kenne deine Taten. Dem Namen nach lebst du, aber du bist tot. ²Werde wach und stärke, was noch übrig ist, was schon im Sterben lag! Denn ich habe nicht gefunden, dass deine Taten in den Augen meines Gottes vollkommen sind.
³Denk also daran, wie du die Lehre empfangen und gehört hast! Halte daran fest und kehr um! Wenn du aber nicht aufwachst, werde ich kommen wie ein Dieb und du wirst bestimmt nicht wissen, zu welcher Stunde ich zu dir komme.
⁴Du hast aber einige Leute in Sardes, die ihre Kleider nicht befleckt haben; sie werden mit mir in weißen Gewändern gehen, denn sie sind es wert.

⁵Wer siegt, wird ebenso mit weißen Gewändern bekleidet werden. Nie werde ich seinen Namen aus dem Buch des Lebens streichen, sondern ich werde seinen Namen bekennen vor meinem Vater und vor seinen Engeln.

⁶Wer Ohren hat, der höre, was der Geist den Gemeinden sagt.

AN DIE GEMEINDE IN PHILADELPHIA

⁷An den Engel der Gemeinde in Philadelphia schreibe: So spricht der Heilige, der Wahrhaftige,
der den Schlüssel Davids hat, / der öffnet und niemand wird schließen, / der schließt und niemand wird öffnen:
⁸Ich kenne deine Taten, siehe, ich habe vor dir eine Tür geöffnet, die niemand mehr schließen kann. Du hast nur geringe Kraft und dennoch hast du an meinem Wort festgehalten und meinen Namen nicht verleugnet.
⁹Siehe, ich will veranlassen, dass solche aus der Synagoge des Satans, die sich als Juden ausgeben, es aber nicht sind, sondern lügen – siehe, ich werde sie dazu bringen, dass sie kommen und sich dir zu Füßen werfen und erkennen, dass ich dir meine Liebe zugewandt habe.
¹⁰Du hast mein Gebot bewahrt, standhaft zu bleiben; daher werde auch ich dich bewahren vor der Stunde der Versuchung, die über die ganze Erde kommen soll, um die Bewohner der Erde auf die Probe zu stellen.
¹¹Ich komme bald. Halte fest, was du hast, damit kein anderer deinen Kranz bekommt!

¹²Wer siegt, den werde ich zu einer Säule im Tempel meines Gottes machen und er wird nicht mehr hinausgehen.

Und ich werde auf ihn den Namen meines Gottes schreiben und den Namen der Stadt meines Gottes, des neuen Jerusalem, das aus dem Himmel herabkommt von meinem Gott, und auch meinen neuen Namen.
¹³Wer Ohren hat, der höre, was der Geist den Gemeinden sagt.

AN DIE GEMEINDE IN LAODIZEA

¹⁴ An den Engel der Gemeinde in Laodizea schreibe: So spricht Er, der Amen heißt, der treue und zuverlässige Zeuge, der Anfang der Schöpfung Gottes:
¹⁵ Ich kenne deine Taten. Du bist weder kalt noch heiß. Wärest du doch kalt oder heiß!
¹⁶ Daher, weil du lau bist, weder heiß noch kalt, will ich dich aus meinem Mund ausspeien.
¹⁷ Du behauptest: Ich bin reich und wohlhabend und nichts fehlt mir. Du weißt aber nicht, dass gerade du elend und erbärmlich bist, arm, blind und nackt.
¹⁸ Darum rate ich dir: Kaufe von mir Gold, das im Feuer geläutert ist, damit du reich wirst; und kaufe von mir weiße Kleider, damit du dich bekleidest und die Schande deiner Blöße nicht aufgedeckt wird; und kaufe Salbe, um deine Augen zu salben, damit du sehen kannst!
¹⁹ Wen ich liebe, den weise ich zurecht und nehme ihn in Zucht. Mach also Ernst und kehr um!
²⁰ Siehe, ich stehe vor der Tür und klopfe an. Wenn einer meine Stimme hört und die Tür öffnet, bei dem werde ich eintreten und Mahl mit ihm halten und er mit mir.

²¹ **Wer siegt, der darf mit mir auf meinem Thron sitzen, so wie auch ich gesiegt habe und mich mit meinem Vater auf seinen Thron gesetzt habe.**

²² Wer Ohren hat, der höre, was der Geist den Gemeinden sagt.

DIE ERÖFFNENDE HIMMELSVISION

4,1–5,14

4

4,1–11

DIE HULDIGUNG VOR DEM THRON GOTTES

¹ Danach sah ich und siehe, eine Tür war geöffnet am Himmel; und die erste Stimme, die ich gleich einer Posaune mit mir reden gehört hatte, sagte: Komm herauf und ich werde dir zeigen, was dann geschehen muss. ² Sogleich wurde ich vom Geist ergriffen. Und siehe, ein Thron stand im Himmel; auf dem Thron saß einer, ³ der wie ein Jaspis und ein Karneol aussah. Und über dem Thron wölbte sich ein Regenbogen, der wie ein Smaragd aussah.
⁴ Und rings um den Thron standen vierundzwanzig Throne und auf den Thronen saßen vierundzwanzig Älteste, in weiße Gewänder gekleidet und mit goldenen Kränzen auf dem Haupt.
⁵ Von dem Thron gingen Blitze, Stimmen und Donner aus. Und sieben lodernde Fackeln brannten vor dem Thron; das sind die sieben Geister Gottes.
⁶ Und vor dem Thron war etwas wie ein gläsernes Meer, gleich Kristall. Und in der Mitte des Thrones und rings um den Thron waren vier Lebewesen voller Augen, vorn und hinten.
⁷ Das erste Lebewesen glich einem Löwen, das zweite einem Stier, das dritte sah aus wie ein Mensch, das vierte glich einem fliegenden Adler.
⁸ Und jedes der vier Lebewesen hatte sechs Flügel, außen und innen voller Augen. Sie ruhen nicht, bei Tag und Nacht, und rufen:
Heilig, heilig, heilig / ist der Herr, der Gott, der Herrscher über die ganze Schöpfung; / er war und er ist und er kommt.

⁹ Und wenn die Lebewesen dem, der auf dem Thron sitzt und in alle Ewigkeit lebt, Herrlichkeit und Ehre und Dank erweisen, ¹⁰ dann werfen sich die vierundzwanzig Ältesten vor dem, der auf dem Thron sitzt, nieder und beten ihn an, der in alle Ewigkeit lebt. Und sie legen ihre goldenen Kränze vor seinem Thron nieder und sprechen:

¹¹ **Würdig bist du, Herr, unser Gott, / Herrlichkeit zu empfangen und Ehre und Macht. Denn du bist es, der die Welt erschaffen hat, / durch deinen Willen war sie und wurde sie erschaffen.**

5

5,1–14

DAS VERSIEGELTE BUCH UND DAS LAMM

¹ Und ich sah auf der rechten Hand dessen, der auf dem Thron saß, eine Buchrolle; sie war innen und auf der Rückseite beschrieben und mit sieben Siegeln versiegelt.
² Und ich sah: Ein gewaltiger Engel rief mit lauter Stimme: Wer ist würdig, die Buchrolle zu öffnen und ihre Siegel zu lösen? ³ Aber niemand im Himmel, auf der Erde und unter der Erde konnte das Buch öffnen und hineinsehen. ⁴ Da weinte ich sehr, weil niemand für würdig befunden wurde, das Buch zu öffnen und hineinzusehen.
⁵ Da sagte einer von den Ältesten zu mir: Weine nicht! Siehe, gesiegt hat der Löwe aus dem Stamm Juda, der Spross aus der Wurzel Davids; er kann das Buch und seine sieben Siegel öffnen.
⁶ Und ich sah: Zwischen dem Thron und den vier Lebewesen und mitten unter den Ältesten stand ein Lamm; es sah aus wie geschlachtet und hatte sieben Hörner und sieben Augen; die Augen sind die sieben Geister Gottes, die über die ganze Erde ausgesandt sind.
⁷ Das Lamm trat heran und empfing das Buch aus der rechten Hand dessen, der auf dem Thron saß.
⁸ Als es das Buch empfangen hatte, fielen die vier Lebewesen und die vierundzwanzig Ältesten vor dem Lamm nieder; alle trugen Harfen und goldene Schalen voll von Räucherwerk; das sind die Gebete der Heiligen. ⁹ Und sie sangen ein neues Lied und sprachen:
Würdig bist du, / das Buch zu nehmen und seine Siegel zu öffnen; denn du wurdest geschlachtet / und hast mit deinem Blut / Menschen für Gott erworben / aus allen Stämmen und Sprachen, / aus allen Nationen und Völkern
¹⁰ und du hast sie für unsern Gott / zu einem Königreich und zu Priestern gemacht; / und sie werden auf der Erde herrschen.
¹¹ Ich sah und ich hörte die Stimme von vielen Engeln rings um den Thron und um die Lebewesen und die Ältesten; die Zahl der Engel war zehntausend mal zehntausend und tausend mal tausend. ¹² Sie riefen mit lauter Stimme:

Würdig ist das Lamm, das geschlachtet ist, / Macht zu empfangen, Reichtum und Weisheit, / Kraft und Ehre, Lob und Herrlichkeit.

¹³ Und alle Geschöpfe im Himmel und auf der Erde, unter der Erde und auf dem Meer, alles, was darin ist, hörte ich sprechen:
Ihm, der auf dem Thron sitzt, und dem Lamm / gebühren Lob und Ehre und Herrlichkeit und Kraft in alle Ewigkeit.
¹⁴ Und die vier Lebewesen sprachen: Amen. Und die vierundzwanzig Ältesten fielen nieder und beteten an.

DIE SIEBEN SIEGEL UND DIE SIEBEN POSAUNEN

6,1–11,19

6

6,1–17

DIE ERSTEN SECHS SIEGEL

¹ Dann sah ich: Das Lamm öffnete das erste der sieben Siegel; und ich hörte das erste der vier Lebewesen wie mit Donnerstimme rufen: Komm! ² Da sah ich und siehe, ein weißes Pferd; und der auf ihm saß, hatte einen Bogen. Ein Kranz wurde ihm gegeben und als Sieger zog er aus, um zu siegen.
³ Als das Lamm das zweite Siegel öffnete, hörte ich das zweite Lebewesen rufen: Komm! ⁴ Da erschien ein anderes Pferd; das war feuerrot. Und der auf ihm saß, wurde ermächtigt, der Erde den Frieden zu nehmen, damit die Menschen sich gegenseitig abschlachteten. Und es wurde ihm ein großes Schwert gegeben.
⁵ Als das Lamm das dritte Siegel öffnete, hörte ich das dritte Lebewesen rufen: Komm! Da sah ich und siehe, ein schwarzes Pferd; und der auf ihm saß, hielt in der Hand eine Waage.
⁶ Inmitten der vier Lebewesen hörte ich etwas wie eine Stimme sagen: Ein Maß Weizen für einen Denar und drei Maß Gerste für einen Denar. Aber dem Öl und dem Wein füge keinen Schaden zu!
⁷ Als das Lamm das vierte Siegel öffnete, hörte ich die Stimme des vierten Lebewesens rufen: Komm! ⁸ Da sah ich und siehe, ein fahles Pferd; und der auf ihm saß, heißt der Tod; und die Unterwelt zog hinter ihm her. Und ihnen wurde die Macht gegeben über ein Viertel der Erde, Macht, zu töten durch Schwert, Hunger und Tod

⁹ Als das Lamm das fünfte Siegel öffnete, sah ich unter dem Altar die Seelen aller, die hingeschlachtet worden waren wegen des Wortes Gottes und wegen des Zeugnisses, das sie abgelegt hatten. ¹⁰ Sie riefen mit lauter Stimme und sagten: Wie lange zögerst du noch, Herr, du Heiliger und Wahrhaftiger, Gericht zu halten und unser Blut an den Bewohnern der Erde zu rächen? ¹¹ Da wurde jedem von ihnen ein weißes Gewand gegeben; und ihnen wurde gesagt, sie sollten noch kurze Zeit ruhen, bis die volle Zahl erreicht sei durch den Tod ihrer Mitknechte und Brüder, die noch getötet werden müssten wie sie.

¹² Und ich sah: Das Lamm öffnete das sechste Siegel. Da entstand ein gewaltiges Beben. Die Sonne wurde schwarz wie ein Trauergewand und der ganze Mond wurde wie Blut.

¹³ Die Sterne des Himmels fielen herab auf die Erde, wie ein Feigenbaum seine Früchte abwirft, wenn ein heftiger Sturm ihn schüttelt. ¹⁴ Der Himmel verschwand wie eine Buchrolle, die man zusammenrollt, und alle Berge und Inseln wurden von ihrer Stelle weggerückt. ¹⁵ Und die Könige der Erde, die Großen und die Heerführer, die Reichen und die Mächtigen, alle Sklaven und alle Freien verbargen sich in den Höhlen und Felsen der Berge. ¹⁶ *Sie sagten zu den Bergen und Felsen: Fallt auf uns und verbergt uns* vor dem Blick dessen, der auf dem Thron sitzt, und vor dem Zorn des Lammes; ¹⁷ denn der große Tag ihres Zorns ist gekommen. Wer kann da bestehen?

7

7,1–17

DIE BEZEICHNUNG DER KNECHTE GOTTES

¹ Danach sah ich: Vier Engel standen an den vier Ecken der Erde. Sie hielten die vier Winde der Erde fest, damit der Wind weder über das Land noch über das Meer wehte, noch gegen irgendeinen Baum. ² Dann sah ich vom Aufgang der Sonne her einen anderen Engel emporsteigen; er hatte das Siegel des lebendigen Gottes und rief den vier Engeln, denen die Macht gegeben war, dem Land und dem Meer Schaden zuzufügen, mit lauter Stimme zu ³ und sprach: Fügt dem Land, dem Meer und den Bäumen keinen Schaden zu, bis wir den Knechten unseres Gottes das Siegel auf die Stirn gedrückt haben!

⁴ Und ich erfuhr die Zahl derer, die mit dem Siegel gekennzeichnet waren.

Es waren hundertvierundvierzigtausend aus allen Stämmen der Söhne Israels, die das Siegel trugen:

⁵ Aus dem Stamm Juda trugen zwölftausend das Siegel,
aus dem Stamm Ruben zwölftausend,
aus dem Stamm Gad zwölftausend,
⁶ aus dem Stamm Ascher zwölftausend,
aus dem Stamm Naftali zwölftausend,
aus dem Stamm Manasse zwölftausend,
⁷ aus dem Stamm Simeon zwölftausend,
aus dem Stamm Levi zwölftausend,
aus dem Stamm Issachar zwölftausend,
⁸ aus dem Stamm Sebulon zwölftausend,
aus dem Stamm Josef zwölftausend,
aus dem Stamm Benjamin trugen zwölftausend das Siegel.

⁹ Danach sah ich und siehe, eine große Schar aus allen Nationen und Stämmen, Völkern und Sprachen; niemand konnte sie zählen. Sie standen vor dem Thron und vor dem Lamm, gekleidet in weiße Gewänder, und trugen Palmzweige in den Händen. ¹⁰ Sie riefen mit lauter Stimme und sprachen: Die Rettung kommt von unserem Gott, der auf dem Thron sitzt, und von dem Lamm. ¹¹ Und alle Engel standen rings um den Thron, um die Ältesten und die vier Lebewesen. Sie warfen sich vor dem Thron auf ihr Angesicht nieder, beteten Gott an ¹² und sprachen:
Amen, Lob und Herrlichkeit, Weisheit und Dank, Ehre und Macht und Stärke unserem Gott in alle Ewigkeit. Amen.

¹³ Da nahm einer der Ältesten das Wort und sagte zu mir: Wer sind diese, die weiße Gewänder tragen, und woher sind sie gekommen? ¹⁴ Ich erwiderte ihm: Mein Herr, du weißt das. Und er sagte zu mir: Dies sind jene, die aus der großen Bedrängnis kommen; sie haben ihre Gewänder gewaschen und im Blut des Lammes weiß gemacht. ¹⁵ Deshalb stehen sie vor dem Thron Gottes und dienen ihm bei Tag und Nacht in seinem Tempel; und der, der auf dem Thron sitzt, wird sein Zelt über ihnen aufschlagen. ¹⁶ *Sie werden keinen Hunger und keinen Durst mehr leiden und weder Sonnenglut noch irgendeine sengende Hitze wird auf ihnen lasten.* ¹⁷ Denn das Lamm in der Mitte vor dem Thron wird sie weiden und zu den Quellen führen, aus denen das Wasser des Lebens strömt, *und Gott wird alle Tränen von ihren Augen abwischen.*

8

8,1–13

DAS SIEBTE SIEGEL UND DER ENGEL MIT DER RÄUCHERPFANNE

¹ Als das Lamm das siebte Siegel öffnete, trat im Himmel Stille ein, etwa eine halbe Stunde lang.
² Und ich sah: Sieben Engel standen vor Gott; ihnen wurden sieben Posaunen gegeben.
³ Und ein anderer Engel kam und trat mit einer goldenen Räucherpfanne an den Altar; ihm wurde viel Räucherwerk gegeben, damit er es mit den Gebeten aller Heiligen auf dem goldenen Altar vor dem Thron darbringe. ⁴ Aus der Hand des Engels stieg der Weihrauch mit den Gebeten der Heiligen zu Gott empor.
⁵ Dann nahm der Engel die Räucherpfanne, füllte sie mit glühenden Kohlen, die er vom Altar nahm, und warf sie auf die Erde; da begann es zu donnern und zu dröhnen, zu blitzen und zu beben.

DIE ERSTEN VIER POSAUNEN

⁶ Dann machten sich die sieben Engel bereit, die sieben Posaunen zu blasen.
⁷ Der erste Engel blies seine Posaune. Da fielen Hagel und Feuer, die mit Blut vermischt waren, auf das Land. Es verbrannte ein Drittel des Landes, ein Drittel der Bäume und alles grüne Gras.
⁸ Der zweite Engel blies seine Posaune. Da wurde etwas, das einem großen brennenden Berg glich, ins Meer geworfen. Ein Drittel des Meeres wurde zu Blut. ⁹ Und ein Drittel der Geschöpfe, die im Meer leben, kam um und ein Drittel der Schiffe wurde vernichtet.
¹⁰ Der dritte Engel blies seine Posaune. Da fiel ein großer Stern vom Himmel; er loderte wie eine Fackel und fiel auf ein Drittel der Flüsse und auf die Wasserquellen. ¹¹ Der Name des Sterns ist Absinth – Wermut –. Ein Drittel des Wassers wurde Absinth und viele Menschen starben durch das Wasser, weil es bitter geworden war.
¹² Der vierte Engel blies seine Posaune. Da wurden ein Drittel der Sonne und ein Drittel des Mondes und ein Drittel der Sterne getroffen, sodass sie ein Drittel ihrer Leuchtkraft verloren und der Tag um ein Drittel dunkler wurde und ebenso die Nacht.
¹³ Und ich sah und hörte:

Ein Adler flog hoch am Himmel und rief mit lauter Stimme: Wehe! Wehe! Wehe den Bewohnern der Erde! Noch drei Engel werden ihre Posaunen blasen.

9

9,1–21

DIE FÜNFTE POSAUNE

¹ Der fünfte Engel blies seine Posaune. Da sah ich einen Stern, der vom Himmel auf die Erde gefallen war; ihm wurde der Schlüssel zu dem Schacht gegeben, der in den Abgrund führt. ² Und er öffnete den Schacht des Abgrunds. Da stieg Rauch aus dem Schacht auf, wie aus einem großen Ofen, und Sonne und Luft wurden verfinstert durch den Rauch aus dem Schacht.
³ Aus dem Rauch kamen Heuschrecken über die Erde und ihnen wurde Kraft gegeben, wie sie Skorpione auf der Erde haben. ⁴ Es wurde ihnen gesagt, sie sollten dem Gras auf der Erde, allen grünen Pflanzen und allen Bäumen keinen Schaden zufügen, sondern nur den Menschen, die das Siegel Gottes nicht auf der Stirn haben. ⁵ Es wurde ihnen befohlen, die Menschen nicht zu töten, sondern nur zu quälen, fünf Monate lang. Und der Schmerz, den sie zufügen, ist so stark, wie wenn ein Skorpion einen Menschen sticht.
⁶ In jenen Tagen werden die Menschen den Tod suchen, aber nicht finden; sie werden sterben wollen, aber der Tod wird vor ihnen fliehen. ⁷ Und die Heuschrecken sehen aus wie Rosse, die zur Schlacht gerüstet sind; auf ihren Köpfen tragen sie etwas, das goldschimmernden Kränzen gleicht, und ihre Gesichter sind wie Gesichter von Menschen, ⁸ ihr Haar ist wie Frauenhaar, ihr Gebiss wie ein Löwengebiss, ⁹ ihre Brust wie ein eiserner Panzer; und das Rauschen ihrer Flügel ist wie das Dröhnen von Wagen, von vielen Pferden, die sich in die Schlacht stürzen. ¹⁰ Sie haben Schwänze und Stacheln wie Skorpione und in ihren Schwänzen ist die Kraft, mit der sie den Menschen schaden, fünf Monate lang. ¹¹ Sie haben als König über sich den Engel des Abgrunds; er heißt auf Hebräisch Abaddon, auf Griechisch Apollyon.
¹² Das erste Wehe ist vorüber. Siehe, noch zweimal wird das Wehe kommen.

DIE SECHSTE POSAUNE

¹³ Der sechste Engel blies seine Posaune: Da hörte ich eine Stimme, die von den vier Hörnern des goldenen Altars her kam, der vor Gott steht. ¹⁴ Die Stimme sagte zu dem sechsten Engel, der die Posaune hält: Binde die vier Engel los, die am großen Strom, am Eufrat, gefesselt sind! ¹⁵ Da wurden die vier Engel losgebunden, die auf Stunde und Tag, auf Monat und Jahr bereitstanden, um ein Drittel der Menschheit zu töten. ¹⁶ Und die Zahl der Reiter dieses Heeres war vieltausend mal tausend; diese Zahl hörte ich.
¹⁷ Und so sah ich in der Vision die Pferde und die auf ihnen saßen:
Sie trugen feuerrote, rauchblaue und schwefelgelbe Panzer. Die Köpfe der Pferde glichen Löwenköpfen und aus ihren Mäulern schlug Feuer, Rauch und Schwefel.

¹⁸ **Ein Drittel der Menschen wurde durch diese drei Plagen getötet, durch Feuer, Rauch und Schwefel, die aus ihren Mäulern hervorkamen.**

¹⁹ Denn die tödliche Macht der Pferde war in ihren Mäulern und in ihren Schwänzen. Ihre Schwänze glichen Schlangen, die Köpfe haben, mit denen sie Schaden zufügen können. ²⁰ Aber die übrigen Menschen, die nicht durch diese Plagen umgekommen waren, wandten sich nicht ab von den Machwerken ihrer Hände: Sie hörten nicht auf, sich niederzuwerfen vor ihren Dämonen, vor ihren Götzen aus Gold, Silber, Erz, Stein und Holz, den Götzen, die weder sehen noch hören, noch gehen können. ²¹ Sie ließen nicht ab von Mord und Zauberei, von Unzucht und Diebstahl.

10

10,1–11

DER ENGEL UND DER SIEBENFACHE DONNER

¹ Und ich sah: Ein anderer gewaltiger Engel kam aus dem Himmel herab; er war von einer Wolke umhüllt und der Regenbogen stand über seinem Haupt. Sein Gesicht war wie die Sonne und seine Beine waren wie Feuersäulen. ² In der Hand hielt er ein geöffnetes kleines Buch. Er setzte seinen rechten Fuß auf das Meer, den linken auf das Land ³ und rief laut, so wie ein Löwe brüllt. Nachdem er gerufen hatte, erhoben die sieben Donner ihre Stimme. ⁴ Als die sieben Donner gesprochen hatten, wollte ich es aufschreiben. Da hörte ich eine Stimme vom Himmel her rufen: Versiegle, was die sieben Donner gesprochen haben; schreib es nicht auf!
⁵ Und der Engel, den ich auf dem Meer und auf dem Land stehen sah, erhob seine rechte Hand zum Himmel. ⁶ Er schwor bei dem, der in alle Ewigkeit lebt, der den Himmel erschaffen hat und was darin ist, die Erde und was darauf ist, und das Meer und was darin ist: Es wird keine Zeit mehr bleiben, ⁷ sondern in den Tagen, wenn der siebte Engel seine Stimme erhebt und seine Posaune bläst, wird auch das Geheimnis Gottes vollendet sein; so hatte er es seinen Knechten, den Propheten, verkündet.

DER ENGEL UND DAS KLEINE BUCH

⁸ Und die Stimme aus dem Himmel, die ich gehört hatte, sprach noch einmal zu mir und sagte: Geh, nimm das Buch, das der Engel, der auf dem Meer und auf dem Land steht, geöffnet in der Hand hält! ⁹ Und ich ging zu dem Engel und bat ihn, mir das kleine Buch zu geben. Er sagte zu mir: Nimm und iss es! In deinem Magen wird es bitter sein, in deinem Mund aber süß wie Honig. ¹⁰ Da nahm ich das kleine Buch aus der Hand des Engels und aß es. In meinem Mund war es süß wie Honig. Als ich es aber gegessen hatte, wurde mein Magen bitter. ¹¹ Und sie sagten zu mir: Du musst noch einmal weissagen über viele Völker und Nationen mit ihren Sprachen und Königen.

11

11,1–19

DIE VERMESSUNG DES TEMPELS

¹ Dann wurde mir ein Messstab gegeben, der aussah wie ein Stock, und mir wurde gesagt: Geh, miss den Tempel Gottes und den Altar und zähle alle, die dort anbeten! ² Den Hof, der außerhalb des Tempels liegt, lass aus und miss ihn nicht; denn er ist den Heiden überlassen. Sie werden die heilige Stadt zertreten, zweiundvierzig Monate lang.

DAS ZEUGNIS DER BEIDEN PROPHETEN

³ Und ich will meinen zwei Zeugen auftragen, im Bußgewand aufzutreten und prophetisch zu reden, zwölfhundertsechzig Tage lang. ⁴ Sie sind die zwei Ölbäume und die zwei Leuchter, die vor dem Herrn der Erde stehen. ⁵ Wenn ihnen jemand Schaden zufügen will, schlägt Feuer aus ihrem Mund und verzehrt ihre Feinde; so muss jeder sterben, der ihnen schaden will. ⁶ Sie haben Macht, den Himmel zu verschließen, damit kein Regen fällt in den Tagen ihres Wirkens als Propheten. Sie haben auch Macht, das Wasser in Blut zu verwandeln und die Erde zu schlagen mit allen möglichen Plagen, sooft sie wollen. ⁷ Wenn sie ihren Auftrag als Zeugen erfüllt haben, wird das Tier, das aus dem Abgrund heraufsteigt, Krieg mit ihnen führen, sie besiegen und töten. ⁸ Und ihre Leichen bleiben auf der Straße der großen Stadt liegen. Diese Stadt heißt, geistlich verstanden: Sodom und Ägypten; dort wurde auch ihr Herr gekreuzigt. ⁹ Menschen aus allen Völkern und Stämmen, Sprachen und Nationen werden ihre Leichen dort sehen, dreieinhalb Tage lang; sie werden nicht zulassen, dass die Leichen in einem Grab bestattet werden. ¹⁰ Und die Bewohner der Erde freuen sich darüber, beglückwünschen sich und schicken sich gegenseitig Geschenke; denn die beiden Propheten hatten die Bewohner der Erde gequält. ¹¹ Aber nach den dreieinhalb Tagen *kam* von Gott her *wieder Lebensgeist in sie und sie stellten sich wieder auf ihre Füße*. Da überfiel alle, die sie sahen, große Angst. ¹² Und sie hörten eine laute Stimme vom Himmel her, die ihnen zurief: Kommt herauf! Vor den Augen ihrer Feinde stiegen sie in der Wolke zum Himmel hinauf. ¹³ In dieser Stunde entstand ein gewaltiges Erdbeben. Ein Zehntel der Stadt stürzte ein und siebentausend Menschen kamen durch das Erdbeben um. Die Überlebenden wurden vom Entsetzen gepackt und gaben dem Gott des Himmels die Ehre. ¹⁴ Das zweite Wehe ist vorüber; siehe, das dritte Wehe kommt bald.

DIE SIEBTE POSAUNE

¹⁵ Der siebte Engel blies seine Posaune. Da ertönten laute Stimmen im Himmel, die riefen:
Nun gehört die Königsherrschaft über die Welt / unserem Herrn und seinem Christus; / und sie werden herrschen in alle Ewigkeit.
¹⁶ Und die vierundzwanzig Ältesten, die vor Gott auf ihren Thronen sitzen, warfen sich auf ihr Angesicht nieder, beteten Gott an ¹⁷ und sprachen:

Wir danken dir, Herr und Gott, / du Herrscher über die ganze Schöpfung, / der du bist und der du warst;
denn du nahmst deine große Macht in Anspruch / und tratest die Herrschaft an.

¹⁸ Die Völker gerieten in Zorn. / Da kam dein Zorn: die Zeit, die Toten zu richten,
die Zeit, deine Knechte zu belohnen, / die Propheten und die Heiligen und alle, die deinen Namen fürchten, / die Kleinen und die Großen, / die Zeit, alle zu verderben, die die Erde verderben.
¹⁹ Der Tempel Gottes im Himmel wurde geöffnet und in seinem Tempel wurde die Lade seines Bundes sichtbar: Da begann es zu blitzen, zu dröhnen und zu donnern, es gab ein Beben und schweren Hagel.

DER KAMPF SATANS GEGEN DAS VOLK GOTTES

12,1–14,5

12

12,1–18

DIE FRAU UND DER DRACHE

¹ Dann erschien ein großes Zeichen am Himmel: eine Frau, mit der Sonne bekleidet; der Mond war unter ihren Füßen und ein Kranz von zwölf Sternen auf ihrem Haupt. ² Sie war schwanger und schrie vor Schmerz in ihren Geburtswehen.
³ Ein anderes Zeichen erschien am Himmel und siehe, ein Drache, groß und feuerrot, mit sieben Köpfen und zehn Hörnern und mit sieben Diademen auf seinen Köpfen. ⁴ Sein Schwanz fegte ein Drittel der Sterne vom Himmel und warf sie auf die Erde herab.
Der Drache stand vor der Frau, die gebären sollte; er wollte ihr Kind verschlingen, sobald es geboren war.
⁵ Und sie gebar ein Kind, einen Sohn, der alle Völker mit eisernem Zepter weiden wird. Und ihr Kind wurde zu Gott und zu seinem Thron entrückt.
⁶ Die Frau aber floh in die Wüste, wo Gott ihr einen Zufluchtsort geschaffen hatte; dort wird man sie mit Nahrung versorgen, zwölfhundertsechzig Tage lang.

DER STURZ DES DRACHENS

⁷ Da entbrannte im Himmel ein Kampf; Michael und seine Engel erhoben sich, um mit dem Drachen zu kämpfen. Der Drache und seine Engel kämpften, ⁸ aber sie hielten nicht stand und sie verloren ihren Platz im Himmel. ⁹ Er wurde gestürzt, der große Drache, die alte Schlange, die Teufel oder Satan heißt und die ganze Welt verführt; der Drache wurde auf die Erde gestürzt und mit ihm wurden seine Engel hinabgeworfen.
¹⁰ Da hörte ich eine laute Stimme im Himmel rufen:
Jetzt ist er da, der rettende Sieg, / die Macht und die Königsherrschaft unseres Gottes / und die Vollmacht seines Gesalbten;
denn gestürzt wurde der Ankläger unserer Brüder, / der sie bei Tag und bei Nacht / vor unserem Gott verklagte.
¹¹ Sie haben ihn besiegt durch das Blut des Lammes / und durch ihr Wort und ihr Zeugnis.
Sie hielten ihr Leben nicht fest, / bis hinein in den Tod.
¹² Darum jubelt, ihr Himmel / und alle, die darin wohnen.
Weh aber euch, Land und Meer! / Denn der Teufel ist zu euch hinabgekommen;
seine Wut ist groß, / weil er weiß, dass ihm nur noch eine kurze Frist bleibt.

DER KAMPF DES DRACHENS GEGEN DIE FRAU

¹³ Als der Drache erkannte, dass er auf die Erde gestürzt war, verfolgte er die Frau, die den Sohn geboren hatte. ¹⁴ Aber der Frau wurden die beiden Flügel des großen Adlers gegeben, damit sie in die Wüste an ihren Ort fliegen konnte. Dort wird sie eine Zeit und zwei Zeiten und eine halbe Zeit lang ernährt, fern vom Angesicht der Schlange. ¹⁵ Die Schlange spie einen Strom von Wasser aus ihrem Rachen hinter der Frau her, damit sie von den Fluten fortgerissen werde. ¹⁶ Aber die Erde kam der Frau zu Hilfe; sie öffnete ihren Mund und verschlang den Strom, den der Drache aus seinem Rachen gespien hatte. ¹⁷ Da geriet der Drache in Zorn über die Frau und er ging fort, um Krieg zu führen mit ihren übrigen Nachkommen, die die Gebote Gottes bewahren und an dem Zeugnis für Jesus festhalten.
¹⁸ Und der Drache trat an den Strand des Meeres.

13

13,1–18

DAS TIER AUS DEM MEER

¹ Und ich sah: Ein Tier stieg aus dem Meer, mit zehn Hörnern und sieben Köpfen. Auf seinen Hörnern trug es zehn Diademe und auf seinen Köpfen Namen, die eine Gotteslästerung waren. ² Das Tier, das ich sah, glich einem Panther; seine Füße waren wie die Tatzen eines Bären und sein Maul wie das Maul eines Löwen. Und der Drache hatte ihm seine Gewalt übergeben, seinen Thron und seine große Macht. ³ Einer seiner Köpfe sah aus wie tödlich verwundet; aber die tödliche Wunde wurde geheilt. Und die ganze Erde sah dem Tier staunend nach. ⁴ Die Menschen warfen sich vor dem Drachen nieder, weil er seine Macht dem Tier gegeben hatte; und sie beteten das Tier an und sagten: Wer ist dem Tier gleich und wer kann den Kampf mit ihm aufnehmen?

⁵ Und es wurde ermächtigt, mit seinem Maul anmaßende Worte und Lästerungen auszusprechen; es wurde ihm Macht gegeben, dies zweiundvierzig Monate zu tun. ⁶ Das Tier öffnete sein Maul, um Gott und seinen Namen zu lästern, seine Wohnung und alle, die im Himmel wohnen. ⁷ Und es wurde ihm erlaubt, mit den Heiligen zu kämpfen und sie zu besiegen. Es wurde ihm auch Macht gegeben über alle Stämme, Völker, Sprachen und Nationen. ⁸ Alle Bewohner der Erde fallen nieder vor ihm: alle, deren Name nicht seit der Erschaffung der Welt geschrieben steht im Lebensbuch des Lammes, das geschlachtet wurde.

⁹ Wer Ohren hat, der höre! ¹⁰ Wer zur Gefangenschaft bestimmt ist, geht in die Gefangenschaft. Wer mit dem Schwert getötet werden soll, wird mit dem Schwert getötet. Hier muss sich die Standhaftigkeit und die Glaubenstreue der Heiligen bewähren.

DAS TIER VOM LAND

¹¹ Und ich sah: Ein anderes Tier stieg aus der Erde herauf. Es hatte zwei Hörner wie ein Lamm und redete wie ein Drache. ¹² Die ganze Macht des ersten Tieres übte es vor dessen Augen aus. Es brachte die Erde und ihre Bewohner dazu, das erste Tier anzubeten, dessen tödliche Wunde geheilt war. ¹³ Es tat große Zeichen; sogar Feuer ließ es vor den Augen der Menschen vom Himmel auf die Erde fallen. ¹⁴ Es verwirrte die Bewohner der Erde durch die Zeichen, die vor den Augen des Tieres zu tun ihm gegeben war; es befahl den Bewohnern der Erde, ein Standbild zu errichten zu Ehren des Tieres, das die Schwertwunde trug und doch wieder zum Leben kam. ¹⁵ Es wurde ihm Macht gegeben, dem Standbild des Tieres Lebensgeist zu verleihen, sodass es auch sprechen konnte und bewirkte, dass alle getötet wurden, die das Standbild des Tieres nicht anbeteten. ¹⁶ Die Kleinen und die Großen, die Reichen und die Armen, die Freien und die Sklaven, alle zwang es, auf ihrer rechten Hand oder ihrer Stirn ein Kennzeichen anbringen zu lassen. ¹⁷ Kaufen oder verkaufen konnte nur, wer das Kennzeichen trug: den Namen des Tieres oder die Zahl seines Namens. ¹⁸ Hier ist die Weisheit.

Wer Verstand hat, berechne den Zahlenwert des Tieres. Denn es ist die Zahl eines Menschennamens; seine Zahl ist sechshundertsechsundsechzig.

14

14,1–5

DAS LAMM UND SEIN GEFOLGE

¹ Und ich sah und siehe, das Lamm stand auf dem Berg Zion und bei ihm waren hundertvierundvierzigtausend; auf ihrer Stirn trugen sie seinen Namen und den Namen seines Vaters geschrieben. ² Dann hörte ich eine Stimme vom Himmel her, die dem Rauschen von Wassermassen und dem Rollen eines gewaltigen Donners glich.

Die Stimme, die ich hörte, war wie der Klang der Harfe, die ein Harfenspieler schlägt.

³ Und sie sangen ein neues Lied vor dem Thron und vor den vier Lebewesen und vor den Ältesten. Aber niemand konnte das Lied lernen außer den hundertvierundvierzigtausend, die von der Erde weg freigekauft sind. ⁴ Sie sind es, die sich nicht mit Frauen befleckt haben; denn sie sind jungfräulich. Sie folgen dem Lamm, wohin es geht. Sie allein unter allen Menschen sind freigekauft als Erstlingsgabe für Gott und das Lamm. ⁵ Denn in ihrem Mund fand sich keinerlei Lüge. Sie sind ohne Makel.

DAS GERICHT

14,6–20,15

DIE ANKÜNDIGUNG DES GERICHTS

⁶ Dann sah ich: Ein anderer Engel flog hoch am Himmel. Er hatte den Bewohnern der Erde ein ewiges Evangelium zu verkünden, allen Nationen, Stämmen, Sprachen und Völkern. ⁷ Er rief mit lauter Stimme: Fürchtet Gott und erweist ihm die Ehre! Denn die Stunde seines Gerichts ist gekommen. Betet ihn an, der den Himmel und die Erde, das Meer und die Wasserquellen geschaffen hat!
⁸ Ein anderer Engel, ein zweiter, folgte und rief: Gefallen, gefallen ist Babylon, die Große, die alle Völker betrunken gemacht hat mit dem Zornwein ihrer Hurerei.
⁹ Ein anderer Engel, ein dritter, folgte ihnen und rief mit lauter Stimme: Wer das Tier und sein Standbild anbetet und wer das Kennzeichen auf seiner Stirn oder seiner Hand annimmt, ¹⁰ der muss den Wein des Zornes Gottes trinken, der unverdünnt im Becher seines Zorns gemischt ist. Und er wird mit Feuer und Schwefel gequält vor den Augen der heiligen Engel und des Lammes. ¹¹ Der Rauch von ihrer Peinigung steigt auf in alle Ewigkeit und alle, die das Tier und sein Standbild anbeten und die seinen Namen als Kennzeichen annehmen, werden bei Tag und Nacht keine Ruhe haben. ¹² Hier muss sich die Standhaftigkeit der Heiligen bewähren, die an den Geboten Gottes und an der Treue zu Jesus festhalten. ¹³ Und ich hörte eine Stimme vom Himmel her rufen: Schreibe: Selig die Toten, die im Herrn sterben, von jetzt an; ja, spricht der Geist, sie sollen ausruhen von ihren Mühen; denn ihre Taten folgen ihnen nach.

DIE STUNDE DER ERNTE

¹⁴ Dann sah ich und siehe, eine weiße Wolke. Auf der Wolke thronte einer, der wie ein Menschensohn aussah. Er trug einen goldenen Kranz auf dem Haupt und eine scharfe Sichel in der Hand. ¹⁵ Und ein anderer Engel kam aus dem Tempel und rief dem, der auf der Wolke saß, mit lauter Stimme zu: Schick deine Sichel aus und ernte! Denn die Zeit zu ernten ist gekommen: Die Frucht der Erde ist reif geworden. ¹⁶ Und der auf der Wolke saß, schleuderte seine Sichel über die Erde und die Erde wurde abgeerntet.
¹⁷ Und ein anderer Engel trat aus dem himmlischen Tempel. Auch er hatte eine scharfe Sichel. ¹⁸ Vom Altar her kam noch ein anderer Engel, der die Macht über das Feuer hatte. Dem, der die scharfe Sichel trug, rief er mit lauter Stimme zu: Schick deine scharfe Sichel aus und ernte die Trauben vom Weinstock der Erde! Seine Beeren sind reif geworden. ¹⁹ Da schleuderte der Engel seine Sichel auf die Erde, erntete den Weinstock der Erde ab und warf die Trauben in die große Kelter des Zornes Gottes. ²⁰ Die Kelter wurde draußen vor der Stadt getreten und Blut strömte aus der Kelter; es stieg an, bis an die Zügel der Pferde, eintausendsechshundert Stadien weit.

15

15,1–8

DIE ANKÜNDIGUNG DER SIEBEN LETZTEN PLAGEN

¹ Dann sah ich ein anderes Zeichen am Himmel, groß und wunderbar. Ich sah sieben Engel mit sieben Plagen, den sieben letzten; denn in ihnen erreicht der Zorn Gottes sein Ende. ² Dann sah ich etwas, das einem gläsernen Meer glich und mit Feuer durchsetzt war. Und die Sieger über das Tier, über sein Standbild und über die Zahl seines Namens standen auf dem gläsernen Meer und trugen die Harfen Gottes. ³ Sie sangen das Lied des Mose, des Knechtes Gottes, und das Lied zu Ehren des Lammes und sprachen:

Groß und wunderbar sind deine Taten, / Herr und Gott, du Herrscher über die ganze Schöpfung.
Gerecht und zuverlässig sind deine Wege, / du König der Völker.
⁴ *Wer wird dich nicht fürchten, Herr, / wer wird deinen Namen nicht preisen?*
Denn du allein bist heilig: / Alle Völker kommen und beten dich an; / denn offenbar geworden sind deine gerechten Taten.

⁵ Danach sah ich: Es öffnete sich der Tempel, das Zelt des Zeugnisses im Himmel. ⁶ Und die sieben Engel mit den sieben Plagen traten heraus; sie waren in reines, glänzendes Leinen gekleidet und trugen um ihre Brust einen Gürtel aus Gold. ⁷ Und eines der vier Lebewesen reichte den sieben Engeln sieben goldene Schalen; sie waren gefüllt mit dem Zorn des Gottes, der in alle Ewigkeit lebt. ⁸ Und der Tempel füllte sich mit dem Rauch der Herrlichkeit und Macht Gottes. Niemand konnte den Tempel betreten, bis die sieben Plagen aus der Hand der sieben Engel zu ihrem Ende gekommen waren.

16

16,1–21

DIE SIEBEN ENGEL MIT DEN SCHALEN DES ZORNES

¹ Dann hörte ich, wie eine laute Stimme aus dem Tempel den sieben Engeln zurief: Geht und gießt die sieben Schalen mit dem Zorn Gottes über die Erde!
² Der erste ging und goss seine Schale über das Land. Da bildete sich ein böses und schlimmes Geschwür an den Menschen, die das Kennzeichen des Tieres trugen und sein Standbild anbeteten.
³ Der zweite Engel goss seine Schale über das Meer. Da wurde es zu Blut, das aussah wie das Blut eines Toten; und alle Lebewesen im Meer starben.
⁴ Der dritte goss seine Schale über die Flüsse und Wasserquellen. Da wurde alles zu Blut. ⁵ Und ich hörte den Engel, der die Macht über das Wasser hat, sagen: Gerecht bist du, der du bist und der du warst, du Heiliger; denn damit hast du ein gerechtes Urteil gefällt. ⁶ Sie haben das Blut von Heiligen und Propheten vergossen; deshalb hast du ihnen Blut zu trinken gegeben, so haben sie es verdient. ⁷ Und ich hörte eine Stimme vom Altar her sagen: Ja, Herr, Gott und Herrscher über die ganze Schöpfung. Wahr und gerecht sind deine Gerichtsurteile.
⁸ Der vierte Engel goss seine Schale über die Sonne. Da wurde ihr Macht gegeben, mit ihrem Feuer die Menschen zu verbrennen. ⁹ Und die Menschen verbrannten in der großen Hitze. Dennoch lästerten sie den Namen Gottes, der die Macht über diese Plagen hat. Sie bekehrten sich nicht dazu, ihm die Ehre zu geben.
¹⁰ Der fünfte Engel goss seine Schale über den Thron des Tieres. Da kam Finsternis über das Reich des Tieres und die Menschen zerbissen sich vor Angst und Schmerz die Zunge.
¹¹ Dennoch lästerten sie den Gott des Himmels wegen ihrer Schmerzen und ihrer Geschwüre; und sie ließen nicht ab von ihrem Treiben.
¹² Der sechste Engel goss seine Schale über den großen Strom, den Eufrat. Da trocknete sein Wasser aus, sodass den Königen vom Aufgang der Sonne der Weg offen stand. ¹³ Dann sah ich aus dem Maul des Drachen und aus dem Maul des Tieres und aus dem Maul des falschen Propheten drei unreine Geister hervorkommen, die wie Frösche aussahen. ¹⁴ Es sind Dämonengeister, die Wunderzeichen tun; sie schwärmten aus zu den Königen der ganzen Erde, um sie zusammenzuholen für den Krieg am großen Tag Gottes, des Herrschers über die ganze Schöpfung.
¹⁵ Siehe, ich komme wie ein Dieb. Selig, wer wach bleibt und sein Gewand anbehält, damit er nicht nackt gehen muss und man seine Blöße nicht sieht!
¹⁶ Die Geister führten die Könige an dem Ort zusammen, der auf Hebräisch Harmagedon heißt.
¹⁷ Und der siebte Engel goss seine Schale über die Luft. Da kam eine laute Stimme aus dem Tempel, die vom Thron her rief: Es ist geschehen.
¹⁸ Und es folgten Blitze, Stimmen und Donner; es entstand ein gewaltiges Erdbeben, wie noch keines gewesen war, seitdem es Menschen auf der Erde gibt. So gewaltig war dieses Beben. ¹⁹ Die große Stadt brach in drei Teile auseinander und die Städte der Völker stürzten ein. Gott hatte sich an Babylon, die Große, erinnert und reichte ihr den Becher mit dem Wein seines rächenden Zornes.
²⁰ Alle Inseln verschwanden und es gab keine Berge mehr. ²¹ Und gewaltige Hagelbrocken, zentnerschwer, stürzten vom Himmel auf die Menschen herab. Dennoch lästerten die Menschen Gott wegen dieser Hagelplage; denn die Plage war über die Maßen groß.

17

17,1–18

DIE GROSSE STADT BABYLON UND IHR FALL

¹ Dann kam einer der sieben Engel, welche die sieben Schalen trugen, und sprach mit mir. Er sagte: Komm, ich zeige dir das Strafgericht über die große Hure, die an den vielen Gewässern sitzt. ² Denn mit ihr haben die Könige der Erde Unzucht getrieben und vom Wein ihrer Hurerei wurden die Bewohner der Erde betrunken.
³ Im Geist entrückte der Engel mich in die Wüste. Dort sah ich eine Frau auf einem scharlachroten Tier sitzen, das über und über mit gotteslästerlichen Namen beschrieben war und sieben Köpfe und zehn Hörner hatte. ⁴ Die Frau war in Purpur und Scharlach gekleidet und mit Gold, Edelsteinen und Perlen geschmückt. Sie hielt einen goldenen Becher in der Hand, der mit dem abscheulichen Schmutz ihrer Hurerei gefüllt war. ⁵ Auf ihrer Stirn stand ein Name, ein geheimnisvoller Name: Babylon, die Große, die Mutter der Huren und aller Abscheulichkeiten der Erde. ⁶ Und ich sah, dass die Frau trunken war vom Blut der Heiligen und vom Blut der Zeugen Jesu.
Beim Anblick der Frau ergriff mich großes Erstaunen. ⁷ Der Engel aber sagte zu mir: Warum bist du erstaunt? Ich will dir das Geheimnis der Frau enthüllen und das Geheimnis des Tieres, das sie trägt, mit den sieben Köpfen und zehn Hörnern.
⁸ Das Tier, das du gesehen hast, war einmal und ist jetzt nicht; es wird aber aus dem Abgrund heraufsteigen und dann ins Verderben gehen. Staunen werden die Bewohner der Erde, deren Namen seit der Erschaffung der Welt nicht im Buch des Lebens verzeichnet sind, wenn sie das Tier erblicken; denn es war einmal und ist jetzt nicht, wird aber wieder da sein. ⁹ Hier braucht es Verstand und Weisheit.
Die sieben Köpfe bedeuten sieben Berge, auf denen die Frau sitzt. Sie bedeuten auch sieben Könige.

¹⁰ Fünf sind bereits gefallen. Einer ist jetzt da, einer ist noch nicht gekommen; wenn er dann kommt, darf er nur kurze Zeit bleiben. ¹¹ Das Tier aber, das war und jetzt nicht ist, bedeutet einen achten König und ist doch einer von den sieben und wird ins Verderben gehen. ¹² Die zehn Hörner, die du gesehen hast, bedeuten zehn Könige, die noch nicht zur Herrschaft gekommen sind; sie werden aber königliche Macht für eine einzige Stunde erhalten, zusammen mit dem Tier. ¹³ Sie sind eines Sinnes und übertragen ihre Macht und Gewalt dem Tier. ¹⁴ Sie werden mit dem Lamm Krieg führen, aber das Lamm wird sie besiegen. Denn es ist der Herr der Herren und der König der Könige. Bei ihm sind die Berufenen, Auserwählten und Treuen.

¹⁵ Und er sagte zu mir: Du hast die Gewässer gesehen, an denen die Hure sitzt; sie bedeuten Völker und Menschenmassen, Nationen und Sprachen. ¹⁶ Du hast die zehn Hörner und das Tier gesehen; sie werden die Hure hassen, ihr alles wegnehmen, bis sie nackt ist, werden ihr Fleisch fressen und sie im Feuer verbrennen. ¹⁷ Denn Gott lenkt ihr Herz so, dass sie seinen Plan ausführen: Sie sollen einmütig handeln und ihre Herrschaft dem Tier übertragen, bis die Worte Gottes erfüllt sind. ¹⁸ Die Frau aber, die du gesehen hast, ist die große Stadt, der die Herrschaft gehört über die Könige der Erde.

18

18,1–24

¹ Danach sah ich einen anderen Engel aus dem Himmel herabsteigen; er hatte große Macht und die Erde leuchtete auf von seiner Herrlichkeit. ² Und er rief mit gewaltiger Stimme und sprach:
Gefallen, gefallen ist Babylon, die Große! Zur Wohnung von Dämonen ist sie geworden, zur Behausung aller unreinen Geister und zum Schlupfwinkel aller unreinen und abscheulichen Vögel. ³ Denn vom Zornwein ihrer Unzucht haben alle Völker getrunken und die Könige der Erde haben mit ihr Unzucht getrieben. Durch die Fülle ihres Wohlstands sind die Kaufleute der Erde reich geworden.
⁴ Dann hörte ich eine andere Stimme vom Himmel her rufen:
Verlass die Stadt, mein Volk, damit du nicht mitschuldig wirst an ihren Sünden und von ihren Plagen mitgetroffen wirst! ⁵ Denn ihre Sünden haben sich bis zum Himmel aufgetürmt und Gott hat ihre Schandtaten nicht vergessen. ⁶ Zahlt ihr mit gleicher Münze heim, gebt ihr doppelt zurück, was sie getan hat! Mischt ihr den Becher, den sie gemischt hat, doppelt so stark! ⁷ Im gleichen Maß, wie sie in Prunk und Luxus lebte, lasst sie Qual und Trauer erfahren! Sie dachte bei sich: Ich throne als Königin, ich bin keine Witwe und werde keine Trauer kennen. ⁸ Deshalb werden an einem einzigen Tag die Plagen über sie kommen, die für sie bestimmt sind: Tod, Trauer und Hunger. Und sie wird im Feuer verbrennen; denn stark ist der Herr, der Gott, der sie gerichtet hat.

KLAGE ÜBER DEN UNTERGANG BABYLONS

⁹ Die Könige der Erde, die mit ihr gehurt und in Luxus gelebt haben, werden über sie weinen und klagen, wenn sie den Rauch der brennenden Stadt sehen. ¹⁰ Sie bleiben in der Ferne stehen aus Angst vor ihrer Qual und sagen:

Wehe! Wehe, du große Stadt Babylon, du mächtige Stadt! In einer einzigen Stunde ist das Gericht über dich gekommen.

¹¹ Auch die Kaufleute der Erde weinen und klagen um sie, weil niemand mehr ihre Ware kauft: ¹² Gold und Silber, Edelsteine und Perlen, feines Leinen, Purpur, Seide und Scharlach, wohlriechende Hölzer aller Art und alle möglichen Geräte aus Elfenbein, kostbarem Edelholz, Bronze, Eisen und Marmor; ¹³ auch Zimt und Balsam, Räucherwerk, Salböl und Weihrauch, Wein und Öl, feinstes Mehl und Weizen, Rinder und Schafe, Pferde und Wagen und sogar Menschen mit Leib und Seele.
¹⁴ Auch die Früchte, nach denen dein Herz begehrte, sind dir genommen. Und alles, was prächtig und glänzend war, hast du verloren; nie mehr wird man es finden. ¹⁵ Die Kaufleute, die durch den Handel mit dieser Stadt reich geworden sind, werden aus Angst vor ihrer Qual in der Ferne stehen und sie werden weinen und klagen ¹⁶ und sie werden sagen:
Wehe! Wehe, du große Stadt, bekleidet mit feinem Leinen, mit Purpur und Scharlach, geschmückt mit Gold, Edelsteinen und Perle! ¹⁷ In einer einzigen Stunde ist dieser ganze Reichtum dahin.
Alle Kapitäne und Schiffsreisenden, die Matrosen und alle, die ihren Unterhalt auf See verdienen, machten schon in der Ferne Halt, ¹⁸ als sie den Rauch der brennenden Stadt sahen, und sie riefen:

Wer konnte sich mit der großen Stadt messen?
¹⁹ Und sie streuten sich Staub auf den Kopf, sie schrien, weinten und klagten; sie sagten:
Wehe! Wehe, du große Stadt, die mit ihren Schätzen alle reich gemacht hat, die Schiffe auf dem Meer haben! In einer einzigen Stunde ist sie verwüstet worden.
²⁰ Freu dich über ihren Untergang, du Himmel – und auch ihr, Heilige, Apostel und Propheten, freut euch! Denn den Urteilsspruch zu euren Gunsten hat Gott an ihr vollstreckt.
²¹ Dann hob ein gewaltiger Engel einen Stein auf, so groß wie ein Mühlstein; er warf ihn ins Meer und rief:
So wird Babylon, die große Stadt, mit Wucht hinabgeworfen werden und man wird sie nicht mehr finden.
²² Die Musik von Harfenspielern und Sängern, von Flötenspielern und Trompetern hört man nicht mehr in dir. Einen kundigen Handwerker gibt es nicht mehr in dir. Das Geräusch des Mühlsteins hört man nicht mehr in dir. ²³ Das Licht der Lampe scheint nicht mehr in dir. Die Stimme von Braut und Bräutigam hört man nicht mehr in dir. Deine Kaufleute waren die Großen der Erde, deine Zauberei verführte alle Völker. ²⁴ Aber in ihr ist das Blut von Propheten und Heiligen gefunden worden und von allen, die auf der Erde hingeschlachtet worden sind.

19

19,1–21

JUBEL IM HIMMEL

¹ Danach hörte ich etwas wie den lauten Ruf einer großen Schar im Himmel, sie sprachen:

Halleluja! / Das Heil und die Herrlichkeit und die Macht sind bei unserm Gott.
² Seine Urteile sind wahr und gerecht. / Er hat die große Hure gerichtet, / die mit ihrer Unzucht die Erde verdorben hat. Er hat Rache genommen für das Blut seiner Knechte, / das an ihren Händen klebte.

³ Noch einmal riefen sie:

Halleluja! / Der Rauch der Stadt steigt auf in alle Ewigkeit.
⁴ Und die vierundzwanzig Ältesten und die vier Lebewesen fielen nieder vor Gott, der auf dem Thron sitzt, beteten ihn an und riefen: Amen, halleluja!

⁵ Und eine Stimme kam vom Thron her; sie sagte:

Preist unsern Gott, all seine Knechte / und alle, die ihn fürchten, Kleine und Große!

⁶ Da hörte ich etwas wie den Ruf einer großen Schar und wie das Rauschen gewaltiger Wassermassen und wie das Rollen mächtiger Donner; die Worte waren:

Halleluja! / Denn König geworden ist der Herr, unser Gott, / der Herrscher über die ganze Schöpfung.
⁷ Wir wollen uns freuen und jubeln / und ihm die Ehre erweisen. Denn gekommen ist die Hochzeit des Lammes / und seine Frau hat sich bereit gemacht.

⁸ Sie durfte sich kleiden in strahlend reines Leinen. / Das Leinen bedeutet die gerechten Taten der Heiligen.
⁹ Jemand sagte zu mir: Schreib auf: Selig, wer zum Hochzeitsmahl des Lammes eingeladen ist! Dann sagte er zu mir: Das sind zuverlässige Worte Gottes. ¹⁰ Und ich fiel ihm zu Füßen, um ihn anzubeten. Er aber sagte zu mir: Tu das nicht! Ich bin ein Mitknecht wie du und deine Brüder, die das Zeugnis Jesu festhalten. Gott bete an! Das Zeugnis Jesu ist der Geist prophetischer Rede.

SIEG ÜBER DAS TIER UND SEINEN PROPHETEN

¹¹ Dann sah ich den Himmel offen und siehe, da war ein weißes Pferd und der, der auf ihm saß, heißt: Der Treue und Wahrhaftige; gerecht richtet er und führt er Krieg. ¹² Seine Augen waren wie Feuerflammen und auf dem Haupt trug er viele Diademe; und auf ihm stand ein Name geschrieben, den er allein kennt. ¹³ Bekleidet war er mit einem blutgetränkten Gewand; und sein Name heißt: Das Wort Gottes. ¹⁴ Die Heere des Himmels folgten ihm auf weißen Pferden; sie waren in reines, weißes Leinen gekleidet. ¹⁵ Aus seinem Mund kam ein scharfes Schwert; mit ihm wird er die Völker schlagen. Und *er weidet sie mit eisernem Zepter* und er tritt die Kelter des Weines, des rächenden Zornes Gottes, des Herrschers über die ganze Schöpfung. ¹⁶ Auf seinem Gewand und auf seiner Hüfte trägt er den Namen geschrieben: König der Könige und Herr der Herren.

¹⁷ Dann sah ich einen Engel, der in der Sonne stand. Er rief mit lauter Stimme allen Vögeln zu, die hoch am Himmel flogen: Kommt her! Versammelt euch zum großen Mahl Gottes! ¹⁸ Fresst Fleisch von Königen, von Heerführern und von Helden, Fleisch von Pferden und ihren Reitern, Fleisch von allen, von Freien und Sklaven, von Großen und Kleinen!

¹⁹ Dann sah ich das Tier und die Könige der Erde und ihre Heere versammelt, um mit dem, der auf dem Pferd saß, und seinem Heer Krieg zu führen. ²⁰ Aber das Tier wurde gepackt und mit ihm der falsche Prophet; er hatte vor seinen Augen Zeichen getan und dadurch alle verführt, die das Kennzeichen des Tieres angenommen und sein Standbild angebetet hatten. Bei lebendigem Leib wurden beide in den See von brennendem Schwefel geworfen. ²¹ Die Übrigen wurden getötet mit dem Schwert, das aus dem Mund des Reiters kam; und alle Vögel fraßen sich satt an ihrem Fleisch.

20
20,1–15

DAS TAUSENDJÄHRIGE REICH

¹ Dann sah ich einen Engel vom Himmel herabsteigen; auf seiner Hand trug er den Schlüssel zum Abgrund und eine schwere Kette. ² Er überwältigte den Drachen, die alte Schlange – das ist der Teufel oder der Satan –, und er fesselte ihn für tausend Jahre. ³ Er warf ihn in den Abgrund, verschloss diesen und drückte ein Siegel darauf, damit der Drache die Völker nicht mehr verführen konnte, bis die tausend Jahre vollendet sind. Danach muss er für kurze Zeit freigelassen werden.

⁴ Dann sah ich Throne; und denen, die darauf Platz nahmen, wurde das Gericht übertragen. Ich sah die Seelen aller, die enthauptet worden waren um des Zeugnisses für Jesus und des Wortes Gottes willen. Sie hatten das Tier und sein Standbild nicht angebetet und sie hatten das Kennzeichen nicht auf ihrer Stirn und auf ihrer Hand anbringen lassen. Sie gelangten zum Leben und zur Herrschaft mit Christus für tausend Jahre. ⁵ Die übrigen Toten kamen nicht zum Leben, bis die tausend Jahre vollendet waren. Das ist die erste Auferstehung. ⁶ Selig und heilig, wer an der ersten Auferstehung teilhat! Über solche hat der zweite Tod keine Gewalt. Sie werden Priester Gottes und Christi sein und tausend Jahre mit ihm herrschen.

DER ENDGÜLTIGE SIEG ÜBER DEN SATAN

⁷ Wenn die tausend Jahre vollendet sind, wird der Satan aus seinem Gefängnis freigelassen werden. ⁸ Er wird ausziehen, um die Völker an den vier Ecken der Erde, den Gog und den Magog, zu verführen und sie zusammenzuholen für den Kampf; sie sind so zahlreich wie die Sandkörner am Meer. ⁹ Sie schwärmten aus über die weite Erde und umzingelten das Lager der Heiligen und Gottes geliebte Stadt. Aber *Feuer fiel vom Himmel und verzehrte sie.* ¹⁰ Und der Teufel, ihr Verführer, wurde in den See von brennendem Schwefel geworfen, wo auch das Tier und der falsche Prophet sind. Tag und Nacht werden sie gequält, in alle Ewigkeit.

DAS GERICHT ÜBER ALLE TOTEN

¹¹ Dann sah ich einen großen weißen Thron und den, der auf ihm saß; vor seinem Anblick flohen Erde und Himmel und es gab keinen Platz mehr für sie. ¹² Ich sah die Toten vor dem Thron stehen, die Großen und die Kleinen. Und Bücher wurden aufgeschlagen; und ein anderes Buch, das Buch des Lebens, wurde geöffnet. Die Toten wurden gerichtet, nach dem, was in den Büchern aufgeschrieben war, nach ihren Taten. ¹³ Und das Meer gab die Toten heraus, die in ihm waren; und der Tod und die Unterwelt gaben ihre Toten heraus, die in ihnen waren. Sie wurden gerichtet, jeder nach seinen Taten. ¹⁴ Der Tod und die Unterwelt aber wurden in den Feuersee geworfen. Das ist der zweite Tod: der Feuersee. ¹⁵ Wer nicht im Buch des Lebens verzeichnet war, wurde in den Feuersee geworfen.

DIE NEUE WELT GOTTES

21,1–22,5

21

21,1–27

DAS WOHNEN GOTTES UNTER DEN MENSCHEN

¹ Dann sah ich einen neuen Himmel und eine neue Erde; denn der erste Himmel und die erste Erde sind vergangen, auch das Meer ist nicht mehr. ² Ich sah die heilige Stadt, das neue Jerusalem, von Gott her aus dem Himmel herabkommen; sie war bereit wie eine Braut, die sich für ihren Mann geschmückt hat. ³ Da hörte ich eine laute Stimme vom Thron her rufen: Seht, die Wohnung Gottes unter den Menschen! Er wird in ihrer Mitte wohnen und sie werden sein Volk sein; und er, Gott, wird bei ihnen sein. ⁴ *Er wird alle Tränen von ihren Augen abwischen:* Der Tod wird nicht mehr sein, keine Trauer, keine Klage, keine Mühsal. Denn was früher war, ist vergangen.

⁵ Er, der auf dem Thron saß, sprach: Seht, ich mache alles neu. Und er sagte: Schreib es auf, denn diese Worte sind zuverlässig und wahr! ⁶ Er sagte zu mir: Sie sind geschehen. Ich bin das Alpha und das Omega, der Anfang und das Ende. Wer durstig ist, den werde ich unentgeltlich aus der Quelle trinken lassen, aus der das Wasser des Lebens strömt. ⁷ Wer siegt, wird dies als Anteil erhalten: *Ich werde sein Gott sein und er wird mein Sohn sein.* ⁸ Aber die Feiglinge und Treulosen, die Befleckten, die Mörder und Unzüchtigen, die Zauberer, Götzendiener und alle Lügner – ihr Los wird der See von brennendem Schwefel sein. Dies ist der zweite Tod.

DAS NEUE JERUSALEM

⁹ Und es kam einer von den sieben Engeln, welche die sieben Schalen voll mit den sieben letzten Plagen getragen hatten. Er sagte zu mir: Komm, ich will dir die Braut zeigen, die Frau des Lammes. ¹⁰ Da entrückte er mich im Geist auf einen großen, hohen Berg und zeigte mir die heilige Stadt Jerusalem, wie sie von Gott her aus dem Himmel herabkam, ¹¹ erfüllt von der Herrlichkeit Gottes. Sie glänzte wie ein kostbarer Edelstein, wie ein kristallklarer Jaspis. ¹² Die Stadt hat eine große und hohe Mauer mit zwölf Toren und zwölf Engeln darauf. Auf die Tore sind Namen geschrieben: die Namen der zwölf Stämme der Söhne Israels. ¹³ Im Osten hat die Stadt drei Tore und im Norden drei Tore und im Süden drei Tore und im Westen drei Tore. ¹⁴ Die Mauer der Stadt hat zwölf Grundsteine; auf ihnen stehen die zwölf Namen der zwölf Apostel des Lammes.

¹⁵ Und der Engel, der zu mir sprach, hatte einen goldenen Messstab, um die Stadt, ihre Tore und ihre Mauer zu messen. ¹⁶ Die Stadt war viereckig angelegt und ebenso lang wie breit. Er maß die Stadt mit dem Messstab; ihre Länge, Breite und Höhe sind gleich: zwölftausend Stadien. ¹⁷ Und er maß ihre Mauer; sie ist hundertvierundvierzig Ellen hoch nach Menschenmaß, das der Engel benutzt hatte. ¹⁸ Ihre Mauer ist aus Jaspis gebaut und die Stadt ist aus reinem Gold, wie aus reinem Glas. ¹⁹ Die Grundsteine der Stadtmauer sind mit edlen Steinen aller Art geschmückt; der erste Grundstein ist ein Jaspis, der zweite ein Saphir, der dritte ein Chalzedon, der vierte ein Smaragd, ²⁰ der fünfte ein Sardonyx, der sechste ein Sardion, der siebte ein Chrysolith, der achte ein Beryll, der neunte ein Topas, der zehnte ein Chrysopras, der elfte ein Hyazinth, der zwölfte ein Amethyst. ²¹ Die zwölf Tore sind zwölf Perlen; jedes der Tore besteht aus einer einzigen Perle. Die Straße der Stadt ist aus reinem Gold, wie aus klarem Glas.

²² Einen Tempel sah ich nicht in der Stadt. Denn der Herr, ihr Gott, der Herrscher über die ganze Schöpfung, ist ihr Tempel, er und das Lamm. ²³ Die Stadt braucht weder Sonne noch Mond, die ihr leuchten. Denn die Herrlichkeit Gottes erleuchtet sie und ihre Leuchte ist das Lamm. ²⁴ Die Völker werden in diesem Licht einhergehen und die Könige der Erde werden ihre Pracht in die Stadt bringen. ²⁵ Ihre Tore werden den ganzen Tag nicht geschlossen – Nacht wird es dort nicht mehr geben. ²⁶ Und man wird die Pracht und die Kostbarkeiten der Völker in die Stadt bringen. ²⁷ Aber nichts Unreines wird hineinkommen, keiner, der Gräuel verübt und lügt. Nur die im Lebensbuch des Lammes eingetragen sind, werden eingelassen.

22

22,1–5

¹ Und er zeigte mir einen Strom, das Wasser des Lebens, klar wie Kristall; er geht vom Thron Gottes und des Lammes aus. ² Zwischen der Straße der Stadt und dem Strom, hüben und drüben, steht ein Baum des Lebens. Zwölfmal trägt er Früchte, jeden Monat gibt er seine Frucht; und die Blätter des Baumes dienen zur Heilung der Völker. ³ Es wird nichts mehr geben, was der Fluch Gottes trifft. Der Thron Gottes und des Lammes wird in der Stadt stehen und seine Knechte werden ihm dienen. ⁴ Sie werden sein Angesicht schauen und sein Name ist auf ihre Stirn geschrieben. ⁵ Es wird keine Nacht mehr geben und sie brauchen weder das Licht einer Lampe noch das Licht der Sonne. Denn der Herr, ihr Gott, wird über ihnen leuchten und sie werden herrschen in alle Ewigkeit.

ZEUGNIS UND MAHNUNG DES SEHERS

22,6–21

⁶ Und der Engel sagte zu mir:
Diese Worte sind zuverlässig und wahr. Gott, der Herr über den Geist der Propheten, hat seinen Engel gesandt, um seinen Knechten zu zeigen, was bald geschehen muss.

⁷ Siehe, ich komme bald. Selig, wer an den prophetischen Worten dieses Buches festhält!
⁸ Ich, Johannes, habe dies gehört und gesehen. Und als ich es hörte und sah, fiel ich dem Engel, der mir dies gezeigt hatte, zu Füßen, um ihn anzubeten. ⁹ Da sagte er zu mir: Tu das nicht! Ich bin nur ein Mitknecht wie du und deine Brüder, die Propheten, und wie alle, die sich an die Worte dieses Buches halten. Gott bete an!
¹⁰ Und er sagte zu mir: Versiegle dieses Buch mit seinen prophetischen Worten nicht! Denn die Zeit ist nahe. ¹¹ Wer Unrecht tut, tue weiter Unrecht, der Unreine bleibe unrein, der Gerechte handle weiter gerecht und der Heilige strebe weiter nach Heiligkeit.
¹² Siehe, ich komme bald und mit mir bringe ich den Lohn und ich werde jedem geben, was seinem Werk entspricht.

¹³ Ich bin das Alpha und das Omega, der Erste und der Letzte, der Anfang und das Ende.

¹⁴ Selig, die ihre Gewänder waschen: Sie haben Anteil am Baum des Lebens und sie werden durch die Tore in die Stadt eintreten können. ¹⁵ Draußen bleiben die Hunde und die Zauberer, die Unzüchtigen und die Mörder, die Götzendiener und jeder, der die Lüge liebt und tut.

¹⁶ Ich, Jesus, habe meinen Engel gesandt als Zeugen für das, was die Gemeinden betrifft. Ich bin die Wurzel und der Stamm Davids, der strahlende Morgenstern.

¹⁷ Der Geist und die Braut aber sagen: Komm! Wer hört, der rufe: Komm! Wer durstig ist, der komme! Wer will, empfange unentgeltlich das Wasser des Lebens!
¹⁸ Ich bezeuge jedem, der die prophetischen Worte dieses Buches hört: Wer etwas hinzufügt, dem wird Gott die Plagen zufügen, von denen in diesem Buch geschrieben steht. ¹⁹ Und wer etwas wegnimmt von den prophetischen Worten dieses Buches, dem wird Gott seinen Anteil am Baum des Lebens und an der heiligen Stadt wegnehmen, von denen in diesem Buch geschrieben steht.

²⁰ Er, der dies bezeugt, spricht:
Ja, ich komme bald. –
Amen.
Komm, Herr Jesus!

21 Die Gnade des Herrn

Jesus sei mit allen!

DAS NEUE TESTAMENT
ALS MAGAZIN

INFOGRAFIKEN

Lateinisches Kreuz

Die Kreuze

Das Kreuz ist ein wichtiges christliches Symbol. Es symbolisiert den Tod, steht aber auch für die Hoffnung auf ein Leben nach dem Tod bei Gott. Das Lateinische Kreuz ist das in der westlichen Welt bekannteste. Es besteht aus einem langen Stamm und einem kurzen Querbalken – und bezieht sich auf die im Neuen Testament dargestellte Kreuzigungsszene. Auch die unten abgebildeten fünf Kreuzformen sind sehr geläufig. Auf der Seite katholisch.de findet man weitere Varianten – und zu jedem Kreuz auch ausführliche Informationen.

V.l.n.r: Griechisches Kreuz, Russisches Kreuz mit schräggestelltem Querbalken, Petruskreuz, T- oder Taukreuz und Andreaskreuz.

DIE SIEBEN LETZTEN WORTE JESU

„Vater, vergib ihnen, denn sie wissen nicht, was sie tun!"
(Lk 23,34)

„Amen, ich sage dir: Heute noch wirst du mit mir im Paradies sein."
(Lk 23,43)

„Frau, siehe, dein Sohn!" und: „Siehe, deine Mutter!"
(Joh 19,26–27)

„Mein Gott, mein Gott, warum hast du mich verlassen?"
(Mk 15,34; Mt 27,46; Ps 22,2)

„Mich dürstet."
(Joh 19,28)

„Es ist vollbracht!"
(Joh 19,30)

„Vater, in deine Hände lege ich meinen Geist."
(Lk 23,46; Ps 31,6)

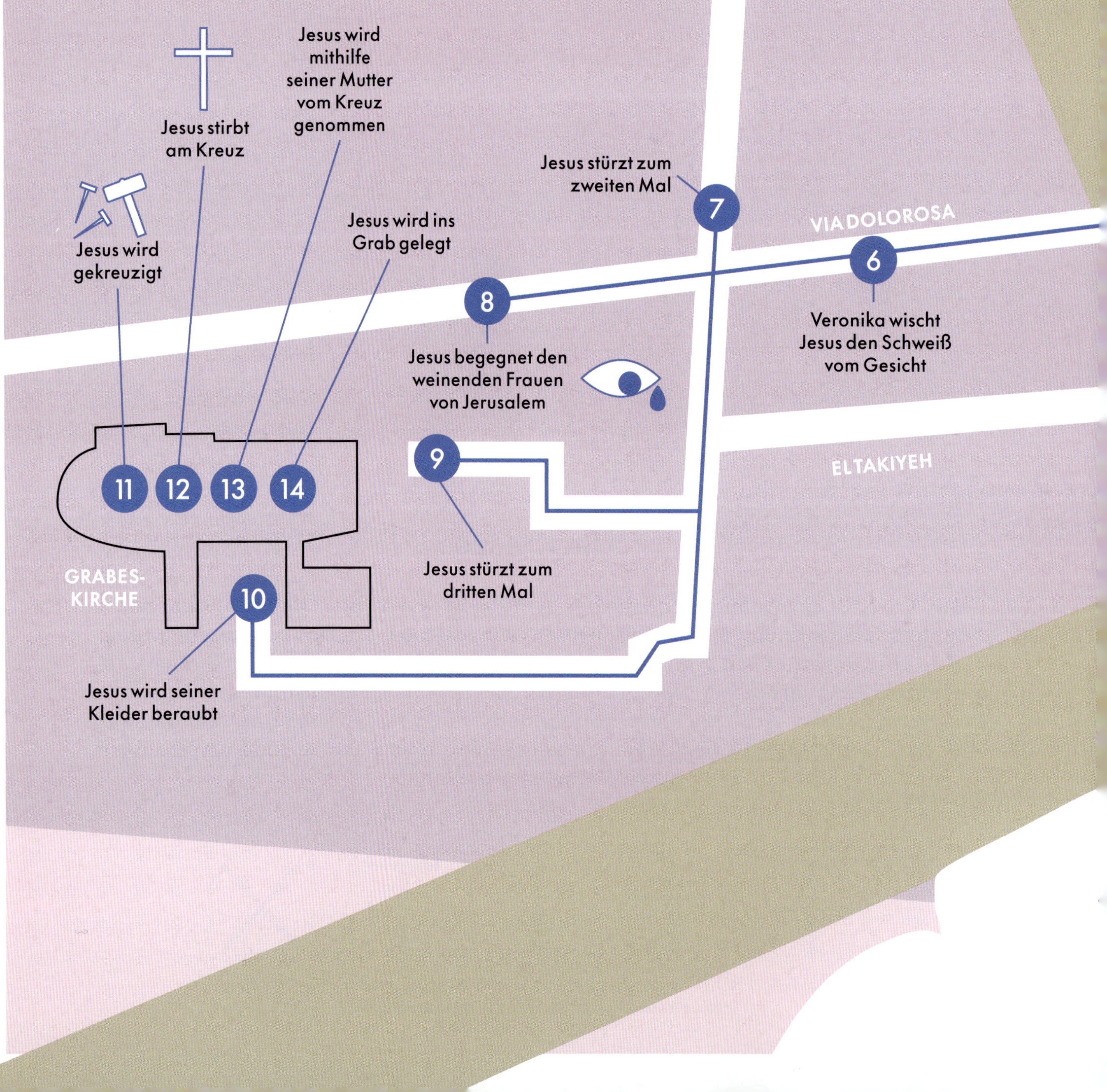

ZUM DAMASKUS-TOR
EL-WALD-STR.
BAB EL-AMUD-STR.
VIA DOLOROSA
ELTAKIYEH

Jesus stirbt am Kreuz

Jesus wird mithilfe seiner Mutter vom Kreuz genommen

Jesus stürzt zum zweiten Mal — 7

Jesus wird gekreuzigt

Jesus wird ins Grab gelegt

6 — Veronika wischt Jesus den Schweiß vom Gesicht

8 — Jesus begegnet den weinenden Frauen von Jerusalem

11 12 13 14

9 — Jesus stürzt zum dritten Mal

GRABES-KIRCHE

10 — Jesus wird seiner Kleider beraubt

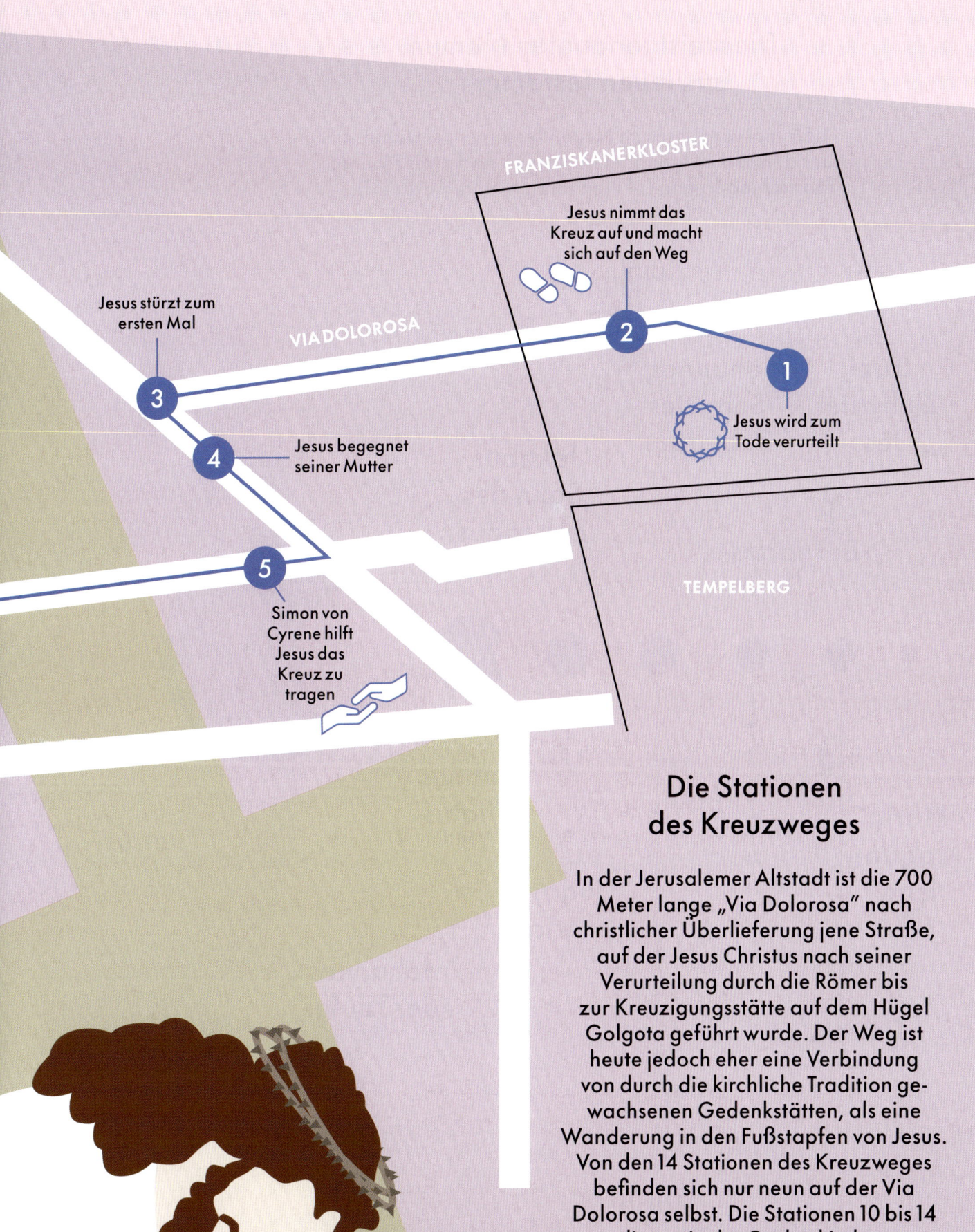

Die Stationen des Kreuzweges

In der Jerusalemer Altstadt ist die 700 Meter lange „Via Dolorosa" nach christlicher Überlieferung jene Straße, auf der Jesus Christus nach seiner Verurteilung durch die Römer bis zur Kreuzigungsstätte auf dem Hügel Golgota geführt wurde. Der Weg ist heute jedoch eher eine Verbindung von durch die kirchliche Tradition gewachsenen Gedenkstätten, als eine Wanderung in den Fußstapfen von Jesus. Von den 14 Stationen des Kreuzweges befinden sich nur neun auf der Via Dolorosa selbst. Die Stationen 10 bis 14 liegen in der Grabeskirche.

Die meistgenannten Namen im Neuen Testament

1158-mal wird Jesus im Neuen Testament erwähnt. Unter den 16 meistgenannten Namen sind zwei Frauen: Maria Magdalena (14 Nennungen) und Maria (31).

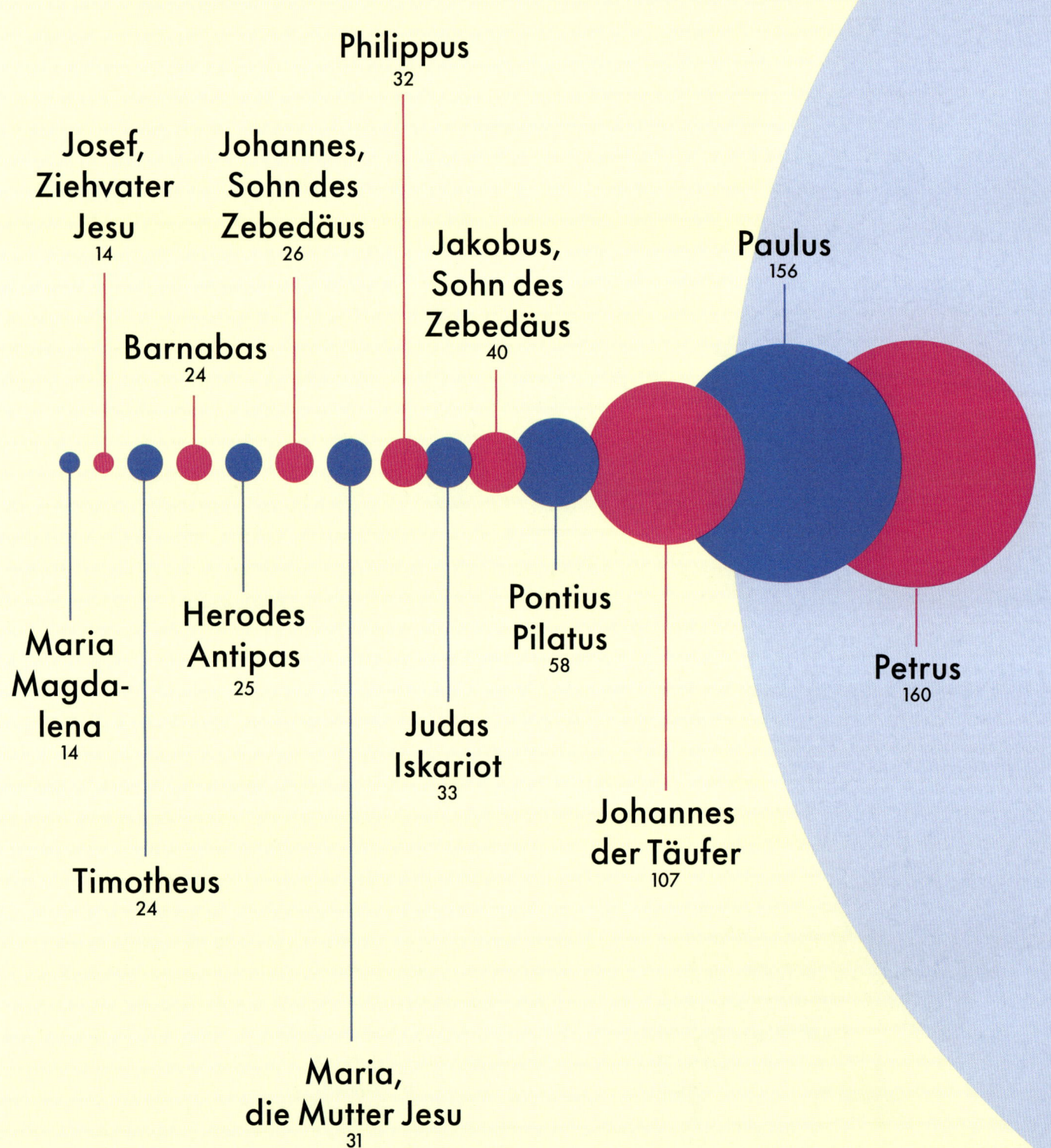

Jesus
1158

Zum frühesten christlichen Symbol wurde das Christusmonogramm, weil die Ligatur XP die ersten beiden Buchstaben des Wortes Χριστός Christos verbindet; es ist also die Abkürzung des Titels Christus (Gesalbter), hebräisch: Maschiach (Messias).
Besonders in der Spätantike war es weit verbreitet. Die Ähnlichkeit der griechischen Buchstaben X (Chi) und P (Rho) mit den lateinischen Buchstaben X und P veranlasste in späterer Zeit die Interpretation des Symbols als Kurzform des lateinischen Pax (Frieden) oder Pax Christi. Sie drückte aus, dass Christus Frieden gibt und die Christen nach dem Frieden streben sollen.

bibelalsmagazin.de

Frauen im Neuen Testament

Mutter, Ehefrau, Schwester, Jüngerin, Geschäftsfrau – 18 Frauen und ihr Wirken im Neuen Testament.

▶ Lk 1
Elisabet
Frau des Zacharias; Verwandte von Maria

Wie ihrem Mann Zacharias von Gott verheißen, bekam sie noch spät einen Sohn. Prophezeite ihrer Cousine Maria die Bedeutung Jesu.

▶ Mt 27-28
Maria von Magdala
Jüngerin Jesu; wurde von sieben Dämonen geheilt

Begleitete Jesus und kümmerte sich um seine praktischen Bedürfnisse. War die erste, der der auferstandene Jesus begegnet ist.

▶ Mt 1-28
Maria
Mutter Jesu Christi; Frau von Josef

War bereit, die Mutter Jesu zu werden. Begleitete Jesus und kümmerte sich während seines Wirkens um seine praktischen Bedürfnisse. Scheute nicht den Kontakt mit römischen Soldaten, um bei seinem Tod und der Grablegung anwesend zu sein. Sah den Engel und das leere Grab Jesu. Begegnete dem auferstandenen Jesus.

▶ Röm 16
Junia
lebte in Rom; Verwandte oder Landsmännin des Apostels Paulus

Ihre Arbeit für die Kirche "hob sie hervor unter den Aposteln". Wurde mit Paulus inhaftiert.

▶ 2 Tim 1-3
Lois
Jüngerin Jesu; Großmutter des Timotheus

Wagte es, ihre alte Religion aufzugeben, um Jüngerin Jesu zu werden. Gab seine Lehre an ihren Enkel weiter.

▶ Lk 2
Hanna
eine Witwe; Tochter Penuels, hochbetagte Prophetin

Erkannte bei der Präsentation im Tempel im Kind Jesus den verheißenen Messias.

▶ Tim 2
Eunike
Jüngerin Jesu; verheiratet mit einem Griechen; Mutter des Timotheus

Wagte es, ihre alte Religion aufzugeben, um Jüngerin Jesu zu werden. Gab seine Lehre an ihren Sohn weiter.

▶ Mk 15-16
Salome
Jüngerin Jesu

Begleitete Jesus und kümmerte sich um seine Bedürfnisse. Scheute nicht den Kontakt zu Soldaten, um bei seinem Tod anwesend zu sein. Sah den Engel und das leere Grab Jesu.

▶ Apg 16
Lydia
wohlhabende Geschäftsfrau

Gottesfürchtig und offen für die Botschaft des Paulus. Wagte es, ihre alte Religion aufzugeben, um Jüngerin Jesu zu werden.

▶ Erste Nennung   📖 Was taten sie?

▶ Mt 26
Maria von Betanien
Schwester von Marta und Lazarus; hatte ein sündiges Leben geführt

📖

Bat Jesus, ihren Bruder zu heilen. Saß zu Füßen Jesu, während er lehrte. Salbte seine Füße mit Öl und trocknete sie mit ihren Haaren ab.

▶ Apg 18
Priszilla (Priska)
Frau des Aquila, Zeltmacher aus Rom

📖

Sie und ihr Mann reisten und lehrten mit dem Apostel Paulus. Sie riskierten ihr Leben für ihn und beherbergten eine Kirche in ihrem Haus.

▶ Joh 19
Maria, Frau des Klopas
Jüngerin Jesu

📖

Scheute nicht den Kontakt zu römischen Soldaten, um beim Tod Jesu anwesend zu sein.

▶ Röm 16
Maria
lebte in Rom

📖

Schloss sich in Rom der Kirche an und arbeitete unermüdlich als Mitglied der Kongregation.

▶ Lk 10
Marta von Betanien
Schwester von Maria und Lazarus

📖

Glaubte daran, dass Jesus der Messias war und ihren Bruder wieder zum Leben erwecken konnte.

▶ Röm 16
Phöbe
Dienerin der Gemeinde von Kenchreä

📖

Half vielen Menschen, einschließlich dem Apostel Paulus. Überbrachte wahrscheinlich den Brief des Paulus an die Römer, der zum biblischen Buch des NT wurde.

▶ Apg 9
Tabita (Dorkas)
Jüngerin Jesu

📖

Tat viele gute Werke und half den Armen. Erstand von den Toten auf.

▶ Apg 17
Damaris
aus Athen

📖

Hörte, wie Paulus auf dem Areopag zu den Menschen von Athen sprach. Wagte es, ihre alte Religion aufzugeben, um Jüngerin Jesu zu werden.

▶ Lk 8-24
Johanna
Frau von Herodes Beamten Chuza, Jüngerin Jesu

📖

Begleitete Jesus und kümmerte sich während seines Wirkens um seine praktischen Bedürfnisse. Sah den Engel und das leere Grab Jesu.

Weltsprache Bibel

Die vollständige Bibel kann jetzt in 694 Sprachen gelesen werden.* Etwa 5,7 Milliarden Menschen haben damit Zugang zum Alten und Neuen Testament in ihrer Muttersprache.

3955
keine Bibelübersetzungen

BIBELÜBERSETZUNGEN IN DEN SPRACHEN DER WELT

1542
nur Neues Testament

1159
nur Teile der Bibel

694
vollständige Bibel

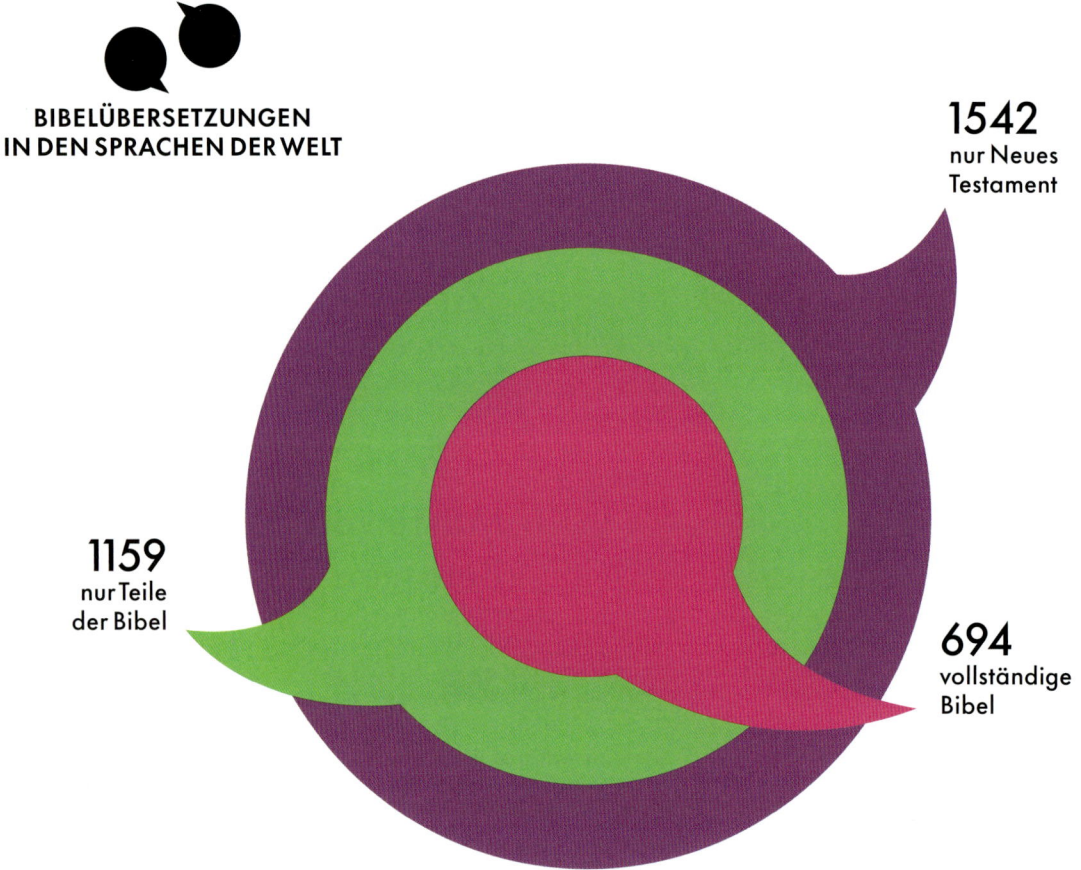

Das vollständige Neue Testament wurde bislang in 1542 Sprachen übersetzt, einzelne biblische Schriften in weiteren 1159 Sprachen. Damit gibt es nun in 3395 Sprachen mindestens ein Buch der Bibel.

Die Bibelgesellschaften gehen von weltweit rund 7350 Sprachen aus, zu denen auch 245 Zeichensprachen für Gehörlose gezählt werden. Damit gibt es noch immer rund 4000 Sprachen, in die Stand heute noch kein Buch der Bibel übersetzt ist.

* Quelle: Weltverband der Bibelgesellschaften (United Bible Societies; UBS) im „Global Scripture Access Report".

VERFÜGBARKEIT DER BIBEL IN DEN SPRACHEN DER WELT

5,7 Mrd. Menschen haben Zugang zur vollständigen Bibel in ihrer Muttersprache.

BIBEL-ZUGANG IN DER MUTTERSPRACHE
Mit der in 694 Sprachen vollständig übersetzten Bibel (Altes und Neues Testament) können rund 79 Prozent der Menschen weltweit in ihrer Muttersprache erreicht werden.* Etwa 11 Prozent der weltweiten Bevölkerung hat derzeit in der eigenen Sprache lediglich Zugang zum Neuen Testament, weitere 6,4 Prozent nur zu einzelnen biblischen Büchern. Etwa 3,6 Prozent aller Menschen können keinen Teil der Bibel in ihrer Muttersprache lesen oder hören.
*Quelle: ethnologue.com

793 Mio. Menschen haben in ihrer Muttersprache nur Zugang zum Neuen Testament.

463 Mio. Menschen haben in ihrer Muttersprache Zugang zu mindestens einem biblischen Buch.

255 Mio. Menschen haben in ihrer Muttersprache keinerlei Zugang zu einem biblischen Buch.

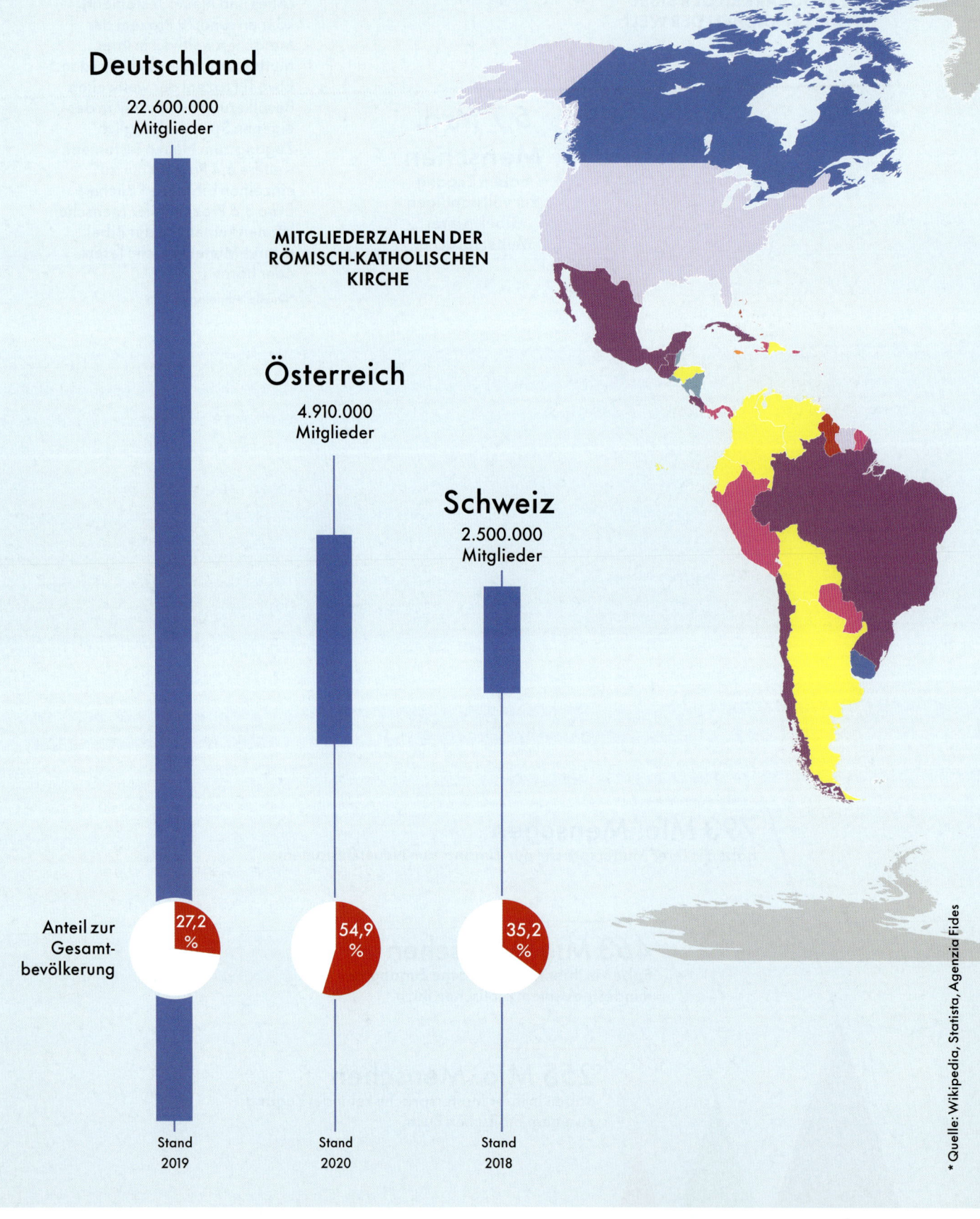

Die römisch-katholische Kirche ist die größte Kirche innerhalb des Christentums der Erde und zählte Ende 2018 insgesamt rund 1,3 Milliarden Mitglieder. In absoluten Zahlen leben die meisten Katholiken in Amerika – rund 640 Millionen. Es folgen Europa (285 Mio), Afrika (243 Mio), Asien (147 Mio) und Ozeanien (11 Mio).

Verbreitung der katholischen Kirche:
Anteil der Katholiken an der Gesamtbevölkerung nach Land

- 90–100 %
- 80–90 %
- 70–80 %
- 60–70 %
- 50–60 %
- 40–50 %
- 30–40 %
- 20–30 %
- 10–20 %
- 0–10 %
- Keine Daten

Symbole

„Ein Leitfaden aus 100 Wegweisern, der das christliche Universum der Symbole vorstellt" – heißt es im Vorwort zu Roberta Russos Buch „Der Baum des Lebens und andere christliche Symbole". Gehen Sie auf Spurensuche. Das Nachschlagewerk (s.r.) ist ein guter Einstieg.

Pictogramme: © Finken & Bumiller, Stuttgart

NACHSCHLAGEWERK
Die deutsche Übersetzung des Büchleins erschien 2018 im Verlag Katholisches Bibelwerk GmbH, Stuttgart.
ISBN 978-3-460-27110-4

Zahlen-symbole	Architektonische Symbole	Mystische Symbole	Theologisch-Spirituelle Symbole	Symbole der Riten
I – Die Eins	Die Tür	Die Nacktheit	Das Credo	Das Wasser
III – Die Drei	Der Turm	Der mystische Kuss	Die Dreieinigkeit	Das Öl
IV – Die Vier	Die Säule	Das Feuer	Das Fasten	Das Brot
V – Die Fünf	Der Stein	Der Berg	Die Fastenzeit	Der Wein
VI – Die Sechs	Die Leiter	Das Herz	Die Asche	Der Kelch
VII – Die Sieben	Das Glasfenster	Die Wüste	Die Pilgerreise	Die segnende Hand
VIII – Die Acht	Der Altar	Die Nacht	Das Blut	Das weiße Gewand
XII – Die Zwölf	Die Kuppel	Das Licht	Die Krone	Der Weihrauch
XL – Die Vierzig	Das Labyrinth	Die Sonnenblume	Der Gürtel	Die Ikone
C – Die Hundert	Jerusalem	Der Atem	Die Perle	Das Amen

Die Päpste

Der Papst ist als Bischof von Rom der Nachfolger des heiligen Petrus und das Oberhaupt der römisch-katholischen Kirche. In dieser gilt der Papst als Stellvertreter Jesu Christi auf Erden.

Franziskus

bürgerlich Jorge Mario Bergoglio. Der Argentinier ist der erste gebürtige Nichteuropäer im Papstamt seit dem im 8. Jahrhundert amtierenden Gregor III. Zudem der erste Papst aus dem Orden der Jesuiten.

AMTSZEIT seit dem 13. März 2013

Benedikt XVI.

bürgerlich Joseph Aloisius Ratzinger, emeritierter Papst. Am 19.4.2005 wurde er erster deutscher Papst seit Hadrian VI. (1523). Wichtiger Theologe des 20. Jh. Amtsverzicht am 28. Februar 2013.

2872 Tage

Johannes Paul II.

bürgerlich Karol Józef Wojtyła (*18.5.1920; † 2.4.2005). Ein längeres Pontifikat (ab 1987) ist nur für Pius IX. belegt. Erster Slawe auf dem Papstthron. Benedikt XVI. sprach ihn 2011 selig, Franziskus ihn 2014 heilig.

9665 Tage

DIE FÜNF PÄPSTE MIT DEN LÄNGSTEN AMTSZEITEN

- **PIUS IX. (1846-1878)** — 31 Jahre und 8 Monate
- **JOHANNES PAUL II. (1978-2005)** — 26 Jahre und 6 Monate
- **LEO XIII. (1878-1903)** — 25 Jahre und 5 Monate
- **PIUS VI. (1775-1799)** — 24 Jahre und 6 Monate
- **HADRIAN I. (772-795)** — 23 Jahre und 11 Monate

Der Papst mit der kürzesten Amtszeit war Stephan II. mit 4 Tagen. Es folgen Urban VII. mit 12 Tagen und Bonifatius VI. mit 15 Tagen.

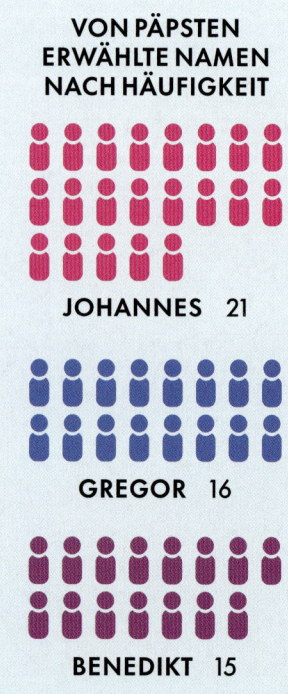

VON PÄPSTEN ERWÄHLTE NAMEN NACH HÄUFIGKEIT

JOHANNES 21
GREGOR 16
BENEDIKT 15

*Quelle: Wikipedia, Statista

DER STAAT VATIKANSTADT

Der Vatikan ist der kleinste Staat der Welt und eine Enklave in Italien innerhalb des Stadtgebiets von Rom. Er hat eine Fläche von etwa 0,44 km², die Länge seiner Grenze zum einzigen Nachbarland Italien ist rund 3,4 km lang. Im Jahr 2019 belief sich die Anzahl der Einwohner des Vatikans geschätzt auf rund 1.000 Menschen. Seine Grenzen werden von den vatikanischen Mauern gebildet und auf dem Petersplatz von dem Travertinsteinband, das die zwei Flügel der Kolonnade verbindet. Der Vatikanstaat ist eine absolute Monarchie; Staatsoberhaupt ist der Papst, der die volle Legislative, Exekutive und gerichtliche Gewalt ausübt.

Johannes Paul I.

bürgerlich Albino Luciani (*17.10.1912; † 28.9.1978). Da er bereits in dem Jahr seiner Papstwahl starb, ging 1978 auch als das „Dreipäpstejahr" in die Geschichte ein. In Italien nannte man ihn „das Lächeln Gottes".

33 Tage

Paul VI.

bürgerlich Giovanni Montini; (* 26.9.1897; † 6.8.1978). Aufgrund seiner prägenden Rolle für den Verlauf des 2. Vatikanischen Konzils gilt er als „der eigentliche Konzilspapst". 2014 selig, 2018 heilig gesprochen.

5525 Tage

Johannes XXIII.

bürgerlich Angelo Giuseppe Roncalli (* 25.11.1881; † 3.6.1963) wurde am 28. Oktober 1958 Nachfolger von Pius XII. Der „Konzilspapst" wurde auch „der gute Papst" genannt. 2000 selig, 2014 heilig gesprochen.

1679 Tage

ANZAHL BISHERIGER PÄPSTE NACH HERKUNFTSLAND/-REGION

Papst Franziskus ist der 266. Bischof von Rom – und der erste Argentinier in diesem Amt. Die große Mehrheit seiner Vorgänger (212) kam aus Italien.

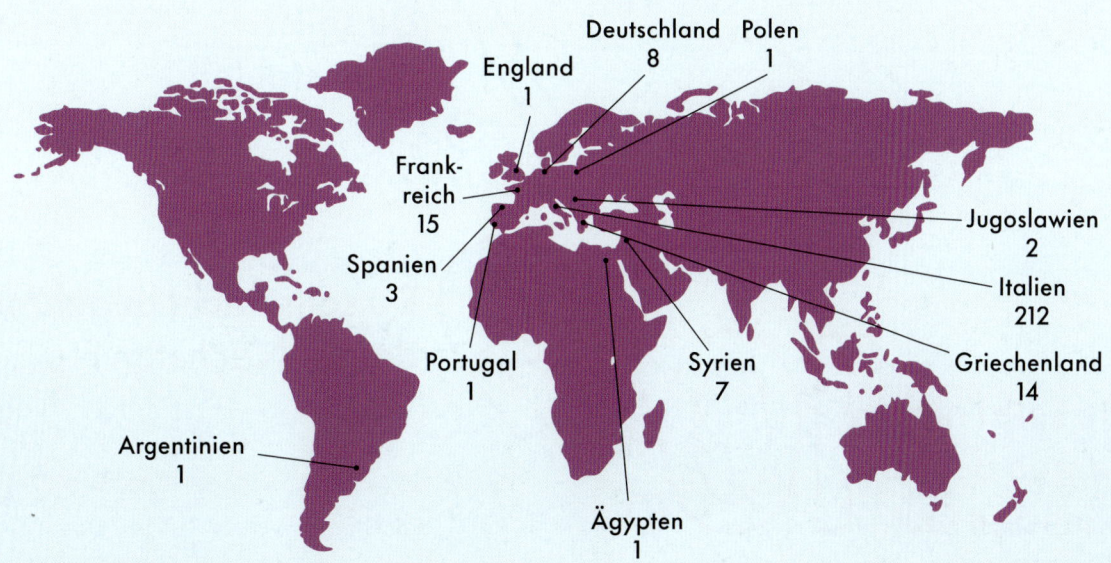

England 1 — Deutschland 8 — Polen 1 — Frankreich 15 — Spanien 3 — Portugal 1 — Jugoslawien 2 — Italien 212 — Syrien 7 — Griechenland 14 — Argentinien 1 — Ägypten 1

Die 10. Gebote

Jede Gesellschaft braucht ihre Regeln, denn ohne sie läuft alles drunter und drüber. Das „katholische Grundgesetz" bilden die Zehn Gebote, die Moses einst auf dem Berg Sinai empfangen hat. Die Zehn Gebote enthalten eine Liste religiöser und ethischer Regeln, die im Judentum und im Christentum eine grundlegende Bedeutung haben. Die Kurzfassung der Zehn Gebote nach dem Katechismus der katholischen Kirche lautet: Ich bin der Herr, dein Gott.

1. Du sollst keine anderen Götter neben mir haben.
2. Du sollst den Namen Gottes nicht verunehren.
3. Du sollst den Tag des Herrn heiligen.
4. Du sollst Vater und Mutter ehren.
5. Du sollst nicht töten.
6. Du sollst nicht ehebrechen.
7. Du sollst nicht stehlen.
8. Du sollst nicht falsch gegen deinen Nächsten aussagen.
9. Du sollst nicht begehren deines Nächsten Frau.
10. Du sollst nicht begehren deines Nächsten Gut.